E. Ray Canterbery

经济学的历程
（第四版）

The Making of Economics (4th Edition)

E. 雷·坎特伯里　著

李　酣　译

中国人民大学出版社
· 北京 ·

序　言

变化无所不在，经济学的研究也不例外。随着经济学理论对现代问题的回应和对新思想的纳入，读者们感到需要转型性的书籍。《经济学的历程》一书的早期版本旨在弥合经济学的过去和现在之间的差距。这一新版本由三卷组成，是对这种联系不断升级的愿望的持续陈述，也是对经济学命运的洞悉。

这几卷书的目标是多方面的。我想表述一下经济学过去的历程、现在的状况，以及它是如何发展成这样的。我想讨论经济学的最新发展，以及经济学可能从这里走向何方。我想通过在变革之风中扬帆而获得一种新的兴奋感。

在趋近这些目标的过程中，乐观主义的加速趋势和对新经济思想本质的方向感成为最近一些版本的特点。并不是所有经济学家——包括我认为最令人赞赏的经济学家——都赞同这种乐观主义。尽管如此，我还是感觉到了风向的变化。许多经济学家以前所持的教条立场，即经济学已经达到了其最终和永久的状态的认识已经有所松动，这是一种经过人们正确思考的突变。教条主义的结束可能是及时的。世界受到经济问题的困扰，我们所面临的许多问题——例如，面对没有得到满足的社会和经济需求而出现的国家预算赤字——显然没有合理的、得到人们认同的解决办法。我们大家都必须设法了解这些事态发展是如何出现的和为什么会出现，以及有些是否仅仅是想象中的异常。

因为当下植根于过去，所以我们通过对那些发现了现代经济学基本原理的伟大经济学家的思想的研究，对此有了很好的理解。然而，我们并不只关心经济思维。我们还研究了这些思想家对其做出反应的社会和经济条件，并考虑了经济学家所想的与他们为什么这样想之间的关系。像各行各业的男女一样，大多数经济学家表达了他们文化上的价值观，并希望作为负责任的社会成员被其他公民接受。因此，他们的思想反映了他们的社会世界，反之亦然。第一卷是关于经济学的奠基者的。

我们对经济学家的研究将从首创者亚当·斯密（Adam Smith，1723—1790年）开始，并一直持续到今天的经济学家。斯密写道，随着英国工业革命的开始，商业和制造业公司仍然很小，许多竞争对手都处于同一领域。斯密的经济理论符合这种激烈竞争的商业氛围，因此，从某种意义上说，他写出的是 18 世纪的大多数商贸人员想要读的东西。但是，斯密的视域远远超过 18 世纪的同时代人，否则他的思想就不会持续这么久。他彻底改变了经济思想，他所说的大部分话语今时今日都仍在指导着经济学家。

斯密深受英国科学家和数学家艾萨克·牛顿（Isaac Newton，1642—1727 年）的影响，牛顿的科学工作使大多数受过教育的人的主要世界观发生了巨大变化。牛顿所描绘的宇宙运行的顺序和精度就像一个巨大的时钟。斯密将牛顿式的和谐运用到 18 世纪的商业活动中，例如，在一个完全（或近乎完全）竞争的商业世界中，发现了近乎完美的供求平衡。

或许，对当代经济学提出的最具有持续性的指责是，它缺乏相关性。时至今日，经济学仍然适用亚当·斯密的许多假设，比如完美竞争的世界，尽管现代经济中最强大的元素与亚当·斯密的世界几乎没有什么相似之处。借用终结中世纪的科学革命的假设，现代经济学有太多的假设认为人们的行为就像无生命的粒子。自牛顿时代以来，自然科学经历了几次革命；经济学则没有。我们在这一版本中的目的之一是试图找出为什么会发生这种情况。经济学是关于人的，也是关于无生命的物体的。从第一版开始，经济学家日益认识到了经济学的社会和政治内容。

历史告诉我们，经济学上的重大进步缘于人们对饥饿、萧条、通货膨胀、战争、社会不满和其他疾病的关注。回到对这些问题的关注——我们来研究许多困扰现代社会的问题——可能会导致经济学的一个转变。任何学科，即使是数理自然科学，都不能回避人类，从而当把它作为历史来研究时，也不能避免变得人性化。

今天，经济问题仍然存在，因为我们还没有解决在 5 000 多年的历史中一直困扰人类的冲突。我们仍然在争论一些基本问题，例如：私有制与共同所有制的对立；个人自由与共同利益的对立；私人垄断相对于公共垄断的优点；快速技术变革相对于一个不受干扰的自然世界的田园乐趣的优势；以及科学成果及其对人类生存的威胁。

任何新的愿景都会承认冲突的存在。亚当·斯密的科学体系未能解决社会长期存在的稀缺性、公平权力、公平收入分配、工作满意度和贫困问题——不是因为科学上的不精确，而是因为系统所依据的假设。幼稚的 18 世纪自然科学最终将通过其在经济领域的应用得到修正。那些有勇气反对传统智慧的经济学家已经为我们指明了道路。第二卷为读者带来了最新的当代视野，现在这些视野共同构成了传统经济学。这些视野中有许多是对奠基者思想的重建。第三卷关注的是那些不管怎样都反对主流正统观念的"激进分子"。

我的审稿人和我都很实际。我们知道，任何一本书都存在潜在读者的问题。阅读《经济学的历程》所需的唯一前提是追根究底的态度。经济学的初学者都能够轻松阅读这些内容，因为我没有预设任何经济学的前期研究基础。多年来，人们告诉我，《经济学的历程》为刚开始接触这一学科的读者提供了有意义的思想，同时，人们也告诉我，这本书对那些对经济理论和历史有着深刻理解的人来说也是非常有价值的。

我要感谢多年来协助我做到这一点的许多人。有众多读者对我有帮助，包括：詹姆斯·安格雷萨诺（James Angressano）、理查德·鲍尔曼（Richard Ballman）、托马斯·W. 邦索（Thomas W. Bonsor）、唐·C. 布莱登斯汀（Don C. Bridenstine）、莱斯·卡尔森（Les Carson）、戈登·加尔布雷斯（Gordon Galbraith）、詹姆斯·H. 霍默（James H. Homer）、约翰·W. 伊斯比斯特（John W. Isbister）、托马斯·伊旺德（Thomas Iwand）、罗伯特·凯勒（Robert Keller）、奥丁·克努森（Odin Knudsen）、安德鲁·拉金（Andrew Larkin）、斯图亚

特·隆（Stewart Long）、弗洛伊德·B. 麦克法兰（Floyd B. McFarland）、格哈德·门施（Gerhard Mensch）、詹姆斯·W. 诺迪克（James W. Nordyke）和赫伯特·D. 维纳（Herbert D. Werner）。在一个已经越来越长的名单中，如果不提到多年来给出这么多建议和鼓励的朋友和同事，将是我的失职。他们包括约翰·Q. 亚当斯（John Q. Adams）、H. 彼得·格雷（H. Peter Gray）、约翰·伯曼（John Boorman）、约翰·霍特森（John Hotson）、唐·V. 普兰特兹（Don V. Plantz）和山姆·斯高斯达（Sam Skogstad）。我非常感谢著名物理学家迈克尔·卡沙（Michael Kasha），他仔细而批判性地阅读了第一版中包含的有关自然科学方面的所有内容，他当时是佛罗里达州立大学分子生物物理研究所的所长。

约翰·肯尼斯·加尔布雷斯（John Kenneth Galbraith）屈尊阅读了初稿和后来几个版本，一如既往地给了我善意的鼓励。许多——太多——人对一个或多个版本做出了宝贵的贡献，但我无法一一提及他们的名字。在剑桥大学，已故的琼·罗宾逊（Joan Robinson）阅读了关于她的朋友约翰·梅纳德·凯恩斯（John Maynard Keynes）思想的一些章节，并提供了重要的见解和修正。我的朋友、已故的阿巴·P. 勒纳（Abba P. Lerner）提供了类似的建议，其中一些与琼·罗宾逊的相反。作为后凯恩斯主义思想的创始人之一，宾夕法尼亚大学已故的西德尼·温特劳布（Sidney Weintraub）为关于凯恩斯主义者和后凯恩斯主义者的内容提供了深思熟虑和细致的评论。已故的乔治·布罗克韦（George Brockway）通过他的洞察力、智慧和人性，引导本书做出了许多修正。还有我的另一位朋友，马里兰大学已故的曼库尔·奥尔森（Mancur Olson），针对我对他所著的《国家的兴衰》（*Rise and Decline of Nations*）一书的解读，做出了一些宝贵的回应。我的朋友和导师，华盛顿大学已故的海曼·明斯基（Hyman Minsky），也为本书第三版中对金融和投资方面的讨论提供了大量的思考和建议。为了避免一些经济学家认为读坎特伯里的著作是他们的死因，我要提醒大家，这些经济学家是我之前的一代人。我还想感谢夏普公司（M. E. Sharpe, Inc.）和《后凯恩斯经济学杂志》（*Journal of Post Keynesian Economics*）允许我使用出现在 1973 年春季和 1984 年秋季几期上的有关我的文章的一些摘录。

　　当然，文责自负，任何可能出现的错误或解释都与以上提到的诸多人物无关。

E.　雷·坎特伯里

目 录

第一卷 奠 基

第二卷 上层建筑

第三卷　激进分子

第一卷

奠　基

1

亚当·斯密和经济系统的伦理学

亚当·斯密（1723—1790 年），经济学所有伟大创始人中的最初奠基者，一直生活和写作到科学革命的尾声与英国工业革命的开端之时。他曾经是一位讲授道德哲学（广义地说，就是今天所称的伦理学）的教师，也并不是试图在自然界和社会的明显混乱中寻找一种具有一致性模式的第一人。他之所以如此著名，是因为他在买卖商品的动荡商业活动中成功地发现了秩序与和谐。他为市场交换体系提供了一种道德辩护，以及一幅足以让人印象深刻的科学蓝图，可以继续作为描述美国、日本和德国等工业化市场经济体的经济组织的一种方式。

不过，我们还是会稍后再讨论亚当·斯密的经济理论。我们之所以选择逐渐走向斯密开创性的思想是有意为之。在斯密的思想变得有意义之前，还有很多事情要解决。首先，他需要艾萨克·牛顿的肩膀来支撑，因为牛顿将会提供最好的自然秩序设计。其次，斯密的想法等待着缓慢的市场经济发展，斯密会为此而欢呼。最后，亚当·斯密，就像之前和之后的许多学者一样，需要与自由市场的敌人接触。如果没有一个大的目标，他就会在没有吸引追随者的激情的情况下得出他的论点。两个世纪后，虽然不太精炼，也不太缜密，但伦敦、纽约、华盛顿特区和莫斯科的天空中都回荡着他同样的辞藻。

概括一个重要的思想还为时过早。伟大的经济学家不仅受到他们所处时代的经济组织的影响，而且受到社会思潮的影响，它们既塑造了他们的思维，又是他们所构建的。对当今经济学的一个常见指责是缺乏关联性。如果这样的话，可能是因为一些经济学家与他们的知识分子先辈脱节了。他们有时把经济原理描述成好像是以物理现象为基础的不可改变的自然规律。这是有其知识根源的，但也有值得关注的社会原因。作为经济学领域之父，亚当·斯密把经济学与他的时代联系起来，但具有讽刺意味的是，他建立了一些初始条件，让一些经济学家能够将经济学从同时代的环境中抽离出来。在斯密的时代，市场繁荣，但资本主义尚未完全出现。事实上，"资本主义"这个名词尚未存在。

我们首先讨论定义了亚当·斯密对市场和广义生活的看法的伦理学。他的个人权利伦理比现代经济学家所允许的似乎要复杂得多。我们还将继续展示价值观和表达这些价值观的权威人士如何帮助塑造和捍卫各种现实世界以及"理想化"的经济体系。在这方面，世界观似乎是非常重要的。在这些体系当中，斯密最喜欢的是由封建主义演变而来的市场交换制度。最后，我们界定和讨论了经济活动的一般组织方式和这种组织的具体形式。

价值观与权威：亚当·斯密保持了两套观点

市场交易制度只是组织现代经济的一种方式。尽管如此，但组织对于一个社会的成功是很重要的。玛丽·沃尔斯顿克拉夫特（Mary Wollstonecraft，1759—1797 年）是早期女权主义者，也是政治哲学家威廉·戈德温（William Godwin，1756—1836 年）的妻子。她曾写道："如果社会组织得很好，那么使一个人成为胆大妄为的恶棍的同样性格能量，也可能会使他变得对社会有用。"[①] 组织可能不是天命，但它是真正重要的。然而，尽管社会帮助塑造了这些角色，但个人在组织社会方面发挥了作用。首先，一个社会必须持续生产商品和服务，否则它将死亡；今天的俄罗斯人已经痛苦地意识到了这一点。其次，社会也必须找到一种方法来分配生产的收益，否则生产将停止；所有社会都意识到这一追求。第二个目标与道德原则密切相关，因为生产既可以是强迫的，也可以是自愿的，取决于社会成员习惯容忍还是提出要求。因此，除非我们考虑到社会成员的价值观和道德，否则我们就无法充分了解一个社会的经济组织。

亚当·斯密没有教授经济学，因为经济学的学术领域当时还不存在。相反，

---

① Mary Wollstonecraft, *Letters Written During a Short Residence in Sweden*, *Norway*, *and Denmark*, Wilmington, Del: J. Wilson & J. Johnson, booksellers, 1796, Letter 19.

他教授的是我们今天所说的伦理学。在哲学中，伦理学是根据道德原则对人的行为进行研究和评价。反过来，道德原则既可以被看作个人为自己构建的行为标准，也可以被看作一个特定社会对其成员所期望的义务和责任的整体。作为个人道德起源的人与社会之间的哲学问题是分离的。"只能二选一的"道德上的区分就其本身而言是有用的，但深入挖掘而非变得浅薄是有益的。价值判断是根据个人对什么是"正确"的思想和行为的感受所做的个人判断。例如，一位 16 世纪的主教可能认为利润在道德上是错误的，而慈善在道德上是正确的，而同一城镇的店主可能认为盈利没有坏处，慈善也没有意义。伦理判断是集体性的价值判断，是作为"可接受"行为指南的"权利"行动"约束"社会成员或亚群体的原则。如果社会中有很大一部分人同意他的观点，主教的判断就成为一种道德判断，而不是一种价值判断。这并不意味着主教和社会在所谓的正当行为上是绝对正确的，它只意味着达成了相当笼统的判断性共识，而且这会随着社会的发展而发生变化。

尽管社会伦理的性质是不稳定的，但一个经济体系不仅需要一套规则来运行，而且个人必须被激励去遵守这些规则，否则系统最终会崩溃。规则，无论是道德的还是其他的，和个人的价值观必须相互交叉。在某种程度上，一个经济体系也是建立在对其隐含价值的信念的基础上的。即使是计划式的社会主义经济，也是基于一种它将实现世俗国家的政治和社会目标的信念，而不是一种确定性。通常，在一个社会中，不同的利益群体只会根据他们的个人信仰，积极推动他们自己的价值判断。用可疑的事实甚至逻辑基础积极追求的一套信念最好被描述为一种意识形态。任何在美国研究过特殊利益的人都可以证明，意识形态可以成为一个重要的权威来源。

就像人们对先有鸡还是先有蛋的质疑一样，我们也无法确定哪个最先产生，是道德准则，还是强化它们的领导和权威，或者是那些使这些原则具有吸引力的事件和环境。然而，关于伦理判断，有一件事是肯定的：它们可以深深植根于一个社会的生活当中，以至于在具有真正的用途之后，就会被遵循和相信很长一段时间。也就是说，曾经是道德原则的那些东西变成了一种意识形态。我们可能会问，影响一种特定经济组织方式选择的道德原则的来源是什么呢？

作为权威的《圣经》

许多个世纪以来，有组织的宗教在维护和传播那些社会可以以此为指导的道德传统方面发挥了重要作用。在理想情况下，宗教可以帮助人们认识"什么是正确的"，并鼓励他们做正确的事情，从而有助于促进社会的和谐。例如，在《新约》中可以发现很多中世纪早期谴责个人利益和拥护慈善的道德观念。当群众没有食物的时候，耶稣基督同时也证明了他比现代资本主义更有效率和更公平。他对门徒说："我怜悯众人，因为他们与我同住了三天，没有吃的"（《马可福音》8：2）。七条面包和"几条小鱼"被用来养活 4 000 人！耶稣也把收取利息的放债人赶出了庙堂。根据这个寓言，耶稣经营着一个生产力水平极高的经济。

然而，《圣经》也被用来支撑一种交换经济和积累的价值（个人利益）。《旧约》的部分内容可以被解释为对私人主动性、积累资本的自由以及一种交换经济的捍卫，在这种经济中，放弃商品不是为了慈善，而是为了换取金钱或其他商品和服务。根据《创世纪》47：15，埃及地和迦南地发生了"金钱用尽"的情况。埃及人都来见约瑟，说："求你给我们粮食，我们为什么死在你面前呢?"约瑟回答说："若是银子用尽了，可以把你们的牲畜给我，我就会因为你们的牲畜给你们粮食。于是他们把牲畜赶到约瑟那里，约瑟就拿粮食换了他们的牛、羊、驴、马……"占主导地位的《旧约》道德不仅是以眼还眼，也是以牛换面包，这是市场交易制度的主要特征之一。

因此，即使是在西方世界具有巨大威望的权威《圣经》，似乎也没有绝对明确的理由来选择一种经济体系而不是另一种经济体系。相反，它提出了一个处于两个极端的选择：慈善与交易，以及利他主义与自私。选择的条件在经济思想史上是基本的。所有这一切都让我们得以全方位理解亚当·斯密和他的伦理观。

亚当·斯密与个人权利的伦理

西方的经济思想被某种形式的对自由市场的辩护所支配，而自由市场传统上一直与个人权利的伦理联系在一起。早在亚当·斯密时代，市场交易制度就被认为取决于个人权利的自由表达——购买任何自己想要的东西，雇用任何一个自己想要雇用的人，从事任何自己渴望的职业，为个人选择的任何一个雇主工作，决定保留自己收入中的任何份额——也就是交易和积累的完全自由。

然而，亚当·斯密和同时代的自由市场捍卫者之间有着显著的区别。斯密的著作——就像《圣经》一样——包含了两本主要的书。第一本是《道德情操论》（*The Theory of Moral Sentiments*），强调人性的移情或同情的一面；第二本是《国富论》（*An Inquiry into the Nature and Causes of the Wealth of Nations*），强调利己主义导致正确的行为。对斯密来说，这两种品质都会导致个人利益和国家利益的和谐。他把道德哲学定义为对人类幸福和福利的关注，"人的幸福和完美……不仅是作为一个个人，而且是作为一个家庭、一个国家和一个伟大的人类社会的一员……"①，即幸福的个人在斯密对有序社会的包容视野中所起的不仅仅是纯粹的经济作用。

然而，在《国富论》中，斯密关注的是经济的组织方式。在这种情况下，最大限度的个人自由使最有野心的人根据自己的利益行事，积累私人财产。而且这种制度符合自然本能，因此是恰当的。这种猖獗的个人主义虽然是为了一个人的"自身利益"，但也导致了一种集体式的和谐。如果每个人都有同样的权利并追求它们，那么政府对市场的干预就没有必要了。［虽然斯密不希望公共当局干预私人企业，但他确实看到了政府在国防、司法（特别是危害私人财产的事务）和公共工程方面的作用，这些都是对社会有利但不能由个人或小团体提供的。］他认为这种行为在自由市场制度下表现得最好。

不过，我们不应该忽略的一点是，自由市场伦理倾向于自私的极端（强烈的个人主义），而不是同情或利他。在一种认为每个人都应该走自己的路的伦理中，集体决策的空间很小。与最近一本关于耶稣的"管理风格"的商业著作的含义相反，基督并不是自由市场伦理的源泉。正如我们所发现的，自由市场保护个人权利的观点在中世纪早期就被摒弃了。"个人权利"注定是封建主义的结构，受传统的牵引和权威的推动。经济是建立在相互需要和义务的基础上的。斯密的伦理学给自由市场体系带来了提供集体性和谐的沉重负担。

---

① Adam Smith，*An Inquiry into the Nature and Causes of the Wealth of Nations*，ed. Edwin Cannan，New York：Random House，1937，p. 726.

斯密认为市场和自由联系在一起的观点，已经被证明是持久而经得起考验的，尽管它不是唯一的伦理。自由市场的主要现代倡导者是诺贝尔奖得主米尔顿·弗里德曼。在弗里德曼看来，自由市场培育了个人自由，斯密认为这些自由对于自由市场的发展是必不可少的。因此，弗里德曼通过将斯密的论点进行完全的转变，并且用另一种判断来封闭这个体系，从而完备了个人自由和自由市场之间的循环。弗里德曼的结论是：自由市场（和现代资本主义）是自由所必需的。弗里德曼在他的恰如其分的《资本主义与自由》（*Capitalism and Freedom*）一书中写道："那种直接提供自由的经济组织，即竞争性资本主义，也能促进政治自由，因为它将经济权力与政治权力分开，从而使两者相互抵消。"①

并不是所有的自由市场人士都像亚当·斯密那样善于交际。例如，弗里德曼认为，在追求企业利润最大化的竞赛中，任何有意表现出来的都是"颠覆性的"。弗里德曼表示，"几乎没有什么趋势能像企业官员接受尽可能多地为股东赚钱的责任那样，彻底破坏我们自由社会的基础。"这种［社会责任］从根本上说是一种颠覆性的学说。② 但斯密指出，无论一个人多么自私，"他的本性中都有一些原则能证明他对他人的财富感兴趣，并使他人的幸福成为他所必需的，尽管他除了看到别人的快乐之外，什么也没有得到"③。

亚当·斯密不仅写了两本关于伦理的书，还拥有两套观点。他认为终极幸福来自完全自由地追求自我利益，并受到利他主义意识的启发。一个人对他人的同情会阻止不良的社会行为。在道德情感中，追求财富只是一个人追求自我提升的愿望的一个方面；然而，个人的自我利益在经济领域是可取的，因为这种自私会导致社会和谐。

尽管如此，经济学家们还是狭隘地关注斯密的这一观点，即个人主义作为经济行为最终会产生集体的善。斯密式的经济道德可以接受《旧约》的交易和积累的美德，而不一定损害《圣经》其他地方所表达的社会目标。然而，除非自利受

---

① Milton Friedman, *Capitalism and Freedom*, Chicago: Phoenix Books, 1963, p. 9.

② Friedman, *Capitalism and Freedom*, p. 133.

③ Adam Smith, *The Theory of Moral Sentiments*, ed. Ernest Rhys, London: Everyman's Library, 1910, p. 162.

到对他人的尊重和同情的调节，否则社会生活肯定是不可能的。社会并不总是被组织起来，从而使自利以对每个人都有好处的方式运作。例如，在一个纯粹竞争性的社会里，智障和身体残疾者将遭受极大的痛苦，但他们能够在一个富有同情心的社会中有尊严地生活并做出宝贵的经济贡献。结果并不总是和谐或道德公正的。哲学家托马斯·纳格尔（Thomas Nagel）认为，在道德决策中，理性压倒欲望，因此选择利他主义而非狭隘的利己主义变得理性了。这一问题很简单：我的私利与你的利益发生冲突吗？它对我们中的一个人有重要的不利后果吗？

尽管所有这些都是在讨论利己主义的伦理和斯密在自己的《道德情操论》中给出的条件，但经济学还是慢慢地发展出了没有价值判断的主张。一门像不存在价值判断的经济学这样的社会科学声称，经济学家对什么是正确行为的个人判断或对什么是正确行为的集体社会判断，都是不受约束的。即使是我们在这里做出的简短历史考察，这个概念似乎也不稳定。亚当·斯密本人也不会同意社会科学是没有价值判断的这一点，因为他是一位道德哲学家。然而，经济学家们逐步发展出经济学像自然科学一样是无价值判断的这一观点，奇怪的是，正如我们所看到的，亚当·斯密对这两种观点都做出了巨大的贡献。

对世界的看法

经过深思熟虑后，我们发现没有一个普遍的原则可以毫不含糊地证明一种看待世界的方式是"最好"的。此外，即使我们提出了这样的主张，一个组织不同的社会也会拒绝它。然而，模糊性并不妨碍我们概括社区看重的价值。正如前面所暗示的那样，就连亚当·斯密也展示了两种几乎相反的观点。事实上，组织一个社会或一个经济的特定方式的理由往往不仅仅取决于道德原则，尽管它们可能是重要的。一种更广泛的方法是考虑特定社会的世界观，即它认为什么才是真正重要的，但是要从三个方面着眼。世界观是人们普遍认同的一套关于个人与自然世界、他的同伴和神灵之间关系的信念。最重要的是，世界观是一种愿景。显然，并不是每个人或群体都会赞同占主导地位的世界观，也不是所有世界观的要素都会被平等分享。但是，如果一个特定的世界观被普遍认同，它就提供了一个广泛的框架，从而可以容纳社会的主要道德原则，同时更准确地解释共同的行为模式。在西欧，宗教在许多个世纪中都主宰了世界观，定义了个人与自然世界、他的同伴，当然还有神之间的关系。

在欧洲中世纪，世界观被宇宙的观念所束缚，这是一种包罗万象的和谐，是一个统一的整体，上帝的存在和精神在所有的生物中都有体现。此外，宇宙的各个部分都有自己的不可改变的秩序，上帝把他的造物从最低级向上提升排序。我们将会了解到，中世纪的世界观与封建主义非常契合，后者是一种高度结构化的经济体系，每个人都有一个特定的位置。宇宙的秩序是封建主义的一面镜子，还是封建主义是以中世纪的宇宙概念为模式的呢？这个问题可能是无法回答的。对于我们理解道德原则和经济思想之间的关系来说，重要的是，在这个世界观中，信仰和"理性知识"之间没有冲突。

圣·托马斯·阿奎那（St. Thomas Aquinas，1225—1274 年）的《神学大全》（Summa Theologica）包含了对中世纪经济思想的完整而权威的表述。与宇宙一致，正常的生活要求每个阶层按照上帝和自然的法则履行自己的义务。事实上，对任何商品和服务交易的适当性的主要考验是，这种交易是否威胁到阶级等级。阿奎那认为，公正的价格是一种适当支持卖方社会地位的价格。阿奎那的经济观点与他的宗教信仰复杂地交织在一起。一门声称自己与宗教分离的科学直到文艺复兴之时才诞生。随着这一变化，会出现一种新的作为亚当·斯密信仰框架的世界观。

最初从文艺复兴和科学革命转向了一种围绕自然秩序建立的世界观。自然秩序更多地来自人类的想象力，而不是来自人类的经验。伟大的英国科学家和数学家艾萨克·牛顿让人们意识到自然秩序，经济学与它及自然科学的结合始于受到同样影响的亚当·斯密。牛顿的宇宙运转精确，就像一个巨大的钟；斯密希望把社会秩序作为齿轮传动系统的一部分来表现。随着时间的推移，这个 17 世纪的形象化描述和运用微积分来描述行星运动，吸引了许多科学思想家。

尽管如此，我们还是很难理解社会科学是如何从道德原则的束缚中解放出来的，因为社会有人类制定的规则。事实上，社会规则和法律是把个体的私人激情和利益与整个群体或国家利益相调和的重要手段。社会的更广泛的视野必然包括社会秩序所需的社会规则。例如，当我们谈到法律和正义时，我们通常指的是人类的社会秩序，例如我们所生活的社会秩序。而亚当·斯密则认为，经济规律存在于自然之中，是人类理性发现的，社会规则和法律也是重要的手段，使个人的私欲和利益与整个群体或国家的利益相协调。因此，虽然斯密揭示了维系市场经济的自然规律，但他警告说，在没有某些社会价值观的情况下，每个人都会被孤悬一处——甚至对他的邻居也是如此。事实上，亚当·斯密在他自己的时代是一个激进分子；虽然他在一本伟大的著作中赞同自然秩序，但他在另一本书中赞同社会秩序。秉持这两种观点的经济学家都可以接受斯密作为他们的经济学之父的观点。

世界观——即使是经济学家所阐述的——也有助于证明某一特定的社会组织，以及一些组织经济活动的一般方式和这种组织所采取的具体形式是合理的。市场交易制度是西方经济体目前渴望在世界各地实现的特征，不仅是在东亚，而且在前共产主义社会东欧和苏联也是如此。尽管如此，但其他系统已经存在，而且仍然存在，并不是所有的市场体系都是相同的。

组织经济活动

冒着让它看起来比实际更简单的风险，我们说，任何经济组织都有必要回答三个基本问题：（1）生产什么样的商品和服务？（2）如何组织现有的资源用于生产？（3）为谁生产商品和服务？回答这些问题的方法多种多样，所有这些都可以归纳为四大类：按习惯（或传统），按指令，通过竞争，通过合作。

在习惯经济（customary economy）中，每一种经济功能都是由传统规定的。人们做他们所做的，因为这是他们和他们的祖先一直在做的事情。例如，在古埃及，埃及宗教的原则要求每个人继承他父亲的职业。没有人试图以一种新的方式处理经济紧急情况，例如作物歉收，因为已经有一种传统的、众所周知的应付这种紧急情况的方法。在西方社会，在 15 或 16 世纪之前，工作任务的分配往往是世袭的，一个人的经济角色是在出生时就决定的。即使在今天，在诸如阿米什人这样的一些种族群体中，个人也几乎总是选择他们的父母所从事的职业。

在指令性经济（command economy）中，那些生产商品和服务的人被告知要做什么，就像一个从指挥官那里接受命令的军人。计划的范围既可以是经济的，也可以与政治民主并存；享有充分公民自由的人可能需要少量的经济自由。然而，奴隶劳动也是一种指令性经济。虽然古希腊的雅典城被誉为民主的诞生地，但即使在它最"民主"的时期，也有至少1/3的人口是奴隶。罗马帝国也依赖奴隶劳动。

虽然习惯和指令可以重叠，纯粹的竞争可以单独存在，但前提是它必须是纯的。独特的是，在竞争激烈的市场经济中，是制度本身，而不是传统或权威决定着生产的内容和产出传递给谁。无论在理论上还是在实践中，商品和服务市场都是万能的。人们根据自己的能动性和技能选择职业。家庭从市场中选择它们想要或需要的商品和服务，生产者以有竞争力的价格生产消费者所需的产品和服务。因为这里面有选择的机会，亚当·斯密称竞争性市场是一种"自由制度"。再一次地，一切权力都被赋予了市场。

美国的经济经常被认为是竞争性市场体系的一个例子，但美国人知道，这是一个模糊的特征描述。当今美国几乎没有习惯经济成分，但相当大一部分经济是"公共的"，这意味着联邦、州甚至地方政府都有相当多的集中指令。此外，某些大型经济部门只有生产某种产品的少数几个生产商，而且因价格不总是按自由竞争情况制定而卷入与工会的纠葛。

合作可以导致竞争性市场经济的折中版本。在合作经济这个竞争性市场经济的折中版本当中，特定数量的产品和价格由自由市场制度决定；然而，民主政府管制收入的分配。换言之，自由市场制度因其生产效率而受到重视，但在决定收入分配时更倾向于社会判断。合作经济需要作为私营部门生产者与公共部门政府规划机构之间互动的一个组成部分的政治共识和目标共享。这些努力可以通过研究委员会和行政委员会来协调，这涉及工人、管理层、金融家和政府代表的共同参与。社会目标建立在商界领袖、政府官员和新闻媒体之间广泛的对话和辩论之上。媒体的作用让人联想起一种市政厅版的《拉里·金秀》（*Larry King Live*）。合作经济需要广泛的意识形态灵活性和对社会凝聚力的推崇。

斯堪的纳维亚经济体最符合合作标准，而瑞典的制度是最接近的原型。虽然瑞典 90% 以上的工业是私有的，但中央政府有权调整市场力量，以鼓励其与社会目标一致。瑞典经常被作为"福利国家"的一个例子，在这个国家中，该制度依赖于很高的税收（大约两倍于美国的 GDP 份额），其中超过一半是以福利的形式重新分配的。此外，瑞典的国民所得税是高度累进的（较高收入的税率较高），对工人收入的边际税率大约是美国的两倍。影响之一是，与美国相比，瑞典的收入分配差距要小得多。大多数个人属于几个广泛的瑞典压力集团，它们促进共同利益并履行与政府的大部分协调职能。

夸张性的制度

组织一词往往暗示着一种整洁感，但这四种一般抽象的经济组织类型很少以一种纯粹的形式存在。因此，毫不奇怪，习惯经济、指令性经济、竞争性市场或合作经济的许多变化都是可能的。当转向现代世界中特定类型的经济体系时，我们发现这些系统也只存在于无序的混合物中。在社会主义国家、共产主义国家，甚至在资本主义国家，我们经常都能找到所有这四种经济组织的要素。例如，纳粹德国能够把国家社会主义和国家资本主义同奴隶劳动结合起来。

在通过意识形态追求特殊利益的过程中，我们有时会画出社会主义、共产主义和自由市场资本主义的漫画。社论漫画家以这种方式夸大，勾勒出一个膨胀的现实的阴影。夸张是理想主义者的朋友，因为夸张掩盖了现实，尽管它们看上去十分清晰。人们认为，社会主义的特征是国家拥有一切生产资料。在现实中，社会主义不需要对所有生产资料都实行公有或共同所有制，只需要在对其发挥作用起决定性作用的经济部门实行公有或共同所有制。据说，伊甸园是共产主义的顶峰，因为商品如此丰富，价格为零。亚当和夏娃可以根据他们的需求进行消费。然而，在现实世界中，共产主义不可能像空气一样无代价地提供无穷无尽的商品和服务，每个人根据个人的需要来消费。甚至在《圣经》的伊甸园和它东面的区域，不满和诱惑也是普遍存在的。

资本主义是一种以私有财产为基础的经济和一种双向交易制度，其中一种商品以另一种商品交换，或以同等价值的货币交换。事实上，这个制度有许多可能的组合方式，从来没有依赖于绝对自由竞争的市场，也不依赖于每个人对经济利益的完全奉献。一方面，在一个合作经济中，收入和财富的分配并不完全取决于民主的政治进程。另一方面，在一个有着巨大的、令人窘迫的贫富差距的社会里，政治民主几乎是不可能维持的——即使是围绕自由企业资本主义组织的社会。简言之，这涉及人类的判断，以及一种不断演变的世界观。

由于有足够多的个人认同的世界观，经济组织在很大程度上是人类选择的问题，与自然规律的观念相反，采用社会主义、资本主义或某种混合制度，并不是在天上决定，然后就传下来的。经济组织模式主要是双向交易还是单向转移，这在很大程度上取决于个人主义精神和集体意识的平衡。随着历史的推移，天平也会朝这边或朝那边倾斜。

展望未来的多种资本主义

我们不会因为承认同时代经济学家主要是写关于资本主义的文章而泄露我们短暂历史的"好莱坞式结局"。既然这样，理解资本主义的本质特征就是很重要的。最初，我听从了传奇的罗伯特·海尔布隆纳（Robert Heilbroner），他是这个系统的长期研究者。正如我们所期望的那样，尽管斯密继续统治自由市场的主题，但现代资本主义发展成与亚当·斯密的愿景截然不同的产物。

海尔布隆纳给出了资本主义的三个识别要素，第一个要素是一个被称为"资本"的事物或过程的存在。[1] 根据海尔布隆纳的说法，"资本"一词有两个独特的含义。物质资本是我们可以接触到的东西，在机器、工厂和公路等基础设施中都可以找到。但是，对马克思来说，资本是一个过程，是一系列交易中的一个复

---

[1] 我在关注对以下文献的讨论：Robert Heilbroner, "Economics in the Twenty-first Century," in Charles J. Whalen, editor, *Political Economy for the 21st Century*, Armonk, New York, London, England: M. E. Sharpe, 1996, pp. 266-269. 罗伯特·海尔布隆纳在《资本主义的本质与逻辑》（*Nature and Logic of Capitalism*, New York: W. W. Norton, 1985）中对这一类别进行了更广泛的讨论。海尔布隆纳的任何一本书都值得一读，他的写作风格特别优美和简单。

合环节。货币变成了商品，然后商品变成货币，其目的是用比我们开始时更多的钱结束。这个过程中产生了积累资本的动力。

资本主义的第二个识别要素是市场机制，亚当·斯密对此做了生动的描述。市场机制由法律和习俗建立和保护，从而使马克思所放大的资本积累实际上能够发生。因此，资本主义的经济学是市场（和定价）和资本积累的经济学。没有任何其他制度使用市场机制作为网络。

根据海尔布隆纳的观点，"政治"是资本主义的第三个要素。作为一种社会制度，资本主义需要一种横向和纵向秩序的结构。横向秩序维持社会阶级内部的稳定关系；纵向秩序维持阶级间普遍接受的区别。与任何其他制度不同，阶级区分是由资本的占有或不占有（资本家和非资本家之间的社会划分）和政治权力造成的。

其他制度也有阶级等级，最明显的是封建主义体制。然而，与封建主义不同，资本主义享有两个权力领域——私人权力和公共权力。公共领域的制度常常但并非总是促进资本家阶级的利益。私人领域的权力来源于资本积累。权力来源于资本所有权，因为根据海尔布隆纳的说法，"如果他们愿意，他们有权不让他们的财产被社会使用"[①]。这种权力并不是绝对的，因为社会秩序经常会通过习惯和法律来约束它。

海尔布隆纳对资本主义制度的程式化演绎是一个有价值的框架。通过扩展他对资本主义的定义，我们就可以识别出许多不同的"资本主义"。例如，在美国历史上各个时代——脑海中跳出的有镀金时代、爵士时代以及 20 世纪 80 年代和 90 年代——人们都把注意力集中在用钱赚钱，跳过商品生产这一困难阶段。对于最近的这个时代，我用了"华尔街资本主义"这个词，在这个时代里，许多社会规则都被打破了。[②] 海尔布隆纳认为，经济学作为一个科学领域，需要对政治经济学进行研究，这是经济学奠基人的共同观点。

---

① Robert Heilbroner, *Behind the Veil of Economics*，New York：W. W. Norton，1988，p. 38.

② 参见 E. Ray Canterbery, *Wall Street Capitalism：The Theory of the Bondholding Class*，River Edge，N. J. /London/Singapore：World Scientific，2000。

　　与资本主义理想密切相关的个人主义无疑是一种吸引人的哲学。如果能证明它能带来集体利益，那几乎是不可抗拒的。然而，正如所指出的，除非利己的个人主义受到对他人的尊重和同情的调节，否则社会生活肯定是不可能的。向股东撒谎的首席执行官会给那些将资金投入股票养老基金或其他股权基金的人带来巨大损失。毕竟，这些都是人类创造的理想和愿景；思想是可以改变的。

　　哪一种愿景和观点抓住了真相？这并不容易理解。我的信息不像任何快速而现成的答案那么含糊不清：经济学不是冻结在时间里，而是在不断进化中。那些被自然科学隐喻的固定性吸引的人，很可能会对历史的起起落落和教义的变化感到不安，但这是有补偿的。在争取一门进步的经济科学的过程中，经济学家对事物存在方式的不安会激发想象力，就像伟大经济学家经常做的那样。纳撒尼尔·霍桑（Nathaniel Hawthorne）说："对不愿意安于舒适状态的人来说，世界有其前进的动力。"

　　我们从封建主义的习惯和指令开始，因为它的世界观是清晰的，而且几百年来它阻碍了亚当·斯密所钟爱的自由市场和经济科学的演变。古典经济学家仍然不得不与它最后的一些残余做斗争。

2

封建秩序

如果我们审视之前的浩瀚历史，就可以更好地理解为什么亚当·斯密是新市场价值观的化身。中世纪是一个持续了近 1 000 年的时代。它始于西罗马帝国（公元 476 年）的崩溃，随着东罗马帝国（拜占庭帝国，公元 1453 年）的灭亡和文艺复兴时代的开始而结束。历史学家们或多或少地不得不把巨大的时间跨度集中起来，赋予它们不同的名称，例如古代世界或中世纪，以便给过去一个连贯的顺序，但从一个时期到另一个时期的过渡并不那么简单。例如，罗马帝国并没有因为孕育出中世纪而灭亡。许多罗马文明以一种或另一种形式幸存下来，随着中世纪文明的发展而不断变化，罗马的一些经济遗产促成了封建主义的发展。

明白为什么对资本主义和自由市场的研究没有进入中世纪的神职人员的视野是很容易的。将要出现的市场本来在当时就不存在。在经济学家今天所说的"生产要素"中，土地占主导地位，几乎排斥了所有其他要素。那些寻求财富和权力的人追逐着土地。然而，通常情况下，与大多数现代经济不同的是，土地通常不是用来出售的。封建主义这种以土地为中心的组织生产的方式，通过这种办法支配着中世纪。

尽管如此，但中世纪有着巨大的多样性，在空间和时间上都具有丰富性。例如，英国农民在 11 世纪的生活与威尼斯或佛罗伦萨的城市居民有很大的不同。此外，在几个世纪里，取得了足够的进展，需要区分黑暗时代（Dark Ages）和大约 1000—1300 年的中世纪鼎盛时代。即使在黑暗时代也不像一些历史学家所认为的那样黯淡。而且，尽管不属于西方历史的范围，但中世纪时期是拜占庭和阿拉伯世界的黄金时代。我们在这里的概括将适用于关于西欧的主导性看法、环境和组织，特别是在英格兰的大部分地区。[①]

现实世界的经济系统通常处于不同的发展阶段，前市场和前资本主义经济的发展一般有三个阶段：（1）原始经济；（2）奴隶经济；（3）封建经济。在原始经济中，所有的资源都是公共的：每个人都在同一块土地上工作，分享收获的东西。然而，"所有权"的共性实际上是毫无意义的，因为技术水平太低，无法开发或组合资源来生产任何数量较大的商品。当资源充足到值得捍卫的时候，奴隶制就变成了一种可能。奴隶制要求人类拥有生产工具，也拥有土地。这是指令性经济的明确例子。然而，极度的指令也可能失败：奴隶制只有在奴隶能够生产出比他们所消耗的更多的东西时才是可行的。

下一阶段的封建主义是由罗马帝国的奴隶经济发展而来的，奴隶主与奴隶的关系发生了变化，以至于一个人不应该完全拥有另一个人，但仍然存在奴役。封建经济中级别最低的人，即农奴，被他的主人"绑"在土地上，交换服务以换取保护，而他的主人又控制土地，以换取他的主人、国王或公爵的服务。农奴和土地的最终控制权都掌握在国王手中，国王可以将控制权从一位主人手中转移到另一位主人手中。一个真正的土地市场或劳动力市场都不存在；这种东西并不是在传统意义上被出售的——转让更好地描述了它们的命运。这种制度在某种程度上依赖于习惯——农奴没有成为国王——在某种程度上也取决于指令。

欧洲封建主义不仅是一种经济制度，也是一种极其复杂的社会政治制度，在不同的地方又表现出不同的形式。然而，它的总体轮廓仍然稳定，这一稳定性在无政府状态的情况下会占上风。由于这种制度对地主贵族的态度明显比对其他人温和，封建主义不容易让位给市场。

那么，我们现在开始踏上通往今天的资本主义和现代经济的漫长旅程。我们的第一次主要停留——经过穿越古代世界的短暂迂回——将是现实世界的封建主义，这是前资本主义时代欧洲的主导经济体系。

---

① 从法国香槟郡收集的一些有意义的原始文件，包括私人信件，可以在下文找到：Theodore Evergates, Translator and Editor, *Feudal Society in Medieval France*：*Documents from the County of Champagne*, Philadelphia：University of Pennsylvania Press, 1993。这些文件不仅揭示了中世纪中期的习俗，也揭示了贵族和平民人性的一面。

从古代开始

在西罗马帝国的奴隶经济中生发出封建主义之前，奴隶作为一种资源被低估了。毕竟，奴隶是没有经济用途的，除非他们能够在生产足够的用于满足日常需要的生活必需品——食物、衣服和住房——之外，再多生产一点。在古代，奴隶是"稍微多一点"或剩余的主要生产者。古希腊的雅典城被誉为民主的诞生地，但即使在它最"民主"的时期，也至少有 1/3 的人口是奴隶。雅典妇女几乎没有财产权，未经她们同意就被嫁出去，生活在男性亲属的监护之下。令人惊讶的是，即使在当今世界的某些地区，妇女仍然处于这样的从属地位。

罗马帝国是一个中央集权的政治官僚机构，在主要的城镇和巨大的农业庄园（乡间庄园）上都依靠奴隶劳动，还有大量的自由工匠和劳工。在黑暗时代，那些没有被来自北部和东部的野蛮人掠夺者摧毁的乡间庄园变成了农场。罗马的城市——有些是废墟——缩小到城镇和村庄。奴隶往往仍然是奴隶，直到人口的减少使劳动变得稀缺和昂贵。然后，他们得到了其他人所享有的一些特权。

然后，教会承诺，那些选择以基督徒身份受洗的人不能被卖为奴隶，但这一承诺没有得到广泛遵守，部分原因是教会本身拥有奴隶。伪善是神学的一个方面。在 775 年的米兰，一个法兰克男孩仍然可以卖到 12 个古罗马金币（solidi）；同一年，一匹马的价格是 15 个金币。9 世纪，属于圣伯丁修道院的佛莱芒庄园的一名管家耕种了 25 公顷土地，拥有大约 12 个奴隶。尽管奴隶制并没有随着罗马帝国的崩溃而终结，但它是以大大缩小的规模在西欧延续。①

由于 5 世纪末严重的社会和政治混乱，法律和秩序开始瓦解。帝国的公民再也不能依靠罗马的集中控制和法律权威的保护了。此外，随着政治秩序的崩溃，

---

① 到了中世纪中期（大约从 1000 年到 1300 年间），奴隶的解放是如此普遍，以至于祈祷书中包含了一种合适的仪式。奴隶通常是主人死后通过其遗嘱释放的。例如，1049 年，杰玛作为意大利南部一位公职人员的遗孀和玛丽亚的主人，解放了她的奴隶。玛丽亚继承了杰玛的床，并从即将到来的收获中得到了四单位的麦子。

古希腊和古罗马人的许多知识也丧失了。①

封建主义发展简史

到了 6 世纪末，欧洲已经完全不文明了。要想"自由"，人们就必须成为一名战士并拥有武器。战争是一种常见的经济活动形式。掠夺（当时是一种经济和政治形式）包括获取牲畜、装饰品和奴隶，以及用于下一次攻击的武器。但是，成功的侵略者本身就是掠夺的主要目标，因此，掠夺是解决如何生产和分配商品及服务的一个糟糕的"解决办法"。人们必须能够继续持有他们所拥有的；因此，相互保护的社会开始在现有的农业经济框架内发展。

封建主义是建立在相互的责任和义务基础上的。一个人不应该再完全拥有另一个人（尽管已经有了自私自利的例外），但是锁链并没有完全被解开，只是奴役的形式发生了变化。农奴是封建经济中地位最低的人，被束缚在土地上，为自己保留生计，并为了得到他的主人的保护而交换服务；他的主人，反过来被赋予农奴和最重要的土地的控制权，以换取他的主人，即国王或公爵的服务。贵族通过那些成为骑士或勇士的人提供互相保护的服务。位于社会金字塔顶端的国王——无论是腓力·奥古斯都国王（King Philip Augustus，又称"腓力二世"）还是约翰国王（King John）——控制着土地和农奴。国王就可以把控制权从一位主人身上转移到另一位主人身上。那时候的国王的生活是非常美好的。

在贵族阶级中，婚姻、土地和政治无可救药地交织在一起，13 世纪的一个贵族的例子很好地解释了这一情况。作为法国国王腓力·奥古斯都 1200 年 1 月在诺曼底击败英国国王约翰的和平条约的一部分，双方安排了一场婚姻。约翰的妹妹埃莉诺（Eleanor）有两个满足条件的女儿：13 岁的乌拉卡（Urraca）和 12 岁的布兰切（Blanche）。12 岁的女孩在法律上已经成年，可以缔结政治联盟或获得财产。到了 2000 年，她们必须达到布兰妮·斯皮尔斯（Britney Spears）的年

---

① 关于从古代到封建主义的迷人转变的更多细节，见 Norman F. Cantor, *The Civilization of the Middle Ages*, New York: Harper Collins, 1993, Chapter 1。

纪才行。正如王室的运气一样，13 岁的法国王位继承人路易非常需要一位新娘。约翰的母亲，即公主的祖母，阿基坦的埃莉诺（Eleanor of Aquitaine），选择了布兰切。①

约翰承诺从他的法国土地上拿出一些土地加上 20 000 银马克作为布兰切的嫁妆。嫁妆由法国东北部阿托瓦（Artois）的法国皇家土地组成。这些财产的转让也是和平条约的一部分。因此，相较于田纳西·威廉姆斯（Tennessee Williams）的《欲望号街车》（*A Streetcar Named Desire*）中的布兰切，这位布兰切的故事既是习惯性的，又是指令性的，而不是激情。路易的布兰切绝不会说："我一直依靠陌生人的仁慈。"②

与布兰切和路易一样，家庭对一个人对其主人或国王的义务几乎没有影响，而国王和其他领主则控制着他们的附庸家庭，因此妇女和儿童的社会权利甚至比大多数男人更少。在英国，没有主人的同意，任何妇女都不能结婚，而领主甚至可以通过转让他的被监护人的婚姻收取费用。例如，在 1214 年，前面提到的英国国王约翰向埃塞克斯伯爵杰弗里·德·曼德维尔（Geoffrey de Mandeville）以 20 000 马克转让了他的第一任妻子格洛斯特的伊莎贝拉（Isabella of Gloucester），他们之间的婚姻早已于 1200 年被宣告无效。没有人愿意证实伊莎贝拉是否"值"这笔钱，因为没有关于妻子的市场。

约翰国王和其他拥有大片土地的贵族一样，无法亲自控制他所拥有的一切（面积很大），因而把他的土地分散了，将其中一部分分配给了不那么有权势的人，他自己的法令把这些人变成了不那么重要的贵族。（今天，我们把这称为"授权"。）约翰国王进一步将这些直属封臣（tenants-in-chief）的义务下放给了分租人，后者实际上在土地上做了大部分工作。耕种土地的权利使这些分租客（称为农奴或"自由"农民）有义务以国王的名义向贵族提供军事和其他服务。

更多的细节将有助于澄清封建社会中存在的相互义务。一个人的地位及他的

---

① 阿基坦的埃莉诺是中世纪最令人惊奇的人物之一。要了解她漫长而富有成效的一生，参见 Alison Weir，*Eleanor of Aquitaine：A Life*，New York：Ballantine Books，1999。

② 这是布兰切在 1947 年威廉姆斯的《欲望号街车》第 11 幕中的最后一句话。

政治权利和义务完全取决于他是否"自由地"占有土地（即自愿地，以换取服务），或者他是否"不自由"——由于习俗和继承而与土地联系在一起。土地被自由占有，以换取四种一般的服务：（1）骑士的服务；（2）特定的服务，如金钱、生产、劳动和出席领主的宫廷会议（socage，农役租佃）；（3）掌握某些军事服务，例如一定数量的从事武器、运输等的人（serjeanty，服役土地占有权）；（4）宗教服务（frankalmoign，自由教役保有）。自由人可以在任何时候拒绝服役，并将他的土地归还给领主并继续迁移。第五种保有权（villeinage，隶农制）是不自由的，创造了农奴。农奴（或隶农）受习俗和继承的约束而留在土地上。按照习俗，大部分人口是农奴。

构成封建契约的行为被称为效忠和授权，租客或诸侯在宫廷包围下跪在领主面前，双手交叉在主的双手之间，成为他的"人"（homme）。（在维多利亚时代，"我的人"仍被用来形容英国男仆。）房客或诸侯宣誓效忠特别义务。作为回报，领主向他的诸侯赠送一面旗帜、一根棍子、一块土块、一本宪章，或其他财产的象征，或者所谓的采邑（封地）这种官职。无论是自由农民还是土地上的农奴，农民都宣誓效忠，并被赋予了投资于他所持有的领主土地的权利。即使土地改变了领主权，农奴也被他不成文的契约束缚在土地上，并履行他对下一个领主的义务。①

庄园制度

领主实际上是"庄园的主人"。在他们所做的工作中，农奴就像罗马经济中的奴隶，但产权制度发生了变化：一套"契约"性的义务已经取代了奴隶制。人口的稀疏以及农奴和贵族的共同防御使得农奴制度在中世纪初期成为不可抗拒的力量。我们无法确定黑暗时代之前和黑暗时代的人口趋势，但总体印象是罗马帝国的人口趋于减少，而6世纪的一次鼠疫流行加速了人口的减少。这种流行病持续了50多年，使得劳动力成为一种稀缺的资源。

---

① 关于中世纪术语、地区、名称和思想的权威来源，参见 H. R. Loyn, General Editor, *The Middle Ages：A Concise Encyclopedia*，London and New York：Thames and Hudson, 1989。

由此可见，把农奴和土地捆绑在一起的封建纽带，相比奴隶制度有明显的优势。封臣不必担心，只要他忠于自己的主人，他的奴隶就不会被偷走或被夺走。农奴至少享受到了自己劳动的一些好处，也得到了一定程度的保护，可以免受野蛮人的掠夺。即使土地改变了领主权，农奴也可以通过其不成文的契约与土地相连，并履行对下一位领主的义务。庄园往往通过继承传给下一位领主。因此，个人与同伴的关系主要是由习惯而不是经济效率决定的，习惯进而演变成普通法。

一般来说，土地使用权是由长子继承的，而妇女只能通过婚姻获得财产份额。那些未婚的女儿和年轻一些的男性有时会在庄园门口乞讨。封建制度的目的是封地的生存，而不一定是家庭或其成员。

土地偶尔会被"卖掉"，其转让由国王提供资金。英国修道院编年史（修道院僧侣们提供了大量的封建主义资料）记录了以 50 金马克将埃尔顿村在 1017 年出售给国王，但这样的交易很少。① 似乎没有人知道埃尔顿是否值这个价钱，因为我们今天所知道的土地市场并不存在。就像路易和布兰切之间的包办婚姻一样，他们更多的时候可以把土地转让给其他人。虽然这不是封建主义的发明，但正如简·奥斯汀（Jane Austen）的小说的爱好者们所知道的，婚姻与土地财产的紧密联系并没有瓦解封建主义。

的确，有时文学也伴随着土地而来。此前提及的阿基坦的埃莉诺曾与法国国王路易七世（Louis Ⅶ）结过婚，她确保了行吟诗人（troubadour，法国南部的骑士诗人）的艺术在她丈夫及其贵族和她的孩子的宫廷中兴盛起来。当她离开路易七世嫁给亨利二世（当时的英国国王）时，她深思熟虑后把阿基坦和她南方的诗人，包括宫廷女诗人玛丽（Marie）作为嫁妆。在《法国人玛丽的小诗》（*Lais of Marie de France*）一书中，一位国王把他的一位忠诚的骑士的妻子当作了情人。然而，根据封建价值观，这对情侣会受到惩罚；他们会在盛满开水的浴缸里

---

① 这是丹麦人的交易，因此这里使用了"马克"。丹麦人在诺曼征服之前就在英国生活了。"末日审判书"（Domesday Book）是按照征服者威廉的命令，在 1066 年诺曼征服 20 年后执行的关于英国财富的盘点，是"黑暗时代"信息不透明之后一个宝贵的闪光点。中世纪的其他主要信息来源是神职人员的著作，如前面提及的修道院编年史。

被烫死（反之亦然）。①

由于所有的关系都以某种方式与土地固定在一起，所以经济活动通常是围绕着庄园主的生活组织起来的，这是一个基本上自给自足的农业种植园，由一位领主控制，由农民和农奴耕种。这种庄园与斯嘉丽·奥哈拉（Scarlet O'Hara）的塔拉（Tara）没有什么不同；它在一个地方提供了生活的大部分物质必需品。到了中世纪中期，小村庄已经在庄园周围生长，反之亦然，有时这些村庄包围着不止一个庄园。这些小的、通常是孤立的定居点，是一个原本无政府的世界中文明的避风港。

庄园组织有两个基本目标：一是生产足以维持庄园运转，二是为庄园提供权力和农业剩余。庄园生产了哪些东西呢？可以维持农民和农奴的工作秩序的，让领主满意的食物、住所和衣服，还有一些剩余。它们是如何生产的呢？以庄园的传统方式。它们是为谁生产的呢？除了劳作者的生存所需之外，大部分产品是按习俗分配给国王和领主的。虽然庄园努力想要实现自给自足，但农业生产的不确定性使得庄园之间有必要交换一些产品，这种交换往往是在"借贷"的基础上进行的。

在英国庄园里，农民或农奴有大约 30 英亩的土地可以耕种，耕地被围起来了。每年，两块或三块农地中有一块土地是休耕的，没有围起来供捕猎动物。在农民耕种的土地中掺杂有地主保留的供他自己使用的一块土地（他自己的私有地）。每个农奴家庭都有一份工作（一名劳动者），即在领主的私有地里每周工作三天。农奴不得不提供他那份所需的牛、重犁和其他工具。因此，农奴除了维持他们自己的生计外，还为领主和国王提供了剩余，同时也支持了骑士。作为回报，骑士、领主和教会提供了很少的安全、和平和正义。

国王仍然很难对付外国侵略者，法律和秩序也不便宜。一位骑士的装备大约

---

① 更多关于埃莉诺和她的行吟诗人的资料可以在上文提及的 Weir, *Eleanor of Aquitaine：A Life* 中找到。还有更多关于埃莉诺的历史细节，她是两位国王的王后，也是"狮心王"理查和"无地王"约翰的母亲，这些可以在下文中找到：Amy Kelly, *Eleanor of Aquitaine and the Four Kings*，New York：Book-of-the-Month Club，1996。

等价于 20 头牛或 10 多个农场主的农具。[①] 为了满足他的军事需要，国王向他的领主要求服兵役和其他服务，这些贵族反过来又提醒他们的骑士履行军事义务。非自愿兵役是封建契约的一部分。

今天，封建主义似乎是一种不受欢迎甚至荒诞不经的经济制度，对农奴而言更是如此。有一些农民起义，例如 1381 年的农民叛乱，威胁到英国统治阶级，但农奴和农民大体上只是生活在他们习惯的"庄园"里，不能奢望比这更好的东西了。即使在他们想要改变的时候，他们也几乎没有什么办法。此外，他们一般认为农奴制是一种对奴隶制的改善。他们是对的。

封建主义社会理论

在封建社会，农奴们工作，战士们战斗，牧师祈祷，领主管理，国王统治。国王一般都管理得很好。1170 年到 1171 年，亨利二世获得了大约 23 500 英镑的收入，其中他和他的随从们花了大约 5 000 英镑在他们自己身上。那时，一个教区的平均收入大约是每年 10 英镑。

我们本可以预料到阶级冲突，但家庭和国家之间的冲突比这些阶级之间的冲突要多，因为社会组织遵循严格的等级制度。一个出身于农奴阶级的人几乎没有向上流动进入贵族阶级的可能性。无论是传统还是契约，都几乎决定了每一种社会联系。然而，也需要一些执政理念把一个社会维系在一起，封建的世界观是由个人与神灵的关系构成的。即使是国王也普遍以神性统治。

在 12 世纪伟大的十字军东征时期，骑士精神作为融合宗教和军事艺术的道德体系而绽放。通过从前基督教的过去——特洛伊人、亚历山大大帝和古罗马人——中汲取灵感，骑士精神最初珍视古代异教美德，其中包括骄傲——基督教神学中的一种罪恶。当欧洲不得不保卫自己对抗古代斯堪的纳维亚人、穆斯林和其他"异教徒"时，福音书中的和平主义思想被搁置一边，教会祝福骑士的武装

---

① Henry William Spiegel, *The Growth of Economic Thought*, Englewood Cliffs, NJ: Prentice-Hall, 1971, p. 49.

并为他祈祷。

骑士精神为骑士的日常活动提供了正当的理由，而这种方式让备受非议的商人只能嫉妒。作为一个"中间人"，商人在农业经济中除了自掏腰包外似乎没有什么用处。骑士最初也同样受到怀疑，因为他最有效的工具是致命一击。因此，骑士的剑必须用来为寡妇、孤儿、被压迫者和教会服务，所以"上帝和骑士精神是一致的"。

然而，从根本上说，无论是骑士精神还是商业企业，都不可能受到约束。尽管此后骑士精神主宰了贵族的生活，但就像许多道德准则一样，它既是现实，也是幻象。然而，这并没有削弱它作为一种社会力量。教会提供了将中世纪社会维系在一起所需的额外黏合剂。

教会本身拥有大量庄园，并以土地、贵族捐款和什一税的形式积累财富，后者精确到农民菜园中野菜总产量的十分之一，以及从不断扩大的店主阶层和贫穷的工匠的每英镑个人收入中拿出两先令。教会传统上对世俗商品的强烈抵制，是针对通过贸易积累财富，而不是积累财富本身。[①]

深深植根于中世纪思想的原罪使得改革或改变几乎不值得考虑：如果人类从根本上腐败了，那么既不是他们也不是社会改变了。一个女人要么是处女和圣人，要么是在去地狱路上的妓女，那里的平均温度已经被仔细地校准过，尽管除了它非常热之外，似乎很少有人知道这个温度。在中世纪晚期以前，一个妇女可以选择婚姻的暧昧和罪恶感，也可以选择修道院的童贞保护。因此，在某种程度上，宗教被用来使现有的社会和经济状况合理化。

玛格芮·坎普（Margery Kempe）的回忆录是第一本用英文写作的自传，它阐明了宗教的力量。[②] 她大约 1373 年出生在诺福克的林恩主教教区，在 1439 年作为一个老妇人口述了她的回忆录。最后，她认为基督是她的合著者。除了宗教，她的生活几乎没有其他什么东西——就像其他许多人一样。在她年轻时，马

---

① John T. Gilchrist，*The Church and Economic Activity in the Middle Ages*，New York：St. Martin's Press，1969，pp. 50 - 58.

② Margery Kempe，*The Book of Margery Kempe*，eds. H. E. Allen and S. B. Meech，Early English Text Society，1940.

格芮犯了罪（无疑是性方面的罪行），并觉得自己肯定会被诅咒下地狱承受众所周知的折磨。可以理解的是，马格芮选择了结婚而不是修道院。虽然她向当地的牧师提起了她的罪孽，但他严厉地告诫她，她从未完成忏悔。她想，她注定要在没有宽恕的情况下死去。后来，她开始看到魔鬼的幻象，魔鬼吐着火焰，企图吞没她。她企图自杀，终生伤痕累累。

她自我描述的恢复也同样戏剧化：基督出现了，焕发着美丽和爱，身披着紫色的丝绸，问她为什么抛弃他，尽管他从来没有抛弃过她。然后，他随着一束光升上了天堂。马格芮恢复了平静——至少几年内是如此。对她被忽视的丈夫约翰来说，最糟糕的事情还没有到来：马格芮认为性是一种邪恶的行为，而她现在相信圣徒身份即将来临。

今天的一些人可能会说，马格芮只是有精神疾病。然而，如果是这样的话，它在中世纪是一种普遍的折磨。宗教不仅支配着一天的思想，也支配着梦想。这些幻象总是很重要的。

教会像具有骑士精神的骑士一样，却被认为应该是慈善的。从其庞大的资源出发，应该是赠送或单向经济转移给穷人，但是，所需的什一税和费用往往足以使得下层阶级的负担更沉重，从而造成了教会慈善机构本来想要减轻的贫困。因为许多地主都是教士，所以地主们对领主的勤勉和对教会的慷慨要求实际上具有双重目的（他们会说崇高）。

在 12 世纪以前，法律和权威的力量甚至常常被认为是上帝对人类罪孽的惩罚。这种信念的残余使得骑在马背上的装甲士兵从事更恶毒的勾当——强行镇压异教徒、被逐出教会的人和罗马教廷的敌人——时更加容易，哪怕没有浪漫主义者让我们相信的那样具有骑士精神。无论是中世纪的思想家还是封臣都没有试图掩盖一个分层社会的现实和优势。等级制的社会理论盛行。

直到英国伟大诗人乔叟（Geoffrey Chaucer，1342—1400 年）所处的时代，骑士仍然是一个浪漫的理想：

> 有一位骑士，是一位高贵的人物，从他乘骑出行以来，始终践行着骑士精神，以忠实为上、推崇正义、通晓礼仪。为他的主子作战时，他十分英

勇，也曾参加过许多次战役，行迹比谁都辽远，不论是在基督教国家境内，还是在异教徒的区域，都受人尊敬。①

但在乔叟朝圣之旅中的另一位旅行者——商人——被描绘得模棱两可，反映出他仍然不稳定的社会地位：他擅长与人交流。

　　这位可敬的商人是一位精打细算之人，能讲价、善借贷，谁也不知道他有债务在身。他的确是一个人才。可惜，说句老实话，我也不知道他的尊姓大名。②

我们今天称之为学者或科学家的人，在中世纪时期的处境并没有比商人更好。他们的命运是共同的，因为宗教对两者都不利。然而，与许多人可能认为的相反，"科学"不仅存在于中世纪，而且开始演变成现代形式。首先，中世纪的学者只保留了他们的前辈，即希腊和罗马哲学家的思想。

早期天体力学与封建秩序

在中世纪的大部分时间里，大多数人都认为太阳围绕着地球转。这个信念在克劳迪斯·托勒密（Claudius Ptolemy，公元前 140 年）的天文学中找到了最完整的表达，他也是希腊伟大的天文学家当中的最后一个。托勒密的系统是对希腊和罗马哲学家的天文学理论的改良，是一个复杂的数学系统，它描述了从地球上看到的天体的运动。托勒密认为，地球是一个位于宇宙中心的静止物体。所有的天体，包括太阳在内，都以一个圆形的轨道从东向西绕地球运行。在缺乏现代电视节目的情况下，行星、恒星和彗星都被称为"天体"。托勒密的视野在中世纪的世界观中根深蒂固，尽管它将早期的科学与宗教混为一谈。

然而，即使在第二个世纪，行星显然不是以完美的同心圆围绕地球运行。有

---

① Geoffrey Chaucer，*The Canterbury Tales*，translated by Nevill Coghill，London：Penguin Books，1977，p. 20.

② *Ibid.*，p. 27.

时行星相对接近地球；有时它们似乎在向后移动。托勒密解释了这些明显不规则的运动，他声称每一颗行星在以一个较大的圆圈绕地球运行时，也在一系列较小的圆圈中以自己的速度移动。每颗行星在绕地球运行时，都有自己独特的轨道，称为本轮（见图 2.1）。每当系统出现不规则的"无法解释"的现象时，就会增加一个新的本轮，结果这个系统变得越来越复杂。尽管托勒密范式的数学复杂性令人难以理解，但它还是令人满意地解释了人们在仰望天空时所看到的一切，它可以用来预测行星的大部分运动。举个最简单的例子，那些接受托勒密范式的人很清楚，太阳和行星围绕着地球运行，因为他们可以看到它们是这样运行的。

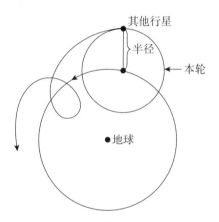

图 2.1　托勒密行星系统

根据托勒密的观点，地球被一系列称为天球的透明小球包围。人们认为，每颗行星都是按照自己的球体在自己的本轮上移动。运载最后一个已知行星，即土星的球体，被认为离地球最远，天王星、海王星和冥王星这些行星都还没有被发现。除了土星的球体之外，还有一个使所有其他球体运动的球体——一种宇宙引擎。在这一点上，天文学与宗教紧密相连，托勒密的数学范式也与中世纪哲学纠缠在一起。

中世纪的基督教哲学家对天球理论做了最后的完善。他们把上帝、天使和圣徒置于超越了最后的球体、在时间和运动之外的地方，即在"天堂"（heaven）中。根据这个体系，地球是宇宙的静止中心，也是离上帝最远的地方。宇宙被看作一个等级，有一系列的台阶，上帝在顶端，人类在中间（地球上），地狱在下面。

中世纪早期基督教和经济组织的逻辑在很大程度上依赖于对宇宙的这种看法。它是封建等级制度的缩影：土地所有者在顶端，农民在底层。现在，星星也是天堂的明灯，人们脚下的土地是地狱的屋顶。来世的事和这里一样重要。人类不仅仅是处于宇宙中心的精挑细选的生物，他们还是上帝唯一关心的东西。也许实际上，装饰着基督教图腾的托勒密体系是封建社会最完整的比喻。此后，很难发展出一门似乎与信仰相冲突的科学。

中世纪遗留下来的世界观的残留物挥之不去。如果仍然活着，那么圣·托马斯·阿奎那（1225—1274 年）在阅读乔叟的经典作品中的许多篇章时会感到脸红；然而，阿奎那的《神学大全》仍然非常有影响力，尤其是在严肃的天主教继续盛行的时候。阿奎那所强烈反对的为利息而贷款和追求利润的交易仍然令人感到厌恶。仍然为人们所熟知的是，即使是公平价格也代表着公正。甚至连令人敬畏的乔叟也处于欧洲从中世纪进入现代的过渡时期之前，这一时期可以追溯到文艺复兴时代。甚至在一门声称与宗教分离的科学诞生之前，市场就会繁荣，商人也不能再被否认。我们现在转向市场经济的缓慢演进。

3

市场经济的缓慢演进

亚 当·斯密认为，自由和个人主义与市场密切相关。然而，历史并不总是站在他那一边。我们已经看到封建主义的家长作风是如何阻碍个人自由的发展的。当斯密写《国富论》时，市场经济是一种活生生的现实。因此，为了理解斯密所说的话的意义，我们将继续讲述已经开始的市场复苏和发展的故事。这一市场发展至少有两个阶段：（1）商业经济；（2）工业经济。

几个世纪以来，通往市场经济的旅途常常就是一条坎坷之路。虽然不可能具体说明从封建主义向市场制度转变的历史时刻，但我们可以找出导致这一变化的主要因素。即使变革之风带来了市场的种子，斯密所反对的封建势力也减缓了其繁盛起来的速度。随着时间的推移，第二个障碍——被称为重商主义的经济体系——将出现。一旦我们仔细观察了君主制和重商主义对市场的影响，我们就会更好地理解斯密的反叛，并明白为什么《国富论》这本书如此惊人。

市场的重生

法律和秩序成为一个促进封建主义衰落和市场重生的重要美德。除其他条件外，商业经济还需要一个相当稳定的社会才能成长。例如，商人必须能够安全地旅行，才能在不同的城市出售商品。社会必须足够和平，这样才能有城镇。到了10世纪中叶，欧洲的条件已经足够稳定，使得商业开始缓慢复苏。对外国掠夺者的恐惧已经消退。战争仍然是当地领主之间的一种生活方式，但这种情况已有所减少。封建制度提供的安全保障促成了人口的增加，庄园的数量也增长了。事实上，到 13 世纪，最好的农田可能已经被占用了。[①]

城镇开始在人口稠密的地区形成。手工业开始蓬勃发展，诸如盔甲和挽具等粗糙的制成品被用来交换来自乡野的原材料和食品。贸易的增加和劳动技能的规范成为不同商业之间相互加强的源泉，例如，木匠或铁匠不可能完全自给自足，必须依靠贸易和易货才能获得他们无法生产的东西。然而，依赖易货（用一种商品换另一种商品）的商业既烦琐又低效，随着时间的推移，用金钱交换商品的旧罗马习惯又恢复了。

新市镇的一个特点是，许多新市镇独立于封建领主，有自己的政府和自己的防卫。这不是一个容易的过程，不止一个城镇被愤怒的领主洗劫了，因为它们拒绝屈服于领主的要求，但几个世纪以来，城镇的独立已成为欧洲经济的一部分。

欧洲有各种各样的资源和气候，以及不同类型的作物和牲畜。因此，一旦旅行相对安全，交换不同商品的潜力就总是存在的。从 11 世纪末开始的十字军东征伴随着国际贸易的大幅增长。在 12 世纪，随着贸易和人口规模的继续扩大，意大利北部、德国中部和佛兰德斯的城镇成为重要的商业中心。到了 13 世纪，法国香槟、佛兰德的羊毛和德国矿山的原材料成为商业增长的一部分，刺激了银行业和其他新的商业机构的发展。

但我们现在有点超前了。让我们回到一个中等规模的中世纪小镇，尝试分析它如何从一个易货交易的社区发展为一个市场，以及城镇居民如何从工匠转变为商人。这种改变的方式之一可能会从交换礼物开始。比如宗教节日这样一个大型而繁忙的聚会，将为潜在的交换提供一个良好的环境。在节日期间，商品可能原本是为个人消费而带来的，但带来新的和不同商品的人之间的易货交易会很吸引人。这样的宗教节日最终可能会演变成一个乡村集市，而最初的宗教动机几乎被遗忘了。

有一个人，比如说一个成功积累了少量现金的织布工，可能决定用他的钱在集市上向人们买东西，然后在集市结束后再转卖或者与他人进行易货，这些商品

---

① Douglas C. North and Robert Paul Thomas，*The Rise of the Western World：A New Economic History*，Cambridge，UK：Cambridge University Press，1973，p. 12.

很难买到。这一天买到的货物可能要过几天才能卖出去，织布工可能会发现他已经赚了不少利润，然后他可能会决定专门购买和转售商品，而让他的妻子代替他做编织。他成了一个中间人。然而，他不喜欢在农村周围携带货物的不便和危险性（旅行仍不安全），因此他在镇上挑了一个地方，开了一个商店，在那里他将出售他的货物。一切都很顺利，然后他的木匠朋友在泥泞的街道对面开了一家商店，卖的正是同样的东西。中世纪的小镇就这样永远地改变了。

因此，正是独立的商人在习惯经济或指令性经济的边缘运作经营，才改变了一个社区的性质，这是商业或商人经济与封建组织大不相同的开端。特别是，独立商人的崛起带来了一种新的价值——个人主义的长盛不衰，并有可能导致一种新的经济体系，即市场经济。同行业的朋友们相隔一条街变成了竞争对手。

农业剩余与庄园解体

大约 1000—1300 年被称为"中世纪鼎盛时代"，原因有很多，其中就包括这几个世纪以来发生的商业革命。市场的文艺复兴是这场革命的一个重要因素，但也发生了其他变化。例如，农民开始对作物的冬播和春播采用更规律的轮作制度。一块土地第一年种植冬小麦或黑麦；第二年种植谷物和豆类作物；第三年休耕，耕耘但不播种。作物轮作——现代农业的开始——有助于为天气不可靠的季节提供剩余。

其他创新产生的剩余足以养活农民和游荡的商人。到 1100 年底，英国大概有 5 000 家水力磨坊，水力成为与火一样重要的能源。风力磨坊虽然不如水磨机强大，但更适合工业使用。重型犁把轮插在犁和牛之间，这给了犁工一个支点，使更重的犁可以在欧洲大陆潮湿、沉重的土壤上使用。钉的马蹄和新的挽具使更快的马在农业上成为牛的一个重要竞争对手。

剩余的销售有两种影响。第一，它从农业中释放了一些劳动力；第二，庄园变得不那么自给自足，更依赖于购买。随着时间的推移，庄园的制度开始瓦解，尽管它实行的大部分封建政治控制都还没有如此。这种变化非常缓慢，只有在城镇和贸易的刺激比庄园提供的保障更有吸引力的情况下，变化才是明显的。城堡和教堂的建造仍然吸收了大部分剩余粮食和劳动力。贵族仍然对手推车和易货感到不自在，他们是通过中间人进行买卖的。在僵化的封建等级制度中，崇高的宗教和世俗的领主与还不能被机器所取代的卑微农工之间仍然存在鸿沟。

扩大贸易和减少人口

　　早在 1095 年开始的第一次十字军东征之时，冒险的人们就摆脱了封建的束缚，成为行商。在西方城市中，威尼斯实际上独自发展为一个繁荣的商业中心。威尼斯在西欧、穆斯林非洲和黎凡特之间发展了三角贸易，贸易对象主要是香料、丝绸和象牙（东方奢侈品），木材、铁和奴隶（西方"必需品"）。此外，威尼斯人不是对自己的产品视而不见，而是成为玻璃器皿和盐（产自威尼斯环礁湖，Venetian Lagoons）的著名来源。对这一中世纪的贸易而言，极为重要的是犹太商人。他们的宗教不禁止放款，因此他们可以贷款和增加资本流通。他们也没有自己的国家，因此他们可以旅行和出售自己的货物，而不受封建社会经常施加的限制的影响，特别是在战时。

　　商人虽然在商业上占有重要地位，但他们的社会地位仍然很低，即使穷人也比商人享有更高的社会地位，原因是宗教以及社会对商业和财富的持续的禁令。穷人比富人更容易进入天国，富人必须通过布施购买通行证。维罗纳主教谴责商人渴求黄金。他可能是对的。只有勇敢、聪明或绝望而愚蠢的人才能开展中世纪的商业革命。①

　　城镇扩张了，贸易和商业在本地、区域乃至国际上蓬勃发展，但商业革命的"好时代"并不总是一帆风顺的，而是在一系列破碎的飞跃中展开的。总是潜伏在中世纪生活的背景下的是战争、叛乱、饥荒和瘟疫"四大骑士"。战争普遍存在，而且常常是毁灭性的。英国和法国之间的"百年战争"（约 1387—1453 年）似乎没有起点，也没有终点，使得法兰西的大部分地区成为一片荒原。一个神秘

---

① 有关此处提供的历史的详细说明，请参见 Robert S. Lopez, *The Commercial Revolution of the Middle Ages*, *950—1350*, Englewood Cliffs, N. J.：Prentice-Hall, 1971。

但不那么真实的圣女贞德（Joan of Arc，1412—1431 年），一个来自农场的女人，激起了法国对英国和勃艮第人的爱国情怀，从而确保了法国在百年战争中的胜利。玫瑰战争，一场英国内战，使几个贵族的封建军队为那个世纪的平衡而忙碌。庄稼和天气是不可预知的，饥荒频频。

在灾难性的 14 世纪期间，英格兰经历了 4 次大饥荒。与不幸发生了 13 次饥荒的法国相比，这种结果似乎还是好的。就像现代饥荒一样，这些饥荒通常伴随着由未掩埋的腐烂尸体引起的流行病。最具破坏性的爆发是 1348—1351 年的黑死病（腺鼠疫和肺鼠疫），它在拥挤的城市地区具有特别灾难性的影响。据估计，欧洲人口从 1300 年间的 7 300 万下降到 1400 年的 4 500 万。饥荒和瘟疫似乎至少在某种程度上是人口迅速增长、缺乏卫生设施和医疗知识不足的结果。①

但是潮流又发生了逆转。瘟疫消退了，在 16 世纪，人口和贸易量都扩大了，特别是在北欧更加如此。意大利城邦继续占据欧洲商业生活的主导地位，威尼斯、米兰、佛罗伦萨和热那亚拥有领先地位。随着人口的增长，劳动力的货币工资相对于土地价格下降。这意味着食品价格相对于工业品价格上涨。农业依赖大量日益昂贵的投入，即土地。

武器和新的民族国家

封建主义的特点是政治单位相对较小。今天被称为法国的这一地区，其 10 世纪时期的地图显示出许多独立的郡县和公爵领地，这些郡县和公爵领地都对巴黎国王保有封建的忠诚，但其中最大和最强大的就像是独立国家一样，或多或少可以为所欲为。到中世纪末期，现代意义上的民族国家（整合的郡县和王国）已经开始出现，14 世纪初的"法国"地图仍然显示出许多郡县和公爵国，但更多的土地是由国王直接控制的。

随着新武器技术的出现，国王再次能够在没有骑士作为中间人的情况下保护他们的所有臣民。骑士面临技术上的失业。因此，进入骑士行列的资格受到

---

① 关于更多的数据和来源，见 North and Thomas，*op. cit.*，pp. 71-74。

了更严格的控制。虽然锦标赛经常被用来作为战争的训练场地，但它们越来越多地作为亚瑟王（Arthur）的戏剧盛会而上演。骑士的角色慢慢地让位给贵族的无功能特权和有限的职业进入。

在 1302 年的库图雷战役（Battle of Courtrai）中，重装甲的法国骑士精华在装备长矛的佛兰德徒步士兵面前一败涂地。在百年战争中，英国的长弓兵打败了法国人。1453 年，君士坦丁堡城墙被成功攻破，火药引起了战士们的注意，这使得人们怀疑古老的城墙作为防御手段的作用。到了 15 世纪末，文明被赋予了长枪和大炮。

因此，民族国家和武器一同成长起来。民族国家接管了封建主和他的庄园为公民提供保护的职能——当然，这是有代价的，因为这种新型的"国家"防御也不便宜。国王需要收入，而公民往往很愿意支付保护费。例如，在英国和低地国家，代议机构开始制定税率，国王用土地和承诺换取额外的收入。

圈地运动

另一项改变乡村景观的主要行动，特别是在英国，就是所谓的圈地运动。当然，圈地运动的速度在不同的地方是不同的。它始于 12 世纪的英格兰，同时在 1700 年之前，大部分都是在那里完成的。① 然而，在 19 世纪之前，圈地在欧洲其他地区几乎没有什么进展。随着 16 世纪和 17 世纪人口的增加，土地的价值增加了，这有很多原因。不断扩大的食品市场使土地成为有价值的农业。羊毛的市场在不断扩大，到中世纪后期，羊毛是一个主要的产业。拥有土地的贵族不需要很聪明就能发现，在牧场上看羊只需要一个人，而在同一块土地上种植粮食可能需要多达 10～12 名劳动力。因此，许多曾经开放的土地被栅栏围起来（圈起来），这样土地所有者就可以从农耕或养羊中获利。

对于较小的农场主来说，最大的损失是他们习惯在公地上饲养家禽，放牧

① 参见 J. R. Wordie，"The Chronology of English Enclosure，1400—1914，" *Economic History Review*，36（4），pp. 483 - 505（November 1983）。

牛，砍柴作为燃料。因此，由于经济前景日益暗淡，许多农民被迫卖掉自己的财产，成为农业临时工或到城镇里新的工厂工作。人们对这些环境的不满可以用一种流行的押韵诗恰当地表达出来：

> 法律将从公地偷鹅的男男女女关押，
> 却让从鹅身上盗走公地的更大的恶棍逍遥法外！

因此，我们已经到了这一步：人们可以把他们的劳动力卖给羊毛制造商，或者说富有的地主。劳动力很便宜。土地也是由教会和国王出售的，教堂需要更多的现金来建造更大的教堂，国王需要更多的军队来打败他的对手。土地一点也不便宜，只有贵族或最富有的商人负担得起。通过西班牙人和葡萄牙人的探险，黄金和白银流入欧洲，并有丰富的铸币使市场经济活跃起来。市场体系所需的不多。这是一场缓慢的革命，但在交换经济中使用货币逐渐侵蚀了封建主义的传统义务、价值观和责任。旧的封建秩序与这一新兴的摇钱树做了徒劳无功的斗争。货币和新出现的经济和政治组织带来的满足值得牺牲某些特权和安全——至少对除了不断萎缩的封建贵族之外的所有人来说是如此。

宗教改革和其他思想

一旦再次出发，中世纪晚期的商人就成为第一个被公认的现代"经济人"，但正如所指出的，这种商业伦理违背了教会的教义。就教会而言，商人将会误入歧途，因为他们正在赶往地狱的路上。利润的道德层面仍然令人怀疑，尽管商人们竭力给它起了个好名字，但是，社会对通过商业积累物质的态度正在逐渐改变，这主要是16世纪初开始的一系列事件的结果，这些事件后来被称为宗教改革（Reformation）。这一运动很重要，因为私人物质积累是资本主义的先决条件。

宗教改革开始时是教会内部的一场宗教运动，旨在纠正（改革）某些特定的神的权力滥用，特别是出售免罪符（对已经供认和悔改的罪行的部分减刑证明）。从某种意义上说，教会本身从事了经济-精神上的"资本主义"交换以获取资本；

它出售免罪符以获得运营费用和新建筑所需的部分资金，例如罗马的圣彼得大教堂。早在 14 世纪后期，福音派教会的罗拉德派（Lollards）和其他虔诚的玛格芮·坎普就对教皇宽恕和免罪符的售卖做出了反应，公开指责了教皇的权威性，特别是在 1378 年之后，当时有对立的两位教皇，一位在阿维尼翁，一位在罗马。① 后来的改革家——由马丁·路德（Martin Luther，1483—1546 年）这位后来成为德国宗教改革运动领导人的僧侣领导——对他们认为与基督教理想脱节的行为感到愤怒。路德把他的 95 篇论文钉在维腾贝格诸圣堂（All Saints' Church at Wittenberg）的门上，他的针锋相对与文艺复兴的更加自由的思想一致。宗教改革最终导致一种对教会许多教义的彻底修改和新教教会的建立。

新兴的商人阶层在这场运动中非常活跃。新教为商人的世俗宗教精神提供了一个庇护所，因为它教导商人努力工作和积累财富是美德。严厉和专制的法国神学家约翰·加尔文（John Calvin，1509—1564 年）发展出一种对商业阶层特别有吸引力的基督教信仰的解释。他把信徒的注意力集中在《旧约》的一些积累和交换的价值上。他争辩说，他们不能违背基督关于富人和天国的教义（马太福音19：24），因为《圣经》的两本书都是神的话语，而神的话语是唯一的。他教导说，好的基督徒通过辛勤的工作和节俭的生活来显示他们的信仰。因为"天助自助者"，繁荣成了虔诚的标志。世俗和宗教幸福地结合在一起了。

新教为西欧、苏格兰和英格兰的人民提供了一个选择。他们可以参考马丁·路德的《新约》导向的教义，或者他们也可以遵循加尔文主义。加尔文主义虽然有其严厉和严格的方面，但至少允许一个人在受苦时积累金钱。商人选择的权威主要是加尔文主义或犹太教，两者都依赖《旧约》。和以往一样，那些同群的人常常不能聚集在一起，无论是否在耶稣的名义下。在英格兰和苏格兰，加尔文教派的追随者们在 1561 年与路德教会决裂。加尔文的原则出现在长老会和改革后的新教教会的信条中。约翰·诺克斯（John Knox，1505—1572 年）是加尔文在苏格兰的同样难以应付的对手。

---

① 参见 Louise Collis, *Memoirs of a Medieval Woman*，New York：Harper & Row，1983，p. 23。

因此，在大约 6 个世纪的时间里，旨在确保在西欧大部分地区建立竞争性市场经济的力量，正在不断侵蚀庄园和封建主义的政治组织的经济根源。最引人注目的因素是不断上升的农业生产率和剩余，由此导致的庄园解体、旅行和探险、民族国家的崛起、圈地运动（特别是在英国）、土地和劳动（两种重要的生产要素）的买卖、商业交易中不断扩大货币使用并将货币作为政府的收入，以及对财富积累和经济进步是好事的观点的加速接受。

重商主义和大政府

如上所述，这是一条漫长的道路，我们还没有到达完全市场经济的站点，我们还面临着另一个障碍：所谓重商主义的一个中断，这是在 15 世纪初封建主义衰落到工业革命开始的年份（1780 年）中间盛行的欧洲经济体系。重商主义的某些方面从未消失；然而，重商主义者的统治地位在 1750 年开始衰落了。它的衰落并不是一件确定无疑的事情，它的小册子作者的一些想法也并非毫无价值。

起初，事情就是这样发生的。正当自由竞争的市场即将释放自己的时候，欧洲各民族国家的统治者为了自己的利益决定控制商业经济。这些统治者仍然以封建的方式看待权力，他们认为国家权力伴随着由于对经济活动，特别是国际贸易的严格控制而膨胀的巨大的财富。尽管如此，但随着市场的发展，即使是国王和王后也不得不开始与不断崛起的商人阶层打交道。重商主义（源自意大利语中的"商人"）是现代历史上政府和商业之间的第一个联盟。起初，商人是被政府主导的；后来，他们才占据了主导地位。

贸易、财富和权力

重商主义和封建主义一样，在不同的国家以不同的方式运作，但其背后的基本思想始终是一样的：政府应该以增加国家财富和国家权力为目的来管理经济。因为权力和财富等同于金银，所以政府应该：（1）刺激国内商品的产出；（2）限制国内消费；（3）对进口征收关税；（4）设法创造贸易顺差——出口多于进口。

出口是用金银支付的，这反过来又可以用来建设一支强大的军队。对消费的限制针对的是群众，而不是针对国王和国王的宫廷，也不是针对富裕的地主或商人。

黄金和重商主义总是会纠结在一起，因为贵金属被用作国际上可以接受的货币。就在欧洲贸易不断迅速扩张之际，出现了金银的严重短缺。这种对贸易的货币威胁因西班牙金块，即西班牙人在他们的美洲殖民地开采的黄金和白银流入而被阻止。黄金供应的增加需要付出一定的代价（或者说价格）：1500—1650 年，欧洲的产品价格翻了两倍。由于简单制成品的价格上涨速度远快于劳动力的工资或土地租金，不断崛起的商人阶层从这些事件中受益良多。

反过来，商人阶层的资本积累使它能够在 16 世纪和 17 世纪扩大简单的工厂体系。这种生产并不构成现代工厂类型，但它确实提高了专业化程度和生产力。生产、贸易和商业蓬勃发展。新的民族国家的君主意识到新的收入来源的优势，采取封建主义的行为，为这些商业活动提供军事保护。

货币数量理论

然而，并非每个国家都有以西班牙为主的那种黄金供应。在其他国家，君主不得不利用垄断权力为国家创造贸易顺差。这些民族国家决心永远不再经历缺乏黄金的问题。法国和英国的商人们经历了建立自己国家同时赚取利润的愉快巧合（虽然不是完全没有计划）。尤其是在英国，商人和地主贵族形成了一个流畅运转的联盟。因此，英国商人和贵族建立了一个相互保护的协会，商人的女儿们通过结婚而成为贵族的情况并不少见。

由于金银是重商主义者王国中的硬币，大多数重商主义者都知道，在一定条件下，货币数量与价格水平之间存在直接的关系。正如一位重商主义者所言："一个国家拥有的大量金钱使本国商品更加昂贵。"因此，通过贸易顺差来鼓励黄金流入似乎是自相矛盾的。难道这种货币供应量的增加不会提高价格，从而使本国商品"更贵"，或者像我们今天可能会说的那样，导致急剧的通胀吗？国内价格上涨将抑制出口，重商主义者所看重的贸易顺差就会出现。

你可能会惊讶地发现，当今经济学家对这个问题的答案仍然存在分歧。重商主义者比今天的养老金领取者更不喜欢通货膨胀。重商主义者认为，黄金数量的增加会"加速贸易"，也就是说，货币供应的膨胀会导致更高的生产水平（包括枪支和火药的制造），这将大大抵消来自同一来源的价格水平的任何上涨。事实上，他们认为扩大货币和信贷是贸易无阻碍增长的关键。货币供应对价格或产出的影响是否最大，这是我们后文将回到的问题。

经济活动的水平与货币供给量有关的一般概念现在被称为货币数量理论。它的具体形式发生了历史性的变化。英国哲学家约翰·洛克（John Locke，1632—1704 年）作为斯密的同期人物，提出了他那个时代最精巧的理论版本。他认识到，为了维持商业的持续运转，货币供应必须随着生产而增加，这样商人就不会倒退到低效的物物交换安排当中。然而，洛克认为，货币供应和产出之间的确切比例关系总是很难确定，因为需要用钱的数量取决于"流通的速度"。今天的经济学家称这种速度或者说货币的周转率为货币的流通速度。重商主义者的货币数量理论的粗糙性是可以理解的。他们是实践者，而不是理论家；是经济决策者，而不是哲学家。经过一段时间之后，亚当·斯密就不会那么宽容了。

对国家利益的追求主宰了重商主义时代。货币与财富之间的新联系（在封建社会中，土地就是财富），加上新的民族主义，导致民族国家利用经济政策作为实现其权力目标的主要工具。重商主义者看到，他们的国家在争夺霸权的斗争中，专注于征服和获取殖民地。国防是重商主义的主要组织力量，就像地方防卫对于封建主义一样。从 1600 年到 1667 年，欧洲列强只在一年的时间里实现过和平。

政府的管制很普遍。例如，为了增加黄金的流入，政府在对外贸易上实施了关税和其他管制。由于一国出口的商品多于进口而流入该国的黄金有许多令人羡慕的用途。它可以用于购买雇佣军，以补充不再从庄园征召的军队，还可以用于购买新式火药和大炮。政府还对生产进行监管，主要是为了增加可出口商品的产量。

法国是利用这些可能性的专家。1661—1683 年，由路易十四（Louis XIV）的财政大臣让·巴普蒂斯特·柯尔贝尔（Jean Baptiste Colbert）设计和管理的法国重商主义体系，将经济生产的几乎所有方面都置于政府控制之下。王室拥有的贸易公司是为了与法国不断扩张的殖民帝国进行贸易而设立的。船主和造船厂得到国家的补贴，港口得到改善，同时运河也修建起来了。柯尔贝尔试图通过多种方式改善法国的工商业，包括玻璃制造和蕾丝制造等奢侈品行业。甚至这些行业的生产方法和质量标准也是由国家规定的。

当某一行业受到外国竞争的威胁时，柯尔贝尔就会挺身而出为其提供保护。例如，他增加了进口布的关税，对移民到法国北部的荷兰和佛兰芒织工和商人提供补贴，这可能将法国制布业从荷兰生产商的竞争中拯救出来了。

然而，事实证明，柯尔贝尔政策的成本最终超过了创造的利益：在柯尔贝尔极端重商主义的做法下，法国经济并没有蓬勃发展。路易十四迫害法国新教徒的政策也迫使许多商界人士离开了法国。柯尔贝尔只是被他的监管热情迷住了。沙蒂隆（Chatillon）的织物中只有 1 216 根线；在欧塞尔（Auxere）和阿瓦隆（Avalon）以及其他两个城镇，有 1 376 条；在第戎（Dijon）和瑟隆热（Selang-ey），则有 1 408 条。任何少于或多于该标准的织物都将被没收，在三次违规之后，商人将被逮捕。

显然，我们需要一种不同的方法。这些时代的知识分子很快就会提供一种政策，这就是最初由重农主义者提出的自由放任政策，该政府后来又成为亚当·斯密的市场机制理论的一个基本原则。然而，为了理解这场思想的革命，我们接下来要考虑它的起源，因为思想家们开始剖析重商主义。稍后，我们将进行更深入的挖掘。

重农主义与亚当·斯密：一种期待

重商主义者的影响将挥之不去。很少有历史上的联盟像大企业和政府的联盟那样强大或持久。后来，亚当·斯密会认为重商主义者对国家财富的性质和原因的认识是错误的。然而，他的批评是在某种程度上受到了此前的一群经济理论家（他们被称为重农主义者）的影响。不像重商主义有着漫长的萌芽时期，从 1750 年到 1780 年，或者在工业革命开始的时候，重农主义的思想突然爆发了。可以理解的是，重农主义者是在法国成长起来的。他们攻击重商主义者，因为重商主义者对他们的财富损害最大。

这些关于什么才是真正的财富的争论似乎从来没有完全结束过。重农主义者对一个国家财富的形式和来源给出了不同的解释，声称土地——大自然的礼物——是唯一真正的财富，因为它使农业能够产生超过生产成本的正的净产品。农业是唯一真正有生产力的事业。然而，重农主义者看到的是一系列政府限制、重商主义补贴，以及保护工商业的特权。与农业不同的是，制造业生产的数量只有它得到的那么多，因此没有产生任何剩余。他们的这些信仰导致了重农主义者鼓吹一种自由放任政策：政府不应该通过抑制非生产性商业来进行干预。此外，对农产品的出口不应该征收关税。

农民们收到了庄稼的现金付款，他们不得不把这些钱作为租金转给那些购买或保留教堂和国王的土地的人，即所谓的在地贵族。制造商（一个非生产性阶层）也得到了他们生产的货物的报酬。所有的人都得到了他们生产的东西的报酬，除了土地所有者——他们收取租金，却什么都没有生产。重农主义者的结论是，所有的土地，不管是谁拥有的，都应该被征税。这种观点并没有赢得地主，即贵族和神职人员的支持。

重农主义对重商主义的攻击，主要针对封建地主的免税、农民所承受的不可容忍的税负和制造商的受保护地位。斯密喜欢重农学派思想中自由放任的一面，但他抛弃了他们对制造业无益的态度。他的思想已经被证明比那些重农学者的思想更持久，部分原因是他对工业有积极的看法，更重要的是，他是在英国工业革命前夕说出这些的。

斯密最担心的是，一条条重商主义法规会扼杀商业。他在一次著名的欧洲之旅（1764—1767 年）中目睹了重商主义的遗产；他发现，法国农民仍然穿着木鞋或赤脚，而即使是贫穷的苏格兰农民也不会如此。斯密不相信贸易限制是有益的，也不认为黄金是财富。黄金只不过是货币，是流通的工具，而产品（来自自然和制造业）则是真正的财富。亚当·斯密认为，市场无障碍的扩张是一种解放力量，新鲜空气席卷整个英国，甚至在法国也会如此甜蜜。

商业的扩张带来了新的产品，这些产品将用土地贵族的剩余进行购买。市场扩张将使经济增长，工人和商人最终将获得自由，不再依赖领主，也不依赖民族国家官僚机构。斯密认为，商业是一种文明的影响，重商主义在它的面前完全是阻碍。尽管英国的许多重商主义限制在 18 世纪中叶已经过时，但亚当·斯密当之无愧的名声在很大程度上来自他对重商主义者的有所准备的攻击。

所有这些都不算太符合，是吗？大自然的恩赐与自然规律的观念几乎没有什么不同。自然规律是与力学或钟表的精度一样的概念。因此，重商主义者、重农主义者和亚当·斯密必须通过获得更多的信息，而不是进入市场，来决定是否应该对其进行监管。所有这些看似迥然不同的参与者之间的联系比我们想象的更为无缝。经济学的结果将由科学革命决定。

4

牛顿与经济学范式

我们通常不认为艾萨克·牛顿和亚当·斯密的思想是相关的，但他们的思想实际上是联系在一起的。牛顿对所有研究都有着引人注目的影响。他对天体在太空中的运动的描述是科学革命的顶峰，奠定了现代物理学的基础。在18世纪，亚当·斯密用他的伟大的综合奠定了现代经济学的基础，但是，如果没有牛顿的成果，他不可能做到这一点。物理学这一自然科学和经济学这一社会科学之间的联系比这两者都长久。这是一个经久不衰而又令人喜爱的故事。

如前所述，一个社会的世界观在很大程度上与促进或阻碍科学及其进步有关。然而，中世纪对宗教的压倒性依赖并不能永远占据主导地位。随着市场的不断发展，金钱带来的诱惑将压倒许多《圣经》中的禁令。尽管如此，但商人们从未真正抛弃宗教，相反，他们笼络了宗教。然后，从15世纪中叶开始的欧洲文艺复兴见证了从依赖制度化的宗教作为日常活动的指导，向不断增强的独立思想信心的转变。这一变化是缓慢但极其重要的，它包括了现代科学和科学革命的兴起。然而，在这一时期，科学和宗教之间的分歧也从未完结。宗教价值观继续产生着巨大的影响，甚至在将于17世纪末演变的革命性科学世界观的内部也是如此。

就文艺复兴时期自然科学与宗教的结合而言，它永远不能声称是不受价值观的影响的。而且，由于经济学是起源于文艺复兴时期的科学方法和分析发展的产物，因此经济学作为一门社会科学是否可以不受价值观的影响，这是存在疑问的。事实证明，亚当·斯密的经济学是科学革命（Scientific Revolution）的俘虏。科学革命是文艺复兴时期［始于哥白尼的工作（Copernicus，1473—1543年）］的一个阶段。

正如自然科学没有回避神学思想，而是为其腾出空间一样，经济学等社会科学也是由世界观——包括诞生它们的价值观、目标和信仰——塑造的。因此，为了准确地描述经济科学的发展，我们最好先研究一下科学方法本身，它最初的动力是在自然科学的研究中产生的。这个关于现代科学萌芽阶段的广阔视角将为我们做好准备，对其随后的一种表述——经济学——进行更有洞察力的研究。

科学与科学方法

一门真正的科学已经确立了可以在实验室里通过实验证明的规律。例如，伽利略的自由落体定律（不同重量的物体以相同的速度下落）在实验室实验中可以一次又一次地接近。科学探究的对象可以是活的（植物和动物），也可以是无生命的（岩石和星体），但它必须是可以根据科学方法仔细、系统地加以研究的东西。

科学家们所做的研究也许是单调乏味的，但事实并非如此。科学方法要求：（1）关于要解决的科学问题的描述；（2）一个或多个假设（关于可能的解决方案的假设）；（3）检验假设以确定哪一个是正确的；（4）对正确假设的描述；（5）预测结果。如果经济学家用科学的方法系统地研究和解释经济现象，经济学就是一门科学。

科学方法是一个以逻辑原理为基础的理性过程，但逻辑本身并不是科学家工作的充分基础，它还需要经验信息——从观察和实验中得到的信息。我们看到，科学方法的第三步需要检验第二步中提出的假设；在这一点上，实际的数字和数量就变得重要了。

假设以下声明准确地反映了经济学家对如何实现充分就业目标的看法：

（1）只有在商业竞争无处不在时，所有的劳动力才会被雇用。

（2）商业竞争无处不在。

（3）因此，所有的劳动力都被雇用了。

这些说法在逻辑上是一致的，但经济学家如何才能知道陈述（3）是正确的呢？他们可以通过调查每个愿意工作且有能力工作的人是否真的有工作来检验它。或者我们假设经济学家想要检验陈述（1）。如果他们想确保商业竞争对充分就业负有责任，他们就必须衡量竞争的普遍性。否则，这一说法只能作为一种猜测或假设。

现在，与科学有关的乏味的一面开始了。那些忙于检验假说的科学家正在进行日常的科学活动。按照他们所属的科学界的标准，他们的工作是科学的（或不科学的）。然而，科学活动和科学进步之间存在区别。科学实际上是为了"更好"（进步）而变化的过程，无法按照日常的科学活动来定义。

科学家们只要找到他们期望发现的东西，他们就在实践科学，但通常他们并不是在科学上取得进步。假设在检验这些陈述的过程中，经济学家发现商业垄断（即非竞争）与充分就业并存。在这个结构中，这是一个意外的发现。它与商业竞争是充分就业所必需的这一逻辑结论矛盾。这个理论显然有一个基本的弱点，因此经济学家已经失败了，至少按照他们的内部标准是这样。但是，如果他们能够证明垄断与充分就业之间的普遍联系，他们实际上可能已经取得了经济学的进步。换句话说，革命性的科学进步对大多数正在耕种现有知识葡萄园的科学家来说几乎总是令人惊讶的。

另外两个术语在描述科学革命时是有用的：第一个术语是常规科学（normal science）；第二个术语是范式（paradigm）。

科学家属于一个社区。这个社区与旧金山的唐人街或芝加哥的小意大利这样的社区很不一样。科学界是一所无形的学院，包括了所有在某一特定科学专业，例如医学、化学或生物学中实践或进行研究的人。在某一特定领域内部，几乎所有的科学家都受过类似的教育，他们都是以相同的技术素养进行工作。此外，他们就像同意遵守同样规则的高尔夫球运动员一样，对相同的研究规则和有关科学正确性的标准有着共同的信念。

这种关于标准的协议是常规科学的先决条件，这是几乎所有从事各种专业工作的科学家所实践的科学。常规科学是以科学家们在过去取得的成就为基础的，他们的工作为当代科学家奠定了基本规则。与常规科学不同，我们首先研究的新科学体系，如哥白尼和牛顿的体系，具有非常规科学的形式，因此也是革命性的。

与常规科学实践密切相关的是已故科学史学家托马斯·库恩（Thomas Kuhn）所称的范式。范式是其他科学家可以在自己的工作中使用和遵循的杰出的科学成就范例。例如，哥白尼天文学是一种范式，它对天体运动的解释是完整而有说服力的，足以吸引众多的科学追随者，但同时也留下了一些问题给追随者去解决。因此，范式是某一特定科学界成员共享的知识体；相反，一个科学界由具有相同范式的人组成。正如库恩所说："范式的研究……主要是培养学生成为某一特定科学界的成员，他随后将在这一领域内进行实践。"①

在这里，范式一词所指的是最广泛、最普遍的形式，可以表达一种特定的科学思想。范式的不同部分将被称为理论或子范式；它们是更一般化的模型的组成部分。当我们继续讨论亚当·斯密著名的经济学范式即市场机制时，这种区别就会变得清晰起来。

斯密的范式也将清楚地表明，范式的发展并不是孤立于社会其他方面的。常规科学受其发展所在的社会中的价值观和其他研究领域的知识状况的影响。然而，我们将看到这种影响并不总是单向的。自然科学对工业社会的价值观产生了很大的影响，经济学往往是一种保守的力量，用来捍卫现状。斯密的范式的长寿（他的市场机制思想到 2001 年已经有 225 年了）就是后一种说法的证据。

有了这些定义，我们就能更好地理解科学对社会和社会对科学的影响。科学革命的本质在天文学中最为明显，在这里，中世纪的宇宙概念最终被推翻了。我将以哥白尼的科学体系作为一个发展完整和容易理解的范式的例子，用以说明这些科学思想与西方社会价值观之间的相互作用。从托勒密天文学到哥白尼天文学再到牛顿天文学的转变就说明了科学革命。

---

① 参见 Thomas S. Kuhn，*The Structure of Scientific Revolutions*，2nd ed.，enl.，Chicago：University of Chicago Press，1970，p. 176。一些社会科学家赞同伊姆雷·拉卡托斯（Imre Lakatos）的"竞争研究计划"的方法论，在这种方法论中，不同的群体竞相争取学者以推动他们的研究项目。最成功的群体成为主流或者范式。在这种情况下，学者人数最多的群体获胜。拉卡托斯的观点并没有真正改变库恩的思想，只是为了找出一种有时用来定义主流的策略，不能保证主流构成了一门正确的、无懈可击的科学。

哥白尼范式

我们从两个非常简单的陈述开始我们对科学革命的讨论：（1）曾经有一段时间，每个人都相信太阳围绕地球旋转；（2）今天，每个人都认为地球围绕太阳旋转。第一个信念在前面提到的克劳迪斯·托勒密（大约公元 140 年）的天文学中得到了最完整的表达。第二种观点与波兰天文学家尼古拉斯·哥白尼（Nicolaus Copernicus，1473—1543 年）有关，他对托勒密的体系并不满意。从托勒密天文学到哥白尼天文学的转变是科学革命中的第一个重大事件，也是西方思想史上的重大变革之一。科学一经释放，就对世界观产生了巨大影响。

尽管宇宙这一中世纪的天文学和中世纪对等级制度的渴望是天作之合，但这一体系给托勒密之后的天文学家带来了巨大的困难。主要的困难是什么呢？托勒密范式无法真正解释水星和金星，即我们于清晨和傍晚所看到的"星星"的"行为"。托勒密学说对它们的位置的预测与实际的运动不符。库恩认为，当用常规范式无法解释的不规则现象出现之时，一场科学危机就开始了。托勒密范式无法解决诸如某些行星的相对位置等难题，这是导致天文学中出现科学危机的原因。

虽然哥白尼是一个真正革命性的人物，但他的研究发现并没有在一夜之间改变人们的思想。他在不抛弃旧范式的情况下，发展了成为新范式的第一步。中世纪的封建等级社会依赖于无可置疑的宗教信仰，哥白尼也没有篡改它。事实上，在 18 世纪之前，大多数受过教育的欧洲人仍然信奉等级、纪律、秩序、神圣的天意和稳定的思想。哥白尼和其他学者——有时是在不知不觉中——所做的，是在宗教和理性知识、信仰和理性之间打下一道楔子。在文艺复兴时期，尤其是随着学者中产生的对盛行的宗教教条的相当程度的怀疑，这一楔子扩大了。但是，许多教会领导人都承认，拥有自己对物质世界的想法的自由，是造成权威的盔甲上出现裂缝的一个潜在原因。在很大程度上，由于权威中存在的这些尚未解决的冲突，科学革命在西欧出现并成为一股主要力量是非常缓慢的。

关于托勒密-基督教天堂范式的任何新视野都肯定会遭遇僵化神学的反对。然而，尽管存在教会——因此也是社会——对保持宇宙中心位置的偏好，在 16

世纪中叶，现代天文学的创始人哥白尼发展出了一种新的范式，将太阳移到了中心位置。他是在数学上对金星和水星的相对位置感到沮丧才这么做的。这两颗"星星"的运动轨迹，按照行星围绕太阳运行的体系能够得到更好的解释。因此哥白尼的"新"范式只涉及对旧范式的两个改变：（1）地球不再是静止的，而是围绕自己的轴自转；（2）同时，它围绕太阳运行。太阳和地球的位置是在同样为晶莹球体的体系中交换的。尽管如此，梵蒂冈谴责转向以太阳为中心的制度是错误的，并且完全违背了《圣经》。

哥白尼的简化范式使天文学家在预测行星运动方面取得了比旧范式更好的结果，但以太阳为中心的宇宙的概念远远超出了天文学的范畴。更重要的是，哥白尼成为一场智力革命的中心。哥白尼和后来的约翰尼斯·开普勒（Johannes Kepler，1571—1630 年）及伽利略（Galileo Galilei，1564—1642 年）的新天文学，最终改变了同时代人的世界观。例如，望远镜早在 17 世纪就开始使用，伽利略发现了月球上的山脉和太阳上的斑点，从而摧毁了天体完美的神话。认为这些天体排列成一个等级的信念也受到了攻击。伽利略的望远镜可以看到围绕木星运行的卫星，这证明了并非所有天体都是围绕地球或太阳运转的。

随着宇宙的浩瀚和复杂开始显现，人类的世界似乎在发生变化，变得越来越渺小和无足轻重。英国诗人兼牧师约翰·多恩（John Donne，1573—1631 年）哀叹他这一代人失去了旧的秩序、比例和统一的观念。法国数学家、宗教神秘主义者布莱斯·帕斯卡（Blaise Pascal，1623—1662 年）描绘了一幅关于人类在新宇宙中的孤独之处的戏剧性画面："自然中的人是什么？与无限相比什么也不是，与虚无相比却是全部，是介于一无所有和一切之间的一个中庸的存在。"[①] 至少可以说，这一新观点令人沮丧。

一位现代心理学家可能会解释正在发生什么，说许多人正因为科学发现而遭受身份危机。宇宙似乎不再存在一个焦点，也不存在一个上帝为人类创造的世

---

① Blaise Pascal, *Pensées*, fragment 72, trans. W. F. Trotter, London：J. M. Dent & Sons，1908，pp. 17 - 18. 由人人图书馆（Everyman's Library）出版，并经杜顿出版社（E. P. Dutton）允许转载。

界，作为神所关注的中心。相反，令人感到不安的是，宇宙并不一定是为了人类的唯一利益而创造的。但无论这种知识将为人们带来多大的不安全性，科学探索都无法停止。

哥白尼的范式留下了许多发展和完善的机会，科学家们继续对此进行思索。哥白尼最重要的两个追随者是开普勒和伽利略。德国数学家开普勒看穿了关于晶体球体的争论。他通过摆脱哥白尼从托勒密手中夺取的透明球体，改变了哥白尼的范式。开普勒的行星在椭圆轨道上移动，而不是绕圆圈运行。伽利略并没有抛弃循环运动的概念，但教会当局由于其他原因而对其非常恼火。正如我们所知，伽利略通过望远镜观察到，上天是会改变的，而这与教会教义矛盾。他的其他观察似乎违背了《圣经》。更糟糕的是，伽利略用意大利语（而不是拉丁文）写下了对哥白尼的观点（行星环绕太阳）的支持，很快他的观点在学术之外广为人知。这损害了捍卫托勒密体系的持有正统观念的教授；他们联合起来反对他，并试图说服天主教会禁止他的思想。

伽利略在罗马对教会当局陈词，辩称《圣经》并不是为了告诉我们任何关于科学理论的东西，因此《圣经》和常识不一致是正常的，它是寓言性的。教会担心丑闻可能会破坏它抵抗不断兴起的新教徒的斗争，于是采取了压制性的措施。最终，伽利略被终身软禁，并被迫在宗教裁判所的酷刑威胁下否认他的科学信仰（这是第二次）。具有讽刺意味的是，伽利略仍然是一位忠实的天主教徒，同时也相信科学应该独立于教会教义。然而，他的科学成就并没有丢失，而是为一位至今仍然使得伽利略本人黯然失色的科学家——艾萨克·牛顿（1642—1727年）——奠定了基础。开普勒和伽利略留下了许多无法解释的现象，而牛顿却把所有的碎片都整合进了一个设计得很好、不会解体的体系中。

牛顿力学与自然规律

为了充分理解牛顿与亚当·斯密，特别是与经济学的现代发展之间的关系，我们接下来要考虑一位与开普勒和伽利略同时代的人的影响。法国哲学家兼数学家雷内·笛卡儿（Rene Descartes，1596—1650 年）认为，正确的思维是在人没有感官的基础上进行的。对于解析几何的创始人笛卡儿来说，数学比感知之外的事物更可靠。心灵之外的事物只能通过在头脑中创造的概念来描述，因此笛卡儿将世界整齐地分成了两个独立的部分。

笛卡儿得出的基本概念是使用假想状态。例如，通过把身体描述为"只是一尊雕像或黏土制的机器"，笛卡儿只使用简单的例如制造钟表、喷泉、磨坊和其他机械的力学原理，就能够从逻辑上解释身体的功能。17世纪自然法哲学家约翰·洛克所使用的假想状态是"自然状态"，他主张限制主权统治。艾萨克·牛顿所使用的假想状态是自然的机械状态。然而，牛顿对他的想象施加了限制。他有一个实验性的倾向，他的系统来源于对天空的实际观测（截至那时可以观察到的行星）。尽管如此，但正是牛顿对天体在太空中的运动的描述为亚当·斯密提供了一种哲学，机制的元素将会在经济学中保留下来，而没有斯密丰富的历史画卷。

牛顿在英国剑桥大学学习，1669—1701年任卢卡斯数学教授（Lucasian professor of mathematics）。然而，他最重要的发现是在1664—1666年的两年内，当该大学因瘟疫爆发而关闭时完成的。在此期间，牛顿回到了他的家乡伍尔斯索普（Woolsthorpe），在那里，他有了伟大的发现。牛顿于1687年在他的《原理》（*Principia*）中总结了他在地球力学和天体力学方面的发现，这是科学史上一个令人震惊的里程碑。他关于光由粒子组成的理论发表得很晚——到1704年才发表。尽管牛顿发明了微积分来得出他的发现，但他在《原理》中用更古老的、更为人们所熟悉的几何方法解释了这些发现。

所以，直到伽利略去世后大约半个世纪，牛顿才发表了他的科学体系的总结。在其中，牛顿提出了万有引力定律，根据这一定律，空间中物体之间的引力和排斥力能使它们保持运动和平衡。引力是一种像大钟的主弹簧一样的力，使宇宙可以按照预测永远运行，而不会崩溃。牛顿的新范式以万有引力定律为基础，指出行星在开普勒椭圆中围绕太阳运行，并符合伽利略的自由落体定律。牛顿体系的具体思想是，所有现象——所有经验——都是由遵循机械规律和数学规律的原子排列组成的。伽利略和开普勒知道这种"自然"定律存在的重要性，但他们只将它们应用于特殊情况，如下落的物体和行星的运动。牛顿在他的引力理论中发现了一个宇宙定律，它需要精确的数学证明，并适用于整个宇宙中最小的物体（他认为）。

牛顿的力学因此引出了科学决定论，即所有事件都是前一原因的不可避免的结果的原则。例如，一旦一颗行星借助天体力学的理论体系被发现，那么通过对其位置的推算，将可以在任何时候完全地、毫不含糊地将它揭示出来。此后——直到 20 世纪物理学家马克斯·普朗克（Max Planck）和阿尔伯特·爱因斯坦的工作为止——科学家们将自然视为一种巨大的机械装置，其行为可以通过观察、实验、测量和计算来揭示。

宇宙是一种精密协调、时钟式的机械式机器的概念，在 18 世纪早期很快成为人们世界观的关键。它对宗教有两个重要的意义。首先，上帝是一个工匠或手艺人，他建造了一种极其复杂但可靠的机器，叫作"宇宙"。其次，在上帝创造了宇宙和宇宙顺利运行的规则之后，他或多或少地退居幕后，任由机器自行运转。在一个机械观点主导的世界里，人们发现越来越难以评估任何事物，比如无法科学衡量人格或道德的价值。

然而，这并不意味着宇宙是不道德的或毫无价值的，因为在牛顿式的科学中，出现了一位上帝，他可以从自然规律中衍生出来，并与他创造的宇宙秩序相协调。上帝，就像他的宇宙一样，是理性和可靠的。这种对可靠性的乐观观念——被认为创造者是善良和慈善的这一信念所强化——产生了一种深刻的解脱感。例如，美国牧师科顿·马瑟（Cotton Mather，1663—1728 年）可以安心了，因为"地心引力把我们引向上帝，使我们非常接近上帝"。了解万有引力就是更好地理解上帝之奇妙的方式。

尽管如此，牛顿自己的方式在一种非慈善和无情的意义上还是"不可思议"的。牛顿是皇家学会的主席，也是第一位被授予爵位的科学家。他晚年的大部分时间都卷入了一些小纠纷，包括与德国哲学家戈特弗里德·莱布尼茨（Gottfried Leibniz）在关于谁最先发明了微积分的问题上出现了一次小争执。我们现在知道，牛顿早于莱布尼茨的独立发明之前几年就发明了微积分，但在莱布尼茨发表自己的发明后，他的发明才被公开。（牛顿也预见到了变分法。）这场争论由牛顿领导的皇家学会解决，由牛顿调查，而牛顿撒谎了。莱布尼茨去世后，牛顿对

"伤了莱布尼茨的心"感到非常满意。奇怪的是，在生命末期，牛顿对炼金术非常感兴趣，尤其是用铅等不太值钱的贱金属来制造黄金的能力。牛顿总是活跃在反天主教的政治中，最终得到了收益丰厚的职位——皇家造币厂的监管，在快要创造出黄金时他却去世了。牛顿完全没有骑士气概，他在一个机械的太阳系里找到了他的和谐。

撇开骑士精神不说，牛顿的天才是不可否认的。到了18世纪初，牛顿伟大的科学综合造就了一种新的世界观。它是后来许多个世纪的自由主义哲学和神学的灵感源泉。虽然牛顿的《原理》把人类从宇宙中心的坚实基础上移到了以太阳为中心的宇宙中，从而给他们带来了不安全感，但他们被一个自然规律统治的宇宙的秩序和可预见性所安抚——这一自然规律以上帝为看不见的统治者。自然规律支配自然秩序的思想主导了新的世界观。对于我们的目的来说，最重要的是，牛顿世界观对现代经济学产生了最大的直接和间接的影响。

转型：从重商主义者的蹩脚文人到法国重农学派

由于因果关系在物理学和天文学中是明确的，所以许多学者认为，历史、人类行为和经济是受自然规律支配的。学者们认为，如果法律是神性预定的，那么人们就应该发现这些定律是什么，以便他们能够与控制它们的"预先建立的"自然秩序合作。牛顿的时代过后，任何其他世界观都会受到它的度量和挑战。回顾过去，这种从物理到其他领域的转移是令人费解的，因为自然规律是支配粒子行为，而不是人的行为的运动规律。然而，牛顿的整个系统——一台按照可发现的规律运行的机器——成了欧洲思想界无可置疑的假设之一。牛顿的时代过后，任何其他世界观都会受到他所创造的这种世界观的衡量和挑战。

早些时候，我们把重商主义者和金块与民族国家联系起来。对于重商主义者来说，不仅牛顿创造铅黄金的冲动是可以理解的，而且许多重商主义作家也看到了经济中高度机械的因果关系。如果人们理解因果关系的规则，他们就能控制经济。由此，他们口头上总结了政府如何管理经济和实现特定目标。然而，政府不能改变从自然规律衍生出来的基本人性。可以理解的是，重商主义思想的数量和质量从 1660 年左右到 1776 年有了提高，并在艾萨克·牛顿的时代之后达到了它的最佳水平。他们感觉到，经济规律可以用揭示物理学规律那样的方法来发现。

早期重商主义思想家也是商人，他们提供了一种奇怪的融合产物。托马斯·孟（Thomas Mun，1571—1641 年）是巨型东印度公司的董事。该公司曾经受到批评，因为英国从印度进口的比出口的多，向印度输出了贵金属以支付进口。孟的《论英国与东印度的贸易》（*A Discourse of Trade from England Unto the East Indies*，1621）一书，以相当偏袒的方式保护公司免受这些攻击。他只是说情况并非如此。他在 1628 年写了第二本书《英国得自对外贸易的财富》（*England's Treasure by Forraign Trade*），这本书在他死后的 1664 年由他的儿子出版。这本书很受欢迎，当时亚当·斯密正在写他的那本杰作。在他的书中，孟主张用贸易顺差（出口大于进口）以及由此产生的金银流入解决差额问题。这是一种典型的重商主义观点。

后来的重商主义作家是另一群人。威廉·配第（William Petty，1623—1687 年）在世时只出版了他的《政治算术》（*Political Arithmetic*）这一本书，但在他去世后，其他四部作品被印刷出来。配第通过数字、重量或尺度来表达自己的观点，这是一种新的突破。此外，他声称只考虑那些有明显自然基础的原因。虽然他的方法很粗糙，但他试图衡量一个国家的国民收入、出口、进口、人口和资本存量。无论如何，后来的重商主义者都更接近于把经济学作为一种衡量的问题，计量不仅能让混乱变得有序，而且能提供一些"统计"证据。

同样的秩序概念也是先于并影响了亚当·斯密和英国古典经济学家的法国重农学派政治哲学的基础。由弗朗索瓦·魁奈（François Quesnay，1694—1774 年）这位路易十五（Louis ⅩⅤ）和蓬帕杜夫人（Madame de Pompadour，1721—1764 年）的宫廷医生领导的重农学派是因为重农论（physiocracy）这一自然秩序法则而被命名的。这些法国哲学家的思想来自自然科学，代表了 18 世纪中叶在法国和英国的文学阶层中散发着光芒的人。被认为是"巴黎最漂亮的女人"的蓬帕杜夫人是国王的情妇，是戴上了皇家绿帽子的德·蒂奥勒先生（M. d'Etioles）的妻子。魁奈是这位夫人的资助对象，尽管他最终没有对这位贵族给予多少回馈。

不管科学与否，这些文士都站起来捍卫法国农工的利益，同时反对法国地主和重商主义者的利益。虽然巴黎已经成为一个充满商人和咖啡屋的城市，但农业在法国仍然占主导地位，而它在英国受到侵蚀。当时像现在一样，法国的农业不仅仅是一种职业，还是一种"更崇高的使命"，甚至是一种充满艺术感的生活方式，至少在法国奶酪和红酒的例子中是这样。正如人们所指出的那样，重农主义者声称农业生产出由自然提供的剩余，而制造业只生产了它所接收的数量，因此没有生产剩余。对于农村的农民来说，情况更令人沮丧。他们收到了支付给他们的庄稼的现金，但必须把这些钱作为租金转给那些购买或保留教堂和国王土地的人，即那些可怕的地主贵族。魁奈用他那张著名的经济表进一步说明了农业剩余是如何流动的——就像热血流经蓬帕杜夫人的血管一样——作为租金、工资和购买贯穿整个经济，支撑了社会最低阶层和最高阶层。

法国的贵族们在凡尔赛宫包围着路易十五，与他们的英国同行相比，商人们的威望要小得多。尽管有来自他的病人，即国王和夫人的宫廷支持，但魁奈和重农学派并不能凌驾于贵族之上。虽然他的经济表最初是在国王的私人报刊上以小版印刷的，但他允许他的成果以米拉波侯爵的名义接触到更多的公众。曾经有一次，蓬帕杜夫人提醒他提防国王的不安。尽管蓬帕杜夫人对她的医生怀有真诚的崇敬之情，但没有引起宫廷变革。那太糟糕了：如果国王更加注意到魁奈对农民的关心，那么在法国可能就不会有那么多的流血事件发生了。经济学中幸存下来的，是医生对蓬帕杜夫人血液循环的比喻——经济表。恰如其分的是，她的血液从来就不是真正的皇室血液。

牛顿、自然规律与亚当·斯密

苏格兰的大学非常积极地传播牛顿的思想。亚当·斯密当时是格拉斯哥大学最伟大的苏格兰人之一。在一篇关于天文学史的文章中，他将牛顿的体系描述为"人类有史以来最伟大的发现"。斯密相信，宇宙的和谐与有益的组织是其创造者的智慧和善良的证明。他预言牛顿的体系将成为所有科学范式的模型；他成功地将宇宙作为一个按照自然规律运作的完美有序机制的概念应用于社会和经济现象，从而证明了他对牛顿的信念。在接下来的几个世纪，社会乐观情绪的主要来源是斯密把和谐与平衡视为商业扩张及进步的自然和可取的结果。

斯密认为，市场一旦启动，就没有必要进行任何改进。试图修复市场只会扰乱机制，打乱其有序运转的能力。在创立古典经济学的过程中，斯密无疑受到了效仿当时最受尊重的科学体系的愿望的驱使，因此牛顿对社会科学和社会的影响一直持续到今天。同样可以理解的是，重农学派的座右铭"自由放任"（*Laissez faire，laissez passer*）将会成为斯密的推销口号。这个口号巧妙地概括了重农学派和斯密的共同观点，即自由市场竞争的自然优势不应被过度的政府干预所破坏，比如那些可恨的重商主义者所支持的那种。

当我们进一步完善斯密的经济学视野时，我们不能忽视自然科学对文化（科学是它的一部分）或社会科学家的方法的影响。科学的影响是非凡的。当地球和他们处于宇宙的中心时，人们对自己感觉到的重要性是最大的。他们是上帝唯一关心的问题。不安全感与以太阳为中心的宇宙的浩瀚带来的不确定性相伴而生。虽然牛顿的世界观不能让人们重新认识到他们以前的意义，但牛顿力学使人们相信，一个受自然规律支配的宇宙是有序的和可预测的。而且，上帝仍然是这样一位看不见的统治者：他只是间接地充当宇宙的计时员和恒温器。有了自动驾驶，宇宙就会运转得很好，随着乐观情绪的增强，社会的领袖们可能会满足于知道：如果不加干预，一切都会运行得最好。把自然规律的吸引力和人们的无能为力感结合起来，我们就会发现，毫不奇怪的是，社会科学家们也决定依赖预设的（或者说它们是超自然的？）自然规律，并避免那些会改变幸福的自然状态的由少数人提出的政策主张。

社会科学在某种程度上与人类行为有关。此外，支配这种行为的准则与人们的思想一样多变，经济学作为一门社会科学也不会永远不受变化的影响。伟大的经济学家受到不断变化的价值观、历史事件、对自然的不同看法，甚至政府结构的冲击。对这种历史变迁的理解可以使我们相当深入地了解价值变化正在对并将继续对社会产生的影响。不时有一群经济学家认为传统经济学已经成熟，可以发起革命了，但任何经济学的革命者都必须去抵抗牛顿的天才，以及斯密和他的一长串追随者的影响。我们现在转而论述斯密的经济学，在这之后，再转到其他创始人身上。

5

亚当·斯密与市场经济

我很富有，我为我拥有的每一分钱感到骄傲。我挣钱是通过自己的努力，是通过和我做交易的每个人自愿同意下的自由交换——我开始工作时雇主的自愿同意，现在为我工作的人们的自愿同意，以及那些购买我的产品的人的自愿同意。

我是否想付给我的工人们比他们为我带来的价值更高的报酬？我不想。

我是否想以低于我的客户愿意支付的价格出售我的产品？我不想。

我是否想亏本卖出我的产品，或者是白送？我不想。

如果这就是罪恶，那么你们就按照你们手中的任何标准，随意处置我好了。①

——艾因·兰德（Ayn Rand），《阿特拉斯耸耸肩》（*Atlas Shrugged*，1957）

让我们不要把当代人对资本主义的一些描述与亚当·斯密的观点混为一谈。兰德对资本主义的夸张、虚构的刻画，是我们早些时候认为的夸张性的资本主义（caricature capitalism）。在 20 世纪 80 年代初，这些表述被誉为革命性的，因为它们已经足够古老，以至于被遗忘了。亚当·斯密当时写到的所谓资本主义的第一批原则，也同样引人注目，因为它们当时是革命性的和新的。虽然亚当·斯密抓住了 1776 年的精神，但在经济学方面，他正试图开始艾萨克·牛顿在自然科学领域所完成的工作。然而，亚当·斯密对这些原则的要求比艾因·兰德或 20 世纪 80 年代亚当·斯密思想的追随者更多。

---

① 在兰德的小说《汉克·里尔登》（*Hank Rearden*）中的一个人物无意中描述了具有讽刺意味的资本主义，他因非法销售一种由政府控制的合金而受到审判。

　　然而，我们不能忽视机制，因为它意味着完美。到了 18 世纪中叶，大多数受过教育的人都相信，上帝并不是亲自控制人们和各种事件，而是通过自然中运行的法则间接地控制人和事件。完美已经从上帝手中被夺走，并被置于大自然母亲的手中。此外，艾萨克·牛顿关于上帝创造宇宙的故事，作为一个自我推进的机器为自利的个人主义的美德提供了一个长期的旋转力量。毕竟，如果结果总是由自然规律决定，那么一个工人或一个制造商能对社会的其他人造成什么伤害呢？

　　因此，这也就不足为奇了，重农学派非常严肃地对待自然秩序。这是约翰·洛克（1632—1704 年）在政治上支持的观点，他声称自然规律和自然权利存在于政府之前。不用管亚当·斯密的伦理中所表达的同理心，人们只需要对自己负责。除了为不受约束的个人主义辩护之外，牛顿-洛克式的世界观也证明了私人财产的正当性。私人的节俭和个人的谨慎现在终归得到了回报，足够的储蓄将导致私有财产的所有权。如果一个人积累了大量私有财产，那一定是这种机制的意志。一旦财产得到了积累，对它的保护就是自然的权利，因为它属于产生私有财产的人。积累变得有道德了。

　　苏格兰人斯密将洛克的自然权利观点提炼为有利于私有财产及其保护的观点，直到它得到 86％ 的证明。政府——尤其是君主制——令人害怕，因为只有它才能剥夺人们的私有财产，因此也剥夺了个人的自由。私有财产的神圣性成为自由放任经济政策的另一个理由。斯密将自然规律的优点转化为后来所称的资本主义的必要条件。利润是"好"的，因为它们为制造商的储蓄提供了动力。每个制造商的内心深处都是一颗苏格兰人的心脏。① 资本积累是"好的"，因为它的技术成果造成了一种劳动分工，这反过来又促进了生产力和国际贸易的扩大。没有私人拥有的财产，其主人就无法组合建造和装备工厂的手段，无法为自己提供就业机会，也不能为他人提供工资基金。这一切对社会都是最好的，因此应该自然地进行，不受任何政府的限制。然而，最终，斯密有些疑虑，我们后面将会再谈。

---

　　①　在斯密写作的时代，"制造商"主要是国内手工业系统的半企业家、半商人。他交替使用了"雇主"、"制造商"和"制造商雇主"这一术语。雇主既指制造商的工艺技能，又指主人与工人的管理关系。后来，卡尔·马克思（Karl Marx，1818—1883 年）恰如其分地将制造商命名为"资本家"。

亚当·斯密的《国民财富的性质和原因的研究》（*An Inquiry into the Nature and Causes of the Wealth of Nations*），即《国富论》，在 1776 年得以出版，开始了经济思想领域的一场革命。这本杰出的书成为政治经济学新学科的基础，也是第一个经济学学派，即古典学派的核心。它也变成了一股重要的政治力量，帮助英国在接下来的一个世纪改变了经济政策。迅速发展的商业世界要求人们对经济学有一种新的认识，在这个世界中，人们熟悉的传统和指令式系统正在消退。经济学作为一门独立的学科得以兴起，与市场体系的繁荣、私人手中资本的积累以及工业工厂系统增长的令人眼花缭乱的螺旋式发展并驾齐驱。

斯密和谐的一生

任何在圣安德鲁斯（St. Andrews）打过高尔夫的人都知道福斯湾（Firth of Forth），大多数人都知道亚当·斯密。他出生在柯科迪（Kirkcaldy），这是一个安静的苏格兰海港，位于爱丁堡的福斯湾对面，他的父亲是那里的海关主管。后来，斯密建议取消征收关税的收税人，幸运的是，他的建议没有被采纳，因为他后来被任命为爱丁堡的海关专员。

斯密的一生，就像他想象中的经济世界一样，井然有序、充满着和谐。他似乎从来没有遭遇过任何戏剧性或非常可怕的事情。当他只有四岁时，他被一群吉卜赛人绑架了。然而，这是一次短暂的冒险，以男孩被遗弃在路边而告终。据我们所知，他对任何女人都没有炽热的激情，也没有任何燃烧的浪漫——这也许是因为他的眼睛突出，下唇更接近他那令人敬畏的鼻子，而不是普通的容貌。他的头因一种紧张的痛苦而摇摇晃晃。

同时，他也是个心不在焉的人。查尔斯·汤森德（Charles Townshend，1725—1767 年）是斯密的崇拜者之一，作为财政大臣，他通过对美国茶叶（以及其他商品）征收沉重的关税，鼓舞了波士顿的茶党，因此他对美国革命的爆发负有重大责任。有一天，当斯密向汤森德展示格拉斯哥（人口大约为 25 000）的景象时，斯密带着他参观了那座伟大的制革厂，心不在焉地直接走进了鞣坑。汤森德显然认为这一失误根本不重要，他终身每年为斯密支付 500 英镑，让他带着年轻的继子布克卢奇公爵（the Duke of Buccleuch）参加斯密著名的环游欧洲大陆之旅。1764年，导师斯密和年轻的公爵离开英国前往法国南部；为了缓解乏味，导师开始写一篇关于政治经济学的论文。

汤森德知道，斯密也很有天赋。他在牛津大学学习希腊和拉丁文学（这是斯密讨厌的）。回到苏格兰和格拉斯哥大学后，他研究了道德哲学。在18世纪，道德哲学包括自然神学、伦理学、法理学和政治经济学。因此，正如斯密所设想的那样，他那个时代的经济学的基础比我们这个时代要广泛得多。斯密在格拉斯哥担任道德哲学教授时所做的伦理学讲座，后来成为他的第一本广受欢迎的著作《道德情操论》（1759）。哲学家们曾经是那些对大多数已知的学术知识都了如指掌的思想家。

工业与国家的财富

悖论像龙卷风一样，围绕着几乎每一本伟大著作旋转。今天，亚当·斯密通常被人们称为"制造业利益的代言人"和"工业革命的预言家"。然而，《国富论》的主旨是反对"商人和制造商的吝啬、贪婪及垄断精神，他们既不是、也不应该是人类的统治者"。为什么呢？因为商人和业主制造商（master-manufactur-er）是他所抨击的可鄙的重商主义的塑造者。也奇怪的是，这本书中几乎没有什么内容暗示着工业革命的到来，这是有充分理由的。

没错，在1613年，约翰·布朗尼（John Browne）在布伦奇利（Brenchley）的兵工厂雇用了200名工人来铸造枪支，这使它成为一个相当大的工厂。当《国富论》面世时，典型的水力驱动工厂拥有300~400名工人。然而，亚当·斯密知道，在不列颠群岛只能找到二三十个这样的工厂。

长达一个世纪的成功探险、奴隶贸易、商品化、海盗行为和领土征服使英国在1750年成为世界上最富有、最强大的国家之一。尽管这些财富大部分流向了王室和贵族，但其中很大一部分财富正逐渐渗透到日益壮大的商业中产阶级。收入分配的这种变化创造了一个不断扩大的食品、器皿、麦芽酒和服装等的市场。消费需求的不断上升反过来又证实了改进工业程序的必要性。

从某种意义上说，英国在 17 世纪已经做好了工业革命的准备。然而，工业的大爆炸直到近两个世纪之后才发生。看一看早期的英国工业，将会有助于我们理解其中的原因。

使用木制机器几乎不可能实现高效率、大规模的制造；钢铁对它们的耐久性至关重要。铁首先是借助木柴和木炭的热量铸造的。到 1527 年，在布罗姆菲尔德（Bromfield）勋爵的领地，煤炭得到开采，其中兰斯洛特湖（Lancelot Lother）被授予了 21 年的采矿租约。① 大约在 1620 年，居住在英国的法国人约翰·罗奇（John Rochier）申请了一项使用硬煤生产钢铁的专利。到 1635 年，谢菲尔德（Sheffield）和罗瑟勒姆（Rotherham）正在生产质量足以满足餐具行业需求的钢。谢菲尔德所生产的钢的质量据说"比其他高一些"。后来，詹姆斯·瓦特（James Watt）的往复运动式蒸汽机（在亚当·斯密位于格拉斯哥的办公室下面的地下室设计出来的）为炼焦和炼钢所需的鼓风机提供了更高效、更可靠的能源。

尽管有这些活动，但在 17 世纪末和 18 世纪初，英国的钢铁生产实际上都在下降。在很大程度上，地主士绅的社会态度是负责任的，他们拥有发现了煤层，以及煤炭和钢铁工业都很突出的土地。他们更感兴趣的是快速获得利润，而不是投资太大的资本数额以至于无法快速获得回报。此外，野心勃勃的商人或小制造商的最高目标仍然是购买地产，财富仍然在传统上与土地联系在一起，而不是与经营制造业的下层民众的利润联系在一起。从奴隶、烟草和其他贸易流入英国的大部分资本也进入了炫耀性消费领域——优雅的庄园和精美的长袍。需要一种新的态度才能为建设工业积累金融资本。

早期阶段，在兰开夏的棉纺工业中工作的农民有着这种特殊的态度。例如，马修·博尔顿（Matthew Boulton）的棉纺厂之所以得以扩大，是因为他父亲在五金行业的毕生积蓄。贵格会（Quakers）信徒的商业本能是相当吝啬的，他们主导了酿酒行业。无论年景是好还是坏，贵格会似乎都适合"引领"英国人。

即使如此，亚当·斯密也从未见过所谓的工业革命的大多数特征。的确，正

---

① William Rees, *Industry Before the Industrial Revolution*, Cardiff: University of Wales Press, 1968, Vol. 1, p. 72.

如上文所指出的，在斯密开始写作《国富论》的法国，即使农业也是落后的。到1776年，新兴工业化时代的商店和矿场都可以在英国农村看到，但巨型工厂、工厂城镇和工人大军尚未出现。尽管拿破仑一世（1769—1821年）后来带有侮辱性地说过，但斯密也称英国为一个"店主的国家"。

然而，在工业革命初期繁华的商业世界里，斯密是那个时代最正确的学者。宗教不足以掩盖迅速扩大的商人阶层的所有所谓的罪恶，商人们需要一种新的经济哲学。商人和不断崛起的制造业阶层抓住了斯密的那些思想，这些思想为不断增长的经济提供了理由，在这种经济中，金钱促进了商品和服务的有效市场交换。人们之所以记住亚当·斯密，不是因为他的意图，而是因为他的思想被升华后的社会用途。从此以后，商业利益就开始为斯密的思想提供服务。

斯密的经济发展与增长理论

自利的作用

历史上，利己主义和放债人一样不受欢迎。在斯密早期的《道德情操论》中，自私被转化了。我们能够将自己置于第三人的位置，作为一个开明的公正观察者，这样就能同情陷入困境的人，从而减轻我们的自私行为。

在斯密的《国富论》中，在双向交换经济中，个人对自身利益的追求保证了社会的和谐。在他的经济行为中，一个人既不打算促进公共利益，也不知道他自己正在促进公共利益，他只打算保障自己的安全。斯密写下的如此话语是非常有名的："我们不是借肉贩、啤酒商或面包师的善行而获得晚餐，而是借他们对自身利益的看重。"这种自私自利和经济上的自力更生是完全自然的，以"改善我们的状况的欲望"为基础，这是"与生俱来的、至死不变的"①。

经济利己主义在道德上也是有益的。斯密说："我从来不知道有多少好事是

---

① 这一章的这些引文来自大多数经济学家所熟知的《国富论》。它们经常被重复并存在于公共领域。为了减少不必要的杂乱，我没有提供脚注以及引文页码。然而，勤奋的学者能在埃德温·坎南（Edwin Cannan）1904年编辑的《国富论》的最终版本中找到所有这些语句，这后来被重印为 Adam Smith, *An Inquiry into the Nature and Causes of the Wealth of Nations*, ed. Edwin Cannan, New York: Random House, 1937, 2002。

由那些为了公共利益而交易的人做的。"但是，一个人的利己主义行为只有在受到他人的利己主义行为的限制时，才是"好的"。

劳动分工

斯密把经济学的重点从重商主义者对贵金属作为财富的执着转移到以商品和服务的生产作为财富。商品和服务的生产与销售的增长增加了国家的财富。斯密的"财富"是指我们现在所说的国内生产总值（GDP）的年度流量。一个国家财富增长的关键是劳动分工：将一项特定的工作任务分解为多个不同的任务，每个任务由不同的人来完成。不同的专门职业将获得发展，每个劳动者的技能将随着他专注于做好一件事而增加。

在一个非常有名的例子中，斯密计算出，在一个制针厂里，十个人进行了劳动分工——一个人拉出铁丝，另一个人拉直它，第三个人截断它，第四个人做出尖头，第五个人为装上针头而打磨顶部（这需要两到三个不同的操作），依此类推——一天可以制造48 000枚针，即每人4 800枚针。如果是由一个人完成所有这些步骤，大概每天只可以做出1枚或者20枚！

人们之所以愿意专业化，是因为通过从事他们最有生产力的工作，工人们可以赚取足够的收入来购买他们生产效率较低的商品。例如，优秀的面包师不一定是一个好的烛台制造者；相反，通过生产两条面包，面包师可以交换他所需要的一个烛台。这样的交换不是直接通过易货，而是用金钱作为中介。

市场的扩大促进了劳动力的专业化，因为更多的人消费更多的数量，导致在长期生产中，越来越多的生产组织在工厂系统中运行。通过这种方式，市场的范围扩大了。扩大市场的途径之一是追求国家享有绝对优势的商品的自由贸易。在印度和锡兰，茶叶可以用比在美国殖民地所需的更少劳动力进行生产。殖民地可以用比印度和锡兰更少的劳动力生产烟草。斯密会说，印度和锡兰在茶叶方面有绝对优势，而美国殖民地在烟草方面有绝对优势。

资本积累

如果劳动分工开启了增长的过程，资本积累就会使其保持兴盛。根据斯密的说法，工厂所有者的资本存量由固定资本（机器、工具、工厂）和作为一种用于购买原材料与支付劳动的基金的流动资本组成。后者是一种工资基金，随着生产和利润的增加而增长。工人的工资是在生产和销售之前支付给工人的，因为生产过程需要时间。利己主义保证了资本在各个行业中的最佳配置，因为"这是对他自己有利的，而不是他所认为的对社会有利的"。然而，集体利益的出现是"自然地研究自己的获利，或者更确切地说，必然导致他更偏好对社会最有利的就业"。

制造商（作为企业的唯一所有者）的谨慎储蓄导致了资本积累。斯密写道，这种资本"通过私人节俭和个人的良好行为，随着他们普遍、持续和不间断地努力改善自己的状况而逐渐积累起来"。同时，政府保护财产，允许以这种方式行使自由。国民产出是从这样的积累中增长起来的，因此，随着制造商利用扩大利润的储蓄来雇用更多的工人，对工人的支出就会增加。工人们要求最低限度的食物、衣服和住宿。然后，随着工人在必需品上的支出的增加，总需求增加，在下一个时期生产更多的东西。经济增长是好的！随着英国继续朝这个方向前进，它将继续享受富裕和进步。

斯密的价值理论

经济理论中最困难的问题之一是，是什么决定了产品的价值，以及产品销售所得收入在所有参与生产的人之间的分配。经济学家把这个问题的答案称为"价值理论"，亚当·斯密并没有给出一个完整的解决方案，但他确实给出了他自己的解释。

劳动价值论

劳动价值论认为，产品的价值等价于生产所需的劳动时间。亚当·斯密只是作为一个在没有货币化的经济中寻找价值的历史学家引入了这一思想。斯密说，在资本积累和土地所有权之前的"早期和粗鲁的社会状态"中，商品的交换与生产它们所需的劳动力数量成比例。他在一个著名的例子中表明，在一个猎人的国度里，如果杀死一只海狸所需要的劳动是杀死一只鹿所需要的劳动的两倍，那么一只海狸将可以交换两只鹿。在一个猎人的国度里，金钱不需要参与这种交易。猎人的收入可以用他们猎杀的海狸和鹿的数量来计算。

然而，即使在原始的猎人经济中，专业化也是很重要的。善于奔跑的猎人可能会射杀更多的鹿而不是海狸。善于坐着等待的猎人在猎杀海狸时也会成功。如果猎人专注于他们最擅长的工作，那么总"产量"就会增加——更多的鹿和更多的海狸。动物的交换或交易意味着，如果每个猎人都坚持只猎取一种动物，他们最终会收获更多。

在这个原始的狩猎经济中，我们不能区分商品本身的价值和生产这种商品所需时间的价值，这两种价值本质上是相同的。然而，在现代经济中，商品将用来交换金钱。利润将支付给拥有资本的人，而地租将支付给那些拥有土地的人。换句话说，有一个制造商和一个地主，必须与他们分享产品的价值（销售收入）。或者（1）给予制造商和地主的收入是赚取的报酬；或者（2）工人被剥夺了他们应得的产品的收入份额。

斯密认为这些选项中的哪一个是正确的呢？尽管他写道，工人必须始终"舍弃同样多的自己的安逸、自由和幸福"，但斯密所指的由雇主付给劳动者的工资与劳动本身的价值不同。斯密最后很少使用劳动价值论。资本仍然是国家财富背后的主要力量。不管劳动生产率的提高来自机器和设备的改进，还是来自更恰当的劳动分工和就业分配，"额外的资本几乎总是需要的"。

市场机制及其神奇回归

斯密并不否认资本所有者获得利润的权利，也不否认地主获得租金的权利。实际上，他把这些收入份额的存在描述为在一个不断增长和不断积累资本的经济中是"自然"的。工资基金由支付给工人的预付款组成，制造商作为基金的所有者有权获得回报。斯密认为，平均工资、利润和租金与在每个社会中都存在的时间和地点有关。劳动者和地主的利益通过资本积累所体现的进步得到了协调。

商品的货币价格也是这种自然的经济平衡的一部分。当一种产品以刚刚足以补偿工人、制造商和地主的价格（现行的平均补偿率）出售时，它实际上是按其自然价格出售的，或者确切地说是按"价值"出售的。用斯密的话说："因此，自然价格就像过去一样，是所有商品价格不断向其回归的中心价格。"供给和需求的变化会使商品的价格在自然价格上下波动，但这些波动对价格的影响是暂时的，因为根据斯密的说法，长期的自然价格是由生产的单位成本决定的。① 一言以蔽之，斯密不仅描述了什么是"自然的"，而且他有一个由引力保证的中心价格或均衡价格。艾萨克·牛顿的科学在斯密的思想和方法中占有很高的地位。一件商品的价格来自"它的交换价值"。

因此，从长期来看，每一种商品的价格都是由"工资、利润和地租的自然比率"之和决定的，所有行业的生产成本都是固定不变的，任何需求的变化都只会改变产量，而不是价格。在短期内（制造商的生产力不能改变的一段时间），价格是由竞争条件下供求的相互作用决定的。②

整个过程——价格的涨落——是市场机制的一部分，商业世界中的自然规律在发挥作用。在这个自由市场体系中，个人的利己主义是一种激励力量。防止经济崩溃的内在调节器是竞争。竞争是斯密的"引力常数"，由此在牛顿力学中可以保证一种自然均衡状态。

如果一个城镇的铁匠对马蹄铁收取过高的价格，竞争对手很快就会在城里开立马蹄铁商店。除非铁匠随之降低价格，否则他将因竞争而被逐出市场。知道所有的马蹄铁商店的买家将不去价格较高的商店，并在其他地方为他们的马钉上马蹄铁。大量的销售者、消费者对价格和商店的了解，以及经济资源的流动限制了任何一个供应商影响价格的能力。一个人的私利被另一个人的私利所左右。个人"被一只看不见的手所引导，以推动一个目的，而这不是他的意图的一部分"。

市场机制的规律也决定了产品的产量，对马鞭需求的增加将使马鞭的价格在目前的生产水平上提高，促使制造商生产更多的马鞭，从而限制了价格的上涨。

---

① 在一个经典的例子中，斯密提到公众哀悼对黑色衣服价格的影响。黑布的暂时短缺提高了黑布的价格和裁缝的工资，但对织布工的工资没有影响，因为这种短缺是暂时的。但是，随着需求向黑布的转移，色织丝绸的价格跌落，生产它的工人的工资也下降。

② 在他的《国富论》一书第一篇第七章中，亚当·斯密在一次讨论中仅遗漏了产品的同质化作为竞争的条件之一（现代教科书的作者对此只能羡慕）。

然而，面包等商品生产所用的资源已经转移到马鞭行业。更多的马鞭恰恰是社会当初"想要的"。斯密强调在这样的竞争中自由程度的提升。消费者已经成为国王，封建贵族、重商主义者和垄断者都被抛在后面。①

市场机制的令人敬畏的规律也规定了工人和制造商的收入。当马鞭的价格开始上涨时，马鞭的利润也会上升，直到竞争介入并限制每个制造商的利润。如果工人要求"过高"的工资，制造商只会雇用另一名"与之竞争的"工人。或者，如果某一职业（如家具制造）的工资上涨，工人将为了获得更高的收入而进入该职业，直到出现"自然"调整：家具制造业劳动力供应的增加限制了工资（和收入）的增长。

市场是它自己的守护者；就像牛顿的宇宙一样，它是完全自我调节的。即使它不断涨落，价格也只是暂时地偏离了生产一种商品的实际平均成本，即自然价格。商品和服务的生产者将生产一个社会中的个人真正想要的东西。工人们将根据他们能够为生产这些商品所做的贡献来获得报酬。

除了"交换中的价值"之外，斯密还见证了"使用中的价值"，尽管在这里他不太清楚。他指出，有时"在使用中具有最大价值的东西在交易中往往具有很少的价值或没有价值"。在一个著名的例子中，他把水的有用性和钻石的无用性做了对比。然而，钻石的价格很高，水却不是这样。他写的是水相对于钻石的总用途或效用。这种钻石和水的悖论大约在一个世纪里都没有得到解决——直到边际主义的出现（至于是谁，后面会有更多介绍）。

不仅钻石和水的相对价值神秘莫测，斯密的"看不见的手"也是如此，它的确切含义对经济学家来说仍然是个谜。上帝之手可能是在自然界中使市场运转的力量。它可能是一个"似乎"的条件，即朝向均衡的运动似乎是由一只"看不见的手"牵引着。由于结果是无意的，所以个人没有计划它。当然，斯密是在暗示，这些明显的自然力量是不受干扰的，因为个人无意识的结果对社会是有利

---

① 事实上，斯密创造了对消费者来说是经济思想中最早的一个好词。他写道："消费，是所有生产唯一的终点和目的；只有在促进消费者利益所必需的范围内，生产者的利益才应该得到重视。"

的。这些意象与牛顿自己对世界系统的看法一致。无论如何，这个谜团并没有阻止《国富论》受到极大的欢迎。

《国富论》的流行主要归因于三种特定的力量。

● 斯密的反封建主义、反重商主义、反垄断甚至反政府的观点在他的许多读者中引起了共鸣。商业的不断扩张给个人带来了一定程度的自由和安全。先辈们生活在对王室主人的奴隶般的依赖之下，并遭受持续的战争，人们目睹了封建主义随着货币交换经济的兴起而瓦解。他们认为重商主义者的亲战争政策正在减弱，因为与邻国日益增多的贸易化解了政治分歧。斯密谈到了牛顿宇宙带来的恩惠、自然规律带来的新自由以及摆脱政府任意性的必要性，所有这些都在英国、法国和其他地方找到了热情的、乐于接受的听众。

● 18世纪的英国与斯密的设想并没有什么惊人的不同。英国确实是一个由小店主组成的国家，他们参与着充满活力的激烈竞争，而普通的工厂却很小。价格的变化常常会引起生产量的变化。工资的变化有时也会最终导致职业的转变。

● 这本书是乐观和民主的。分享英国不断增长的财富的可能性不再局限于富裕的地主。事实上，从统治阶级的角度来看，亚当·斯密是个激进分子。统治者们认为，在一个分权的经济体系中，政府的作用被"自然秩序"所取代是没有什么好处的。《国富论》出版之后13年发生了法国大革命，同时许多英国人在斯密的自由理论和他对公共政策的批评中发现了一种颠覆性的精神，就像点燃法国反抗之火的精神一样。

斯密认为，市场机制和个人权利相互联系，这一观点已被证明是持久的。在斯密看来，当市场不受约束地服务于消费者的需求和欲望时，人类的福利处于最高水平。这些要求和愿望被生产者生产和销售消费者真正想要的东西的自然倾向所满足。

斯密消除了个人自私性和社会秩序之间的陈旧而痛苦的道德困境。只要竞争是伟大的均衡器，人是文明的，经济中的自我服务者与最大化社会福利之间就没有冲突。斯密的经济学与他的观点是一致的。

斯密为经济科学提供了一个愿景，今天许多经济学家仍然接受它。他们说，平衡的自然市场体系，遵循着一条不断增加国家财富的道路。通过竞价保持低成本和低价格的贸易和交换的自然倾向，导致通过专业化获得更高的效率。专业化与储蓄相结合，导致资本积累。增长自动随之而来。斯密的观点被解读为对经济史上最持久的一般政策结论产生了强烈的影响：市场只有在不受影响的情况下才能正常运作——自由放任政策。

斯密、现实和未来的意象

斯密的商业观在西方世界很有影响力，广受欢迎。后来的经济学家会发展斯密的理论，并使之更加精确，但谁也比不上他对竞争市场体系下生活的丰富解释。然而，亚当·斯密的观点与后来的自由市场资本主义捍卫者之间存在重大差异，后者认为自由市场资本主义制度必然受到自私和不惜任何代价的贪婪的驱使。斯密经济学中的利己主义之所以能为他所接受，只是因为社会和谐是它的结果。这与他早先的观察并不矛盾，即无论一个人多么自私，"他的本性中显然有一些原则使他对他人的财富感兴趣，并使他们的幸福对他来说是必要的，尽管他除了看见它的快乐之外，什么也没有得到"[①]。一个人对他人的同情会阻止不受欢迎的社会行为；追求财富只是一个人自我提升愿望的一个方面。

尽管如此，我们仍然不能忽视那些抓住最能为他们的事业服务的斯密思想的人。斯密可能心不在焉，但他并没有忘记自己理论体系的弱点和他自己周围的特殊利益。

虽然劳动分工带来了国家财富的增长，但注重细节的工人单调的一生"腐蚀了他的精神勇气，使他憎恶一名士兵的不规则、不确定和冒险的一生"，增加了同胞的国防开支，因为他可能变得"无法在战争中保卫自己的国家"，因此需要政府采取行动。仍然强大的地主的安逸和安全也会使他们"懒散无知"。

他对自然自由的怀疑被迅速地、轻易地遗忘了。斯密发现，各地的雇主都在密谋保持工资低于工人"能吃饱、有衣服穿、有地方住"的水平。斯密还发现，商人和制造商很快就会攻击高工资，但很难看到"对他们自身利益的有害影响"。

---

① Adam Smith, *The Theory of Moral Sentiments*, ed. Ernest Rhys, London: Everyman's Library, 1910, p. 162.

他担心制造商变得如此强大，以至于对工人有不公平的优势。他认为，老板在劳资纠纷中总能坚持更久："地主、农民、大制造商或商人，虽然他们没有雇用一个工人，但通常可以靠［自己的］存货活上一两年……许多工人不能维持一周，很少有人能维持一个月，几乎没有工人能够一年没有工作。"因此，从长远来看，"工人对他的主人可能和他的主人对他一样必要，但这种必要性并不是那么直接"。工会是以不那么有说服力的原则组织起来的。

当受过训练的研究者放下《国富论》时，他会在牛顿自然秩序的所谓和谐中找到一些酸涩的音符。斯密在一段著名的文字中写道："同行业的人即使是为了娱乐和消遣也很少聚在一起，但他们的对话通常不是导致对付公众的阴谋，便是抬高价格。"像东印度公司这样的巨人，是由英国王室特许的一种重商主义垄断，超越了小型私营企业的行为准则，斯密对此表示厌恶。高于自然价格的"人为"价格是法律法规、专属公司特权、学徒法令和垄断的不良后果。

虽然他强烈反对干预市场机制，但斯密当然不是反对所有的政府活动。总的来说，他赞成政府提供军事安全、司法行政、私人无利可图的公共工程和机构。当我们谈到具体情况时，清单有 15 项，其中包括：政府征收关税以对抗关税的权力，惩罚商业欺诈，监管银行业，提供邮局、公路、港口、桥梁和运河等。即使如此，也只有在私人国内市场不受约束的情况下，消费者才能继续当家做主。出于同样的原因，斯密也反对由一位生产者生产一种商品造成的垄断。然而，总的来说，斯密认为，商业的文明效应是一种幸事，值得针对中世纪和重商主义的社会组织形式对其进行辩护。

《国富论》仍然是西方文明的伟大著作之一。和所有伟大的书籍一样，它在许多不同的层面上都很重要：（1）作为一种鼓舞人心的、抛弃英国的重商主义的辩论（尽管如此，但已经病态的重商主义还要延续很久才会消亡）；（2）作为一种将秩序强加于社会混乱的哲学；（3）作为一个以市场体系为重点的科学经济学体系。辩论、哲学和科学的主题是交织在一起的；没有另外两条线，就无法遵循这一条线。

经济增长的思想在罗马帝国或中世纪甚至是不存在的。因此，我们继续探讨其他古典经济学家的争论发生的背景——英国工业革命及其政治环境——并更好地理解他们的动机和思想。这些思想家受到了他们所处时代的生活的启发。

6

工业革命：在享乐主义（边沁）
和牧师观（马尔萨斯）之间

亚当·斯密的观点成为一个思想学派和经济学范式的基础。古典经济学家当中，第一位是亚当·斯密，最后一位是约翰·斯图亚特·穆勒（John Stuart Mill，1806—1873年），他们在英国统治了政治经济学至少一个世纪。按照亚当·斯密开创的道路，古典经济学家游说当局允许人们自由拥有和移动私人资本，比如高速的制针机。他们的目标是政治和革命的：他们希望由地主控制的政府永远转变为掌握在商人和制造者手中。古典经济学家的观点在当时的政治冲突中常常是重要的声音，包括关于自由市场的辩论、取消关税、福利立法和制造商之间的自由竞争。事实上，有两位古典经济学家是议会议员。

亚当·斯密只能想象的事，其他古典经济学家可以直接观察。他们能够看到工业革命的开启，同时英国古典经济学从那场革命的政治斗争中诞生。斯密对小型针厂的着迷之处在于劳动分工，而不是机器，同时他的思想主要靠他对旧的地主贵族秩序和重商主义的攻击而保持活力。尽管如此，斯密还是有着一种工业革命的愿景，如果他能够活着看到的话，他无疑会对制针机械留下深刻印象。

古典经济学家的素描

虽然古典经济学家在细节上意见分歧很大，但他们一致谴责政府提供除军事安全、刑事司法和私人无利可图的公共工程及机构以外的一切。除了那些所谓的"合法的政府行为"之外，任何法规都被认为是对工商业的毁灭性打击。评论家托马斯·巴宾顿·麦考利（Thomas Babington Macaulay）赞同并简洁地表达了这样一种普遍态度：

> 我们的统治者通过严格限制自己的合法职责，让资本找到它自己最有利可图的道路，让商品找到最合理的价格，让工业和智慧找到它们自然的回报，让懒惰和愚蠢受到它们自然的惩罚，维护和平，捍卫财产，降低法律的成本，严格遵守国家各部门的经济规律，从而最好地促进国家的进步。如果政府能够这样做的话，人民肯定会做好剩下的事。①

继斯密之后最著名的古典经济学家是托马斯·马尔萨斯（Thomas Malthus）、大卫·李嘉图（David Ricardo）、詹姆斯·穆勒（James Mill）和约翰·斯图亚特·穆勒，但另外两位经济学家 J. B. 萨伊（J. B. Say）和杰里米·边沁（Jeremy Bentham）的观点也对经济思想产生了影响。他们都是 19 世纪的中产阶级自由主义者，他们都信奉麦考利所描述的自由放任和私人财产保护的自由主义传统。19 世纪的英国自由主义将把中产阶级从一个由土地所有者利益控制的政府统治中解放出来，自由主义是一个与同时代的类型不同的世界，在这个世界中，政府在社会问题上的积极作用占据了如此突出的位置。

尽管如此，他们还是宁愿争论而不愿达成完全的一致。他们都在寻找经济规律或者一致可靠的真理。在 18 世纪开始的苏格兰和英格兰思想的伟大传统中，斯密、边沁、李嘉图和两位穆勒等人的著作的特点是热爱真理，表达清晰，同时摆脱了极度的多愁善感。这种思想或感觉的连续性延伸到了其他人——前面提到的詹姆斯·洛克和大卫·休谟以及后来的查尔斯·达尔文（Charles Darwin）。他们都对人们的思维方式产生了重大的影响。

大卫·李嘉图（在边沁和詹姆斯·穆勒的帮助和鼓励下）在他三个版本的《政治经济学及赋税原理》（*Principles of Political Economy and Taxation*，1817，1819，1921）中对斯密的观点进行了最有影响力的提炼，詹姆斯·穆勒提供了一份关于古典经济学的精辟摘要，即《政治经济学要义》（*Elements of Political Economy*，1821）；他的儿子，即经济学家、社会哲学家约翰·斯图亚

---

① 参见 "Southey's Colloquies on Society," *Edinburgh Review*，December 1830。

特·穆勒后来写了《政治经济学原理》（*Principles of Political Economy*，1848），这本书历经了很多版本，直到 20 世纪 20 年代，美国仍在使用它作为教科书。至于马尔萨斯，他既是边沁的追随者，也是他的怀疑者。他参加了两场历史性的但友好的辩论，第一次是与边沁和詹姆斯·穆勒，第二次是与他的朋友大卫·李嘉图。马尔萨斯似乎总是处于与他人的激烈争执之中。

萨伊是法国倡导放任主义的主要学者，有着激进的观点。尽管萨伊曾招致拿破仑·波拿巴（Napoleon Bonaparte）皇帝的不满，但马尔萨斯是一个例外，接受了萨伊的市场定律。市场定律否认了"普遍过剩"或商品供应过剩的可能性，这是在萨伊的《政治经济学概论》（*Traite d'economie politique*，1803）一书中，以及由詹姆斯·穆勒在 1808 年发展起来的。即使在今天，无论财政保守派聚集在何时或何地，萨伊的幽灵也总是存在。

根据萨伊定律，自由市场竞争条件下的生产总是会对所生产出来的商品产生同等数量的需求。如果某种商品生产过度，可能会造成局部的供过于求，但在竞争条件下，它会自动进行自我纠正。如果一种商品供过于求，亏本销售，另一种商品的产量将不足，而另一种商品的售价将足够高到吸引没有得到利用的资源。正如萨伊所说，"一种产品的生产立即为其他产品打开了一个出口。"总需求总是足够的。

就像斯密一样，萨伊认为货币只有一种作为交换商品的媒介能力，而不是作为人们出于其他原因想要持有的一种资产。因此，人们认为囤积金钱是不合理的，没有人会对把钱花在有价值的东西即其他物品上犹豫。储蓄会立即用于投资商品和劳动，这意味着资源供应商的工资收据。再一次地，总需求总是等于总供给。由于这种奇妙的信念，即在一般情况下不可能有大量货物未被买到的情况，古典经济学家并没有把重点放在经济停滞的可能性上。因此，就像在他们之前的斯密一样，他们认为不需要政府援助，并接受自由放任。

在这里很难避免要简短地提到卡尔·马克思——有时被认为是古典主义大树的第二分支。在《资本论：政治经济学批判》（*Das Kapital：A Critique of Political Economy*，1867）第一卷中，马克思采纳了斯密和李嘉图的一些思想——比如对垄断的不信任和劳动价值论。但是，马克思不得不说的许多话都与斯密关于社会和谐将源于追求自身利益的观点，以及李嘉图和马尔萨斯捍卫自由放任的主张相冲突。由于马克思认为资本主义只是一个最终会消失的经济发展阶段，所以把他与古典学派区分开来是合适的。请在第三卷中了解关于马克思的分析。

古典主义在其他方面也各不相同：马尔萨斯和约翰·斯图亚特·穆勒由于不同的原因，接近新政治经济学的"激进"边缘。马尔萨斯并不赞同斯密的乐观态度，相反，他相信，肆无忌惮的人口增长会剥夺人们从资本主义中获得的利益。穆勒（和他之前的边沁）挑战了古典学派对自然规律的普遍性和持久性的信念。最重要的是，穆勒对穷人和被压迫者的人道主义、温暖和同情没有被其他许多古典经济学家，尤其是马尔萨斯认同。

我停顿一下，因为重复往往具有有用的目的。对古典经济学家来说，对真理的追求总是在进行中。超越乐观或悲观、过度或平衡、道德或理性，以及看不见的或看得见的手的则是对经济规律的不懈追求。

工业革命

工业爆炸

如果亚当·斯密能在 1750 年以前观察到工厂、一些欣欣向荣的工业和各种市场，那么是什么构成了工业革命呢？是工业产出的激增（相比以前）。1780 年以后，每一种生产指标都在奔向该世纪末的竞赛中急剧加速了。1780—1850 年，英国人均国民生产总值的增长率平均在 1.0% 到 1.5% 之间，按这个速度每半个世纪人均实际产出可以翻一番。

18 世纪煤炭运输和铜矿开采增加的一半以上发生在 1780—1800 年，超过四分之三的宽幅布、五分之四的印花布，以及 18 世纪几乎所有英国棉花的出口增长也发生在这一世纪的最后 20 年。在这个世纪的 2 600 项专利中，超过一半是在同一时期注册的。到 1826 年，后来的英国首相本杰明·迪斯雷利（Benjamin Disraeli）（1804—1881 年）可以写出中世纪不可能写出的东西："人不是环境的产物。环境是人类的产物。"①

钢铁成为一个新兴行业。尽管亚伯拉罕·达比（Abraham Darby）1709 年就在炼钢的过程中使用了焦炭，但直到这一世纪中叶，都没有其他企业家效仿达比的做法。然后，在 1760—1790 年，高炉数量翻了两番，超过 80 座。到 1830 年，有 372 座高炉；到 1852 年，这一数字为 655 座。1770 年，生铁产量约为 3 万吨，1805 年为 25 万吨，1830 年为近 75 万吨，1850 年为 200 万吨。

纺织业也有类似的发展模式。棉纺织工业的惊人增长体现在布匹生产使用的原棉的进口上。1850 年，原棉进口量为 6.2 亿磅，而美国大革命开始时只有 800 万磅。1780 年，棉纺布的数量不到 200 万条，但到 1850 年有了 2 100 万条。动力织机于 1820 年引进，到 1830 年有 5 万台织机，到 1850 年则有 25 万台了。②

技术变革

与大多数革命一样，工业革命无论多么具有爆炸性，都是在时间的沙滩上孕育出来的。直到后来，历史学家才开始回顾这场革命背后的力量，也许最引人注目的是新发明的加速。牛顿曾经担任其早期主席的"伦敦皇家自然知识促进协会"（The Royal Society of London for the Promotion of Natural Knowledge）于1662 年获得皇家赞助，从而激发了公众对科学的兴趣，并且提高了科学的威望。

在 18 世纪末，有相当大一部分制造商是这类科学协会的成员，因此他们意识到了科学的发展。科学进步促进了制造业是一个公认的事实。而且，这些发明也是以便利的集群方式出现的。在 1734 年之前，出现了焦炭炼铁、纽科门（Newcomen）蒸汽机和约翰·凯伊（John Kay）的飞梭（用于织布）。但是，可以预见的是，最大的集中出现在这一世纪最后三分之一的时间内。

理发师理查德·阿克莱特（Richard Arkwright）在曼彻斯特的织布区附近剪头发，他发现需要一台机器，以便让居家（家庭）的纺织业的纺纱工能够跟上技术更先进的纺织业工人。詹姆斯·哈格里夫斯（James Hargreaves）通过他著名

---

① *Vivian Grey*，Book Ⅰ，Chapter 2，London：Longmans，Green，1892.［1826］.

② 这些数据是从如下讨论中得出的：R. M. Hartwell，*The Industrial Revolution and Economic Growth*，London：Methuen & Co.，1971，pp. 120-126。

的珍妮纺纱机（1770 年获得专利）满足了这一需求，使每个纺纱者的产量增加至原来的 8 倍。和两个富有的针织品商杰德迪亚·斯特鲁特（Jedediah Strutt）和塞缪尔·尼德（Samuel Need）一起，阿克莱特还生产了水力纺纱机（1769 年），使织布工们第一次在棉布的垂直线上能够使用棉线而不是亚麻线，从而纺出了质量更好的织物。10 年后，克朗普顿（Crompton）的"骡机"结合了珍妮纺纱机和水力纺纱机的功能，从而把纺纱机的生产力从原来的 8 倍提高到原来的 10 倍。英国棉纺织工业因这些新技术的运用而发生了转变。

纽科门的蒸汽机的改进使得它成为一种重要的工业动力来源。纽科门在 18 世纪早期的发明主要被用来从煤矿中把水抽出来（煤矿现场就有充足的、便宜的燃料）。但在詹姆斯·瓦特（斯密的朋友，在斯密办公室下面的地下室工作）发现了如何减少蒸汽机的能源消耗之后，蒸汽机被使用得更加广泛了。到 1800 年，英国大约有 1 000 台蒸汽机投入使用，其中有 250 台是用于棉纺织工业。

蒸汽动力是更大规模资本主义的一种解放力量。与水力不同，蒸汽可以部署在任何地方，更靠近可以购买原材料和销售制成品的市场，而且可以更接近人口中心。很快，城市被工厂包围，笼罩在一片黑烟中。污染成为显示进步的一种重要指标。

搅炼法（puddling，1784 年）是后来炼钢过程中一个重要的发展，它是在存在氧化物质的情况下，通过频繁的搅拌将铁转化为钢。然后，人们用改良的钢铁建造了第一台适用于农业的脱粒机（1786 年），并改进了工业用的车床（1794 年）。车床和其他机床可以用来制造其他机器；从而开始了一个机器被用来生产其他机器的新时代。金融资本积累仅仅是重要的；而用这些资金购买的这些机器当中所用到的技术是关键。[①] 制造业剩余到那时已经司空见惯了。

商业环境

幸运的是，1700—1750 年，英国商品的国外市场增长速度比英国本土市场快得多。国内工业仅增长了 7%，但出口行业的产出却飙升了近 80%。因此，外

[①]　有关其他著名人物和详细信息，请参见 A. E. Musson and Eric Robinson，*Science and Technology in the Industrial Revolution*，Manchester：Manchester University Press，1969。

国市场吸收了这些以不断降低的生产成本生产的新改进产品的溢出效应。正如亚当·斯密所预见的那样，这种贸易得益于各种重商主义限制在英国的迅速瓦解，这与同期法国经济的专制主义、柯尔贝尔主义（Colbertism）和停滞形成了鲜明对比。

提高的农业生产力和人口

农业不应该被遗忘，因为人们不能以铁、钢和棉质衣服为食。我们不能忽视农业改良的有利影响。事实证明，农业生产力持续提高，粮食供应增加，导致了人口增长。反过来，更多的人意味着对新产品的需求更大。圈地运动、庄园制度的瓦解和农业技术的改变加速了英国的这一进程。在 17 世纪，农业产出在英国生产的所有产品中占了 40％～45％，因此它的健康发展是至关重要的。到了 1730 年，农业收成和人口之间的不稳定的平衡已经倾向于能够向人民提供食物，尽管并非在所有时代和对所有的人都是如此。农业生产力的提高释放了粮食生产中的廉价劳动力。最终（也许到 1830 年）也出现了相互作用。例如，钢铁生产方面的这些进步提供了改良的农具，也使农业更有生产力和效率。

社会变迁

最终，进行接受创新和盈利的社会变革变得有必要了。再一次地，英国和法国形成了鲜明的对比。在法国，所有对天主教持不同意见的人都受到同样的对待。然而，在英国，1689 年的一项和解方案关闭了来自富裕商业家庭的年轻人的正常教育和专业渠道，他们都是持不同政见者。如果一个年轻人买了一块地产，他就必须加入英国教会和保守党的地主阶级。因此，退出商业追求，转而进入贵族行列，对英国持不同政见者来说缺乏门路。这在经济上起到了有益的作用，使富有的长老会和浸礼会教徒的资本留在了家族企业中。

除了进入家族企业的异议人士外，只有在特殊的社会环境下，詹姆斯·瓦特才能与马修·博尔顿（Matthew Boulton）——一个仅生产纽扣的富裕制造商——联手组建一家生产蒸汽机的公司。英国人非常关心产权问题，因此专利保护了像瓦特这样的英国发明家的成果，而对博尔顿家族来说，有利于其积累的法律使财产相对安全。在这种环境下，理查德·阿克莱特（他在许多工厂雇用了

150～600 名工人）和其他起点不高的实业家能够最终以拥有土地的百万富翁的身份退休。

对资本积累的影响

在亚当·斯密的经济增长视野中得到高度重视的资本积累，在英国是由封建继承制度维持的。同样，曾经地位卑微的理发师阿克莱特也被封为理查德爵士，而他一次也没有进入过战争的杀戮现场。斯密认为，更多的资本将意味着更多的机器，因此也意味着更高的生产力。正如我们所看到的那样，17 世纪的金融资本并没有被投入生产性用途中。因此，不仅是金融资本的积累，而且是它的正确利用，促进了工业的蓬勃发展。

亚当·斯密和谐的消失

或许，工业革命对英国乃至整个世界的影响无论如何夸大都不为过。许多传统的生活方式已经被摧毁了，或者被改造到无法识别的程度。对一些人来说，生活变得更好；对另一些人来说，生活却变得更糟；但对每个人来说，生活都已经发生了改变。

不断迅速增长的人口正被（不断提高的生产力）赶出或被（相对上升的工资）吸引离开农村和城镇的家庭手工业，涌入了城市的工厂之中。不可避免的城市增长造成了拥挤的环境、污染、犯罪、传染病和许多其他疾病。历史学家都已经认识到了这些问题和其他社会问题的普遍性。

在这个工业快速增长的时期，土地贵族正在从食品价格的不断上涨中得益。同时，不断崛起的、勤劳的实业家阶层也正在表达他们自以为是的愤慨，这种愤怒既是针对坐享土地以获利的地主，也是针对那些想从承担风险的实业家建立的工厂系统中获得更多工作和更高工资的工厂工人。这就是亚当·斯密所说的利益带来的无所不包的和谐吗？这些状况不仅助长了悲观主义，而且需要得到解释。其他古典经济学家将针对这两者提供很多观点。

对这些经济学家来说，"和谐"主要是在音乐表演中享受的；在其他地方，特别是在经济学中，这种和谐随着 18 世纪的逝去而消失了。另外一些古典经济学家听到了不和谐的声音，因为各种社会阶层——通常是根据它们对资本、土地或它们自己的劳动的所有权定义的——开始产生冲突。有些人看到了保守的地主贵族会阻碍工业发展的危险。另外一些人担忧工业化并不是进步。不和谐的时代激起了一些嘈杂刺耳的经济辩论。

杰里米·边沁与哲学激进分子

大多数后斯密时代的经济学都受到哲学激进分子的影响。这些思想家试图引入一种类似于自然科学中的牛顿的原理，在此基础上建立一门有关道德和社会生活的科学。除此之外，他们希望为一场被称为哲学激进主义的改革运动提供基础。这一运动主要与杰里米·边沁（1748—1832 年）有关，边沁对他的挚友詹姆斯·穆勒（1773—1836 年）有着很大的影响。18 世纪的苏格兰历史学家和哲学家大卫·休谟（David Hume）教导说，我们所有的思想都来自印象，因此人类的行为最终是感官体验而非理性的结果，他影响了边沁（远比斯密多）。边沁的社会伦理将快乐与道德上的善良联系在一起，同时把痛苦与邪恶联系起来。

詹姆斯·穆勒和边沁的这两种观点，后者因其独创性而变得更加受人尊敬，尽管边沁的作品寥寥无几。边沁作为一名思想家和实践改革家，对经济学有着很大的影响。边沁是一个怪癖随年龄而不断增长的人，他（作为剑桥大学的毕业生）创办了伦敦大学，并把他的全部遗产留给了它。但是，他立下遗嘱，要求他的遗体每年在大学董事会的会议上出席一次，直到今天也是如此。他的骨架被塞满了，穿上衣服，坐在椅子上，一只手戴上了手套并拿着一根拐杖。为了增强可怕的效果，一颗蜡制的头颅从躯干顶部观察着整个房间，而边沁本来的头部（经过防腐处理的）就在他的两只脚之间。自去世以来，边沁的遗体从未缺席过一次这种会议！

边沁年轻的时候忧郁而有条理，但作为一个老人，他异想天开而气盛，他形成了一种和其性格相似的哲学，其中心原则便是享乐主义：凡是好的东西也必然是令人愉快的。生活的唯一目标应该是寻找自己最大的幸福。然而，通过与功利主义相结合，这一学说从幼稚的自私中获救，即个人的行为和政府政策应着眼于促进最大数量的人获得最大幸福。法律、道德和社会制裁对可能阻碍更大的善的个人主义利己行为起着制约作用。边沁因此背离了严格的自由放任立场；他甚至主张将人寿保险业务向社会开放。

边沁用一种社会算术方法把快乐相加，并且从中减去痛苦，从而将这些概念用于分析整个社会。他认为，因为社会上的每一个人都是同等重要的，任何行动都会给每个人带来相同的快乐和痛苦体验。社会的总福利等于其中所有个人的福利总和。因此，如果一个人因改变政府的租金管制政策而获得的福利比另一个人所失去的更多，社会的整体福利便会增加。①

然而，边沁进一步认为，人们不一定把自己的利益与社会总体利益联系起来，因此必须学会社会和谐所需的那种社会行为。显然，他反驳了斯密在《国富论》中的说法，即"自然的"或无意识的对自身利益的追求有助于最大数量的人获得最大的幸福。边沁认为，教育立法有助于最大数量的人获得最大的幸福。如果没有其他原因，大学生听到这些应该是非常高兴的。

乍看之下，感到尴尬也是合情合理的：边沁主义的效用似乎是一种使市场的需求方面变得客观和可量化的方法，而亚当·斯密和其他古典经济学家却几乎没有分析这方面的问题。供给是以生产成本为基础的，因此是一个客观的现实。然而，功利和需求似乎是主观的：它们在旁观者的脑海中。尽管如此，边沁还是通过用金钱来衡量快乐和痛苦，成功吸引了经济学家们的想象力和他们对客观的偏好。这一洞察预示了仍然在持续指导本科生的19世纪70年代的边际主义学派的产生。

然而，这一创新实际上遭到了另一种预期的反驳。金钱对不同的人意味着不同的东西，这取决于他们拥有多少。15英镑对一个富人来说可能并不意味着什么，但可能会把穷人的生活提升到适宜的舒适程度。这种观念——每增加一单位

---

① 边沁的分类方案比通常意义上的"快乐"和"痛苦"这两个词更为精细。他将一系列有意识的人类经验划分为"赞成态度"和"反对态度"。所有的需求和厌恶，从最轻微到最大的，从突然的冲动到最深的欲望，都被包括在内。也许，快乐的同义词是意愿，也就是说，让一个人感到快乐的只能是他愿意做的事情，但这也有它的问题。由于古老的风俗习惯，受到羞辱的日本人出于意愿而用刀刺伤自己，人们很难认为这样的行为是"令人快乐的"。

的钱，带来的快乐比上一单位的货币所带来的少一些——将成为货币边际效用递减的原则。边沁的两条经济分析主线最终打成了一个结：如果英镑本身衡量的是不同的满足感，我们如何才能给用英镑购买的快乐赋予不同的价值呢？这个小小的谜团使得建立需求理论变得更加困难。正如我们将要看到的，当经济学家们停止追问这个问题时，这个特殊的困难就被克服了！古典经济学家并没有解决这一问题，但主观效用和货币边际效用的思想后来成为边际主义者的核心思想。

边沁无疑启发了古典主义者——尤其是詹姆斯·穆勒——大量的思考。穆勒帮助边沁变得更有地位，但也是有回报的。边沁当时有 60 岁了，如果为人所知的话，也是因为发明了一种只需要一个监狱长就可以观察每一间牢房的监狱。穆勒把边沁介绍给后来被称为"哲学激进分子"的一群人，让边沁形成了一个学派，同时具有了声誉，在此之前，这一直是边沁的两个主要不足。詹姆斯·穆勒当时 35 岁，是一名来到伦敦的、想要改善他的命运的苏格兰人。因此，作为回报，边沁给了穆勒一种急需的信条，而那时穆勒还只是东印度公司的一名职员，同时也只是一名二流的记者。

《政治正义论》（*An Enquiry Concerning the Principles of Political Justice*）一书于 1793 年由威廉·戈德温（William Godwin，1756—1836 年）出版，这本书最终被称为"哲学激进主义的第一本教科书"。戈德温是一位政治作家、小说家，同时也是一位接近哲学激进派疯狂边缘的哲学家。戈德温处于一个杰出的知识分子圈子的风暴中心。他的妻子玛丽·沃尔斯顿克拉夫特（Mary Wollstone-craft）是一位作家，也是妇女权利的早期拥护者；他的女儿玛丽·雪莱（Mary Shelley）写了《弗兰肯斯坦》（*Frankenstein*）；他的女婿是著名的哲学诗人和激进分子珀西·雪莱（Percy Bysshe Shelley，1792—1822 年），戈德温对他的影响很大，也比他更长寿。戈德温还影响了英国浪漫主义的早期领导人，特别是塞缪尔·泰勒·柯勒律治（Samuel Taylor Coleridge，1772—1834 年），他的朋友威廉·华兹华斯（William Wordsworth，1770—1850 年）对民主自由主义和普通百姓的通用语言充满了同情（在他年轻的时候）。

这些英国浪漫主义诗人担心，人类内在的理性、想象力、意志和直觉的统一性会被只关心理性的科学所摧毁。或者，正如柯勒律治所说，善存在于事物与理性的规律和意志的本质的一致性，以及它决定由后者来实现前者的适宜性当中……美源于对事物的和谐感……与判断和想象的天生及构成性规则结合在一起：它总是直观的。①

戈德温提出了一种没有政府的简单社会形式，在这种社会中，人的完美最终会得以实现。他认为，影响财富分配的社会制度阻碍了人类完美和最终幸福的实现。戈德温呼吁平等分配财富，提供必需品，并留出足够的闲暇时间，使人类在智力和道德上得到完善，最终达到彻底的完美。法国哲学家孔多塞（Condorcet，1743—1794年）曾提出过类似的观点，尽管他更多地依赖于将科学作为完美性的一种来源。

与孔多塞形成鲜明对比的是，玛丽·雪莱的《弗兰肯斯坦》是一部讲述科学如何陷入疯狂的道德寓言。一系列容易被人遗忘的好莱坞恐怖电影（从无声电影开始，继而发展为有声电影）创造了它自己的怪物。1931年，对雪莱的书进行了彻底改编的一部电影，使得鲍里斯·卡洛夫（Boris Karloff）成为一位明星，他在里面的形象很吓人，但很吸引人。在此之后，关于这本书的电影改编大部分都是恐怖片，玛丽·雪莱在著作中所要传递的信息完全被湮灭在银幕的黑暗中了。具有讽刺意味的是，她的智慧——得到了她的诗人丈夫在写作方面的支持——被美国电影技术所颠覆了。

戈德温和珀西·雪莱都深受启蒙运动（Enlightenment）学说的影响，在启蒙运动中，人类的理性将战胜不平等和残酷的政府政策。当雪莱得知彼得卢大屠杀（Peterloo Massacre）是政府下令在曼彻斯特的工人阶级集会上发动骑兵冲锋的结果时，他的愤怒和怜悯激发他写下了《暴政的假面游行》（*Mask of Anarchy*，1819），其中写道：

路上我偶遇屠杀，腥风血雨——

像卡斯尔雷（Castlereagh）一样戴着面具。

乌托邦式的思想显然有着一种吸引力，在戈德温所处的时代，许多人似乎想

---

① Samuel Taylor Coleridge, *On the Principles of Genial Criticism* （1814）, in John Bartlett, *Familiar Quotations*, Boston: Little, Brown & Co., 1991, p. 436.

要相信它们，但对其他人来说，它们似乎是天真的，而且透露出不成熟的乐观，这种不成熟的乐观甚至比边沁的功利主义更甚。对这些愤世嫉俗者、现实主义者和悲观及厄运的预言家来说，托马斯·马尔萨斯是一位反戈德温的天选之人。

托马斯·马尔萨斯与人口的定时炸弹

托马斯·马尔萨斯（Thomas Malthus，1766—1834 年）的名声建立在他的人口增长的黑暗理论上，而这种理论几乎和好莱坞的《弗兰肯斯坦》一样黑暗。马尔萨斯攻击的不是亚当·斯密的温和欢呼，而是功利主义者处于疯狂边缘的过度乐观主义的特征。马尔萨斯的立场表明他完全不赞同戈德温的观点。

马尔萨斯最初的姓氏是马尔豪斯（Malthouse），前半部分就像啤酒酿造商的麦芽（malt）一样。毫无疑问，由于家族的宗教根源，这个姓被修改了。罗伯特·托马斯·马尔萨斯（他的理论可能会驱使许多人去喝酒）于 1785 年进入了剑桥大学，在那里他沉溺于板球和滑冰，并在拉丁语和英语辩论赛中获过奖。他成为英国教会的牧师，但很少以这种身份行事。在他作为一名经济学家的名声得到保证之后，马尔萨斯成为哈利伯瑞学院（Haileybury College）的历史和政治经济学教授，该学院由伦敦东印度公司这一庞大的重商主义垄断公司经营。

马尔萨斯性格开朗，与人为善，脾气温和，忠诚而满怀柔情。他外表高大，举止优雅，是一位完美的绅士。这种风度中的讽刺之处很快就显现出来了。1833年约翰·林内尔（John Linnell）所画的一幅肖像画显示，马尔萨斯的肤色红润，有着卷曲的淡红色或红褐色头发，同时有着引人注目的英俊外表和出众的身材。由于受到唇腭裂的影响，马尔萨斯说话缓慢而温和。然而，他坚定的自信和洪亮的声音使人们感到放心。

马尔萨斯把其他人的注意力引向了戈德温所设想的能够实现完全平等和幸福的未来时代的一个巨大障碍：人口增长速度快于维持生计的手段的增长趋势。1798 年，32 岁的马尔萨斯在与他的父亲（支持戈德温）发生争执后，匿名发表了他的《论影响未来社会进步的人口原则：谈戈德温先生、孔多塞先生和其他作者的猜测》一文。在当时，冗长标题很受欢迎，甚至是人们所期望的。

马尔萨斯认为，经济体系是由最高秩序决定的，但他不能同意亚当·斯密的观点，即这种秩序的所有后果都必然是有益的；他说，自然界中出现的一些问题可能令人非常不快。马尔萨斯的确看到了人类"看得见的手"进行一些小动作的空间——在这方面，他受到边沁功利主义伦理，即"为最大数量的人谋最大利益"的理念的影响。但是，他往往比其他功利主义者保守得多，甚至是反动的。

马尔萨斯在抛弃对人类进步的功利主义乐观的同时，捍卫了传统的英国阶级结构（位于顶层的是土地贵族），功利主义者认为这种结构阻碍了全面民主的实现。因此，无论是福利立法、帮助土地所有者的关税，还是防止萧条的问题，马尔萨斯都总是在维护现有阶级结构的同时，依靠效用原则来评价各种改进。事实上，马尔萨斯是如此谨慎的一位功利主义者，他实际上重新定义了这个术语。在功利主义集会上，他是激进分子中的保守派，而在乐观主义者中是悲观主义者。尽管如此，但这种鸿沟并没有大到影响知识分子为判断分歧而进行的友好讨论。一方面，马尔萨斯在他为之辩护而激进分子则发起攻击的传统制度中，看到了普遍福利的更多社会效用。另一方面，马尔萨斯还认为，在他们的改革提案中，这种作用不如他们在最活跃的时刻所宣称的那样有用。

从这个高度上，我们可以看到另一个马尔萨斯式的过度悲观主义观点。马尔萨斯设计了一个例子来说明他的论点，即人们的数量往往会以超出他们的生存手段的方式增长。这个例子涉及两个数值的级数。如果没有粮食供应的限制，一个国家的人口很容易以几何级数的速度增长，每 25 年就增加一倍。但是，正如马尔萨斯所说，在理想条件下，粮食生产的增长将是"明显几何级数的"。因此，我们看到城市中的人类以 1、2、4、8、16、32、64、128、256、512 等比例增长，而人们的生计则以 1、2、3、4、5、6、7、8、9、10 等比例增加。所以，就是这样，正如马尔萨斯所说的："在 225 年的时间里，人口和维持生计的手段的比值将会达到 520∶10；在 3 个世纪内，将会变成 4 096∶13；而在 2 000 年内，这一差别将会变得几乎无法计算。"[1]

---

[1]　Thomas R. Malthus，*On Population*，ed. Gertrude Himmelfarb，New York：Random House，Modern Library，1960，p. 13.

但是人们已经在城市生活了好几个世纪。为什么人口爆炸从来没有发生过呢？马尔萨斯得出了一个可怕的答案：人口增长超过粮食产量增长的趋势被对人口的"积极"约束所抑制——这些事件以饥荒、苦难、瘟疫和战争的形式提高了人口死亡率。他总结说，贫困和悔恨是对"下层阶级"的自然惩罚。对"不值得"的穷人的救济，如英国的济贫法案，只会使事情变得更糟，因为会有更多的孩子活下来。只有"有产阶级"才应该具有生育能力。这个结论是显而易见的，也是令人沮丧的：贫困是不可避免的。

早在 1803 年，马尔萨斯就有了一些重新思考。当时他发表了论文的修订版，承认了对人口进行道德上可以接受的"预防性"控制的可能性——减少婚姻、推迟结婚、禁欲和严格遵守性道德。这些行为上的变化与减少家庭规模一样是不可能发生的。另外两个可能降低出生率的方法——卖淫和节育——也被道德因素排除在外了。毕竟，马尔萨斯接受的是神职人员的培训。

马尔萨斯本人结婚晚，因此实践了他所宣扬的部分内容，最终他只生了三个孩子。但是，他不仅仅是一个传道者和父亲。在那个时代，马尔萨斯还是英国最重要的政治经济学家。他的悲观预感使历史学家托马斯·卡莱尔（Thomas Carlyle）称经济学家为"沉闷科学的体面教授"，这个称谓仍然被广泛引用，有些人认为，这个称谓现在仍然很贴切。

马尔萨斯关于穷人在道德上低劣的观点在 1834 年的《济贫法修正案》中被采纳了。对于有着健全身体的人，除了监狱一样的济贫院之外的救济都被废除了。救济申请人只有典当他们的所有财产才能进入工场。妇女和儿童通常被送到棉纺厂工作，远离结婚成家的诱惑。这项法律的目的是使不外露的饥饿比公共援助更有尊严。直到第一次世界大战前夕，这一制度一直是英国在济贫方面的法律政策的基础。人类的法则证明，马尔萨斯仍然受制于大自然的规律，他在《济贫法修正案》通过 4 个月后离开了人世。

我们可以引用数据来同时证实和驳斥马尔萨斯的人口理论。1750—1800 年英国的数据似乎符合马尔萨斯的模型。1700—1750 年，英国人口仅增长了 8%；1750—1800 年，这一数字达到了 60%（以当时的标准衡量，这是一个巨大的飞跃）。死亡率的下降和生产率的提高促进了人口的增长；当时的劳动力供应增加，继而降低了实际工资率。然后，在 1800—1850 年，人口惊人地增长了 100%。然而，到了 1860 年，人口增长和生活水平的下降间跷跷板式的关系不再起作用，因为生产力的增长太迅速了。① 最终，工业革命打破了旧的循环。最近关于西欧、英国、北美和日本人均食品消费的统计数据表明，这一理论并不是那么普遍可靠。

即使如此，世界上的某些贫困地区也还是更像马尔萨斯时代的农业社会，并倾向于支持这一理论。在非洲、拉丁美洲部分地区和印度，人类受到自身再生产的威胁。尽管这些环境支持了马尔萨斯的观点，但他未能预见到一些重要的联系。第一，人类可以通过现代节育方法降低生育能力。第二，农业技术的进步，例如新的粮食品种的开发（绿色革命）带来了粮食产量的增加。诚然，我们也不能忽视各种新马尔萨斯主义理论，这些理论预测，在一定程度上支撑了农业的世界能源资源终有一天会耗尽。但是，这些理论也可能低估了我们创造新技术以应对这种威胁的能力。戈德温认为，技术发明很容易不断得到改进。第三，或许最重要的是，从农业社会向城市化社会的转变减少了家庭对再生产自己的劳动力的需求。

然而，值得注意的是，马尔萨斯对进化论有着重要的影响。英国博物学者查尔斯·达尔文（Charles Darwin，1809—1882 年）就知道，有可能通过选择性繁殖来培育出更顽强的动植物品种。他当时正在寻找一种解释自然选择的进化论。据一种尽管看起来很奇怪的说法，在 1838 年，当他为了消遣读到马尔萨斯的《人口论》的时候，他已经走到了死胡同。不管是否从中得到了消遣，达尔文都被食物之争和人口的几何级数增长通过自然选择对动植物进化的影响所吸引了。他借用了马尔萨斯应用于人类的那些思想，并将其推广到植物和动物王国。② 稍后，我们将观察这些马尔萨斯者的思想（被达尔文主义者所采用），这些思想通过社会达尔文主义而长期保存在经济思想当中。具有讽刺意味的是，这种社会达

---

① Peter Lindert, "The Malthusian Case," unpublished note, 1984.

② 有关整个故事，请参见 Lamar B. Jones, "The Institutionalists and on the Origin of Species: A Case of Mistaken Identity," *Southern Economic Journal*, 52 (April 1968), 1043 - 1055.

尔文主义将自然选择的观念转变为人类在社会和经济生活中的竞争性斗争。

在探究其他经典令人绝望的深刻意义之前，我们需要简单地提到马尔萨斯的另一个贡献——他的过剩理论（theory of gluts）。马尔萨斯强烈反对斯密和萨伊关于未售出货物可能性的观点。他发现，人们对商品的欲望只次于对性的欲望。然而，他认为，如果希望进行购买的个人没有任何其他人想要的东西用以出售，那么货物将仍然不会售出。制造商不会雇用工人，除非劳动者生产出来的物品的价值高于劳动者的工资——相当于雇主利润的剩余。显然，工人没有能力买回剩余，所以必须有其他人这样做。因此，两难的是：只有在所有产出都被购买的情况下才能确保充分就业。

马尔萨斯担心的是谁会购买这些剩余，他把资本家看作吝啬鬼，主要是对积累财富感兴趣，因此无法指望。在这方面，地主是最突出的阶级，因为有了大自然的回报，地主获得的收入就超过了他们耗费的生产成本。上流社会的地主们也有花钱的意愿（如果没有其他的话，花在仆人身上），而这种支出是克服经济停滞的最好方法。出于这一点以及其他一些原因，马尔萨斯对地主很软弱，他的立场将会导致与难以对付的李嘉图之间发生的一场论战。我们现在从马尔萨斯式的黑暗离开，转向这场历史性竞争的光辉。尽管如此，这场辩论还是给政治经济学留下了一个"沉闷"的名声。

7

李嘉图与马尔萨斯的一场著名辩论

亚当·斯密描写了，为了确保财产所有权的安全，文官政府是如何"实际上是为了保护富人不受穷人的伤害，或者是为了保护那些拥有一些财产的人而不是那些根本没有财产的人而设立的"。那些拥有财产的人可能没有很好的阶级出身，但他们拥有权力。斯密聚焦的是收入和财富分配，因为他们是强大的政治和社会关注点。托马斯·马尔萨斯也是如此。同时，19 世纪早期的两位伟大的经济思想家大卫·李嘉图和约翰·斯图亚特·穆勒也是如此。

李嘉图曾是英国国会下议院（House of Commons）的一名成员，而这里是曾经讨论过国际贸易问题和收入分配问题的地方。马尔萨斯是从学术性的神学家变成了实践家，而李嘉图则是由商人-政治家变成了伟大的理论家。尽管如此，他们的政治辩论还是决定了李嘉图将提出什么理论。詹姆斯·斯图亚特·穆勒为他这一代人写了一本伟大的经济学教科书，也被选为议会议员，而到最后，他会称自己是一个社会主义者。这些都是极具思想开创性的时代。

大卫·李嘉图：股票经纪人-经济学家

大卫·李嘉图（1772—1823 年）是马尔萨斯的密友和才智上的对手。在两人的共同努力下，他们发展出一种被罗伯特·海尔布隆纳描述为两幕悲剧的经济学。在第一幕中，托马斯·马尔萨斯阐述了人口过剩对人类造成的可怕后果。在第二幕中，李嘉图指出，懒惰、爱好休闲的地主将是经济体系的唯一受益者，而一国指望从其身上寻求国家增长源泉的实业家则会变得沮丧和无力。事实证明，马尔萨斯的这一幕很难成为现实。

　　李嘉图是一个富裕的荷兰犹太移民家庭 17 个孩子中的第 3 个；也就是说，他的家庭本身就是人口问题的一部分。李嘉图 14 岁时就结束了正规教育，进入了他父亲的股票经纪公司。21 岁时，他娶了一位贵格会女教友，加入了一神论教会（Unitarian Church），这导致他的父亲与他断绝了关系。

　　随后，李嘉图用借来的资金创立了自己的经纪公司，他很快就变得比他父亲富有，后来他与父亲和解了。43 岁时，他从商界退休，投身于经济研究和涉足政治领域（为自己赢得了一个议会席位）。当李嘉图于 51 岁死于耳部感染时，他的身价约为 72.5 万英镑，这在当时是一个惊人的数目。他的大部分财产都是土地和债权，这是一种很快就会显现出来的讽刺。①

　　尽管李嘉图可能会承认积累财富是值得的，但他是一个有坚定信念和崇高原则的人，他常常倡导与自己利益相冲突的政策。在获得了大量土地后，他提倡不利于土地所有者利益的经济政策。在议会中，他代表爱尔兰的一个选区（他从未在那里生活过），他还主张进行会剥夺他的席位的改革。他是英国最富有的人之一，但主张对财富征税。他一定是个诚实的经纪人。

　　27 岁那年，李嘉图在英国巴斯度假时，拿起了斯密的《国富论》，这激发了他对政治经济学的兴趣。他发表的第一个作品是写给一家报纸的一封关于货币问题的信，这是有事情将要发生的迹象。在有关拿破仑战争时期价格上涨原因的金块论争（bullion controversy）中，李嘉图成为经济分析方面的一个全国性人物。他辩称，过多发行纸币提高了黄金的价值。

　　李嘉图很快就遇到了詹姆斯·穆勒，穆勒把他介绍给了杰里米·边沁，而边沁把他引入了哲学激进派的狭小而紧密的圈子。1811 年，托马斯·马尔萨斯走近他，两人开始了一段深厚而持久的友谊。尽管他们之间有着亲密的关系，但当马尔萨斯发表了他对李嘉图《政治经济学原理》（*Principles of Political Economy*，1820）的刻意的辩驳之时，李嘉图使用了 220 页左右的注释作为再次的反

---

　　① 李嘉图在盖特康比庄园（Gatcombe Park）居住，并写下了他自己的经济学论文。在 20 世纪 70 年代，这个庄园吸引了女王伊丽莎白二世，她为安妮公主和她的丈夫买下了它。该庄园到现在仍然屹立不倒。

驳。他们激烈的争论深入理论和政策的每一个角落。

　　了解这个时代的经济状况，就能更好地理解李嘉图的贡献。正如亚当·斯密所看到的，建立一个自由、中产阶级的国家需要将企业从重商主义的管制中解放出来，而且在很大程度上，英国已经出现了真正的工业竞争制度。英国政府和后拿破仑时代的法国政府谴责对生产组织和对工厂主和工人之间关系的干涉，而且禁止了工会的建立。而那可能就是查尔斯·狄更斯会描写的环境！

新兴中产阶级的社会舞台

　　在工业革命即将到来之际，1776 年的美国革命和 1789 年的法国革命冲击了欧洲土地贵族的内心，以及日益遭到质疑的君主神圣权利的观念。许多英国人都支持这一时代精神。亚当·斯密在他的"大旅行"途中遇到了本杰明·富兰克林（Benjamin Franklin）。他对美国这一新兴民族国家的发展前景印象深刻，部分原因就只是富兰克林发明了这样一句谚语："省一分钱就是赚一分钱。"

　　尽管法国大革命摧毁了法国封建主义上层建筑所遗留下来的一切，但其最初的目的却被拿破仑帝国带偏了方向。英国最终成功地抵抗了拿破仑对欧洲的征服。从 1793 年到 1815 年，英国与法国发生了一系列战争，给斯密及其追随者所代表的那种英国自由主义带来了极大的压力。1794 年，《人身保护法》（Habeas Corpus Act）被暂停五年；所有秘密协会都被禁止，参与者达 50 人以上的所有会议都必须受到监督，印刷机器必须向政府登记，英国报纸的出口全部被禁止。其中最应受谴责的打击是，收取入场费的讲堂（大多数都如此）被法律视为与妓院一样的场所！

　　在 1799 年和 1800 年，《结社法》（Combination Laws）禁止雇主或工人为控制就业条件而进行的任何形式的结社。如果说英国自由主义者在这个压迫性立法的汪洋中还有希望的话，那就是《结社法》选择性地对工人和正处于雏形状态的工会进行了强制执行，而不是针对雇主。这样，至少商人阶级可以轻松地进行呼吸。

　　当拿破仑战争战场上的硝烟散尽之时，君主制和贵族仍掌握着控制权，但持

续的政治统治所需的经济力量现在开始转移到不断扩大的中产阶级手中。在英国
（伦敦当时约有 100 万人）、法国和低地国家比较大的城市当中，旧的重商主义者
财阀阶层的领袖们开始不情愿地与少数工厂老板——新的"工业领袖们"——分
享他们的领导地位。此外，还有一些乡村律师、乡村医生、自耕农和一些学校教
师，他们也开始分享城市中产阶级的一些态度。

对于中产阶级的许多人来说，货币的积累本身还没有成为一种目的（直到
1815 年，大多数家庭的生活还没有被货币所影响）。处于阶级阶梯顶端的老旧贵
族家族的子孙们，他们的财富来自殖民企业和早期的远距离贸易，他们倾向于成
为银行家和商人，而不是制造商。他们认为财富只是获得地主贵族闲适生活的一
种手段。给加尔文主义（Calvinism）提供了一个合理基础的亚当·斯密和其他
古典经济学家的思想，将有助于改变这种观念。降低对闲暇的追求是非常重
要的。

随着重商主义的旧世界逐渐消失，英国、法国和低地国家正在形成一个新的
社会。一种新的"经济人"正在崛起——勤奋工作、精力充沛、自力更生（self-
made）。他的美德是自我否定、自律、个人主动，以及愿意冒险来谋取个人利
益。他——没有"经济妇女"（economic woman）——不能允许工人懒惰，也没
有看到福利的任何价值。富兰克林式的节俭是他的格言，节省的每一分钱都是为
了重新投资于他的事业。高工资和政府的管制对企业不利。工厂管理需要长时间
的工作和勤奋不懈的监督，所以他把时间都花在机器和账簿上，也许他自己是心
满意足的。有一种野心支配着他的生活：把机器的产量提高到极限。他不是那种
你想和他一起喝啤酒的人。而且，他可能根本不喝啤酒——也许是雪利酒。

在英国的曼彻斯特和法国的里尔这样的城市，地平线上的风景中充斥着工厂
的烟囱，但仍有成百上千个城镇自从意大利诗人但丁（Dante Alighieri，1265—
1321 年）出现和中世纪以来经济生活就没有发生过很大变化。除了英国以外，
欧洲各民族国家的绝大多数人口仍旧依靠从土地中讨生活。

此外，欧洲大陆的土地所有者仍然拥有很大的政治权力，他们能够持续地圈
占公地，把农民赶到较小的土地上。到 1810 年，这一过程只留下了英国五分之
一的土地没被圈占——大约也就是在那个时候，圈地在欧洲其他地方流行起来

了。农民、小的自耕农和租户的情况要好一些——他们可以更自由地购买、出售、为自己工作，也许还可以改变他们的职业。然而，无论是在农场还是在工厂里，工人阶级的生活仍然非常艰苦。尽管亚当·斯密对商人有着不同的看法，对地主贵族也心存鄙视，但他的伟大愿景却使经济各方面的因素相结合，使社会稳步向上发展。然而，与斯密的预期相反，随着机械化程度的增加，经济利益的冲突也更加剧烈。更糟糕的是，斯密为重商主义举行的冗长葬礼还为时过早。大卫·李嘉图和马尔萨斯处在这些冲突的中心位置，即使在战争刺激了工业扩张之时也是如此。

李嘉图与重商主义者的对质

尽管如此，但对古典经济学家来说，他们都知道，至少在英国和法国的经济中，经济自由的进一步扩展需要终结重商主义。因此，新闻记者让·巴普蒂斯特·萨伊认为，有必要在一系列清晰的文章中宣扬斯密的福音，抨击法国的贸易限制，而李嘉图则在英国扮演了这一角色。他修订了斯密和萨伊的观点，以适应那里处于发展中的经济环境。

这些都是李嘉图所面临的条件：重商主义的最后残余、仍然强大的地主贵族、迅速增长的人口和普遍的城市贫困。这是一个要在短时间内解决的大问题。李嘉图反对关税和从土地中获得的过度利润。然而，与自由放任的传统一致，他也反对干涉贫穷的恶劣习性；他只选择解释这种疾病。在他的著作中，李嘉图能够比斯密更准确地解释工人、资本家和地主的收入分配的比例。他清楚地看到，正如乐观的斯密没有看到的那样，在切割经济蛋糕的过程中，竞争者可能被鼓动起来拔刀相向。尽管如此，贫穷仍然是一种状态，就像牛顿定律在宇宙中的作用一样自然。

关于《谷物法》的辩论

李嘉图关于英国经济的重要而额外的抽象是由英国国会在1814—1815年就拟议的《谷物法》进行的辩论引发的，该法禁止谷物进口，直到国内谷物价格上涨一定数额为止。谷物价格从 1790—1799 年的平均每吨 55 先令飙升到 1810—1813 年的平均每吨 106 先令。崛起的实业家与地主陷入了关键性的冲突之中。当来自欧洲大陆的农产品被战争切断时，地主们扩大了耕地的面积，现在他们希望避免这种有利地位在和平即将到来后，由于进口谷物的突然涌入而被削弱。实业家们认为，《谷物法》是对少数人的特殊待遇，但牺牲了他们自己的资本积累：由于英国土地耕种更加密集，粮食价格上涨意味着实业家们必须支付更高的工资。今天，通过一种对所用分析语言的明显提炼，我们可以说地主们构成了一个"特殊利益集团"。

由于地主们控制了议会，《谷物法》很容易就被通过了，但是这项法律所激发的辩论对界定经济利益集团起了很大的作用。像往常一样，马尔萨斯对地主大加赞扬，而李嘉图则抨击他们所做的事情的后果。因此，这一立法问题就变成了经济分析中的一场较量，也暴露了阶级冲突。国民收入是如何分配给地主、制造商和工人的呢？

这场辩论背后隐含着一种后来被称为收益递减规律的思想：随着同等质量的某种投入在生产中越来越多，在同等质量的所有其他投入的数量保持不变的情况下，结果带来的产出增加量就越来越小，这是因为增加的投入能够使用的其他投入的份额越来越小。也就是说，越来越多的农业工人在同样面积的土地上耕作，生产的额外的谷物会越来越少。因此，在农业中，土地数量是固定的，人口越多，粮食的价格就会变得越高，尽管粮食总产量更大了。此外，不仅对同样肥力的土地进行更密集的耕作对经济各个阶层有不同的影响，而且不同质量的土地的使用也会对此有着不同的影响。然而，马尔萨斯所提供的充其量不过是上述关于这一"规律"的现代表达的一个非常粗糙的版本，而李嘉图则通过质量递减的土地，明确地阐述了收益递减规律。

与马尔萨斯关于"地租"的争论

马尔萨斯是发起这场争论的人。他把维持生计的工资与粮食联系起来。工人的工资就是工人吃饭所需。因为肥沃的土地供应有限，技术改进不够快，粮食作物的迅速增加是不可能的，所以粮食生产无法跟上人口增长的步伐，进而工人的工资将开始低于维持生计的工资。饥荒不仅成为马尔萨斯关于人口增长的令人遗憾的"积极"制约因素之一，而且是政治经济学沉闷的原因之一。

李嘉图认同马尔萨斯关于人口对自然资源的压力的观点。从这份经过长期争论得到的认同中，李嘉图提出了他的租金差异理论，约翰·斯图亚特·穆勒后来将其描述为政治经济学的基本理论之一。李嘉图的论点具有比马尔萨斯更为精确的特点。然而，对于两者而言，关键在于地主的利润，即"租金"。

李嘉图认为，最肥沃的土地能以最少的劳动力和资本获得最大的收成。但是，随着人口的倍增和对粮食的需求的急剧膨胀，必须对质量越来越差的土地也进行耕耘。同样数量的工人和工具在贫瘠的土地上将会产出更少的粮食。每蒲式耳粮食的价格将取决于在最贫瘠土地上较高的种植成本。

怎么会这样呢？想想那些只拥有贫瘠土地的地主吧。假设在他们最贫瘠土地中的最贫瘠地块上生产了 500 蒲式耳的粮食，所花费的劳动力和工具的成本是 1 000 英镑。那么他们的粮食就是以每蒲式耳 2 英镑的成本生产的。事实表明，价格是由进行生产的最不利的环境决定的。如果贫瘠土地中最贫瘠的部分都必须被用来生产粮食才能满足人们，那么他们必须按照耕种的最后一块劣质土地来支付生产成本。那么，在这种情况下，谷物的市场价格是每蒲式耳 2 英镑。接下来，考虑一下拥有最肥沃土地的地主。假设更肥沃土地的所有者能够以同样的 1 000 英镑的成本生产 1 000 蒲式耳的粮食，相当于此前的两倍，那么他们每蒲式耳粮食的成本就只有 1 英镑，但他们可以出售两倍的数量，他们获得的收益就会比价格为每蒲式耳 1 英镑时更高。

利用一个巧妙而简洁的术语转换，李嘉图将额外的每蒲式耳 1 英镑称为"经济租金"。李嘉图认为，经济租金是因为"使用了土地的原始和不可摧毁的力量"而支付给土地所有者的。这种租金与土地改良带来的回报不一样，后者带来利润，而不是租金。因为一个需要进一步解释的原因，马尔萨斯认为地主获得更高租金是一件有益的事情，但李嘉图不这样认为。

简单地说，李嘉图认为租金是无法挣来的收入。[①] 地主们必须工作更长时间

---

① 直到今天，经济学家仍然用"租金"来表达这种不劳而获的收入。

（或者更确切地说，是使得他们的工人工作更长时间）以换取与拥有该国最富有的三角洲土地的农场主以相同的价格出售一蒲式耳小麦的机会。与劳动力成本所起的作用不同，地租并不决定谷物的价格。相反，谷物的价格决定了地租。可惜的是，这是一个贫瘠土地和富饶土地的故事。对于贫瘠土地的所有者来说，价格只是他们劳动和资本的回报。价格也代表了劳动力和资本在肥沃土地上的回报。然而，由于劳动力在富饶土地上劳动较少时间以获得每蒲式耳粮食，因此这个价格也提供了无偿的收入，也就是李嘉图所说的经济租金。贫瘠土地的所有者只获得了工资和赚取的利润；肥沃土地的所有者也得到了租金。因此，李嘉图推断，仅仅是地主从大自然中获得的"租金"是不合理的，因为它是从粮食生产所必需的劳动力和资本的数量之外创造出来的。

如果我们停在这里，我们就只会看到李嘉图如撒哈拉沙漠般的简洁而平凡的经济抽象。但是，李嘉图巧妙地展示了租金是如何延伸开来并影响到整个社会的。随着人口以马尔萨斯式的速度增长，生产力更低的土地被开垦出来，最贫瘠的土地被耕种，生产额外一蒲式耳粮食的成本上升了，同时食品价格也会上涨。随着食品价格的上涨，为了维持工人的生存所需要的货币工资率就必须比以前更高。然而，实际工资往往保持在维持生计的水平，这一原则通常被称为工资的铁律。

更糟糕的是，和农业一样，在制造业中也必须支付更高的工资。和亚当·斯密一样，根据李嘉图的观点，工人从制造商的工资基金中得到报酬。更高的工资意味着实业家的利润率更低，他们将只有更少的资金投资于新的工厂、设备和工具，或者用来雇用更多的工人。

随着李嘉图关于社会的新的但仍然令人沮丧的景象成为人们关注的焦点，我们开始理解，正如他所说的，地主的利益"总是与社会上所有其他阶层的利益相对立"的原因。制造业之所以增长放缓，是因为伴随着货币工资率上升的利润率下降，减缓了资本积累的速度。在食品价格持续上涨的情况下，工人靠维持生计的实际工资挣扎着生存。同时，肥沃农田的所有者比以往任何时候都更富裕。地主们不会用他们的地租来投资制造业，因为企业的利润率没有他们的地租高，而后者是一种不劳而获的安逸的回报。土地贵族仍然是占主导地位的有闲阶级。

自由贸易也随之而来。"旧类型"保护主义——《谷物法》——将延续地主们的特权，削弱其他社会阶层的权力。李嘉图认为，实业家是生产性社会增长的真正来源。此外，他认为经济能够在没有政府壁垒的情况下不断地自我调整，因此，萨伊定律将排除工业危机。

马尔萨斯极力反对这些观点。像此前一样，他的不同意见将经济分析和保守的对土地贵族的偏爱混合在一起。进步与那些获得了较高的租金从而使他们能够永久地提高土地的生产力的地主们联系在一起，而他们在奢侈品上的开支将防止普遍的过剩。更一般地说，马尔萨斯关心的是制造业的迅速扩张会带来什么：人口集中在城市，正如大家可以看到的那样，那里的环境是不健康的。他更喜欢土地。

马尔萨斯认为，制造业的就业基本上是不稳定的，因为消费者的品味变幻莫测。他担心，这种潜在的不稳定性会导致工人的不安定。或许最重要的是，马尔萨斯这位受过教育的绅士预计，工业化的邪恶会破坏一个建立在上流社会拥有土地的阶级之上的社会的文化福祉。让马尔萨斯感到困惑的是，作为地主的李嘉图本人却不欣赏自己的同类人的美德。

像斯密一样，李嘉图也看到了资本积累和工业扩张的大部分好处。他预想到了一些不明智的政策（比如《谷物法》）将会使经济陷入停滞状态——实业家的利润率下降和积累的抑制将导致这一停滞。资本积累将产生更高实际工资的有利短期效应，该效应会导致人口增长。当不断扩大的劳动力将实际工资恢复到文化生存水平时，就会存在长期均衡。但随着资本积累的不断放缓，人口将停止增长，净投资就会变为零，人均收入也将停滞。自由贸易——没有关税——可能会推迟这一可怕的稳态的到来。

和斯密一样，李嘉图也强调了资本积累、有序增长和市场均衡的重要性和价值。他希望企业摆脱可能降低利润最大化能力的限制，从而使储蓄和资本积累继续下去。

李嘉图著名的国际贸易理论

李嘉图也是一个国际主义者：他相信，国家竞争——关税、贸易限制和战争——会减缓资本主义的发展。他用一种卓越的分析工具证明了贸易为什么会产生共同的利益。他可能是第一位提出单独的国际贸易理论的经济学家。

在他的"比较成本理论"中，李嘉图说明了为什么出口那些它们具有相对成本优势的商品对不同国家而言是有益的。由于（在他的著名例子中）他以生产红酒和布所需的劳动时间来表示单位生产成本，这个理论说明了一种劳动价值论。在这个例子中，作为议会议员的李嘉图给作为英国贸易伙伴的葡萄牙赋予了绝对成本优势。在葡萄牙，生产红酒和布所需要的劳动时间都比英国少。例子如表7.1所示。

表 7.1　　　　　　　　　　生产一匹布或一桶红酒所需的劳动时间

	布（匹）	红酒（桶）	用布表示的红酒的相对价格（P_w/P_c）
英国	100	120	1.2
葡萄牙	90	80	0.89

葡萄牙在生产红酒方面有比较优势，因为它生产红酒的成本优势相对而言要大于英国；也就是说，英国的劳动力成本比率120/100要高于葡萄牙的80/90。这些比率反过来又给出了1桶红酒交换布的易货价格——1.2匹英国布将能够购买1桶英国红酒。进行贸易是值得的，因为英国人用远不到1.2匹（尽管不少于0.89匹）布就可买到1桶葡萄牙红酒！

在每桶红酒交换0.89～1.2匹布的易货交易中，贸易最终是互惠互利的。葡萄牙将红酒运往生产1桶红酒需要1.2匹布的英国将会获利，条件是1桶红酒可以与英国交换超过0.89匹布。如果只需要不到1.2匹布就能获得1桶红酒，英国专业化于布的生产就能够获利。

以看似简单的智慧，李嘉图就为贸易做出了辩护，即使对那些生产成本总是较高的国家来说也会如此。他还将亚当·斯密关于劳动力专业化优势的观点推广到了世界经济中。最重要的是，在历史上的那个时刻，李嘉图又提出了另一个反对《谷物法》的有力论据。

李嘉图对经济理论的贡献

李嘉图最持久的贡献是：（1）他自己的经济方法的本质；（2）他对收入分配的重视；（3）他的国际贸易理论。有了李嘉图，经济学就与哲学分离，成为一门独立的学科，摆脱了除由其本身朴素的内在逻辑所产生的原则之外的任何原则。

确实，抽象的经济阶级冲突发生了，但在李嘉图的思想里真的没有人，只有理想化的事物。在亚当·斯密充满喜庆气氛的作品中，有勤劳的工人，他们忙着从事专业化生产；也有聪明和善于计算的商人，他们正在追求利润最大化。斯密更接近乔叟，而不是股票经纪人。李嘉图把这些衣冠楚楚、五颜六色的经济肖像简化成灰色的轮廓。

李嘉图的言论回应了他那个时代的经济问题，但他的潦草描写来自他的想象力，而不是来自研究。20 世纪 60—70 年代的正统经济学家称李嘉图为"经济学界的牛顿"，这是他们给出的最高荣誉，甚至他纯粹的抽象也可能突然对现实世界产生影响。例如，李嘉图试图通过找到一个用以表达相对价格的"不变的价值标准"来概括他的简单谷物模型。所有的价值来源于劳动时间和一种他称之为"黄金"的复合商品——这种劳动价值论被证明是不充分的。他确实把资本中的劳动时间等价物作为劳动价值论的有益延伸。最后，李嘉图认为，价格的变化取决于用于生产产品的总劳动时间的变化。

尽管如此，李嘉图还是消除了亚当·斯密留下的一些困惑。有一些商品，比如供应量如此固定的珍贵画作，是需求决定了它们的价格，这就解决了水-钻石的悖论。后来，这种稀有物品的回报率，包括非凡的音乐或运动天赋，被称为"李嘉图租金"。同时，至少使用劳动时间作为决定价值的方法，消除了斯密的循环论证，即劳动的价值取决于它所得到的报酬。此外，在第三卷中，我们将看到皮埃罗·斯拉法（Piero Sraffa）如何用不变的标准解决了李嘉图的困惑，同时澄清了有关收入分配的一些现实问题。

当然，可以肯定地说，在李嘉图的收入分配观中，存在一种隐含的人类关切，甚至是一场海尔布隆纳式的悲剧（Heilbronian tragedy）。他主要关注的理论问题是，国家收入在三个主要社会阶级之间分别以工资、利润和租金的形式进行分配。单一的维持生计的实际工资可以维持工人的生活，但不一定很好。当然，不断上涨的租金将占用越来越多的国民收入。利润率的不断下降将无法维持工业经济的不断扩张。

不幸的是，在李嘉图的时代，这个制度的唯一受益者是地主，他们对土地的自然属性的垄断使他们能够以其他人的受损为代价获得收益。工资是对努力工作的报酬，利润或利息是资本的价格，但地租比使用土地所支付的代价要大。李嘉图不愿看到负责进步的实业家受到如此严重的打击。到了 20 世纪中叶，土地下面的采矿权——原油——将产生租金和新的特殊利益。

这两场悲剧从未上演过。《谷物法》被证明是无效的立法，并于 1846 年，即李嘉图去世 20 多年后被废除了。直到今天，英国都不需要依赖本土生产的食物。此外，西欧人口从未对土地资源施加马尔萨斯和李嘉图所预见到的那种压力。20 世纪末，美国的财富，而不是人口，将对矿产资源造成压力。李嘉图的国际贸易比较成本理论仍保持着活力。

马尔萨斯和李嘉图之间的伟大辩论和令人难以置信的友谊直到他们去世后才停止。李嘉图给马尔萨斯的最后一封信的最后一句话说明了他们之间伟大的相互尊重：

> 现在，亲爱的马尔萨斯，我已经做完了。和其他争论者一样，经过多次讨论后，我们每个人都依然保留了自己的观点。然而，这些讨论永远不会影响我们的友谊；如果你同意我的观点，我也不会比现在更喜欢你。[1]

在李嘉图去世 11 年后，马尔萨斯也去世了。

古典经济学家的遗产

古典经济学家的政策最终是通过鼓励资本积累和经济增长来造福社会，但收

---

[1] 引自 John Maynard Keynes, in *Essays and Sketches in Biography*, New York：Meridian Books, 1956, p. 38。这些文章最初于 1951 年由地平线出版公司出版。

益并不是平等分配的。在工业革命期间，工薪阶层付出了特别沉重的代价。尽管亚当·斯密同情工人阶级，但他的主要原理和李嘉图的主要原理的影响是，在一个最后一次将其最大的荣誉扩展到地主贵族和士绅的社会中，给予商人（特别是实业家）尊敬。实业家作为国家财富的促进者取得了新的地位。马尔萨斯心爱的地主贵族逐渐衰落，但从未消失。而且，正如我们将会发现的那样，不劳而获的收入也从未真正消失；只有铭刻在奖杯上的名字改变了。"最后一批古典主义者"仍然要凝聚工人的利益，提出有关收入分配的令人不安的问题。所以，我们现在离开冰冷的计算，而转向约翰·斯图亚特·穆勒的热情。

8

约翰·斯图亚特·穆勒：最后的古典学者

追求自己的特殊利益并不是什么新鲜事；在中世纪，如所有的约翰王这样的国王、阿基坦的埃莉诺这样的女王，以及大量的神职人员过得很好，但他们并不总是做善事。正如之前所指出的，在李嘉图和马尔萨斯的时代，地主士绅追求自己的利益，尽管新兴的实业家阶级向他们发起挑战，要求他们拿出一块更大的蛋糕进行分配。幸运的是，对于实业家来说，古典经济学家的思想作为一种新正统思想，不仅可以被用来保护资本以对抗土地，也可以被用来保护资本以对抗劳动力。

随着地主士绅们撤退到他们庞大的庄园，劳动力就变成了受压迫者。对政治经济学家观点的严肃解释可能会被转化为对野蛮的工作环境进行辩护，认为这是自由制度中不可避免的一部分。贫穷被认为是大自然自身的药物，它的普遍性只意味着社会需要更大的剂量。因为工人们不能指望从李嘉图、马尔萨斯和他们的沉闷科学那里寻求帮助，他们开始在其他地方寻找补救办法。

新工业世界中的工人

早期工厂制度最严重的弊端之一是剥削妇女和儿童，他们被视为有价值和顺从的工人，特别是在纺织和印刷工厂中。实际上，在这些工厂工作的成年男性人数相对较少。在中世纪，妇女已经变得习惯于低男人一等，这是一种非常适合新工厂制度的柔韧性。妇女和儿童享有最少的公民自由，同时最不可能对残酷的工作环境提出有效的抗议。他们很遵守纪律，而且几乎没有得到什么报酬。

在英国，每天都有成千上万名7～14岁的男女儿童被迫从早工作到晚。我们知道其中一些人的名字，比如 1815 年在利兹为伯克先生工作的一名磨坊工人伊丽莎白·本迪（Elizabeth Bendey）。主管有时会殴打他们，让他们保持清醒和工作状态。有一些非常罕见的"模范"雇主，如乌托邦社会主义者罗伯特·欧文（Robert Owen，1771—1858 年），他是拉纳克磨坊的老板，但即使是他那著名的仁爱也必须在他自己所处的时代背景下进行观察。他在自己的时代受到了赞扬，因为他在 12 年内雇用了近 3 000 名儿童，其中只有 14 人死亡，而没有一人成为罪犯。[①]

　　如前所述，在这个时代，英国棉纺织工业的扩张非比寻常，是试图发现工人阶级在工业革命期间是否变得更好的一个很好的地方。统计数据显示，从家庭作坊到工厂的转变在某些方面提高了生活水平，而在其他方面却变得更糟。毕竟，正是更高的货币工资和正常的就业将大量工人带出了家庭手工业和农业，进入了兰开夏郡的工厂。据报道，1806—1846 年，男性非熟练操作工每天可赚取 15～18 个六便士银币，而熟练的操作工每天可赚取 33～42 个，相比之下，在兰开夏郡的农业工人赚取的收入约为 $13\frac{1}{2}$ 个六便士银币。[②] 因此，兰开夏郡的男性收

[①]　Richard L. Tames，ed.，*Documents of the Industrial Revolution*，*1750 - 1850*，London：Hutchinson Educational，1971，p. 96。议会专员对工厂工人的访谈提供了大量关于妇女和儿童待遇的证据。其中之一是上面提到的 1815 年对伊丽莎白·本迪这位磨坊工人的访谈。以下是一些摘录：

　　你几岁了？23 岁。你什么时候开始在工厂工作？当我 6 岁的时候。你在那个工厂里每天的劳动时间是多久？当很忙的时候，是从早上 5 点到晚上 9 点。当没有那么繁忙的时候，通常的劳动时间是多久？从早上 6 点到晚上 7 点。什么时候允许吃饭？中午的四十分钟。假如你工作落后了，或者迟到了，他们会怎么做？鞭打我们。时常如此吗？是的。女孩和男孩一样吗？是的。皮带是用来过度伤害你的吗？是的……我看到监工走到房间的后部，小女孩们抱着罐子的底部；他拿了一条皮带，嘴里低语着，有时他拿着一条链子，把他们捆在一起，绕着整个房间鞭打他们。由于这份劳动，你的身体严重畸形了吗？是的。它是什么时候开始的？当它开始出现的时候，我大约 13 岁……

更完整的文字记录可以参见 *Eyewitness to History*，John Carey，ed.，Cambridge：Harvard University Press，1987，pp. 295-298。

[②]　Rodes Boyson，"Industrialization and the Life of the Lancashire Factory Worker," in *The Long Debate on Poverty*，Surrey：Unwin Brothers，for the Institute of Economic Affairs，1972，pp. 69-70。

入可高达农业收入的 3 倍。妇女和儿童的工资仅为男性工资的一小部分。工资较高的兰开夏郡雇工买得起肉，而农民主要靠面包和水为生。

来自农场的人可能会发现工厂是惩罚性的；工人们失去了安排自己工作的自由，因为他们的意愿屈服于稳定的工作时间。尽管如此，但新工厂的恶劣条件在很大程度上反映了农场和车间严格监管的古老传统，而在车间这些地方，即使在工业环境中实施补救立法很久之后，这种传统也仍在继续。有时，孩子们发现工厂比他们家乡的环境更难以让人忍受。

虽然工业化最终是为了提高每个人的收入水平——不是平等的——但在工业革命期间，劳动力的实际工资和工人的生活质量要么下降，要么没有显著提高。剩余的农业和家庭手工业劳动力像飞蛾扑火一样，以超过对他们的需求的速度被吸引到工厂城镇。农业、家庭手工业和工厂的新技术节省了劳动力。阿克莱特（Arkwright）和哈格里夫斯（Hargreaves）的发明极大地降低了棉纺织工业对劳动力的需求，使手工棉纺的消失速度几乎与机器所能建成的速度一样快。[①] 城市增长带来拥挤的环境、污染、犯罪、传染病以及其他一系列疾病。这些社会问题的普遍存在已为当时的历史学家所公认。

因此，我们在劳动力问题上得出了一个令人沮丧的结论：当时的工业革命并没有给工人带来多大好处，尽管城市化和人口快速增长对城市贫民窟的形成做出的贡献可能比工厂制度本身更大。在工厂对劳动力的需求旺盛的时候，工人享受到的收入较高，但工业的扩大本身并没有增加其收入占国民财富的比例。直到19 世纪 60 年代，英国工人阶级的生活水平才有了很大的提高。所有这些都使我们陷入了一场文字上的对峙。

查尔斯·狄更斯与古典经济学家的对峙

尽管正统古典论点在架构上令人叹为观止，但新工业时代的经济环境并不被

---

① 在工业革命之前，在大规模工业中就采用了手工织机工人。早在 1736 年，兄弟俩就在布莱克本地区雇用了 600 台织布机和 3 000 名工人。

大众所热爱。尽管一般公众可能认同斯密、李嘉图和实业家关于自由的重要性，但是贫困和常常可怕的工作环境除了工厂所有者之外，并没有得到许多拥护者。"激进"诗人珀西·雪莱在他的《麦布女王》（*Queen Mab*，1813）中抨击商业（"腐败的交换"）和加尔文主义的伦理：

> 在一颗闪亮的、被人们称为黄金的矿石上
>
> 商业已经树立了自私的标志，
>
> 这是它奴役一切的力量印记。①

柯勒律治和华兹华斯以及其他英国浪漫主义作家（1789—1832 年）与雪莱有着同样的同情心，尽管没有雪莱那样的激情。然而，对工厂制度的滥用和贫穷痼疾的决定性攻击留给了一位伟大的维多利亚时代的小说家。

查尔斯·狄更斯（1812—1870 年）的作品给工人阶级和实业家的生活状况提供了令人难忘的描写。狄更斯本人在 12 岁时就被赶出学校，和其他男孩一起在黑色涂料瓶子上贴标签，这是在自传体的《大卫·科波菲尔》（*David Copperfield*，1849—1850 年）中讲述的痛苦经历。这位大卫·科波菲尔并不是魔术师，但他的作品充满了神奇之处。

狄更斯在《雾都孤儿》（*Oliver Twist*，1837—1838 年）中，通过一个无辜小男孩的噩梦般的经历，对济贫院和贫民窟的生活环境进行了抨击。在《董贝父子》（*Dombey and Son*，1846—1848 年）中，人们可以看到工业力量的增长，而商业力量却在不断减弱。狄更斯所描绘的最生动的工业社会形象出现在《艰难时世》（*Hard Times*，1854 年）当中，这部著作在描写狄更斯笔下典型的工业城镇焦煤镇（Coketown）时，将道德寓言与一种现实社会分析结合在一起了。狄更斯这样讲述他的故事：

> ……在这座丑陋城堡的最深处的一些堡垒当中，大自然被结实的砖砌墙

---

① Percy Bysshe Shelley, "Queen Mab," in *The Complete Poetical Works of Shelley*, ed. George Edward Woodberry, Boston: Houghton Mifflin & Co., Cambridge edition, 1901. [1813].

拦在外面，正如有害的空气和煤气被拦在里面一样；在那窄院连着窄院、狭街紧靠着狭街的"迷宫"中心，一切都是为了某个人的用途而匆匆忙忙、零零落落地建起来的，这整个的一片，就成为七拼八凑的大杂拌，摩肩接踵，简直挤得要命；在这广大而又人烟稠密的地区的最拥挤角落里，因为缺少空气，难以通风，烟囱都造得千奇百怪，好像每家都挂上了招牌，表明我们可以预料哪一种人会在这里生出来……①

狄更斯为李嘉图完全抽象的不同收入阶级注入了活力：退休商人托马斯·葛擂更（Thomas Gradgrind）、工人斯蒂芬·布莱克普（Stephen Blackpool）和工厂老板乔西亚·庞得贝（Josiah Bounderby）。葛擂更是一个讽刺人物——但不太宽泛——精于计算的功利主义者，对他们来说，一切都已经成了定局：

一个坚持二加二等于四，不等于更多，而且任凭怎么说服也不相信等于更多的人……经常装着尺子、天平和乘法表，随时准备称一称、量一量人性的任何部分，而且可以告诉你那准确的分量和数量。②

狄更斯对古典经济学的鄙视充分表现在他给葛擂更的两个孩子分别命名为亚当·斯密和马尔萨斯上。

布莱克普是一位动力织机的织布工，由于生活艰苦，他看上去比他四十岁的年龄要更为苍老。（在小说情节中，他被不公正地指控犯下了本来是葛擂更的大儿子犯下的一个罪行。）在狄更斯看来，封建主义的家长式作风已被工厂老板的家长式作风取代。布莱克普的地位与他的雇主庞得贝的地位之间的对比，以一种不折不扣的角度展示了亚当·斯密和谐的私人事业：

斯蒂芬形容憔悴，精疲力竭，从闷热的工厂里走出来，到了凄风冷雨的街上。他离开了本阶级的人们与自己的岗位，只带一点儿面包走向他的雇主住的山上。那是座红色房子，外有黑百叶窗，里挂绿遮阳帘，上了两级白色

① Charles Dickens, *Hard Times*, introduction by G. K. Chesterton, New York：E. P. Dutton，1966，p. 61. ［1854］.
② *Ibid.*，p. 3.

台阶就来到黑色大门之前，门上钉着铜牌，用大字刻着"庞得贝"（字体也像这房子的主人一样又肥又大），铜牌下有个圆得像大句点似的铜把手……①

庞得贝先生的午餐并不只是一片面包，而是"排骨和雪利酒"。庞得贝拿了一些雪利酒，但没有给他的这位雇员。他盛气凌人地说，

> 你从来没找过我们麻烦，你从来不是那种不讲理的人。你并不像他们那许多人，希望坐六匹马的车子，用金调羹喝甲鱼汤，吃鹿肉……因此，我已预先断定，你并不是到这儿来诉苦的。②

庞得贝先生比斯蒂芬更清楚他想要什么。

狄更斯既不是经济学家，也不是哲学家，可《艰难时世》的一些评论家抱怨他不懂边沁和功利主义。也可以说雪莱不懂商业，这不值一提。他们作为艺术家的作用是报告和评论他们所看到的东西，尽管工厂制度本身也许并不邪恶（葛擂更和庞得贝不是"恶棍"），它只是导致了亟须纠正的虐待行为。

一些改革措施确实来自这些创造性的力量，同时也来自一个足够愤怒的议会，从而举行了关于工厂和城市环境的听证会。工厂督查员就是一个显著的成就。从改革的角度来看，工厂制度的一个好处是：由于生产是在一个地方组织起来的，因此，可以很容易地监督和最终控制制度的滥用。与实业家对古典经济学的解读相反，政府开始采取行动了。

约翰·斯图亚特·穆勒：生活在资本主义和社会主义之间的一生

查尔斯·狄更斯和古典学派最后一位伟大的经济学家约翰·斯图亚特·穆勒（1806—1873 年）的生活重叠在了一起。如果这就是巧合，那充满了一种讽刺，这种讽刺并没有以狄更斯占据优势结束。尽管最初致力于斯密、李嘉图、边沁和

---

① *Ibid.*，p. 68.
② *Ibid.*，pp. 68 - 69.

他的父亲的思想，但穆勒最后在关于生产和收入分配关系的观点方面与他们分道扬镳。由于受到正统观念的巨大困扰，穆勒试图将生产的科学与其产出的分配分开。直到今天，他仍因这种"模糊思维"而被经济学正统派给予了较低评价。不过，他还是为一门已经相当令人沮丧的科学恢复了斯密的大部分乐观主义思想。

首先是作为一个信徒

尽管约翰·斯图亚特·穆勒的父亲詹姆斯·穆勒帮助创立了哲学激进派，但他最著名或者最声名狼藉的是强加给他年轻儿子的过度教育。在不知不觉产生了马尔萨斯人口问题的情况下，老穆勒养育了 9 个孩子。他希望其中一个能受到适当的教育，成为他和边沁思想的信徒。不管自身愿不愿意，约翰都被选中接受了边沁式的教育。他从 3 岁开始学希腊语，8 岁开始学拉丁文。在 12 岁学习微积分的同时，他掌握了代数和初等几何学。也就是在这个时候，他写了一部罗马政府史。很明显，约翰·斯图亚特·穆勒在经济学上启蒙得较晚，他直到 13 岁才开始学习政治经济学。在 15～18 岁，穆勒编辑并出版了五卷边沁的手稿。19 岁时，他出版了原创性的学术文章。20 岁时，他患上了一种注定要降临到他身上的神经衰弱症。

诗歌和对恢复古典传统的热爱

约翰·斯图亚特·穆勒以后的大部分生活都是为了治愈一个缺乏情感和温柔的童年——他父亲的严厉和讽刺，而他的母亲几乎是隐形的。穆勒克服了他的紧张的分析训练，从而能够欣赏诗歌，特别是威廉·华兹华斯的诗。毫无疑问，穆勒读过华兹华斯的《不朽颂》（*Ode on Immortality*，1807 年）中的其他诗篇。

> 彩虹去了又来，玫瑰依然可爱。

边沁曾嘲笑诗歌是幼稚的游戏，但穆勒认为华兹华斯的诗歌帮助他从精神危机中恢复过来，他学会了被他这个时代的许多浪漫的革命冲动所感动。与华兹华斯和柯勒律治不同，随着年龄的增长，穆勒并没有放弃他年轻时的激进主义。

即便如此，对穆勒最大的情感影响还是在于他与哈里特·泰勒（Harriet Taylor）保持的长期关系。尽管哈里特在他们 1830 年第一次见面时，还是一位富裕商人的知识渊博的妻子，但爱情还是得以绽放了。在维多利亚时代的一次较少宣传的会议之后，约翰和哈里特一起在欧洲大陆旅行，同时一起在英国乡村度假。当泰勒先生最终于 1851 年去世时，他们就结婚了。

没有偏见的旁观者形容哈里特优雅而美丽，尽管她的容颜掩盖了这一点。穆勒也称赞她非常有智慧，包括两人实际上一起合著了他的有影响力的哲学作品《论自由》（*Essay on Liberty*，1859 年）。也许，在哈里特的例子中，"漂亮"与它根本无关，穆勒也受到了柯勒律治的《爱》（*Love*，1799 年）中的一节的启发：

> 所有的思想，所有的激情，所有的愉悦，
>
> 扰搅俗世之躯的一切，
>
> 全都向爱情俯首称臣，
>
> 让神圣的爱之火焰永远燃烧。

毫无疑问，正是她的灵感和洞察力使穆勒在他的《原理》的后续版本中改变了他对社会主义的看法，并在晚年对女权主义问题进行了大量的思考和写作。他的《妇女的屈从地位》（*The Subjection of Women*，1869 年）肯定反映了哈里特的影响力。在他的《自传》（*Autobiography*，去世后出版）中，他称自己和哈里特为社会学家。我们很难想象出最后一个古典经济学家的更具讽刺意味的结局。

对政治经济学的贡献

穆勒的收入分配思想

穆勒对古典经济学的伟大总结《政治经济学原理》（*Principles of Political Economy*，1848 年），作为该领域的主要教科书持续了 40 多年。这本书是对斯密、马尔萨斯和李嘉图所有思想的考察，但由于穆勒自己的一些发现，这本书的结尾更圆满。分配与生产分离的发现是其中最具有原创性、也最有争议的。这本书的流行在一定程度上与 19 世纪 60 年代开始的工人经济状况明显改善有关，这证明了这本书的乐观基调是合理的。这本书的成功使他成为那个时代的主流经济学家，同时也改变了穆勒一生中的古典经济学派。

像斯密和李嘉图一样，穆勒认为这些实业家的利润率会持续下降，他甚至赞同李嘉图的解释——在人口不断增长的情况下，食品成本必然会上升。尽管他也设想了一个经济运行的稳态，但此时穆勒开始与他那些著名的前辈分道扬镳。斯密和李嘉图认为稳态是不可取的，穆勒却认为这是经济发展的最高成就。与他的前辈们不同，穆勒强调了更加平等的收入分配的重要性，这是一个与稳态无关的概念。

尽管穆勒重视物质积累，但他也引导人类努力追求更高的目标。他认为，在英国，对财富的渴望不需要传授，而是需要教育对财富的使用和对物品的欣赏，以及财富无法购买的欲望。正如他所说："英国人性格的每一项真正的改善，无论是在于给他们带来渴望，还是仅仅对他们目前渴求的目标的价值做出更准确的估计，都必须先行缓和他们追求财富的热情。"①"经济人"是与"非经济人"相伴而行的。

穆勒认为，一旦英国达到了足够高的财富水平，只要人口增长受到限制，就没有理由认为生产会继续增加。根据穆勒的说法，对大众给予适当的教育机会将是对出生率的一种积极的限制手段。他不希望生产规律被废除；他只是希望劳动分工和资本积累将经济带到一个更高的平台，那里稳态的稀薄空气会使得生产停止增长。对穆勒来说，稳态是一种幸福的、田园式的存在，收入和财富分配中的正义在那里的地位要高于残酷无情的积累。

穆勒把生产科学与管理分配的规则分开，是基于自然规律和仅仅是习惯这两者之间的区别。我们在第一章中对此进行了讨论。在穆勒看来，稀缺性和收益递减的规律就像重力定律和气体膨胀定律一样，都源于大自然。虽然生产要素必须按照科学的原则结合起来，但生产的分配是一个社会问题，它的规律是习惯的。对于穆勒来说，收入的分配符合社会的规律和习俗。即使是一个人的个人劳动所产生的东西，没有任何人的帮助他也无法保持，除非社会允许他这样做。李嘉图认为有必要允许自然价格的变化以防止地主获得所有收入，而穆勒可以设想出一

---

① John Stuart Mill, *Principles of Political Economy*, ed. J. M. Robson, Toronto: University of Toronto Press, 1965, Vol. 2, p. 105. [1848].

项法律，从而可能将地主从他"自己"的土地上驱逐出去。

穆勒的价值理论

穆勒的相对价格理论比李嘉图的劳动价值论更接近后来的新古典主义的观点。在这方面，他一只脚踩在古典主义的道路上，而另一只脚却几乎踏上了将会成为新古典主义的路径。他的价值论是一种价值的生产成本理论，货币成本代表了劳动和节欲的真正成本或负效用。穆勒声称，甚至使用价值都取决于交换价值。他设想了一个产品的需求量和供应量按价值或价格相等的数学方程式。至于供给方面，穆勒认为制成品是在不变成本条件下生产的，因此，它们的供应是线性的。反过来，生产成本将决定这类商品的价格。另外，农产品是在不断增加的成本条件下生产的，与价格相比，其供给曲线呈上升趋势。还有一些特殊但不重要的商品，其供给是固定的，例如罕见的红酒，稀有的硬币、艺术品，以及土地的价值。

可以看出，李嘉图的思想指导着穆勒对农业和稀有商品的讨论。而且，穆勒依靠李嘉图地租理论作为地主与社会其他人之间存在阶级冲突的基础。他认为，地主在没有工作、冒险或节约的情况下变得更加富有了。作为一项社会正义的原则，他们不配拥有如此多的财富。于是，穆勒强烈要求对所有地租的增加征税。不过，穆勒并没有把阶级冲突的存在扩大到劳工和社会其他阶层，尤其是资本家。然而，他的政策补救方法意味着，制度中的冲突和不和谐远远超出了地主的特殊利益。

通过在李嘉图的比较优势理论的基础上做进一步改进的方式，穆勒将其价值理论推广到国际贸易领域。穆勒认为，一旦内部和国内相对生产成本决定了进行贸易的界限，商品的世界价格就将由需求决定。例如，如果英国对进口红酒的需求比葡萄牙对英国布的需求强烈得多，贸易带来的好处将有利于葡萄牙，因为国际红酒价格会上涨从而有利于葡萄牙。葡萄牙将不必放弃那么多红酒来进口布。用他的语言来说，葡萄牙的贸易条件将有所改善。每个国家的相对需求将决定红酒和布的最终国际价格。

改进萨伊定律

穆勒为萨伊定律进行辩护，反对托马斯·马尔萨斯的攻击。通过引入货币作为一种储存价值的方式，他改进了萨伊的理论。虽然在易货经济中，萨伊定律无法被打破，但穆勒承认，在货币经济中，暂时但普遍的商品供应过剩是可能的。以金钱作为价值储备手段，卖方可能不会立即作为买方重返市场。充分就业所需的总购买力是存在的，但可能要到较后期的一段时间才能行使。此外，繁荣时期出现的信贷发放过剩，可能会因商界的悲观情绪而导致随后的信贷收缩。

信贷供应过剩，然后信贷突然收缩，这就提供了一个基于生产者悲观主义和乐观主义的、非常简单的商业周期信用理论。当信贷收缩之时，普遍的商品供应过剩就出现了，这不是因为马尔萨斯式的过度生产，而是因为商人的悲观情绪在不断加重。由于信贷突然被破坏，每个人都不愿意放弃自己的钱，他们在一个买方很少的环境中成了卖方。然而在穆勒看来，任何供给过剩都只会持续很短时间，然后由于价格会向下调整，随之而来的是充分就业。

穆勒的改革思想

穆勒把生产科学与收入分配原则分离开来，从而使他自己能够自由地提出有利于最贫穷人口的政策建议。财产权不是绝对的，当社会判断这些权利与公共利益有冲突时，社会可以剥夺或改变财产权。那么，无论富人与穷人的关系如何，如果社会不愿意这样做，它就只需要改变这些条件。社会可以——如果它有意愿——征收、再分配、征税、补贴，并且通常会对最初由经济机构决定的收入分配造成破坏。

然而，发起 1833 年英国工人阶级运动的是乌托邦社会主义者罗伯特·欧文（Robert Owen），而不是詹姆斯·斯图亚特·穆勒。欧文把工人阶级运动的领导人聚集到了第一个工会即全国产业工会大联盟（Grand National）中。不过，穆勒还是对建立劳工工会的必要性表示同情。穆勒看到了英国的稳态，他认为，这种状态在英国位于"一掌之隔"以内，是仁慈社会主义的第一阶段。在稳态中将会发生改革。国家将对富人的遗产征税，阻止地主士绅获得李嘉图式的地租。全国产业工会大联盟等工人协会将结束大制造商对工厂的控制。通过适度的改革，良性的演变将取代对革命的需要。

　　穆勒仍然是该体系中的改革者，他是一位某种意义上的社会主义者，显然也不了解他那个更激进的同时代人卡尔·马克思的著作。他赞成免费的公共教育、对童工的监管、政府对天然气和水公司等自然垄断企业的所有权、对穷人的公共援助，以及如果劳工想要的话，政府强制执行较短的工作日。

　　值得注意的是，卡尔·马克思和弗里德里希·恩格斯革命性的《共产党宣言》（*Communist Manifesto*，1848 年）与穆勒的《原理》于同一年出版，但在19 世纪 60 年代和 19 世纪 70 年代相对改善的经济状况下，工人的绝对贫困状况一直是糟糕的，使马克思的"激进"思想维持地下活动，对英国主流经济学正在兴起的乐观态度给予了帮助，并灌输了穆勒的积极思想。在穆勒对《原理》的多次修订中，他都是一个改革者。我们将在第三卷中深入研究马克思和恩格斯的思想，并进一步思考他们共同的命运。

　　尽管他犹豫不决地偏离了古典正统，但许多经济学家抱怨约翰·斯图亚特·穆勒被弄糊涂了。如果是这样，我们称之为内心与思想之间的混淆。从他那个时代起，经济学家们就幸运地看着社会走上穆勒开辟的道路，而作为科学家，他们一直满足于使用更加可预测的自然规律。无论如何，穆勒的温情、人道主义，以及对穷人和弱势群体的同情，都在一定程度上减轻了李嘉图政治经济学的寒意。然而，正如我们将看到的那样，后来的经济学家们将从这种温暖中走出来。

9

阿尔弗雷德·马歇尔与维多利亚时代的美德

亚当·斯密的视界后来由大卫·李嘉图提升了，然后最终由约翰·斯图亚特·穆勒增添了光泽，保持了整整一个世纪。在 19 世纪 70 年代，边际主义经济学学派开始出现，然而至少到 20 世纪 30 年代中期，边际主义才开始主导西方经济思想。边际主义现在仍然对研究什么决定了包括劳动和资本在内的所有事物的相对价格的微观经济学有着很强的掌控。它不仅限于此；今天，微观经济学都主导着宏观经济学范畴下的几个综合经济模型。

边际主义学派在几个国家或多或少是独立演化发展的。它的主要代表人物是奥地利的卡尔·门格尔（Carl Menger）、德国的赫尔曼·H. 戈森（Hermann H. Gossen）、瑞士的利昂·瓦尔拉斯（Léon Walras）、英国的威廉·斯坦利·杰文斯（William Stanley Jevons）和阿尔弗雷德·马歇尔（Alfred Marshall），以及美国的约翰·贝茨·克拉克（John Bates Clark）。奥地利经济学和新奥地利经济学始于门格尔于 1871 年出版的《国民经济学原理》（*Principles of Economics*）。这本书出版两年之后，头脑清醒的讲师门格尔已经有了足够的资格被任命为维也纳大学经济学教授，并担任鲁道夫（Rudolf）王储的导师。门格尔的观点被学生弗里德里希·冯·维塞尔（1851—1926 年）和尤根·冯·庞巴维克（1851—1914 年）改良和传播，从而点燃了"奥地利传统"的火把。当维塞尔的妹夫庞巴维克在维也纳大学升任到门格尔的这一职位时，他给边际主义起了这样一个名字。

在这些学者中，只有名字实际上已经成为新古典经济学的代名词的阿尔弗雷德·马歇尔（1842—1924 年）成为继约翰·斯图亚特·穆勒之后的经济科学的权威人物。虽然新古典经济学的核心是边际主义，但其远不止如此：它是亚当·

斯密学说的复活、重新解释和拓展。

我们早些时候讨论过的"价值"值得重复。在所有帮助生产产品的因素之间找到产品的价值和销售收入的分配,这是经济学中的一个核心问题,其解决办法被称为"价值理论"。斯密和古典学者认为价格是主要由生产成本决定的价值。奇怪的是,金钱似乎与它毫无关系:金钱只不过是实体经济的面纱。正如所见证的那样,那个流氓杰里米·边沁不仅宣称快乐和痛苦的重要性,还宣称它们在金钱单位上的可衡量性。在这一章中展开的维多利亚时代的戏剧结束之前,边沁回到了配角的位置,一个新的"价值理论"将出现,并在其中发挥主要作用。

资本也成为舞台的中心。以大多数新古典主义者所遵循的方式,瓦尔拉斯将资本定义为机器、仪器、工具、办公大楼、工厂和仓库。这种分类比斯密的分类更为狭窄,使资本成为与劳动力和土地具有相同地位的几种生产性投入之一。当资本变得更加重要时,资本家也是如此。

沉重的、鲜红的天鹅绒幕布从边际主义学派的一些场景中拉开了。

边际上的快乐和痛苦

功利主义的道德家杰里米·边沁,我们在第 6 章第一次提及他,最后一次提及他时他已经成为伦敦大学的木乃伊,现在他回到了舞台中心。边沁的人性思想符合利己主义的伦理,影响了马尔萨斯、穆勒和李嘉图,是建立在快乐和痛苦的辩证法的基础上的。如前所述,一件事物在增加他的快乐的总和或减少他的痛苦的总和之时,往往会增加个人和社会的利益。边沁的享乐主义(任何美好的事物必然是令人愉快的这一信条)是边际主义者进行痛苦和快乐演算的基石,在这种计算中,竞争使快乐最大化,同时最大限度地减少了痛苦。

快乐或痛苦的变化点被称为边际,这是边际主义者和马歇尔用来解释经济行为的思想。就像我们可能认为的那样,边际快乐是快乐在一段时间内的微乎其微的增加。理性的人们会避免任何额外的痛苦,除非它被同等程度的快乐所抵消。他们是快乐的理性平衡者(在边际上的),这是一种可以用牛顿优雅的微积分来描述的平衡行为。通过这种方式,边沁的享乐主义、功利主义和理性主义在一种被称为经济人的科学抽象中融合在一起了。[1]

正如我们已经看到的那样，在工业革命期间，经济人（或人；除了马尔萨斯之外，性爱并不是一个问题）的思想有着实际的用途；对于边际主义者来说，它的无形存在就是它的价值。边际主义者们设想了一个世界，在这个世界里，人们只对有意识和一致的动机、倾向或欲望做出反应。没有什么是变化无常的或实验性的；一切都是深思熟虑的。[2] 人类变成了超人、女人和神奇女侠（Wonder Woman）。

例如，根据边际主义者的说法，这个时代的女性绝不会冲动地买一件新的、明亮的黄色长罩衫。人们知道他们的行为会带来什么后果（从园艺俱乐部被驱逐出去），并采取相应的行动。选择的目的是使决策者受益，每个人都是自己福利的最终和绝对的评判者。中世纪的神灵、草药和魔法世界是无法与这些享乐、闪电般的快乐和痛苦的计算者相提并论的，他们是可以一次就跨越这些零售店铺的。

抽象的经济人生活在一个竞争激烈的社会，一个理想化的自由放任世界当中。这种竞争通常基于以下条件：

● 买者和卖者的数量如此之多，以至于没有一个买者或卖者能够明显地影响生产中使用的材料或最终商品的市场价格。

● 产品是同类的，可以互相替代。衣服是衣服，马车是马车，马当然是马。

● 每个市场都有相当大的进入生产的自由，很少有由于开办企业的高成本和高风险而造成的限制，也没有由于许可证规制等原因造成的任何障碍。[3]

---

[1] 在微积分中，ds 表示无穷小的增量变化，因此快乐的变化率可以写成 dp/dt，其中 dp 是快乐的很小增量，dt 是时间单位。虽然 ds 是无穷小的，但 dp/dt 这样的合成比率不一定很小。十亿分之一除以十亿分之三的结果仍然是 1 : 3。

[2] 有关经济人概念的类似描述，请参见 Frank Knight，*Risk*, *Uncertainty and Profit*，New York：Harper & Row，1921，pp. 77-78。

[3] 当今的完全竞争假设的使用者确实考虑到了风险因素，但发现除了对利润的解释之外，他们的基本结论并没有改变。关于这个主题的更多信息，请参见上面的引文。

● 每一位消费者和每一位生产商在任何时候都对价格有相当的了解。寻找新服装的女人知道，在"她的经济"中，所有服装的价格几乎都相同，而服装制造商知道生产除服装以外的其他产品的所有替代性的利润。

● 市场的距离并不是问题，买衣服的女人可能在她居住的伦敦这样做，或者是在旧金山。

这些条件对于瓦尔拉斯而言是隐含的，但直到 20 世纪 20 年代，弗兰克·奈特（Frank Knight）和阿瑟·庇古（Arthur Pigou）等经济学家才严格表达出这些条件。当一个经济人是一种产品的唯一生产者时，他就是一个纯粹的垄断者。

边际主义者之间的纽带

边沁之后的早期边际主义者（杰文斯、门格尔和瓦尔拉斯）非常重视能提供愉悦（按摩）或预防疼痛（阿司匹林）的物品或服务。1860 年 6 月 1 日，杰文斯写信给他的兄弟赫伯特：

> ……由于任何商品的数量，例如，一个人必须消费的普通食物的数量增加了，所以从使用的最后一部分中获得的效用或收益在一定程度上减少了。例如，从一顿饭开始到结束，享受感的减少就可以作为一个例子。①

最后一口食物的价值，也就是最不想要的那一口食物的价值，决定了所有食

---

① 来自由杰文斯的妻子编辑的《信件和日记》（*Letters and Journal*），151 页。节选摘录自 John Maynard Keynes，*Essays and Sketches in Biography*，New York：Meridian Books，1956，p. 142 中引用的一个较长的段落。在其他方面，杰文斯提供了微积分和边际概念的一个例子。杰文斯用 a 表示一个人持有的玉米的数量，b 表示另一个人持有的牛肉的数量。如果两个人用 x 单位的玉米来交换 y 单位的牛肉，同时市场是完全竞争的，则只有一种交换比率，$dy/dx = y/x$（用微分法表示）。交换之后，一个人有$(a-x)$ 单位的玉米和 y 单位的牛肉，另一个人有 x 单位的玉米和（$b-y$）单位的牛肉。如果 $f_1(a-x)$ 和 $g_1(y)$，以及 $h_2(x)$ 和 $j_2(b-y)$ 分别是玉米和牛肉对个人 1 和 2 的边际效用，那么杰文斯给出的易货交易双方的最大化满意条件是 $f_1(a-x)/g_1(y) = y/x = h_2(x)/j_2(b-y)$。也就是说，当边际效用的比率与交换比率成反比时，这两个人就会感到满意。

物的价值。威廉·斯坦利·杰文斯非常害羞，几乎没有朋友，也是出了名的最差讲师；他自己也算不上一台有效的娱乐机器。

表 9.1 以 1871 年奥地利人卡尔·门格尔使用的一个例子为范本，显示了这一边际上的主观心理评价。

表 9.1 边际效用递减与需求的等级

需求的等级	I	II	III	IV	V
需求	避免饥饿	穿上衣服	拥有住房	运输	享受奢华
满足需求的商品或服务	食物	衣服	房屋	马匹	麦芽酒
一单位的增加	5	4	3	2	1
另一单位的增加	4	3	2	1	0
另一单位的增加	3	2	1	0	
另一单位的增加	2	1	0		
另一单位的增加	1	0			
另一单位的增加	0				

虽然门格尔不是一个边沁主义者，但该表还是说明了边际效用递减的规律（Law of Diminishing Marginal Utility）。该表显示了五个人想通过购买商品或服务来满足自己的需求。首先，一个人将按重要性的降序对需求进行排列（I、II、III等）。然后，一个人会从消费越来越多的满足某一特定需求的对象中获得不同程度的满足（避免饥饿、穿上衣服等）。阿拉伯数字（5、4、3、2、1、0）用于表示与每单位增加（边际增加）的商品数量有关的额外满意度的数量。不断下降的数值表示对同一商品或服务的额外单位的个人需求的满足能力的递减。

我们可以看到，每增加一次食物消费，就比前一个单位得到更少的额外满足。避免饥饿的满足感往往会随着消费的增加而减少。例如，第六次增加食物就不会产生额外的满足感。就连狄更斯的《艰难时世》一书中的工厂老板乔西亚·庞得贝也只能吃下那么多羊排，喝这么多雪利酒。

由于边际主义者追求的是建立一种价值理论，所以他们不得不将边际满意度的递减与价格和需求数量联系起来。他们得出的结论是，消费者愿意支付的价格仅等于边际满意度。由于边际效用随着需求量的增加而下降（消费），消费者愿意支付的价格也必须降低。消费者愿意为最后一次变化支付最少的费用。这样，一个向下倾斜的需求表就被构建出来了。

像古典经济学家一样，早期的边际主义者认为经济法则是自然规律。他们也与古典学派一样有着强烈的个人主义信仰，认为竞争是把个人野蛮的利己主义转变为集体美德的伟大的矫正器。但是，这两个学派之间的基本一致性不应掩盖他们之间的分歧。古典经济学家主要关注的是长期的生产。《国富论》的大部分内容都是关于生产者分配他们的劳动力，以便将生产增加到它的极限水平。因此，虽然大卫·李嘉图强调长期生产（供给）成本是商品价值的主要决定因素，但早期的边际主义者则把重点放在短期需求上。

边际主义与分配理论

就连收入分配也没有摆脱边际主义的掌控。美国最著名的边际主义经济学家约翰·贝茨·克拉克（1847—1938 年）是这一领域的杰出作家。他的发现是独立于其他边际主义者的。克拉克是一个温文尔雅的人，甚至连批评他的人也没有得罪过。他在《财富的分配》（*Distribution of Wealth*，1899 年）一书的开头一段中总结了自己的观点：

> 这本书的目的是表明，社会收入的分配受到自然规律的控制，如果这一规律运行顺利，它将使每一个生产主体均获得他所创造的财富数额。

克拉克的理论部分来源于收益递减规律：如果生产者的资本、土地和管理技能的数量在增加劳动力时保持不变，那么每一名额外工人的产出就会下降，因为该工人手中所拥有的其他投入的份额会越来越小。每个工人最终都得到相当于这一劳动的边际产出的实际工资。克拉克也赋予资本（现在指的只是工厂、机器等）一个递减的边际产品。然而，工资可以通过个人之间自由达成的交易来调整。他还声称，从这类协议中支付给工人的工资总额往往等于工业产品中可追溯到劳动力本身的那部分。[1] 同样的评估也适用于资本，因此它现在的价值在边际上也是无可争议的。克拉克因此使新古典主义者能够将他们的"价值理论"扩展到所有生产要素。

私有财产权是绝对的，应该受到国家的保护，政府不应该干涉收入分配的"自然规律"。只要私有财产权不受阻碍，这些权利就把他们专门生产的东西分配给所有人。在私营企业制度中，将生产所得的总收入分成工资、利息和利润是完全公平和合乎道德的，因为每个人都得到了他或她在边际价值上的精确报酬。狄更斯描写的退休商人托马斯·葛擂更可能会高兴起来。克拉克认为，随着时间的推移，收入和财产的分配和积累反映了生产过程中人的边际价值。

马歇尔与维多利亚时代英国的新古典文化

随着该剧走向高潮，或者更恰当地说，走向一个令人扫兴的结局，场景转移到维多利亚时代的英国，在那里阿尔弗雷德·马歇尔将在很长一段时间内掌控着这个舞台。

这些边际主义者为古典学派的复兴铺平了道路，这一复兴在细节上与古典经济学大不相同，也不像马尔萨斯式的繁殖力那么沉闷。然而，由于约翰·贝茨·克拉克所揭示的基本古典基础仍然完好无损，新古典主义的"革命"就像维多利亚时代的星期日学校野餐一样令人兴奋。

维多利亚女王在位的时间（1837—1901 年）比过去更长。她在位前半段（直到 1870 年左右）充满了一种自满情绪，这种自满情绪来自以稳定的宪政为荣、日益繁荣的工业带来的乐观，以及一种对自由和福音式美德固有的坚定的信心，这些美德包括勤劳、自力更生、节制、虔诚、慈善和道德上的诚恳。

在维多利亚时代，小说是最重要的文学类型——一种日益流行的娱乐形

---

[1] 由于在完全货币化的经济中，工资是用货币支付的，因此，物质产出单位（边际物质产品）中的额外劳动产品必须乘以产品的价格，才能获得劳动力的贡献价值（完全竞争下的产品边际价值），从而获得"适当"的工资率。

式——诗歌变得不那么重要了。19 世纪早期，沃尔特·斯科特爵士（Walter Scott，1771—1832 年）和简·奥斯汀（Jane Austen，1775—1817 年）的小说几乎没有对社会的直接关注。例如，奥斯汀的小说隐含着一种理想的有序存在，其中英国家庭的舒适礼仪只会受到不太严重的资金短缺、暂时出了岔子的爱情和以自我为中心的愚蠢行为的侵扰。好人如果不因他们的善良而得到回报，也不会遭受永久的伤害。生活从根本上讲被认为是合理的和体面的；如果做错了，就会受到惩罚。这些令人愉快的结果——好的角色的最终结局是快乐的，而坏的角色的结局悲惨——满足了奥斯卡·王尔德（Oscar Wilde）的戏剧《不可儿戏》（*The Importance of Being Earnest*，1895 年）中普丽丝姆小姐（Miss Prism）的定义：“这就是它被称为虚构的原因。”

即便如此，浪漫主义传统也仍然存在于阿尔弗雷德·丁尼生（Alfred Tennyson，1809—1892 年）勋爵和罗伯特·勃朗宁（Robert Browning，1812—1888 年）早期的诗歌中。勃朗宁可能在《比芭之歌》（*Pipa Passes*）中总结了这些早年的情况（第一部分，1841 年）：

> 云雀展翅翱翔，
>
> 蜗牛静卧荆丛：
>
> 上帝在其天堂——
>
> 世间万物升平。

但是，这种十四行诗并不渴望这样的世界。维多利亚时代更多地是由那些批评他们所处的社会的作家来定义的。到了这一世纪的中叶，勃朗特（Bronte）姐妹、W. M. 萨克雷（W. M. Thackeray）等人都考虑了工业革命后的问题，特别是前文提到的查尔斯·狄更斯最为出名。就连丁尼生和布朗宁也找到了他们自己的语言风格，用来表达与这些小说家相似的怀疑和焦虑。

英国剑桥大学是正统思想的所在地——当时是维多利亚时代戒律、虔诚和道德的堡垒——对这种马尔萨斯-李嘉图式的沉闷不屑一顾，并着手恢复亚当·斯密的快乐与和谐。阿尔弗雷德·马歇尔和阿瑟·庇古，以及后来的琼·罗宾逊、皮耶罗·斯拉法和约翰·梅纳德·凯恩斯等学者奠定了剑桥大学 20 世纪上半叶在学术经济学领域中的独特地位。阿尔弗雷德·马歇尔（1842—1924 年）位于这座显赫的世系塔的顶端，他身材高大，声望很高。威廉·罗森斯坦（William Rothenstein）的马歇尔画像悬挂在剑桥大学圣约翰学院的大厅里，向人们展示了他是一位刻板的教授——一头白发、白胡子、精致的面容、和蔼而明亮的眼睛。他是伟大的维多利亚时代的一员。

马歇尔想要保留古典经济学家的遗产，同时用边际主义和他自己的一些想法来更新他们的思想：新古典主义的贴切性。他有点不同于古典主义，允许在谨慎的改革方向上与自由放任有适度的偏离。他把经济学的焦点从劳工和资本家阶级之间的斗争转向不知名的个人和小的"代表性"商业企业之间的斗争。

马歇尔兼数学家、物理学家、经济学家和伦理学家于一身。他出身于严格的维多利亚时代福音新教家庭，他的父亲打算让儿子在福音派传道工作中受命。然而，在剑桥，马歇尔把他的研究从神学转向数学和物理，并最终转向经济学。他反抗的不是正统神学，而是进一步研究传教所需的经典。

马歇尔青春时期的氛围是由他父亲在反对女权运动时所写的一本小册子的标题所暗示的：《男人的权利和女人的责任》（*Man's Rights and Women's Duties*），这也许意味着对穆勒所捍卫的妇女权利的对抗。很少有人认为，阿尔弗雷德对待女性的态度和其父亲有很大的不同。至于玛丽·佩利（Mary Paley，后来成为阿尔弗雷德·马歇尔的妻子），在她还是一个女学生的时期，她的父亲也不会允许她读查尔斯·狄更斯这位对维多利亚时代最冷酷无情的维多利亚时代作家的作品。

大约在阿尔弗雷德·马歇尔开始研究经济学的时候，英国知识分子开始感受到查尔斯·达尔文和赫伯特·斯宾塞（Herbert Spencer）的热情。达尔文的思想得到了最广泛的传播——通常是通过马歇尔在晚宴上认识的诸如"达尔文的斗牛犬"托马斯·赫胥黎（Thomas Huxley，1825—1895 年）这样的民粹主义者——涉及为生存而进行的物理和生物斗争、因个体差异而产生的自然选择、适者生存（这是斯宾塞的说法，而不是达尔文的），以及物种的进化。《圣经》中创世纪的故事和达尔文进化论所暗示的冲突在维多利亚时代肆虐不止。

和当时的许多人一样，马歇尔并没有看到这两种解释之间存在的冲突。他是达尔文主义演化论的进步、基督教的道德和边沁的功利主义伦理的信徒。对马歇尔来说，进化论式的进步意味着整个社会都在物质上得到改善，而不仅仅是像社会达尔文主义者所声称的那样，只有那些顽强的少数人（第 10 章将对此做进一步的解释）。他的一般哲学倾向可以用他刚开始研究经济学时的一段话来说明："它对人类能力更高、更迅速发展的可能性的引人入胜的探索，让我接触到了这样一个问题：英国（和其他国家）工人阶级的生活条件一般在多大程度上可以满足使生命变得充实的需要？"①

另外两个对马歇尔有着重要影响的智力因素是著名的物理学家詹姆斯·克拉克·麦克斯韦（James Clerk Maxwell）和马歇尔的私人朋友——数学家 W. K. 克利福德（W. K. Clifford）。当马歇尔开始认真研究经济学的时候，约翰·斯图亚特·穆勒和大卫·李嘉图版本的斯密体系仍然没有受到挑战。马歇尔专注于李嘉图的理论严谨性，开始使用图表和代数，创立了经济学的现代图解方法。他会首先用数学解决一个问题，画出图解，然后把这些脚手架材料拿下来，把它放在脚注里面。

作为一名说教者，他谨慎的乐观态度不会给女性带来多少欢乐。他站在他父亲的一边，认为女性应该扮演"适当"的角色：就连玛丽·佩利·马歇尔也抱怨她的丈夫在课堂上"说教"。她应该知道，她当时就在场。18 世纪上半叶，评论家亚历山大·蒲柏（Alexander Pope）凭"无论什么都是对的"这一论断，代表了某种牛顿式的乐观主义。根据琼·罗宾逊的说法，马歇尔的说教"……总是显露出，无论是什么，几乎都是最好的"②。

在他只有 35 岁的时候，马歇尔就已经自己为他的整个体系奠定了基础。根据马歇尔曾经的学生和传记作者约翰·梅纳德·凯恩斯的说法，马歇尔把"他的智慧留在家里，直到他将其完整地展现出来……"这部分是因为，他担心自己错了。③ 和艾萨克·牛顿一样，他的出版速度也很慢。阿尔弗雷德·马歇尔的伟大

---

① Alfred Marshall, *Money, Credit and Commerce*, London: Macmillan & Co., 1923, p. ii.

② Joan Robinson, *Economic Philosophy*, Chicago: Aldine Publishing Co., 1962, p. 74.

③ John Maynard Keynes, *Essays in Biography*, London: Macmillan & Co., 1933, p. 212.

著作《经济学原理》（*Principles of Economics*）直到 1890 年才出了第一版，而这本书的最后一版直到 1920 年才出版。甚至在 1931 年，约翰·肯尼斯·加尔布雷斯在伯克利大学的第一门经济学课程也是从这本《经济学原理》开始的。我们再一次回到它的内容上。

马歇尔经济学

虽然边际效用隐含在马歇尔需求概念当中的某处，但他想通过使用货币作为测度工具（正如边沁建议的那样）来降低效用的不科学的主观性，就很像用千瓦时电表来测度任何类型的用电量一样。为了避免边沁的困境，即货币或收入的边际效用也在递减，马歇尔认为货币的边际效用是固定不变的。如果成功的话，这将是一个巧妙的窍门：它将能够与在接近光速（常数）的速度下保持不变的米或码相比较——在所有条件下保持相同的长度。困难立即就自己显现出来了；如果花钱消费的商品的价值随着消费的数量的增加而减少，那么所花费的钱的边际效用如何能够保持不变呢？

然而，马歇尔所说的话在另一个方面有了新的转变。其他边际主义者会说，如果一套西装对你的用处是一条裤子的三倍，那么你会花 30 美元买这套西装，花 10 美元买这条裤子。马歇尔改变了这一观点，他说，因为你愿意花相当于买裤子的三倍的钱买西装，所以这套西装对你的用处是裤子的三倍。马歇尔的解释最适合今天的经济学家，因为价格可以用货币单位进行量化，而精神上的满足感，即便可能，也是很难衡量的。我们将回到关于货币边际效用的不变性这一问题上。

均衡的供给和需求

至于马歇尔经济学，一系列均衡价格贯穿其中。在物理科学和经济学中，均衡是对立的力量或行动之间的平衡状态。均衡可以是静态的和动态的，这取决于平衡状态中的物体是静止的还是运动的。在物理学中，一个处于动态均衡的物体沿着一条随时间推移可以预测的路径移动。一个基于牛顿所称的重力的神秘 X 因子足以让行星保持在可预测的路径上，因此也保持在动态均衡中。

马歇尔对经济学的最重要贡献是将古典作家的生产理论与边际主义者的需求理论结合到著名的"马歇尔交叉"（Marshallian cross）中，这反过来又成为新古典"价值理论"的基础。这一现代经济学中静态均衡的经典例子是阿尔弗雷德·马歇尔对由供给力量和需求力量所维持的均衡价格的解释。

支付给农民的价格越高，他们每月将会供应的谷物越多。由于边际收益递减，每额外增加一蒲式耳谷物的生产，其成本就会高于前一蒲式耳谷物的生产，因此，如果将支付的价格提高到相当于生产的边际成本的水平，农民只会多供应一蒲式耳谷物。不断上涨的边际成本会确保谷物的供给曲线向上倾斜。新古典主义者假定边际收益递减和边际成本上升同样也适用于制造业。

如果价格降低，消费者每月将会需要更多蒲式耳的谷物。那种认为随着价格下跌，需求量将会上升的观念来自边际效用递减的边际主义概念。由于每多消费一蒲式耳谷物，将会导致越来越少的满足，那么价格必须越来越低，以确保其购买。这是正常的需求规律，根据这种规律，对谷物的需求量随着谷物价格的下跌而增加。当需求曲线和供给曲线就像剪刀的两片刀刃一样交叉时，所有的力量都达到平衡，提供了均衡的价格和马歇尔革命。这个价格将持续下去，各种力量将处于静止状态。其他的力量，如收入或成本的变化，能够自己改变供给曲线和需求曲线，从而产生新的均衡价格（见图9.1）。

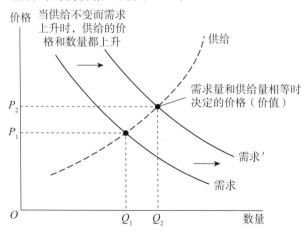

图 9.1   新古典价值（价格）理论

马歇尔的另一个重要而有用的概念是弹性。尽管亨利·詹金（Henry C. F. Jenkin，1833—1885 年）是一位工程学教授，1868 年才转向经济学，但他在 1870 年出版的一本关于供给和需求的书中提到了弹性的概念。马歇尔把这个概念进行了拓展，直到它变成了他自己的。正如他所说："市场需求的弹性或反应能力是大还是小，取决于在给定的价格上涨幅度下，需求量增加得多还是少。"[①] 简单地说，针对初学学生，经济学教师对需求的价格弹性的定义为需求数量的百分比变化除以价格的百分比变化。弹性思想的灵活性使马歇尔能够将其扩展到供给、要素市场以及不同的收入阶层。

除此之外，新古典边际主义主张解决一个世纪前的价值理论问题。斯密、李嘉图和其他古典学者都有自己的供给曲线。古典的供给模式对农业来说是向上倾斜的，但它无法对抗重力，所以对制造业来说是水平的（见图 9.2）。古典理论中的制造业价格是由生产成本决定的，而不是随着产量的扩大而上升，所以产量可以不受限制地增加，或者，正如马歇尔所说，"相对于价格有完全的弹性"。

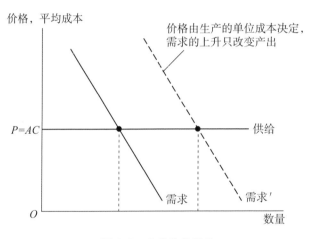

图 9.2　古典价值理论

一旦确定了制造业的平均生产成本或单位成本，古典学派的价格也就确定

---

① Alfred Marshall，*Principles of Economics*，8th Ed.，London：Macmillan & Co.，1920，p. 102.

了。由于制造商的生产成本是固定的（每多生产一单位的成本与以前的生产成本相同），他就不关心以该单位成本生产了多少，以及以那个价格出售了多少。因此，供给量仅受买方需求的限制。

这种古典的观点就其本身而言是很好的。需求的唯一作用是设定产出水平。但是，如果生产成本不是固定的呢？假设每个额外产出单位的成本超过它之前的增量的成本（就像在李嘉图的农业和马歇尔那里）。那么，我们有一条向上倾斜的供给曲线，在这条曲线中，价格不再由平均生产成本决定，而是由边际生产成本决定。然后，边际成本通过均衡价格与消费者的边际效用匹配，价格（价值）与需求量和供给量同时确定。新古典主义有一种正式的方式来代表主观需求和不断增加的成本，从而能够通过提供缺失的部分来解决一个古典思想的难题。

马歇尔扩展了他在供需均衡点的价格概念，以创建一个完整的牛顿体系，在这个体系中，经济世界的所有要素通过相互的平衡和相互作用而保持在适当的位置。均衡点成为一种新的"价值理论"的基础，最终"价值"变成了"价格"的同义词，因此经济学家现在使用了"价格理论"这个术语。

尽管马歇尔在数学方面很精通，但他从来没有忽视过制度在经济中的作用。他相信，这些制度保证了他观察到的稳定性。特别是，马歇尔并不赞同约翰·贝茨·克拉克关于收入分配的边际生产力解释。马歇尔写道："工人的收入往往等于其工作的净产品这一理论本身并没有真正的意义，因为为了估计净产品，我们不得不把他工作的净产品的所有生产费用，除了他自己的工资以外，都视为理所当然。"[①] 马歇尔还认为，在不考虑工会和公司等各种机构对工资和收入分配的影响的情况下，谈论边际生产力是错误的。

触及瓦尔拉斯均衡

19世纪70年代中期，瓦尔拉斯（1834—1910年）发表了一个复杂的数学一

---

① Alfred Marshall, personal letter to J. B. Clark in 1908, in *Memorials of Alfred Marshall*, ed. A. C. Pigou, New York: Kelley and Millman, 1956, p. 519.

般均衡理论，它同时涵盖所有商品和要素市场。瓦尔拉斯的灵感（与斯密的一样）是牛顿力学。他可以证明，在他理想化的市场体系中以及在天空中，不同范畴之间的和谐是如何运作的。瓦尔拉斯对经济宇宙的比喻，比斯密更直接和生硬，他认为这很像一台机器，而价格上下波动，就像杠杆和滑轮一样运转。尽管瓦尔拉斯在当时的经济学家中受到的尊崇程度相对较低，但现在可能被认为是最伟大的纯粹理论家，这一变化反映了当今人们对数学的狂热迷恋。瓦尔拉斯还积极推行旨在改善人类福利的政策。

瓦尔拉斯的一般均衡概念与马歇尔最喜欢的市场观点不同。瓦尔拉斯的制度在很大程度上符合魁奈和萨伊的传统（见第 4 章和第 6 章），因为充分就业是由自动的市场调节来保障的。假设除小麦市场和一个非小麦市场以外的所有市场都处于均衡状态。小麦市场的过剩需求必须在另一个或多个市场找到过剩的供给对应物。如果按目前的价格，小麦的需求量大于供给量，那么小麦的价格就是用来降低需求过剩的杠杆。然而，由于所有市场都是交织在一起的，这种价格上涨必然会扰乱其他市场的均衡，因为这种均衡是参照结果被证明是一种"错误"价格的小麦初始价格来定义的。因此，必须对所有其他市场进行进一步的调整，然后在小麦市场上进行调整，依此类推。这样，整个体系将不可阻挡地走向一个奇妙的多元市场均衡。

每个人怎么能对所有的数量和价格都有足够的了解，从而确保这种同时的均衡产生呢？瓦尔拉斯的答案在于他的试错理论（用瓦尔拉斯的语言来说是一个试错过程）。这个试错理论对于今天的大学生来说可能有不同的含义。在瓦尔拉斯看来，买卖双方随意宣布他们希望以"随意叫价"的价格进行交易的数量，就像在大宗商品交易场所中一样。例如，当供给过剩时，买方会降低他们的报价；当存在需求过剩时，买方会提高报价。

他们继续大声喊出他们未承诺的购买意图，直到他们达到一个正好出清的特定的市场价格（均衡价格）为止。买卖双方通过试错过程，在他们还没有真正开始交换任何商品之前，就都会发现真正的均衡价格。最终，瓦尔拉斯求助于使用一个拍卖商。在试错过程中，拍卖人（瓦尔拉斯式的拍卖人）处理所有的出价和报价，决定哪个价格将使所有市场出清，然后才允许交易。任何今天认为自己是

"控制狂"的大学生都可以考虑成为瓦尔拉斯式的拍卖人。

瓦尔拉斯系统可能看起来非常抽象，这是因为它的确如此。笛卡儿的理性主义似乎把瓦尔拉斯推向了一种牛顿系统的狭隘类比。瓦尔拉斯是这位伟大科学家的另一个崇拜者。在现代经济中，个人并不会大声叫价或提出工资率，同时拍卖者只在特殊情况下才参与拍卖。（尽管如此，但消费者偶尔也确实会喊价。）此外，多市场同时均衡的成功实现自身也将包含着某种讽刺意味。在这种情况下，现代世界对瓦尔拉斯或经济学家的需求将不像封建主义那样多。瓦尔拉斯很方便地就赞成了一种市场社会主义，在这种情况下，政府将强制实行竞争性市场，以使他的理论站得住脚。

马歇尔的局部均衡

马歇尔的这种奇特的方法与瓦尔拉斯的方法形成了对比。由于除了所考察的这个市场之外，其他市场中的价格和数量保持不变，或者假定它们的影响不大，马歇尔引入了局部均衡的思想。在构建英国羊毛的需求曲线时，马歇尔将羊毛需求定义为与羊毛价格相关的需求，同时棉花等其他商品、货币收入和消费者口味保持不变。瓦尔拉斯将考虑包括棉花在内的所有商品的价格和羊毛的价格。（货币收入和品味仍然可以被认为是不变的。）尽管瓦尔拉斯一般均衡与任何联立方程组的解完全一样，但马歇尔愿意一次分析一个市场（很像消费者的做法），并将其与经济的其他部分隔离开来。

很容易看出哪一种——局部均衡还是一般均衡——更容易理解。到目前为止，大多数大学生的微观经济学都是用马歇尔的局部均衡方法教授的；大多数人没有解联立方程的数学背景。不过，自20世纪50年代以来，一般均衡理论一直被用于高级经济研究，并在20世纪90年代主导了经济学家的大部分研究时间。

我们现在所剩的是一个有趣的谜团。既然马歇尔比瓦尔拉斯受过更多的数学训练，为什么马歇尔会不赞同一般均衡理论呢？答案简单而直接：马歇尔这个更好的数学家看到了瓦尔拉斯方法中的错误，并且知道找到这个一般系统的适当解所需的数学知识在当时是未知的。在马歇尔的直觉中，各种各样的市场的均衡会受到突然的干扰。由于存在均衡的数量和价格的波动，将需要一个比瓦尔拉斯设计的更为复杂的数学系统。直到 20 世纪 90 年代，经济学家才对描述这类系统的混沌、非线性动力学和复杂性的数学有了足够的了解。

马歇尔的吹毛求疵是正确的：瓦尔拉斯留下了许多问题，这些问题要么没有答案，要么无法回答，其中最不重要的是拍卖人在现实世界中的缺席。然而，在 20 世纪末，是瓦尔拉斯而不是马歇尔主导了经济学术。后面在第二卷中，我们将重新讨论这个问题，以及它对经济科学的未来意味着什么。

阿尔弗雷德·马歇尔的伟大地位和影响

马歇尔在经济学上所带来的变化，在他自己的时代并没有被描述为革命性的。第一，他的价值观和古典经济学家的价值观之间没有明显的分歧，两者都是出于同样的理由捍卫资本主义。第二，马歇尔的思想在他将它们出版付印之前，就被他的学生、同事和其他人所了解和讨论了。第三，马歇尔的风格和表现方法都是谦逊和轻描淡写的。他的《原理》首次引入了许多概念，但并没有暗示出它们是新颖或引人注目的。这种风格是简单、朴实、不偏不倚的——就像马歇尔在其肖像中所表现出来的那样。这本书似乎是一种朴实的尝试，试图否认它如此真诚地追求的经济真理所带来的任何荣誉。

然而，马歇尔还是被誉为他那个时代最伟大的经济学家。他完全是一个维多利亚时代的人，也是这一经济历史时期真正的教授。维多利亚时代的英格兰在 19 世纪末的稳定微风中兴高采烈地前进。随着风向的改变，人们对工业社会的进程以及工业社会的某些基础感到乐观。1850 年以后，平均实际工资开始上升，很少再有普通工人乞讨、偷窃、送孩子去工厂工作，或者干脆饿死。由于技术的变革，每周的工作时间开始减少：在纽卡斯尔的化工厂，每周的工作时间从 60 多个小时减少到 54 小时。

为什么英国的制度就绝大部分而言，在维多利亚女王统治时期的前半部分（1837—1870 年）表现得如此出色？英国之所以成功，是因为它在世界工业生产中的近乎垄断的地位一直保持到该世纪中叶，以及随之而来的它作为世界首要贸易国的发展和它作为世界银行家的相关角色。英国的繁荣依赖于国际贸易，原因有二：（1）英国庞大的、有生产力的工业机器大量生产的商品和服务，远远超过了一般英国工人的购买能力。（在这个世纪的大部分时间里，英国工人的收入只够购买必需品。）（2）由于英国面积狭小，自然资源有限，它依赖印度等欠发达国家来进口食品和原材料。

这些欠发达国家和英国有着互补的关系。随着它们变得更像英国，英国与工业化的先进国家（如美国、法国和德国）之间就是一种潜在的竞争关系。然而，与此同时，英国和欧洲主要国家在 1863—1874 年一致实行了金本位制，从而大大简化了世界贸易融资的运作。对英国来说，重要的是，世界贸易融资以伦敦为中心，因为英国拥有大量的黄金储备和在国际金融方面的专业知识。金本位规则很少使用，因为大多数贸易余额都是以英镑结算的。

然而，当英国的权力似乎达到顶峰时，事态也开始朝着相反的方向发展。在维多利亚统治的后半期（1870—1901 年），英国受到日益强烈的极端民族主义（jingoistic nationalism）、大规模失业、达尔文主义破坏宗教信仰以及传统道德价值观日益破灭的影响。即使如此，太阳在大英帝国领土范围内的运行依然是众所周知的。维多利亚时代早期的经济扩张氛围，还是催生了一群澄清者，他们对该体系的运作进行了相当详细的考察，但他们对其基本价值没有表示根本性的怀疑，也没有对其未来做出任何令人不安的预测。

尽管马歇尔似乎天生就倾向于接受维多利亚时代的现状，但他对自由放任经济学所秉持的灵活性比他的许多古典学派的前辈都要大。他一般而言都认同经济规律也是自然规律，但就像他之前的托马斯·马尔萨斯一样，他不一定认同它们是善的。他对人类福祉的恻隐之心是真诚的。今天，那些把马歇尔的名字与他的脚注和微观经济学中的欧几里得几何学联系在一起的人，可能不知道马歇尔在他的《经济学原理》序言中所写的话："对贫困原因的研究，就是对人类大部分退化原因的研究。"

马歇尔的影响力是巨大的。当时的一位经济学家就说（在 1887 年），马歇尔的学生在英国占据了一半的经济学教授席位。① 现在延伸到一般均衡理论的新古典主义学派，与一个改良的凯恩斯学派一起，在西方国家占据着中心地位，而两者都与马克思主义和制度主义分享着国际领域。尽管到了 19 世纪 80 年代（即《经济学原理》第一版出版之前的 10 年），除了马歇尔对垄断的讨论外，关于竞争条件的基本假设太不现实，不值得用于政策指导，新古典主义经济学依然占据统治地位。就连瓦尔拉斯也认为，竞争必须由政府来实施。边际主义保留了古典经济学的这些条件，即使其相关性下降了。

然而，马歇尔的《经济学原理》是 19 世纪英国资本主义的一种令人印象深刻的社会学，它渗透着经济制度演变的广泛历史意义。他的追随者选择只发展马歇尔的分析性脚注，而不是他的历史进化思想。忽视历史的过于简单化的马歇尔主义充斥着大学的经济学教学，直到著名经济学家约瑟夫·熊彼特（Joseph Schumpeter）说："许多更活跃的知识分子都对此彻底感到厌烦了。"②

维多利亚时代是一个礼仪、道德和平稳比行动更重要的世界。与此非常贴切的是，在新古典经济学的抽象时代，什么也没有发生。它栖息在马歇尔的故居贝立奥庄（Balliol Croft）之中。均衡是一种美妙的休息状态，与约定的午后时间并无二致，在他和学生们谈完后，莎拉（Sarah，马歇尔的女仆）会来到马歇尔的书房，然后在旁边的凳子或架子上摆上一杯茶和一块蛋糕。

然而，在贝立奥庄的墙外，历史的时间在滴答作响，就像一个定时炸弹。在马歇尔的时代，历史正在发生巨大的飞跃——俄国革命、第一次世界大战和反殖民主义的兴起。这一路上倒下的又是什么呢？资本主义在欧洲会衰落，君主制会覆灭，大萧条也将会到来。马歇尔在他的《经济学原理》中提出的警告是"自然不会飞跃"（Natura non facit saltum）。这些变化都是边际意义上的吗？经济的演化和达尔文进化论中的生物进化一样缓慢吗？现实是一个巨大的瓦尔拉斯一般均衡状态吗？

---

① H. S. Foxwell，"The Economic Movement in England," *Quarterly Journal of Economics* 2 (1887)：92.

② Joseph A. Schumpeter，*Ten Great Economists*，New York：Oxford University Press，1965，p. 95.

　　1924 年，当维多利亚时代这出人类戏剧最终在贝立奥庄，在阿尔弗雷德·马歇尔去世之时闭幕时，英国最伟大的经济学家们都向他致以崇高的敬意。马歇尔《经济学原理》的基础、数学和图表将在维多利亚时代之后延续下来。他深刻的制度洞察力却不会，这将是我们在第三卷中再次探讨的一个问题。具有讽刺意味的是，我们会发现，只有漂泊不定的、超凡脱俗的桑斯坦·凡勃伦，即约翰·贝茨·克拉克的学生之一，才能重振制度现实的作用。

10

"美国梦"和其他一些"最优条件"

自然和大自然的规律隐藏在黑夜中。

上帝说:"让牛顿降生吧,于是一切都成为光明。"

"写给艾萨克·牛顿爵士的墓志铭"(亚历山大·蒲柏,1730 年)

"美国梦"是当今美国政治家最喜欢的一种说法。尽管如此,但在美国成立以来的两个多世纪里,它已经有了许多不同的形式。对一些人来说,这个梦意味着财富的积累和权力的行使,但并不总是出于一个好的目的。毕竟,F. 斯科特·菲茨杰拉德(F. Scott Fitzgerald)的《了不起的盖茨比》(*The Great Gatsby*)仍然是揭露这一梦想阴暗面的经典。对其他人来说,这仅仅意味着拥有独立和自由的权利。不管这一梦想采取的是什么形式,它总是乐观的,并基于一种感觉,即美国提供了无限的机会。杰伊·盖茨比(Jay Gatsby)对戴西·布坎南(Daisy Buchanan)的追求无果而终,她是这一光彩夺目和空虚的梦想的缩影,但是盖茨比始终保持着无畏的乐观态度。他(和菲茨杰拉德)是一种伟大而持久的美国特质的化身。

这个梦想的大部分乐观主义力量来自 18 世纪对一个善良、精细调整的宇宙的信仰。正如前文已经指出的,艾萨克·牛顿对这个想法给出了最令人难忘的科学表述,约翰·洛克给出了它的政治理由,亚当·斯密和阿尔弗雷德·马歇尔给出了它在经济学上的表达。我们会发现,牛顿的乐观主义和他的分析为理解新古典经济学范式如何支持美国梦提供了关键。

这个梦甚至有一个宗教背景。英国清教徒是北美这一新教伦理的沃土最早的殖民者之一。加尔文主义和清教主义的经济主旨是宽容和鼓励财富的积累,这既是道德的,也是审慎的,这是同时做亚当·斯密和上帝的工作的一种方式。新教的伦理不仅促成了欧洲和美国资本主义的崛起，而且节俭、勤劳的新教徒通过赚钱和省钱，也确保了他们自己的救赎。

到了 19 世纪中叶，工业革命已经从欧洲蔓延到美国，新教伦理和美国梦的结合孕育了一些丰富多彩的产物。从大约 1870 年到 1910 年，这是美国历史上一个通常被称为镀金时代的时期，美国梦形成了一种几乎完全唯物主义的形式。这是菲茨杰拉德最初在他的早期草稿中为他的经典小说设定的时代。我们将很快讨论美国工业革命对这个镀金的经济舞台的影响，以及美国经济是如何形成的。

当然，正统观点——就像正统学说一样——将支持不断演变的现状。然而，马歇尔正统思想以及所谓的社会达尔文主义（Social Darwinism），最初将不得不与凡勃伦和制度主义者这种美国唯一的独特的经济学学派分享这一领域。的确，有些人会说，在 20 世纪 20 年代，制度主义者与美国大学内外的新古典主义者一样有影响力。但是，如果不是正统的故事，我们正在超越新古典主义的主题。桑斯坦·凡勃伦不仅在他那个时代是一个"激进分子"，经济学正统主义今天也给他贴上了同样的标签，同时贬斥他的思维方式是"社会学的"或更为糟糕的。出于这些原因，我们将在第三卷中在凡勃伦和制度主义者那里花费更多篇幅。现在，我们将庆祝美国工业革命的到来，并注意到美国银行家和实业家可以从中获得精神力量的独特美国视角。不过，我们不会拒绝对凡勃伦思想进行介绍。

霍雷肖·阿尔杰与良性宇宙

老百姓最初能够通过一位为男孩写小说的美国牧师与牛顿式的宇宙联系起来。小霍雷肖·阿尔杰（Horatio Alger, Jr., 1832—1899 年）已成为美国梦的一个版本的同义词。阿尔杰的小说在对一个良性宇宙的通俗化解释中，更新了《旧约》中诺亚（Noah）、亚伯拉罕（Abraham）、约瑟夫（Joseph）和大卫（David）的故事，即好人通过公认的美德获得财富的故事。

阿尔杰的故事为新教徒的伦理注入了一种牛顿科学的元素，也就是能够获得奖励的宇宙理念。如果善行产生了财富，那么假设富人是好的就是公平的（如果不是完全合乎逻辑的）。阿尔杰故事中的物质成功源于一种奇特的设计和机会的混合。继承只属于"应得"的人，他们的向上流动是由他们热切的追求保证的。"志向"成为一个菲茨杰拉德式的主题。

在阿尔杰的一本典型小说即《勇敢和无畏》（*Brave and Bold*）中，贫穷但诚实的罗伯特（Robert）拯救了一个富人，随后继承了一小笔财富。现在，他在一所著名的学校就读，在那里他迅速取得进步。在小说的结尾，罗伯特"承诺及时成为一名杰出而富有的商人"，他的好运来自他自己的优良品质和一位善良的上帝，不断地引导他在合适的时间到达正确的地方。

阿尔杰的故事以最肤浅的方式体现了美国人的乐观主义。小时候，斯科特·菲茨杰拉德读过这些故事；后来，作为一个成熟的作家，他会讽刺这些故事。然而，阿尔杰故事背后的基本价值——大自然最清楚——深入人心，罗伯特的"运气"就是某种更高计划的体现。这种对自然之神的认同——为值得的穷人带来好运和财富中的善良——从来没有被完全抛弃过；事实上，它至今仍是许多电视布道和政治姿态中的一个突出元素。

像以往一样，如果只有极少数人变得极其富有和强大，那么只靠男孩和宗教的故事就不可能净化他们的罪过。正如《旧约》本身所告诫的那样，美德并不总是得到奖赏："……快跑的未必能赢，力战的未必得胜，智慧的未必得粮食，明哲的未必得赀财，灵巧的未必得喜悦。所临到众人的，是在乎当时的机会。"于是，美国新的工业领袖们将目光投向了牛顿和大自然，因为牛顿的科学方法被三位极具影响力的维多利亚时代的人采用了：博物学家查尔斯·达尔文、哲学家赫伯特·斯宾塞和社会学家威廉·格雷厄姆·萨姆纳（William Graham Sumner）。但是，首先到来的是革命。

第二次工业革命

像以前一样，工厂出现在革命之前。像塞缪尔·斯莱特（Samuel Slater）和摩西·布朗（Moses Brown）这样的人早在 1790 年就拥有了工厂。弗朗西斯·C. 洛威尔（Francis C. Lowell）和纺织制造业出现得有点晚。在 19 世纪 30 年代中期之前，只有少数枪支制造企业享有与亚当·斯密的制针工厂一样广泛的专业化。一旦一支枪的所有部件都集成在一个工厂里——扳机、枪托和枪管，就会出现专业化。典型的早期现代工厂是美国军队在马萨诸塞州斯普林菲尔德的兵工厂，该工厂一共拥有 250 名员工。从某种意义上说，是美国政府将现代工厂引进了这个国家。①

虽然从 1815 年到 1860 年，美国在持续进行工业化，但经济发展是从 1840年加速到 1860 年。然后美国内战（1861—1865 年）打乱了许多成长性工业的发展步伐，特别是南部地区，在 19 世纪 60 年代的 10 年里，这里的人均商品产量出现了负增长。② 战争结束后，当斯嘉丽回到塔拉时，一切都不一样了，甚至连白瑞德（Rhett Butler）也不例外。

美国工业革命很可能是在 1840 年或者确定在内战前就已经开始了。在此后的半个世纪里，美国人均国民生产总值以每年约 2% 的速度增长。到了 19 世纪80 年代，全国平均每年的制造业价值终于超过了农业。19 世纪上半叶在英国发生的事情，于该世纪的下半叶在美国再现了。这被称为第二次工业革命。

科学技术对两次革命都产生了巨大的影响。第二次革命是以铁路发动机、化学和电气科学的技术进步，以及一种能改变美国人生活方式的新动力来源——内燃机——为标志的。由于劳动力短缺，美国工业技术从 19 世纪 40 年代开始，总体上沿着与英国不同的路线前进。不仅蒸汽、电力和内燃的新能源使机器更加强大和自动化，设计用来替代劳动力的美国技术还导致了与英国相比规模非常大的工厂和公司。美国工业可以通过一个宏大的生产规模实现较低的单位成本，经济学家后来称之为"规模经济"。在当时的制造业中，人们可能会看到规模效益的提高，而不是李嘉图式的农业规模收益的递减。

---

① Alfred D. Chandler，Jr.，*The Visible Hand*：*The Managerial Revolution in American Business*，Cambridge，Mass.，and London：The Belknap Press of Harvard University Press，1977，pp. 72-73. 另外，请参见第 67～72 页关于将综合纺织厂作为一个不太先进但规模较大的生产单位的讨论。

② 参见 Stanley Engerman，"The Economic Impact of the Civil War," reprinted in *The Reinterpretation of American Economic History*，Robert Fogel and Stanley Engerman，eds.，New York：Harper & Row，1971，pp. 371-372。

钢铁被用于铁路的引擎和铁轨，而铁路现在横跨了整个大陆。随着工业的相互补充，大规模生产的时代正在到来。亨利·贝塞默（Henry Bessemer）爵士通过将生铁直接转化为钢铁，首先开始了钢铁的大量生产，使生产成本降低了大约7/8。19 世纪 60 年代，威廉·西门子（William Siemens）的平炉工艺克服了贝塞默炼钢方法质量不均的问题。在接下来的 10 年里，沉默寡言的苏格兰移民安德鲁·卡内基（Andrew Carnegie）转向了平炉技术，扩大了他的生产规模，并经常以低于成本的价格销售，直到市场竞争对手都被驱赶走。通过持续不懈地利用市场，他的公司超越了世界上任何一家钢铁生产商。这些钢轨在 1873 年的价格为每吨 120 美元，但在 1898 年跌至每吨 17 美元。钢铁总产量在 1870 年只有 77 000 短吨，1900 年达到 1 122.7 万短吨，1913 年达到 3 408.7 万短吨。[①]

随着生产的转变，商业组织的性质也发生了变化。早期，铁路公司的非正式结盟被用作避免破坏性竞争的一种方式，而这种竞争本来会导致价格低于成本。1873 年后的萧条终结了这些结盟存在的充分性。正式的联盟紧随其后成立，却被 19 世纪末最强大的投机者杰伊·古尔德（Jay Gold）摧毁了。

企业家亨利·福特（Henry Ford）和他的 T 型车引发了美国革命的高潮时刻。1909 年，福特决定只生产一种车型，只涂一种颜色，最初售价 850 美元或以上。他说："只要汽车是黑色的，任何顾客都可以让汽车涂上任何他想要的颜色。"这是一种令人难以置信的非常实用的设计，即使在没有道路的地方（而且当时道路确实很少），也是如此。当他的移动装配线成为一种生产方式时，福特的 T 型车甚至成为一种生活方式。1908—1909 年的销售量达到 10 607 辆，工厂不得不拒绝一些订单。1912—1914 年，福特生产了248 307辆 T 型车，在 1920—1921 年，这一数量上升到 933 720 辆。由于福特，到 20 世纪 20 年代，汽车变得

---

① *Historical Statistics*，series，pp. 265-267. 这些数据被更详细地引用于：Jonathan Hughes and Louis P. Cain in *American Economic History*，4th ed.，New York：HarperCollins，1994，Table 17.3，p. 313。

无所不在了。①

这种大规模的生产引发了大众消费。亨利·福特认为，他必须付给工人足够的工资（"5 美元一天"），这样他们才买得起他的汽车。他充分了解市场的范围经济和规模经济。"如果生产增加 500％，成本可能会降低 50％，而这种成本的下降伴随着销售价格的下降，很可能会使能够方便地购买该产品的人增加 10 倍。"② 福特明白，工人的收入是向大众销售的源泉。

到 1840 年，美国已悄然成为一个经济大国，其国民生产总值可能仅仅略低于英国和法国的水平。从 1834—1843 年这一时期到 1894—1903 年这一时期，估计的国民生产总值增长率为每 10 年 48％左右。人均增长率也非常显著：每 10 年约 16％。③ 就像在英国所发生的一样，快速城市化伴随工业化而来。1840 年，居住在包括 10 万或更多人口的地方的美国人口只占 3.0％，1900 年则为 18.7％。此后不久，汽车和道路建设将结合起来，创造出城市的扩张。④

英国工业：日薄西山

与此同时，新古典主义者在自己的地盘上却并没有察觉到，到 1870 年，英国的经济状况也发生了很大的变化。在该世纪中叶，英国也许生产了世界上三分之二的煤炭、大约一半的铁、七分之五的钢铁，且有大约一半的棉布是按商业规模生产的。尽管如此，随着美国、法国和德意志邦联（German Confederation）

① 福特和汽车时代的完整故事参见：Jonathan Hughes in *The Vital Few*：*The Entrepreneur and American Economic Progress*，expanded edition，New York and Oxford：Oxford University Press，1986，Chapter 7。

② 原文摘自亨利·福特在《大不列颠百科全书》（第十三版）中所写的一篇关于"大规模生产"的文章：*The Treasury of the Encyclopedia Britannica*，Clifton Fadiman，General Editor，New York and London：Viking，1992，p. 403。

③ 这些估计数字出现在下面的突破性研究中：Robert E. Gallman，"Gross National Product in the United States 1834—1909," in *Studies in Income and Wealth*，ed. Dorothy S. Brady，New York：NBER，Columbia University Press，1966，Vol. 30，Table A1。

④ 城市化的数据参见 *Historical Statistics*，来自 Series A 57 - 69，并被以下文献引用：Jonathan Hughes and Louis P. Cain，*op. cit.*，p. 317。

继续工业化，英国的相对优势开始缩小，而不仅仅是从其棉布生产开始。到这个世纪最后 10 年，英国仍然是一个工业大国，但不再是领头羊。更糟糕的是，工业化世界正在经历一场长期的萧条，这损害了维多利亚时代的繁荣期（1873—1896 年）。

新的国际商业环境正在英国的海洋上制造风暴，而此时英国的资源已经紧张到极限，英国的现有技术已经被充分利用了。[1] 英国面临两个方面的新竞争。首先，欠发达国家现在有了替代性的原料和食品的销售渠道——其他工业化国家。其次，美国、法国和德国正在与英国竞争世界范围的工业销售。

还有其他一些不那么引人注意的紧张局势。尽管在维多利亚时代，实际工资增加了，但他们并没有取得一致的进步。多达 40% 的工人阶级生活在当时所谓的贫困状态中；大约三分之二的人在生活的某个时候会变得贫乏。不超过 15% 的工人阶级生活在当时被认为是舒适的状态中。

难怪到了 19 世纪 70 年代初，英国工团主义（trade unionism，就像它之前的大型企业一样）成为激烈竞争中的一只苍蝇。工会最初只包括技术熟练和收入较高的手工业工人，因此规模并不是很大。然而，在这一世纪的末期，非熟练工人开始形成自己的大型组织。事实上，这一世纪之交标志着英国工党的起源。

在伴随着第一次世界大战而来的劳动力短缺之前，英国和美国的劳工运动确实都非常艰难。大部分公众对劳工如此敌视，这在很大程度上是由于对社会达尔文主义原则的广泛接受，而这一原则还将得到更多的认可。

镀金时代：不过是一个引子

无论是在英国还是在美国，那些专注于诚实生产更多、更便宜的产品的企业家都与那些不择手段、为无良目的赚钱的企业家形成了鲜明对比。亨利·福特和托马斯·爱迪生（Thomas Edison）等人被认为是前者的代表；安德鲁·卡内基

---

[1] 参见 Deirdre N. McCloskey，"Did Victorian Britain Fail?" *Economic History Review*，23 (December 1970)：446-459。

介于两者之间。斯科特·菲茨杰拉德对美国企业家最传奇式的看法是对这些产业英雄们的颂扬。然而，菲茨杰拉德知道盖茨比将把美国梦的浅薄部分人格化。美国思想家和经济学正统派必须应对工业的实际情况。接下来，我们将介绍更多的杰伊·盖茨比类型的臭名昭著的人，如他的恩人迈耶·沃尔夫希姆（Meyer Wolfshiem）。根据盖茨比的说法，沃尔夫希姆修复了 1919 年的世界系列赛，并与盖茨比一起参与了非法制造或销售和其他不光彩的活动。他们以财富的名义创造了一个时代。

虽然小型工业是英国工业革命的特征，但美国大陆幅员辽阔，市场规模庞大，似乎需要大型工厂和巨型企业。大规模工业所需的金融资本数量使得企业有必要向私人银行和资本市场寻求资金。商业与工业企业的财务控制和生产方式之间发生了分离。亚当·斯密本人非常蔑视的股份公司使人们能够通过普通股所有权拥有一家公司，而无须参与生产或管理。

更糟糕的是，竞争变得过于激烈，甚至不利于自身生存。对大型企业来说，竞争变得过时了，因为对工厂和设备的投资太高，无法信赖市场机制的运作。在市场机制的运作中，竞争是一种优雅的平衡行为。美国铁路系统的发展得益于广阔的大陆和对规模的需求。正是杰伊·古尔德（本质上是一个投机者）迫使宾夕法尼亚铁路公司放弃了与其他铁路公司的合作战略，并建立了美国第一个跨地区的铁路帝国。1873 年的萧条使联合太平洋公司（与太平洋中部公司一起，是第一条横贯大陆的铁路的兴建者）的股票处于一个很低的价格。古尔德开始购买它，并且到 1874 年春天他得到了控股权。古尔德买下目所能及的每一条铁路，很快他就控制了 15 854 英里的道路，占美国总里程的 15%。[①]

铁路和重工业的兴起以及银行业的惊人扩张增加了家族的财富，这些家族的名字已成为财富和权力集中程度的代名词。其中最突出的是摩根这样的名字。后来成为 J. P. 摩根（J. P. Morgan）的这家公司于 1838 年在伦敦成立，1856 年被朱尼乌斯·摩根（Junius Morgan）收购。摩根家族（House of Morgan）在华尔

---

① 这些活动以及其他许多活动都在该书中进行了细节描述：Alfred D. Chandler, Jr., *op. cit.*, Chapter 5。

街 23 号主导着美国金融业，这里恰好处在纽约证券交易所（New York Stock Exchange）和联邦大厅（Federal Hall）旁边。朱尼乌斯的儿子约翰·皮尔庞特·摩根（J. P. Morgan, Sr., 又名皮尔庞特，1837—1913 年）和孙子小约翰·皮尔庞特·摩根（J. P. Morgan, Jr., 又名杰克，1867—1943 年）增加了它的财富和影响力。

1900 年，皮尔庞特领导着该国第二大钢铁集团，当时卡内基钢铁公司（Carnegie Steel）在粗钢市场上占据主导地位。卡内基威胁要开始生产电线和管道等成品钢铁产品。由于担心价格战会爆发，这个行业会因可怕的竞争而士气低落，皮尔庞特为卡内基钢铁公司和其他数百家钢铁公司发行了债券，将它们置于他的控制之下。随着美国钢铁公司（United States Steel Corporation）的成立，全国一半的钢铁产量都取决于一个人，即一个银行家的决定。皮尔庞特的竞争欲望如此强烈，以至于到 1901 年，美国钢铁业似乎被垄断了。

在 19 世纪的最后 25 年，相对少数的商人控制了美国工业。除了古尔德、菲斯克、卡内基和摩根，他们还包括彼得·A. B. 威德纳（Peter A. B. Widener）、查尔斯·泰森·耶克斯（Charles Tyson Yerkes）、詹姆斯·基恩（James R. Keene）、E. H. 哈里曼（E. H. Harriman）、詹姆斯·J. 希尔（James J. Hill）、约翰·D. 洛克菲勒（John D. Rockefeller）、H. H. 罗杰斯（H. H. Rodgers）、乔治·F. 贝克（George F. Baker）、威廉·洛克菲勒（William Rockefeller）、威廉·C. 惠特尼（William C. Whitney）和乔治·F. 贝尔（George F. Baer）。所有这些人都在 1860—1870 年度过了他们的 25 岁生日，这意味着在内战前后的几年里，他们的成熟的态度和行为就已经出现了。同时，他们至少明白了战争带来的一个问题：大批量生产和大规模生产的必要性。他们是独特的美国式工业革命的受益者。他们的财富将被堂而皇之地展示出来，我们将在第三卷中回到这一社会学领域。

均衡和最优化

这一时期，在商界，不仅发生了很多事，而且这些事发生得很快。我们可能会问，作为竞争性成果的供应商，新古典主义经济学家们到底正在做什么？他们在寻找最终会被称为科学范式的东西。简洁和优雅的论述结合在一个具有很强的一般性的概念框架中，就是理想的科学范式。牛顿的体系符合物理科学（经典力学的范式）和所有科学学科都渴望效仿的范式。19 世纪的社会科学家和生物学家一样，渴望成为或者至少表面上看起来像是科学的。自然和谐与均衡的概念是牛顿世界的特征。在定义和讨论像人类之间这样多样而多变的关系时，似乎很难做到简洁或优雅。然而，经济学家们并不满足于斯密所说的和谐与平衡的比喻，而是继续将牛顿力学的均衡转化为经济学。给人的印象是，在相互竞争的经济力量之间取得平衡是好的，正如自然秩序中的均衡本身是可取的一样。

在物理学和经济学中，平衡是对立的力量或相互作用之间的一种均衡状态。平衡是静态的还是动态的，这取决于处于均衡状态的物体是静止的还是运动的。在物理学中，处于动态均衡状态的物体沿着一条随时间推移可以预测的路径运动。假设我们想要找到保持行星在椭圆轨道上运动所需的力。我们转而使用牛顿公式，它将行星的椭圆路径与太阳的"吸引力"联系起来。[1] 这种力基于一种被牛顿叫作引力的神秘的 X 因子，它足以使行星保持在可预测的轨道上，从而保持动态均衡，如图 10.1 所示。这样，行星和彗星就会在自由空间中运动并保持其运动。行星处于动态均衡状态，因为需要巨大的力量才能把它逐出已知的轨道。[2]

---

[1] 牛顿关于这个力（F）的公式是 $F=G-(M_{太阳}-M_{行星})/距离^2$，其中 G 是一个数字，即神秘的"引力常数"，两个 M 分别是太阳和行星的质量。自然科学中的大多数 G 是这样的常数：当等同于 π、e 等自然常数集合时，不再是"神秘的"。这一范式留下了许多有待解释之处，需要普通科学学者做进一步的研究。在推导行星运动规律时，牛顿忽略了除行星和太阳之间的引力外的所有"引力"。这当然忽略了行星对彼此的"引力影响"。因此，望远镜观测只能在牛顿的理论和应用之间取得大致的一致。

[2] 从牛顿第二定律得出的简化既说明了均衡，也说明了时间变化的重要性，并由此引出了力学中的微积分。在一个完整的圆圈上移动一个沉重的球所需的力是：$力^* = \dfrac{质量 \times 速度^2 \times 时间的变化}{圆的半径}$。这里的星号（$*$）表示作为一个均衡值的变量的值。对于非常小的时间间隔，我们可以假设时间的变化是零，并且可以写得更紧凑：$力^* = \dfrac{质量 \times 速度^2}{圆的半径}$。如果我们考虑行星在其轨道上的速度，那么时间的变化就成为一个特别适用于机械研究的度量单位。但是，即使在物理学中，时间也是任意的。

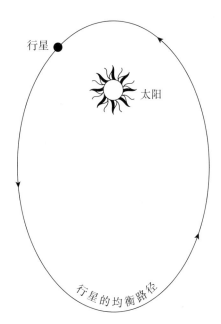

行星

太阳

行星的均衡路径

图 10.1　开普勒与牛顿的椭圆

经济学中的均衡

经济学中静态均衡的经典例子是阿尔弗雷德·马歇尔对由供给和需求力量维持的均衡价格的解释，如图 10.2 所示。图中字母（a，b，c，d）表示不同价格下对谷物的供给和需求的不同数量。支付给农民的价格越高，他们每月将供给的谷物越多。如果价格降低，消费者每月将需要更多的谷物。这是正常的需求法则，即谷物需求量随着谷物价格的下跌而增加。当供给和需求力量在 e 处达到平衡时，就达到了均衡价格。一旦确定了这个价格，这个价格就会持续下去，市场要素就会处于静止状态。

对这个图形进行更详细的解释将使这个概念更加清晰。假设谷物的价格（P）是每蒲式耳 10 美元；需求量（Q_D）是 a，供给数量（Q_S）是 b。在这个价格下，农民愿意供给的谷物数量（6 000 蒲式耳）超过消费者愿意购买的数量（3 000 蒲式耳）。谷物供给过剩，a 与 b 之间的距离（3 000 蒲式耳）导致了市场价格下跌。价格的下跌反过来又会导致需求量的上升和供给量的下降。现在假设谷物的价格是每蒲式耳 5 美元，农民愿意供给的数量是 c，消费者愿意购买的

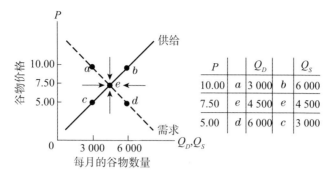

图 10.2　商品市场的均衡

数量是 d。在这个较低的价格下，消费者愿意购买的数量（6 000 蒲式耳）超过生产者愿意供给的数量（3 000 蒲式耳），这就造成了短缺。短缺给现有的每蒲式耳 5 美元的价格造成了上升的压力，而这反过来又影响到供给和需求的数量。当价格达到每蒲式耳 7.5 美元这一使得需求量和供给量相等的均衡价格时，所有这些力量都达到平衡。

最优化、效率和蒸汽机

斯密和马歇尔借用了物理学中的均衡概念，但物理学家们并不总是认为均衡是一件"好事"。此外，对斯密和马歇尔来说，均衡是一种比喻，他们并不是照搬来的。然而，经济均衡越来越成为一种最优条件，即在给定的情况下取得最佳或最有利的条件。一旦经济学家将伴随经济均衡的稳定性确定为最优条件，他们就很难将"最优"与"有利"分开。物理学家们却不再重视稳定性问题。

热力学第二定律提供了一个机械方面的优化例子。第一定律是说宇宙中的总能量保持不变；第二定律指出，某一特定工作的能量可用性取决于能量被紧紧限制在手头上的工作的程度，这将我们引向了蒸汽机。蒸汽机不仅仅是一个比喻，因为它为英国工业革命的工厂提供了能源，也是第一种"被驯服的"足够有效来驱动火车的能源，例如 19 世纪后半叶在第二次工业革命的最前沿开始横穿美国西部的那些火车。

煤在蒸汽机中燃烧以产生热量，加热沸水并将其转化为蒸汽，蒸汽推动活塞，最终车轮转动，火车向前移动了。最理想的蒸汽机是将所有可用的热量转化为功的蒸汽机。这可以很简单地表示为：从燃烧的煤进入蒸汽机的热量＝从发动机排出的热量＋蒸汽机所做的功，其中从发动机排出的热量＝零度。在热力学中，这个方程代表了"最佳"可能的结果，当唯一的准则是机械效率时的一个真正的最优结果。这样一个高效的最优蒸汽机只是物理学中许多可能的均衡最优化的例子之一。

经济学中的另一个最优均衡的例子是企业在允许利润最大化的条件下生产的产品的产量和价格之间的平衡。当一个公司的收入超过产生非零利润所需的成本时，利润就开始产生了；最大利润只是收入与成本之差最大的点。这是一种马歇尔式的均衡，本应该对消费者有利，因为公司的某种产品的价格将等于生产另一单位产品的成本。这种均衡有时被用来表明资本主义是企业最"有效的引擎"，因此经济学家可以模仿物理科学，后者已经用牛顿的微积分表达出来了。

当然这里有好处，但也伴随着明显的缺陷，这使得经济学和物理学之间存在相似之处。首先，根据机械效率的标准，最优不一定与涉及人类而不是物理粒子的社会状况有关。最好的蒸汽机是将所有的能量转化为一种可用于做功的形式，但这样的转换可能对社会是不利的，因为一个没有工作潜力的经济体将停止所有生产。此外，社会和经济最优涉及选择、决策和判断，这些都被排除在机械优化之外。事实上，人们可以集体决定他们想要何种形式的经济组织，这对经济最优化有着重要的影响。

我们已经看到，尽管并不总是明智的，但也可以直接从运动和热力学的分析直接转向经济学的分析，而这种概念的转移往往更为迂回。例如，查尔斯·达尔文受到牛顿物理定律的启发（正如上文所指出的，部分灵感来自马尔萨斯关于人口的论文）。达尔文发展了自然选择理论：有利于某一物种生存的变化倾向于在自然界中得到保存，而不利的变化则往往会消失。最终的结果是一个新物种的进化。事实上，即使不是生物进化本身，达尔文主义的思想也导致了一种新的社会科学。

社会达尔文主义者

机械式的最优化包括一件事，但 19 世纪后半叶英国和美国的情况可能给进化论和经济学界留下了两个悬而未决的问题。如何证明实业家在"完全竞争"的最优条件下积累的巨大财富是合理的？如何为那些未能从制度中获益的人提供陷于贫穷的借口呢？令人惊讶的答案来自社会学的新学科及其英国创始人赫伯特·斯宾塞（1820—1903 年）。

那个好的、古老的宗教

宗教与它有很大关系。在中世纪，宗教和天文学以及商人都混杂在一起。现在，我们有宗教和制造商的区分。除了精通大规模生产外，这场新工业革命的垄断者也有一些共同点：他们要么是教堂教徒，要么积极从事教会事务。其中包括摩根和洛克菲勒兄弟。约翰·D. 洛克菲勒曾说过这样一句著名的话："上帝给了我钱。"洛克菲勒无情地驱赶走了竞争对手，但他和纽约欧几里得大街浸礼会教堂主日学校的学童一起唱赞美诗。亨利·沃德·比彻（Henry Ward Beecher），然后是美国一些最著名的牧师，以及从他们的讲坛里学到了丰富美德的其他人，都在向摩根、洛克菲勒和其他实业家的唱诗班传道。这也是两个主要政党在政治上正确的立场。1876 年民主党总统候选人塞缪尔·J. 蒂尔登（Samuel J. Tilden）在第二年为朱尼乌斯·摩根举行的一场答谢晚宴上，给拥有财富仅次于虔诚的信条赋予了世俗的实质："当你为自己的私利目的谋划时，有一种压倒一切的、明智的天意指引着你，那就是你们所做的大多数事情应该都是为了人民的利益。拥有巨额财富的人即便事实上不是，实际上也都是公众的托管人。"[1] 亨利·P. 戴维森作为摩根的合伙人之一，可以告诉调查垄断参议院委员会："如果在实践中是错误的，它就不能存在下去……事情会自我纠正。"[2]

如果这是竞争性的市场均衡，那么它就注定远离了实体经济中的垄断倾向。毫无疑问，新古典主义者并没有预期到自由放任会导致垄断。如果有任何力量承受得起"休息"或处于均衡状态，那将是经营铁路、钢铁厂和银行的卡内基、摩根和洛

---

[1] *Tribune*，November 9，1877. 也引自 Lewis Cory in *The House of Morgan*，New York：Harper & Brothers，1930，p. 80。

[2] 引自 Fritz Redlich in *Steeped in Two Cultures*，New York and Evanston，Ill. ：Harper & Row，1971，p. 44。

克菲勒家族的力量。但是，这些行动是基于垄断实践的。神职人员们很难不认同他们最富有的崇拜者。在这方面，力量存在于实业家（而不是神职人员）当中。

斯宾塞与社会和谐的"科学"基础

信仰只能延伸到此处；正如烟草大亨们最终需要专业的医生来解释吸烟对健康的好处一样，新的实业家也越来越需要科学的祝福。幸运的是，他们两者都得到了。

赫伯特·斯宾塞采纳了达尔文的思想（他误解了的），同时把一些物理科学思想改头换面，再把它们合并成一门"科学社会学"。这就是所谓的社会达尔文主义——柏油丛林（asphalt jungle）的概念。在斯宾塞看来，富人越来越富，穷人越来越穷，这是大自然同时改善物种和经济的方式。这是垄断者、他们的随从和仆人，以及中产阶级（那些虽然还不富有，但美国梦让他们感到放心，认为这只是一个时间问题）所能共同接受的一个场面。

所谓的科学来源于熵的概念，它来自热力学第二定律。能量不会消失，但它会变得不可用于做功，因为它经历了质的变化：（例如）来自煤的热量使水变成蒸汽，蒸汽被分散到大气中。能量已变得耗散或随机化了，而不是永久地局限为一种可用的方式。我们不能把为了做功而组织起来的已经消耗的能源再重新组合起来。熵是对一个系统中退化、不可用的能量的数量的一种度量。一般而言，在物理过程中有一种走向无序的趋势。

斯宾塞将熵的概念应用到生物学中，保留了不可逆转的观念，但在其他方面改变了熵的概念，认为进化过程趋向于增加有序性——逆熵（neg-entropic）。根据斯宾塞的说法，生物—社会过程是从曾处于混乱状态的原始生命形态进化而来的，因为它们正处于向智人转变的状态，而智人是最终的、最高的、最有秩序的生命形式。实际上，斯宾塞将人类与环境隔离开来，就好像人类在这个星球上和物理世界中是单独存在的，完全是为了满足他们的目的而设计的。[1]

斯宾塞写道，由于进化过程趋向于增强秩序，他的科学社会学并不与最令人

---

[1]　有关熵定律在经济学中的更有用的应用，请参见 Nicholas Georgescu-Roegen，*The Entropy Law and the Economic Process*，Cambridge，Mass.：Harvard University Press，1971.

沮丧的自由放任主义教条相冲突。由于人类的状况越来越好，社会通过自然规律变得越来越有秩序，人类不应干涉自然进步。为了帮助穷人，无论是通过私人援助还是公共援助，都不可避免地干扰了物种的进步。达尔文定律认为，一个物种中最适合的、适应性最强的成员生存了下来，这意味着现有的事物秩序是"最好的"，因为它是一个自然的、选择性的过程的结果。

因此，虽然霍雷肖·阿尔杰的主角英雄们可以在小说中实现不断上升到顶层的美国梦，但社会达尔文主义者的学说会保留一个社会过程，确保这种成功实际上是罕见的。提高成功概率，以及让一些"不适合"的人继续前进的社会项目将是令人厌恶的。单独来看，自然的进化过程将以和平与幸福的"均衡"告终。

斯宾塞还解决了达尔文主义对包括约翰·D. 洛克菲勒在内的许多基督徒所引发的真正的宗教危机。简单地说，如果达尔文是对的，那么《圣经》是错误的；如果人类是从较低的生命形式进化而来的，那么《创世纪》的第一章中，关于创造男人和（低等的）女人的描述就不是真的。斯宾塞用他的"未知理论"（doctrine of the unknown）解决了这个问题。无论科学可能学到什么，宗教的真正领域——对超越经验的不可知笛卡儿世界的崇拜——本质上是无懈可击的。总会有一些我们不知道的东西（我们必须承认，斯宾塞在这一点上是有先见之明的。）

诺亚·波特（Noah Porter，1811—1892 年）是一位公理会牧师，耶鲁大学校长，到 1877 年，他已经向进化力量投降了。在一次演讲中，他发现："这个在一个角落的博物馆的发现（其中包含了证明进化的证据）和在另一个角落的学院教堂的教义并没有不一致。"① 因此，宗教能够适应科学，尽管许多人排斥人类是从类人猿进化而来的观念。

亨利·沃德·比彻表达了他想在天堂见到赫伯特·斯宾塞的愿望。更好的是，斯宾塞的书卖了几十万册，1882 年他在纽约受到的欢迎和接待甚至可能会让麦当娜的新闻经纪人羡慕不已。

---

① Charles Schuchert and Clara Mae LeVene, *O. C. Marsh*, *Pioneer in Paleontology*, New Haven: Yale University Press, 1940, p. 247。

威廉·格雷厄姆·萨姆纳的社会达尔文主义

有一代学者热衷于追随斯宾塞，其中最著名的美国人是威廉·格雷厄姆·萨姆纳（1840—1910 年）。他巧妙地把牛顿、上帝和生物学都放在了新古典经济学的一边，弥合了中世纪经济伦理与 19 世纪科学之间的差距，汇集了西方资本主义文化的三大传统——新教伦理、古典经济学和达尔文自然选择。萨姆纳的社会学把勤劳、节俭的新教徒等同于生存斗争中的"最适者"，同时用既具有加尔文主义，又具有科学性的顽强的决定论，强化了李嘉图式的必然性和自由放任。萨姆纳大胆而直截了当地宣称："百万富翁是自然选择的产物……为某些工作而自然选择的社会代理人。他们工资高，生活奢侈，但这种交易对社会是有利的。"[1]

达尔文的其他解释者从动物斗争和人类竞争之间的直接类比中退缩了，但萨姆纳认为经济竞争是动物生存的一个令人钦佩的反映。在这场斗争中，人们从自然选择走向了适者生存的社会选择，从"具有更强适应性的有机形式走向了具有更多经济美德的公民"[2]。这个选择过程取决于不受限制的竞争，萨姆纳把这种竞争比作自然规律，认为这就像引力一样是不可避免的和必要的。当自由占上风时，那些有勇气、有进取心、受过良好训练、拥有智慧和毅力的人将从一个自动地仁慈、自由的竞争秩序中脱颖而出。

因此，标准石油公司的创始人约翰·D. 洛克菲勒可以向他的主日学校的班级解释竞争：

> 一家大企业的成长只不过是适者生存……"美国丽人"的玫瑰只有通过牺牲生长在它周围的早期花蕾，才能在华丽和芬芳中产生，才能给它的旁观者带来欢乐。这不是商业上的邪恶倾向。它只是自然法则和上帝法则的结晶。[3]

---

[1] William Graham Sumner, *The Challenge of Pacts and Other Essays*, edited by Albert Galoway Keller, New Haven: Yale University Press, 1914, p. 90.

[2] *Ibid.*, p. 57. 另见 Joseph Dorfman, *The Economic Mind in American Civilization*, *1606-1865*, New York: Augustus M. Kelley, 1966, Vol. 2, pp. 695-767。

[3] William J. Ghent, *Our Benevolent Feudalism*, New York: Macmillan Co., 1902, p. 29.

当然，洛克菲勒在一些石油公司能够成长为标准石油公司那样的"美国丽人"之前，就已经把它们扼杀在了萌芽状态。他没有为其他任何人提供玫瑰园。也许并不是巧合，萨姆纳的文学作品在1900年左右几乎与少数美国金融大亨的垄断力量同时达到顶峰。没有什么比他们对竞争利益的信念更能激励那些掌握控制权的人了。

至于萨姆纳，他担心在竞争过程中的收入分配可能会受到部分再分配投票的影响，这种担心被用来支撑反对累进所得税的论点。由于资本是通过自我否定积累起来的，因此资本的占有证明积累者的优势已经得到了保障。资本家变得高尚，而挥霍的工人则成为罪人。对富人征收比穷人更高的税，就是增加优胜者的负担，同时支持劣等人。

尽管萨姆纳对解放和自由的信仰无疑是真诚的，但他的作品带有明显的反民主色彩。萨姆纳承认，拥有资本的人比不拥有资本的人有更大的优势，但他也坚持认为，这并不意味着一个人相对于另一个人有优势。资本是通过自我否定积累起来的，因此它的占有证明了这种优势是通过积累者的优越性获得的。资本家从定义上讲是有道德的，而普通的非资本家很可能是一个不节俭的罪人。因此，萨姆纳和斯宾塞拥护使富人更富、更有权势的过程的守护者。

此外，和后来的加尔文一样，萨姆纳为那些与他有共同信仰的新兴新古典主义经济学家提供了一门福音科学：自由放任是可取的，因为监管商业将是对自然规律的挑战。新镀金的商业界人士一致认为，适者生存本身就是一条自然规律，人类的管制是多余的。他们开始明白，他们的竞争斗争与大自然中可以观察到的生存斗争本质上没有什么区别。自然规律分配了财富，人们绝不能试图愚弄大自然母亲。这种对夸张性资本主义的自由放任的辩护的出现正适逢其时，因为自由企业正面临着各种各样的政治团体，比如绿背党人（Greenbackers）、格兰杰协会会员（Grangers）、工团主义者、民粹主义者和社会主义者的严峻挑战。农民们既支持赞成每天工作八小时、征收所得税，并投票给妇女的绿背党，又支持那些反对铁路不合理的高运费的格兰杰协会会员。

社会达尔文主义作为信仰

随着时间的推移，宗教和科学已经变成了一个循环。宗教领袖们开始表现得好像没有科学的支持宗教就无法生存。在美国，19 世纪研究斯密-李嘉图经济学的几乎所有著名的教师和作家，要么是神职人员，要么是宗教的同情者。这一传统始于哥伦比亚大学的约翰·麦克维克（John McVicker）牧师，到这一世纪末，还将包括宾夕法尼亚大学的亨利·韦瑟克（Henry Vethake）、鲍登学院的塞缪尔·P. 纽曼（Samuel P. Newman）牧师、卫理公会卫斯理大学的约瑟夫·霍尔德（Joseph Holdich）牧师、威廉斯会众学院的约翰·巴科姆（John Bascom）牧师、商人乔治·奥普代克（George Opdyke）、布朗大学的弗朗西斯·韦兰（Francis Wayland）牧师、中学教师马尔修斯·威尔森（Marcius Willson）、费城富有商业阶层中的亨利·凯里（Henry Carey），还有其他不值得提及的名字。这些美国经济学家的共同主题是，上帝在物质世界和人类宇宙中建立了具有同等确定性的自然法则，最重要的自然法则是私有财产的权利及其积累。因此，没有人自然地看到科学和宗教之间的任何冲突。

麦克维克认为，任何对财富和权力的攻击，都是对宗教、道德纪律、婚姻制度和财产神圣性的攻击。巴科姆不仅把经济学置于物理学的同一地位，而且把生产视为"比美德本身更具有挑衅性的美德"。同时，由于对利润的热爱是"最佳"的人类冲动行为，政府的首要目的是保护私人财产。韦兰在他的讲坛上说，财产是建立在"上帝的意志"基础上的一项专属权利。他认为糟糕的法律是邪恶的，因为它们破坏了自助的自然刺激。科学是对上帝法则的系统安排，包括"没有勤奋和节俭，任何人都不能成长"的法则。凯里对他的著作在"证明上帝对人的方式"方面所做的大量工作感到满意。[①]

作为信仰的社会达尔文主义的信徒之一是伟大的钢铁实业家安德鲁·卡内基。他描述了自己关于基督教神学崩溃的不安的精神状态，他通过阅读达尔文，当然还有斯宾塞，缓解了这一紧张情绪：

> 我记得光就像洪水一样降临，一切都很清晰。我不仅摆脱了神学和超自然现象，还发现了进化的真理。"一切都很好，因为一切都变得更好了"成

---

① 这些学者的资料总结参见：Joseph Dorfman，*The Economic Mind in American Civilization*，*1606 - 1865*，New York：Augustus M. Kelley，1966，Vol. 2，pp. 695-767.

为我的座右铭，我真正的慰藉源泉……他的［人类］走向完美的过程也没有任何可以想象的终点。他的脸转向光明，他站在阳光下向上看。[1]

这门新科学的神灵在很大程度上是以美国实业家的形象创造出来的，尽管这种主要利益的反映并非不寻常。具有讽刺意味的是，如果这种科学失败了，它作为一种信仰就会受到动摇，人们可能会回到对斯宾塞不可知的崇拜。一门关于人和他们的制度的科学，能从有关运动中的粒子的科学和封闭栖息地的下等动物的科学中获得成功吗？如果是这样，信仰可能会超越科学。

新古典优势与公共政策

并不是每个人都同意斯宾塞和萨姆纳的观点，他们也不一定会认为对垄断利益的追求是有益的。尤其是，正统主义要面对一个聪明而奇怪的人，他教授经济学，但以社会评论家的身份成名。他的名字是桑斯坦·凡勃伦，同时具有讽刺意味的是，他是卡尔顿学院（Carleton College）的约翰·贝茨·克拉克的本科生，以及耶鲁大学的萨姆纳的研究生。作为对镀金时代放纵行为的回应，凡勃伦解剖了新古典主义，同时创立了美国唯一独特的经济思想分支——制度主义或演化论学派。[2] 凡勃伦和他的追随者被巨大的财富不平等和企业领导人对金钱的痴迷激怒，帮助美国建立了民主的福利体系。

与此同时，劳工组织者尤金·德布斯（Eugene Debs）发表了激动人心的演讲，工会的会员也在不断壮大。社会主义哲学和马克思主义意识形态在英国和欧洲大陆发挥了这一作用。尽管如此，但凡勃伦还是在资本主义成为工厂的"缺席所有者"的牺牲品之前，试图拯救资本主义。凡勃伦与当时以其导师J. B. 克拉克为代表的传统经济思想格格不入，而后者也是当时所有美国经济学家中的泰斗。

如果不是在更广泛的社会中，那么也是在知识界中，社会达尔文主义在 19

---

[1] Andrew Carnegie, *Autobiography of Andrew Carnegie*, Boston: Houghton Mifflin Co., 1920, p. 327.

[2] 我更喜欢制度主义这个词，后文中我将用它来描述该学派。

世纪末之前就开始衰落，但就像国内企业受到威胁时的保护主义情绪一样，每当穷人的福利被提上议事日程时，社会达尔文主义就会重新苏醒过来。尽管如此，社会达尔文主义始终持有比大多数正统经济学家更为保守的观点。美国经济学会（American Economic Association，AEA）的成立在很大程度上是为了对抗古典自由主义经济学偏袒富裕的实业家而抛弃大众的偏见。1885 年创立 AEA 的核心人物理查德·T. 埃利（Richard T. Ely）指出，萨姆纳是他希望不会加入该协会的那种经济学家。

然而，凡勃伦和他的制度主义学派并没有战胜均衡的思想，即使它是虚构的。试图披上科学外衣的经济学家们不会偏离无懈可击的马歇尔交叉。新古典理论可以解释纯粹的垄断（一个行业就一家公司）和"自由竞争"，但它一般避免了凡勃伦和其他"激进分子"这两个极端之间普遍存在的、模糊的竞争。尽管如此，经济学中普遍存在的这种均衡还是有点令人不安。即使当阿尔弗雷德·马歇尔享受他作为经济学权威的地位时，美国的现实也与这个模式相去甚远，对它形成了挑战。巨大的信托公司规避了竞争，如同美国钢铁公司、标准石油公司、通用电气公司、AT&T、福特汽车公司和美国烟草公司正在引起人们对美国产业中的垄断现象的关注那样。

到 1886 年，美国最高法院已将宪法第十四修正案的权利扩大到公司。虽然这项修正案的目的是保护自由奴隶的权利，但将其延伸到公司使它们的财产成为一项自然权利。此后，规定了工作时间、童工、工厂环境和垄断的立法被推翻了。大法官奥立弗·温德尔·霍姆斯（Oliver Wendell Holmes）反对将不受限制的自由放任作为宪法原则，但其反对程度降低到只是持有一种异议——"第十四修正案未颁布赫伯特·斯宾塞先生的社会静力学（Social Statics）"。

19 世纪 90 年代至 20 世纪 20 年代的百万富翁的过度行为，并没有被其他看到了竞争中的美德的经济学家完全忽视。在大多数人的认可事项清单中，最重要的是在所谓的"反垄断法"中保持竞争的努力。此外，这些经济学家还认为有理由对公用事业等自然垄断进行监管，尽管许多经济学家认为，如果政府不能维持垄断利润，垄断利润就会吸引竞争，最终适得其反。另一些人则选择让视线远离垄断，因为在大规模生产的道路上存在成本下降的好处，从而让监管之风变得谨慎了。

　　哈里森（Harrison）总统、西奥多·罗斯福（Theodore Roosevelt）总统和塔夫脱（Taft）总统等的政府都认真地监管这类企业，比如詹姆斯·布坎南·杜克（James Buchanan Duke）领导的美国烟草公司（该公司控制了全美国约80％的烟草生产），凡勃伦对此嗤之以鼻。特别是，罗斯福费尽心血、摇旗呐喊，但面对国会和法庭上亲商情绪的强大暗流却只能螳臂当车。改革往往是缓慢和无疾而终的。在1911年关于洛克菲勒标准石油信托公司的一项裁决中，最高法院提出了其著名的"理性规则"，该规则实际上表明，应该加以监管的不是企业的规模和力量，而仅仅应该是企业对它们的非法或不公平的使用。从那以后，这一裁决或多或少支配了美国政府对大型企业的态度。

明显的不和谐

　　正如我们所看到的，人们对自由放任的理论的探索比其实际应用多。在镀金阶级崛起期间，当政府确实进行干预时，通常是站在大型企业一边的。美国内战（1861—1865年）将东北地区的工业利益置于政治主导地位，更不用说提高了进口品的关税，并为战后的高关税定下了基调的《莫里尔关税法案》（Morrill Tariff Act，1861年）了。《太平洋铁路法案》（Pacific Railway Acts，1862年和1864年）规定了对跨大陆铁路的补贴。在这种扭曲的意义上，社会达尔文主义者占了上风。

　　一家或几家公司对关键行业的控制真的会对消费者产生不利影响吗？规模经济有着降低单位成本的奇妙效果，并有可能降低产品或服务的价格。只有当一家公司或少数几家占主导地位的公司利用其市场力量将价格提高到高于平均成本和合理利润率的水平时，这些好处才会消失。在19世纪后半叶，大型工业、不断降低的生产成本、许多行业中更低的价格和巨额利润似乎是齐头并进的。人们估计，标准石油信托公司在其生命周期内的利润率是在竞争条件下的利润率的两倍。①

---

　　①　有关标准石油公司的数据来自：Stanley Lebergott, *The Americans: An Economic Record*, New York and London: W. W. Norton & Company, 1984, p. 333。

然而，这个时代的真正经济问题往往源于大实业家的政治力量，以及大投机者的金融市场影响力。1873 年 9 月，杰伊·库克公司（Jay Cooke and Company）的破产引发了一场股市崩盘和银行业恐慌。该公司曾是美国内战期间联邦债券的大型营销商。作为当时市场上出售的主要证券，铁路证券也曾被金融操纵。随后的萧条直到 1878 年才结束。再一次地，在 1884 年 5 月，股市和银行业的恐慌接踵而至，随后是两年的萧条。1893 年 2 月，再次出现了股市和银行业的恐慌和崩溃，这种恐慌和崩溃一直持续到 1897 年。

崩盘、恐慌和萧条造成了失业、收入损失和工人阶级的骚动。1877 年，铁路裁员和减薪引发了许多地方罢工，那年，美国几近发生政治革命。暴力导致了许多铁路财产的破坏，第十四修正案并没有生效。麦考密克收割机工厂（McCormick Reaper Works）发生了骚乱，工人受伤，一家无政府主义报纸号召"报复"。这导致了臭名昭著的干草市场广场（Haymarket Square）事件，7 名警察被杀，68 人受伤。

在 19 世纪 90 年代的艰难时期，安德鲁·卡内基位于匹兹堡附近的霍姆斯特德钢铁厂也发生了暴力事件。工资削减，拒绝承认工会，以及该公司雇用数百名罢工工人，导致了工人和管理人员之间的战斗，造成 20 人死亡，大约 50 人受伤。

"达尔文式竞争"在许多方面都是一个恰当的描述，因为这种新的社会学是把实业家置于他们想要的地方——处于控制地位。即使工业大亨们遭受了自己造成的创伤，这些也往往是以一般公众的利益为代价的，而新的基督教家长主义并没有充分补偿他们的利益。因此，到了 1920 年，拥有好名声的美国企业家福特生产了总销量中 45% 的汽车。

桑斯坦·凡勃伦看到了让经济状况远不能和谐的利己主义。但是，到那时，人们开始分心了：我们赢得了将会结束所有战争的战争，爵士时代是感觉良好的时代，大萧条的后遗症要到未来才会发生。对于新古典主义者来说——就像对普通人一样——"最好的时代"将会混入最糟糕的时期。在此之前，凡勃伦生活中发生的事件——第一次世界大战、凡尔赛的短暂和平，以及咆哮的二十年代——将为另一位伟大的经济学家约翰·梅纳德·凯恩斯提供一个舞台。最终，凯恩斯将定义一种新正统，否则新古典经济学将完好无损。

11

凯恩斯和布卢姆茨伯里派遭遇
第一次世界大战的余波

也许维多利亚时代的世界总是在想象中而不是在现实中更受欢迎。在经济学中，供给和需求均衡所保证的和谐滋生了过度的乐观情绪。过度乐观滋生了态度和公共政策上的自满。英国的市场永远不会衰落；这是金融市场有时会经历的那种亢奋，预期价格永远不会回落。然而，如果我们以历史的时间来计算，这些估计就要来临了。

爱德华时代和布卢姆茨伯里派的早期

与此同时，英国享受了一个愉快但短暂的间歇。从 1901 年维多利亚女王去世至第一次世界大战开始的这段时间，在英国通常被认为是爱德华时代，一个对性和规矩更加开放的时代。尽管爱德华七世国王是自我放纵的象征，但这几位爱德华国王仍然保留了他们维多利亚时代的大部分遗产。英国社会仍然被阶级牢牢地统治着，英国的财富仍然掌握在少数人手中。但是，这里还是发生了显著的变化。1870 年的《教育法案》使穷人识字或变成半文盲，便宜的新闻纸使他们为全面民主做好了准备。费边社——改革派，而不是革命性的社会主义——成为一股重要的知识分子力量。在国内外，这种气氛与清教徒的伦理有很大的距离。

虽然当时没有人知道这一点，但这个新时代将产生一位伟大的经济学家，他将适时地把马歇尔推下中央舞台。尽管约翰·梅纳德·凯恩斯（1883—1946 年）在爱德华国王时代成年，但他的背景是杰出的贵族——这个名字可以追溯到1066 年哈斯廷斯战役中征服者威廉的仆人威廉·德·卡哈吉恩（William De Cahagene)。凯恩斯的父亲约翰·内维尔·凯恩斯（John Neville Keynes）是新古典主义中杰出的逻辑学家兼哲学家。凯恩斯的母亲毕业于剑桥大学，并不是一个羞怯的人，曾经担任该市市长。两人都足够长寿到在威斯敏斯特修道院（Westminster Abbey）参加了儿子的葬礼。

凯恩斯所接受的早期教育和经历的童年生活正符合人们对维多利亚时代和爱德华时代的英国的期望。他有一名家庭教师，在一所当地幼儿园和预科学校学习，还获得了伊顿公学的奖学金。后来，他在剑桥大学国王学院获得了古典文学和数学方面的杰出奖学金。凯恩斯身材高大，与众不同，但有着厚厚的嘴唇和瘦削的下巴，只有部分被胡子遮住了，这使得他看起来不帅。当他还是个孩子的时候，他觉得自己很丑，这是他从未改变过的判断。

凯恩斯发现爱德华时代的新风俗习惯与他自己的生活方式是一致的，这与他之前的剑桥教授阿尔弗雷德·马歇尔的斯巴达式生活方式截然不同。凯恩斯是一个藏书爱好者，也是艺术的支持者（卡玛戈芭蕾舞团的组织者和剑桥艺术剧院的建设者），在活跃的艺术家和作家的陪伴下，凯恩斯似乎是最自在的。虽然他在与"傻瓜"的争论中可能是令人恐怖的，但他几乎总是外表欢快，像他经常享用的香槟一样令人兴奋。

凯恩斯深受伦敦精英布卢姆茨伯里派成员的巨大影响，该圈子由有才华的英国作家、艺术家和知识分子组成，他们于 1907 年左右至 20 世纪 30 年代在伦敦的一个区，即大英博物馆附近的布卢姆茨伯里经常举行非正式讨论。布卢姆茨伯里派的兴起恰逢现代主义文学和艺术的开始。文学方面有约瑟夫·康拉德（Joseph Conrad，1857—1924 年）、D. H. 劳伦斯（D. H. Lawrence，1885—1930年）、福斯特（E. M. Forster，1879—1970 年）和詹姆斯·乔伊斯（James Joyce，1882—1941 年）的伟大小说出现。格特鲁德·斯坦（Gertrude Stein）注定是战后包括 F. 斯科特·菲茨杰拉德和欧内斯特·海明威（Ernest Hemingway）在内的"迷失的一代"的导师，他是生活在巴黎的美国人。在艺术领域，后来出现了后印象派运动和立体主义。

在作为剑桥大学学生的第一个学期结束前，凯恩斯实际上参与了布卢姆茨伯里派的早期历史。然后，他在那里遇到了两个布卢姆茨伯里派的"创始人"——

伦纳德·伍尔夫（Leonard Woolf）和利顿·斯特雷奇（Lytton Strachey，朋友，但也是凯恩斯在男性恋爱中的竞争对手①）。后来，布卢姆茨伯里派的伦敦官方生活开始于 1908 年，当时凡妮莎·斯蒂芬［Vanessa Stephen，后来的凡妮莎·贝尔（Vanessa Bell）］和维吉尼亚·斯蒂芬［Virginia，后来的小说家维吉尼亚·伍尔夫（Virginia Woolf）］来了。第二年，凯恩斯被选为国王学院的一名研究员，他成为这个圈子的中心人物。② 福斯特在《最长的旅行》（*The Longest Journey*，1907 年）一书中赞美了与布卢姆茨伯里联系在一起的国王学院的欢乐和坦率。

虽然它的成员从来没有超过几十人，但这个充满魅力的圈子确立了英国当代的艺术标准，它的成员可以很好地融入斯科特·菲茨杰拉德和泽尔达·菲茨杰拉德（Zelda Fitzgerald）在巴黎和美国的时髦圈子。布卢姆茨伯里派还包括爱德华·摩根·福斯特（E. M. Forster）和他的《霍华德庄园》（*Howard's End*）；艺术评论家克莱夫·贝尔（Clive Bell）和罗杰·弗莱（Roger Fry）；作曲家威廉·沃尔顿（William Walton）；编舞家弗雷德里克·阿什顿（Frederick Ashton）；肖像画作家邓肯·格兰特，可能也是凯恩斯至爱的男性；以及其他著名艺术家和知识分子。布卢姆茨伯里派认为，文学是任何值得阅读的东西；他们没有明确区分小说和非小说的风格。凯恩斯是一个有着高超技巧和自信的人，凯恩斯对每一个问题都进行了有把握的辩论。对布卢姆茨伯里派来说，最重要的是，凯恩斯不仅通过自己的资金，而且通过他的筹款技能，为他们的作品提供金钱支持。他本

---

① 除了中学男生的经历外，阿瑟·李·霍伯斯（Arthur Lee Hobhouse）这样一位英俊的三一学院（剑桥大学）年轻新生，是凯恩斯的第一个至爱。一位传记作家说，"在接下来的 17 年里，他（凯恩斯）有过几次与男人的恋情，其中一次（邓肯·格兰特，Duncan Grant）非常重要，还有一些随性而为的绯闻。"Robert Skidelsky, *John Maynard Keynes：Hopes Betrayed，1883—1920*，New York：Penguin Books，1994，p. 128。凯恩斯对男性的偏好持续了大约 20 年。

② 有很多关于布卢姆茨伯里派的书。对于这个有活力的团体的简单介绍，参考 Quentin Bell, *Bloomsbury*，New York：Basic Books，1968。如果您想了解该派成员及其作品的几乎所有情况，请参见 S. P. Rosenbaum, *Victorian Bloomsbury*，London：The Macmillan Press，1987。这本书首先从布卢姆茨伯里派的"创始人"莱斯利·斯蒂芬（Leslie Stephen），即维吉尼亚·斯蒂芬（伍尔夫）的父亲开始叙述，书的结尾是一份涉及书籍很多的书目。

质上是布卢姆茨伯里派的银行家，但也慷慨地支持了许多暂时陷入困境的人。

凯恩斯要从布卢姆茨伯里派中汲取他的哲学，这是令人震惊的个人主义，就像他 1938 年在回忆录中对神学所做的总结：

> 我们是一些最后的乌托邦主义者……这些人相信一种持续的道德进步，根据这种进步，人类已经由可靠的、理性的、正派的人组成，受到真理和客观标准的影响，他们可以有把握地摆脱常规和传统标准的外在限制和僵化的行为规则，从现在起，他们自己拥有合理的手段、纯粹的动机和可靠的善的直觉。①

在布卢姆茨伯里派看来，价值观似乎是相对的；它包含了一种背离维多利亚时代的绝对主义的运动。就像前面的托马斯·马尔萨斯一样，凯恩斯早期的乐观主义和乐观性格将被其他人的不理性尤其是战争这样的历史事件取代。然而，很快就难以将凯恩斯的命运与他的国家区分开来。

帝国主义与 1917 年俄国革命

英国长期以来一直保持着一个繁荣但非正式的殖民帝国；对于一个需要向海外输出剩余制造商的小岛来说，这似乎是必不可少的。在 1757 年占领孟加拉国之前，英国东印度公司在印度交易了一个多世纪，之后该公司成为印度大部分地区的统治力量，剥削开始取代贸易。当英国不得不与其他工业化国家争夺欠发达国家的注意力时，它的非正式帝国发生了巨大的变化。欧洲的帝国主义在 19 世纪的最后 25 年变得非常严重。

从 19 世纪 80 年代起，帝国主义——把世界政治分裂为正式的大国殖民地，再加上有意建立经济附属国——开始在所有工业化国家流行起来。到 1900 年，世界人口的四分之一处于欧洲和美国的工业统治之下。当它的权力主要集中在经

---

① John Maynard Keynes，"My Early Beliefs，" in his *Essays and Sketches in Biography*，New York：Meridian Books，1956，p. 253. ［1938］.

济上时，大英帝国似乎足够温和，但殖民主义的政治形式将英国推向了激烈的帝国主义。有时大国之间的经济竞争变得非常血腥残忍。

塞西尔·罗兹和约翰·霍布森

阿尔弗雷德·马歇尔对帝国主义没有任何了解；供给和需求分析的重点主要集中在较小的问题上。此外，战争似乎大大偏离了均衡与和谐。牛津大学毕业生约翰·A. 霍布森（John A. Hobson）后来成为公立学校教师，但他并没有受到这样的限制。甚至连通过对德兰士瓦的突袭行动点燃了英国人和荷兰人之间的布尔战争（Boer War）的塞西尔·罗兹（Cecil Rhodes），也没有受到这样的限制。他证明了，帝国可以作为获取新土地和为英国资本主义高效生产的商品提供新市场的一种方式。在访问过非洲，甚至在德兰士瓦突袭前夕与罗兹一起吃过饭之后，霍布森在他的《帝国主义》（*Imperialism*，1902 年）一书中写下了与罗兹的推测非常接近的内容。

霍布森指出，资本主义内部存在深刻的矛盾，收入和财富分配变得不平等，从而难以维持。即使是充满温情、言辞模糊的约翰·斯图亚特·穆勒也从未走得那么远。马克思在资本主义中发现了足够多的矛盾，使资本主义变得像椒盐卷饼一样扭曲，但霍布森对马克思主义毫无同情心，这一讽刺很快就会显现出来。霍布森悖论可以简单地表达为：尽管群众人数众多，但他们的工资全部花在必需品上，这限制了他们可以购买的商品。富人有着巨额的收入，但他们的人数很少。如果生产者不能出售他们所制造的一切，就必须避免储蓄过高或消费不足。由于工人阶级无力购买所有非必需的商品和服务，所以只有富人的消费才能拯救国内资本主义。而且，问题就在这里。众所周知，约翰·D. 洛克菲勒不可能把他所有的巨额财富都花光。即便富人拼命想要避免储蓄，不幸的是，他们也别无选择。更糟糕的是，富人真的想要储蓄。

由于工薪阶层有欲望却没有经济能力，有钱人拥有购买能力，却没有需求和欲望，购买力可能是不够的。当然，如上文所述，萨伊、斯密、李嘉图和穆勒把这些多余的储蓄都直接用于新的投资，在整个经济中没有任何剩余的商品。但是，霍布森看到了一个问题：如果工人阶级在购买所有这些高生产率的资本主义生产的商品时都有困难，为什么企业家会购买更多的资本，产生更多的盈余呢？

霍布森的解决办法和罗兹一样。富人的过剩储蓄将被用于在非洲建设工厂；英国过剩的未售商品可以出售给那些贫穷的非洲人。良性循环甚至不会就此结束：廉价的原材料，比如橡胶，可以被送回英国制造轮胎。殖民将会拯救英国的资本主义。

这听起来太美好，不可能是真的，事实也的确如此。正如前文所提到的，到目前为止，许多国家都已经实现了工业化——制造着剩余——而且彼此成为竞争对手。这些国家——德国、意大利、比利时、日本和美国——都想要染指非洲、印度、拉丁美洲或任何有贫穷人口但自然资源丰富的地区。这样的帝国主义，加上工业国家对其他市场和资源的咄咄逼人的追求，为战争铺平了道路。对市场的竞争最终以枪杆子结束。进入荷兰殖民地的英国人发动了布尔战争。并不是每个人都输了：正如布尔战争创造了一个传奇的温斯顿·丘吉尔，圣胡安山上的冲锋也给世界留下了冒险的西奥多·罗斯福。

列宁登上舞台

霍布森忽视了马克思，而弗拉基米尔·伊里奇·乌里扬诺夫（列宁）则是19世纪80年代初和19世纪90年代阅读马克思作品的人之一。在暴力的编年史当中，1917年10月的俄国革命通常与马克思联系在一起，尽管他当时已经去世30多年。充其量，这是一种脆弱的联系。马克思和恩格斯曾预计共产主义革命会首先发生在一个先进的工业国家，而不是在像俄国这样落后的封建社会里。然而，令马克思大为惊讶的是，他的《资本论》于1868年被翻译成俄文，在那里获得了比在其他地方更大的成功。与马克思相距遥远的是，十月革命受到两个事件的决定性影响：1914年夏天爆发的第一次世界大战和1917年4月列宁抵达圣彼得堡的芬兰车站。

专制的尼古拉斯二世（Nicholas Ⅱ）统治着俄罗斯。俄罗斯仍然贫穷，还是一个充斥着不满的农民的农业化社会，现在正与普鲁士俾斯麦的强大势力进行战争。第一次世界大战把俄罗斯推向了社会和政治的解体，鲍里斯·帕斯捷尔纳克（Boris Pasternak）的《日瓦戈医生》（*Dr. Zhivago*）描述了这种痛苦。他对这场战争的喜忧参半在其尾声中表达出来了：

> 当战争爆发时，它真正的恐怖，它真正的危险，它所带来的真正的死亡威胁，与谎言的不人道统治相比，是一种祝福，它们带来了解脱，因为它们打破了死信的咒语。

1917 年 3 月，人们对圣彼得堡政府战争管理和经济状况的不满导致了沙皇倒台。最终，这一结果也导致了许多关于沙皇女儿阿纳斯塔西娅（Anastasia）的好莱坞电影。战争的沧桑也使亚历山大·克伦斯基（Aleksandr Kerensky）短暂的临时政府垮台。这个看守政府过于草率。伟大的革命者列宁并没有打倒沙皇或克伦斯基，他们都是因自己的无能而倒下。

尽管如此，列宁还是提出了两件事：仍依靠土地作为生存基础的国家的"革命"理论，以及首先是无政府状态，然后是内战时期的政治领导权。

列宁 1870 年出生在充满传奇故事的伏尔加河边的一个小镇上，他的父母能够给他提供良好的教育。按照当时的传统，列宁很快进入了激进知识分子的行列。他是马克思的信徒。虽然马克思看起来像一个革命家，列宁看起来更像一个注册会计师，但列宁则更具有革命性。两者都把新闻事业和革命行动结合起来，列宁经常为《真理报》（*Pravda*）撰稿。多疑者肯定会对任何有着如此自命不凡的标题的出版物产生怀疑。

列宁在被判囚禁西伯利亚三年后，于 1912 年来到现在属于波兰的克拉科夫。克拉科夫是庞大的奥匈帝国（维也纳统治）的一部分，对列宁有利的是，这里离俄国的距离很近。当列宁不向《真理报》偷运新闻稿件的时候，他就和其他革命者一起在一家舒适的咖啡馆（Jama Michalilkowa，现今仍存在）进行讨论，这是革命者们选择的聚会场所。

列宁抵达芬兰车站

第一次世界大战给列宁带来了麻烦。奥地利人曾认为列宁是对俄国沙皇的有用掣肘，现在却无能地认为他可能是俄国间谍。列宁再次遭到逮捕，并经历了短期监禁，然后他和家人被允许去往瑞士，当时瑞士是各种革命者的避风港。

在瑞士，列宁写了一本总是必不可少的革命小册子——《帝国主义：资本主义的最高阶段》（*Imperialism*: *the Highest Stage of Capitalism*）。这本小册子在瑞士得到了广泛讨论，但直到 1917 年列宁回到俄国之后才出版。与霍布森的相似之处显而易见，根据列宁的说法，资本主义已经发展到殖民主义的最高阶段，以帝国主义的方式扩张了它的统治。马克思正统主义把英属印度等殖民地视为资本主义剩余的市场，列宁则认为殖民地是投资和经济发展的保障。垄断现在已跨越国界：在这方面，列宁更接近霍布森而不是马克思。

列宁准确地指出（但与马克思相反），由于资本主义通过帝国主义而变得强大，工人们变得不那么有革命性了。随着欧洲和美国资本家获得更多的权力，他们可以用更高的工资贿赂工人。面对工人的好战，金钱可以给他们泼冷水。更糟糕的是，帝国主义在获得自己的利益方面太成功了。没有什么土地可供殖民了。第一次世界大战是资本主义国家最后一次绝望地掠夺土地，是一场由被笼络的劳工支持的为了本国进行的战争。

资本家总是把贫穷国家归咎于它们自己的落后。列宁现在却把贫穷国家的责任完全推到资本家和他们的工人身上。为了摆脱贫困，穷国必须反抗他们的殖民统治者。马克思和恩格斯认为，只有在工业发达的国家才会发生自发的共产主义革命，而列宁则认为拉丁美洲、亚洲和非洲所有这些地方都可以成为革命的源泉，但首先是在俄国。

正如前面所提到的，1917 年 3 月发生了某种"革命"，或者至少在俄国发生了一场起义。不太方便的是，列宁是在苏黎世了解到了这一点。由于列宁应该是革命者，所以他不得不去革命现场——俄国。但是怎么做到呢？如果他试图穿越法国，他们就会逮捕他，因为法国人看不到列宁回到俄国的好处。如果他试图穿越德国，俄国人会认为他是德国间谍。在世界历史上一次重大偶然事件中，德国人帮助列宁飞往俄国，因为他们相信他的干预会很好地达到他们的目的。

列宁、他的情妇〔一位美丽的法国女人，有着美丽的名字伊妮莎·阿曼德（Inessa Armand）〕和 20 位布尔什维克伙伴乘坐一列非德国（或不受管辖）的火车疾驰而过德国！列宁和德国人都受到了保护，因为他乘坐了一列密封的火车，尽管是经过德国铁路。他于 1917 年 4 月 3 日抵达了位于圣彼得堡的芬兰车站。11 月，列宁和布尔什维克填补了克伦斯基临时政府形成的真空。不可否认，列宁对革命有着超乎常人的意志力，他的崛起掌权取决于第一次世界大战导致的俄国的脆弱，克伦斯基政府的空虚，以及具有讽刺意味的是，俄国的敌人提供了一次封闭的火车旅行。列宁之所以成功，在很大程度上是因为其他人的失败。

此后不久，列宁的好运就被耗尽了。虽然布尔什维克占领了最重要的城市，但在经历了三年的残酷内战之后，俄国更广泛的外展才得到控制。更糟糕的是，约瑟夫·斯大林（Joseph Stalin）被指派为余下的棘手的经济和政治权力问题制订解决方案。1922 年，他成为共产党中央委员会总书记。列宁于 1924 年 1 月去世，他的遗骸被精心保存，仍安葬在红场的坟墓里。20 世纪 20 年代末，斯大林成为俄罗斯无可争议的主人。

艾因·兰德：冷战的主要标志

艾丽斯·罗森鲍姆（Alice Rosenbaum）后来成为小说家艾因·兰德，她在 12 岁时成为布尔什维克革命期间第一枪的见证人。在内战和持续的镇压中，她和她的家人生活在饥饿的边缘。这种经历塑造了她对人们必须为国家而活的布尔什维克主题的憎恨。这一点，以及缺乏个人主义，是她身上发生的所有其他恐怖事件——流血、夜间逮捕、对她所钟爱的城市的恐惧——的根源。这些经历在艾因·兰德的第一部小说《我们活着的人》（*We the Living*）中得到了回顾。它们激发了对国家的一种对立的看法。当斯大林接管权力时，艾丽斯来到了纽约。

回到一开始，无论是经济力量还是更复杂的动机，包括帝国和民族主义的狂妄自大，在欧洲发生的事情都随着美国孤立主义的结束而蔓延开来。反过来，1914—1918 年的第一次世界大战激发了社会、政治和经济力量，这些力量永远地改变了美国。但这些变化多年来一直被视为暂时的混乱，随着时间的推移，自然会导致旧秩序的恢复。总的来说，正如我们将要看到的那样，新古典主义者对未来的洞察力并不比其他任何人更敏锐，而梅纳德·凯恩斯则是一个最大的例外。

第一次世界大战不仅给欧洲人民造成了死亡和破坏，也给欧洲的殖民帝国和传统造成了毁灭性打击。战争结束时，伍德罗·威尔逊（Woodrow Wilson）和列宁在被摧毁的大陆两端面对面，开始塑造世界历史的下一个 70 年。威尔逊将主导巴黎的和平会议，他的十四点将是《凡尔赛和约》的基础和第二次世界大战的种子。列宁将领导俄国的布尔什维克革命，接着去世，斯大林因而得以掌权，为冷战做准备。

凡尔赛会议上的凯恩斯

第一次世界大战甚至打乱了布卢姆茨伯里派的圈子，凯恩斯也被召到英国财政部。战争结束时，他作为出席凡尔赛和平会议的英国代表团的财政部高级官员和大英帝国驻最高经济委员会的官方代表去了巴黎。尽管凯恩斯有着非常好的视野，但他没有权力干涉这场博弈的进行。他沮丧地看着法国的克里孟索（Clemanceau）击败了伍德罗·威尔逊总统。

凯恩斯于1919年6月痛苦地辞职，他对正式结束第一次世界大战的条约条款感到失望和沮丧。他说，《凡尔赛和约》创造了一种"迦太基式的和平"：德国及其盟友被迫向盟国进行赔款的金额过高，也不可能收回。《凡尔赛和约》只会带来麻烦。凯恩斯退隐到了凡妮莎·贝尔的住所，急忙写了一本抨击该条约的书，即《和约的经济后果》（*The Economic Consequences of the Peace*，1919年），它结合了小说家的技巧和布卢姆茨伯里派评论家无情的洞察力。他那本极其引人注目的、才华横溢的书迅速取得了成功，将凯恩斯推到了公众面前，并确立了他作为一名专家的声誉。这本书仍然是一部文学经典。

斯特雷奇（Strachey）的传记散文《维多利亚时代的名人》（*Eminent Victorians*，1918年）嘲讽了那个时代的伟人的结局。凯恩斯的论辩是一个大胆的续集，他在其中攻击了他的同时代人——这次会议的大人物。关于克里孟梭，他写道："他对法国的感受就像伯里克利（Pericles）对雅典娜（Athens）的感受——她身上有独特的价值，这无关紧要，但他的政治理论是俾斯麦的。"凯恩斯说，克里孟梭"有一种幻想——法国；还有一种幻灭——人类，包括法国人，尤其是他的同事"①。关于伍德罗·威尔逊，他写道"……就像奥德修斯一样，他坐着的时候看起来更聪明。"②

凯恩斯写道，与会大国的代表们审视了所有问题，除了眼前的问题："在他们眼前正在挨饿和解体的欧洲，是一个不可能引起四国兴趣的问题。"在赔偿问题上，"他们从所有角度，把这个问题作为神学、政治、选举骗局等问题解决了，唯独除了他们正在处理的国家的命运所在的经济未来问题。"③ 凯恩斯预见到一个黯淡、或许血腥的未来。他警告称："欧洲人口的生活水平将迅速下降，这意味着某些人实际上将处于饥饿状态（俄国已经到达这个点，奥地利也差不多到达了）。人类不会总是坐以待毙。"④

这些和平的缔造者对后来事件应负责任的程度仍有待商榷。一些人称这次会议为第二次世界大战的第一幕。许多人认为斯大林主义在俄国的崛起与那里的经济萧条有关。当然，德国通过印钞以支付现金赔款和它的萧条经济导致了1919—1922年令人难以置信的恶性通货膨胀。

凯恩斯的公开声明强化了《和约的经济后果》的说服力，它对公众舆论产生了影响，通过它促成了从1924年初的道斯计划（Dawes Plan）开始的赔偿数额缩减。但是，对德国来说，这种减免为时已晚，德国已经遭受了巨大的社会和经济损失。希特勒的崛起已经由德国可怕的经济状况所决定了。

凯恩斯的书在另一个方面也具有预见性。它表明，在认识到公众对财富和工作的态度发生巨大变化方面，凯恩斯领先于其他经济学家。他对所谓的节俭和积累的国家经济美德的持久性产生了怀疑。凯恩斯说，第一次世界大战"向所有人揭示了消费的可能性，并且向许多人揭示了禁欲的无谓"⑤。资本主义社会中的大多数人过去都接受财富的巨大差距，认为这是资本积累和物质进步所必不可少

① John Maynard Keynes, *The Economic Consequences of the Peace*, London: Macmillan & Co., 1919, p. 32.

② *Ibid.*, p. 40.

③ *Ibid.*, pp. 226 - 227.

④ *Ibid.*, p. 228.

⑤ *Ibid.*, p. 22.

的，但现在他们想要自己的份额。

工业革命早期的资本主义强调劳动和节俭、对工作的奉献，以及拒绝为了自己的利益进行消费。休闲等同于懒惰。然而，凯恩斯已经发现，早在该世纪之交，普通人就开始把工作视为一种世俗的活动，从而享受它所带来的金钱。对工作的奉献和节俭的承诺因对消费乐趣的热爱而被削弱了。

在美国

在美国，工厂的哨声和教堂的钟声于 1918 年 11 月 11 日宣布停战的消息，这距离美国参战还不到一年半。欧洲的伤亡是巨大的——1 000 多万人死于战斗，而被屠杀的平民人数与之相等。以 1918 年美元计算，这场破坏导致的总成本估计为 3 500 亿美元。

美国遭受的损失要少得多（1918 年的流感疫情造成的死亡人数就是死于德国炸弹和子弹的 4 倍），但在长达 18 个月的战争中，美国变得更像欧洲。在盟国施加的要求生产的压力下，美国政府开始干预国家经济——分配资源、调控价格、监管大型卡特尔、运营铁路，甚至强占工厂。战争迫使生产者必须在比以往任何时候都大的规模上进行生产。

这一伟大的经济和政治联盟取得了胜利，但结果好坏参半。欧洲被拯救了，但停战之后的政治动荡推翻了旧政权，扩散了对"红色威胁"的恐惧。当 100 万名士兵从法国归来时，美国工业正艰难地为和平时期而重组生产。

对许多人来说，和平不仅意味着从充斥着血腥的外国领土上撤军，而且意味着从阴险的外国观念和影响中撤出。这个国家的情绪再次是孤立主义的了，大约 250 名外国激进分子在 1918 年圣诞节前被驱逐出境。1919 年的红色恐慌中，大约 2 700 名共产党员、无政府主义者和各种工会激进分子被逮捕。当波士顿警察罢工时，国民警卫队被召去对付他们。许多美国人认为工团主义和俄国共产主义没有区别。

约翰·多斯·帕索斯（John Dos Passos）影响深远的小说《美国》（U.S.A.）在一位记者和她的出版商的对话中展示了这种态度，他指派她揭露匹

兹堡钢铁厂的"劳工运动阴谋":

> "希利先生,工厂里的情况不是很糟吗?"
>
> "我拿到了所有的毒品。我们有绝对的证据证明,他们是用他们从那里偷来的钱和珠宝来支付的;他们对此并不满意,他们到处打压那些可怜的无知的家伙……好吧,我只能说,枪击对'他们'来说太好了。"①

事实上,许多工会组织者被枪杀、刺伤、棒打或涂上油污和羽毛。

1920 年,通过将著名的中间派参议员沃伦·G. 哈丁(俄亥俄州共和党人)选举为总统,美国人认可了回复到保守主义和孤立主义的状态。哈丁说,美国需要"一个正常的时代",而不是革命、煽动、实验或国际主义。但是,美国经济所发生的一切绝不是正常的事情。从 1920 年末开始,美国经济开始萎缩,1921 年出现了短暂但严重的萧条。② 实际国民生产总值暴跌 6%,而失业率飙升至 12%。

二战期间国民经济的动员使一些政治领导人认识到,政府的行为可能会产生广泛的经济影响。因此,在随后的经济萧条和危机时期,各国政府开始呼吁著名经济学家就影响全体人民的经济政策提出建议,这种做法一直持续到今天。

经济学家的建议:从萧条中复苏是自动的

大多数经济学家并没有真正为这一角色做好准备。那些认为所有经济调整都会自动发生的经济学家,能为处于这种调整与市场均衡之间的政府提供什么建议呢?新古典主义者大多满足于美化法国经济学家和将亚当·斯密大众化的萨伊(第 6 章)的理论,后者认为价格调整将防止整个经济体的商品供给过剩(超过需求)。随着竞争激烈的市场将对未来的不确定性抛诸脑后,经济不断翻新,消除了任何将

---

① John Dos Passos,*U. S. A.*:*The Big Money*,Boston:Houghton Mifflin,Boston,1946,pp. 150-151.

② 在 20 世纪 30 年代和大萧条时期之前,所有的经济衰退都被称为恐慌或萧条。对于更温和的经济下滑的名称的需要导致了委婉的说法——衰退,该词现在被用来描述以几个月,而不是以许多年或 10 年来衡量的经济下滑。美国总统仍然对这个不那么可怕的词的使用感到担忧。

工资藏进床垫或确保公司利润安全的需要。所获得的收入立即以这种或那种方式重新投入使用，从而使长期短缺和过剩都不可能发生。

这一理论并不意味着没有人会存钱，而是说储蓄的金额总是完全等于企业为投资目的所需的资金，因此钱永远不会被闲置。储户因推迟消费而得到的利率等于投资者由于使用货币而支付的利率。利率是一种自我调节的机制——钟摆——保持"正确"的平衡，并始终保证储蓄和投资之间的对等。

马歇尔版本的竞争性劳动力市场被用来进一步解释，除了暂时的失误之外，如何保证充分就业。第一，高工资率将吸引更多工人。第二，较低的工资率将使生产者愿意雇用更多的工人。在新古典经济学中，工资是以具有固定购买力的货币表示的：供求关系的快速调整可能会使工人对更多收入的需求和生产者对更多收入的需求相等。"正确"工资将是当所需劳动力数量与劳动力供给量完全相等时得出的均衡实际工资率。

假设提供服务的工人数量大于需要服务的工人数量，那么从理论上说，这些工人中的一些人一定不愿意以相当于他们市场价值的工资工作。如果工资暂时高于均衡率，工人失业，他们只需到雇主那里，以较低的工资率劳动就可以获得工作。而不愿意接受这些平衡条件的工人，亦会自愿放弃自己的工作，因此，从理论上来说，充分就业总是可以实现的。

阿尔弗雷德·马歇尔的货币观盛行

虽然阿尔弗雷德·马歇尔最初毫无疑虑地接受了萨伊定律，但他对金钱的看法使这一定律变得相当宽松。马歇尔很少采取强硬立场，但在他的生命接近尾声时，他的著作几乎没有说出萨伊表达了什么。

马歇尔认为，个人对现金的需求主要是为了从事商业交易。然而，对现金持有量或现金余额的需求来自流动性需求。也就是说，人们更愿意持有一些现金余额，以弥补从得到货币收入到将其花出去的时间差距。

如果这种偏好使得货币存量以平均每年四次的速度周转，那么相当于占国民收入四分之一的货币供给随时都将保持在现金余额中，因此，对每一美元国民收入的现金需求（马歇尔将其表示为 k）等于货币周转率，或者它的流通速度的倒数。如果 V 是速度，那么 k 等于 $1/V$。在我们的例子中，$V=4$，那么 $k=0.25$。也就是说，在某一特定时刻，普通家庭想要持有每 1 美元当前收入的 1/4。

然而，马歇尔认为，拥有"超额"现金余额的人是边缘性精神病患者（borderline psychotic）。例如，持有每一美元收入的一半可能会被视为"过度"的。毕竟，与债券不同的是，持有现金无法获得利息。从非临床意义上说，货币不是一种只为自己的利益而持有的资产。因此，马歇尔的 k 变成了一个固定的值，因为货币的周转率（V）是恒定的。那么，如果 $V=4$，每一美元的货币供给量将非常稳定地一年被花费四次。

一种特定商品的，如"维多利亚的秘密"那种不方便提及的商品（相对于可提及商品）的价格，与货币供给量或总体价格水平无关。这是因为以现金或支票账户持有的资产不能代替真实的东西（如蕾丝的、薄薄的内衣）。缺乏资产属性的货币只是作为交换的媒介。除了日常家庭需求和商业贸易所需之外，没有现金余额，因此从销售产品中获得的资金总是被（最终）用于购买其他商品。

所有这些都说了（做了），尽管马歇尔有些烦躁不安，但马歇尔或多或少满足了萨伊定律的要求，就像在大多数新古典主义经济学中那样。也就是说，现金只是被暂时持有，以购买消费商品或者生产资料，因此某一特定产出会产生在支出上同等的价值。只有在 V 可变的情况下，才会出现萨伊定律执行上的延误。即使是在 1914 年之前，年轻而又朝气蓬勃的凯恩斯也声称，坚持货币数量理论是对科学能力的检验。

然而，如果认为所有新古典经济学家对货币数量理论和正确的萨伊定律的忠诚是统一的，那将是错误的。例如，一个重要的例外是瑞典经济学家约翰·古斯塔夫·克努特·维克塞尔（John Gustav Knut Wicksell，1851—1926 年），他否认了市场灵活性的可靠性，并非常简略地勾勒出了一个关于所有事物的商业周期的理论。直到 1921 年，约翰·梅纳德·凯恩斯才敦促人们使用利率——在繁荣时期提高利率，在萧条时期降低利率——以缓和繁荣和萧条。

然而，对于大多数经济学家来说，自动就业调整的理论是福音，它让他们在 1921 年向各国政府保证，无论经济中对大宗商品的需求状况如何，工资变化总是会创造一种充分就业的趋势。不用担心。在解释大萧条的"暂时"失业（始于

20 世纪 20 年代的英国）时，马歇尔最喜欢的学生庇古表示，"这种随时存在的失业完全是由于需求条件的变化不断发生的，而摩擦阻力阻碍了工资的适时调整。"①

爵士时代

美国咆哮的 20 年代使得新古典主义者避免了彻底尴尬。诚然，美国经济从 1920—1921 年的萧条中恢复了过来，这似乎是自然而然的，接下来的 10 年美国出现了空前的经济增长，许多公民也实现了空前的富足。大众营销的爆炸式增长是由转化为更低价格的生产率提高所引领的，同时信贷的扩张转化为了电灯、抽水马桶和汽车。在 20 世纪 20 年代，抵押贷款债务增加到 192 亿美元，而 1910—1919 年只有 36 亿美元，同时，分期付款债务在 20 世纪 20 年代激增了 45 亿美元，而在 20 世纪头 10 年只有 13 亿美元。②

咆哮的 20 年代不仅向大多数美国家庭引入了泽尔达·菲茨杰拉德和飞女郎（Flapper），还引入了汽车，从而开始了这一段尚未结束的对汽车的热爱。爵士时代的预言家斯科特·菲茨杰拉德 1919 年 8 月将《人间天堂》（*This Side of Paradise*，1920 年）的最后草稿寄给了他的出版商，那是凯恩斯逃离凡尔赛的一个月后。1920 年，现在无所不在的 T 型车售价为 850 美元，约 25% 的家庭拥有汽车；到 1930 年，尽管经济不景气，但这一比例已飙升至 60%。实业家亨利·福特和他的装配线在很大程度上是其背后的支撑。带着为大众生产一辆汽车的决心，福特彻底改变了制造流程，然后降价。较低的价格刺激了消费者所需汽车的数量，增加了销量，促进了长期的生产，这使得福特进一步降价。在于 1929 年结束的 20 年里，一辆典型的福特汽车的标价下跌了 80%。

为了与福特竞争，其他生产商不得不效仿。以这种方式，在 20 世纪 20 年代，汽车业扮演了铁路建设从 1865 年到 1893 年所扮演的主导产业的角色——既

① Arthur Pigou, *Theory of Unemployment*, London: Macmillan & Co., 1933, p. 252.
② U. S. Department of Commerce, *Historical Statistics of the United States*, X-551.

拉动了对材料的新需求（后向联系），又创造了新的产业（前向联系）。在1909—1929 年，汽车业的生产率增长了五倍。① 对于坚持使用 T 型车的亨利·福特而言，不幸的是，消费者更喜欢转向使用更有风格、更舒适和更有异国情调的产品。随着非价格竞争的兴起，汽车业的领导地位转移到了通用汽车公司。

汽油加油站的成倍增加和道路的增加共同改变了石油工业，汽车制造业成为钢铁、平板玻璃和橡胶需求的主要来源。分期付款这一美国人的神奇发明使那些收入微薄的人买得起汽车。到了 20 世纪 20 年代中期，每购买 4 辆汽车就有 3 辆得到了贷款融资。

除了给年轻人提供新的隐私之外，汽车还诱使美国人住到郊区和接受通勤的生活方式。建造新的郊区使得住房建设蓬勃发展，传统的 5 年抵押贷款延长到 20 年期，这进一步鼓励了住房建设。更多的房屋意味着其他耐用品——收音机、冰箱、洗衣机和其他电器——的市场更大。电力需求的不断增加需要新的和扩展的电力设施。对收音机的使用增多促使建立了更多的广播电台。这 10 年来，制造业的生产率增长了 72%，而前一个 10 年则为 8%。人均国民生产总值增长了 19%（尽管在 19 世纪 90 年代增长了 26%），非农业雇员的收入增长了 26%，而前一个 10 年的增幅为 11%。

在 20 世纪 20 年代这个令人眼花缭乱的 10 年里，有电的家庭所占的比例几乎翻了一番，拥有洗衣机的家庭所占的比例增加了两倍以上。装有室内抽水马桶的家庭数量也增加了一倍多。到了 1929 年，随着消费信贷上升到所有非食品消费的 15%左右，似乎除了银行账户以外，一切都是富足的。农业是最大的例外。在农业长达 10 年的萧条时期，它的价格下跌幅度超过了汽车。第一次世界大战后，世界范围内的农业已经出现了产能过剩。拖拉机（汽车产业的副产品）的到来不仅解放了曾经只能用马匹和骡子的土地，而且增加了没能创造出自己的需求的剩余。"萨伊定律"的失灵对农民来说是一种失败。

毫不奇怪的是，在 20 世纪 20 年代，摩根银行占据了主导地位。资本主义的

---

① 参见 Stanley Lebergott，*The Americans：An Economic Record*，New York & London：W. W. Norton & Co.，1984，p. 440。

价值观和制度发生了变化：美国梦已从将节俭、工作努力和运气作为实现手段，转变为以消费和金融工具的制造和使用为新的手段。甚至尼克·卡勒韦（Nick Caraway）这位菲茨杰拉德在《了不起的盖茨比》中所设定的故事叙述者，也是一位债券推销员。与此同时，正统的经济理论仍然牢牢地坚守在维多利亚时代的价值观上。

我们可以从布卢姆茨伯里派、爵士时代的小说和摩根家族那里了解到一些新的价值观。就像斯科特·菲茨杰拉德虚构的"杰伊·盖茨比"和现实生活中的约瑟夫·肯尼迪一样，爵士时代的新富们有着巨额的财富，但缺乏那些依靠继承财富的人的传统。因此，那些拥有旧钱的人认为他们粗俗。其他人，如菲茨杰拉德的布坎南兄弟或现实世界中皮尔庞特·摩根的儿子杰克·摩根，有着既定的财富，因此拥有继承而来的传统。他们更有可能被失去目标感和提供给他们的金钱带来的安逸所腐蚀。

20世纪20年代，摩根公司的合伙人爱德华·斯特蒂尼乌斯（Edward Stettinius）拥有6辆汽车和几栋房子。他一年就要花25万美元来支付基本生活费用。即使是在禁酒令（这也许是美国乡村和小城镇战胜不断上升的城市居民浪潮的最后一次政治胜利）期间，斯特蒂尼乌斯在公园大道（Park Avenue）豪宅的地窖里的藏酒恐怕也足以使泰坦尼克号重新漂浮起来。据他自己的统计，斯特蒂尼乌斯有一千多瓶好酒，其中包括40瓶黑格酒和黑格威士忌，这可能是那个庸俗的乔·肯尼迪走私到这个国家的。

即使如此，1922—1929年的经济扩张也不仅仅是杰伊·盖茨比、斯特蒂尼乌斯和新有闲阶级的一次消费狂潮。它不仅激发了住房和消费品（特别是耐用品）的需求，而且得到了私人投资、商业建设和政府道路建设的支持。此外，正如前面所指出的，生产率也提高了。电动机取代蒸汽和水力发电；流水线和大规模生产技术蓬勃发展；化学方面的进步被应用于生产过程（如人造丝、高辛烷值气体）；管理技术得到改进。爵士时代并不仅仅是酒和别克。

投机泡沫

最让人们怀旧的是投机泡沫现象。虽然一些工人已经经历了这些艰苦的时光，但对其他人而言，却从未经历过如此美好的时期。根据一项估计，1929 年，收入最高的 5％的人口获得了全部个人收入的大约三分之一。属于富人的个人收入，例如利息、股息和房租等，大约是第二次世界大战之后几年里的两倍。尽管只有 2.4 万户家庭的年收入超过 10 万美元，但有 71％的家庭收入低于 2 500 美元。在与贫困做斗争的过程中，穷人变得越来越少，但富人的收入进一步增长到他们的 40 倍。

1929 年的财富不平等甚至更严重。全美国五分之四的家庭没有储蓄，而在最顶端的 24 000 个家庭却拥有三分之一的储蓄。全部储蓄的三分之二由年收入超过 10 000 美元的 2.3％的家庭控制。股票所有权甚至更加集中。①

这种财富不平等带来了自身的问题。除了作为必需品购买的东西外，富人的大量可自由支配的收入并不是可靠的支出。它必须用于豪宅、游艇、劳斯莱斯和加勒比旅行，否则就会被储蓄起来，从而受到生产者更难以预测的行为的影响。生产商要发行新的股票和债券来扩大其生产能力是一回事，富人之间相互购买和销售现有的证券是另一回事，这只会改变这些印花纸张的价格和所有权。追逐其他票据的不固定现金的数量可能从来没有这么高过。尽管这些现金流动会带来明显的麻烦，但普通市民对不安的情绪持谨慎态度，他们最想要的莫过于用最少的

① 这些数据收集自：Maurice Leven, Harold G. Moulton, and Clark Warburton, *America's Capacity to Consume*, Washington：Brookings Institution，1934，pp. 54-56，93-94，103-104，123；Selma Goldsmith, George Jaszi, Hyman Kaitz, and Maurice Liebenber，"Size Distribution of Income since the Mid-Thirties," *The Review of Economics and Statistics*，February 1954，pp. 16,18；Robert J. Lampman, *The Share of Top Wealth-Holders in National Wealth*，*1922 - 1956*，New York：National Bureau of Economic Research，1962；James D. Smith and Steven D. Franklin，"The Concentration of Personal Wealth，1922 - 1969," *American Economic Review*，64（May 1974），162 - 167；John Kenneth Galbraith, *The Great Crash 1929*，Boston：Houghton Mifflin，1954，pp. 177，180，182，191.

努力迅速致富。

这些过度行为在 1929 年前就已经开始浮出水面。到了 20 世纪 20 年代中期，典型的投机泡沫在温暖的佛罗里达上空膨胀。迈阿密、迈阿密海滩、科勒尔盖布尔斯（Coral Gables，珊瑚阁）——实际上是整个东南海岸直到最北边的棕榈滩——都沉浸在巨大的房地产热潮的温暖之中。很多"海景"地段通常需要望远镜才能看到，查尔斯·庞齐（Charles Ponzi）的"靠近杰克逊维尔（Jackson-ville）"的一小部分实际上是在其西边 65 英里处，离奥克菲诺基（Okeferokee）的沼泽地更近，而不是离大西洋更近。尽管如此，几乎每个人都表现得好像佛罗里达州的房地产价格将永远飙升一样。1926 年秋天的天空中，不止一次，而是两次飓风，才吹走这些泡沫。更大的一场飓风表明了，"当热带风暴从西印度群岛开始时，它能起到多大的作用"[1]。飓风造成 400 人死亡，并且把游艇抛入了迈阿密的街道。

佛罗里达土地繁荣的崩溃并没有结束投机，它只是结束了佛罗里达州的繁荣。1924 年下半年开始的股票价格的上涨相当稳定。当飓风在那年 10 月吹走佛罗里达的土地泡沫时，股票市场略有下跌，但很快就恢复了。真正的股市繁荣是从 1927 年开始的。到了 1927 年的末尾，道琼斯指数的前身《纽约时报》工业指数（*Times* industrials）上涨了 69 点，收于 245 点。

接下来发生的事情在约翰·肯尼斯·加尔布雷斯的一本经典著作中做了总结：

> 早在 1928 年，繁荣的性质就发生了变化。大众为逃避而进入一种假想，这是真正的投机狂欢的一部分，它认真地开始了……现在是时候了，就像在所有的投机时期一样，人们试图不被说服去相信事物的真相，而是想找借口逃避到幻想的新世界中去。[2]

---

① Frederick Lewis Allen，*Only Yesterday*，New York：Harper，1932，p. 280.

② Galbraith，*op. cit.*，pp. 11 - 12. 我在本书的这一节和下一节中引用了这本书的零碎部分。1929 年没有其他来源能如此神奇地融合信息和娱乐。我把读者引向 1929 年的大崩盘，因为关于这个主题有更广泛、更详细的历史。

1928 年，《纽约时报》工业指数上涨了 35%，从 245 点上升到 331 点。雷迪公司（Radio）股价从 85 上升到 420，赖特航空（Wright Aeronautic）股价从 69 上升到 289。雷迪公司从未支付过股息！保证金交易——利用借来的钱——就像赖特航空一样飙升。投机者可以 100 美元的本金买进 1 000 美元的股票。

到 1929 年，20 年代初已经在美国上市的投资信托公司的数量急剧增长。它们唯一的目的是购买其他公司的证券，让出资人更富有。例如，J. P. 摩根公司在 1929 年 1 月一起开办了联合公司（United Corporation）。J. P. 摩根公司以 75 美元的价格向朋友——摩根公司的一些合伙人——提供了一份普通股和一份优先股的一揽子方案。当联合公司开始交易时，股票价格很快达到 99 美元，并以可观的利润转售。

控股公司和投资信托公司的杠杆经营和股票购买者的杠杆作用是一样的。实际生产商品的公司的红利支付了控股公司债券的利息。生产收益的下降意味着股息的减少，债券可能会违约。这种倒置的公司金字塔会导致自下而上的崩溃。

与此同时，美国经济在夏季达到顶峰，正如 F. 斯科特·菲茨杰拉德为爵士时代所写的墓志铭所述，"历史上最昂贵的狂欢"很快就结束了。[1]

最早的罗宾逊夫人与非价格竞争

就像 1967 年电影《毕业生》（*The Graduate*）中的本杰明·布拉道克 ［Benjamin Braddock，达斯汀·霍夫曼（Dustin Hoffman）饰］一样，汽车业也已经成熟了。别克不仅有多种颜色，而且有不同的尺寸和定制类型。别克和杰伊·盖茨比的奶油色劳斯莱斯不同于福特的普通黑色 T 型车。虽然新古典主义经济学可以解释通用商品的供给和需求，但它未能解释只存在外观差别的商品，以及它们产生的"市场不完善"。身着粉色衣服的盖茨比会受到侮辱。

当经济学界再次转向英国的剑桥时，不完全竞争理论出现了。在 20 世纪 20

---

[1] F. Scott Fitzgerald, "Echoes of the Jazz Age," *Crack-Up*, p. 21.

年代，剑桥大学经济学教师、马歇尔的学生皮耶罗·斯拉法向经济学家展示了如何把这家商业公司作为一个不完美的竞争者来研究。斯拉法写道，用可能出自亨利·福特笔下的描述来说，一种商品的单位生产成本可能会下降，因为公司的产出在攀升。

斯拉法总结说，随着成本的下降，限制企业规模的力量可能是需求而不是竞争。福特每天向员工支付 5 美元的做法是明智的。然而，通过使功能相同的产品外表显得不同，汽车制造商可以在某种程度上操纵需求。别克和福特都提供客运服务，但别克提供了不同的便利设施，甚至包括不同型号的车的名称。到了爵士时代，几乎没有现实主义者能通过完美竞争的单色眼镜来看待世界，在这种眼镜中，所有商品都是一样普通的。此外，广告已变得十分重要，黛西可能会被吸引到盖茨比那儿，因为他让她想起了一个"广告"。在那些威胁维多利亚时代价值观的论据中，制造和营销的手段不仅会影响黛西的偏好，而且通常会影响消费者的偏好，在一定程度上侵犯了消费者的主权。

另一位剑桥经济学家，即另一位名叫琼·罗宾逊的"罗宾逊夫人"，在 1933 年发表了她的《不完全竞争经济学》（*Economics of Imperfect Competition*）。罗宾逊夫人以凯恩斯的学生和教师的身份加入了剑桥大学。在斯拉法关于不断降低的成本的研究成果的带领下，她把经济学家同行们拖入了垄断竞争的新概念世界。

与此同时，位于另一个剑桥（马萨诸塞州）的哈佛大学经济学家爱德华·H.张伯伦（Edward H. Chamberlin，1898—1987 年）在 1933 年出版了一本关于同一主题的书。一家大型的股份制公司，不受斯密式的竞争的影响，可以通过特殊功能和服务吸引买家来从事非价格竞争，而不是通过降低价格的正常竞争方式。然后，生产商可以将产品宣传为"独特的"，在不降低价格的情况下，以新的设计吸引新的消费者。

张伯伦和罗宾逊夫人的思想并不完全一致。他看到了不完全竞争的"优势"，而她和斯科特·菲茨杰拉德一样，看到了"浪费"。纯粹的垄断者和纯粹的竞争者之间的分析灰色，仍然是一片含糊不清的土地，就像菲茨杰拉德在纽约市和西卵（West Egg）之间的"荒地"一样。事实证明，不完全竞争理论中的不确定性与牛顿式完美竞争在理论上所能达到的平衡力量是无法匹敌的。在现实中，这种力量的缺失在当时几乎没有困扰经济学家。此外，到 1933 年，大多数家庭的主要担忧是，它们是否会在第二天获得住房和食物。爵士时代的魅力和风格问题似乎与它们不再相关了。

至于布卢姆茨伯里派，他们给自己颁发了作为维多利亚时代上层阶级常见行为的特权。按照现代标准，布卢姆茨伯里派在语言上很克制，浪漫的激情推动了他们的性关系。他们确实抛弃了性禁忌，女性与男性处于平等地位。他们的女权主义——不像 19 世纪的清教徒女权主义——是自由意志论者。在大多数情况下，他们在"追求真理"中分享讨论，并蔑视传统的思维方式和情感。有人说他们是最后的乌托邦人，另一些人则说他们是最后的维多利亚时代的人。

12

约翰·梅纳德·凯恩斯呈现的大萧条

尽管约翰·梅纳德·凯恩斯在爵士时代已经是一位著名的经济学家，但有人会说，他还是有一个明显的缺陷：他读过马歇尔的《经济学原理》，听过马歇尔的讲座，因此他是一个传统（虽然才华横溢）的新古典主义者。凯恩斯的新古典主义注定要被他的天才所消灭，这最终使他成为一个科学上的特立独行者和撼动根基的人。正是因为他，两代经济学家看到了一个不同的世界。我们必须回到卡尔·马克思［他逝于凯恩斯出生那年（1883 年）］，以找到一个具有同等影响力的经济学家。

凯恩斯已经不仅仅是一名经济学学者了。除了担任巴黎和平会议的财政部首席代表、财政大臣的副部长和当时最著名的经济学杂志的编辑之外，他还担任了英格兰银行的董事、国家美术馆的理事、音乐和艺术促进会的主席、剑桥大学国王学院的财务主管、《国家》和后来的《新政治家》杂志的主席，以及全国互助人寿保险协会的主席。

除了对艺术的贡献［他的妻子莉迪亚·洛波科娃（Lydia Lopokova）是俄国皇家芭蕾舞团的著名明星］外，他还经营着一家投资公司，仍然有时间在剑桥大学经济学系的发展中发挥重要作用。对他而言，醒着的每一小时都会被某种程度地利用，凯恩斯一度还在进行外汇投机——每天早上躺在床上半个小时，通过电话下单，积累了一笔价值 200 万美元的财富。

1937 年，凯恩斯在完成他的革命性的《就业、利息和货币通论》（简称《通论》）之后不久，心脏病发作，这使他的速度降到了一个令人狂躁的水平。第二次世界大战期间，政府在财政部给他留出了一个房间，以利用他的智慧。他写了一本名为《如何支付战争费用》（*How to Pay for the War*）的书，是在布雷顿森林建立世界银行和国际货币基金组织的主要人物，同时主持了一个新的政府委员会负责音乐和艺术，并完成了许多其他工作。他现在成为凯恩斯勋爵（Lord Keynes）和蒂尔顿男爵（Baron of Tilton）。在谈判协调了英格兰战后的第一笔贷款后，凯恩斯准备恢复在剑桥大学的教学。但是，一阵咳嗽之后，在莉迪亚的陪伴下，他去世了。

凯恩斯主义，如果不是最初的凯恩斯的思想，从第二次世界大战结束直到1968年左右都主导着美国的国家宏观经济政策。自20世纪30年代中期起，凯恩斯的思想主导了英国的经济政策，直到1979年玛格丽特·撒切尔（Margaret Thatcher）成为首相为止。凯恩斯主义政策革命是在20世纪20年代开始于英国的大萧条的烈火中形成的，并在20世纪30年代的美国占据了主导地位。

灾难的前奏

大萧条与第一次世界大战的动荡和爵士时代的过度发展是分不开的。战后的繁荣总是喜忧参半，尤其是农民长期没有分享到其中的好处。部分原因是第一次世界大战期间出口不断增加，农业生产猛增，农民为了耕种更多的土地而举债。但是在战后，这种战时的生产能力面对欧洲的竞争，价格开始下跌，进而导致农业收入下降。

1921年的萧条加速了价格下滑，农场主不得不生产更多东西来支付抵押贷款，转向拖拉机和更有效率的联合收割机，远离工人。但是，农业的丰收与过度满足的国内需求结合在一起，拉低了价格。随着许多农场不再盈利，破产率从1920年的1.7％飙升到1924—1926年的18％。

结构变化也困扰着煤炭采矿业，这是另一个竞争非常激烈的行业。煤炭价格低迷，而且在不断下降，来自电力和石油的竞争影响也开始显现出来。纺织业也未能分享繁荣。就像农业和煤炭采矿业一样，纺织业也是一个老牌产业，面临着"太多"的竞争。一幅以泽尔达·菲茨杰拉德为模板的"飞女郎"的图显示，服装所需的布料是多么少。裙子短了，纺织业的利润也减少了。

早在1916年，铁路的相对地位就开始下滑，资本投资和生产力的提高又减少了就业机会。铁路的竞争主要来自汽车革命和公路的增加，公路得到了政府补贴，就像以前铁路获得补贴一样。一个曾经依赖铁路实现增长的经济现在已经转向了汽车的高速发展。

1929 年的大崩盘

有一件事断断续续地从表面上的繁荣戏剧性地转向了灾难。1929 年的恐慌始于 10 月 24 日的黑色星期四。在该交易所正常开盘后不久，随着成交量迅速上升，价格开始下跌。11 点前抛售的狂潮非常疯狂，甚至连美林（Merrill-Lynch）公司这种巨头也被吓到了。到了 11:30，价格已经完全崩溃，恐惧变成了真正的恐慌。一群人聚集在纽约百老街的交易所外面。

第一波恐慌在中午就得到了平息，当时位于华尔街 23 号的摩根公司在办公室举行会议的消息传开了。银行家们聚集在一起，承诺集中他们的资源，让市场转好，但他们只能依靠——用他们的大量股票——自己卷入不断上升的卖出热潮这一条途径。到周一下午，这一努力显然失败了。《纽约时报》工业指数全天下跌 49 点，仅通用电气就下跌了 48 点。由于自动收报机无法跟上交易的步伐，到当天结束时，没人知道情况有多糟。银行家们 4:30 在摩根公司重新聚集在一起。现在，他们将试图拯救自己，通过卖空来尽量减少损失。第二天，10 月 29 日（星期二）是最具破坏性的一天，许多股票根本没有买家。随着《纽约时报》工业指数以巨额成交量收盘下跌 43 点，华尔街陷入了恐慌。

股市继续无休无止地下跌。1932 年 7 月 8 日，当《纽约时报》工业指数收盘于 58 点时，已下跌 82.5%。通用汽车的股价从 73 跌至 8。但媒体和市场几乎没有注意到这一低点。到目前为止，人们的注意力已经转移到了一个自由落体的经济上。

当人们从经济学家的后视镜分析视角中看到这场崩盘时，很明显的是，早期预警信号非常充足。股市崩盘是已经在发展中的股市大幅下降的一部分，但很少有人愿意相信，这将是繁荣时期的终结，因此，这些迹象被忽视了，创伤变得更严重。

浩劫余波

由于市场已植根于美国文化和繁荣的象征之中，消费者和生产者的信心被股市崩溃所摧毁，而且股价的下跌使（大部分富有的）股东变得"更穷"，从而减少了在奢侈品上的消费支出。最后，金融危机打破了国际金融资本的循环流转。

流向战败德国的美国金融资本一直在为德国向前盟国支付赔款（巴黎和平会议上盟国要求的）的循环流动提供资金，这些资金在适当时候随着战争债务的偿还而回流到美国。正如凯恩斯所预料的那样，陷入经济困境的德国停止了赔款。不仅国际汇率体系遭到削弱，国际贸易也下滑了，进一步抑制了全球需求，从而也抑制了产出和就业。

甚至在崩盘发生之前，银行体系就已经出现了问题。银行持有约 40 亿美元购买股票的赎回贷款。随着股价的下跌，一些银行无法通过出售证券来偿还贷款，并遭受了重大损失。在密苏里州、印第安纳州、艾奥瓦州、阿肯色州和北卡罗来纳州这些农业州，银行倒闭事件在 1930 年 11 月和 12 月大幅增加了。美国纽约银行也破产了。在没有存款保险的情况下，这些银行倒闭导致人们增加现金持有量，减少银行存款。挤兑导致了更多的银行倒闭。

美国银行业是以部分现金储备制度为基础的。例如，只要 10 美元的现金就可以支持 100 美元的支票账户负债，其中 90 美元是银行贷款。这一体系是如此相互依存，以至于一家银行的倒闭可能会导致更多银行破产。也就是说，存款负债的杠杆率也很高。杠杆以两种方式发挥作用：当处于上升状态时，以及当螺旋式下降时。一扇有着信贷金字塔顶端视角的窗户揭示了，为什么持有 6 亿美元、仅占美国货币供给量 3% 的银行的破产，可能会在 20 世纪 30 年代的冬天引发恐慌。部分准备金银行体系的成功取决于对不真实的东西，即所有资金仍存在银行中的信心。

1933 年春天，随着银行业的喧嚣达到高潮，一切就开始了。在 20 世纪 20 年代曾经是优质资产的银行贷款，随着销售商品的价格和房地产抵押品价值的暴跌而恶化。1933 年 3 月 4 日，富兰克林·罗斯福（Franklin Roosevelt）总统上任，并于这一周宣布实行"银行假期"，从而关闭了所有私人银行，此举阻止了美国银行体系的彻底崩溃。

20 世纪 30 年代的萧条

大多数经济学家认为，大萧条在美国持续了 10 多年——从 1929 年到 1940 年最后几个月美国为第二次世界大战进行动员为止。他们认为，在这段时间内，经济起起落落。国民生产总值从 1929 年中期的 1 044 亿美元的高峰下降到 1933 年春天这一周期的低点 556 亿美元，这是大萧条中最糟糕的时期。到 1933 年，美国将近 25％的平民劳动力失业了。

美联储并没有提供帮助。它当时的政策只是根据"交易的需要"来增加信贷，这意味着如果企业对借贷不感兴趣，美联储就无法增加货币供给。很难想象会有更糟糕的政策，因为它导致银行信贷和货币供给量在不景气的时候下降。尽管银行业和制造业都濒临倒闭，但无论如何，它们都害怕借钱。在于 1933 年春季结束的周期中，货币供给量下降了三分之一。

只有美国国会才能达到这种无能的程度。在农业游说团体施加的压力下，美国国会在 1930 年中期通过了臭名昭著的《斯穆特-霍利关税法案》（由赫伯特·胡佛总统签署），导致了全球范围内的报复性关税和一场使世界贸易以更快速度急剧下滑的贸易战。图 12.1 所描述的这种下降的螺旋比长篇大论更令人印象深刻。

一些历史学家仅用"大萧条"这个词来形容 1929—1933 年的情况，因为实际的国民生产总值（以 1929 年的价格表示）在此之后开始复苏。1933 年建立存款保险制度帮助恢复了信心和信贷，1934—1936 年货币供给量急剧上升。在政府创设的就业项目的刺激下，加之来自商业和消费者的信心增强，经济开始缓慢复苏，1937 年春季国民生产总值增长到 1 091 亿美元，略高于 1929 年的水平。然后，1937—1938 年的经济衰退使实际国民生产总值下降到 1938 年的 1 032 亿美元。

无论人们认为这是单独的衰退还是大萧条期间的最后一次重大危机，经济衰退都从 1937 年的春天一直持续到 1938 年的夏天。根据官方数据，在那一年里，

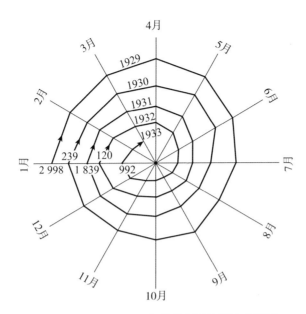

图 12.1　1929—1933 年世界贸易的螺旋式下滑

工业产出下降了三分之一，失业率上升了大约五分之一。1937 年约有 650 万人失业，1938 年约有 1 000 万人失业。经过 6 年的危机之后，1938 年的失业率比 1931 年还要高（见表 12.1）。

表 12.1　　　　　大萧条时期的失业率（占平民劳动力的百分比）

	官方数据（％）	达比（Darby）数据（％）
繁荣和平时期		
1929	3.2	—
大萧条时期		
1930	8.7	—
1931	15.9	—
1932	23.6	—
1933	25.2	20.9
1934	22.0	16.2

续前表

	官方数据（%）	达比（Darby）数据（%）
1935	20.3	14.4
1936	17.0	10.0
1937	14.3	9.2
1938	19.1	12.5
第二次世界大战开始		
1939	17.2	11.3
1940	14.6	—
1941	9.9	—
1942	4.7	—

资料来源：U. S. Department of Commerce，Bureau of the Census，*Historical Statistics of the United States*：*1960 Series*（Washington，D. C.：U. S. Government Printing Office，1975），p. D46；and Michael Darby，"Three and a Half Million U. S. Employees Have Been Mislaid：Or an Explanation of Unemployment，1934—1941，" *Journal of Political Economy*，84（February 1976）.

1937—1938 年再次出现倒退的部分原因是联邦预算赤字的大幅减少（见表 12.2），加上货币供给急剧收缩。也就是说，在政府削减开支的同时，尽管纽约市的短期贷款利率在 1938 年下降到 1%以下，但企业并没有进行投资。然而，与新古典主义观点相反的是，企业之所以没有投资，显然是因为已经恢复了对机器、人员和厂房的投资回报的悲观情绪。例如，超过 10 年的机器，占 1925 年工业总使用量的 44%，1940 年这一占比已经上升到大约 70%。因此，1937—1938 年的衰退是因为人们对经济的信心不足以刺激商业投资。

新古典主义者对这些问题的分析

在这场大灾难中，只有一些世界上最著名的经济学者给出了让人们重拾信心的信息。庇古解释说："在完全自由竞争的情况下……总有一种强烈的趋势在发挥作用，即工资率与每个人都被雇用的需求密切相关。"[1] 然而，庇古所在的英

---

[1] Arthur Pigou，*Theory of Unemployment*，London：Macmillan & Co.，1933，p. 252.

国正处于使得这个国家持续衰弱的大萧条的第二个 10 年。边沁的伦敦大学的经济学教授莱昂内尔·罗宾斯（Lionel Robbins）在 1934 年写道："……总的来说，如果不是因为普遍认为必须不惜一切代价维持工资率，以维持消费者的购买力，工资率的更大灵活性将大大减少失业。"他补充说："当前大萧条的暴力和伴随而来的失业率将大大下降。"[1] 恢复充分就业只需等待自由市场力量的释放。

罗宾斯的《大萧条》（*The Great Depression*）一书的统计附录与他的建议相矛盾，即使它描写了这场毁灭。正如人们所预期的那样，物价跟随工资呈螺旋式下降，但在 1929 年底至 1933 年底之间，（根据罗宾斯自己的数据）美国的生活成本下降了近 25%，而工业生产指数则下降了几乎相同的比例。美国的工资从 1929 年底到 1933 年底下降了大约五分之一，而失业人数从几乎为零增加到 1933 年的 1 300 万人，占美国劳动力的四分之一。[2] 新古典主义者还在坚持工资下降会带来充分就业的神话。

然而，这种破坏并没有逃脱当代文学的记录。约翰·斯坦贝克（John Steinbeck）的小说《愤怒的葡萄》（*The Grapes of Wrath*）于 1939 年出版，当时美国正努力摆脱大萧条。这是一个极其戏剧性的故事，讲述了贫穷农民在 20 世纪 30 年代经历的苦难和贫困：

> 全州都弥漫着腐烂的气息，清香的气味反而成了这个地方的苦难。那些能接枝，能改良种子，能让水果丰收的人却没办法让饥饿的人来享用他们种出来并获得了丰收的水果。那些创造世界上的新品种水果的人，创造不出一种制度来使人们吃到他们的水果。于是衰败的气氛笼罩了全州，仿佛大难临头。[3]

斯坦贝克的悲观情绪得到了广泛认同。

---

[1]　Lionel Robbins, *The Great Depression*, London: Macmillan & Co., 1934, p. 186.

[2]　1932 年报告的各种工资和条件包括：在宾夕法尼亚州，锯木厂的工资是每小时 5 美分，砖瓦制造业的工资是 6 美分，一般行业是 7.5 美分；在田纳西州，一些工人每周工作 50 小时的工资只有 2.40 美元。（重印于 Arthur Schlesinger, Jr., *The Crisis of the Old Order*, Boston: Houghton Mifflin, 1957, pp. 249-250。）

[3]　John Steinbeck, *The Grapes of Wrath*, New York: Viking Penguin, 1939, p. 448.

凯恩斯的学术前辈

并非每一个英国经济学家都赞同庇古和罗宾斯的观点。除了凯恩斯本人外，其他经济学家也在蚕食传统经济学的影响力，其中包括凯恩斯的学生、朋友和剑桥大学的同事丹尼斯·罗伯逊（Dennis Robertson，1890—1963 年）。1930 年，当凯恩斯出版他自诩的"巨著"《货币论》（*A Treatise on Money*）时，立即受到了批评，尤其是剑桥大学的罗伯逊、琼·罗宾逊和理查德·K. 卡恩爵士（Richard K. Kahn，1905—1989 年），他们的异议帮助了凯恩斯，他很快就开始重新思考自己的观点。[①]

在 1933 年的一篇文章中，琼·罗宾逊简洁地解释了如何实现谨慎考量的储蓄和投资的相等，而无须使得家庭所希望的储蓄和生产者计划的投资支出相等。正是这两套意图——家庭和企业的意图——的失灵造成了衰退。通过打算储蓄更多、购买更少的福特汽车，家庭将使得未售出的汽车留在经销商那里。这类汽车将被清点后当作存货，存货的增加是商业投资的一种形式（尽管是非计划中的）。存货的增加会导致工厂的生产和就业削减。谨慎考量的储蓄相当于谨慎考量的投资，对经销商来说并不是什么安慰，当未售出的汽车作为衡量投资的一部分时，这与他的意图相反。失业对汽车工人来说起不到安慰的作用。

卡恩一开始就认为公共就业可以对经济产生乘数效应。基于凯恩斯两年前提出的观点，卡恩在 1931 年表示，政府在公共工程上的支出将以工资的形式分配给工人，其中很大一部分将用于消费品和服务。商店商户会把他们从消费者那里得到的一大部分收入花在工资、存货等上面。如果政府雇用 20 万名工人收集树叶，结果引起消费品行业的就业人数（第二次就业）增加了 40 万人，总就业人数便会增加 60 万人。因此，就业乘数是 3，这似乎是一个简单的算术问题。

与此同时，官方的观点可以从赫伯特·胡佛总统在大萧条期间的头三年里欢

---

① 其他包括詹姆斯·米德（James Meade）、奥斯汀·罗宾逊（Austin Robinson）和皮耶罗·斯拉法。

快的演讲中找到。1930 年 1 月，胡佛说，"商业和工业已经转危为安。"这句话在那几年里反复出现，以至于后来"转危为安"变成了众所周知的"死胡同"（cul-de-sac）。胡佛把援助失业者、无家可归者和饥饿者的政府救济项目视为社会主义和共产主义的。尽管如此，他后面还是建立了一个公共工程计划，但这是完全不够的。

事实上，美国资本主义正在消亡，尽管从新古典主义者和总统那儿确认的消息是，"病人"在早期康复。这让人想起了临终时给亚历山大·蒲柏的保证。医生向他保证，他的呼吸更轻松、脉搏更平稳等。蒲柏对一位朋友说："我是因为一百种好的症状而死的。"

凯恩斯的政策建议

1931—1934 年，凯恩斯的新思想随着资本主义的发展而稳步发展。在 20 世纪 30 年代最早的几个月里，凯恩斯表达了他认为经济衰退的根本原因是缺乏新的工厂和设备，这是资本投资前景不佳的结果。为了改善前景，利润需要上升；这将刺激投资。但是，更大的利润不应通过削减成本来实现，这将导致通货紧缩。凯恩斯认为，只有通过引导公众花费更大比例的收入，或者引导企业将更大一部分收益转化为投资，而不是两者兼而有之，才能提高利润。

此时，凯恩斯仍在一定程度上依赖新古典主义的思想：消费的增加需要牺牲原本可用于商业投资的储蓄。他还没有想到总消费支出和总投资支出同时增长的令人愉悦的可能性。

即便如此，凯恩斯还是在 1931 年对英国广播听众表示，增加支出对于抵御大萧条是必要的。事实证明，这种直觉比新古典主义的建议更有用。凯恩斯抨击维多利亚时代的节俭美德，因为他看到了这样一种谬论，即在几乎没有投资机会的情况下，指望巨额储蓄被投资抵消。例如，到 1932 年，美国工业的销售量不到 1929 年产量的一半。

凯恩斯敦促家庭增加支出（就像乔治·布什总统在 1991 年 12 月的经济衰退期间，在杰西潘尼购买袜子一样）和政府增加公共工程支出（就像布什总统在同月访问得克萨斯州的一个高速公路项目时所做的那样）。他抛弃了庇古降低工资的建议；凯恩斯认为，这只会让事情变得更糟。

1931 年，凯恩斯还在麦克米伦委员会任职，调查并就英国的经济状况提出建议。由于预期了他后来的乘数理论，凯恩斯和其他持不同意见的委员（来自新古典主义者）认为，鉴于私人失业率已经很高，政府的公共支出不会将资源从私人投资中转移出去，而是会产生复合效应。

尽管凯恩斯承认，公共工程计划可能会在短期内削弱企业信心，但他认为，总的来说，增加政府支出将是有益的，甚至是可取的。凯恩斯开始暗示，如果自由市场不能产生劳动人口和忙碌于生产的工厂，那么政府就有必要进行干预，以恢复更高水平的经济活动。[①]

在凯恩斯之前，对新古典主义的批评很容易被忽视；他们根本不理解。但凯恩斯显然理解了这一点，当他谴责自由放任时，他不得不受到认真对待。1926 年，他在一篇名为《自由放任的终结》的文章中这样做了。在该文中，他否认了斯密的自然自由原则，以及私人利益和社会利益与开明的自我利益之间的密切关系。凯恩斯怀疑总会有足够的支出来稳定经济，也就是说，他质疑萨伊定律。但在这一点上，他缺乏对马歇尔经济学的反论。他只有一个模糊的视野。

原始凯恩斯主义与早期新政

凯恩斯曾感觉到，消费者缺乏信心，这损害了企业界。富兰克林·D. 罗斯福（Franklin D. Roosevelt，1882—1945 年）1933 年 3 月就任总统时，他首先承诺恢复信心，并开始实施后来所谓的新政。尽管当时（通常是后来开始）被斥为彻底的社会主义，但该计划的目的是拯救美国资本主义。这些经济政策虽然不是

---

① 几年来，我与琼·罗宾逊的私人信件往来极大地提高了我对凯恩斯在《通论》之前的思想演化的理解，同时也使我避免了对凯恩斯理论微妙方面的一些错误解释。我的同事和朋友阿巴·P. 勒纳（Abba P. Lerner）也提供了类似的指导，尽管他和琼并不总是能达成一致。最后，在他们的想法或意见发生了冲突之时，我成了他们的裁判。当然，不是每个人都会认同我的仲裁。

社会主义政策，但以和平时期的标准来说肯定是激进的，也就是说，它们试图根除自由放任制度，使政府成为有意识地指导经济的积极伙伴。回想起来，最好把它描述为"原始凯恩斯主义的"。

从 1933 年 3 月开始，富兰克林·罗斯福在凯恩斯全面发展他的革命理论之前，就开始实施原始凯恩斯主义。罗斯福在第一次讲话中指出，缺乏消费者信心是具有侵蚀作用的："因此，首先，让我重申我的坚定信念，即我们唯一需要害怕的是恐惧本身——无名的、不理智的、不合理的恐怖，它使我们需要的将退却转变为前进的努力陷于瘫痪。"到 1933 年 5 月，联邦紧急救济管理局（Federal Emergency Relief Administration，FERA）获得了 5 亿美元用于向贫困人口提供救济资金，标志着联邦福利计划的开始。

救济使人们免于挨饿，但罗斯福的基本新政战略是，即使把人们从慈善救济的名单中除名，恢复他们的自尊心，也要创造就业机会。这给了美国人几十个新的联邦政府机构。一些机构，比如为 18～25 岁的年轻男性提供保护自然资源工作的平民保育团（Civilian Conservation Corps，CCC）取得了成功。另一些组织，如农业调整局（Agricultural Adjustment Administration，AAA），通过支付费用让农民不生产来提高农产品价格，并没有取得成功。猪被屠宰，玉米被犁（根据政府法令），尽管人们快要饿死，但黑人分成佃农和佃户也被赶出未开垦的土地。

政府还资助了新的基础设施。田纳西河谷管理局（Tennessee Valley Authority，TVA）就是一个社会化的水力发电项目，不仅生产电力，还提供了水坝、化肥、重新造林和休闲之地。TVA 还建造了橡树岭设施，后来被用于为原子弹提供研究和开发。私营企业在萧条时期步履蹒跚，不再是神圣的或排他性的。

为了支撑一个失败的银行体系，政府成立联邦存款保险公司（Federal Deposit Insurance Corporation，FDIC），为银行存款提供保险。另外还成立房屋所有者贷款公司，为抵押贷款重新融资，并防止更多的赎回权的取消。

新政的顶点是国家复兴署（National Recovery Administration，NRA）的成立，旨在监督和执行《国家工业复兴法案》（National Industrial Recovery Act，

NIRA）。通货紧缩已经使农场和企业破产，而工资骤降阻碍了消费者的消费。制造商被鼓励固定价格以免受反托拉斯法的惩罚。工资固定在最低水平，而工作时间被固定在最高水平，集体谈判权扩展到了工人手中。于是，《国家工业复兴法案》侵犯了自由市场最受尊敬的场所。国家复兴署确实扩大了工会会员资格（矿工联合会的人数增加了 50 万），但企业滥用限价法，将价格定在了较高而非较低的水平上。

大萧条一直持续到 20 世纪 30 年代中期，尽管最高法院一致宣布 NRA 不符合宪法，罗斯福也没有被吓住，他在 1935 年建立了公共事业振兴署（Works Progress Administration，WPA），1939 年，它的中间名称改为项目。公共事业振兴署雇用工人建造了 10% 的美国新公路，同时修建了新的医院、市政厅、法院和学校。例如，建造了连接佛罗里达礁岛群和迈阿密的桥梁和道路，还建造了博尔德大坝（现为胡佛水坝）、连接纽约和新泽西的林肯隧道、连接曼哈顿和长岛的特里保罗大桥系统、曼哈顿的东河车道，以及一个名为诺克斯堡的官方黄金储备仓库。除了建造活动外，公共事业振兴署还在其艺术项目中雇用了数千名穷困潦倒的艺术家、作家和音乐家。

赤字支出在规模上算不上激进。到 1934 年，联邦政府支出占国内生产总值（GDP）的比例已升至 10.2%，以 20 世纪 90 年代更繁荣时期的标准来看，这一数字并不算高，这时的政府支出平均已经约占国内生产总值（GDP）的五分之一。然而，新政中约五分之一的联邦支出被编入了创造就业的预算，而这些支出（以及不断扩大的货币供给）促成了 1937 年某个时候的实际国民生产总值（GNP）恢复到 1929 年的水平，这使得官方失业数据令人怀疑。经济学家迈克尔·达比对官方失业数据进行了修正，将这一公共就业数据包括在内（见表12.1）。

达比的公共就业数据平均抹去了 1934—1939 年"官方"失业率 6 个百分点。尽管如此，即使在 1937 年的"最佳"年份，罗斯福创造就业机会的各种计划也没有将经济提升到充分就业的水平。美国经济必须等待第二次世界大战和与战争有关的就业，才能实现充分就业。

表 12. 2　　　　1931—1939 年美国联邦政府支出和赤字占当前 GDP 的百分比

	支出（%）	赤字（%）
1931	4. 7	0. 6
1932	8. 0	4. 7
1933	8. 3	4. 7
1934	10. 2	5. 6
1935	9. 0	3. 9
1936	10. 2	5. 4
1937	8. 6	3. 1
1938	8. 0	1. 4
1939	9. 8	4. 3

资料来源：U. S. Department of Commerce, *Historical Statistics of the United States*, *Colonial Times to 1970* (Washington, D. C.：Government Printing Office, 1975)；and U. S. Department of Commerce, NIPA, 1929—1976 Statistical Tables, September 1981.

基本的凯恩斯乘数

同时，凯恩斯也找到了完成他的新理论所需的缺失环节。在新古典寓言中，可贷资金市场中的储蓄和投资设定了利率。同时，均衡利率保证了储蓄和投资之间的平等。如果储蓄暂时超过投资，利率就会下降（投资量会增加），直到它们再次平等，并确保了充分就业。然而，在持续低迷的几个月中，凯恩斯眼睁睁地看着企业拒绝投资，尽管利率非常低。他的结论是，收入水平和就业必须取决于利率所设定的储蓄和投资的平等程度。一旦理解了这一根本缺陷，经济理论就发生了一场革命。凯恩斯根据自己的目的调整了他的同事理查德·卡恩（Richard Kahn）的就业乘数。这远非新鲜事。许多经济学家曾猜测，政府支出的乘数效应来自连续几轮的消费支出，但没有人能够将其纳入一个可接受的新理论。

凯恩斯挪用了卡恩的数学作为关键一环。凯恩斯使用了投资乘数这个词。如果政府或行业投资 10 亿美元，国民收入因此增加 20 亿美元，那么投资乘数为 2。（尽管没有数据或统计工具，凯恩斯还是准确地猜测出英国的乘数确实是 2。）

尽管可能会出现某种过度简化的情况，但乘数关系可以用一个例子（见表12.3）来表示。这个例子让每个消费者计划花费每一美元税后收入的四分之三（凯恩斯的边际消费倾向），并打算将每一美元中的四分之一储蓄起来（边际储蓄倾向）。在开始这一过程前，我们认为，由于利润预期的改善，企业投资增加了50亿美元。

表 12.3		乘数过程		单位：十亿美元
	收入的变化	消费的变化	储蓄的变化	投资的初始变化
投资的初始增长				5.00
第一轮	5.00 =	3.75 +	1.25	
第二轮	3.75	2.81	0.94	
第三轮	2.81	2.11	0.70	
第四轮	2.11	1.58	0.53	
第五轮	1.58	1.19	0.39	5.00
所有其他轮次	4.75	3.56	1.19	
总计	20.00 =	15.00 +	5.00	

表 12.3 显示了所发生的情形。在这个过程中，50 亿美元乘以 4，最终成为 200 亿美元的新国民收入。4 的乘数是源于只有所有收入增量的四分之一没有花完。[①] 经过各轮投资后，投资变动所引起的储蓄变化将等于原来的投资增量。无论是私人投资还是公共投资，随着国民收入的变化，其投资支出都成倍增加，而高工资支出的工人可以储蓄更多。因此，最初的投资最终产生了足够的储蓄来为自己融资。

在新古典经济学中，储蓄不仅取决于利率，而且任何储蓄增量都是以消费为代价的。凯恩斯乘数结束了这一零和博弈。消费不是取决于储蓄，而是取决于收入。在现代社会中，有一种稳定的心理倾向，即当收入增加时，消费者大概率会

---

① 边际消费倾向（或边际储蓄倾向）与投资支出之间的一个简单的数学关系给出了乘数的值，即投资乘数 = $1/(1-MPC)=1/MPS$，从我的例子中的数字来看，投资乘数 = $1/(1/4)=4$。

消费更多，在收入下降时，会消费更少。与维多利亚时代不同的是，这种新的消费者认为，奢侈消费和避免禁欲带来的痛苦是美德。斯科特和泽尔达·菲茨杰拉德在爵士时代美化了这种态度的转变。

如果收入对消费很重要，它也必然会对储蓄很重要，因为储蓄只不过就是"不消费"。要保证任何特定的就业水平，就必须有一定数量的企业投资支出，它等于总产出（在特定就业目标上）超过消费的差额。也就是说，投资必须与社会所希望的就业（和产出）相适应。

凯恩斯的《通论》的早期草稿中幸存下来的片段表明，早在 1932 年，他就在自己的理论体系中使用了乘数概念。然而，在这几年的写作和建议中，凯恩斯被大多数其他经济学家认为只是新古典经济学中一个完美无缺的玫瑰园中的一根刺。

幻觉与国民收入

在新古典主义的比喻中，自由流动的工资和利率导致了充分就业。凯恩斯在新古典主义的圈子里绕来绕去，就像一名律师在盘问。凯恩斯认为，在新古典主义世界中假定不可避免的工资和利率自由流动要么不会发生，要么就不会带来充分就业。

凯恩斯认为，大规模工资削减是不切实际的政策构想。此外，即使能够实现，货币工资的下降也不会提升就业。尽管这将使生产者降低成本，从而降低价格，但货币工资的下降也会降低作为消费者需求源泉的收入。然后，经济中总需求的提振将不得不来自其他来源。

新古典主义者视之为对美德节俭的奖励的东西，凯恩斯则认为它剥夺了就业。更高的预期储蓄意味着较低的期望消费，商品和服务需求的下降导致生产水平降低，储蓄收入减少，因此储蓄低于原来预计的水平。这种低于预期的储蓄将在较低的国民收入水平上与投资相匹配。这种平等可以在总需求（和开支）不足以雇用每个劳动力的水平上实现。节俭存在一个悖论。

总需求是消费者、企业投资者和政府支出的总和。当总计划支出超过总产出时，产出就会上升以满足需求。反之，如果总计划支出低于潜在产出总量，则产出趋于下降。因此，这一趋势是朝着国民收入均衡的方向发展的。

这是凯恩斯和新古典主义者之间罕见的共识。但他们认为，这种均衡总是处于足以维持充分就业的产出水平。凯恩斯否认了这一结果，认为所有市场——劳动力、货币和大宗商品——在完全充分就业的同时出现这种自然均衡是不可能的。此外，他说，均衡进程的失败可能会产生可怕的社会后果。

当总支出与潜在产出或总供给（比如 490 亿美元）相匹配时，新古典主义者喊着"均衡！"，然后早早结束了。它必须是均衡的，因为在任何其他产出水平上，对产出的需求要么"太低"，要么"太高"。但凯恩斯认为，国民收入均衡不一定与充分就业吻合。

私人企业投资虽然依赖于不确定的预期，但不可能完全依靠它来保证就业。此时，政府支出才会出现。凯恩斯认为，人们预期只有政府才会参与稳定政策，并增加必要数量的净支出（即减去税收）。

假设当前政府支出和私人支出产生一个不超过 4 900 亿美元的均衡收入水平，雇用不超过 7 500 万名工人，那么在 8 000 万名劳动力中，有 500 万人失业。[1] 5 100 亿美元的水平足以雇用整个 8 000 万名劳动力。假设投资乘数等于 4，凯恩斯会认为，我们需要以某种方式产生 200 亿美元的额外产出和收入，才能将产出提高到每个人都被雇用所需的 5 100 亿美元。如果投资（和其他支出）乘数为 4，那么我们只需要额外增加 50 亿美元（200/4）的支出。

这一缺口可以通过持续的净政府支出增长（即减去税收）来填补。（支出增加而没有伴随相等的税收的增长，就会导致政府赤字。）在新的 5 100 亿美元的国民收入均衡水平上，将雇用 8 000 万名劳动力。

然而，凯恩斯说，即使这种人为的"平衡"也是不稳定的——受利润预期波动等因素的摆布。实体经济在均衡之间不稳定地波动，就像莱特兄弟的第一架飞

---

[1] 凯恩斯遵循新古典主义的传统，所以总产出增加了（与就业有关），但由于回报递减而以下降的速度增长。这一复杂的情况对于建立国民收入均衡是不必要的，为了简单起见，我们显示的回报是不变的。

机那样颠簸和飘荡。有时它甚至会崩溃！

货币与不确定性

一旦个人决定了自己将消费多少收入和储蓄多少，就还有一个进一步的决定等待着他做出。他将以何种方式控制未来的消费？马歇尔和其他大多数新古典主义者说，理性的人不会以现金或支票账户的形式持有储蓄。但是，凯恩斯反驳道，为了自己的利益而持有现金余额，在未来阴云密布、黑暗和有着不祥预兆的情况下是完全合理的。不确定的经济状况可以使现金成为比债券更有吸引力的资产，即使它们被塞在床垫里，也赚不到利息。现金作为资产，可能就像莱纳斯（Linus）在"花生"漫画中的安全毯一样。正如凯恩斯所说，持有现金以"平息我们的不安"。

让我们放弃现金以换取资产所需的利率水平衡量了"我们不安的程度"。确定性是幻想。凯恩斯认为利率不是维多利亚时代式的禁欲的一种新古典主义奖励，而是克服个人流动性偏好所需的报酬。因此，人们希望持有的货币数量只有在利率上升时才会减少（流动性偏好的图形正在向下倾斜）。

凯恩斯和新古典主义之间的这一本质区别与债券市场有着内在的联系。债券的价格随供给和需求而变化，这两者都是无法预测的。然而，持有债券所支付的美元利息是固定的。例如，以某种债券（任何债券）为例，该债券的售价为 1 000 美元，持有者每年可获得 100 美元的利息收入。这类债券的年利率为 100 美元/1 000 美元，即 10%。如果有着这种利率和到期日的债券的供给大幅减少（而且往往出人意料），已经在市场上的上述债券的价格就会上涨。例如，如果债券价格翻番至 2 000 美元，利率将降至 5%（＝100 美元/2 000 美元）。

因此，债券持有人购买债券的原因是，如果利率稳定或债券价格上涨，提供可观的资本收益，利息收益率高于现金收益率即零，债券的收益率就会高于零。但如果债券价格下跌，同时如果债券是以相对较高的价格（低利率）购买的，那么债券价格随后的小幅下跌就会导致债券持有人的资本价值遭受损失，足以侵蚀从非流动性中获得的少量利息收入。突然之间，现金就成为比债券更有吸引力的资产了。

凯恩斯认为，这一点才是真正的麻烦所在。如果债券价格如此之高，以至于个人不希望它们进一步飙升（即利率已经触底），那么对流动性或囤积现金并使其闲置的偏好可能几乎是无限的。如果几乎每个人都持有现金而不是债券，债券市场的利率就不会进一步下降。经济正处于凯恩斯的朋友和同事丹尼斯·罗伯逊为其命名的流动性陷阱当中。

如果持有现金和债券的人在阴霾中感觉到了厄运，想象一下，一家公司的首席执行官可能会感觉如何：在未来 30 年里，可以根据销售预测将资金投入一家新工厂！即使是极低的利率，也可能不会刺激企业借钱并投资于新的工厂和设备。实际上，如果商业前景足够黯淡，可能需要负的名义利率来刺激投资。

内部和外部货币供给

这些钱，不管是囤积的还是花掉的，都是从哪里来的？凯恩斯认为，它是伴随着债务而存在的，这是一种延期付款的合同。货币的产生是因为商品的生产和现金收款之间有一个滞后。亨利·福特每周生产数百辆 A 型轿车，但他们不得不去找经销商，销售人员不得不说服顾客购买——所有这些都需要时间。这段时间间隔由银行系统或新发行的债券来填补，为正在生产的货物提供资金。这些货币是在私人企业系统内被创造出来的。这是亚当·斯密的流动资金，通过现代银行系统输送。

在现代经济中，大部分货币是以支票存款、个人流动资产和中央银行负债的形式持有的。由于现代银行业实行的是一种部分准备金制度，银行存款的一部分可以借给商业公司。一家银行的贷款变成了另一家银行的新的支票存款，而后者又可以借出很大一部分这些存款，在整个银行系统中如此循环。这样，通过这种方式，货币供应量以类似凯恩斯乘数的数学规律扩大。只要向企业提供更多贷款，用于扩张、库存融资或生产过程融资，货币供应量就会增加。

其他资金来源于银行体系以外。如果政府愿意的话，政府也可能通过赤字支出创造债务。例如，美国政府在 20 世纪 80 年代和 20 世纪 90 年代初就这样做了。超过税收收入的政府支出可以通过向央行出售债券来融资，央行将债券用作向商业银行贷款和发行货币的担保，从而增加货币供给。

因此，货币的总供应量主要取决于私人商业银行和货币当局的行动，因为它们都响应个人、企业和政府的需求。通过这种方式，私人银行系统内部和外部的货币都是凭空创造出来的。

利率和不确定性颠覆了货币数量理论

货币供给量和对货币的需求决定了利率水平。与其在经典货币数量理论的原始版本中的作用不同，货币供给量的变化只能通过货币利率间接地影响收入和价格水平。那么，如果预期的企业销售收入足够高，利率足够低，企业就会向私人银行借款，从事积极的投资活动。

如果通用电气公司的灯丝供给商看到它的销售前景光明，它可能会借钱购买更多的现代生产设备以满足客户的需求。然而，由于公众的流动性需求（流动性陷阱），利率可能不会足够低，否则投资前景的不确定性可能太大，无法诱使企业以任何利率投资。

回想一下阿尔弗雷德·马歇尔对货币数量论和萨伊定律的偏爱，你就可以明白凯恩斯对马歇尔的理论造成了严重的损害。首先，货币周转率（V）不再稳定，更不用说保持不变了。如果货币需求或流动性偏好对利率变化（债券价格变动）或经济前景的情绪变化很敏感，V 也可能代表波动性。货币的周转速度将随着公众对现金（流动性）的需求的波动而变化。事实上，在流动性陷阱中，公众对流动性的渴望将是无限的。货币余额将不再与日常家庭需求和商业交易所需的资金完全相等。当个人和企业期望债券价格在半空中停滞时，他们持有货币余额的愿望是萨伊的一连串事件中的断裂环节之一。

货币与大萧条

凯恩斯并没有说钱无关紧要。相反，他想展示货币是创造收入、产出和就业的积极因素。然而，凯恩斯的一些解释却没有传达他的信息。这些解释是由推动经济走出大萧条的迫切需要推动的，而大萧条的状况又伴随着流动性陷阱和悲观的商业预期。

在这样一个双重陷阱中——利率不能再降低，商业投资者也很谨慎——货币政策是没有用的。如果私人银行家不愿放贷，央行就无法增加货币供给。如果没有接受人，私人银行家就不会发放贷款。那么，在一波破产潮中，货币流通速度（V）就会下降，央行最终就是在做无用功。利率不会降到零，因为个人不希望看到债券价格上涨（或者利率更低）。一些经济学家，比如麻省理工学院（MIT）的保罗·克鲁格曼（Paul Krugman）认为，20 世纪 90 年代的日本一直处于流动性陷阱之中。在 2001—2002 年，由于美联储将联邦基金利率下调了 12 次，最终降至 1.25%，甚至美国也可能陷入流动性陷阱之中。

在这种可怕的经济萧条时期，唯一的办法是政府花费超过其税收，产生赤字，把它的债务（债券）卖给中央银行。政府不仅必须创造外部资金，而且必须通过支出确保它的使用——它的流通速度。由此产生的政府支出增加了总需求，从而导致了产出的重新流动以及就业和收入的增加，这进一步产生了一种乘数效应。凯恩斯的一个重要阐释者群体——财政凯恩斯主义者——对赤字融资的强调，更好地笼罩在似乎是资本主义暮色的朦胧中。我们将在第二卷中详细介绍财政凯恩斯主义者。

凯恩斯、哈佛和后来的新政年份

"新政"的后期设计师与约翰·梅纳德·凯恩斯之间的联系是间接的。虽然罗斯福总统在 1934 年亲自欢迎凯恩斯访问白宫，但他对这位"幻想的数学家"却不以为然。正如约翰·肯尼斯·加尔布雷斯所说，凯恩斯革命是通过哈佛大学进入华盛顿的，凯恩斯的思想如狂风般吹进了那里。[1] 华盛顿官员经常参加哈佛大学关于凯恩斯经济学的研讨会——我们将在第二卷中讨论这一问题。

在某些方面，凯恩斯主义者是在向唱诗班传道。在华盛顿，联邦储备委员会负责人马里纳·S. 埃克勒斯（Marriner S. Eccles）已经预见到了凯恩斯的想法。杰出的劳克林·柯里（Lauchlin Currie）曾是埃克勒斯的研究和统计助理主任，后来

---

[1] John Kenneth Galbraith, "How Keynes Came to America," in *Economics*, *Peace and Laughter*, Boston: Houghton Mifflin, 1971.

是白宫的第一位专业经济学家，他在《通论》出版之前也是"凯恩斯主义者"。他们和加尔布雷斯能够把可靠的凯恩斯主义经济学家放在不同的政府岗位上。①

后来的新政还把已经存在于欧洲的"福利体系"带到了美国，带到了这一资本主义的堡垒。1931 年亨利·福特在那里关闭一家工厂并解雇 7.5 万名工人之前，将灾难归咎于工人的懒惰。福特在路上又看到了从这些人破烂的外衣中透出的一线曙光："为什么？这是世界上最好的教育。对那些男孩子来说，那就是四处旅行！他们在几个月内获得的经验比他们在学校的几年里所能得到的还要多。"

尽管有各种激进的解决方案，但新政是非常保守的。它在资本主义内部——当时处于危急状态——得以维持这一体系。它未能做到的，必须由联邦政府来完成——不管多么不完美。事实就是如此：创造了就业机会，让饥饿的人吃饱了。在这个过程中，联邦政府从对典型家庭的微不足道的影响转变为一种普遍感受到的存在，到第二次世界大战结束时，联邦政府的规模变得极为庞大。这对于美国政治体系的生存来说是非常必要的，即使约翰·梅纳德·凯恩斯从未出生，也很可能会发生。最终，凯恩斯主义经济学在美国是为已经流行的政策进行辩护。

凯恩斯革命：为什么？

革命性之处是显而易见的。尽管英国新古典主义者认为充分就业是自动实现的，但凯恩斯表示，这并非如此，并主张政府采取行动来实现这一目标。在经济衰退期间，私人支出必须辅以公共支出，这一建议违背了维多利亚时代节俭的美德——至少看起来是这样的。

更广泛的问题是，为什么凯恩斯的观点横扫了学术经济学领域，并为未来40 年设定了标准？答案与其说是凯恩斯创造了一种优雅而坚不可摧的理论（并不是这样），不如说在于其彻底性（有些人会说是野蛮），他用这种理论推翻了正统经济学的立场。

---

① 参见 John Kenneth Galbraith，*A Life in Our Times：Memoirs*，Boston：Houghton Mifflin，1981，pp. 68-70。

在对萨伊定律的书面攻击中，凯恩斯还抨击了阿尔弗雷德·马歇尔——他曾恳求凯恩斯从数学和哲学转向经济学——因为马歇尔曾经是这一定律的坚定捍卫者。在寻找马歇尔为萨伊辩护的例子时，凯恩斯不得不从马歇尔的早期著作中搜索，因为随着他年龄的增长，马歇尔对这位法国经济学家的"定律"越来越持怀疑态度。正如凯恩斯所承认的："引用马歇尔后来的著作中的类似段落是不容易的。"

凯恩斯面容苦行，目光专注且炯炯有神，不耐烦，还抨击了庇古的研究，而后者曾每周邀请作为学生的凯恩斯吃一次早餐。再一次地，他对目标的选择是由它的大小决定的：庇古的《失业理论》（*Theory of Unemployment*）是新古典主义就业理论唯一可用的详细论述。凯恩斯对此的关注类似于一种恭维，尽管他的批评也同样具有破坏性。

琼·罗宾逊为凯恩斯的动机提供了一个解释：

> （他）不择手段地挑出了对马歇尔最不利的解释，粉碎了它，嘲笑它，并在破碎的遗骸上跳舞，仅仅是因为他认为这是一个非常重要的问题——它具有真正的、紧迫的、政治上的重要性——人们应该知道他在说些新鲜的东西。如果他彬彬有礼、平易近人，如果他使用了适当的学术谨慎和学术储备，他的书就会悄然被埋没而无人注意到，数百万在失业中颓败的家庭就会进一步远离救济。他希望这本书对于正统学说而言如鲠在喉，这样他们就会被迫把它吐出来，或者好好咀嚼。[1]

理论就在那里，但凯恩斯的修辞手法占据了上风。

诚然，凯恩斯通过对马歇尔、庇古和英国财政部的经济政策观点的猛烈抨击，保证自己赢得了广大观众。当然，大萧条期间的情况为凯恩斯的可怕结论提供了一个即时的展示。只有剑桥的新古典主义者的技术能力，才能在新古典主义

---

[1] Joan Robinson, *Economic Philosophy*, Chicago：Aldine Publishing Co.，1962，p. 79. 罗宾逊的观点得到了凯恩斯与已故的罗伊·哈罗德（Roy Harrod）的一段通信的支持。在这篇文章中，凯恩斯表示，他希望"在批评上足够有力，迫使古典主义者做出反驳"。参见 1935年8月27日致哈罗德的信：*The Collected Writings of John Maynard Keynes*, edited by Donald Moggridge, New York：St. Martin's Press，1973，Vol. 8，p. 548.

者有能力解决关键的失业问题后很长一段时间内维持这一传统。具有讽刺意味的是，新古典主义者现在无法扑灭经济现实点燃的革命大火，当时这些火焰正在英国的剑桥自身蔓延。

<h2 style="text-align:center">结 论</h2>

凯恩斯对英国的反萧条政策产生了巨大的影响，这一点毋庸置疑，同时他的观点对第二次世界大战后整个欧洲、加拿大和美国的稳定政策都产生了巨大影响。各国政府现在有义务对其选区保证足够的总需求水平，以充分利用各国的劳动力。在英国，这种新的伦理意味着政府经济政策中节俭和放任的结束，直到玛格丽特·撒切尔上台。

梅纳德·凯恩斯和其他力量结合在一起的后果是，在第二次世界大战结束后到撒切尔政府期间，英国失业率非常低。在美国，这种新的伦理导致了1946年的《就业法案》，该法案承诺联邦政府将遵循为那些有能力、有意愿和正在寻求工作的人提供就业机会的政策。

杜鲁门政府大力推行凯恩斯主义的经济政策，肯尼迪和约翰逊政府在1968年越南战争升级之前，或许最成功地遵循了一项修正的凯恩斯主义计划。[①] 这是应该的；这是凯恩斯的意图。凯恩斯并不是为了解决关于假设条件的困惑而写的《通论》，而是出于对政府无法终结大规模失业和贫困的迫切关注。

[①] 下文提供了这些年来将政策作为应用理论的细节：E. Ray Canterbery, *Economics on a New Frontier*, Belmont, Calif.：Wadsworth Publishing Co.，1968。

13
政治经济学的创立

大师们的声音

在这本书中，我们把重点放在了政治经济学的基础上。这些奠基者们并没有把他们的研究称为"经济学"，因为大多数人都是哲学家，他们的视野也像当时所知的那样广阔。今天，不论是好还是坏，我们都已经从"政治"和"伦理"领域迷失了。然而，经济及其主要主体却没有。不管喜不喜欢，政治都潜伏在经济的每一个角落。也许对最初大师们的研究将使我们得以欣赏他们所提供的伟大前景。也许我们缩小这一视野将面临相当大的危险。

重要的是，亚当·斯密不仅发明了市场机制，而且赋予了它魔力。他认为，"自由市场"可以为重要的社会目的服务；它们是摆脱重商主义限制的手段。然而，我们依然记得，斯密面对的是国王和王后，而不是民主政府。在他这个时代，他正面临着政治腐败。他没有忽视经济权力腐败的可能性；他只是滋生了一种毫无根据的乐观主义。斯密也没有否认热爱会带来天赋。但是，在他那个时代，人们关心的是启动工业的引擎，而不是引擎无法满足人们的所有需求。大卫·李嘉图遵循的是一种严谨的、精心设计的逻辑，至今仍被经济学家所钦佩。约翰·斯图亚特·穆勒作为古典学者中的最后一个，目睹了工业发动机发出轰鸣声，并预见到一个时代，此时生产和消费需求可以得到满足，经济生存的动物般的斗争将结束，从而迎来一种幸福的、田园般的状态。

与亚当·斯密相似的是，阿尔弗雷德·马歇尔并不缺乏道德基础，在"富有同情心的保守主义"或保守的悲悯主义时代之前，他也不缺乏同情心。他确实推动了市场理论更接近于斯密的牛顿力学理想，但他把分析的方法局限在脚注上。这些脚注，而不是马歇尔对这一主题的进化论方法，将成为现代微观经济学，直到今天仍然在折磨本科生。这一方法本身现在只是牛顿式的资本主义的讽刺。这一版本的自由市场经济学在这里和那里都包含了今天的正统、当代的经济学范式，尽管不同市场在一般均衡理论中已经变得相互依存。在后一方面，经济学家们跟随李嘉图的脚步，远离亚当·斯密的五颜六色的商人和贸易商，或者在这一点上与现实世界的资本主义保持距离。

凯恩斯健忘症

凯恩斯革命似乎已经消失或被征服了。凯恩斯的思想只有在顽固的经济衰退时期才有活力。今天的许多宏观经济学家没有阅读凯恩斯的《通论》，还吹嘘他们对凯恩斯无知的重要性。对真正认识或记住凯恩斯的原始恐惧在大专院校里比比皆是。这里有一种普遍的凯恩斯主义健忘症。这是为什么呢？

一个问题是，经济学家们对凯恩斯理论中最重要的是什么永远无法达成一致。1935 年，著名剧作家萧伯纳（George Bernard，一位朋友和一位费边社社会主义者）写道，凯恩斯本人像往常一样不谦虚，"你必须知道，我相信我自己正在写一本关于经济理论的书，这本书将在很大程度上革命性地改变——我想不是马上，而是在未来 10 年里——世界思考经济问题的方式……"① 罗伯特·海尔布隆纳强调了这场革命的政策后果："毕竟这里根本不存在自动安全机制！……一场萧条……可能根本无法治愈自己；经济可能会无限期地衰败下去，就像一艘船被困住了一样。"②

凯恩斯的追随者们从一开始就存在分歧，他们对凯恩斯的真正含义有着强烈的不同意见。最初占主导地位的凯恩斯主义观点受到了当时可怕的经济状况的青

① 引自 Roy Harrod, *The Life of John Maynard Keynes*，New York：Augustus Kelley，1969，p. 462。

② Robert L. Heilbroner, *The Worldly Philosophers*，6th Ed.，New York：Simon & Schuster，1986，p. 271.

睐。然而，凯恩斯未能在微观经济学层面上取代马歇尔的价格理论（凯恩斯认为这对他的主要论点不重要）为一种导致反革命的解释打开了大门。理论，而不是杀戮领域，是经济学家的战场。

凯恩斯没有利用琼·罗宾逊的不完美竞争思想。大萧条避开了不完美竞争，就像它破坏了爵士时代的新消费主义一样。然而，琼·罗宾逊的出现和萧条是自阿尔弗雷德·马歇尔以来第一次被广泛承认的经济思想革命的开创性要素。

凯恩斯认为，他所写的一般理论与爱因斯坦的理论是一样的。他的理论是一种关于就业的"一般理论"，他把古典经济学称为"特例"，把古典经济学家称为"非欧几里得世界中的欧几里得几何学家"。凯恩斯完全理解一个空间本身弯曲的宇宙。然而，凯恩斯试图充分整合货币与实体经济学的尝试被误解了，他自己未能运用不完美竞争的做法，使新古典主义范式完好无损，并仍是"一般理论"的竞争者。更糟糕的是，一般均衡甚至作为"特例"，也没有给凯恩斯的理论留下任何空间。

为什么从 20 世纪 80 年代初开始，英国及美国的学者和政策制定者就抛弃了凯恩斯主义？随着时间的推移，凯恩斯经济学越来越接近新古典正统主义，从而使牛顿式的均衡无处不在。为什么会出现新古典主义的反革命？美国凯恩斯正统主义的相似之处比新古典异端主义者凯恩斯所能接受的更接近新古典经济学。正如卡尔·马克思最终宣称他"不是马克思主义者"一样，凯恩斯无疑将不再是凯恩斯主义者。为什么凯恩斯主义者会失去他们的优势？我们已经揭示了部分答案：凯恩斯没有形成包含取代新古典经济学的价格理论的一般理论。在第二卷和第三卷中，我们将重新完成这一画面，因为今天对正统的最严峻的挑战仍然是约翰·梅纳德·凯恩斯的经济学（以这样或那样的形式）。

对"激进经济学家"替代方案的探索

在向这些创始人的对手脱帽致意之前，我们不会离开他们。"激进的经济学家"的作用一直是提请人们注意现实与主流科学之间的差距，而这是一种经常对正统观念感到困惑的做法。然而，如果一位学者的观点有时与正统观点不一致，那么从定义上看，"激进"替代方案是唯一的选择。激进的经济思想家通过走政治经济学路线提供了另一种愿景：不走的路就足以给他们贴上"激进分子"的标签。他们在现实世界或科学危机中得到了最广泛的关注。此外，正如所指出的，这些奠基者本身就是他们所处时代的激进分子。

我们写古典经济学家时，至少要提到卡尔·马克思，他是第一个"激进分子"。马克思反对正统的古典观点。他看到了不稳定、垄断资本和工人疏离，而古典派则通过一种力量——无形的手——理想化了市场自然的自我调节特性，这种力量是牛顿引力常数的化身。美国的"激进分子"将紧随其后，最引人注目的是桑斯坦·凡勃伦，他观察到工业界领袖狭隘地聚焦于货币而非生产的现实，并哀叹产品营销日益重要。

最近，约翰·肯尼斯·加尔布雷斯再次抨击了凡勃伦对新古典主义的抨击，并且认为现代发达经济体的生产需要转移巨大的资源，并特别投入营销和广告，以确保支出，而不是更有特权的收入获得者的储蓄。罗伯特·海尔布隆纳对专业经济学家的习惯表示哀叹，他们对抽象经济进行理论分析，却不透露与当代资本主义的紧密联系。正如我们所证明的那样，奠基者们的思想不是孤立于他们的社会而发展起来的；相反，这些想法只有在他们的时代背景下才是完全可以理解的。同时，最初的凯恩斯的想法已经因后凯恩斯主义者而重新焕发了活力。资本主义的救世主可以被认为是一个"激进分子"，这说明了正统是多么地狭隘。新奥地利学派经济学家的激进右派为正统保守主义提供了忠诚而保守的反对。接下来，在第二卷中，我们将介绍古典经济学和凯恩斯经济学的现代改良版本。然后，在第三卷中，从卡尔·马克思开始，当我们开始研究当代全球经济时，我们考虑了"激进关切"的严重性。

第二卷
上层建筑

致凯蒂（Katie）和珍妮（Jennie）

引　言

本卷的内容是关于经济学已经变成了什么样子。最后，我们将对经济学的命运进行初步的展望。

我们关心的是经济科学今天所处的位置和未来的可能性。我们并没有完全偏离亚当·斯密、大卫·李嘉图、托马斯·马尔萨斯、约翰·斯图亚特·穆勒、阿尔弗雷德·马歇尔和约翰·梅纳德·凯恩斯提出的排在第一位的那些原理。它们仍然是经济学现代上层建筑的基础。

我们继续思考塑造经济学家思维的社会和智力影响。在这方面，我们从 20 世纪 50 年代初美国和其他经济体的经济状况开始，继续用教科书的内容阐述整个 60 年代的经济增长，探讨 20 世纪 70 年代的通货膨胀，然后是 1981—1982 年的大衰退及 1982 年的大萧条、20 世纪 80 年代的间断扩张和经济增长的放缓。我们也正好赶上了 2008 年春季的金融和经济危机。

虽然来源于牛顿力学是数理经济学和不断发展的均衡概念的特征，但在经济科学方面有一些新的变化。典型的情况是，这些变化的领导者主要是诺贝尔奖得主。其中两位获奖者——保罗·萨缪尔森和已故的米尔顿·弗里德曼——从人群中脱颖而出，紧随其后的是罗伯特·索洛、已故的詹姆斯·托宾和罗伯特·卢卡斯，由此产生了凯恩斯主义经济学的改进和著名的卢卡斯批判。在幕后隐藏着伟大的数学家约翰·纳什和一般均衡的思想。在这卷书的中间，我们把纳什带到舞台中央。然后我们介绍了博弈论和实验经济学。

许多经济学家以前所持的教条立场认为，经济科学已经达到了其最终和永久的状态，必须让位于新的数学应用和实验。即使那些没有从经济史的结构中编织出来的思想，也要受到历史的评判；即使是模仿数理性自然科学的科学，最终也要由人类来评判。也许在理论和政策层面上，金融和经济正统思想的最大挑战是全球化。运输和通信成本的降低使各国之间的相互依存性进一步增强。信息的更迅速传播使更多的国家进入发达国家的世界。在这个过程中，金融与世界实体经济之间的联系已经放松了。在很大程度上，金融就像马克·吐温（Mark Twain）所描述的镀金时代之前美国的"狂野西部"。

虽然我们更集中地关注经济思维，但我们不能完全忽视决策者必须应对的社会和经济条件，因此我们考虑经济学家的想法与他们为什么这么认为之间的关系。与各行各业的男女一样，大多数经济学家反映了他们本国文化的价值观，并希望作为负责任的社会成员被他们的同胞接受。因此，他们的思想反映了他们的社会世界，反之亦然。在本卷中，我们仍然发现了一些明显的例外。

我们甚至没有完全离开亚当·斯密（1723—1790 年），当工业革命在英国开始的时候，他也进行了思考和写作。斯密的经济理论符合激烈竞争的商业氛围，因此，在某种意义上，他写了 18 世纪大多数交易商和商人想要读的东西。这一趋势并没有完全消失，因为新古典学派和卢卡斯批判仍然带有重农学派格言，即"自由放任、放任自流（让事情按它们的意愿行事）"的印记，尽管这种影响已经被否认了。简言之，技术，无论多么复杂，都只能隐藏这么多。这并不是要否认诺贝尔奖获得者的前进步伐，而是要我们在进入动荡时代时表现出谨慎态度。

我们仍然需要回忆一下英国科学家和数学家艾萨克·牛顿（1642—1727 年）所描绘的宇宙是如何按照巨大时钟的秩序和精确性运行的，即使这个比喻已经被使用过，也被抛弃了。亚当·斯密将牛顿式的和谐运用到 18 世纪的商业活动中，例如，在一个完美（或近乎完美）竞争的商业世界中发现了几乎完美的供给和需求平衡。处于上层建筑的经济学家使用了更先进的概率工具，以巨大的努力想要摆脱牛顿式引力的影响，就像现代物理学家所做的那样。

经济学家一直在努力解决假设与现实之间，以及他们的想象与现实世界之间的差异。在构建上层建筑的过程中，许多诺贝尔奖得主都是在想象的内部世界和现实的外部世界之间的临界点上工作的。政策制定者却没有这种奢侈的享受。不管喜欢与否，他们都可能遵从纳什均衡、博弈论、小样本的实验结果等，最终他们仍然对国家负责。现实世界中的人们也有价值观和道德观，但越来越多的人意识到，政策制定者在做什么以及后果可能是什么。当经济模型存在的时间已经足够长的时候，至少会得到华尔街上那些富有和消息灵通人士的关注。

现实是最重要的。如果无论多么松散，理论上的政策都不能发挥作用，它们就会被现实压倒。因此，无论数学变得多么纯粹，经济科学都不能完全忽视饥饿、萧条、通货膨胀、战争、股市崩盘、金融不稳定性、失业、无家可归、社会不满和其他社会弊端的现实。这些问题是经济转型过程中转折点的核心。

今天，经济问题仍然存在，因为我们尚未解决 5 000 多年来困扰人类的冲突。我们仍然在争论这样的基本问题，例如：私有制与共同所有制的程度；个人自由与共同利益；私有制相对于公共垄断的优点；快速技术变革相对于一个不受干扰的自然世界的田园乐趣的优势；以及科学的收益与其对人类生存的威胁。

任何新的观点都必须承认冲突的存在。最终，我们将注意到，亚当·斯密的科学体系未能解决社会长期存在的稀缺性、公平权力、公平收入分配、工作满意度和贫困问题——这不是因为科学不精确，而是因为系统隐含的假设。在第一卷中，我们展示了斯密是如何从终结中世纪的科学革命中借用他的假设的。因此，即使到今天，也有太多的现代经济学假设人们表现得像无生命的粒子。只有当我们继续把科学本身视为目的，人类价值观的这种明显扭曲才会继续影响经济学。为了应对后现代的危机，我们必须以人类的生存为出发点，取代天真的 18 世纪自然科学。

与上一卷"奠基"一样，阅读"上层建筑"这一卷的唯一前提是拥有一个喜欢追根究底的头脑。经济学的初学者可以轻松阅读这本书，因为我不预设任何经济学的先验研究。尽管如此，阅读第一卷作为对即将到来的东西的准备还是很有用的。我被告知，多年来《经济学的历程》为初读者提供了有意义的见解，而且我还听说，这本书对那些对经济理论和历史有着深刻理解的人来说，是非常有趣和有价值的。按照同样的方式，这一卷也是为第三卷"激进分子"做准备。第三卷以卡尔·马克思为开篇，马克思在多个意义上定义了"革命"。

与马克思主义一样，维多利亚时代和英国经济思想的主导地位似乎没有尽头。当时，美国正成为"美国梦"的异乎寻常的发源地，这是通过 18 世纪一个以牛顿力学为基础的仁慈的、精细协调的宇宙为信念，从而在很大程度上获得了乐观主义的梦想。随着工业革命在内战期间蔓延到美国，英国的正统主义似乎太过忙碌，以至于没有注意到大英帝国的相对衰落。

强盗大亨资本家在美国内战前的几年里就已经成熟了。尽管霍雷肖·阿尔杰的故事和新教教会在为这些强盗大亨们的荒唐行为辩护的过程中发挥了很大作用，但他们还是要社会达尔文主义者伸出援手，为他们的腐败找到"科学"的理由。社会达尔文主义成为桑斯坦·凡勃伦的陪衬。

继马克思之后，桑斯坦·凡勃伦（1857—1929 年）将成为一位激进的经济主义者。当然了，他不仅仅是这样；凡勃伦创立了美国独有的唯一的经济学学派，即制度主义学派。他是一个奇怪的男人，他的眼睛总是偷偷地盯着女人，她们的吸引力对他的学术生涯几乎是致命的，因为他总是不停地在美国的大学之间转换。他对资本主义的理解与正统的边际主义理论形成了鲜明的对比。他的第一本畅销著作《有闲阶级论》（*The Theory of the Leisure Class*）引入了尖刻的讽刺语言，例如金钱竞争和炫耀性消费，以夸耀的方式展示财富，而这仍是当今经济学的一部分。与阿尔弗雷德·马歇尔形成对比的是，在多余的开支上的浪费变得相当体面了。凡勃伦设法扭转了社会达尔文主义者的情绪。他们的想法只是另一种过时的"制度"。凡勃伦认为，思想落后于现实，因为自由放任者继续捍卫商业腐败和强盗大亨们的垄断行为。

1

美国凯恩斯主义者

哈佛大学的约翰·肯尼斯·加尔布雷斯（1908—2006 年）写道，约翰·梅纳德·凯恩斯长期以来由于其写作的清晰性而受到同事们的质疑。但是，"通过《通论》……他挽回了自己的学术声誉。这是一部艰深晦涩、写得糟糕且过早出版的作品"①。也许，当一个人驶入未知的水域时，就会感觉迷惑。凯恩斯竭力避免将《通论》与他早期的文学作品，例如《和约的经济后果》进行比较。在这场斗争中，凯恩斯取得了巨大的成功，凯恩斯的经典著作也引发了大量的解释。然而，凯恩斯主义革命从哈佛大学的深红色大门进入了美国。

从迷雾中可以分辨出两个松散的"凯恩斯主义者"流派。从这里开始，我们慢慢地转向了，或多或少地按照现代化的秩序排列，有新凯恩斯主义（neo-Keynesians）、更多样化的后凯恩斯主义和新兴凯恩斯主义（New Keynesians）。"新凯恩斯主义"本身就是一个新名词，但定义学派的立场并不是。它属于在大萧条时期成长起来，以及从第二次世界大战的硝烟中崛起的新一代经济学家。

根据 1981 年诺贝尔经济学奖得主、新凯恩斯主义者詹姆斯·托宾（1918—2002 年）的说法，基本问题是市场经济中是否存在具有宏观经济性质的市场失灵。新凯恩斯主义者认为存在市场失灵，并且政府可以对它们采取一些措施。他们认为，需求管理政策可以帮助经济"保持接近平衡轨道"②。他们的政策建议

---

① J. K. Galbraith, *Money: Whence It Came, Where It Went*, Boston: Houghton Mifflin, 1975, pp. 217 - 218.

② Arjo Klamer, *Conversations with Economists*, Totowa, N. J.: Rowman & Allanheld, 1984, p. 101.

符合凯恩斯精神。总的来说，新凯恩斯主义者已经出现了两个分支——财政凯恩斯主义者和新古典凯恩斯主义者。但是，首先，让我们考虑一下美国经济发生的巨大变化，这是美国凯恩斯主义者的熔炉。

第二次世界大战改变了美国经济

萧条和战争不仅改变了经济，也改变了人们的思维。约翰·梅纳德·凯恩斯不是唯一预测第二次世界大战的作家。1875 年出生于德国的小说家托马斯·曼（Thomas Mann）于 1929 年出版了有先见之明的《马里欧和魔术师》（*Mario and the Magician*）一书。在这个故事中，一个德国家庭在夏末被困在一家典型的欧洲酒店里。一家人待的时间比预想的更长，其间去看了一位著名魔术师的表演。这位魔术师显然是个骗子，尽管如此，但他仍然以一种无法抗拒的强大力量留住了观众。家人想离开，但不能；某种力量让他们一直坐在椅子上。被魔术师羞辱的马里奥实现了他的复仇，但无论是他还是那些尊重他的人都没有得到任何满足。没有补救办法，只有寄希望于演出终有一天会结束，尽管它可能会永远持续下去。

曼的故事讲的是法西斯主义，法西斯主义当时已经不仅限于意大利，还影响了许多德国人。他见过"欺骗大师"，也相信人们可能很难区分现实和幻想。1933 年，希特勒政府强迫曼流亡；1944 年，他成了美国公民。

美国小说家欧内斯特·海明威（Ernest Hemingway，1899—1961 年）近距离经历了战争，他 18 岁时在第一次世界大战期间身受重伤。此后，20 世纪 20 年代住在巴黎的斯科特·菲茨杰拉德早已成名，但海明威即将摆脱他的阴影。海明威的小说《太阳照常升起》（*The Sun Also Rises*）讲述的是第一次世界大战后生活在巴黎的"迷惘的一代"美国人。在《永别了，武器》（*A Farewell to Arms*）一书当中，他把浪漫和英勇的男性功绩混为一谈，还有在其他作品中，他吸引了一代男性，他们认为第二次世界大战是"好的、正义的和必要的"战争。他的战时经历最终导致海明威在集体行动中看到了美德。在他 1937 年的《有钱人和没钱人》（*To Have and Have Not*）中，海明威笔下的垂死英雄气喘吁吁地说，

"单独一人不会获得……没有机会。"后来，在《丧钟为谁而鸣》（*For Whom the Bell Tolls*）中，海明威诉求的是人类的兄弟情谊。

当然，大萧条的后代和第二次世界大战的老兵们并没有组成失落的一代。甚至所谓的文学"迷惘的一代"也不相信这一点。他们从生活中学到了海明威的英雄从死亡中学到的东西。他们学到了新的技能，并感激因为《退伍军人权利法案》（G. I. Bill）上了大学。他们中的一些人在哈佛大学了解了凯恩斯，并且变成了下一代的主要经济学家。詹姆斯·托宾和其他人离开哈佛，参加了四年半的战争，然后又回到大学完成学业。非常年轻的保罗·萨缪尔森和稍年长的约翰·肯尼斯·加尔布雷斯当时正在那里教书，还有年纪大得多的阿尔文·汉森、爱德华·张伯伦和约瑟夫·熊彼特。

罗伯特·索洛从孩提时代起就记得大萧条给他的家人和其他人带来的不愉快，他于1940年来到哈佛。当战争来临时，它似乎比学习更重要，他18岁（1942年末）参军，直到1945年才回来学习经济学。阿尔文·汉森和这些相信"一个人"没有机会的年轻人将在美国凯恩斯主义经济学的故事中扮演主要角色。根据索洛的说法，正是三年的军人生涯造就了他的性格，使得他成为一个寻求紧密团结的团体、以技巧和相互忠诚做艰苦工作的人。

就像第二次世界大战塑造了新一代经济学家一样，它也极大地改变了美国经济。这一次——不像第一次世界大战那样——避免了战后的萧条。相反，在将消费推迟16年之后，通过经济萧条和战争，美国人将积累的流动性资产投入房屋、汽车和其他耐用品。《退伍军人权利法案》也帮助了经济扩张，美国重新发现了消费信贷。最后，重建欧洲工厂的马歇尔计划保证盟国将在此期间购买美国产品。这些经济学家是汤姆·布罗考（Tom Brokaw）所称的《最伟大一代》（*The Greatest Generation*，1998年）中的一部分。

在战争期间，出现了大量联邦计划项目。除了内部的军事服务外，还有战时人力委员会、战争生产委员会的控制物资计划、战时劳工委员会、价格管理局等。这些部门发布指令，调动资源。新政已经扩大了联邦政府在经济中的作用：第二次世界大战确认了它的持久存在。

1946年的《就业法案》设立了总统的经济顾问委员会（Council of Economic

Advisers），该法案宣布"联邦政府的持续政策和责任是使用一切可行的手段……最大限度地促进就业、生产和购买力"。这是一份凯恩斯主义的文件，由新政时期的民主党人撰写，由哈里·S.杜鲁门总统签署，但得到了两党的支持。作为自胡佛以来的第一位共和党总统，德怀特·D.艾森豪威尔（Dwight D. Eisenhower）总统启动了公共工程支出以对抗 1953—1954 年的经济衰退。在1957—1958 年的经济衰退中，美国对公共开支和社会保险的依赖程度更高了。

凯恩斯于 1934 年来到白宫，结果却被误解了。正如罗斯福总统所说，他既没有时间，也不需要"幻想的数学家"。尽管如此，但从罗斯福总统去世后开始，凯恩斯主义者在战后的头两个 10 年里仍然主导着经济政策。与同时代的其他美国人一样，凯恩斯主义者是在多年的经济困难中成长起来的，他们的生活被战争打乱，他们也在服兵役的过程中成熟了。友谊将他们联系在一起。[①]

财政凯恩斯主义者

当凯恩斯来到美国时，他在 20 世纪 30 年代后期最重要的新学生是阿尔文·H. 汉森，汉森是哈佛大学的一位教授，而且最初批判了凯恩斯的《通论》。由于汉森是美国学术界的著名人物，经济学界既不能忽视他对凯恩斯迟缓的支持，也不能忽视他的学生们的观点，保罗·安东尼·萨缪尔森就是其中之一。

萨缪尔森的教科书《经济学》（*Economics：An Introductory Analysis*）首次出版于 1948 年，因为这本书对凯恩斯主义理论投入了如此多的篇幅，从而引发了一场反对意见的风暴。然而，它最终将指导世界各地的数百万人，首先是学习财政，然后是学习新古典凯恩斯主义。萨缪尔森的一本更技术性的书，以及他后来在教科书的后期版本中对新古典主义的认可，使得美国凯恩斯主义两种流派之间的转换成为可能。最重要的是，萨缪尔森的革命性教科书让凯恩斯成为美国经

[①] 关于凯恩斯如何来到美国的有趣故事是约翰·肯尼斯·加尔布雷斯在他的《我们时代的生活》（*A Life in Our Times：Memoirs*，Boston：Houghton Mifflin，1981）以及《不确定的年代》（*The Age of Uncertainty*，Boston：Houghton Mifflin，1977，pp. 211-226）中所讲述的。

济思想中被接受的一部分。随着国民收入统计的出现，凯恩斯主义的方法也变得更加实用，这本身就是凯恩斯理论的副产品。

保罗·安东尼·萨缪尔森："坏孩子"名誉退休教授

保罗·安东尼·萨缪尔森后来成为 1970 年的诺贝尔经济学奖得主，他也是美国最受尊敬的自由主义经济学家之一。萨缪尔森 1915 年出生于印第安纳州加里市，这是一个由美国钢铁公司创建的公司小镇，他在凯恩斯主义的乘数中得到了早期的实践经验：随着钢铁厂的蓬勃发展，他父亲的药店生意也在增多。他的家人后来搬到了芝加哥，而萨缪尔森则就读于芝加哥大学，甚至在那时，作为自由放任经济学的源头，加之亚当·斯密的充分权利在芝加哥大学的盛行，他看起来像是一个重商主义者。

1940 年，还只是哈佛大学经济系讲师的萨缪尔森沿着查尔斯河到了麻省理工学院任教，成为一名全职教授。这位身材矮小、有着卷曲红发的年轻人成了一位非常受欢迎的教师，以机智和博学著称。第二次世界大战结束时，萨缪尔森开始教授基本的经济原理，而他的教科书就是在这门课程之外发展起来的。

即便他还只是一个年轻人，也不可能忽视萨缪尔森对美国经济学的影响。他生动活泼的《经济学》教科书普及了这样一种观点（尽管在当时其本质上是激进的），即失业可以通过有意创造政府赤字来解决。《经济学》一书在战后的本科教育领域占据主导地位，就像 20 世纪初阿尔弗雷德·马歇尔的教科书一样。在大一和大二的教室里，很少能找到其他教科书。20 世纪 60 年代初，萨缪尔森是美国总统约翰·F. 肯尼迪（John F. Kennedy）的顾问。此后，萨缪尔森为《新闻周刊》（*Newsweek*）主持撰写一个专栏。在尼克松执政期间，他被认为是足够激进的人，从而在臭名昭著的"敌人名单"中赢得了一席之地。在自由派人士心目中，能够在这份名单上留名，就说明这个人是诚实可靠的。正如前面所提到的，萨缪尔森在 1970 年获得了诺贝尔经济学奖。

根据大多数人的说法，肯尼迪政府是应用美国凯恩斯主义的高潮。肯尼迪总统任命了一个天才的经济顾问委员会（Council of Economic Advisers，CEA），由聪明、潇洒和有说服力的沃尔特·W. 海勒（Walter W. Heller，1915—1987年）领导。海勒生于纽约的布法罗，1935 年毕业于奥伯林学院（Oberlin College，1935 年），后来在威斯康星大学（1941 年）获得博士学位。1961—1964年，海勒担任 CEA 主席。CEA 的第二位成员是詹姆斯·托宾（1918—2002 年），他后来因分析金融市场及其与支出决策、就业、生产和价格的关系而获得 1981年诺贝尔经济学奖。随后，一个明星荟萃的委员会聚集了可能是历史上最好的经济学家，其中包括 1987 年的诺贝尔奖得主麻省理工学院的罗伯特·索洛、马里兰大学的查尔斯·舒尔茨（Charles Schultz）和后来的麻省理工学院商学院院长莱斯特·瑟罗（Lester Thurow）。

1963 年约翰·F. 肯尼迪去世后，林登·B. 约翰逊（Lyndon B. Johnson）总统在沃尔特·海勒的干练协助下，推动美国国会通过了一项以减税和信贷为中心的财政凯恩斯主义计划。那时，查尔斯·舒尔茨是林登·B. 约翰逊的预算主管。随后的强劲经济表现就如同教科书式的财政凯恩斯主义一般。[1] 萨缪尔森的才智和他提交给当选总统肯尼迪的报告大获全胜，巩固了他对财政凯恩斯主义者的影响。展望未来，我们会发现，萨缪尔森的《经济学》的后期版本以及一篇深奥的数学论文将影响新古典凯恩斯主义。但是，让我们不要超前于我们的故事。[2]

凯恩斯交叉

萨缪尔森 1948 年版本的凯恩斯思想与"凯恩斯交叉"（Keynesian cross）联系在一起，即凯恩斯的总需求函数与一条 45°线的交集，而这条线来自萨缪尔森的《经济学》。萨缪尔森认为，凯恩斯交叉具有与需求曲线和供给曲线的马歇尔交叉同等重要的意义，因为它为战后财政政策提供了基本方向。

在画凯恩斯交叉（见图 1.1a）的时候，"好像"生产技术和劳动力规模是给定不变的。所有价值都以现值表示。纵轴是消费和投资商品的总美元价值。横轴

---

[1] 有关约翰·肯尼迪经济学的更多细节，请参见 E. Ray Canterbery, *Economics on a New Frontier*, Belmont, CA: Wadsworth Publishing Co., 1968。

[2] 在一篇被广泛忽视的早期技术性文章中，萨缪尔森还"闭合"了凯恩斯的投资-收入模型，参见 Paul A. Samuelson, "Interactions Between the Multiplier Analysis and the Principle of Acceleration," *Review of Economics and Statistics*, 21（2），75-78（May 1939）。

是国民收入或产品的美元价值。

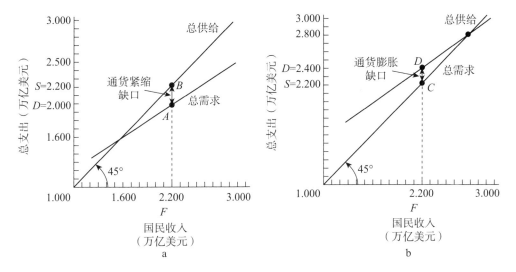

图 1.1　凯恩斯交叉：通货紧缩（a）和通货膨胀（b）

每个交叉处有两条线。总需求线是指在特定国民收入水平下将发生的消费品和投资商品支出总额。正如凯恩斯所推测的那样，总需求随着国民收入的增加而增加，但不是以 1∶1 的方式增长。凯恩斯主义交叉中的总供给量被另外命名为"45°模型"，表明随着国民收入的增加，潜在供给的商品和服务的美元价值也会增加，也就是说，得到的收入每增加一美元，可获得的商品和服务的总量也会增加一美元。这实际上是一条"凯恩斯定律"，其中"需求创造了自己的供给"。

假设在一个经济中，实现充分就业（每个想以现行工资找到一份工作的人都得到了工作）需要 2.2 万亿美元的国民收入（见图 1.1a）。但是，唉，国民收入不可能达到如此高的水平。在国民收入均衡中，支出必须完全等于商品和服务的美元价值。这一条件在收入水平为 1.6 万亿美元时得到满足。国民收入为 2.2 万亿美元时，所提供的商品和服务的美元价值（S）将比在此国民收入水平下的总需求（D）高出 0.2 万亿美元。萨缪尔森将这一状况，即 AB 之间的距离，称为通货紧缩缺口（deflationary gap）。

对凯恩斯来说，政府支出如果达到 0.2 万亿美元的净水平，就能缩小通货紧缩缺口，促进充分就业。这将使总需求增加到 2.2 万亿美元（B 点）。看似神奇的乘数（3 倍）将使国民收入从 1.6 美元增加到 2.2 万亿美元，或增加 0.6 万亿美元。那么，国民收入和充分就业的均衡水平将同时达到 2.2 万亿美元。在经历了大萧条的绝望之后，决策者们坚持旧的凯恩斯主义交叉，因为它承诺结束失业和巨大不确定性带来的痛苦。

然而，萧条的经济在某种程度上是个特例。在"正常"时期，当国民收入受到财政政策的刺激时，部分增长来自价格不断上涨，部分增长来自商品和服务的增加——更多钢、更长的核算时间。交叉图无法区分这两种来源：它不能区分国民收入的实际增长（来自更高的生产率）和名义增长（更高的价格）。萨缪尔森和财政凯恩斯主义者忽视了这一限制，继续用图表来解释纯粹的通胀条件。

假设经济条件就是图 1.1b 中显示的那样，那么充分就业所需的国民收入水平（2.2 万亿美元）在国民收入均衡水平的左边，现在是 2.8 万亿美元。萨缪尔森认为 CD 的距离是通货膨胀缺口（inflationary gap）。在这里，处于均衡状态的国民收入的美元价值明显膨胀了，因为如果没有过剩的工人，现有的商品和服务必须通过提高价格来配给，在 2.2 万亿美元的国民收入水平上产生的 2.4 万亿美元的总需求，要比供给的美元总价值高出 0.2 万亿美元。

在这种卡通凯恩斯主义中，通胀的唯一原因是供大于求——向工业的气球中注入的气体过多。（其他作家用其他比喻称这种通胀为需求拉动的通货膨胀。）面对不断飙升的价格，凯恩斯主义政策制定者只是逆转了凯恩斯的刺激性、反通货膨胀政策。如果总需求能够减少（在这个例子中降至 2.2 万亿美元），价格将降至原来的水平。

然后，开出的政策处方将是通过削减政府开支、提高税率和提高利率——所有这些减少耐用品支出的方法，部分地使"气球"收缩。用那个时代的说法就是，"收紧的联邦预算"和"收紧的货币"会使经济紧缩。

当我们从理论转向政策的时候，这个热气球式的价格理论被证明是夸夸其谈。为了使模型起作用，在稳定价格水平上的国民收入（2.2 万亿美元）和实际国民收入（2.8 万亿美元）之间的全部数额必须是价格通货膨胀：纯粹的热气体。否则，当限制性的货币和财政政策导致国民收入下降时，生产也会减少，因此与生产有关的就业也会减少。气球不会缓缓下降。

菲利普斯曲线

在财政凯恩斯主义中，在通货膨胀和失业之间不应该存在权衡取舍。但这事实上是存在的。在世界另一边的英国经济学家 A. W. 菲利普斯（A. W. Phillips）抬头看到了异常现象，并绘制了菲利普斯曲线。它将货币工资率的变化百分比以及与之相关的纵轴上的生活成本通货膨胀率，与横轴上的失业率联系起来（见图1.2）。工资通货膨胀在超过长期生产力增长速度之前，不会转化为价格通胀（在图 1.2 中是每年约 3%）。

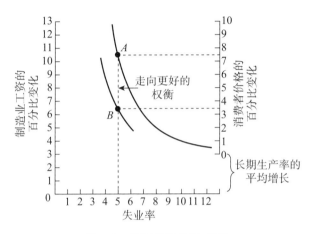

图 1.2　菲利普斯曲线（%）

菲利普斯曲线的这一修正对经济学家们来说很尴尬。凯恩斯主义国民收入模型的解决方案不再像牛顿力学那样整洁了。要么必须改变现实，要么必须改变经济学。当然，对付现实要难得多，或者正如温斯顿·丘吉尔可能会说的那样，更难以忍受。

菲利普斯曲线的形状大概反映了竞争激烈的劳动力市场。在经济繁荣时期，劳动力需求的增加推高了工资的增长速度，这意味着生产成本上升和产品通货膨胀率上升。（工资在生产成本中占最大份额。）在这种情况下，失业率会下降。而在经济衰退期间，则会出现相反的趋势。

萨缪尔森和索洛将菲利普斯曲线应用于 20 世纪 50 年代和 60 年代的美国经济中，它显示了低失业率确实是对通货膨胀的权衡。此外，这种关系被认为将会是稳定的。对于那些希望同时拥有低通货膨胀率和低失业率、代表选民意愿的总统们来说，这不是个好消息。如果现实世界像图 1.2 中右边的曲线那样，那么一项将通货膨胀率从 7.5% 降低到 3% 的政策将使失业率从 5% 提高到 7%。对于现任者来说，这可能意味着"再见，华盛顿特区"。

对于财政凯恩斯主义者来说，有一线希望：与早期相比，20 世纪 50 年代和 60 年代在曲线上表现出略微右移（趋向于更高的通货膨胀率和更多的失业）。如果曲线可以向右移动，为什么不向左移动？"左"是凯恩斯最喜欢的政策方向。有没有可能改变个人和机构在曲线上的位置的重要行为？如果这一左移导致了与旧曲线平行的曲线（如图 1.2 所示），通货膨胀率将从 7.5%（A 点）降至 3.5%（B 点），失业率保持在 5% 不变。当然，如果它意味着稳定的失业率，一个社会就会倾向于较低的通货膨胀率。但是，只要通货膨胀率保持适度，选民就可以保持满意。然而，经济学几乎总是比政治学要求更高。

走向希克斯-汉森综合

保罗·萨缪尔森并不打算接受新古典凯恩斯主义的概念。在新古典凯恩斯主义种子的播撒和新分支的成长之间有很长一段时间。我们已经习惯了这样的观点：因为旧正统的捍卫者的才智力量，科学的变化是渐进的。

当英国经济学家约翰·R. 希克斯（John R. Hicks，1972 年诺贝尔经济学奖得主）教授用新古典主义术语改写其信息时，《通论》还几乎没有掌握在公众手中。希克斯遵循了将所有变量视为真实值的古典和新古典主义传统。因此，在希克斯的版本中，图 1.1 中的所有值都将通过价格指数进行调整。对于面临通货膨胀的政策制定者来说，这一变化使这一困难更加复杂：他们必须在没有价格的情况下描述价格上涨的原因！

凯恩斯曾指出，在马歇尔经济学中，仅靠投资和储蓄不足以解释利率，但它们可以与利率一起来预测收入水平，也可以结合收入水平预测利率。由于凯恩斯对利率的解释不完整，希克斯将马歇尔与凯恩斯的思想结合在一起，设计出教科书中的 *IS-LM* 框架。整个经济被简化为只在一个点上交叉的两条直线，表达了利率和国民收入的价值。

最奇妙的是，均衡同时存在于货币市场和商品市场中。几乎不可思议的是，单一利率就使得所需货币量等于其供给量，同时使得所需求的商品数量也等于所供给的商品数量。希克斯表明了货币供给和需求之间的货币市场，以及在投资与储蓄之间的商品市场同时实现均衡的可能性。

从 45°线过渡到 IS-LM 模型

希克斯的模型在适当的时候获得了一个高度字母化的名称，即 IS-LM 模型。魔鬼就在细节中。IS 曲线代表了萨缪尔森 1948 年版本的凯恩斯思想，这一思想与凯恩斯的总需求函数和 45°线（萨缪尔森《经济学》中的一条线）的交点，即"凯恩斯交叉"有关。这个交叉非常受欢迎，以至于它接近《圣经》的地位（至少在经济学中是如此）。如果梅尔·吉布森（Mel Gibson）在 1950 年就导演了《耶稣受难记》（*The Passion*）这部戏，凯恩斯交叉可能会进入电影，总需求和总产出只有在 45°线上的点上是相等的。萨缪尔森和他的美国凯恩斯主义追随者现在认为，凯恩斯交叉具有与需求曲线和供给曲线的马歇尔交叉同等重要的意义，因为它为战后财政政策提供了基本方向。当然，如果没有上帝，他们是正确的。与哥白尼关于地球自转的临终观点不同，财政凯恩斯主义者不会放弃，但后来他们会修正菲利普斯曲线的估计。还需要进一步做出重要的附加说明。凯恩斯交叉被画成"好像"生产技术和劳动力的规模是给定不变的。

新古典凯恩斯主义者

萨缪尔森的《经济分析基础》：宏观经济学的微观基础

正如我们已经说过的，保罗·萨缪尔森在经济学中的地位和风格也影响了凯恩斯主义者中的新古典经济学分支。当然，这是有原因的。美国经济学家对他们的经济学是一门"科学"非常敏感，他们很少仅仅因为对公共政策、公共辩论或教育的贡献而在自己的职业领域中赢得赞誉。沃尔特·海勒从未获得过诺贝尔奖，约翰·肯尼斯·加尔布雷斯也是如此，尽管后者对 21 世纪的经济思想的统治无疑使他具备了这样的资格。

在经济学家中，萨缪尔森的地位来源于他晦涩难解的《经济分析的基础》（*Foundations of Economic Analysis*，1947 年），这本书最应该为使得数理经济学成为主流经济学学术的一部分负责。《经济分析的基础》大部分都是微观经济学，但它的数学和对均衡的关注使新古典凯恩斯主义者着迷。《经济分析的基础》将马歇尔的粗糙数学从他的《经济学原理》的脚注中提取出来，使数学与时俱进，并与热力学的进步保持一致，然后将其转化为主要文本。《经济分析的基础》以新颖、坚定、无懈可击的数学形式表达了马歇尔的经济要点。我们将在第 3 章和第 4 章中更详细地介绍这本书。

希克斯-汉森综合

在 *IS* 曲线中，*I* 代表投资，*S* 代表储蓄；在 *LM* 曲线中，*L* 代表流动性偏好（货币需求），*M* 代表货币。由于国民收入处于均衡状态（正如凯恩斯的理论），储蓄（*S*）等于均衡收入（*Y*）每一水平上的投资（*I*）。由于货币市场处于均衡状态，所需货币量（*L*）等于供给量（*M*）。图 1.3 中的 *IS* 曲线和 *LM* 曲线是由这些条件构成的。

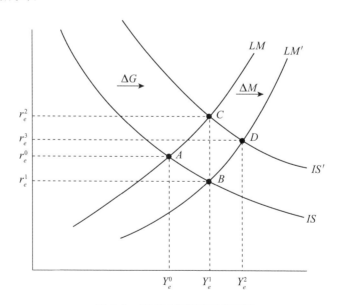

图 1.3   *IS-LM* 模型和政策变动

希克斯的 LM 曲线记录了可能的国民收入和利率组合，即固定货币供给量等于对流动性的偏好（货币需求）。希克斯根本不相信陷入流动性陷阱的利率概念。相反，希克斯认为，当货币供给量增加时，利率总是可以降低。另外，他说，总支出和收入的增加将增加流动性偏好。在一个固定的货币供给水平上，不断上升的收入导致的货币需求不断增加（为了进行更多的交易），必须通过提高利率来进行配给。向上倾斜的 LM 曲线显示了国民收入的增长是如何以货币市场利率上升为代价的方式来实现的。①

IS 曲线描绘了使得储蓄等于投资的所有国民收入和利率的组合，也就是说，此前图 1.1 中表现出来的所有国民收入都是均衡的国民收入。由于 IS 曲线是向下倾斜的，希克斯显然没有接受投资可能对利率不敏感的观点。如果利率下降，投资就会增加。在凯恩斯主义的国民收入平衡中，储蓄和投资仍然是相等的。然而，随着利率的下降，储蓄将会等于在国民收入水平越来越高的情况下的投资水平。

最令人兴奋的是初始 IS 曲线和 LM 曲线交叉的地方，此时利率和国民收入同时处于均衡状态。存在一般均衡，即均衡利率（r_e^0 的水平），不仅使货币需求等于货币供给，而且使投资等于储蓄，因此国民收入也处于均衡状态（在 Y_e^0 的水平）。这一小装置不仅当时对货币和财政政策很重要，而且至今仍很重要。货币供给量的增加（将 LM 曲线向右移动到 LM'）会产生较低的均衡利率（r_e^1），并且可以预见的是，会有更高的均衡国民收入（Y_e^0）。由联邦支出（G）的净增加所代表的更大的联邦预算赤字将 IS 曲线向右移动到 IS'。由于利率上升到 r_e^2，均衡的国民收入只会增加到 Y_e^1。

有一种典型的"挤出"方式，即以较高的债务利率"挤出"一些投资。通常

---

① 利用一种显然是为了折磨经济学专业的学生而设计的问题，凯恩斯的结论是："因此，古典理论所使用的函数，即投资的响应和从给定收入中节省下来的金额对利率变化的反应，并不能为利率理论提供材料；但它可以告诉我们，如果（从一些其他来源）给定利率，收入水平将是多少；或者，如果要将收入水平维持在某一特定数字（例如，与充分就业相对应的水平），利率必须是多少。"John Maynard Keynes, *The General Theory of Employment, Interest, and Money*, New York: Harcourt, Brace & World, 1936, pp. 181-182.

强大的凯恩斯乘数被利率敏感性投资的抵消所削弱。后一种效应——随着利率的上升，凯恩斯乘数的衰减——是凯恩斯主义最重要的新特征。利率提高挤出了私人投资，形成了宽松货币政策的构想，货币供给量的增加将在 IS 曲线转向 IS' 曲线的同时，将 LM 曲线转变为 LM'。然后，利率将停留在一个中点（ r_e^3 ），从而使国民收入一路上升到 Y_e^2 。

但是，凯恩斯和希克斯并没有达成一致。凯恩斯本人在 1937 年 3 月 31 日写给希克斯的一封信中说了同样多的话。[1] 在 IS 曲线上的一次向右运动并不一定会提高利率。在 IS-LM 模型中使用实际国民收入掩盖了预期在决定企业投资方面的重要性。此外，该模型没有对劳动力市场的状况做出判断。

当凯恩斯试图把收入、投资和货币需求放在一起解释利率时，他的阐述非常不清楚。尽管如此，但当时希克斯忽略了凯恩斯的主要观点，即预期和不确定性的重要性如何超过了利率［在投资决策和个人对流动性（现金）的偏好方面］。

正如我们所说，希克斯的影响被耽搁了——在大西洋的这一边，是因为美国凯恩斯主义者在 20 世纪 30 年代末成功地把凯恩斯交叉带到了华盛顿，以及带给了在二战后数百万阅读萨缪尔森经济学的学生。[2]

事实上，有一段时间，美国凯恩斯主义者似乎完全可以避免希克斯的重新解读，尽管当时美国重要的凯恩斯主义者阿尔文·汉森在 1953 年出版的一本新书中突出地展示了希克斯的平滑曲线。[3] 但是，汉森此前的学生保罗·萨缪尔森显然在前往大马士革的路上读到了这本书，并皈依了这一理论。对那些受过数学训

---

[1]　Elizabeth Johnson and Donald Moggridge, eds., *The Collected Writings of John Maynard Keynes*, Volume XIV, London: Macmillan & Co., 1971, pp. 79-81.

[2]　希克斯的信息可以参见 "Mr. Keynes and the Classics, A Suggested Interpretation," *Econometrica*, 5, 147-159 (1937)。

[3]　参见 Alvin H. Hansen, *A Guide to Keynes*, New York: McGraw-Hill, 1953, pp. 140-153。这里有一些讽刺意味。汉森和他的研讨会在把华盛顿特区的官员带到哈佛大学的过程中起到了重要的作用。完整的故事参见 John Kenneth Galbraith, "How Keynes Came to America," in *Economics*, *Peace and Laughter*, Boston: Houghton Mifflin, 1971, 美联储的关键凯恩斯主义者，如马里纳·S. 埃克勒斯（Marriner S. Eccles）和与加尔布雷斯结盟的劳克林·居里（Lauchlin Currie），在新政时代把凯恩斯带到白宫方面也很有影响，参见 John Kenneth Galbraith, *A Life in Our Times*: *Memoirs*, Boston: Houghton Mifflin, 1981, pp. 68-70。

练、对物理学感兴趣、对牛顿式比喻有敏锐眼光，以及在一个经济学家正努力使经济学成为与自然科学同样意义上的科学的时代从事写作的人来说，普遍均衡是无法抗拒的。萨缪尔森将希克斯体系纳入了他的著名教科书，在 1961 年的版本中，他欢乐地将这一和解称为"伟大的新古典主义综合"！

然而，随后的辩论与书信的相似之处甚少。越来越多地，凯恩斯和原始新古典学派之间的差异被减少到关于各种曲线的形状的争论，它们中的任何一个都与同时代的玛丽莲·梦露（Marilyn Monroe）没有任何关系。保罗·萨缪尔森并不会接受新古典凯恩斯主义的概念。就像经常发生的一样，在新古典凯恩斯主义种子的播撒和新分支的成长之间，有很长一段时间已经过去了。

最大的兴奋发生在 *IS* 曲线和 *LM* 曲线交叉处，此时利率和国民收入同时处于均衡状态。一般均衡存在，即，均衡利率不仅允许货币需求等于货币供给，而且允许投资等于储蓄。因此，国民收入也处于均衡状态。需要注意，在 *IS* 曲线和 *LM* 曲线发生移动后，货币市场（在现实中从未离开平衡）和商品市场恢复了被称为均衡的平衡。*A* 点是初始均衡，*B* 点是纯货币政策均衡，*C* 点是纯财政政策均衡，*D* 点是协调的货币和财政政策的结果。

IS-LM 模型：再思考

如前所述，约翰·梅纳德·凯恩斯和 J. R. 希克斯对希克斯的"小装置"持不同意见。凯恩斯认为，首先，联邦预算赤字不一定会提高利率；这都取决于经济中的所有潜在条件。只有一种尝试性的均衡倾向。在试图将收入、投资和货币需求综合起来解释利率时，凯恩斯的解释就非常不清晰了。尽管如此，但当时的希克斯忽略了凯恩斯有关现金的主要观点，即预期和不确定性的重要性如何超过了利率［在投资决策和个人对流动性（现金）的偏好方面］。

正如我们已经说过的，希克斯的影响在大西洋的美国一侧被推迟了，因为美国凯恩斯主义者在 20 世纪 30 年代末成功地将凯恩斯主义交叉分析带到了华盛顿，并带给了第二次世界大战后数百万读萨缪尔森式的经济学的学生。

这是真的。但正是明智的财政政策这种经济的新陀螺仪使所有市场的同时均衡成为可能。至于产品市场，凯恩斯的体系使他们处于读者喜欢的任何竞争状态，新古典主义者自然选择了完全竞争。当然，在完全竞争确保低通货膨胀率的一定程度上，对均衡和经济稳定的信念符合现实。

在约翰·希克斯爵士（Sir John Hicks）不知不觉中开始了反改革的 37 年之后他收回了自己的观点，承认凯恩斯对货币、投资和不确定性的看法有更深层次的含义。[1] 他是唯一放弃的凯恩斯主义者。但是，正如希克斯最初的时机不佳一样，它又一次消失了，因为经济学家没有什么理由注意到。在 20 世纪 50 年代和 60 年代的大部分时间里，通货膨胀和高利率都不是问题，希克斯-汉森模型与数据和时代同步，在这个时期，凯恩斯主义政策似乎运转良好。当信贷市场流动性强、私人投资对利率波动敏感时，IS-LM 框架是一个很好的政策工具。换句话说，如果衰退是温和的，企业和消费者的信心至少是适度的，政策诱导的均衡就是有意义的。

拯救凯恩斯的理论

就像古老的乡村歌曲中坐在舞厅里的女人一样，经济学家们喜欢带着"带领他们"的理论回家。当通货膨胀在 20 世纪 70 年代成为一个问题时，财政凯恩斯主义和新古典凯恩斯主义似乎不那么重要。但自然地，那些创立了新的美国宏观经济学的凯恩斯主义者已经准备好为自己的成果而战。他们想"拯救"凯恩斯的理论。但是，哪一种理论？

通货膨胀工资

人们经常错误地说凯恩斯不担心通货膨胀。他当然不担心大萧条时期的通货膨胀，凯恩斯主义者也不担心。第二次世界大战期间，他确实担心，他写了《如何支付战争费用》，并在其中建议政府要求家庭购买政府债券作为"强迫储蓄"的一种方式。此外，凯恩斯的经典著作中还提出了另一种模式。

---

[1] 希克斯改变后的观点出现在《凯恩斯经济学的危机》（*The Crisis in Keynesian Economics*，New York：Basic Books，1974）一书中。这是一本好书。

这个模型的一部分包含在《通论》第 21 章"价格理论"中。第二部分主要出现在《通轮》第 22 章"贸易周期的注释"中，但整本书的各个部分都有所涉及，不确定原则被用来解释商业波动。在《通轮》第 21 章中，凯恩斯展示了在充分就业之前通货膨胀是如何开始的，就像我们现在所说的菲利普斯曲线所描述的那样。

凯恩斯写道：对于一个行业来说，其产品的价格取决于向生产人员支付的款项，这些款项被归入生产成本。如果给定了生产技术，并且具备了必要的设备，那么一般的价格水平在很大程度上取决于工资率。在实现充分就业之前，总有效需求的增加在产出膨胀和工资上涨导致的价格上涨之间进行分配。

如果是这样的话，总供给线并不是财政凯恩斯主义者简单的 45°线指南。工资率是单位生产成本的主要组成部分，工资率的提高会吸引生产者减少产量，但同时也会提高价格以反映生产成本的增加。即使在价格上涨的情况下，生产（因此也是就业）也有可能被削减。当然，这样的结果被认为是凯恩斯的财政主义或新古典主义视野中的异常，更不用说菲利普斯曲线了。

凯恩斯的这一更为完整的总需求和总供给图景被自称是凯恩斯的合法继承人的后凯恩斯主义者所掌握。他们认为，这一基于工资和成本的理论将在通货膨胀和失业同时发生的时期拯救这一理论。然而，拥有凯恩斯的特权并建立宏观经济学上层建筑的凯恩斯主义者们否认了后凯恩斯主义者的观点，将他们作为"激进分子"加以驱逐，因此本书将后凯恩斯主义者纳入第三卷中。

不存在拍卖人的情形

在我们离开凯恩斯和他的许多模型之前，我们需要提到试图重振他的理论的第二次，甚至是辉煌的尝试。两位经济学家——罗伯特·克罗尔（Robert Clower）和看似不易正确发音的阿克塞尔·莱琼霍夫德（Axel Leijonhufvud）——为凯恩斯的非均衡观点进行了辩护。他们声称，新古典反革命者所描述的一般均衡需要经济中瞬时实现价格和产出调整。但要彻底出清市场，需要一个"瓦尔拉斯式的拍卖人"。（参考里昂·瓦尔拉斯，他让每个人都"摸索"正确的价格。）拍卖商喊出每样东西的价格，包括劳动力价格（工资率），经济中的每一个主体都有足够的信息来进行精确的调整，所以所有的市场价格都是真正的均衡价格。

罗伯特·克罗尔（1926— ）是第二次世界大战时期的一员，1943 年加入美国军队，在那里一直待到战争结束。此后，他以罗兹学者的身份在约翰·R. 希克斯的指导下在牛津大学学习（1949—1952 年）。他后来与莱琼霍夫德一起成为后凯恩斯经济学的创始人之一。当克罗尔对莱琼霍夫德的毕业论文产生影响时，他们都在西北大学，而克罗尔最著名的研究成果与莱琼霍夫德的类似，发表于 1968 年。

克罗尔和莱琼霍夫德的结论是，在现实世界中，没有宏观经济的拍卖师。目前的价格，包括工资率，是不完善的，因为个人没有完全的知识。也就是说，人们根据"错误"的价格行事，因为它们不是真正的均衡价格。

根据有洞察力的莱琼霍夫德的观点，只有收入允许的那些个人才会做出反应。失业工人提供了一个不可靠的可支出资金来源。与萨缪尔森的选择理论相反，收入约束是至关重要的。因此，市场对扰动的调整是通过收入反应和生产变化来进行的，而且只是因为价格变化才会有滞后。现实世界是一个信息不完全的世界，人们不会等待所有这些价格调整的发生。这种价格非均衡进一步削弱了一般均衡和瓦尔拉斯学派观点的实用性。从这一开创性的工作中，经济学家开始发展非均衡模型。今天，罗伯特·索洛的"凯恩斯主义"就是基于这样的思想：产出和就业调整比价格慢得多，即使是它们也是迟缓的。对于克罗尔、莱琼霍夫德和索洛而言，在凯恩斯主义的短暂时间段中，完全竞争并不会在现实世界中占上风。

凯恩斯本人对不确定性的看法甚至更为激烈。例如，他将股市比作一场"接龙（game of snap）、击鼓传花（Old Maid）和抢椅子（musical chairs）的游戏"。在《通论》发表一年后，他在重申该理论时几乎排除了任何其他因素，强调知识的不确定性和预见性是造成资源未被利用的原因。[①] 那么，凯恩斯不仅会放弃均衡，转而支持非均衡，而且会质疑完全基于均衡模型的政策的有效性。那时，充

---

① John M. Keynes，"The General Theory of Employment," *Quarterly Journal of Economics*，51，209-223 （February 1937）．

分就业均衡只能通过政府行动来争取达成。

这就引发了有关卡尔·马克思的那个问题：如果凯恩斯在 20 世纪 60 年代中期之后还活着，卡尔·马克思会是凯恩斯主义者吗？我们可以相当肯定他不会是一位新古典主义者。

2

现代货币主义者

格鲁-撒克逊凯恩斯主义者的新古典反革命为货币主义者的崛起搭建了舞台，他们根植于 20 世纪 50 年代末一个专门的美国集团。尽管如此，但他们还是从英国古典经济学家的货币理论中汲取了自己的观点，并相信市场体系的自我修正性质。一旦货币供应以"正确的速度"增长，货币主义者就会依赖马歇尔或瓦尔拉斯式的价格结果来解释经济的商品子结构。

尽管如此，但我们还是注意到，历史上的社会问题是如何与对经济理论的忠诚交织在一起的，无论这个理论是旧的还是新的。新货币主义反革命的成功体现在 20 世纪 70 年代初开始的经济危机中。那时，失业和通货膨胀的双重麻烦出现了，这在财政或新古典凯恩斯主义中或者在菲利普斯曲线情况下是不可能发生的。

有足够的尴尬可以让每个人分享。在 20 世纪 50 年代和 60 年代，凯恩斯主义者认为货币主义者是古怪的。在 20 世纪 70 年代的艰难时期，"老式"凯恩斯主义者变成了古怪的一方。货币主义者又将此称谓转向了凯恩斯主义者和约翰·梅纳德·凯恩斯。与货币主义者的原因结合在一起的是经济环境发生了巨大变化。

20 世纪 70 年代的通货膨胀-失业危机

1971 年 8 月 15 日发生了通货膨胀-失业危机的戏剧性预兆。在那一天，把捍卫自由市场、自由放任资本主义和用扣赤色帽子进行迫害作为政治生涯基础的理查德·M. 尼克松（Richard M. Nixon）总统，采取了广泛的工资和价格控制措施，震惊了全国。尼克松的政策逆转是承认所有新凯恩斯主义政策手段都未能在不引起严重萧条的情况下减缓通货膨胀。

一场重大的经济学危机浮出水面：它未能解释菲利普斯曲线交易为何不持久。在自然失业率下，扩张性财政政策和货币政策只会导致通货膨胀。20 世纪 50 年代和 60 年代中期相当温和的菲利普斯曲线权衡关系消失了。到 1973 年和 1979 年末，危机重演，两届新政府策划了经济衰退，试图减缓通货膨胀。但是，这一次，失业率和通货膨胀率都将飙升。

把社会危机与经济学价值观并列是有充分理由的。没有什么是社会危机，除非社会这么说。在美国和英国，通货膨胀和失业这两种双生而又独立的危机变成了一场社会危机；这就是货币主义反革命的原因所在。货币主义者声称，他们的理论可以解释通货膨胀，而凯恩斯主义者却做不到。

假设在 20 世纪 70 年代末，一位普通的在职经济学家，也是一位处于黄金工作年龄的男性户主，面临着可怕的个人失业前景和当前收入为零情况下的必需品价格上涨。他的政策建议或预测会有所不同吗？摩根公司的职业经济学家会预言，为了解决通货膨胀问题，我们必须接受 8% 的失业率。假设他的雇主告诉他，只要经济学家能接受，摩根公司就能接受。再加上失业率高企会导致通货膨胀，这位经济学家很可能会考虑扭转他的预测，试图挽救他的工作。

对于普通工人和经济学家来说，这种个人困境描绘了通胀与失业之间更为残酷的权衡的人性一面，因为毫无疑问，许多新凯恩斯主义者对 20 世纪 70 年代的两位数通货膨胀率和高失业率感到非常尴尬。一场社会危机变成了经济理论上的危机，因为新凯恩斯主义经济学并没有将失业和通货膨胀作为巧合。然而，特别是在 1968 年越南战争升级（以及林登·约翰逊总统未能遵照经济学家的建议提高税收以支付一场不受欢迎的战争）之后，通货膨胀的势头是如此之猛，以至于在造成社会可接受的失业率水平方面几乎没有把握。

通货膨胀带来的问题

在我们考虑由同时出现的失业和通货膨胀所造成的政策困境之前，让我们先来考虑一下通货膨胀造成的一些问题，特别是当通货膨胀非常严重的时候。好莱坞成立早期的一位演员 W. C. 菲尔德（W. C. Fields，1880—1946 年）使用了一种不同于今天的经济学家所能允许的幽默方式来衡量通货膨胀。菲尔德指出，大约在 1924 年左右，"通货膨胀已经超过每夸脱 1 美元"。而且，经历了咆哮的 20 年代。经济学家们冷酷地把通货膨胀定义为物价水平的持续增长，通常是以价格水平的百分比变化（用价格指数来衡量）来校准。为什么 20 世纪 20 年代和 70 年代的商品通货膨胀会成为一个问题呢？

通货膨胀是一种无形的税收，它能重新分配收入。物价上涨使货币收入增长速度低于支付价格的人失去了实际购买力，并将其重新分配给那些货币收入增长速度快于所支付价格的人。作为一个粗略的概括，那些依靠固定收入生活的人，比如养老金领取者或大学教授，都因通货膨胀而承受沉重税赋。在 20 世纪 70 年代，高度组织化的工会工人感受到的通胀之痛要少得多。例如，1967—1978 年，钢铁工人的平均收入（扣除税收和通货膨胀的影响后）增加了 32%，而普通大学教授的收入却下降了 17.5%。

当债务以固定美元表示时，意外的通货膨胀也会将来自债权人的财富再分配给债务人——那些正在借钱的人。你是否会抱怨这种再分配，在很大程度上取决于你是谁，你做什么，你所处的时代，你的价值判断。一些人会争辩说，债权人比债务人更富有，不应该因为他们的相对财富的减少而担忧。收入相对较低的债务人正在用价值较低的货币偿还他们的借款。即使你不因为债权人财富的相对减少为阿根廷和拉丁美洲其他国家的通货膨胀而哭泣，随着通货膨胀的持续，穷人和中产阶级家庭借款的货币利率飙升也可能会牵动你的心弦。对于利率与关键债券利率挂钩的房主，随着抵押贷款的货币利率飙升，这些房主可能会面临银行的止赎。

突如其来的通货膨胀也将财富从资产价格上涨较慢的人再分配给资产增长速度较快的人。对这一问题的全面理解取决于价格上涨。例如，房主可能经历了相对财富的大幅增长，因为在 20 世纪 70 年代的通货膨胀期间，住房（一种实际资产）的价格上涨得如此之快，而那些持有债券（一种金融资产）的人则看到他们债券的价值下降。债券的困境是债券价格与利率成反比关系的结果，利率往往随着商品的通货膨胀而上升。在任何情况下，高收入家庭都有资金的灵活性，可以将它们的资源从一种资产转移到另一种以更快的速度升值的资产。

因此，很难准确地评估通货膨胀对各种收入和财富群体的净的不同影响。当然，当必需品价格上涨最快时，严重的通货膨胀会造成最大的社会问题，因为大多数人口的购买力会下降。20 世纪 70 年代的通货膨胀大多伴随着这种令人不安的变化。正是这种财富的再分配在 2007—2008 年开始重新成为美国经济的特征，但原因更为复杂。

通货膨胀的根源

通货膨胀按其原因至少可以分为四种类型：需求拉动、成本推动、结构性的和预期性的。虽然这一划分很有用，但在实际中很难确定。纯粹的需求拉动型通货膨胀是总需求超过了潜在产出，这是在凯恩斯交叉图中可以发现的通货膨胀类型。成本推动型通货膨胀可能是源于工会要求提高工资（和管理默许）的压力，或生产中使用的原材料和其他商品的更高成本。这样的"卖方通货膨胀"可能源于高度集中的行业，如制铝或汽油提炼，这些行业几乎不面临来自替代其制成品的产品或服务的竞争。例如，卖方来自市场力量的通货膨胀，有时会从作为一种生产成本的塑料价格蔓延到作为最终产品的汽车价格。另一个导致卖方通货膨胀的因素是进一步生产所需的投入品价格的稳定上涨。20 世纪 70 年代原油价格飞涨是一个典型的例子。一个行业的商品价格上涨会导致下一个行业的成本增加，依此类推。

结构性通货膨胀是需求拉动和成本推动两种力量共同作用的可怕后果。即使总需求低于潜在产出，在需求格局发生变化的地方也会出现通货膨胀。由于发达工业社会中价格和工资的历史性下行刚性，在经济中的一个部门的工资和价格上涨，并不总是被其他地方的类似下降所抵消。因此，只要工资上升，总平均价格水平就会继续上升。

预期性通货膨胀是个人和机构对期望的通货膨胀做出反应的结果。在其新凯恩斯主义的版本中，我们在预期到通货膨胀时，就会出现预期性通货膨胀，而我们之所以预期会发生通货膨胀，是因为我们一直在经历通货膨胀。尽管预期性通货膨胀有很多变体，但它们都有相同的基本劳动力市场解释。工人要求更高的工资增长率，因为他们（正确或错误地）预期自己购买的产品和服务的价格会更高。预期性通货膨胀可以解释短期内向上移动的菲利普斯曲线中更坏的权衡取舍。对于任何失业率，预期通货膨胀率越高，实际通货膨胀率就越高。如果工人期望一种迅速的通货膨胀，他们将要求支付更高工资的劳动合同，然后公司将这些更高的工资与工人预期的更高的价格一起传递给产品。同样，如果人们对通货膨胀预期微乎其微或没有预期，那么工资通货膨胀将是温和的，企业将抑制产品价格上涨，这甚至可能导致人们对 21 世纪初和 2009 年初普遍存在的通货紧缩的恐惧。在这种观点中，长期菲利普斯曲线要比短期菲利普斯曲线陡峭得多，因为它会勾画出所有实际通货膨胀率和预期通货膨胀率相等的点。

交易方程重出江湖

货币主义者的故事是从交易方程开始的，这是一种比《洛基》（Rocky）电影有更多续集的思想。我们不应该感到惊讶：在价格稳定的时候，交易方程一直处于劣势，但在通货膨胀率飙升时地位上升。经济学家欧文·费雪（Irving Fisher）在咆哮的 20 世纪 20 年代用现代的方式表达了交易方程。费雪在著名的威拉德·吉布斯（J. Willard Gibbs）的指导下研究数学，然后在耶鲁大学教了三年数学，又在 1896 年转到了经济系。费雪被他的耶鲁同事威廉·格雷厄姆·萨姆纳的魅力吸引到了经济学领域。

萨姆纳和费雪一致认为，只有逆转弱者的生理颓废和过度繁殖的趋势，才能拯救人类文明。因此，费雪赞成禁酒的立场并不是漫不经心的说教；他和实业家亨利·福特都认为，如果工人不喝酒，他们就会更有效率。他们可能是对的。

费雪不仅教授经济学，还实践着经济学，他从 1910 年推出的可见卡片索引系统的发明中积累了一笔财富。他的公司于 1926 年合并成立了雷明顿兰德公司（Remington Rand Inc.）。虽然这是一次死里逃生，但雷明顿兰德公司在大萧条时期幸免于难。后来，公众不得不忍受由雷明顿兰德公司董事会主席主演的电视广告。显然，雷明顿兰德公司董事会主席买下该公司，是为了确保他总是看起来很体面。

费雪还写下了经济理论。他把交易方程塑造成一般价格水平的理论。随着所有其他要素被搁置在一边，总价格水平将随着货币数量的不同而成比例变化：当货币供给量上升时，价格水平会上升。费雪所做的事情是相当显而易见的：通过将其应用于现代银行系统，他更新了旧的货币数量理论，在这一银行系统中，银行存款或支票账户成为货币供应的一部分。

在费雪的货币数量理论中：

$$\frac{\text{平均}}{\text{价格水平}} = \frac{\text{流通速度}}{\text{交易的数量}} \times \text{费雪的货币供应量}$$

这里的流通速度（V）是一年内 1 美元在个人和公司之间的交易中周转的次数，而交易的数量（T）是同一时期内所有市场交易（购买货物和金融交易）的实际数量。费雪的货币供应量（M）代表着硬币、纸币和支票存款。如果 V 和 T 是常数，则价格水平将随货币供应量的变化而变化（V/T）。因此，费雪总结道，我们有一个精确的公式，即货币供应量的增加或减少可以使价格上升或降低 1 美元的某个固定分数。费雪的理论是一种资金流动的理论，因为资金正在被花费。费雪很快补充道，就像工程师们思考的常数一样，每 1 美元的周转次数（V）不太可能保持不变。在费雪称之为"过渡"的时期，现金和银行存款之间的关系可能会发生不可预测的变化，而且速度可能会失控。即便如此，大多数新古典主义者对这些甚至难以界定货币供应量的更为刺激的时期也并不感兴趣。但是，费雪提醒我们，这种情况可能持续至少 10 年。

费雪认为，在他以某种方式幸存下来的大萧条时期，货币供应量的增长将使经济复苏。然而，后者的成就将取决于货币供应量与实际交易量之间的直接联系，这就要求货币转移量保持不变或上升，价格水平保持相对稳定。费雪的想法是在凯恩斯的《通论》之前形成的，没有考虑到货币供应量增加的可能性可能不会产生这种有益的影响，因为对未来经济状况的悲观情绪加上低利率会促使个人和生产者都囤积他们的货币。他假定人们不会囤积他们的支票存款。因此，费雪毫不畏惧地成立了一个协会，以促进货币供应的调节，从而稳定经济活动。费雪在 1929 年的股市崩盘中损失了 800 万～1 000 万美元，这可以被视为比他的等式更有力地证明了这种货币改革的必要性。

现代货币数量理论

米尔顿·弗里德曼和新自由主义者

随着米尔顿·弗里德曼（Milton Friedman）在 1956 年出版了《货币数量理论的研究》（*Studies in the Quantity Theory of Money*），人们对货币数量理论产生了新的兴趣。弗里德曼是自由主义自由放任的倡导者，后来成为现代货币主义者的大师。这两个角色并非没有关系。弗里德曼在 20 世纪 50 年代末以芝加哥经济学派（Chicago school of economics）领导者的身份出现，这个学派至今仍有影响力，尽管论调有些调整。米尔顿·弗里德曼（1912—2006 年）把他的教学和研究时间在芝加哥大学（1946—1976 年）和国家经济研究局（1937—1987 年）之间做了划分，但他的名字在芝加哥大学留下了不可磨灭的印记。

弗里德曼的名气如此之大，以至于他成了一部小说，即《边际谋杀》（*Murder at the Margin*，该小说由两位经济学家的崇拜者创作）中隐约可见的英雄。[1] 这部小说讲述了一位矮小、秃顶、口齿清晰、才华横溢的经济学教授（当时对弗里德曼的贴切描述），他用芝加哥式的经济理论解决了一起谋杀案。正如虚构的斯皮尔曼（Spearman）教授所说："我只对经济规律感兴趣，那些规律是无法打破的。"虽然这起谋杀违背了人造的规律，但凶手犯了错误，因为经济规律仍然完好无损。

像弗里德曼一样，斯皮尔曼教授是一个顽固不化的、理性的经济人（homoecomicus）和自由主义者。这位好教授决定了一切，就像他面对一杯茶一样。

---

[1] Marshall Jevons, *Murder at the Margin*, Glen Ridge, N. J.: Thomas H. Horton & Daughters, 1977. 马歇尔·杰文斯（Marshall Jevons）是威廉·布莱特（William Breit）和肯尼斯·G. 埃尔金加（Kenneth G. Elzinga）的经济学家团队的化名。

"我要一杯，"斯皮尔曼说。皮德奇（Pidge）也加入了他的行列。

斯皮尔曼的推理使他做出了这个看似简单的决定（买一杯茶），但实际上涉及以下闪电般的计算：以这种价格购买冰茶可能带来的满足感超过了任何其他购买的乐趣。

直到斯皮尔曼注意到了伴随着这杯茶的酸橙汁，他一直在思考着关于"边际"的问题……①

艾因·兰德（1905—1982 年）的客观主义哲学与米尔顿·弗里德曼的货币主义哲学之间有着广泛的联系。客观主义哲学为经济人自私的英雄本性辩护，或者正如艾因·兰德所写的："资本主义和利他主义是不相容的；它们是哲学上的对立面；它们不能在同一个人或同一个社会中共存。"② 兰德的小说《阿特拉斯耸耸肩》是对实业家、物质生产创造者的创造力的有力证明。在书中，汉克·里尔登（Hank Rearden）因非法销售他发明的一种金属合金而受审，这种合金处于政府的控制下，他雄辩地表明了自由主义经济学的信条：

> 我很富有，我为自己拥有的每一分钱感到骄傲。我通过自己的努力、自由交易和我与之打交道的每一个人的自愿同意而赚了钱……现在为我工作的人的自愿同意，购买我的产品的人的自愿同意……我是否希望向我的工人支付比他们的服务对我的价值更高的报酬？我不想。我是否想亏本卖掉或把它送出去？我不想。如果这是邪恶的，你可以根据你所持的任何标准，对我做你喜欢做的任何事。③

《理性：自由的思想和自由的市场》（*Reason：Free Minds and Free Markets*）是一份建立在客观主义原则基础上的杂志，其作者之一就是米尔顿·弗里德曼。难怪有影响力的新自由主义运动认为弗里德曼是一个偏爱有限政府的人，他自己也是一个新自由主义的英雄。

---

① *Ibid.*，p. 11.

② Ayn Rand，*For the New Intellectual：The Philosophy of Ayn Rand*，New York：Random House，1961，pp. 62-63.

③ Ayn Rand，*Atlas Shrugged*，New York：Random House，1957，p. 480.

尽管有把弗里德曼的新泽西背景与他认为每个人都由纯粹的利己主义驱使联系在一起的笑话，但利己主义的美德与利他主义的邪恶之间的尖锐客观主义对比并不仅仅是鸡尾酒时代的刻板印象。在《阿特拉斯耸耸肩》里面，艾因·兰德建立了一个反对利他主义的案例，正如她从汉克·里尔登眼中看到的那样，需要牺牲。兰德攻击两种观点：精神神秘主义和权力神秘主义。里尔登正在讲话。

> 两者都说，自私是人的罪恶。两者都说，人的善行是抛弃自己的欲望，是要否定自己，谴责自己，完全放弃；人的善行是否定他所过的生活。两者共同喊道，只有牺牲才是道德的真谛，才是人所能拥有的最高尚的品德。①

尽管弗里德曼对这位已故的新自由主义哲学家和小说家评价很高，但他发现她的一些门徒的教义信仰是不可容忍的。艾伦·格林斯潘（Alan Greenspan，有时是货币主义者）是哈罗德·福特（Harold Ford）总统领导下的总统经济顾问委员会主席，后来又是罗纳德·里根（Ronald Reagan）、乔治·H. W. 布什（George H. W. Bush，即老布什）、比尔·克林顿（Bill Clinton）和乔治·W. 布什（George W. Bush，即小布什）总统时期的美联储主席，他就是兰德的忠实信徒之一。②

尽管如此，但弗里德曼并不只是一个毫不掩饰的自由市场支持者。自由市场是将在第3章中详细讨论的"实证经济分析"的基础，因此，他对自由市场过程的美德的信念与他的"科学经济学"吻合。正如称弗里德曼为"20世纪最具影响力的经济学家"的约翰·肯尼斯·加尔布雷斯一样，他也是一位政治活动家。与保罗·萨缪尔森一样，弗里德曼曾为《新闻周刊》撰写专栏。1964年，他成为参议员巴里·戈德沃特（Barry Goldwater）的主要经济顾问，在义务兵役制、法律和秩序、限制政府开支、资本主义的无限美德、个人主义和反种族隔离校车等基本问题上支持总统候选人。1968年，弗里德曼在理查德·尼克松的劝说下重返政界；此后，他为经常被视为保守派的罗纳德·里根提供建议。里根总统授予弗里德曼总统自由勋章，同年他被授予国家科学奖章。

---

① *Ibid.*，p. 1027.
② 有关格林斯潘时代的详细信息，请参见 E. Ray Canterbery, *Alan Greenspan: The Oracle Behind the Curtain*, New Jersey/Singapore/London: World Scientific，2006。

米尔顿·弗里德曼 1912 年出生在布鲁克林，是贫穷的犹太移民的儿子。他的父亲从事干货批发业务，他的母亲在纽约一家血汗工厂当裁缝，这家工厂的工作环境就像马克思主义者弗里德里希·恩格斯（1820—1895 年）在《英国工人阶级状况》中所谴责的那样。当弗里德曼一家搬过哈德孙河短途迁移到新泽西的拉赫韦时，米尔顿的母亲经营一家零售干货商店，而他的父亲则通勤到纽约继续他的批发生意。米尔顿 15 岁时，他的父亲去世了，留给他儿子用于教育的钱很少。虽然他是在宗教环境中长大的，但到 13 岁时，他对所有宗教层面的事务都失去了兴趣。①

弗里德曼对"不受主观价值影响的"科学的信仰开始于他早期的学术训练，他最大的天赋是数学和统计学。1932 年他从罗格斯大学数学和经济学专业毕业时，弗里德曼获得了布朗大学（数学）和芝加哥大学（经济学）的研究生奖学金。他去了芝加哥大学，但由于缺乏资金，他在最初的学年后就离开了。当时的服务生仍然是从事一份低工资的服务工作的人，不足以补充他的学费和奖学金。弗里德曼转移到了为他提供了更多的奖学金的哥伦比亚大学（Columbia University）。1941 年，他完成了博士学位的研究工作，但他的论文到 1946 年才被接受，因为他的评价者不喜欢他对医生的攻击：后者的组织限制了医生的进入，因此破坏了供给和需求法则。这一幕对弗里德曼来说是最令人不安的一次与自由市场体系的敌人的个人遭遇。

货币与国内生产总值的联系

弗里德曼作为经济学家的声誉是基于他对现代货币主义的发展。现代货币主义学说指出：（1）中央银行和政府货币供应量的变化是影响经济中总支出和工业活动水平的唯一可预测因素；（2）任何形式的政府干预——对商业、税收、支出或补贴的管制——都会干扰基层结构、自由市场的正常运作；（3）在（1）和

---

① 在这些书页中，许多关于弗里德曼的早期传记事实都是从伦纳德·西尔克（Leonard Silk）的《经济学家》（*The Economists*，New York：Basic Books，1976，pp. 43-85）的引人入胜的内容中搜集到的。此后的任何传记都来自：Lindbeck，ed.，*Nobel Lectures，Economics 1969 - 1980*，Singapore/New Jersey/London：World Scientific，1992 和 2005 年 5 月 Nobelprize. org 的附录。

（2）运行的情况下，要保证长期的充分就业和全时的价格稳定，唯一需要的政策是指示中央银行每年增加 $4\% \sim 5\%$ 的货币供应量，这一比率大约相当于 20 世纪 50—60 年代美国经济的非通货膨胀增长潜力。除了一些数学和统计上的细节外，这个货币主义者的学说听起来就像老纽约洋基棒球队的尤吉·贝拉（Yogi Berra）以前所说的似曾相识的感觉，即经典货币理论。

弗里德曼对货币主义学说的解读，最初是因为他相信凯恩斯主义经济学是一种扩大政府、摧毁私营企业资本主义的方式。罗纳德·里根也有着类似的观点：税收是政府增长的方式，如果削减联邦和州税收，政府的增长将放缓。然而，货币主义者的反应是反对财政和新古典凯恩斯主义者，他们为那些担心通货膨胀的人打开了攻击之门。

在货币主义者最受欢迎的时候，货币主义者的信仰得到了一系列实证结果的支持，这些结果显示，货币供应量和国内生产总值的货币价值相互关联。然而，20 世纪 80 年代末和 90 年代初的实证研究却无法复制这些早期的成功。

从这种相互关系中可以推断出单向因果关系：货币主义者认为，货币供应量的变化会推动 GDP 的货币价值，$M \rightarrow$ GDP；而对于凯恩斯来说，$M \rightarrow\leftarrow$ GDP。也就是说，在凯恩斯的理论中，GDP 和货币供应量以复杂的方式相互作用。尽管如此，但到了 20 世纪 50 年代末，货币主义已经成为反对凯恩斯主义者的"反革命"的一部分，因为弗里德曼对旧的货币数量理论的一个复杂版本进行了批量的（或许是零散的）的支持。

要理解弗里德曼的版本，我们需要稍微修改一下原来的交易方程，用收入来表示这个方程：

$$M \times V = \text{价格指数} \ X \times Y$$

其中，V 是货币的收入速度，Y 是实际国民收入。这个等式接近阿尔弗雷德·马歇尔的方法，或者剑桥的现金余额方法。对马歇尔来说，货币位于购买时间和销售时间之间的购买力的逗留之处，虽然是暂时的。就像弗里德曼之前的阿尔弗雷德·马歇尔一样，我们有

$$M = 1/V \times \text{价格指数} \ X \times Y$$

速度或 V 变成货币的收入速度或国民收入的货币价值除以货币供应量。速度的倒

数（1/V）可以看作公众希望持有的作为现金余额的国民收入货币价值（价格指数×实际国民收入）的一部分。它（1/V）类似于马歇尔的 k，因为这是基于交易对金钱的需求。随着收入的增加，人们倾向于持有按比例增加的更多的钱，以换取销售更大价值的商品和服务。与欧文·费雪不同的是，这种观点认为，货币是静止的，而不是流动的。人们持有的货币数量取决于使得人们更容易或更难获得银行存款的制度安排。

为了推导现代货币数量理论，我们重新安排术语，从而使得

$$价格指数 = V \times M / Y$$

我们已经知道，货币周转速度 V 取决于其需求的稳定性。影响资产流动性的制度改变，甚至新金融工具的发明，都会改变货币的稳定性，甚至改变货币的定义。例如，货币市场基金账户可能被视为"货币"。但是，只要货币持有的需求相对稳定，就只有货币供应量的变化才会导致价格的变化。我们必须迅速补充说，只有在货币供应量对实际国民收入没有影响的情况下，才会发生这种变化。

在弗里德曼的解释中，对货币的需求（因此也包括 V）是可以变化的。然而，这种变化是恒定的（货币需求"稳定性"的另一个定义），因此价格变化仍然可以通过货币供应量的变动来预测。[①] 这一理论导致了一个由上述价格关系中的百分比变化导出的简单的"预测"通货膨胀率的方程：

$$通货膨胀率 = (\%\Delta, V + \%\Delta, M) - \%\Delta, Y$$

随着实际产出和国民收入分别以满负荷和气垫船般的速度增长，价格通货膨胀仅与货币供应量的增长率超过实际产出的满负荷增长率直接相关，按定义，均衡的实际产出等于实际国民收入。

货币：投资组合中的一种资产

凯恩斯认为，货币对私人经济中实际收入的影响是间接的、通过利率变动和投资来实现的。货币主义者认为，任何产出效应都是直接但迅速的。这些短暂的产出

---

① 至于详细资料，请参见 Milton Friedman，"A Theoretical Framework of Monetary Analysis," *Journal of Political Economy*，78，193-238（1970）；"Symposium on Friedman's Theoretical Framework," *Journal of Political Economy*，80，837-950（1972）。

扰动来自对家庭资产（包括商品和服务）构成的调整。因此，复杂的理论侧重于资产负债表或"投资组合"环境下对货币的需求。在金钱被视为财富，也就是一种资产的意义上，这种提法在某种程度上是部分凯恩斯式的（而不是凯恩斯主义的）。

这些需求结构只与最终的财富持有者（家庭）有关，对他们来说，货币只是财富最终被持有的几种形式之一。它不适用于商业企业，它们更多地将货币视为营运资本或一种存货。在货币主义者看来，对货币持有的需求与收入（以各种方式衡量）、各种财富形式（股票、债券、商品和服务等）的预期回报以及预期的价格水平有关。

这位相当强硬的货币主义者的手指指向的是一条单行道：从货币供给到GDP。货币供给的这种变化必须来自经济体系的"外部"。如果单是企业借贷和私人银行系统就会增加货币供给，生产者的活动将改变货币供给，而不是反过来，"内部"货币供给增加了生产者的销售收入。相反，对于"外部"货币供应量的增加，弗里德曼依赖一架想象中的直升机，将美元从空中抛给掌心向上的公民。这相当于政府的印刷和交付系统。经济学家称这是货币供给的外生变化；批评人士可能会称它为"直升机式的输出"。

在货币从天而降到我们头上之后，新的货币供给水平高于我们家庭所希望的现金余额，因此，我们必须重新安排投资组合，从而使我们的回报最大化；我们将"不想要的"现金分配给更多的货物、更多的股票和债券以及更多的储蓄证书。对商品和服务的需求增加，价格也会上升。如果我们预期物价会继续上升（这无疑是我们对货币数量理论的信念所强化的预期），对商品和服务的需求就会增长得更快。因此，我们可以看到从天而降的货币供应量如何放飞国内生产总值的货币价值，虽然不是实际的国内生产总值。

对实际产出的需求膨胀是暂时的泡沫，因为无所不能的个人将支出计划建立在他们的"永久收入"，也就是他们一生中期望得到的收入的基础上，长期来看——按实际价值计算——在大部分情况下都是如此。对于价格水平来说，这是另一回事。

我们很容易想象这种极端版本的货币主义，无论这种媒介运输系统多么不可能。然而，当货币完全是由生产者和私人银行家的相互作用创造出来的时候，这种情况就失去了焦点。后一个故事大致如下。当私人资金被用于私人目的时，它总是以"恰到好处"的数量用于"合法"目的。因此，私人产生的货币供应量就足以满足生产需要，而在货币主义者看来，工会和企业在通货膨胀方面是无可指责的。也就是说，市场在任何地方都能完美运作。工会不能有效地抵制市场力量，至少在很长一段时间内是如此。

同一年（1970 年），弗里德曼发表了一份关于他的理论的重要摘要，政府开支占国民生产总值的 32%，高于 20 世纪 60 年代的 27%。弗里德曼最喜欢的尼克松总统 6 月 17 日在电视上要求商业和劳工通过自愿抵制工资和利润增长来结束通货膨胀。总统承诺不实行直接的工资和价格管制，但他确实创立了一个新的国家委员会，并且要求它提出提高工人生产力的方法。总统没有提到货币供给。当时的情况似乎与弗里德曼的计划相去甚远，总统的政策看起来一点也不像是弗里德曼式的。尼克松和许多其他总统一样，没有耐心理解经济理论，只是使用恐吓的大棒来搁置行为不端的市场。

弗里德曼的菲利普斯曲线

我们回到了实际产出的虚幻世界，这仍然给许多经济学家带来了安慰。我们接下来要问的是，弗里德曼式的商品通货膨胀和失业之间的联系是什么？通过抛弃它，弗里德曼毫无痛苦地结束了通货膨胀和就业之间的权衡，即菲利普斯曲线的政策困境。

回想一下每个人的无所不能。由于完全预期到的通货膨胀，货币主义者长期中根本看不到任何权衡。他们的结论来自自然失业率，这一观点取决于古典/新古典主义关于完美调整劳动力市场的观点（以实值计算）。自然失业率是在完全竞争的劳动力市场上普遍存在的失业率。任何低于自然失业率的失业率都会导致通货膨胀，至少人们是这样说的。

如果警觉的工人预期到即将到来的通货膨胀，他们将要求更高的工资。因此，预期通货膨胀的任何增加都与工资通货膨胀的百分点相匹配，从而使实际工资率保持不变。在实际工资率不变的情况下，就业水平和失业率保持不变（处于自然失业率的水平）。只有未预期到的通货膨胀才能导致低于自然失业率的失业率的暂时下降。从长远来看，通货膨胀是完全预期的，通货膨胀和失业之间没有任何权衡；不可能愚弄工人或消费者。因此，菲利普斯曲线就会变成垂直的，如图 2.1 所示。

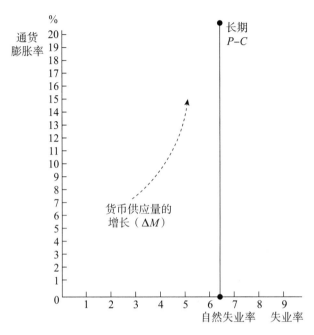

图 2.1 货币主义者的菲利普斯曲线

毫无疑问，对通货膨胀的预期可能是一个自我实现的预言，因为消费者和零售商囤积商品，以战胜即将到来的价格上涨。然而，你想一想便可知，这几乎没有告诉我们通货膨胀最初是如何开始的。弗里德曼依赖于劳动力市场上的完美竞争，以确保即时转移到所谓的"自然"失业率（当时被认为是 6.3%）。在这种长期的自然失业率下，货币供应量的增加只会导致通货膨胀，而不会导致失业率的变化。这一结果如图 2.1 中垂直的菲利普斯曲线所示。随着货币供应量的扩大，通货膨胀率最终飙升至 20%，失业率仍停留在 6.3% 左右。

弗里德曼的政策：规则与权威

根据弗里德曼的说法，政策建议依赖于预测。他对货币供应量变动与货币

GDP 变动之间的因果关系毫不怀疑。用弗里德曼的话说：

> 也许在经济学中没有任何经验关系像实质性变化之间的关系一样，在广泛的情况下能够如此一致地重现……在货币存量和价格上，一个总是与另一个联系在一起，并且在同一个方向；我怀疑这种统一性与构成物理科学基础的许多统一的秩序是相同的。①

货币供应量 → GDP 的预测导致了一项引人注目的政策建议：应该有一条立法规则规定货币供应量的年增长率，从而将货币供应量从不确定的、不熟练的中央银行手中移开。当然，该政策建议确实假定 M → GDP 的单向因果关系。弗里德曼对货币当局水平与能力的检验是它们对他的观点（即应该用规则而不是权威来指导经济）的接受与否。

货币主义与大萧条

货币主义作为一种预测力量的可靠性的另一个考验是它解释大萧条的能力。弗里德曼之前一代货币主义方程的设计者欧文·费雪不仅没能预测大萧条，而且没能预测 1929 年的大崩盘。即使在 1929 年大崩盘之后，直到 1930 年 5 月，他的乐观也没有节制，因为他认为"目前相对温和的商业衰退和 1920—1921 年的严重萧条之间的区别就像雷阵雨和龙卷风之间的区别"②。之后，经过 100% 的事后观察，现代货币主义者认为货币供应量的崩溃是造成经济萧条的原因。

根据米尔顿·弗里德曼与安娜·施瓦茨（Anna Schwartz）合作进行的一项

---

① Milton Friedman, *The Optimum Quantity of Money*, Chicago: Aldine Publishing Co., 1969, p. 67.

② Kathryn M. Dominguez, Ray C. Fair, and Matthew D. Shapiro, "Forecasting the Depression: Harvard versus Yale," *The American Economic Review*, 78, 607 (1988). 我补充说，为了公平对待欧文·费雪，学者们既不能用当时哈佛大学和耶鲁大学的经济学家能够利用的数据，也不能用 20 世纪 80 年代的可得数据来预测萧条。货币供应的行为对做这些预测没有帮助。然而，这些经济学家并没有使用一个包含经济结构的模型。

具有里程碑意义的研究，银行破产导致了经济萧条。[1] 然而，正如我们在第一卷中所发现的那样，因果关系链要长得多。农产品价格不断下跌和农场破产导致密苏里州、印第安纳州、艾奥瓦州、阿肯色州和北卡罗来纳州的银行破产。[2] 如果这些破产还不够，那么前面所述的纽约美国银行的破产就会让人们蜂拥而上，将银行存款转变为现金。其他银行开始经历挤兑的痛苦。

从 1929 年到 1933 年，这些银行的破产导致货币供应量下降了大约三分之一。由于预期存款会出现恐慌性提款，银行减少了贷款，进一步收缩了货币供应量。一家银行的贷款只是另一家银行的存款或家庭持有的现金。消费和投资信贷的供给在潜在的借款人看来，就像沙漠中的海市蜃楼一样消失了。当然，经济衰退使借贷看上去就像好莱坞罗迪欧大道上口渴的骆驼一样引人注目。这种螺旋只能是下降的。货币供应量的自由下降导致了萧条，但实际产出的萧条导致了货币供应量的下降。

此外，如果我们想在这场争论中保持理论上的纯正，那么货币紧缩的大部分是"内部货币"，而不是货币主义者所依赖的直升机货币或"外部"货币。即使如此，货币主义者在大萧条期间对美联储行为的批评也是明智而有针对性的；每当美联储在做最好还是最坏的事情之间做出选择时，它总是会选择错误。

结　论

凯恩斯主义和货币主义菲利普斯曲线的区别与对劳动力市场的不同看法有关。凯恩斯主义的劳动力市场处于非均衡状态，在通货膨胀率越来越高的情况下可以实现较低的失业率。货币主义者接受新古典主义的观点，即劳动力市场在充分就业时总是出清的。因此，只有未预期到的通货膨胀才会导致暂时偏离长期自然失业率。

---

[1]　Milton Friedman and Anna J. Schwartz，*A Monetary History of the United States*，*1867—1960*，Princeton，N. J. : Princeton University Press，1963.

[2]　持这个观点的还有：Peter Temin，*Did Monetary Tones Cause the Great Depression?*，New York：W. W. Norton，1976。

凯恩斯主义者的信息非常清楚：凯恩斯主义经济政策对需求的抑制在短期内造成失业，而不采取任何行动却使得通货膨胀继续存在。故意制造失业，即使是在短期内，也可能导致城市骚乱、选民报复、社会困难和不满。除非执行改变经济结构的政策，使其符合新古典主义理论的要求，否则就必须发明更巧妙的解决办法。

对货币主义者来说，不存在问题。一切都很酷。劳动力市场已经是完全竞争的了。如果白宫和国会不干预私人经济，而且美联储遵循一种货币规则，那么自然失业率（无论其水平如何）也会占上风，它也应该如此。

现代货币主义并不是米尔顿·弗里德曼对经济学影响的终结。他很快就对什么使得和什么没有使得经济学成为一门科学提出了特别的主张。他以同样的确定性表达了这种方法，就像他对现代货币主义提出科学主张一样。事实上，他非常肯定，他称它为"实证经济学"。结果，保罗·萨缪尔森不同意，这导致了这两个巨人在现代经济思想中一场引人注目的争论。

3

实证经济科学的时代

> 我们必须与之战斗的立场似乎建立在由我们人类最优秀的大脑得出的推论的基础上，即由于自然事物不像人（我们需要科学革命才能发现的东西），人必须像自然事物一样。①
>
> 弗兰克·奈特（Frank Knight），《自由社会：基本性质和问题》（Free Society, Its Basic Nature and Problem），1948 年

美国凯恩斯主义者的领袖保罗·萨缪尔森和现代美国货币主义者的领袖米尔顿·弗里德曼，就像他们是理论方面的斗士一样，在方法上也走入了战场。一些读者对有关方法论的讨论目瞪口呆。相反，另一些人则认为，这样的辩论是令人兴奋的冲突。我们记得，最令人难忘的争论之一发生在大卫·李嘉图和托马斯·马尔萨斯之间，主题是地主得到的是租金还是利润，以及萨伊定律。萨缪尔森和弗里德曼之间的争论最初是关于财政政策或货币政策是否有效。弗里德曼从未让步，一直认为财政政策是无效的，而萨缪尔森最终得出的结论是，货币政策和财政政策都有效。他们对正确方法的斗争更为根本；这是一场关于经济学家应如何开展工作的争论。

争论的时代对我们的理解至关重要，正如《谷物法》立法的时机对李嘉图和马尔萨斯之间关于国际贸易的争论一样重要。从 20 世纪中叶开始，经济学家们一直在努力把自己的学科建立在与自然科学平等的基础上。在这个过程中，现代经济学的大部分上层建筑都建立起来了。毫不奇怪，它仍然建立在第一卷所描述

---

① 引自 Warner Wick, "Frank Knight, Philosopher at Large," *Journal of Political Economy*, 81, 514 (May/June 1973)。

的经济学的基础上。在后一个阶段——大致从 20 世纪 50 年代初到 70 年代中期——经济学中对"科学纯度"的渴望有时不受国界，甚至常识的界限的限制。

在这场斗争中，人们试图将"承载价值判断经济学"与"客观经济学"区分开来，使牛顿式的科学简单性和平衡得以实现，从而使经济思想得到了改进。争取科学地位的斗争已经获胜，诺贝尔经济学奖也是如此，但令人垂涎的科学共识只有通过接受另一个时代的价值判断才能实现。更糟糕的是，20 世纪 70 年代、80 年代初和 21 世纪初的经济政策失败，极大地玷污了经济学在更广泛的公共政策建议领域中的科学形象。

毫无疑问，经济学家的意图是：这是一种建立无懈可击的范式的动力。为了模仿牛顿物理学的特点，经济学的范围必然缩小，或者被遗忘，同时置亚当·斯密、大卫·李嘉图、托马斯·马尔萨斯、约翰·斯图尔特·穆勒和约翰·梅纳德·凯恩斯的许多更广泛的人文关怀于不顾。这座新建筑在一个慢慢消失的广阔基础上变得高大。与此同时，像美国这样高度工业化的经济体变成了超剩余经济体，这些经济体嘲弄了对现代上层建筑如此重要的稀缺性假设。在数学和自然科学领域，巨大的进步带来了知识的惊人增长；然而，在某种特殊意义上，尽管经济制度不断演变，但在实证经济学时代，经济理论出现了倒退。即便如此，我们也仍将保留对最终和未知结果的判断，因为最有可能发生在经济学上的事情可能是其演变过程中不可避免的一部分。

让我们先把注意力转向实证经济学的含义，然后，我们将探讨保罗·萨缪尔森和米尔顿·弗里德曼的作用，他们是现代经济学苍穹的众多明星中光彩耀人的那些。然后，我们根据物理学和社会现实中的科学发展，初步评估实证经济学。

实证经济学的特征

凯恩斯的时代似乎是完善现有理论的理想时机。经济学的数学化还不完善。凯恩斯虽然精通数学和统计学，但他怀疑这两种方法至少在常规方式上对经济学是否有用。尽管如此，但他的宏观经济理论仍然是编制国民收入账户的基础。第二次世界大战后不久，这些国家数据对建立经济模型是必不可少的。

几乎同时，计算机的发明使经济学家能够把经济指标和理论模型结合起来。曾经被认为属于艺术领域的经济预测，现在可以说是经济科学的一个重要组成部分。

计算机化经济模型的部署，恰逢凯恩斯主义财政政策的首次有意和广为人知的使用。在约翰·肯尼迪政府执政期间，财政凯恩斯主义者的经济政策似乎有其预期的效果。这是一个欣喜若狂的时代，凯恩斯主义的财政和货币政策取代了认为供给创造出自己的需求的萨伊定律。凯恩斯本人写道："如果我们的中央控制能够尽可能地建立起与充分就业相对应的总产出量，古典理论就会从这一点开始重新出现。"[1] 经济科学可能又一次回到了古典正统。

和谐再一次成为时代的秩序。一种系统感、安全感和控制力浮现出来，人们信心高涨，认为巨大的经济困难确实是可以解决的。对这些问题的潜在掌握感是由一种普遍的感觉所培养的，即如果一个问题是可以量化的——如果它可以用数学语言和符号来表达——那么它最终是可以解决的，就像任何恰当表达的数学公式都可以归结为一个无可争辩的解一样。随着计算机及复杂的数据采集和利用技术的广泛应用，经济科学越来越依赖于数学和统计学。今天的经济理论建设比以往任何时候都复杂、精细、精确、一致，而且这种改进的很大一部分来自作为自然科学助手的数学领域。

毫无疑问，数学和经济学的结合是存在的。然而，在某种程度上，数学的影响改变了经济学的学科，教它模仿它的实证性质。一个实证的事实，除了所有的价值判断、文化偏见或时间的侵蚀之外，都是正确的。实证的真理不会改变；$2+2=4$，任何观点、世界观、时尚或必要性都改变不了这个等式。（寻找这样一个不可改变的"真理"的要求本身就用我们的公式来说明。代数用这样的方式来定义术语，即 $2+2=4$。因此，这个真理是不言而喻的。）实证的事实不一定是数学的事实，但数学确实体现了实证科学的顶峰——任何主观性都不能侵犯，不需要妥协，一旦证明了一个"真理"，就会永恒不变，完美无缺。

---

[1] John Maynard Keynes, *The General Theory of Employment*, *Interest and Money*, New York: Harcourt, Brace & World, 1936, p. 378.

这种实证的知识是一件令人羡慕的事情，任何科学都不可能因为渴望这种程度的确定性而受到指责。实证科学是一种有序的科学；秩序促进理解，理解催生解决办法。然而，潜在的陷阱等待着一门模仿数学的学科，一心一意地把目光放在实证的真理上。科学不仅必须抛弃某一问题的所有文化、伦理和非普遍性方面的无关性，而且必须冒着声称某些事实为实证的风险，这些事实实际上带有某种时代的信仰，被某种文化的价值观和预设影响或塑造。它还有可能将真理与一个循环的纯粹争论混为一谈，例如 4 必须等于 2＋2，因为 2＋2 等于 4。

如果经济学成为自然科学，那么就必须采取措施解决科学态度上的失误，即使是像斯密和马歇尔这样的伟大思想家也因为他们的同情心而感到内疚。自然科学甚至不会允许"富有同情心的保守主义"，但如果它足够保守，也许也会有同情心。为了不受阻碍的自然规律，亚当·斯密和阿尔弗雷德·马歇尔的心思太明显了，有时甚至是一目了然的。新一代的科学经济学家对这种偏见感到不安，他们采取行动，消除政治经济学中的"政治"，以使他们的学科真正"实证"。经济分析必须严格脱离价值观和伦理；特别是，人们认为，被称为"福利经济学"的次级学科受到了个人价值观和道德关怀的损害和因之而加重了负担。从数学上讲，同情和福利成为空集，没有实质内容。

实证经济学和价值观

实证主义本身并不新鲜。作为一种思想，实证主义最初得到法国哲学家奥古斯特·孔德（Auguste Comte，1798—1857 年）的认同。孔德认为，人的心智发展有三个阶段——神学阶段、形而上学阶段和实证阶段；第三阶段可以通过类似于自然科学定律的社会行为规律来解释社会生活，这类科学的目的也与科学研究的传统密切相关，这一传统起源于弗朗西斯·培根和雷内·笛卡儿，并且在艾萨克·牛顿身上达到了它的最高形式。在这一传统中，科学的目标是发现现象之间的"联系"，使用牛顿的术语，并将它们表达为自然的一般规律。科学并不是要问事物的原因，而只是为了组织和系统地了解现象是如何发生的，以便预测和控制自然。①

实证科学对经济学家意味着什么呢？约翰·梅纳德·凯恩斯的父亲约翰·内维尔·凯恩斯在《政治经济学的范围和方法》（*The Scope and Method of Political Economy*）中做出了一些有益的区分。首先，他把实证科学描述为对是什么的系统化知识体系。然后，他将一门规范性科学描述为对应该是什么的系统化知识体系。最后，他将一门艺术描述为一套达到某一特定目的的规则体系。"应该是什么"必然反映了一个人的价值观，因此也反映了一个人的个人判断，即使这些价值观受到这个人的文化的影响。正如第一卷所指出的，集体性的"应当是什么"是由文化决定的伦理判断，作为社会和个人行为的指南。《圣经》中关于谋杀的禁令就是有关伦理道德的一个例子。

除了社会对经济学家个人价值观的影响外，经济学家所属的科学团体的规范约束和帮助也塑造了个人的活动。正如托马斯·库恩（Thomas Kuhn）提醒我们的那样，科学界已经就某些分析方法和科学工具的可取性达成了一致。所用方法的选择，如微积分或概率论，与所偏爱的科学的"类型"有关。接受或抛弃理论、专业目标、理论假设等的标准，都是基于经济学家自身的价值观。因此，包括观察者的个人价值观、文化伦理和政策观点在内的规范性判断出现在了经济学中。谈到规范经济学（即非实证经济学），一位经济学家写道："从观察者的角度来看，规范经济学中的判断涉及什么对社会是最好的，应该是什么。"文化对实证经济学方法的影响是无法回避的。的确，"正是不同的文化对方法论差异的影响，导致了古典主义、新古典主义和凯恩斯的理论体系的不同。"②我们需要说的是，这位经济学家和赞同他的观点的人并没有占上风。不过，提

---

① 例如，参见 Richard Olson，ed.，*Science as Metaphor*，Belmont，Calif.：Wadsworth Publishing Co.，1971，p. 232。

② Vincent Tarascio，"Value Judgments and Economic Science," *Journal of Economic Issues* 5，101（March 1971）. 对职业价值观的维持和传播方式的解释参见 E. Ray Canterbery and Robert J. Burkhardt，"What Do We Mean by Asking Whether Economics Is a Science?" in Alfred S. Eichner，editor，*Why Economics is Not Yet a Science*，Armonk，NX：M. E. Sharpe，1983，pp. 15-40。

出的这些问题应该（在这里，模糊的思想家又来了）得到处理。

是否有可能在实证经济学和规范经济学之间划出一条清晰的界线呢？当我们试图这样做时，我们会发现，定义的问题是可怕的。一方面，我们发现，一些科学家的个人信仰与社会伦理所规定的相同，他们的假设——比如托勒密的把地球和人类置于宇宙的中心的假设——强烈偏向现状，尽管意识偏差的问题可能永远不会发生在他们或其他人身上。然而，托勒密是一个天才，在科学史上是一个非常重要的人物。托勒密的假设并非源于他的个人价值观；因此，由于他的前提植根于社会对等级组织的接受，他是一名实证的科学家吗？另一方面，我们发现，科学家虽然与社会本身没有任何争议，但发现自己陷入了深刻的冲突之中，因为他们自己的科学与主流价值观相矛盾。例如，意大利哲学家乔尔达诺·布鲁诺（Giordano Bruno，1548—1600 年）因捍卫哥白尼的天文学理论（把太阳置于宇宙的中心）而被烧死。因为布鲁诺与梵蒂冈教廷的观点格格不入而把他的立场描述为规范性的、因此不科学的，这似乎很不公平。经济学家并没有因此而被烧死，但当他们的职业生涯岌岌可危时，他们却被剥夺了晋升机会和终身教职。

问题的症结在于，如果实证经济学禁止某些领域的调查研究，这可能会为作为科学家的经济学家设置一个障碍，而经济学家作为公民可能会跃跃欲试。换一种说法，如果一位实证经济学家对现实的假设与现实相冲突，结果可能是倡导了对包括经济学家在内的少数人有利的政策。以此为指引，我们可以理解保罗·萨缪尔森为什么经常倡导与他的"科学"经济学无关的政策。然而，米尔顿·弗里德曼的著作完全缺乏这种不一致性。在这一时刻，我们得出了一系列可能会让经济学界感到尴尬的条件。不管怎样，实证经济学依赖于经济人的刻板印象，以及无法准确描述人或经济现实的完美竞争条件。经济学家是人还是经济人呢？

这种理论和现实之间的冲突，从刘易斯·卡罗尔（Lewis Carroll）的一段妙不可言的幻想中可以看出。年幼的爱丽丝（Alice）与争吵不休的双胞胎叮当兄（Tweedledum）和叮当弟（Tweedledee）在树林里散步，发现红棋国王（Red King）在树下睡着了。想象一下国王是一位经济学家，正梦想着一个实证的经济理论，爱丽丝作为一个变量即将被抛弃（或者是为了简化理论的数学，或者是为了消除一种价值判断）。爱丽丝是一个非常聪明的孩子，她说没有人能猜出国王现在的梦想是什么。

"他梦见的是你呢，"叮当弟得意地拍着手叫道，"要是他不是梦见你，你想你现在会在哪里呢？"

"当然啦，该在哪里就在哪里！"爱丽丝说。

"没你啦！"叮当弟轻蔑地说，"那你就会没有啦，嘿，你只不过是他梦里的一种什么东西罢了。"

"要是国王醒了，那你就会没影儿啦！"叮当兄接着说，"'嗯'地一声你就消失啦，就像一支蜡烛被吹灭了一样。"

"不会的！"爱丽丝生气地叫道，"再说，要是我只是他梦里的，那你们又是什么呢？我倒要问问。"①

爱丽丝的这些反应是一个规范的人的反应。真相可能会伤人。

就我们的目的而言，叮当兄和叮当弟可以被解释为实证经济学的忠实使徒。他们继续激怒爱丽丝，爱丽丝最后哭着说："我是真的。"经济学家叮当弟说："哭也不会让你变得真实一点；没什么好哭的。"尽管如此，一个人的感觉——以及这个人——在经济学的成长过程中是不能被忽视的。因此，是什么和应该是什么之间的区别并不像我们的经济学家想象或希望的那么清楚。当经济学家说"有600万工人失业"时，这是一个实证的声明。但当经济学家个人断言"在美国，失业的劳动力所占的比例不应超过6%"时，这是一个规范性的陈述。但是这种陈述应该被认为是不科学的吗？

新古典主义经济学家提出了一个关于充分就业的梦想理论，但当他们醒来时，他们发现真实的爱丽丝在他们周围为贫困和失业而哭泣。他们作为科学经济学家的观点可能阻碍了他们提出有用的纠正性政策建议，但英国的凯恩斯和美国的许多经济学家以公民身份走出了范式，要求实行扩张主义的政府政策。也许在大萧条时期被凯恩斯主义政策从贫困中拯救出来的许多公民对实证经济并没有占

---

① Dodgson, Charles Lutmidge (Lewis Carroll), *Alice's Adventures in Wonderland and Through the Looking-Glass and What Alice Found There*, ed. Roger Lancelyn Green, London: Macmillan & Co., 1930, pp. 167-168.

上风而感到宽慰。

通过这篇关于实证科学的介绍，我们准备转向保罗·萨缪尔森和米尔顿·弗里德曼之间的争论。

两位实证经济学家：保罗·萨缪尔森和米尔顿·弗里德曼

正如我们所看到的，实证经济学的拥护者声称只关心是什么，而非应该是什么，尽管保罗·萨缪尔森和米尔顿·弗里德曼这两位诺贝尔奖得主并不认同这一说法。萨缪尔森和他的追随者更喜欢构建三段论，其中的前提只能得出一个结论。例如，萨缪尔森著名的显示偏好理论（以数学形式）表明，一种商品比第二种商品的价格更高揭示了购买更高价的产品的个人的真正相对偏好，是以三段论的形式对边际效用理论的重新陈述。阿尔弗雷德·马歇尔的同时代人、英国经济学家威廉·斯坦利·杰文斯认为，消费者会更喜欢给他们带来更大满足感的产品。萨缪尔森进一步表示，消费者愿意为更让人满足的产品支付更高的价格。

弗里德曼和他的追随者对实证经济学持相反观点：他们将理论视为预测的框架。弗里德曼的预测检验不在于某一理论是"对"还是"错"，而在于它是否"有效"。如果一种理论表明，当货币的供给扩大时，国内生产总值会增长，而事件似乎证实了这一理论，那么这些观察就足以表明，这一理论是有效的。弗里德曼并没有问这个理论的假设是不是正确甚至合理的。[①] 如果说有什么区别的话，那就是弗里德曼听起来比萨缪尔森更务实。

萨缪尔森的方法使他成为一个狭隘的亚里士多德主义者，弗里德曼的追随者是狭隘的经验主义者，尽管我对他们的狭隘性的判断无疑会使一些经济学家认为我的视野不够开阔。尽管如此，但还是希望我们在更详细地研究他们的方法时不被吓到。他们认为，他们是实证科学家的假设本身可能是虚幻的。

---

① 经济学家们已经将"实证经济学"和弗里德曼联系在一起，这并不意味着弗里德曼在维也纳学派的传统中是一个逻辑实证主义者。事实上，正如坎特伯里和伯克哈特坚持认为的那样，"我们的意思是……"，经济学家一般没有遵循逻辑实证主义的"科学"规律。

萨缪尔森的《经济分析基础》

在经济学家中，萨缪尔森的《经济分析基础》一书奠定了他的地位，这是一本要为使得数理经济学成为主流经济学研究的主要部分承担很大责任的著作。我接下来要说的话会让许多人感到惊讶：《经济分析基础》并不是一部具有非凡创意的作品。它主要放大了瓦尔拉斯在 19 世纪 70 年代开始的工作：新古典经济学的数学机制的研究。萨缪尔森更新了其中的数学，并与热力学的进步保持一致，后者也在很大程度上源自牛顿物理学。《经济分析基础》以纯粹、坚决、无懈可击的数学形式表达了亚当·斯密、瓦尔拉斯和阿尔弗雷德·马歇尔的经济学要旨。事实上，实证经济学时代被斯密的精炼范式和牛顿运动定律所支配，这主要是《经济分析基础》对现代经济学家的吸引力所致。

在方法论上，剑桥大学（英国）的阿尔弗雷德·马歇尔和剑桥（美国）的萨缪尔森多年来一直受到物理学家詹姆斯·克勒斯·麦克斯韦的影响。麦克斯韦是马歇尔的同时代人，对他有重要影响。（在大学生涯初期，马歇尔和萨缪尔森都抱有成为物理学家的想法。）萨缪尔森在 1970 年获得诺贝尔经济学奖后发表的演讲中说，他在阅读麦克斯韦"迷人"的《热力学导论》（*Introduction to Thermodynamics*）时，发现了他的消费者需求理论的一个重要观点。在同样的一个包含更多物理学而不是经济学参考文献的演讲中，萨缪尔森将另一项经济发现归于哈佛大学物理老师埃德温·比德威尔·威尔逊（Edwin Bidwell Wilson）的支撑，他是 J. 威拉德·吉布斯（J. Willard Gibbs）为数不多的学生之一。利用显然由威尔逊的热力学讲座所提供的一种洞察力，萨缪尔森能够断言，在保持所有剩余的投入品价格不变的情况下，提高任何投入品的价格都会减少对那种投入品的需求。（即使是简单的命题，也往往需要复杂的数学来建立正式的证明。）一位经济学家将功劳归结于物理老师，就像 F. 斯科特·菲茨杰拉德把他的散文归功于他的化学教授一样（菲茨杰拉德在普林斯顿大学时，不止一次化学不及格）。我们在下一章中回到萨缪尔森的数学。

米尔顿·弗里德曼与经济预测

我们现在仔细研究一下米尔顿·弗里德曼关于实证经济学的概念，他说：

"这是或可能是一门'客观'科学，其意义与任何一门物理科学完全相同。"在这一判断中，弗里德曼似乎与萨缪尔森处于同一层面。弗里德曼认为，实证经济学的主要任务是提供一个可以用来对任何环境变化的后果做出"正确"预测的概括系统。实证经济学必须"根据它所产生的预测的精确性、范围和与经验的一致性"来判断。①

弗里德曼认为，政策建议取决于对其后果的预测。例如，如果经济学家建议货币供给增速放缓以减缓通货膨胀，那么这相当于预测企业投资或消费者支出（或两者兼而有之）也会放缓。在理想情况下，这样的预测准确地预报了这种政策的未来影响。弗里德曼还认为，"正确"的政府经济政策应该来源于实证经济学，因为这种方法得出的结论是被广泛接受的，而且是值得被广泛接受的。在他描述实证经济学的早期阶段，弗里德曼通过提出实证经济学的结论应该被广泛接受，从而做出了一种价值判断。然而这种接受仅仅是由于同义反复才是合理的："是什么"就是弗里德曼所描述的，"是什么"是经济学家应该专门研究的东西。如果我们看到一些预测的例子和他们所假定的内容，我们可以更好地理解实证经济学的这一观点。举个例子，在牛顿式的世界里，普通人会根据接近程度来识别因果关系。你正在阴天打高尔夫球，眼看天就要下雨了；你的搭档刚刚在距离球杆几英寸远的长杆四洞打了第二杆。她兴奋地在空中挥动着球杆，闪电击中了球杆，然后她摔倒在地上。作为一个好的信仰牛顿学说的人，你认为闪电让你的高尔夫球搭档摔倒了。当然，她也可能是绊倒或者心脏病发作了，但不管发生了什么，你都不认为是她造成了闪电。虽然在这个特定的例子中可能有错误，但是对于因果关系并没有混淆。（从可怜的受害者的角度来看，错误在于举起一根高尔夫球杆很有可能制造了一根避雷针。）

正如在第2章中充分指出的，弗里德曼和他的同行货币主义者们认为，国家货币供应量的变化与国民生产总值的变化之间存在紧密的单向联系。虽然弗里德曼的因果关系声明是一种"突如其来"的闪电，但货币供给和GDP的要素并不

---

① 弗里德曼的两条引文都来自 Friedman，*Essays in Positive Economics*，Chicago：University of Chicago Press，1953，p. 4。

像闪电和不幸的高尔夫球手那样简单。GDP 和货币供应量一起移动，这样就没有人能确定货币供应量是否会导致 GDP 的变化，或者 GDP 是否会导致货币供应量的变化。弗里德曼认为，就预测而言，我们不需要知道哪个是原因，哪个是结果。高尔夫球手"导致"闪电也不会有问题。想必，如果高尔夫球手向天空扬起铁球杆，弗里德曼的结论就会得到资深高尔夫球手李·特雷维诺（Lee Trevino）的支持。特雷维诺声称："连上帝也打不中一号球杆。"（几年后，一位获得诺贝尔奖的经济学家开发了一项统计，即格兰杰因果检验，以确定因果关系的方向。）

与萨缪尔森不同的是，弗里德曼认为，没有必要提出"现实"的假设来解释真实世界的现象；重要的是，这些假设提供了准确的预测。然而，货币供给 → GDP 的预测导致了一个政策结论：应该制定一项立法规则，规定货币供应量的年增长率，从而把它从不确定的、不熟练的央行行长手中移开。当然，政策建议仍然假定的是单向因果关系，即货币供给 → GDP。弗里德曼和他的追随者们对货币当局的智力测试就在于他们是否接受了这个想法。[①]

弗里德曼声称，通过发现政策制定者至少有一半时间是错的，他得到了这样的政策立场。但是，除非支持弗里德曼学说的人在实践一些尚未被人知晓的绝对确定的科学，否则我们怎么能确保他检验政策制定者能力的标准是正确的呢？如果人类（还有些更聪明的人，如美联储等中央银行的负责人）基本上是非理性的，或者是无能的，或者两者兼而有之，那么我们可以用什么作为指南来评价弗里德曼的观点呢？这样的指南可能是自然规律，是大自然母亲的宫廷传下来的，这是约翰·洛克和亚当·斯密在他的《国富论》中所传递的概念。

超越萨缪尔森和弗里德曼

许多经济学家在一些基本问题上意见不一，因为一些经济学家是货币主义者

---

① 弗里德曼认为，没有其他单向因果关系像货币供应和 GDP 的关系这么有说服力。关于最强有力的叙述参见 Milton Friedman, *The Optimum Quantity of Money*，Chicago：Aldine Publishing Co.，1969，p. 67。

（也是斯密传统上的自由放任主义的倡导者），而另一些经济学家则不然，但如果经济学是一门与物理学同样意义上的科学，那么这种差别就不存在了。物理学家之间会发生分歧，但通常是关于证据的解释和可接受性，而不是程序。我所提出的问题与这两个学派一边或另一边的学术诚信无关。我只是指出，文化伦理和个人价值观的影响在很大程度上是既定的（哪怕在进化和超越一个人的控制能力时），即使作为一名科学家也是如此。

我们之所以一直无法精确地确定实证经济学，或许是因为它有几个定义。它对弗里德曼的意义肯定不同于对萨缪尔森的意义。① 萨缪尔森的《经济分析基础》和他的新古典主义经济学综合指向的是自由放任，这个价值观与他曾经为《新闻周刊》撰写的栏目中经常提出的建议相冲突。弗里德曼的技术性著作和政策建议并没有表现出这种"弱点"。然而，我建议，作为一个有效的定义，实证经济学是一种理想，它把社会伦理视为理所当然，除非与社会价值相符，否则避免个人价值判断，并尽量减少对它认为通过经验无法证实的陈述的依赖。

在 21 世纪，普林斯顿大学经济学家曼昆将规范经济学的定义扩展到了国家税收制度的设计上。② 根据曼昆的观点，有四个目标：（1）税收制度应尽可能少地扭曲激励，必要时纠正抑制措施，这是效率标准。（2）税收制度应增加足够的收入，使当代人不会对后代造成不适当的负担。这就是所谓的代际公平。（3）税收制度应力求税后收入和财富的分配更加平等，这是平等标准。（4）税收制度应有助于维持经济的充分就业，这是稳定的目标。同样，由于涉及个人价值判断，并非所有经济学家都同意曼昆的观点。

因此，这些定义留下了许多未得到解答的问题。例如，实证经济学是一种合

---

① 关于弗里德曼方法论的更详细讨论，参见 William J. Frazer, Jr. and Lawrence A. Boland, "An Essay on the Foundations of Friedman's Methodology," *American Economic Review*，73，129-144（March 1983）。弗雷泽（Frazer）和博兰德（Boland）认为，弗里德曼毕竟不是实证主义者。即便如此，经济学家们也认真对待了弗里德曼的《实证经济学论文集》（*Essays in Positive Economics*）。如果他不是认真的，那么在标题中选择使用"实证"是一种不明智的选择。

② 例如，参见曼昆的著作中关于税收的章节：Gregory Mankiw, *Principles of Economics*，4th Ed.，Mason，OH：Thomson South-Western，2006。

乎道德的合意体系吗？它是否以现状的科学化身的伪装颠覆了自己的道德中立目标？我们如何，或者说我们能解释科学范式在一定程度上决定了社会价值的事实吗？如果哥白尼、布鲁诺、开普勒和伽利略是严格意义上的实证科学家，同时承认他们所处社会的伦理，那么爱因斯坦（Albert Einstein，1879—1955 年）可能就不得不在严格假设地球是宇宙中心的基础上提出他的理论。曼昆在他为学术期刊撰写论文时是一个实证经济学家吗？如果是的话，他在写一篇关于税收的论文时会怀疑吗？

4

数学与计量经济学的兴起

尽管保罗·萨缪尔森的意图令人怀疑，但他在《经济分析基础》中对数学和风格的选择最终导致了马歇尔经济学完全被"选择理论经济学"所取代。萨缪尔森证明了，微观经济学的每一部分都可以简化为一个简单的最大化问题，再用牛顿微积分将其简化为基本问题。根据最大化主体是买方还是卖方，可以写出一个公式，说明将要把什么最大化——利润、工资还是价格——或最小化。最大化（最小化）所需的选择总是受到限制。实际上，选择被视为在受限制的备选方案中进行挑选的单一经济行为。

家庭购物者的选择受到家庭预算的限制。企业决策者的选择受到来自其他公司的竞争、生产性资源的成本和技术的限制。然而，由于所有限制都是数学上"给定的"，它们在经济理论中很快就变得不重要了。换句话说，在解决优化问题所需的约束条件下，最大化总是可能的（数学上的）。此外，同样的原则也可以通过瓦尔拉斯或凯恩斯主义宏观经济学扩展到整个经济领域。

完全竞争作为"理想状态"，在选择理论中得到了充分的体现。我们从萨缪尔森1947年的序言中得到了他的说法："至少从重农学派和亚当·斯密时期起，经济文献的主体中就从来都缺少这样一种感觉，即从某种意义上说，完美的竞争代表着一种最优的状况。"[①] 甚至连米尔顿·弗里德曼也称斯密的想法不过是"收益最大化假说"。从这里开始，将完全竞争移植到凯恩斯主义当中，就是一种快速而容易的操作。

---

① 然而，萨缪尔森在1972年版《经济分析基础》的新"前言"中删除了这一提法。

均衡与最优化的数学

微观经济学与选择理论

选择理论的爆发只需要点燃萨缪尔森《经济分析基础》中前两章关于均衡和最优化的导火线。一旦了解了最优条件的数学，它就可以应用于任何经济或非经济问题（如果以特定的方式定义）。例如，我们可以推导出消费者在特定收入水平上的最优效用。要最大化的数学函数是效用，但无论最优效用是什么，它都受到一个恒定的收入水平的约束。因此，我们可以为消费者（f）和消费者的收入约束（M）写一个效用函数，如：

$$u = f(q_1, q_2, q_3)$$

$$M = p_1 q_1 + p_2 q_2 + p_3 q_3$$

第一个方程表示，消费者从消费不同数量的产品 1、2 和 3 中获得效用。这是一个在所有 q 值上都为正的函数，所以随着消费的增加，效用的变化是正的。第二个方程表示她的收入等于常数 M。使用通常所称的拉格朗日乘数法，我们可以创造一个新方程，

$$z = u(q_1, q_2, q_3) + \lambda(M - p_1 q_1 - p_2 q_2 - p_3 q_3)$$

其中的 λ 是一个未定的乘数，用它乘以 $M = p_1 q_1 + p_2 q_2 + p_3 q_3$ 中耗尽的预算，同时根据定义，$M - (p_1 q_1 - p_2 q_2 - p_3 q_3) = 0$。现在，牛顿式的微积分得到了应用。根据每一个产品的数量和拉格朗日乘数求得函数 z 的偏导数 M'，然后令其等于 0。[1]

$$\partial z / \partial q_1 = u_1 - \lambda p_1 = 0$$

$$\partial z / \partial q_2 = u_2 - \lambda p_2 = 0$$

$$\partial z / \partial q_3 = u_3 - \lambda p_3 = 0$$

$$\partial z / \partial \lambda = M - (p_1 q_1 + p_2 q_2 + p_3 q_3) = 0$$

---

[1] 偏导数是保持所有其他自变量的水平不变，自变量（u）由因变量（z）的类似变化所引起的一种无限小的变化。

现在，带有下标的 u 是偏导数或来自消费相关 q 的另一单位得到的效用增加。求解前三个方程中的每一个 λ，可以得到：

$$\lambda = u_1/p_1 = u_2/p_2 = u_3/p_3$$

例如，u_1 是 q_1 的边际效用。这为我们提供了消费者均衡和消费者最优选择的必要条件。

用普通的语言来说，就是当边际效用与产品价格之比相等时，消费者的效用得到了最大化。也就是说，消费者只是使得从每一美元的另一单位产品消费中获得的额外效用相等。反过来，这些比率等于乘数（λ），这就是收入的边际效用，并且是常数 $[(dz/d\lambda)=0]$。当阿尔弗雷德·马歇尔推导出这些基本相同的条件时，他假设收入的边际效用是常数，这是解决最优消费条件所需的数学假设（前提）。

同样的最大化思想也可以推广到商业企业。这可以更直接，也更容易地完成。企业的总收入（R）等于其产品的价格（p）乘以产出（q）：

$$R = pq$$

边际收益是该函数在给定价格上的导数：

$$dR/dq = p+q(dp/dq)$$

由于在这个例子当中 p 是给定的常数，所以我们有：

$$dR/dq = p$$

因此，边际收益等于产品的价格。利润（π）将是

$$\pi = R-C$$

其中，C 等于总成本，假定它是常数，因此利润的变化只取决于产出的变化。在现实世界中，总成本在短期往往是恒定的，工厂在低于全部产能的产出下运行。然后，为了实现利润最大化，需要满足以下两个条件：

$$d\pi/dq = 0 \text{ 和 } d^2\pi/dq^2 < 0$$

第二个表达式是产出利润的二阶导数（变化率的变化率）。当这个表达式为负数时，就不能从进一步的产出增长中挤出更多的利润。这是将微观经济学转化为凯恩斯宏观经济条件的一种方法。

即使在这个当口，萨缪尔森也取得了很大的成就。最优性、均衡性和隐含稳定性的思想支撑和统一了微观和宏观理论。他接着指出，一旦了解了数学系统的

动态特性，就可以对其稳定性进行评估。尽管他的工作几乎完全涉及数理经济学，但萨缪尔森试图发展有意义的定理——为实证研究提供可检验假设的定理。当然，萨缪尔森的数理经济学使一种更精确的经济理论成为可能，暴露了文献中的不一致和逻辑缺陷，从而扩展了阿尔弗雷德·马歇尔的局部均衡工作。然而，与此同时，马歇尔的思想被降级为一类模型——约束最大化模型——的重复应用。

我下面将要说的话，我以前已经说过，但即使沉默是金，重复也常常能把论点讲透彻。这种同样的最大化方法和选择理论的方法在经济学的每一个角落都重复了。萨缪尔森先这样做了，然后整个经济学领域都效仿了他的例子。我不想给人留下这样的印象，即所有这些情况都像这里提供的例子一样简单。可以这么说，同样的程序可以适用于任何数量的消费者和任何数量的公司。因此，在完全竞争的条件下，最优条件可以推广到整个经济。均衡的思想当然可以一直追溯到艾萨克·牛顿。基本的微积分有着同样的创造者。

一旦破茧而出，选择理论的经济学就一发不可收拾；它主导了 20 世纪 70 年代在权威的美国经济学期刊《美国经济评论》（*The American Economic Review*）以及其他全球领先的经济学期刊上发表的文章。在芝加哥大学，最大化体系扩展到了涉及婚姻、婚外情、同性恋、离婚和宗教选择等最个人化的决策之中。男子或女子从婚姻中获得的收益取决于他们的收入、人力资本（终生收入）和相对工资率的差异。[①] 但这是另一个故事——也许是一个自恋的故事。

动态理论与宏观经济模型的本质

作为凯恩斯商业周期理论的先导，萨缪尔森将单一市场的数学扩展到多个市场。本质上，这就是瓦尔拉斯所做的。作为对瓦尔拉斯条件的概括，萨缪尔森认

[①] 有一本完整的教科书（幸亏篇幅很短）专门讨论了经济学中的均衡和优化问题：A. K. Dixit, *Optimization in Economic Theory*, 2nd Ed., New York: Oxford University Press, 1990。我之所以推荐它是由于它的精确性和简洁性。

为，如果供应量超过需求，同时这些价格都被认为是所有其他价格的函数，那么任何商品的价格都会下跌。从数学上看，

$$\mathrm{d}p_i = -H_i(q_s^i - q_D^i)$$

$$= H_i[q_s^i(p_1, \cdots, p_n) - q_D^i(p_1, \cdots, p_n)]$$

$$= H_i{}' \sum_{j=1}^{n} a_{ij}^0 (p_j - p_j^0) + \cdots$$

其中，$0 = q_s^i(p_1, \cdots, p_n) - q_D^i(p_1, \cdots, p_n) = -q_i(p_1, \cdots, p_n)$ 是供给和需求方程。a_{ij}^0 代表 q_i 对在均衡价格集合上评价的第 j 个价格的偏导数。下标 s 表示供给，D 表示需求，而在一般情况下，$a_{ij}^0 \neq a_{ji}^0$。方程组的解是

$$p_i(t) = p_i^0 + \sum_{j=1}^{n} k_{ij} \, \mathrm{e}^{\lambda_j t}$$

其中，$(\lambda_1, \cdots, \lambda_n)$ 是特征方程的特征根（latent root）。萨缪尔森接着定义了稳定性条件。[①] 如果能够建立稳定性和最优条件，宏观经济条件将符合微观经济条件。数理经济学家将继续尝试建立这些难以捉摸的条件。最终，他们的努力将导致一般均衡的恢复。然而在最初，这些瓦尔拉斯条件几乎受到了一致的欢迎。

更直接的反应是萨缪尔森对凯恩斯体系的数学表述。具有讽刺意味的是，将凯恩斯作为核心的萨缪尔森的《经济学》，赢得了更多经济学家对美国凯恩斯主义的支持，而不是他的《经济分析基础》。在萨缪尔森对《经济分析基础》的解释中，他强调凯恩斯的三种基本关系。它们是：（1）将消费（因此是储蓄-投资）与收入，以及出于一般性，与利率也联系起来的消费函数；（2）将净投资与利率，以及与（在短期内固定在资本设备水平上的）收入水平联系起来的资本边际效率；（3）将现有货币金额与利率及收入水平联系起来的流动性偏好。

从数学上讲，萨缪尔森将凯恩斯的三个条件写成：

---

① 利用埃尔米特矩阵（Hermitian matrix）定理，在对称情况下，特征方程的所有根都必须是实根。对于一个稳定的均衡，它们都必须是负的。这进一步要求根的系数矩阵（k 所依赖的）是负定二次型；也就是说，所有主要余子式的符号必须交替出现。这种矩阵的定义和进一步解释现在可以在数理经济学的任何标准教科书中找到。无论如何，萨缪尔森定义了这些矩阵，参见 Samuelson, *Foundations of Economic Analysis*, New York：Atheneum, 1972 [1947], pp. 271-273。

$$C(i,Y) - Y + I = -\alpha$$
$$F(i,Y) - I = -\beta$$
$$L(i,Y) = M$$

其中 i、Y、I 分别代表利率、国民收入和投资；C、F、L 分别代表消费函数、资本边际效率表和流动性偏好表。现有的货币供应量（M）作为参数是给定的；α 是表示消费倾向关系向上变化的一个参数。类似地，β 代表边际效率关系的一个向上的移动。

对于凯恩斯理论的均衡版本来说，至关重要的是，由于数据的变化，未知数是如何发生变化的。萨缪尔森利用对应于不同参数的全部微分，并对由此产生的线性方程求值，以找到导数的符号。这个过程比听起来更复杂，而且，事实证明，所有的符号都是模棱两可的。[1] 萨缪尔森遵从先验的、直觉的或经验性的经验来对每一个符号做出假设。消费（C）与国民收入的变化正相关，但随着利率的变化可以向任何方向变化。净投资（I）随着国民收入（Y）的增加而上升，但随着利率（i）的增加而下降。流动性偏好（L 或对货币的需求）也随着国民收入的增加而增加，但随着利率的增加而下降。所有这些条件都成为美国凯恩斯主义的标准教条。

萨缪尔森的主要贡献是提出了一个美国模型的动态版本。他用动态方程代替了上述静态方程：

$$dY/dt = I - [Y - C(i,Y) - \alpha]$$
$$0 = F(i,Y) - I + \beta$$
$$0 = L(i,Y) - M$$

其中，t 是时间（"动态"部分）。这些方程的解的形式如下：

$$Y = Y^0 + a_1 e^{\lambda t}$$
$$i = i^0 + a_2 e^{\lambda t}$$
$$I = I^0 + a_3 e^{\lambda t}$$

---

[1] 参见 *Foundations*，*op. cit.*，pp. 277-278。变量的符号是不明确的，因为每个参数的每个微分的行列式在符号上均是不明确的。

其中，带有 0 上标的变量都是它们的初始值。这些方程表明，国民收入、利率和投资净额随时间以某种取决于 λ 的值的自然指数速度变化，而后者取决于 C、F、L 的导数的矩阵。[①]

萨缪尔森接着定义了一个稳定均衡的条件，进而建立了四个理论。提高资本的边际效率（或资本净回报）将：（1）提高利率；（2）提高国民收入。消费倾向的增大将：（3）提高利率；（4）提高国民收入。如果美国央行即美联储设定了利率，并保持其固定不变（i 变成了一个常数），同时均衡是稳定的，那么有：

$$-\lambda = (1 - F_Y - C_Y) > 0$$

其中，F_Y 是国民收入的一个变化引起的净投资的变化，而 C_Y 是国民收入的一个变化引起的消费变化。这反过来又导致萨缪尔森所谓的"另一个重要定理"，它直接来源于上述不等式。边际投资倾向（F_Y）加上边际消费倾向（C_Y）不能超过 1，否则这个系统在一个特定的国民收入水平上是不稳定的。如果边际投资倾向为 0.9，边际消费倾向大于 1，如 $C_Y > 1$，或

$$-\lambda = (1 - 0.90 - 1.2) = -1.10 < 0$$

那么这一系统就是不稳定的。

在这一"动态"系统中，消费倾向的增大会提高利率和国民收入，但对净投资的影响是模棱两可的。资本边际效率的上升将提高利率和国民收入，但对净投资的影响不明确。货币供应量的增加降低了利率，但对国民收入和净投资的影响是模糊的，尽管直觉上我们认为这些效应是正的。

牛顿式均衡对经济学的一些启示：一个警示性的注记

我们不能忽视艾萨克·牛顿对微积分和最优性的思想对保罗·萨缪尔森的数理经济学的必要性。正如第一卷所指出的，微积分对于自然科学的发展是至关重要的。事实上，牛顿必须发明微积分来形成他的理论。为了获得作为一门科学的地位，经济学也采用了数学。在运用微积分时，经济学家常常假定产生这些值的

---

① 参见 *Foundations*，*op. cit.*，p. 279。

过程是连续而平滑的，因此均衡是不可避免的。因为他们经常假定社会变化与传统机械时钟时间的连续性相匹配，他们有时期望人们和他们的经济活动与这样的时间同步。

这种持续而平稳的社会变化的概念——就像行星通过无摩擦空间的运动一样——最适合现代新古典经济学。尽管有这些假设，但是社会变革并不总是具有时钟时间的连续性特征。就连社会的价值判断也可以不受时间维度的影响。正如第一卷所指出的，亚当·斯密早在 18 世纪倡导的经济价值判断与艾因·兰德 20 世纪小说的价值判断是一致的。人们可以在任何时候信仰任何价值观。然而，新古典主义的好经济学家往往坚持社会变革是沿着一条有着平稳规律的直线进行的，与机械时钟的滴答作响相匹配。新古典主义者可能会低估有影响力的个人、发明和技术变革的影响，因为这些人和事件是独一无二的，因此偏离了时间线。它们关注的是独立于这些力量的变化和发展模式。然而，在现实中，这种力量，而不是时间本身，可以解释巨大的社会变化。当 20 世纪 60 年代在亚洲引进的新种子导致水稻产量翻了一倍或三倍时，这一年代的时间间隔与任何其他年代没有什么不同。秒、分和年的长度保持不变。是技术，而不是时间，决定了这一点。但是，微积分一般并没有捕捉到这种现实。

如果阿尔弗雷德·马歇尔活到今天，他会不同意萨缪尔森对新古典经济学的看法吗？虽然马歇尔在脚注中使用了数学，但他绝不会打算在今天的教科书的符号中失去他最初的许多想法。例如，今天很少有学生会了解到，马歇尔对技术变革的过程有很多话要说。事实上，马歇尔认为资本主义的特征是不断前进的和动态的。他假设静止的均衡状态只是为了使动态变化的作用在一瞬间保持不变，从而能够隔离开来以考察静态的力量。推广其他条件不变（ceteris paribus）技术的马歇尔也说："照目前的情况，国家的经济状况不是静止的，而是不断变化的。"他还警告说："所有关于经济静止的建议……都只是暂时的，只是用来说明论点中的特定步骤，并将在完成之后被抛诸脑后。"① 在《经济学原理》序言的

---

① Alfred Marshall, *Principles of Economics*, 8th Ed., London: Macmillan & Co., 1920, p. 577.

第一页中，他对达尔文的社会进化表达了一种进步的观点。他认为："因此，经济学家们关心的是那些为了善恶、改变和进步而被驱使的人。"选择理论是马歇尔新古典范式的数学简化，可能被马歇尔自己所抛弃。当然，这本身并不一定意味着萨缪尔森是错的。

那么约翰·梅纳德·凯恩斯又会如何：他还会是凯恩斯主义者吗？尽管凯恩斯是一位有天赋的数学家，但他对数学在经济学中的应用存有疑虑，担心它会分散经济学家对现实世界复杂性的注意力。均衡微积分在很大程度上剥夺了凯恩斯短期经济理论最初的心理和历史意义。缺乏凯恩斯关于不确定性、就业和收入不稳定以及非均衡等方面的限制，美国凯恩斯主义者的均衡条件毫无根据。琼·罗宾逊甚至写道："在一个处于均衡状态的世界，未来和过去没有区别，没有历史，也不需要凯恩斯。"①

正如数理经济学需要观点一样，批评它的人也是如此。数理经济模型在发展分析技术方面也是非常有用的，这些分析技术可以帮助形成解释社会行为及其经济结构的理论。然而，能够对难以用精确符号表达的经济弊病和社会问题做出广泛而有创造性的概括的经济学家，不应被谴责为不完美的预言家卡珊德拉（Cassandra），而数学模型的构建者因为精确但有时不正确而受到赞扬。如果没有别的，那么更折中的经济学家可以提醒模型构建者他们假设的结构的真正含义。这是经济学家的工作和责任的一部分，我们在第三卷将回到这一点。

事实证明，数学的作用并没有随着经济理论的重新设计而结束，它成为经济学的另一个现代发展的工具。在这个应用中，数理经济学开始与现实世界的数据交叉。由此产生的计量经济学是一个重要的发展。

实证经济学：通往计量经济学之路

数理经济学是计量经济学的必要先导，因为我们需要数学模型来跳过统计环。然而，早在计量经济学之前，经济学家就对使用真实世界的数据作为理解经

---

①　Joan Robinson, *Economic Philosophy*, Chicago: Aldine Publishing Co., 1962, p. 23.

济事件的手段产生了兴趣。以最基本的方式，重商主义者弗朗索瓦·魁奈追踪了经济当中生产和收入的流动。托马斯·马尔萨斯用数字来说明人口对食物供给的压力。此外，统计分析并不总是与数学有关。在亚当·斯密之前，查尔斯·达文特（Charles Davenant，1656—1714 年）就发现了谷物的价格和数量之间存在反比关系。他认为：当我们想要超过三分之一的"共同产品"时，谷物价格就会增加三倍（高于它的"共同价格"）；如果我们想要的谷物数量增加到共同产品的一半，那么价格就会上升到共同价格的近五倍。在阿尔弗雷德·马歇尔之前大约两个世纪，达文特观察到了马歇尔只在理论上发现的向下倾斜的需求曲线。

德国历史学派是美国制度主义学派的先驱，反对数学形式，但赞成使用统计学。这两个群体都是数据收集和统计分析的强有力拥护者。美国早期制度主义者韦斯利·C. 米切尔（Wesley C. Mitchell）为商业周期的统计研究奠定了基础。在他创立的国家经济研究局，米切尔与阿瑟·伯恩斯（Arthur Burns）合作撰写了《衡量经济周期》（*Measuring Business Cycles*，1946 年）。米切尔和伯恩斯通过巧妙地结合正式的统计检验，如相关性和 F 检验的显著性，以及基于数据和制度知识的判断，非正式地检验了假设。许多主流经济学家在 20 世纪 30 年代和 40 年代采用了这种非正式的方法。

为了检验凯恩斯的宏观经济模型，需要国民收入数据。理查德·斯通（Richard Stone，1913—1991 年）和詹姆斯·米德（James Meade，1907—1995 年）从凯恩斯的定义出发，建立了英国的国民收入账户。斯通凭借其在国民收入账户方面的开创性工作获得了 1984 年诺贝尔经济学奖。诺贝尔奖得主西蒙·库兹涅茨（Simon Kuznets，1901—1985 年）在韦斯利·米切尔的指导下撰写了博士学位论文，后来又在米切尔手下工作，为美国复制了这一研究成果。库兹涅茨的分析成为凯恩斯主义宏观经济模型的重要组成部分。

计量经济学的介绍

开端

到了 20 世纪 60 年代，微观和宏观计量经济学开始取代米切尔的非正式统计方法。这是一块很大的空白，需要填补：主流开始走上一条不同的道路是有几个原因的：（1）经济学家们强烈渴望用同样的精确性进行类似硬科学的分析。（2）萨缪尔森数理经济学的发展和该方法在顶尖研究部门的普及。（3）统计和计量经济学的改进。（4）提倡计量经济学（早在爵士时代就开始）的经济学家的强烈个性：凯恩斯的新宏观经济学与新的国民收入账户相结合，加速了经济学家沿着经验主义的道路走下去。

挪威经济学家拉格纳·弗里希（Ragnar Frisch，1895—1973 年）是 20 世纪 20 年代末和 20 世纪 30 年代初最有影响力的计量经济学家。他不仅将实证经济学从制度方法中转移开来，而且创造了计量经济学这个术语，并创立了极具影响力的计量经济学学会（Econometric Society）及其期刊《计量经济学》（*Econometrica*）。弗里希的朋友简·丁伯根（Jan Tinbergen，1903—1994 年）发展了一种宏观经济计量模型。弗里希的主要著作是《运用完全回归系统的统计合流分析》（*Statistical Confluence Analysis by Means of Complete Regression Systems*，1934 年），而丁伯根为 1936 年的旧国际联盟写了《经济周期理论的统计检验》（*Statistical Testing of Business Cycle Theories*）。弗里希认为，大多数经济变量是同时相互关联的，因此没有任何变量可以独立于其他变量而变化，与阿尔弗雷德·马歇尔的其他条件不变方法正好相反。弗里希开发了几种处理这个相互依存问题的方法。丁伯根与弗里希合作，得出结论：一套结构方程（描述具体的经济关系）不仅将描述经济，而且将成为能够改善环境的政策的基础。1969 年，他们因对计量经济学的开创性贡献而共同获得了诺贝尔奖。

另一位挪威经济学家特里夫·哈维尔莫（Trygve Haavelmo，1911—1999 年）曾与弗里希一起学习，他被广泛认为最先将概率方法引入了经济理论和计量经济学。1989 年，他因建立计量经济学的概率论基础而获得诺贝尔奖。弗里希和丁伯根寻求的是精确的测量，而哈维尔莫则认为经济理论存在概率关系，而不是确切的关系。他认为，由于概率论是统计方法的基础，在不估计概率的情况下使用统计是不适当的。他 1944 年的著名论文《计量经济学的概率方法》在 1941 年以前已作为一份工作手稿广为传播。概率论的使用促进了许多以前在没有正式基础的情况下使用的技术和测试的正式使用。

如今，各种涉及概率的统计检验构成了现代经济计量学。考尔斯经济学研究委员会（Cowles Commission for Research in Economics）成立于 1932 年，与欧文·费雪、哈罗德·霍特林和弗里希一起完善了这种计量经济学的概率方法。考尔斯委员会的工作最终建立了克莱因-金德尔伯格（Klein-Goldberger）宏观模型，这是美国凯恩斯模型的第一个广泛的经验表达。这个大型模型包含 63 个变量，其中许多都是内生的（在模型内部确定），43 个是前定的和给定的。在后一种变量中，19 个是外生的（来自模型之外的变量），24 个是滞后的。随着时间的推移，这些变量有已知的值，因为它们已经被确定和测量了。哈维尔莫也在 1989 年获得了诺贝尔经济学奖。

最小二乘回归

在凯恩斯宏观经济计量模型中，经济学家们通常分别估计凯恩斯的每个函数。也就是说，消费将作为国民收入的一个函数来估算，投资将作为国民收入和利率的函数，流动性偏好将作为国民收入和利率的函数。用于这些估计的最常用方法是最小二乘回归。我们用一个最简单的例子来说明凯恩斯的消费函数。

让 y 代表消费水平，x 代表国民收入。对于任何一对最小二乘系数（a 和 b），它们的值都是为了最小化以下"拟合"准则：

$$\sum_{i=1}^{n} e_i^2 = \sum_{i=1}^{n} (y_i - a - b x_i)^2$$

e 的值是残差，或 $y = f(x)$ 的估计值与实际值或观察值之间的差额。最小化这些残差的平方，或者是估计值与观测值之间差的平方的过程提供了在给定 x 的值的情况下，估计 y 值的直线的"最优拟合"。使上述方程右侧的平方差最小化的 a 和 b 的选择满足了这一标准。

最小化的一阶条件要求方程对 a、然后对 b 的偏导数等于零。也就是说，牛顿微积分是导出计量方程的必要条件。从这些导数中展开和合并各项可以得出如下正规方程：

$$\sum_{i=1}^{n} y_i = na + \left(\sum_{i=1}^{n} x_i\right)b$$

$$\sum_{i=1}^{n} x_i y_i = \left(\sum_{i=1}^{n} x_i\right)a + \left(\sum_{i=1}^{n} x_i^2\right)b$$

我们可以通过将上面的第一个方程除以 n 来找到一个解。因此得到：

$$\bar{y} = a + b\bar{x}$$

y 和 x 变量上面的短横线表示它们的平均值，是它们的和除以 n 得到的结果。如果没有截距项，最小二乘回归线将穿过这些平均值。对 a 进行求解，我们有：

$$a = \bar{y} - b\bar{x}$$

现在，我们需要在正规方程中求解 b。首先，定义 $\sum_{i=1}^{n} x_i^2 = n\bar{x}^2$，将 a 和 nx^2 的解替换到正规方程中，并重新排列各项，从而得到

$$\sum_{i=1}^{n} x_i y_i - n\bar{x}\,\bar{y} = b\left(\sum_{i=1}^{n} x_i^2 - n\bar{x}^2\right)$$

对 b 进行求解，我们得到

$$b = \left[\left(\sum_{i=1}^{n} x_i y_i\right) - n\bar{x}\,\bar{y}\right] / \left[\left(\sum_{i=1}^{n} x_i^2\right) - n\bar{x}^2\right]$$

$$= \left[\sum_{i=1}^{n}(x_i - \bar{x})(y_i - \bar{y})\right] / \left[\sum_{i=1}^{n}(x_i - \bar{x})^2\right]$$

关于最小值的二阶条件在表示法上是比较复杂的，我们将仅对它们进行说明。关于 a 和 b 的所有二阶导数的矩阵给出了两个 2×2 矩阵的等式。两个对角线元素和行列式必须是正的。海赛（Hessian）矩阵是正定的，a 和 b 是平方和的最小化因子。

在一本被广泛使用的计量经济学教材中，威廉·H. 格林（William H. Greene）用 1970—1979 年的可支配收入和个人消费年度数据（以实际美元计算）估算了这个凯恩斯的消费函数，在他的估计中，$a=-67.580\,6$，$b=0.973\,267$，其中 b 是斜率系数，因此 1970—1979 年的经验消费函数变成：

$$C = -67.580\,6 + 0.973\,267\,Y_D$$

其中 Y_D 为可支配收入，边际消费倾向为 $0.973\,267$，每 1 美元实际可支配收入中约 97 美分用于消费品和服务。[1]

---

[1] William H. Greene, *Econometric Analysis*, 3rd Ed., New Jersey: Prentice Hall, 1997, pp. 238-239.

双变量方程当然是最容易估计的，需要更广泛的矩阵代数知识来理解多元回归分析中更为烦琐的校准。例如，格林估计了 1968—1982 年投资的多元回归方程。理论方程是：

$$I = I(A, Y, T)$$

其中 A 为一个常数，Y 为国民生产总值，T 为时间趋势。时间趋势为负值，格林对 Y 的系数做了趋势调整，因此我们有：

$$I = -0.506\,39 + 0.653\,791Y$$

这表明，实际的商业投资在国内生产总值的每 1 美元增长中上升了约 65 美分。[1]一般来说，计量经济学研究表明，商业投资似乎不会对利率的变化做出反应。这种利率悲观主义帮助定义了美国凯恩斯主义模型。

有了多变量和长数据序列，你会预计到，用手工或计算器进行回归计算是非常辛苦和耗时的。当然，你是正确的。然而，计算机和易于使用的软件大大简化了程序。除了多元回归分析外，现在有一套用于统计估计步骤的计算机程序。

实证经济学的复兴

20 世纪 60 年代出现了大量的大型凯恩斯主义宏观经济计量模型，其中包括数据研究所（Data Research Institute，DRI）模型、沃顿（Wharton）模型和各种联邦储备模型。作为经济的预测指标，这些宏观模型在 20 世纪 70 年代中期开始失去支持。这些模型及其可靠性成为石油输出国组织（OPEC）石油冲击的牺牲品，这些冲击创造了滞胀——美国通货膨胀和失业同时发生，且水平很高。也就是说，在美国凯恩斯主义模型中无法解释的那些情况不能在大型宏观经济计量模型中复制。通常，简单朴素的模型也可以进行预测，或者不会比大型模型的预测结果更糟糕。

由于这些模型的失败，出现了一个新的学派。它被称为新古典经济学派，我们将在第 6 章中对其进行详述。它的领导者罗伯特·卢卡斯认为，预期的政策变

---

[1]　*Ibid.*，pp. 239 - 242.

化，尤其是货币性质的政策变化的经济代理人，会抵消任何期望的政策结果。反过来，在卢卡斯批判中，原有模型的结构将随着新政策的引入而改变。大型宏观经济模型也是如此，当其结构被政策改变时，不能用来做出可靠的预测。

另一位批评者戴维·韩德瑞（David Hendry）认为，宏观经济学者应该使用广泛的统计检验来获得数据的拟合。也就是说，潜在的统计关系比理论更重要。克里斯托弗·西姆斯（Christopher Sims）的论点也是如此。他的观点是，目前的模型对数据施加了太多的理论结构，然而最好的模型是根本没有任何结构。他赞同向量自回归或 ARIMA 类型的统计方法。这些方法接受变量的所有观测值，并且在不强加任何假定结构的情况下，找到如果这种时间结构关系继续下去，这些值将是什么的"最优估计"。实际上，结果留给计算机决定，而不是经济学。

向量自回归模型，或者说 VAR 模型通常使用相对较多的变量和大量的观测值。向量自回归模型采用如下形式：

$$y_t = \mu + \Delta_1 y_{t-1} + \cdots + \Delta_p y_{t-p} + v_t$$

其中，y_t 和 v_t 是随机变量的 $M \times 1$ 阶向量，μ 是均值向量，Δ_1，$\cdots$，Δ_p 是 $M \times M$ 的参数矩阵。用黑体表示向量或只有一列或一行的矩阵。从某种意义上说，如果 μ 或均值向量包含了关于真正相关的外生变量的当前观测值，那么 VAR 就是一些联立方程模型的简化形式（指方程组的解方程）的"过度拟合"。"过度拟合"是由于，相比原始模型中合适的数量，可能包含更多的滞后项（$t-p$ 个）。所有 VAR 模型的变量都是外生的（在任何模型之外给定的），因为它们都由滞后的观察（已经发生的事件）组成。VAR 也可以被认为是一个似乎不相关的回归模型，具有相同的回归因子。因此，方程应该用普通最小二乘法（见上文）单独估计。最不赞同这种方法的人会说，它只是一个为任何一个人所寻求的数据进行挖掘的借口。

极具讽刺意味的是，这就回到了解读数据而不是写理论。向量自回归方法是韦斯利·克莱尔·米切尔方法的一种现代形式，因为两者都专注于数据而没有什么理论。就像早期计量经济学的批评者一样，VAR 方法的热爱者说传统的宏观模型是建立在这样有限的理论基础上的，最好是根本没有理论。从广义上讲，这就是问题所在。

当我们把注意力转向经济增长理论时，我们将发现很难把增长与历史完全分离开来。撇开其他不谈，经济增长的计量估计随着时间的推移就会成为不同历史时代的标志。

5

新古典经济增长理论

工业革命的气氛——进步，是资本主义能够生存的唯一氛围。

约瑟夫·A. 熊彼特，《经济周期理论》（*Konjunkturzyklen* II），1961

虽然繁荣和萧条是资本主义的特征，但它的发展轨迹一般都是向上的。对实际产出的历史路径的考察涉及对经济增长的研究，即实际产出在历史时期的增长速度。

我们首先讨论的是那些把凯恩斯的《通论》扩展到经济增长的人。这些早期追随者很快就被新古典主义的增长理论所取代。一个相对另一个的偏好似乎取决于人们在很长一段时间内所感知的经济稳定性。在这两种方法的视野之外的某个地方是约瑟夫·熊彼特的资本主义运动理论。熊彼特与约翰·梅纳德·凯恩斯生活在同一个时代，他认为自己是一个有价值的对手。我们最终会发现，在许多方面，他的夸耀并非空话。

数理经济学和计量经济学的新优势在很大程度上与正统主义在增长问题上的设计有关。熊彼特不倾向于数学，他还有其他的缺陷，其中包括他认为资本主义可能无法生存的论点。熊彼特的经济增长理论与正统理论相比是相当折中的。由于这些原因，他和卡尔·马克思、桑斯坦·凡勃伦一起被分配到另一个经济学的圈子，而他们的资本主义结局却各不相同。瑞典银行诺贝尔奖委员会判定的获胜理论是新古典增长理论。

顺便说一句，我们也许应该注意到，经济黑社会中的人数不仅在增长，而且变得五彩缤纷，身着多种颜色的外衣。耐心点，我们在第三卷中将更多地提到这些偏离正统观念的人，包括约瑟夫·熊彼特。

后凯恩斯经济增长理论

有些离经叛道者可以追溯到现在。罗伊·哈罗德（Roy Harrod，1900—1978年）是凯恩斯的朋友，创立了凯恩斯商业周期理论的经济增长版本。尼古拉斯·卡尔多（Nicholas Kaldor，1908—1986 年）勋爵扩展了这个动态版本，这是托马斯·马尔萨斯、大卫·李嘉图和卡尔·马克思的宏大版本。就像米哈尔·卡莱茨基（Michal Kalecki）和皮耶罗·斯拉法所设想的那样，在任何特定行业，每台机器的工人人数仍然保持不变。这种工人与机器的结合意味着"老式的"新古典主义用资本代替劳动力的方式已经走上了模型 A 的路，但是，随着它的发展，不会持续太久。

哈罗德和麻省理工学院的埃斯维·多马（Esvey Domar）一起将一些被凯恩斯低估的东西搬上了舞台。关于投资乘数，凯恩斯没有提到，持续的投资增强了企业的生产能力，因为它增加了机器和工厂。因此，为了保证额外的生产，一次性地增加固定数量的投资是不够的。

投资在哈罗德-多马看来是"供给"的蓄水池，而在凯恩斯看来是需求来源，必须以足够快的速度增长以产生充足（成倍的）的收入来购买（给定消费倾向）足够的商品，以保证现有的设备和工厂。否则，工厂和设备将无法得到充分利用，IBM 不仅必须建造和装备一个新工厂，而且它（或另一个行业的公司）必须建造第二个工厂，以免对办公设备的需求不足以证明第一个工厂是合理的，只留下蓝色巨人独自唱着蓝调。

尽管哈罗德-多马的主题听起来可能是无害的，但它对资本主义的未来提出了一个令人费解的问题。投资的决斗、需求的增长以及现在的新工业产能对固有的不稳定资本主义起到了不和谐的抑制作用。一个充满活力但又稳定的经济依赖于一个不太可能的切分——需求和工业生产能力——来满足它以同样的速度扩张的需求。潜在的危险是，一个经济体的生产能力的增长速度将超过净投资增长所能保证的增长速度。在大萧条的挽歌之后，哈罗德-多马的不和谐继续表现出资本主义的阴暗面——其走向萧条和繁荣的趋势。

在卡尔多的后凯恩斯式增长模型中，资本主义的稳定取决于充分就业和灵活的利润。否则，经济就会像哈罗德-多马模型一样处于深渊的边缘。投资的增加，以及随之而来的总需求的增加将提高利润率（和价格），减少消费以及投资，从而引起总需求减少，降低相对于工资的价格，由此导致实际消费的增长。资本主义在充分就业的条件下是稳定的。但当然，如果说失业的发作是资本主义的对立面，那么任何理论（包括新古典主义理论，它假设和谐的充分就业就是劳动力市场随之出清）的作用都是有限的。

新古典增长理论

20 世纪 50 年代中期，一组美国经济学家撰写了一部新的新古典主义的曲目，其主题与哈罗德、多马和卡尔多截然相反。新的演奏家是罗伯特·索洛。[①] 在前排的索洛和第二排的保罗·萨缪尔森放弃了关于按固定比例的资本和劳动力进行生产的合唱。在回归新古典经济增长模式时，利率和工资率是灵活的，资本和劳动力很容易相互替代，这取决于低利率是否有利于资本投资或低工资率是否有利于减少劳动力。这些替代措施是足够精细的，以至于经济从不会真正偏离其稳定的道路。因此，新的安排使资本主义稳定面临的刀刃威胁减弱了。

新古典主义增长理论缓解了哈罗德-多马-卡尔多模型读者的紧张情绪，它展示了劳动力工资和资本价格的变化将如何使资本主义经济走上一条稳定增长的道路。经济可以被比作一位长距离慢跑者，他从不改变速度，但永远在奔跑。新古典增长理论在 20 世纪 70 年代末仍主宰着宏观经济动力学（至今仍是教科书的固定内容）。这一理论和经济一样，具有长跑运动员的耐力。

因为罗伯特·索洛对经济增长理论的贡献，他于 1987 年获得了诺贝尔经济

---

① 罗伯特·M. 索洛的开创性文章是："A Contribution to the Theory of Economic Growth," *Quarterly Journal of Economics*，70，65-94（1956）；"Technical Change and Aggregate Production Function," *Review of Economics and Statistics*（August 1957）。

学奖。索洛的理论源于哈罗德和多马留下的各种附和使他感到不适。他的不安来自他们使用储蓄率、劳动力增长率且使用的资本与产出数量之间的比率都是自然给定的。由于经济体将从净投资需求和工业产能的不匹配中走上不稳定的增长道路，资本主义的历史将是长期恶化的失业和长期恶化的劳动力短缺的历史。更糟糕的是，对稳定增长的一个微小背离会被企业的行为不断放大。

索洛对增长理论的主要贡献是引入了技术流动性（technological flexibility）这一主题。在工厂和设备投入使用之前，总生产有各种各样的组合。此后，这些生产技术就变得固定了，实际上也是如此。在生产中利用资本的强度可能随时间推移而变化，这是资本主义（或社会主义）经济灵活性的一个很大来源。事实证明，每单位劳动投入品的产出（生产力）的永久性增长与储蓄及投资率无关。相反，生产力的增长完全取决于广义上的技术进步。

这种新古典主义增长模式具有实际意义。它提供了一个框架，在这个框架内，宏观经济政策可以用来维持充分就业。索洛的观点被写进了 1962 年约翰·F. 肯尼迪的《总统经济报告》当中。但是，诚然，平稳增长取决于稳定的条件，即 20 世纪 50 年代末和 60 年代初的情况。正如索洛所写的，"不平衡增长的困难之处在于，在动荡的条件下，我们没有——也许不可能有——一个真正好的资产评估理论。"[①] 他在 1987 年底的时候，也就是在 10 月股市崩盘后不久，提出了这一观点。

基本的索洛增长模型

总生产函数与要素份额

1870—1999 年，在很长的一段时间里，美国的国民收入以每年 3.5％的速度增长。与此同时，人均产值年均增长 1.8％。公平地说，是什么因素促成了这些

---

① Robert M. Solow, "Growth Theory and After," Nobel Lecture, December 8, 1987, in Karl-Goran Maler, editor, *Nobel Lectures*, *Economic Sciences*, *1981 - 1990*, Singapore/New Jersey/London: World Scientific, 1992, p. 203.

增长——人口增长、资本扩张、教育改善、自然资源增长？要开始回答这个问题，最简单的方法是为经济编写一个总生产函数，它将产出水平与基本要素投入水平联系起来，因此有：

$$Y = A(t)F(K,N)$$

其中，$A(t)$ 代表技术变革，假定它仅取决于时间；K 是资本存量；N 是劳动力的规模。由于 $A(t)$ 是倍乘的，对于相同数量的要素投入（K 和 N），将获得更多的产出。这意味着技术变革不会改变要素投入的相对边际生产率。技术变革会导致这两个要素生产率的同等增长。毫不奇怪，这种技术变革被称为中性技术变革。中性技术变革既不偏向于机器，也不偏向于劳动力。当罗伯特·索洛研究总生产函数随时间推移而发生的变化时，他发现证据表明，美国的技术变革确实是中性的。[①]

基于这个生产函数，我们可以通过变量的变化率来显示产量是如何随时间推移而增长的。

$$dY/Y = dA/A + w_k(dK/K) + w_n(dN/N)$$

这一等式表示，产出的变化率（dY/Y）取决于技术变化率（dA/A）、资本存量的变化率，以及所雇用的工人人数的变化率（dN/N）。注意，附加在要素投入上的权重（w_k，w_n）是它们在国民产出中所占的份额，反映了每个要素在生产过程中的重要性。这一增长方程表明，生产的增长率取决于技术和要素供给随时间推移的增长速度。

稳态的比较静态分析

索洛模型得出的一个戏剧性的结论是，如果没有生产力增长，一个经济体就会在长期达到一种稳定状态。这一稳态是指此时一个经济体中每个工人的产出、消费和资本存量保持不变。反过来，如果每个工人的产出、消费和资本存量均不变，那么总产出（Y）、消费（C）和资本（K）都是以劳动力增长的速度增长的。

---

① 参见 Robert Solow，"Technical Change and the Aggregate Production Function," *Review of Economics and Statistics*，39，312-320（August 1957）。

$$dY/Y = dC/C = dK/K = dN/N$$

所有的增长率都是针对某个特定的时间段；为了便于说明，t 下标被舍弃了。为了进一步简化，让劳动力的增长（dN/N）等于 n。

考虑在稳定状态下的净投资。总投资（I）被用于：（1）替换陈旧或折旧的资本；以及（2）增加资本存量。令 d 为资本的折旧率，dk 是在一段时间内磨损的资本的比例。净投资是资本存量增加的数额，在稳定状态下是 nK。因此，稳态下的投资是净投资和折旧之和，所以在稳态中有：

$$I = nK + dK = (n+d)K$$

稳态消费是指产出减去投资，或

$$C = Y - (n+d)K$$

由于生产率是以每个工人为单位进行衡量的，因此把所有的总量变量以每个工人为单位的形式进行重新表述是有用的。我们可以通过以下方式定义新的单元：

$$y = Y/N（每个工人的产出）$$

$$c = C/N（每个工人的消费）$$

$$k = K/N（每个工人的资本存量）$$

我们可以把 k 称为资本-劳动比率。一个重要的问题是，这些不同的比率是如何随时间推移而变化的。如果我们假设劳动力是人口的一个给定比例，那么任何关于每个工人的产出或消费增长率的说法，在人均产出或消费增长率上也都将是成立的。

利用这些新的定义，索洛的原始生产函数可以重写。我们进一步提出了 $A(t)=A=1$ 的条件。我们的目的是关注资本增长的影响，然后我们可以将每个工人的生产函数写成：

$$y = f(k)$$

这一等式表明，在每一时间单位内，每个工人的产出（y）取决于每个工人的可用资本数额（k）。

图 5.1 显示了每个工人的消费与资本-劳动比率（k）之间的关系。在稳态的资本-劳动比率（k）的每一个值上，稳态的消费（c）是产出水平（y）和投资 $[(n+d)k]$ 之间的差。这与总量水平类似，或者

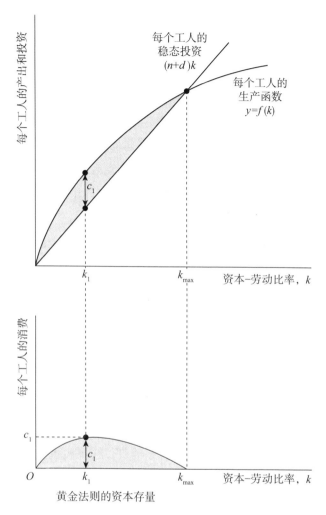

图 5.1　稳态均衡中的黄金法则

$$Y - K = C$$

其中，C 与资本-劳动比率（K/N）有关。

　　所有以上这些讨论都导致了一条特定的规则。资本存量的黄金法则是稳态下最大化每个工人消费的资本水平，如图 5.1 中的 k_1 所示。这个法则之所以是"黄金"的，是因为后代的经济福利是最大化的（如果所有的假设都成立）。微积分进一步告诉我们，在资本存量的黄金法则中，资本的边际产品（dY/dK）是常数，并且等于 $n+d$。

在图 5.1 中，在资本-劳动比率（k）的每一个值上，每个工人的稳态产出（y）是由每个工人的生产函数 $f(k)$ 给定的。每个工人的稳态投资 $[(n+d)k]$ 是一条由原点出发、斜率为 $n+d$ 的直线。每个工人的稳态消费（c）是每个工人的产出与每个工人的投资之间的差额，即 $[y-(n+d)k]$ 或者 $[f(k)-(n+d)k]$。当资本-劳动比率是 k_1 时，每个工人的稳态消费是 c_1。从资本-劳动比率的一个较低值开始，资本-劳动比率的一个增加额提高了每个工人的稳态消费。然而，从大于黄金法则的资本存量（k_1）的一个资本-劳动比率开始，资本-劳动比率的提高实际上降低了每个工人的消费。

黄金法则是很明确的，但如果资本-劳动比率上升过多呢？图 5.1 中的 k_{max} 表示的就是这种情况。当如此多的投资致力于维持极高的资本-劳动比率时，就没有剩余的产出用于消费了，这就是在 k_{max} 所发生的情况。在两者之间，即 k_1 和 k_{max} 之间，随着投资持续上升，每个人的当前消费均下降了。

在简化模型中，决策者自然会把重点放在增加投资和储蓄以提高人均产出增长率的措施上。然而，这不能以牺牲储蓄和投资为代价使消费枯竭。图 5.1 中的生产函数 $[y=f(k)]$ 说明了资本边际生产力的递减；也就是说，资本存量越大，来自不断扩大的资本存量的收益就越少。至少在理论上，人均资本可能非常大，以至于其进一步增加会降低每个工人的稳态消费。在现实世界中，这一条件，即达到 k_{max}——在工业化国家还没有出现过。

达到稳态

政策议题提出了一个经济如何和为什么达到稳态的问题。而且，了解一个国家在稳态时将会达到的人均消费水平和资本-劳动比率也是很有用的。

要回答这些问题，就需要了解人们的储蓄率。假设储蓄与收入成比例，那么有：

$$S = sY$$

在上式中，S 是国民储蓄，而 s 是一个恒定的储蓄率。由于收入增加 1 美元，储蓄增加不到 1 美元，s 就只是 0 到 1 之间的一个分数。当然，在微观经济层面上，还有许多决定储蓄的其他因素，如节俭、资产水平和负债；这些在索洛模型中未予以考虑。为了简单起见，这里省略了它们。而且，这里不存在政府，国民储蓄就等于私人储蓄。

在稳态的每一段时间里，储蓄（S）等于投资（I）。因此，我们有：

$$sY = (n+d)K$$

其中，左边是储蓄，右边是投资。

和以前一样，集合值可以用每个人的单位数表示。把上述方程除以劳动力（N），并且用 $f(k)$ 代替 y，那么我们在稳态中就有：

$$sf(k) = (n+d)k$$

上式表明，每个工人的储蓄等于稳态时每个工人的投资。同样，资本-劳动比率在稳态下是不变的。在图 5.2 中，每个工人的储蓄 $[sf(k)]$ 随资本-劳动比率（k）的变化而变化。资本-劳动比率的增加使每个工人的产出增加，从而使每个工人的储蓄也增加了。由于假定储蓄率是固定的，生产函数 $[f(k)]$ 决定了储蓄曲线的形状。如图 5.1 所示，每个工人的稳态投资 $[(n+d)k]$ 是通过原点的一条直线。再一次，随着资本-劳动比率（k）的上升，每个工人需要更多的投资，以取代不断贬值的资本，并为新工人提供更高水平的资本。

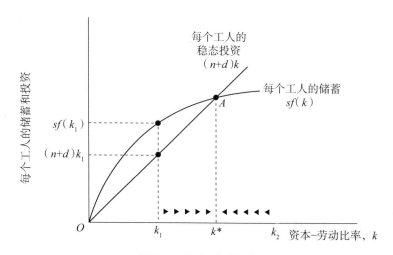

图 5.2 资本-劳动均衡

在稳态下，每个工人的投资必须等于每个工人的储蓄。只有在一个正的资本-劳动比率水平下，这才是可能的，正如图 5.2 中的 k^* 所示。在唯一稳态的资本-劳动比率 k^* 下，每个工人的稳态产出（y^*）为

$$y^* = f(k^*)$$

在 k^* 点，每个工人的稳态消费（c^*）等于每个工人的产出 $[f(k^*)]$ 减去每个工人的稳态投资 $[(n+d)k^*]$，或者

$$c^* = f(k^*) - (n+d)k^*$$

事实上，一个更高的资本-劳动比率（k^*）的值带来了更高的每个工人的和人均的稳态消费。

当一个经济体达到 k^* 的资本-劳动比率时，它将会一直停留在那里。为什么呢？在 k^* 左边的所有资本-劳动比率上，每个工人的储蓄超过每个工人所需的投资。因此，一个经济体可以根据每个工人更高的储蓄率享有更高的资本-劳动比率。在 k^* 右边的点上，每个工人的投资超过每个工人的储蓄，资本-劳动比率必须随着每个工人的投资的下降而下降。稳态均衡点位于图 5.2 中的 A 点的稳定状态。箭头指向资本-劳动比率在走向稳定均衡的过程中移动的方向。同时，总资本、产出和消费按照劳动力的增长率（n）增长。在高水平的产出上，人均生活条件似乎不再改善。然而，这种相对悲观的结果可以通过生产力的提高而避免，不论其来源如何。

索洛模型与生活水平

我们现在可以总结出在索洛经济增长模式下，决定长期生活水平的因素。（1）储蓄率（s）的提高将使每个工人的产出、消费和资本增加。更高的储蓄水平有利于更多的投资和一个更大的资本存量。（2）人口增长率（n）的提高会使每个工人的产出、消费和资本下降。随着人口增长的加快，必须利用更多的产出为工人配备资本，减少可供消费的产出，或增加每个工人的资本。（3）生产力的提高将使每个工人的产出、消费和资本增加。生产力越高，产出就越高；通过增加收入，也会增加储蓄和资本存量。我们将详细研究这些决定因素中的每一个。

更高的储蓄率

更高储蓄率的模拟效果如图 5.3 所示。储蓄率从 s_1 提高到 s_2 会使储蓄曲线从 $s_1 f(k)$ 上升到 $s_2 f(k)$，稳态均衡点从 A 点移到 B 点。在 B 点上，每个工人的储蓄 $s_2 f(k_2^*)$ 等于在更高的资本-劳动比率 k_2^* 上每个工人的投资 $[(n+d) f(k_2^*)]$。在越高的资本-劳动比率上，产出和消费就越高，因为 $f(k_2^*) > f(k_1^*)$，同时 $c_2^* > c_1^*$，原因是 $[f(k_2^*)-(n+d)k_2^*] > [f(k_1^*)-(n+d)k_1^*]$。

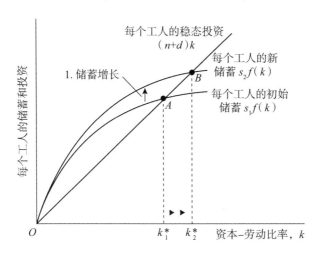

图 5.3 更高储蓄率的影响

政府政策的改变可能会导致储蓄的转变。对消费征收更高的增值税可能会提高储蓄率。或者，更节俭的文化倾向可能使储蓄率上升到 s_2。不管是哪种情况，一个更高的储蓄率都会降低当前的消费，以提供更高的未来消费。在现在和未来之间存在一种权衡取舍。

人口增长的影响

对许多发展中国家来说，人口增长率过高是一个问题；降低人口增长率往往是一项主要的政策目标。索洛模型可以用来说明人口增长与经济发展水平之间的关系。

在图 5.4 中，人口增长率从 n_1 提高到 n_2，使每个工人的投资从 $(n_1+d)k$ 增加到 $(n_2+d)k$。由于工人以更快的速度进入劳动力队伍，这些新工人必须配备资本，因此每个工人的投资额必须增加。随着人口的增加，稳态均衡从 A 点移到 B 点。资本-劳动比率从 k_1^* 下降到 k_2^* 。因此，由于 $[f(k_2^*)-(n+d)k_2^*]<$ $[f(k_1^*)-(n+d)k_1^*]$ ，结果有 $f(k_2^*)<f(k_1^*)$ ，$y_2^*<y_1^*$ ，同时 $c_2^*<c_1^*$ 。由于在稳态均衡中有 $f(k_2^*)<f(k_1^*)$ ，人均产出和收入都会更低。

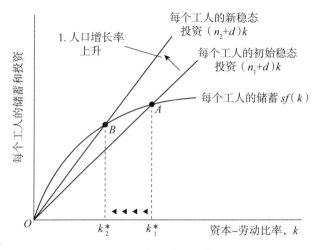

图 5.4　高人口增长率的影响

因此，索洛模型表明，人口增长的加速会降低发展中国家的生活水平。这似乎是一个马尔萨斯式的结论，但缺乏马尔萨斯的约束和制衡。

生产力的增长

在索洛模型中，我们假设生产率的增长保持不变。这个假设现在可以放松，同时这个模型可以扩展到比较静态的意义上。在许多已经工业化的或正在进行工业化的国家，生产率增长是一个现实。

生产率的提高导致了每个工人的生产函数向上移动，因为每个工人可以在每个资本-劳动比率上生产更多。设新的改进的生产函数在整个过程中是 $f_2(k)$ ，同时自始至终有 $f_2(k)>f_1(k)$ 。在图 5.5 中，生产率的改善将生产函数向上移动到 $f_2(k)$ ，这就为每个资本-劳动比率提高了每个工人的产量。由于储蓄仍然与产出成比例，每个工人的储蓄率就会上升。稳态均衡从 A 点移到 B 点。结果，资本-劳动比率上升并固定为 k_2^* ，生产力的增长提高了资本-劳动比率，从而增加了产出和收入以及人均消费。在稳态均衡下，在该模型中不可能进一步提高生活水平。

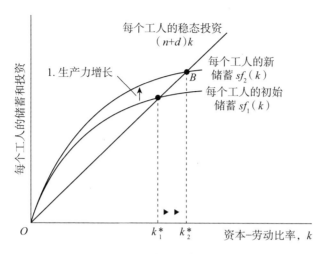

图 5.5 生产力提高的影响

索洛模型没有提到超长期（very long run）的任何状况。然而，我们在新兴发展中国家中目睹了新的工业革命，在这一过程中生产力不断提高。此外，工业化国家在自我改造方面一直很诚实。我们在第 10 章和第 11 章中探讨了这些可能性。

增长核算

经济增长的多种来源

"增长核算"（growth accounting）的思想来源于索洛关于增长过程的精辟理论。经济学家爱德华·丹尼森（Edward Denison）用这种方法研究了美国的经济增长。[①] 1929—1982 年，美国的实际产出的年增长率为 2.9％。丹尼森估计，32％的增长，即约占增长的三分之一是由于劳动力数量的增加。

---

① 参见 Edward F. Denison，*Trends in American Economic Growth*，*1929—1982*，Washington，D. C.：The Brookings Institution，1985，p. 30。

其他增长来源是那些提高劳动生产率的因素。丹尼森估计，14％的增长是源于劳动力受教育程度的提高。反过来，资本形成占美国经济增长的比例略低于五分之一。技术变革（索洛的重点）占增长的 28％。丹尼森还考察了新的技术知识（例如，在生产过程中使用机器人的方法），以及伴随技术进步来组织企业的新方法（管理策略）。由于在一项特定的技术中，更多的投入似乎导致产出以更大的比例增长，丹尼森估计 9％的美国经济增长来自规模经济。最后，天气对农业产出的影响和停工等其他因素对经济增长的净负面影响相当于 2％。尽管丹尼森的增长来源清单比索洛的略长，但他的结果与索洛的初步估计并没有冲突。技术仍然是资本主义增长的引擎，人力资本投资也在增长列车的半程左右。

历史经济增长问题

尽管后凯恩斯主义和新古典增长理论为资本主义经济的历史盛宴提供了一个不完整的剧情编排，但产出的组合以及生产它的成分（技术）确实发生了变化。虽然生产技术和机器所用的劳动力数量可能在几年内保持不变，甚至在一个行业停滞的情况下也可能保持几十年不变，但其他行业可能正在转向不同的组成。钢铁制造在转变为氧气转炉的过程中进展缓慢，但电影制片厂很快就采用了动画。任何新技术都可能会表现出不同的投入品组合，例如，钢铁行业的转换减少了钢铁生产过程中所需的劳动力；但电影动画的制作需要更多的劳动力。[1]

索洛立刻感觉到技术在新工厂、新设备和新工具中得到了"体现"。然而，丹尼森并没有发现这种效应的任何证据。[2] 在超长期增长的数据中，投资支出的更快增长速度似乎确实导致了更快的技术进步。常识表明了这一点，因为实验室技术只有运用于工厂才能有所产出。因此，从长远来看，技术变革的质量可能与原始投资数额一样重要，甚至更重要。

---

[1] 例如参见 Joan Robinson, "Keynes and Ricardo," *Journal of Post Keynesian Economics*, 1, 16-18 (Fall 1978)。

[2] 索洛很快就在资本有着不同年限的模型中考虑到了技术的这种体现。参见 Robert M. Solow, "Investment and Technical Progress," in K. Arrow, S. Karlin, and P. Suppes, editors, *Mathematical Methods in the Social Sciences*, Stanford, CA: Stanford University Press, 1960。

事实上，1850—2000 年，美国的经济增长并不稳定，经历了深度的衰退、货币恐慌、大萧条、20 世纪 70 年代的大滞胀、20 世纪 80 年代和 90 年代的证券过度投机。不过，在 20 世纪 50 年代和 60 年代，美国的经济增长速度相当平稳。解释不同时代可能需要不同的模型。此外，哈罗德-多马和索洛都无法解释资本主义历史上的全部动态。

随着时间的推移，其他的考虑因素也出现了。首先，消费者改变了关于购买什么的想法。20 世纪 70 年代初喜爱牛仔布的青少年在 20 世纪 80 年代转向红色灯芯绒（国王的布料）和学生装，然后又转向 20 世纪 90 年代的宽松裤子和短裙。生活方式可能会发生变化，这样那些几乎总是在家里吃饭的家庭现在可能经常外出就餐。甚至死亡方式也会改变，因为今天的人们（甚至是洛克菲勒家族和肯尼迪家族）显然更喜欢简单而廉价的葬礼。

纵观整个经济版图，我们会看到，一些行业正在衰退，有些行业正在蓬勃发展，有些行业只是在原地踏步。新产品催生了新公司，甚至是新的产业。在不到 15 年前，计算机在家庭中的广泛应用是做梦也想不到的；它已经成为一个在现代开始成熟的新兴产业。在美国，纺织工业正在衰落，但休闲工业正在兴起；人们即使少穿衣服也过得很愉快。所有这一切都说明，随着我们所考察的行业的不同，技术的种类会有很大的不同。此外，高科技公司与支付更低工资、同时获得更低利润的落后低效企业之间会有一种不稳定的共存关系。一些有着较陈旧技术的公司将通过在新兴国家使用同样的技术、支付更低的本国工资、以更高的价格进口商品，从而避免利润的下降。后者在全球化经济中已经众所周知了。

那么，技术进步是如何与国民收入的增长相结合的呢？新技术仍然是抽象的——索洛在这方面通常是正确的——除非它们以某种方式体现在新的设备和生产过程中。通过大量投资，技术才能被运用于工厂。用于实际资本形成（投资）的国民收入所占比例越大，以这种方式吸收技术变革的速度将越快。如果关于这种联系的证据很少，那么这可能是因为经济学家找错了路灯。另外，国民收入中用于投资的份额可能过于粗略，因为它不能直接衡量投资的质量。

当我们把注意力转移到超长期的时候，我们看到资本主义的历史发展阶段如何严重地改变了商业周期的波动幅度以及传统的、短期的财政政策和货币政策的有效性。

6

新兴古典主义学者

当新凯恩斯主义经济学家在 20 世纪 60 年代末和 20 世纪 70 年代初期的滞胀过程中挣扎时，其他一些经济学家正忙着从可能对凯恩斯思想造成毁灭性影响的现代货币主义者的基础上建立理论。所谓的"理性预期"极大地改变了经济学家们开始思考宏观经济学的方式。首先，我们在经济学的一个新博弈中观察不同的参与者。

重要人物

1961 年，卡内基-梅隆（Carnegie-Mellon）大学一位谦虚但不平凡的商学院教授约翰·穆斯（John Muth）创立了商品市场的理性预期理论，但后来被忽视了 10 年。罗伯特·卢卡斯（1937— ）曾是穆斯在卡内基-梅隆大学的同事，无可否认地受他的影响。他承受了大宗商品市场的理性预期压力，并将其传染到了宏观经济学领域。自那以后，宏观经济学一直处于高度活跃状态。

卢卡斯 1959 年毕业于芝加哥大学，获得了历史学专业学士学位，1964 年获得了经济学博士学位。他受到米尔顿·弗里德曼和现代货币主义者的强烈影响。在芝加哥攻读博士期间，在计量经济学领域，他受到了兹维·格里利切斯（Zvi Griliches）和格雷格·刘易斯（Gregg Lewis）的影响，并试图从历史向数学和统计学艰难转型。卢卡斯是一个爱交际、井井有条、英俊的人，1974 年回到芝加哥大学教书，在那里他是经济学教授。1995 年他获得诺贝尔经济学奖。尽管他和已故的伦纳德·拉平（Leonard Rapping，后来是一个新左派激进分子）在 1969 年引入了新兴古典劳动力市场，但卢卡斯在于三年后发表的最有影响力的论文《预期和货币中性》中得出了理性预期对宏观经济学的重大意义，这篇论文也是他在荣获诺贝尔奖后发表的演讲的主题之一。①

卢卡斯在一系列技术性文章中声称，凯恩斯主义和货币主义宏观经济学中存在不可弥补的缺陷。这些批评吸引了年轻的数理经济学家，他们详细阐述了这一思想。卢卡斯是外向、口齿清晰的，托马斯·萨金特（Thomas Sargent，一位腼腆、沉默寡言的经济学家）与尼尔·华莱士（Neil Wallace）一起展示了有效的凯恩斯财政政策和货币政策的"神话"如何被理性预期的智能炸弹所炸毁。

卢卡斯在一次研讨会上讲述了有关萨金特的故事："汤姆提出了一些观点，而演讲者似乎不明白。汤姆……在接下来的研讨会上一言不发。最后，他递给演讲者一张纸，上面写着一堆方程式，然后说，'这是我想说的'……演讲者说，'这就是萨金特的谈话方式'，然后笑了。"②

其他一些新兴古典经济学家对他们的理论的看似无懈可击的逻辑做出了贡献，包括跳出了非均衡模型，而选择了新兴古典均衡模型的贝内特·麦卡勒姆（Bennett McCallum）和罗伯特·巴罗（Robert Barro，1969年），还有萨金特和华莱士在明尼苏达大学的学生，增添了救生艇风格创新的罗伯特·汤森德（Robert Townsend）。随着新兴古典学派的发展，理性预期理论就传播开来了。

尽管有这些经济学家引发的争吵，但许多新兴古典方法与古典经济学（因此得名）一样古老，也与现代货币主义（因而博弈）一样新。它与旧的和新的理论之间的联系并不令人意外，因为新兴古典主义者是自由放任的经济学家，他们把经济的相关模型假定为货币主义者的理论。尽管如此，但新兴古典主义者比货币主义者有着更激进的反政府政策，虽然这看起来不太可能。

20世纪70年代的滞胀使新凯恩斯主义者脱轨，同时使货币主义者重新走上常规轨道，这也为理性预期和新兴古典主义提供了动力。可以预见的是，新凯恩斯主义者用暗示着非均衡的短商业周期和失业来对抗新兴古典主义的均衡。尤其

① 讲座发表在：Tore Frangsmyr, ed., *The Nobel Prizes 1995*, Stockholm, Sweden: Nobel Foundation, 1996。

② Arjo Klamer, *Conversations with Economists*, Rowman & Allanheld: Totoway, N. J., 1983，p. 34.

是，新凯恩斯主义者看到新兴古典主义自己被1981—1982年的高失业率和20世纪30年代的大萧条所破坏了。

他们是参与者，现在博弈正在进行中。

理性预期博弈

对新兴古典学派来说，预期，尤其是对未来通货膨胀率的预期是至关重要的。凯恩斯主义者，甚至新凯恩斯主义者，都会回头看看过去的价格变化，看看他们是否在追上它们，以预测未来的通胀。新兴古典主义者认为，这种观点不仅是落后的，而且是幼稚的和不完整的。当司机只看后视镜时，他们很可能会掉到沟里。

新兴古典主义的世界里居住着那些非常聪明的人，他们在任何必要的地方寻找未来——无论是向后、向前、向下、向上，还是在每一块岩石和每一根树枝下——任何地方。而且，这些非常精明的人能够理解和正确地解释他们所看到的东西。

当这些人确实犯了错误时，他们会反思自己的错误，并在必要时修改他们的预期行为，以消除错误中的规律。理性的驾驶员不仅盯着前方的道路，而且他们在错误转弯后纠正方向盘的能力会使这种错误或方向盘的糟糕转向，在平均水平上与未来决策（如保持在路上）中重要的相关变量无关。人类的陀螺仪在误差范围内是正确的，而误差本身是随机的。

当然，这一切都是从约翰·穆斯对理性预期的看法开始的。除了着眼于从过去的价格行为来推断未来，穆斯还展示了人们如何在所有相关信息的基础上形成他们的期望。人们以低成本、智能化的方式使用这些信息。此外，如此知情的预测在本质上将与相关经济理论得出的预测相同。例如，工人们会利用他们掌握的、在价格水平的设定中发挥作用的所有变量当前价值的任何信息。因此，理性预期假说诞生了。

具有讽刺意味的是，罗伯特·卢卡斯发现了穆斯的假说，当时他费心回顾和阅读他的前同事的文章——凯恩斯主义者形成预期的方式——以发现前瞻性预期的基础。如果经济学家和卢卡斯所说的工人一样有远见，他们就应该在未来看到理性的预期。后来，穆斯认为，他的理性预期只适用于微观经济现象，并被宏观领域的新兴古典派误用了。[①]（新兴古典主义者拒绝相信穆斯浪费了他们的青春。）

自然失业率和产出

新兴古典学派假设所有人都会进行最优化，为了自己的利益而行动。此外，市场，包括劳动力市场，总是出清的。新兴古典学派接受了亚当·斯密的市场机制，加入了来自保罗·萨缪尔森的《经济分析基础》中有关最大化原则的内容，搅动了现代货币主义者的政策变量，并把理性预期作为新的调味品。

当然，要出清的关键市场是劳动力市场，在一个均衡的价格水平上，会在供给数量精确等于需求数量之处出清。新兴古典学派从弗里德曼关于自然失业率的观点开始。自然失业率是指在一个均衡实际工资（即名义工资率除以价格水平）条件下，当劳动力需求和供给相等时出现的失业率。工人必须对价格水平有正确的期望，这样他们的实际工资率也是他们所期望的。

由于自然产出和就业率取决于生产要素和技术——所有供给侧要素——的供给，生产和就业的自然比率与总需求水平无关。名义变量可以在龙卷风般的风速下围绕真实变量的核心旋转，而真实变量的基础却不受影响。市场看上去很像古典劳动力市场。

预期到的通货膨胀

理性预期如何改变古典主义的劳动力市场观点呢？蓝领工人对通货膨胀的预测以货币主义者的模型为基础。假设美联储最近几周对高失业率感到担忧，美联储主席无疑是新凯恩斯主义者，他设想货币供应量的不断扩大将导致更大的产

[①] 穆斯的重要论文是在匹兹堡举行的东部经济学会的会议上发表的。参见 *Proceedings of the Eastern Economic Association*，July-September 1985。我是这本会议论文集的编辑，接受了他的论文。

量、更低的失业率和更低的通货膨胀率。

如果这位收入仅能覆盖支出的蓝领工人（在周一乘地铁上班的路上）了解到，美联储公开市场委员会（Federal Reserve's Open Market Committee, FOMC）即将在周二举行一次会议，美联储主席暗示货币供应量将会增加，那么理性的工人就会预期物价水平会上升。货币供应量的增加推高了经济的总需求——在给定的总供给条件下——将导致价格水平飞涨。也就是说，工人处理货币供应信息的方式与一个好的货币主义者是一样的。

当火车到达车站时，这位收入仅能覆盖支出的工人已经对他们未来的实际工资率做了大致的估计。当然，由于物价水平更高了，新预计的实际工资会降低。由于预期实际带回家的工资较低，工人就会在工厂门口做个鬼脸，回到车站，然后乘车回家。由于预期的实际工资率下降，收入仅能覆盖支出的工人只是简单地减少他所提供的劳动服务。

如果有足够的劳动力处于决定的边缘，雇主将不得不提高工资或面临劳动力减少。因此，雇主提高工资并保持产出，因为他们的利润最大化选择是将产出保持在价格上涨之前的水平。由于所有级别的工作都可以找到收入仅能覆盖支出的工人，所以总体工资水平会上升。工人的实际工资将保持不变。所有做同样理性事情的收入仅能覆盖支出的工人都会对美联储扩张性货币政策的有效性产生全国性的影响。

最后的结果取决于通货膨胀是预期到的（如上文所述）还是未预期到的。考虑一下完全预期到的情况，即现有的信息及其最优使用几乎没有出错的余地。货币供应量的增加将增加经济中的总需求。在总的货币供应量保持不变的情况下，价格水平将会飙升。价格水平的飙升将使劳动力需求激增（劳动力需求曲线向上和向右大幅移动）。然后，理性的边际劳动者会因为预期的较高价格水平降低了他们的实际工资而退出劳动力市场，劳动力供给将收缩（劳动力供给曲线向左移动）。

随着劳动力的减少，商品总供给量下降，价格水平面临着更大的上行压力。对劳动力的需求增长得更多。当然，由于物价上涨（因货币供应量激增）导致未来实际工资较低，边际上的工人将要求并获得按比例增加的名义或货币工资。尽管所有的劳动供给曲线都在向后移动，而劳动需求曲线都在向前移动，但在招工大厅尘埃落定之后，被雇用的工人数量将回到一切开始的地方，即第一现场。在货币工资按照更高的商品价格成比例上涨后，劳动力市场又一次在原来的均衡实际工资和就业水平上出清了。

如果就业率和以前一样，那么产出也是如此。因此，商品总需求最初令人振奋的增长将被总供给量的同样减少所抵消，因为生产者会对更高的货币工资所产生的更高生产成本做出反应。所有这一切几乎都是以光速进行的。

因此，理性预期和一个总会出清的、拍卖式的劳动力市场对宏观经济政策会产生相当大的影响。预期到的总需求政策对实际产出或就业没有影响，即使短期也是如此。产出、就业和技术等实际变量对需求管理政策的系统性变化是麻木的。我们说"系统性"的原因是，一个高度不稳定的经济政策可能会欺骗所有工人——至少在一段时间里——在这种情况下，在他们有时间了解政策变化前，他们无法保留他们的劳动或要求更高的工资。

货币供应量的增加是可以预料到的，因为它是由一些多嘴的官员提前宣布的，或者是由"高层但未透露姓名的消息来源"所"泄露"的，或者是因为这是一项很容易预测的系统性政策行动。

通货膨胀和失业率之间的菲利普斯曲线权衡关系的形状与弗里德曼和现代货币主义者的没有什么不同。你会记得，在那里，工人们最终（从弗里德曼的长期来看，不管是什么时候）得到的结果是名义工资的增长完全抵消了通货膨胀率的上升。失业率已经回到了自然失业率的水平。

新兴古典菲利普斯曲线与弗里德曼的曲线仅在一个方面有所不同。在预期到的通货膨胀的情况下，工人的行为、价格和工资的变化都是同时发生的。所以，对于新兴古典菲利普斯曲线来说，短期和长期没有什么区别。回到自然失业率的运动正在快速减弱，因此它在短期和长期都占上风。马拉松与 100 米短跑被混为一谈了！

新兴古典菲利普斯曲线的一个主要区别与预期和通货膨胀有关。图 6.1 用图形最好地解释了这一点。图中显示了三条短期菲利普斯曲线：每个预期通胀率都用一条不同的曲线表示。从长期来看，自然失业率固定在实际通货膨胀率和完全预期的通货膨胀率相等的水平上。货币和财政政策可以通过创造一次意料之外的通货膨胀（在相关的短期菲利普斯曲线上移动），暂时将失业率降低到低于自然失业率的水平。然而，一旦工人们意识到实际通货膨胀率比他们预期的要高，他们就会离开工作，再次自愿失业。那么，就业和失业就会恢复到更高的自然率水平。由于均衡总是由实际通货膨胀率和预期通货膨胀率相等决定的，预期通货膨胀率的上升使短期菲利普斯曲线沿着自然失业率线上升到相应的通货膨胀率（纵轴）。对于6％的预期通胀率，短期菲利普斯曲线与消费价格实际变化6％的自然失业率相交。所有这些交叉点（对于所有短期菲利普斯曲线）形成了长期菲利普斯曲线，即垂直线。近6％的失业率接近当时估计的自然失业率，预期通胀率为零。

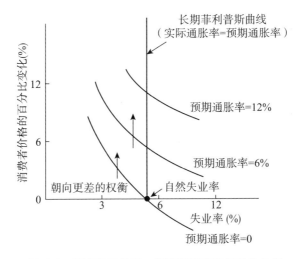

图 6.1　菲利普斯曲线、预期通胀率和自然失业率

未预期到的通货膨胀

现在考虑一下货币供应量的意外增加或其他来源引起的总需求的任何意外增加的影响。新兴古典主义者常将这种事件称为货币意外事件。像以前一样，货币供应量的增加将提高总需求。随着价格水平的上升，对劳动力的需求也会上升。在短期，产出和就业都会增加。

那些与充分预期到的情况有关的其他变化根本没有发生。劳动力供给没有收缩，商品的总供给也没有萎缩。其后果包括短期凯恩斯主义和短期货币主义的事实。也就是说，在短期内货币供应量的增加可能产生预期的效果，更多的工人从工厂大门鱼贯而入，更多的货物从工厂涌出。这是为什么呢？

想象一下接下来的一系列事件。几个星期以来，美联储的"内部人士"告诉《华尔街日报》记者，联邦储备委员会主席（主席们通常如此）对通货膨胀有多么恐惧。在政策改变之前的一个上午，美联储主席甚至带着照相机和胶卷访问了通用汽车公司的一个大型工厂。随着照相机镜头的滚动，美联储主席宣布："联邦公开市场委员会今天建议纽约联邦储备银行出售更多的国库券，以便通过银行系统收缩货币供应量。我们必须制止通货膨胀，这是在掠夺我们的养老金领取人。"

与此同时，在工厂的一个遥远的角落里，通用汽车公司的管理层被吸引到一台电视机前，观看着CNN。CNN财经频道的记者报道了货币市场上的一系列活动，这意味着纽约联邦储备银行将大举购买国库券，并预示着资金供给的增加。管理层总是意识到拥有一支消息灵通的员工队伍的重要性，因而通过扩音器宣布："美联储正在增加货币供应量！"

令人惊讶的是，工人们无疑相信他们在非公开的照相机上所看到的。但是，美联储得到了它想要的东西。美联储的领导层明白了把工人赶出去的必要性。如果政策改变被预见到了，收入仅能覆盖支出的工人会立即看到他们的实际工资下降，抓起他们的午餐桶，然后去地铁站。然后，通用汽车公司的产量就会随着就业的减少而下降。根据现有的美联储信息，或者更准确地说，根据这种错误的信息，工人们不可能预料到货币供应量的增加。

然而，根据林肯式的新兴古典学者，虽然你可以在某些时候（短期内）愚弄所有工人，但你不能一直愚弄所有工人（从长远来看）。一旦掌握了正确的信息，工人们就会做新兴古典学派希望他们做的事情。那么，扩张性货币政策将无法改变经济中的真正变量。

新兴古典学派的经济政策

综上所述，粗心的读者可能会认为，新兴古典学派支持不稳定的货币政策或财政政策作为一种政策选择。这是错误的。新兴古典学派提出了一种政策无效假设。他们认为，实际产出和就业不受总需求政策的系统性、可预测性变化的影响。新兴古典观点认为，未预期到的总需求变化将在短期内影响产出和就业，但这种观点仍然没有为宏观经济稳定政策提供有意义的作用。怎么会这样呢？

想想那种让约翰·梅纳德·凯恩斯感到不安的情况吧。面对自 1946 年以来最低的消费者信心水平，私人投资急剧下降。投资下降减少了总需求。产出将会衰退，价格水平也将下降。那么，对劳动力的需求就会跌穿工厂的最低水平。

如果工人们在阅读了消费者信心调查后预期到了这些事件，他们将完全预期到自己的实际工资会随着物价水平的下降而上升。他们的劳动供给将增加，使得货币工资降低。最终，货币工资和价格水平会下降到足以使就业和产出恢复到原来的水平。当需求冲击被预期到的时候，经济是自我稳定的，不需要采取扩张性货币政策或财政政策。

假设投资下降是意料之外的事。如果工人不采取任何行动，投资需求的下降就会降低产出和就业。那么，为什么不使用扩张性货币政策或财政政策来弥补投资支出的不足呢？

如果蓝领工人没有预见到投资缺口，那么美联储和白宫经济学家也会这样，尽管他们衣领的颜色是不同的。政策制定者本来就无法预测未来投资的下降。政策制定者也无法采取行动来阻止一些他不希望看到的事情。一旦企业减少了投资，而且人们预期投资会继续下降，政策制定者就可以采取行动提高需求。但如果人们进一步预期投资将继续下降，就没有必要采取扩张性政策，因为工人和生产者也会抱有同样的期望。恰似第 22 条军规的感觉！

与亚当·斯密的追随者一样，新兴古典学派也是不干涉主义者。虽然新兴古典学派采取了不同的方式，但他们还是和米尔顿·弗里德曼一样到达了同一个车站。他们赞成货币增长率规则，以消除货币供给中未预料到的变化。这些意想不到的变化没有稳定性价值，很可能会使经济偏离自然产出率和自然就业率的轨道。同时，货币供应量的持续增长将稳定通货膨胀率。

在财政政策方面，新兴古典学派反对过度或不稳定的政府赤字支出。例如，托马斯·萨金特和尼尔·华莱士批评里根政府的巨额预算赤字。不稳定的财政政策导致不确定性，使原本理性的工人和生产者难以预测经济的走向。萨金特等人也认为，控制政府预算赤字是可信（可预测）的非通货膨胀货币政策所必需的。

理性预期与现实世界

理性预期导致了新兴古典宏观经济学的出现，但它也不是没有批评者（包括穆斯本人）。凯恩斯主义者和新凯恩斯主义者经常说：（1）假设人们或公司按照所暗示的那样明智地处理信息是不现实的；（2）假定人们在形成预期时利用了所有相关变量的信息也是不现实的，因为信息的收集是困难的、高成本的（与过往信息的廉价不同）；（3）每个拥有相同信息的人都可能导致一种投机泡沫及随后的崩溃，这很难说是一种理性的结果。

一位经济学家利用小说来突出这些对理性预期的批评。约翰·肯尼斯·加尔布雷斯（1908—2006 年）在他的小说《终身教授》（*A Tenured Professor*）中对此进行了讽刺。书中对一个主题的总结揭示并说明了这些观点。当然，使用小说的形式并不意味着回避现实世界。恰恰相反，加尔布雷斯关注的是 20 世纪 80 年代投机的真实世界。

在加尔布雷斯的小说中，年轻的哈佛大学经济学教授蒙哥马利·马尔文（Montgomery Marvin）创造了一种衡量投资者的过度乐观情绪和悲观情绪的指标，即极其准确的非理性预期指数（Index of Irrational Expectations，IRAT）。他通过在股市上使用 IRAT 变得富有。

"过度性"与所有市场参与者都有相同的信息并以同样的效率使用它的理性预期相反。市场最终在所有利润都被剥削的意义上是有效率的。没有人能够赚钱，因为它已经被别人得到了。换句话说，马尔文应该不可能赚到所有这些利润。

马尔文发明的 IRAT 来自他对人群错觉——南海泡沫、20 世纪 20 年代后期的狂热投机，以及那些人中把狂喜的错误传递给其他人的金融天才——的理解。

马尔文理解了那些帮助造就 20 世纪 20 年代末股市繁荣的人的光彩照人的名声。例如："典型的哈佛俱乐部成员理查德·惠特尼（Richard Whitney）坚定地致力于发挥自己的经济敏锐性，而这是纽约证券交易所表达的金融道德最高标准的象征，他在纽约州新新监狱平静地去世了。"①

从这段历史中浮现出一条金融学原理："找出在任何愉快的事件中谁是最伟大的主角，谁是最著名的，并投资于他最终的堕落。"② 唐纳德·特朗普（Donald Trump）突然出现在我们的脑海中，尽管加尔布雷斯反对这一预测。

马尔文还在伯克利大学研究生院的时候就意识到他需要衡量一个公司和它的股票的愉悦感。马尔文衡量了一个银行业的传奇，即美国银行。在现实为 100 的情况下，马尔文将该银行的欢欣程度定为这一数字的两倍。在伯克利的灯光下，旧金山的灯光在远处闪烁着，他和他的合作者——加拿大籍妻子马杰（Marjie）——发明了非理性预期指数。在《大西洋》杂志的一篇文章中预测了 1987 年股市崩盘的加尔布雷斯正在摆弄理性预期主义者。

马尔文做空了美国银行的股票。马杰是这样理解的：借入股票，以现价卖出，然后当价格下跌时，更换股票，保持差额。这些利润是在一个有利的时候到来的，当时里根政府正在降低最高收入者群体的税收，给马尔文一家留下了更多的现金，否则的话不会这么多。

到 20 世纪 80 年代中期，"欣喜若狂"已经成为一种普遍现象。③ 所有的证券价格都在上涨。马尔文一家发现了指数交易，并开始使用此前从未梦想过的杠杆。在伊万·博斯基（Ivan Boesky）因使用内幕信息而下台的时刻，马尔文一家小心地避免任何不当的行为。他们是诚实的投机者。马尔文一家像往常一样做空，从 1987 年 10 月 19 日的股市崩盘中变得非常富有。马尔文继续利用杠杆收购"特种电气"（传闻还收购通用电气）。

转折点是由证券交易委员会（Securities and Exchange Commission，SEC）

---

① John Kenneth Galbraith, *A Tenured Professor*, Boston: Houghton Mifflin Company, 1990, p. 57.

② *Ibid.*.

③ Galbraith, *op. cit.*, p. 83. 作为一篇公认的生动的对加尔布雷斯小说的评论文章，参见 E. Ray Canterbery, "A Tenured Professor," in *Challenge: The Magazine of Economic Affairs*, July-August 1990。

提供的。IRAT 已经被确定为一种非法操纵市场的行为。这是一个与确定的胜利者不公平竞争的案例。IRAT 不仅给了马尔文不公平的优势，而且跟踪他交易的人掌握了他购买和销售的内幕信息。因此，我们有一个基于马尔文交易的内幕信息的内幕交易案件——基于非内幕交易的内幕交易！市场失灵是理性运用非理性的产物。

加尔布雷斯嘲笑的理性预期主义者还在继续。当证券交易委员会否决了马尔文使用的 IRAT 时，他随机买入股票，通知证券交易委员会，并向媒体提供他的交易的全部信息。马尔文未受减损的声誉足以把其他人带到同一条船上。完整的信息会导致单向投机，从而保证了马尔文的利润。甚至对完全信息的有效利用也会搅动市场。

理性预期主义者回应了他们的批评。（1）所有的理论或模型都是"不现实的"，因为对于现实的描述过于简单化。相关问题是，根据理性预期主义者的看法，形成预期的方式是货币和财政政策的最佳指南。（2）人们以最佳方式形成预期，从而将边际成本和边际收益等同起来，其中包括了信息成本。

然而，理性预期主义者往往认为，股市是检验他们理论的完美市场，因为没有人拥有"内幕"信息。理性预期主义者对股市崩盘的解释是什么呢？市场崩盘是一种"货币冲击"，而货币冲击是"短暂的"。

至于现实，新兴古典学派从来没有说过，对经济的预期误差或其他冲击必然很小，因此在现实中，股票价格或失业的波动可能很大。货币政策和财政政策根本无法在处理这些巨大的错误或冲击方面发挥积极的作用。

新兴古典学派与萧条

对于我们早些时候提到的现代货币主义者来说，对他们的理论的一个考验就是，它对现实世界状况的预测能力。它在解释大萧条方面得到了一个不完整的评分。由于新兴古典学派在轻视政府和联邦储备方面超越了货币主义者，因此对于新兴古典模型的预测能力来说，萧条将再次是一个公平的考验。

大萧条是新兴古典学派尴尬的根源吗？1995 年，罗伯特·卢卡斯获得诺贝尔经济学奖，因为他发展并应用了理性预期，改变了宏观经济分析，加深了对经济政策的理解。卢卡斯认为，1929—1933 年，人们犯了非常大的错误。就像他所说的：

> 人们做了很多决定，事后却都希望自己此前没有做这些决定。有许多人辞职，但他们后悔自己当初没能坚持下去；有些工作被人们拒绝，因为他们认为工资待遇太低了。然后，三个月后，他们后悔自己没能抓住当时的工作机会。失去会计工作的会计师放弃了一份出租车司机的工作，现在他们正坐在街上，而他们的朋友正开着一辆出租车。所以，他们后悔自己当时没能接受这份出租车司机的工作。人们一直在犯这样的错误……我不认为人们在商业周期中犯错误的问题有什么难的。[①]

因此，对卢卡斯来说，20 世纪 30 年代是一个人们没有好信息的时代。即便如此，我们也很容易对这样一种理论感到困惑，即首先是每个人都有职业经济学家的智慧和信息，最后才把大萧条解释为信息失败。这种情况还会再次发生吗？

至于会计师不接受出租车司机的工作，或（再往前推一点）失业出租车司机放弃以五分一厘出售苹果的错误，1933 年的工作选择肯定与 1928 年不同。此外，工人们当然更喜欢生活在一个决策环境更为乐观的社会。更根本的是，当失业率很高时，并不是每个人都能成为出租车司机——不管是脑外科医生还是大学教授——因为司机比出租车多，尤其是因为很少有人负担得起出租车的时候更是如此。理性的人在 20 世纪 30 年代就知道这些事实，但这些知识并不是十分有用。

公平地说，让我们给现代货币主义者提供另一个解决大萧条难题的办法。哈佛大学的罗伯特·巴罗（Robert Barro）是罗伯特·卢卡斯的追随者，他给出了一个对大萧条的货币主义解释。在 1929—1933 年，罪魁祸首美联储错误地收缩了货币供应量。巴罗还表示：“与新政相关的政府干预，包括公共支出的数量和

---

① Klamer，*Conversations with Economists*，*op. cit.*，p. 41.

直接价格监管，阻碍了经济复苏，但 1933 年后经济复苏加速了。"① 1933—1937 年的"复苏"之所以发生，是因为美联储消失了，新政收起帐篷，搬出了白宫吗？真实的历史描绘了不同的故事，大萧条因其在 1929—1939 年的持续时间而名副其实。

尽管如此，新兴古典主义者还是承认了对 20 世纪 30 年代和 80 年代早期高失业率的集体困惑。他们也许同意托马斯·萨金特的观点："我没有一个理论，也不知道其他人的理论是对大萧条的一个令人满意的解释。这确实是一个非常重要的、还没有得到解释的事件和过程，我很感兴趣，并且希望看到它得到解释。"②

如果一个经过严格训练的理性预期主义者无法解释过去，那么在所有的证据出现之后，我们能相信收入仅能覆盖支出的蓝领工人的行为方式能够保证我们更加复杂的现代经济中的充分就业吗？那些被通用汽车和 IBM 解雇的工人是否有足够的智慧驾驶出租车和卖苹果？这样经济学家就能保住他们的工作，继续写关于充分就业的奇迹？

托马斯·萨金特确实对 1981—1982 年的严重衰退做出了解释。他坚持认为，里根经济学的反通货膨胀政策对公众来说是不可信的。也就是说，公众预计，为了给庞大的预算赤字提供资金，货币紧缩的局面将会被扭转。既然人们预测货币当局会转变，通货膨胀预期就不会迅速逆转，从而无法防止大规模失业。工人阶级太聪明了，不利于自己的利益。

新凯恩斯主义者罗伯特·戈登（Robert Gordon）则不那么乐观。他的结论是："最终，1981—1982 年的衰退可能对卢卡斯-萨金特-华莱士的主张（即政策无效性的假设）是致命的，就像大萧条对于前凯恩斯主义的古典宏观经济学一样。"③

---

① Klamer，*op. cit.*，p. 57.

② *Ibid.*，p. 69.

③ Robert J. Gordon，"Using Monetary Control to Dampen the Business Cycle: A New Set of First Principles," National Bureau of Economic Research Working Paper，No. 1210 (October 1983)，p. 25.

结　论

新兴古典学派从来没有对现实世界产生过浓厚的兴趣。理性预期所要求的更高水平的数学和统计数字，对于这类经济学家来说，似乎比他们的模型是否能解释经济运作的方式更为重要。他们说，他们只是在玩一场游戏。如果较少的经济学家或更糟的政策制定者认真对待这场游戏，那就是他们的问题。但是，如果其他人把一场游戏和现实世界混为一谈，结果导致了高失业率，那么工人阶级肯定不会喜欢它所发的这些牌。

毫无疑问，新兴古典主义者对自由市场的坚定信念迅速纠正了在缺乏实证的货币政策和财政政策的情况下的所有错误。如果是这样，当美国资本主义无法完美运作时，他们肯定会偶尔感到沮丧。我可以想象，一个新的古典主义者煽动了一种不同类型的暴力行为，就像威廉·伊登爵士（William Eden，1849—1915年）所展示的那样，他是曾经担任英国首相的安东尼·伊登（Anthony Eden）的父亲。

这一次，天气看起来很好，但后来下雨了，威廉爵士向窗外的云挥动拳头，喊道："就像你一样，上帝！"然后他从墙上扯下仍然显示着"晴朗"的气压计，从同一扇窗户扔出，喊道："喂，你这个该死的傻瓜，你自己看看吧。"①

---

① 这个故事参见 Clifton Fadiman，*Any Number Can Play*，Cleveland，OH.：World Publishing，1957。

7

影响日盛的一般均衡理论

经济学的演进

经济似乎总是处于一种正在变成其他东西的状态。因此，我们可能会怀疑经济科学随着资本主义的发展而演变。我们目睹了市场经济因封建主义和重商主义的失败而缓慢演变。货物的国际交换是由于劳动力专业化产生的物质剩余而实现的。亚当·斯密的价值理论，即他试图解释事物的真正价值，是源于为剩余或净增值确定一个"价格"的需要。

工业革命引发的技术变革如此之大，以至于产生了在此之前未曾想到的增值水平。正是在 19 世纪中叶，创新和技术向美国的传播开创了美国的镀金时代。[马克·吐温在他的讽刺小说《镀金时代》（*The Gilded Age*，1873 年）中将其如此命名。] 在马克·吐温看来，与现实一样，新的特权阶层的收入是家庭的生产剩余对应物，产生了中产阶级，并将经济选择扩大到富人的门阶之外。

新古典经济学针对的是英国上层中产阶级的行为。尽管经济阶层有社会影响，但阿尔弗雷德·马歇尔的改进与牛顿动力学是一致的。他的数学函数的流畅性所提供的市场和谐是使经济学成为牛顿式的自然科学隐喻的重要一步。通过牛顿微积分来强化比喻是第二次世界大战后在美国完成的。

对经济明星的一次重大调整来自从马歇尔的局部均衡方法转向萨缪尔森的一般均衡方法。尽管萨缪尔森的工作在很大程度上是美国高级理论的开端，但一般均衡理论将要把理论提升到抽象的高度，相比之下，萨缪尔森的版本此时也开始显得具体起来。既然这一努力已经主导了"更高等的研究"，我们就应该进一步描述它。反过来，我们将了解到，攀登到内部表征的顶峰与现实世界的登山活动是不一样的。

一般均衡的高级理论及其版本

这种抽象化的趋势源于瓦尔拉斯的一般均衡，延续了新古典凯恩斯主义模型，随着一般均衡的阿罗-德布鲁扩展而升级，并最终在理性预期和新古典经济学那儿达到顶峰。这一理论是"一般"的，因为它弥合了微观经济学和宏观经济学之间的差距。在所有市场都以均衡价格出清的情况下，所有需求、产出和收入的价值都可以归纳为总需求、总供给和总收入。在其高级理论模式中，瓦尔拉斯一般均衡理论仅适用于完全自由市场和自由选择。

与瓦尔拉斯和当代方法不同的是，亚当·斯密、大卫·李嘉图、约翰·斯图亚特·穆勒和卡尔·马克思提出了一种由生产成本和最终被称为完全竞争条件的零"利润率"驱动的价值理论。然而，一般来说，需求只影响数量而不影响价格。价格基本上是由生产成本决定的。另一种选择，即新古典价值理论，在决定均衡价格时，有着与供给相当的需求。古典学派认为，市场是相互关联的，但忽略了需求对价值的影响。正如前面所指出的，马歇尔理解一般均衡的思想，但认为瓦尔拉斯的数学并不能胜任这个任务。在这一点上，他是正确的。[①]

在瓦尔拉斯的传统之外，现代理论家面临着四个主要问题：（1）对于瓦尔拉斯模型，能证明唯一均衡的存在性吗？如果不能，则在相互依存的市场中存在完整的价值理论。（2）如果存在均衡，它是否稳定？如果不稳定，则可能存在多重均衡。（3）瓦尔拉斯均衡是否满足现代福利经济学的标准？如果不满足，则不能判断均衡是"好的"。（4）在不确定性的条件下，瓦尔拉斯均衡是否存在？如果不存在，同时如果存在不确定性，则均衡是不相关的。

显然，由于对牛顿意义上的均衡存在争议，所以问题和答案都是纯粹数学意义上的。然而，代数和牛顿微积分并不能胜任这项任务。肯尼斯·阿罗、杰拉

---

① 关于数学和数学经济学家的有趣和完整的历史，以当代一般均衡理论为高潮，请参见 E. Roy Weintraub, "On the Existence of a Competitive Equilibrium: 1930—1954," *Journal of Economic Literature*，21 (1)，1 - 39 (March 1983)。

德·德布鲁和那些追随者利用了可以把变量的值"映射"到抽象的空间中的集合论。肯尼斯·阿罗与约翰·希克斯爵士一起分享了 1972 年诺贝尔经济学奖，因为他们对一般经济均衡理论和福利理论做出了开创性的贡献。杰拉德·德布鲁因严格地重新表述了一般均衡理论而获得 1983 年诺贝尔经济学奖。

但是，早在 1954 年，阿罗和德布鲁就发表了他们对"竞争性经济"均衡存在性的证明。他们从一个私人所有制的经济开始，在这种经济中，品味（偏好）、技术、初始收入和财富分配，以及公司的私有制都是"给定的"。消费者和公司都是价格接受者（price-taker），也就是说，单个消费者或公司在收入和产品中所占的增量份额如此之小，以至于任何人都无法影响价格。换句话说，在斯密看来，只有市场能够设定价格，任何个人或公司都不能。一旦这些事物加在一起，总需求和总供给就是相等的，它们的差额为零。在所有市场上，超额需求的价值为零，这就是瓦尔拉斯定律。[1]

虽然这一理论相当抽象，还有着具有纯粹技术性本质的成果，但还是能够理解的。然而，如果没有小约翰·F. 纳什（John F. Nash，Jr.）早些时候发表的一篇文章，这个证明就不可能完成。纳什（1950）利用不动点定理发现了非合作博弈均衡点的存在。[2] 这个条件很快被称为"纳什均衡"。所谓的博弈论之所以

---

[1] 在 l 个价格变量中存在一个有着 l 个等式的超额需求体系：
$$z_i(p_1, \cdots, p_l)=0, \ i=1, 2, \cdots, l \tag{1}$$
供给和需求的决定力量，即经济所定义的"品味"、"技术"及"收入和财富"，当且仅当 $p*$ 是方程（1）的解时，在价格 $p*$ 处实现均衡，并因此包含均衡价格的集合。在瓦尔拉斯理论中，价值是由方程（1）的一个解所决定的。一个价值论需要一个存在性定理来保证，对于来自一个大类的所有经济体，在正的价格中，至少有一个解是方程（1）的。加总得：
$$\sum p_i z_i(p_1, p_2, \cdots, p_l)=0 \tag{2}$$
若要全面而批判地总结阿罗对一般均衡理论的贡献，请参见：Darrell Duffie and Hugo Sonnenschein, "Arrow and General Equilibrium Theory," *Journal of Economic Literature*，27（2），565 - 598（June 1989）。

[2] 对于好奇的读者，不动点定理可以表示为，如果 $\varphi(x)$ 是将 r 维闭单纯形 S 变为 $A(S)$ 的上半连续点集映射，其中 $A(S)$ 是 S 的闭凸子集的集合，那么此处存在一个 $x_o \in S$，使得 $\varphi(x_o) \in A(S)$。有一个推论指出，S 可以是一个欧几里得空间中的任何紧凸子集。"凸性"仅指在产品的生产过程中，要素替代（例如，资本替代劳动）导致增加的要素的边际产品递减。

发挥作用，是因为每个消费者和每个公司的行为受到所有其他消费者和公司的选择的限制，所以没有人有选择另一种行为的动机。换句话说，如果你不需要考虑到你的朋友们所做的选择，你就会做出不同的选择。①

简单介绍一下约翰·纳什的生活和职业生涯，从中可以看出他是如何提出他的理性行为理论的。② 纳什出生在西弗吉尼亚州的布鲁菲尔德（Bluefield），后来成长为一个高大、英俊、傲慢和极端古怪的人。在普林斯顿大学，一个天才周围环绕着的都是 20 世纪科学的大祭司们——阿尔伯特·爱因斯坦、约翰·冯·诺依曼（John Von Neumann）和诺伯特·维纳（Norbert Wiener）——纳什努力寻找着他自己的节奏，这个节奏主要在他的脑海里。纳什不是沿着现有的科学之山上的一条道路攀登山峰，而是完全爬上另一座山峰。

他有一种一致性；他是"强迫理性的"，这里的副词与名词相互矛盾。他把生活中的决定——是否说"你好"，去哪里的银行，接受什么工作，和谁结婚——变成了脱离情感、惯例或传统的数学规则。尽管如此，他在数学上所取得的成就还是令人吃惊。约翰·冯·诺依曼第一次把社会行为分析为零和博弈，而纳什则专注于个体，从而使博弈论与斯密式的经济学相关了。亚当·斯密所描述的每一位屠夫和面包师都会独立选择自己对其他参与者最佳策略的最佳回应。尽管这位年轻人似乎与其他人的情绪，包括他自己的情绪脱节，但他可以想象一个人会选择一种纯粹合乎逻辑的策略，以最大限度地发挥自己的优势，尽量减少自己的劣势。阿罗和德布鲁以此为证据为亚当·斯密的"看不见的手"的比喻提供了一个数学解。最终，这是一个纳什均衡。③

30 岁时，纳什被公认为他那个世纪最伟大的数学天才之一。在那一年，纳

---

① n 元组的选择的纳什均衡具有这样的性质，即给定其他人的选择，每个人的收益都是最大化的。例如，其他人的选择影响价格和数量，从而决定一个人负担得起什么。德布鲁提出了一种广义 n 人博弈的思想，其中每个人都有一个取决于其他人的选择的可行选择集合。那么，什么可行就取决于其他人的行为。

② 关于约翰·纳什的精彩而动人的获奖传记，请参见 Sylvia Nasar，*A Beautiful Mind*，New York：Simon & Schuster，1998。下面几段中的一些履历资料是在 Nasar 的书中找到的。

③ *Ibid.*，p. 16.

什的偏执性精神分裂症第一次发作。30 年来，他患有严重的妄想症，经常出现幻觉，思想和感情紊乱。纳什认为自己是一个"伟大但有着隐秘重要性的弥赛亚式人物"，他放弃了数学，而转向命理学和宗教预言。就像 20 世纪 30 年代的泽尔达·菲茨杰拉德一样，他接受了各种各样的药物和休克治疗，之后病情得到缓解并出现好转的迹象，但只持续了几个月。最后，他成了普林斯顿大学教室里一个悲伤的、在黑板上乱涂乱画的幽灵般的人物。与此同时，他的名字随处可见——数学期刊、政治学书籍、进化生物学文章，以及经济学教科书和文章上。

泽尔达·菲茨杰拉德在《为我留下那首华尔兹》（*Save Me the Waltz*）一书中自述了她的感受："在她看来，在地球上的一切事物中，从来没有一样让她如此想要，以至于自制，从而达到完美的控制。"① 她的动力和强迫性兴趣在于通过芭蕾舞蹈使她的身体更完美。纳什的冲动是为了完善他的思想。精神分裂症患者的生活在暴露自己的欲望和隐藏自己的欲望之间挣扎。他感到脆弱，变得善于自我隐藏。

1994 年，约翰·纳什、约翰·C. 海萨尼（John C. Harsanyi）和莱茵哈德·泽尔腾（Reinhard Selten）因为"非合作博弈理论中均衡的开创性分析"一起被授予诺贝尔经济学奖。因此，最终这个故事对纳什来说并不像泽尔达那样悲惨（她一直没有康复）。纳什经历了一次罕见的精神分裂症的自发康复。到 20 世纪90 年代初，他又在研究数学了。

诺贝尔奖背后的故事几乎与数学家获得诺贝尔奖的事实一样非同寻常，尤其是一位被同侪认为已经死了的数学家。尽管瑞典皇家科学院（Royal Swedish Academy of Sciences）不得不在宣布获奖者的当天投票批准该奖项，但委员会在这一场合仍抨击被提名人"太狭隘、太虚无缥缈、太技术性"。纳什和另外两位候选人仅以极少数票获得通过——这是历史上第一次以如此接近于失败的票数获得通过。持异议者对该学科的严谨性表示怀疑，并担心"这一［经济学］领域的肤浅正导致诺贝尔奖获得者的质量急剧下降"。围绕纳什所产生的动荡促使该学院在 1995 年 2 月将经济学奖重新定义为"作为一项社会科学奖，授予对

---

① 引自 Nancy Milford, *Zelda: A Biography*, New York, Evanston, and London: Harper & Row, 1970, p. 242。

政治学、心理学和社会学等领域做出重大贡献者"[①]。虽然纳什没有被要求做传统的获奖演讲，但他在诺贝尔奖颁奖典礼上没有引起任何尴尬，只是表现得像他年轻时一样行为古怪。

纳什均衡使我们完全回到了主要的阿罗-德布鲁故事。虽然阿罗-德布鲁证明了某些均衡集的存在，但不能证明它是唯一的。任何数量的均衡集都可能满足一种特定的技术和初始的收入-财富分配。要真正理解一个经济体如何在众多瓦尔拉斯均衡中进行选择，就需要比瓦尔拉斯的原始理论和纳什均衡有更大的突破。在此之前，对一种新的价值理论的主张是空洞的。

一个相关的问题是："现代"福利经济学是否已被阿罗-德布鲁的理论取代？换句话说，瓦尔拉斯均衡是否与"现代"福利经济学中的最优条件相同？直到今天，福利经济学都是基于帕累托最优性的。帕累托最优是指，在不减少至少另一个人的效用的情况下，经济的任何进一步变化（如价格的上涨或下降）都不会改善一个人的边沁式效用。简单地说，帕累托最优要求边际主义学派的所有边际条件都得到满足。特别是，边际效用在所有消费者中都是相等的。一般均衡理想地将这些边际最优条件扩展到所有个人和公司。然而，这些福利标准只涉及工程效率，而不是人们在不同收入或财富水平上对自己处境的真实感受。

莫里斯·阿莱（Maurice Allais）因"对市场理论和资源有效利用的开创性贡献"获得 1988 年诺贝尔经济学奖，他证明（1943—1947 年）了，每一种市场均衡都是社会有效的，即没有人能在别人境况变得更糟的情况下过上更好的生活。此外，这样的结果甚至发生在初始财富禀赋的重新分配之后。同样，许多不同的均衡价格和数量结合是有可能的。[②] 事实证明，如果竞争性条件占上风，对于给定的技术和收入分配，许多可能的均衡中的每一种都是帕累托最优的。但是，早在保罗·萨缪尔森的《经济分析基础》之中，我们就知道情况是这样的。

1952 年，阿莱和阿罗独立地将不确定性引入一般均衡理论。同样的定理和

---

① 要阅读完整的故事，参见 *Ibid.*，Chapter 48。

② 按照惯例，阿莱在诺贝尔奖颁奖典礼上简要介绍了他的生平和主要贡献。参见 Karl-Göran Mäler, *Nobel Lectures：Economic Sciences，1981‑1990*，Singapore/New Jersey/London/Hong Kong：World Scientific，1992，pp. 215‑252。

证明也适用于瓦尔拉斯均衡。在阿罗的分析中，不确定性是通过引入证券和证券交易来管理的。随着证券市场的引入，阿罗利用了关于均衡价格预期的"完美预见"。每个人和每家公司都有一份完整的目录，该目录列出了经济中所有可能的未来价格和数量（正式称谓是"状态"）集合，可以看作西尔斯百货公司的商品目录；每个人和每家公司都有同一份西尔斯百货公司目录的副本。

难题在于，知道每个人最终都会得到相同的目录，特别是，与西尔斯百货公司的目录不同，价格和数量每秒钟都会发生变化。这通常被称为"协调问题"。这确实是问题！协调问题需要的不仅仅是瓦尔拉斯式的拍卖师，而且是一个超瓦尔拉斯式的拍卖师，他不仅要知道品味、技术和收入-财富分配，还要会计算并以某种方式向各方公布每一个数量集合的未来现货价格。

完美预见的引入使我们回到了理性预期。新兴古典学派（见第 6 章）也发展了一种一般均衡理论，因为它建立在个人行为水平的最优化基础上。（回想一下约翰·希克斯爵士因对宏观经济学均衡的贡献而获得了诺贝尔经济学奖。）新兴古典学派之所以与一般均衡的阿罗-德布鲁-阿莱版本偏离，主要是因为他们关注的重点是经济政策失灵。所有"预期到的"政策变化总是使经济恶化，违反帕累托最优性。因此，超出自由市场内部的变化是不好的，因此新兴古典主义学派的思想也属于高深理论的同一范畴。

不过，除了瓦尔拉斯一般均衡理论外，我们不考虑承认经济中的相互依存关系的其他理论将会是失职的。此外，这些理论提供了一种更严格的评估，以判断流行的高深理论是否将主导未来的经济。我们将讨论的问题是，山顶的视野是否更好，或者山顶是否笼罩在薄雾中，从而大大降低了能见度。

投入-产出和价格加成：相互依存产业的另一个视角

投入-产出理论是解释经济中相互依存关系的另一种方式。瓦西里·里昂惕夫（1905—1999 年）是一位出生于俄国的美国经济学家，曾在彼得格勒和柏林学习，他发明了投入-产出分析。里昂惕夫是一个矮小、谦逊和善良的人，他在哈佛时常常会保护年老和年轻的左翼激进分子。当哈佛大学经济系清除了教职员工中年轻、杰出的激进分子时，他和阿罗等人离开了哈佛，以示抗议。与一般均衡方法不同，投入-产出是由技术驱动的。[①] 生产配方决定了一单位特定产出所需投入的类型和数量。这一技术要求延伸到劳动和资本。例如，投入与产出之间的直接关系（技术系数）告诉我们，1978 年生产一吨美国碳钢需要 0.95 吨煤炭、8.14 人时劳动、1.65 吨铁矿石、0.10 吨废钢和 11 百万英国热量单位（mbtu）能量。这个想法不仅仅是理论，里昂惕夫估计了这些系数。投入-产出是经验性的，从现实世界的数字开始。

在一项特定的技术中，技术系数在一段时间内的所有产出水平上都是固定的，因此成本不变，就像古典经济学理论中的那样。在这种暂时不变的情况下，不同产业的总支出（与总产出的价值相同）和材料的支出之间的差额等于各行业的增加值或为经济创造的收入。反过来，这个增加值实际上是经济中工资、利息、租金和利润的总和。这样，国民产出的价值就等于国民收入的价值。事实上，国民投入产出表已被用作对单独估算的国民收入账户的可靠性的定期检查。

有可能从经济总量回到特定行业的细节。继续我们前面的例子，生产 1 吨钢所需的 8.14 人时劳动，乘以钢铁工人的工资率（每小时 11.66 美元），再乘以碳钢总产量，我们就得到了该行业的总工资额。总工资额除以生产的钢材总量（吨），就得到了每吨工资。如果从碳钢价格中减去每吨材料成本和每吨工资额的和，我们就得到了当年的剩余收入或每吨 29.92 美元的"单位利润"。

当然，整个系统比这个简单的总结所能传递的内容要复杂得多。例如，直接和间接材料以及劳动力需求都被计算。继续我们的例子，钢铁生产中的间接材料需求包括生产 1.65 吨铁矿石所需的煤炭吨数，生产所需要的这 0.95 吨煤炭需要消耗的能源，以及将 0.10 吨废钢运往钢厂生产碳钢的运输成本，依此类推。构成价格的每单位产品的收入支付不仅包括那些提供直接投入品的行业的增加值，还包括那些提供间接投入品的行业的附加值。因此，如果每个行业

---

① 有关投入-产出理论的非技术性但完整的解释，参见 E. Ray Canterbery, "Input-Output Analysis," in Philip Arestis and Malcolm Sawyer, editors, *The Elgar Companion to Radical Political Economy*, Hants, England/Brookfield, Vermont: Edward Elgar, 1994, pp. 212 - 216。

都要支付其生产成本，那么长期内占上风的价格必须以直接和间接发生的成本为基础。① 正如我所说，完整的系统是复杂的。

那些仔细阅读皮耶罗·斯拉法和后凯恩斯主义（见第三卷）的人将认识到，投入-产出是斯拉法价值理论中使用的技术。在里昂惕夫和斯拉法的研究中，工资率不衡量劳动的边际产出，利润率也不衡量资本的边际生产率。在斯拉法看来，钢铁行业的增加值将随着工资率的变化而变化，因此这个行业的工资额将相对于利润率变动。反过来，由于钢的价格取决于附加值，钢的相对价格（例如相对于汽车）将发生变化。技术的改进也会改变价格。在违反一般均衡理论中的所有神圣规定的情况下，即使收入分配改变价格，价格变化也会改变收入分配。

换句话说，一般均衡价格以"有效的方式"分配资源；斯拉法的价格却不会，而是随着工资率相对于利润率变动，在工人和资本家之间重新分配收入的工具。因为效率只取决于技术而不是相对价格，收入可以由约定俗成的制度、相对议价能力或其他制度性力量自由分配。同时，国民总产出超越这种竞争，从而避免了危害。

然而，仍然存在一个技术问题。所有行业提供的中间产出是否能减少到只有一种基本投入？正如我们从一开始就看到的那样，价值理论中的这一中心问题使经济学家产生了分歧。卡尔·马克思认为劳动是唯一的价值来源。新古典主义者则相反，他们把重点放在作为资本边际产出的利润率上。新古典理论更接近资本价值理论。

解决这一二分法问题并非易事，我将勾勒出我的答案。② 如果让价格按每个

---

① 这些价格，或里昂惕夫生产模型的"对偶价格解"，构成了乘以里昂惕夫逆矩阵的增加值向量。里昂惕夫逆矩阵（一个逆矩阵）给出了每个行业的直接和间接材料需求。

② 参见 E. Ray Canterbery，"The Mark-up, Growth and Inflation," Paper presented at the Eastern Economic Association Meetings，March，1979，以及 E. Ray Canterbery，"A General Theory of International Trade and Domestic Employment Adjustments," Chapter 16 in Michael Landeck, editor, *International Trade : Regional and Global Management Issues*，London：Macmillan，1994. 艾希纳（Alfred S. Eichner）很久以前就有一套很成熟的理论来解释加成，他请里昂惕夫、路易吉·帕西内蒂（Luigi L. Pasinetti）、斯拉法和坎特伯里来建立这一流派的动态或经济增长版本。经济增长的原因是引进了超出经济发展所需的投资（资本货物），并将商业储蓄作为工业利润的一部分。参见 Alfred S. Eichner, *The Macrodynamics of Advanced Market Economics*，Armonk，N. Y.：M. E. Sharpe，1987，以及 Luigi L. Pasinetti, *Structural Change and Economic Growth*，London：Cambridge University Press，1981. 1979 年坎特伯里的模型和 1994 年帕西内蒂的模型是独立发展出来的，但两者有一些共同的特点。

行业工资额、直接和间接材料要求以及从所有行业获得的直接和间接利润的百分比来确定，那么即使是在经济增长的情况下，也不需要区分加成比率和利润率。加成比率（和利润率）越高，产品的消费者，无论是家庭消费者还是其他生产者，对价格变动就越不敏感，同时收入对需求的影响也就越大。

我们不需要排除广告和销售技巧对非必需品销售的影响。毕竟，当你冒着看起来乏味的风险购买一辆新的福特野马轿车时，工厂给福特的经销商在单位生产成本（直接和间接劳动、材料和资本货物需求的成本）的基础上有一个加成。生产成本（工厂价格）和最终销售价格（目录或"贴纸"价格）之间的差异可以根据有多少像你这样的人，被说服相信福特野马轿车拥有马力、操纵性、舒适性、油耗、风格和金属油漆等按你的收入水平"负担得起"的理想组合而有所不同。当然，工厂价格包括工厂的所有直接和间接成本，再加上工厂的利润。

均衡途径中的选择：一条关键的道路

这两种方法——一般均衡和投入-产出-加成——提供了一些明确的选择。但是，正如人们所指出的那样，一般均衡在 20 世纪 90 年代的学术研究议程中占据主导地位，这有几个原因。（1）从一开始投入-产出就被用作包括苏联在内的发展中国家的规划工具，而不是用作自由市场工具。（2）20 世纪 90 年代苏联经济（和政治制度）的崩溃被誉为自由市场资本主义的胜利，甚至是任何基于"计划"的制度的破产。（3）任何不依赖工资支付、边际产品价值和利润作为资本回报的理论，都违反了新古典经济学的价值理论和一般均衡理论。（4）集合论是一种比投入-产出模型中所用的矩阵代数更简洁的数学形式，集合论的简洁仍然依赖于现实世界所没有的抽象性。

人们只能猜测：这些原因中的哪一种是维持投入-产出和斯拉法风格经济学的强大力量？尽管西方经济学家试图在俄国建立一个自由企业资本主义制度，以完全取代苏联旧的秩序，但这些努力都以失败告终。许多经济学家声称，一个资本主义乌托邦将立即从苏联的废墟中诞生，这是一个嵌入一般均衡理论的愿景。在现实中，许多俄罗斯人在尝试"资本主义"后才开始欣赏社会主义。俄罗斯的经验表明，在成功的市场体系的创建和演变过程中，制度是多么重要。俄罗斯缺乏在欧洲和美国发展了许多个世纪的资本主义制度。2008 年，人们对原始资本主义的成功产生了严重怀疑，特别是俄罗斯帝国衰落之后更加如此。

然而，美国新右派和英国的撒切尔主义的崛起，为那些支持自由市场愿景的经济学家提供了大量的意识形态和财政上的支持。这种意识形态上的便利忽略了货币主义和供给侧经济学的失败。然而，即使没有意识形态，许多经济学家也仍致力于边际主义，因为理论中产生的价格是任何价值理论中唯一不受社会或政治判断污染的"价值"。然而，这再次只是理论上的情形。尤其是，资本主义的道德防御要求资本的报酬不超过其价值——其边际产品的价值。

最后，我们不能忽视经济学家的自利。美国顶尖博士课程的年轻勇士们被告知，他们需要了解一般均衡的数学知识，才能获得良好的职位，并最终在学术圈获得终身位置。在数学方面不足以获得该领域博士学位的研究生可以成为经济学领域的明星。在一项针对美国顶尖研究生经济学项目的 200 名经济学研究生的调查中，只有 3％的人认为，对经济的全面了解"非常重要"；更重要的是"善于解决问题"和"数学上的卓越"。聪明成为时尚；经济知识已经过时了。① 难怪美国经济顾问在 20 世纪 80 年代告诉俄罗斯，只有个人的私利，而不是新的制度，才会实现资本主义的乌托邦。

到目前为止，一般均衡已经在经验层面上失败了。为什么很容易看到一个与博弈论的创造和不动点理论相关的故事？一个与此紧密相关且重要的学生曾写道："'均衡'不受实证研究、有关事实和假象的观点的影响。"② 我们可以补充说，历史也没有产生任何影响，除了缺席。然而，从这个故事中，我们可以为经济学的未来吸取一些教训。

从一开始，技术变革这个一般均衡理论中的"给定因子"就驱动了现实世界的经济。此外，历史显示出，在三个时代——镀金时代、爵士时代和赌场经济时

---

① Arjo Klamer and David Colander，*The Making of an Economist*，Boulder/San Francisco/London：Westview Press，1990，p. 18. 这份深入考察经济学家如何被培训和学生态度的有趣观察揭示了比在这本简短的书中可以描述的更多内容。

② Weintraub，*op. cit.*，p. 37.

代——收入和财富分配变得高度不平等，金融投机比生产更重要。（许多人更喜欢把最近的时代称为"信息时代"，不过，不应将信息与知识混为一谈。）然而，在一般均衡理论中，初始收入和财富分配只是"给定因子"。在大众市场之前出现的新技术似乎滋生了金融脆弱性。一个切实可行的经济学理论将不得不轻描淡写地忽视一般均衡理论；新的愿景将需要理解技术变革、收入和财富分配，以及资本主义内部的金融不稳定，将其作为一个可变动的目标。

这些想法与任何关于经济学未来的结论均紧密相关。

8
博弈论概论

正如此前不止一次指出的那样，古典经济学和新古典经济学是在完全竞争的范围内独立于超理性经济人生存和消亡的。如果每一个买方和每一个卖方与相关市场的规模相比如此之小，没有人能够通过他或她的行动来显著影响市场价格，那么当一个公司或个人购买投入（包括劳动力）或购买制成品和服务时，所有的价格对于经济主体而言基本上都是给定的。假设你去买一辆新的别克轿车：一般汽车经销商只会给你一个价格，这和经销商提供给其他人的价格一样，没有谈判的余地。这使得投入和产出的选择成为一个单人的简单最大化问题，可以用保罗·萨缪尔森在他的《经济分析基础》中建立的选择理论来解决。经济人仍然待在一个孤立的小隔间里面，排除了任何形式的社会相互影响。

人们早就已经认识到，但忽视了最重要的行业现在主要是由一小部分非常大的公司所主导，而劳动力有时是被非常大的工会组织起来的。此外，联邦、州和地方政府往往是许多市场的主要参与者，它们作为买方，有时作为卖方，作为监管者，并征税或补贴各方。例如，联邦政府购买战斗机，以及农民过剩的小麦供给，这样农业就可以逃避竞争的影响。从现实的角度来看，完全竞争似乎是不现实的。个人和机构在社会上相互影响，他们不是位于孤立的摊位之中。

博弈论，就像游戏本身一样，涉及更复杂的行为，因为通常至少需要两个人才能玩一场游戏。当我们想到游戏——棒球、篮球、排球或高尔夫——时，我们通常会认为这是有趣的。所以，我们可能会认为博弈论很有趣。尽管博弈论并不缺乏乐趣，但其"理论"部分仍在一定程度上抑制了这种趣味。与选择理论相比，博弈论是一种战略互动理论。它主要涉及理性个体，而理性则包括他人对自身行为反应的感知。

现在，社会情境中有关理性行为的理论认为，每个玩家都必须根据自己认为其他玩家的反向行为可能是什么来选择自己的行动。如果你出价 3 万美元买下那辆新别克，那么你必须考虑经销商可能的还价——可能会出价 30 500 美元。同时，一般汽车经销商也必须考虑，如果他报出"太高"的价格，你是否会冲出展厅一去不返。

博弈论的起源

博弈论作为一种系统理论，始于约翰·冯·诺依曼和奥斯卡·摩根斯坦 (Oscar Morgenstern) 的著作《博弈论与经济行为》(*Theory of Games and Economic Behavior*，1944 年)。博弈论的创立应归功于冯·诺依曼，他甚至在摩根斯坦首次看到它之前 9 个月，就已经几乎完成了整部数学手稿。摩根斯坦的作用是将经济学纳入冯·诺依曼对博弈论的纯粹数学阐释。尽管他们的理论来源之一是棋类和扑克等策略游戏，但这本书还定义了在经济、政治和其他社会环境中的理性行为。

在斯德哥尔摩，博弈论获得诺贝尔奖委员会的勉强认可花了 50 年的时间。之所以出现这种迟滞，部分是因为冯·诺依曼的处理，当时，对于经济学界来说，这种处理太过数学了。在 20 世纪 40 年代末和 50 年代初，博弈论是最有实力的数学家的近邻。在冯·诺依曼居住的普林斯顿，数学家约翰·纳什为非合作谈判理论和合作谈判理论奠定了基础。在一个合作博弈中，参与者可以通过谈判达成具有约束力的合同，从而使他们能够规划联合策略。在非合作博弈中，谈判和强制执行具有约束力的合同被排除在外了。

劳埃德·夏普利 (Lloyd Shapley) 定义了联合博弈的价值，创立了随机博弈论（基于已知概率的统计性质的博弈），并与 D. B. 吉尔里斯 (D. B. Gillies) 共同提出了核理论，还与约翰·米尔诺 (John Milnor) 一起建立了第一个具有参与者连续统的博弈模型。哈罗德·库恩 (Harold Kuhn) 重新定义了一个博弈的扩展形式，并研究了行为策略和完美的规则。在序贯博弈中，参与者依次行动；当序贯博弈以决策树的形式被可视化为可能的行动时，这种表示方法被称为博的扩展形式。

1950 年春天，艾伦·塔克（Allan Tucker）发现了著名的囚徒困境。在理解囚徒困境时，策略的定义是重要的。一个占优策略是尽自己最大的努力，而不管别人做了什么，同时其他人也尽最大的努力，而不管我做什么。一个纳什均衡是指给定其他人正在做的事情，我尽自己所能去做，同时，给定我正在做的事情，其他人尽自己最大的努力去做。在囚徒困境中，坦白是每个囚犯的占优策略，因为不管其他囚犯的策略如何，坦白都能带来更高的回报。坦白既给出了纳什均衡，又给出了最大化的（最不利的解中最好的）解。

这项博弈论研究的大部分资金来自美国军方。由美国空军资助的圣莫尼卡兰德公司成为另一个（除了普林斯顿大学）主要的博弈论研究中心。毫不奇怪，早期博弈论的主要应用是战术性军事问题。军方想知道如何愚弄来袭导弹，并寻求战斗机之间的决斗（一种在空中的棋局）策略。后来，随着冷战的发展，重点转向了核战略。如果美国制造并部署了 100 枚核弹头，苏联将建造多少呢？如果苏联针对美国的 100 枚核弹头而建造了 140 枚，美国还应该用多少——也许是 50，甚至是 60——来对付苏联？这一特殊博弈策略的结果是核扩散，但也是 100% 的威慑。

约翰·纳什的大部分贡献是在他研究生学习的前 14 个月里完成的。他在卡内基理工学院（Carnegie Institute of Technology）读本科时，就已经完成了一项重要的对讨价还价理论的贡献。这篇论文是为国际经济学选修课而写的，这是他修过的唯一正式的经济学课程，完成时对冯·诺依曼和摩根斯坦的研究一无所知。也就是说，当纳什完成他的研究时，他甚至不知道博弈论的存在，更不用说经济学了。我们已经讨论了他的主要结果，即纳什均衡的定义及其存在性的证明。

纯策略可以用于这些博弈中，参与者可以做出特定的选择或采取特定的行为。混合策略是指参与者根据一组选定的概率，在两个或多个可能的行为中进行随机选择的策略。例如，抛硬币的参与者知道出现反面的概率为 1/2，而出现正面的概率也为 1/2，使用的是混合策略。这些发现成为非合作博弈或有限 n 人（少于无限个人）博弈的基础，这种博弈超越了二人零和博弈。纳什的结论是，

每个 n 人有限非合作博弈至少有一个（纳什）均衡点。存在一个混合策略集合，每个参与者有一个，也就是说，没有任何一个参与者能够通过单方面改变他的混合策略来提高他的收益（例如赢钱）。

纳什均衡很快成为经济学中最常用的单一博弈理论的解的概念，其经济应用包括寡头垄断（一种产品只有少数生产者或供给商）、企业进入和退出市场、市场均衡、搜寻（如为了一份工作）、选址（如新的汽车厂）、讨价还价（如工资等级）、产品质量、拍卖、保险、委托-代理问题、高等教育、歧视、公共物品等。它的政治应用包括投票、军备控制和视察，以及大多数国际政治模型，如威慑。生物学上的应用涉及战略均衡的形式，这种均衡与通常的显性理性主义假设下的均衡有很大的不同。

在 1953 年发表了四篇论文之后，纳什的研究几乎立即改变了博弈论的性质。摩根斯坦和冯·诺依曼的著作对一类非合作博弈进行了数学分析：具有极小极大（在最好的当中找到最差的）解的二人零和博弈。它还讨论了一个稳定集的合作解概念。二人零和博弈在军事以外的应用很少，而稳定集的概念甚至更少。

如果冯·诺依曼和摩根斯坦掌握了约翰·纳什关于合作博弈和非合作博弈的观点，他们可能会问：如果不允许存在强制执行的协议或不可撤销的威胁，在一个二人非零和博弈中，或者在一个两人以上的博弈中，理性行为是由什么构成的？他们还可以问：在合作博弈中，是否能找到比稳定集所允许的更有说服力的解决方案——是否有可能更好地预测参与者的实际收益（奖金）？

纳什认为，博弈参与者可以在合作博弈中达成可执行的协议，也可以在非合作博弈中对其他博弈参与者造成不可撤销的威胁。最终，合作博弈和非合作博弈几乎成为两个独立的领域。作为非合作博弈的一种解决方案，纳什引入了均衡点的概念（现在被称为纳什均衡），它们在所有有限博弈中都存在。他将纳什讨价还价解作为二人合作博弈的一种解决方案，首先是针对固定威胁的博弈，然后是针对具有可变威胁的博弈。他证明了在后一种情况下，两个参与者的最优策略具有极大极小（同样，在最差的当中找到最好的）和极小极大（再一次，在最好的当中找到最差的）的性质。

一些博弈理论家开始提到"纳什方案"。这个方案直接取自纳什的一篇论文。

他在论文中写道，他开发了一种基于将合作博弈约简为非合作形式的动态方法。构造一个预演谈判的模型，将谈判的步骤变成在更大的非合作博弈中的行动（如国际象棋）。在这个更大的博弈中，如果得到值，那么这些值会被视为合作博弈的值。这样，合作博弈的求解问题就变成了为谈判获得一个合适的、令人信服的非合作模型的问题，因此，"纳什方案"是通过有关博弈参与者之间的谈判过程的合适的非合作模型，将合作博弈转化为非合作博弈的一种方案。到 1970—1980 年，纳什方案已经把博弈理论家的焦点转移到了博弈参与者之间的非合作博弈谈判上。

当然，这没有结束。还有一些有关不完全或完全信息的博弈、基于参与者的"类型"的博弈、基于概率的博弈、n 人博弈和二人博弈等。因为已经有为每一类博弈撰写的整本书，所以在本书有限的篇幅中我们只考虑提供一个理解，或者至少对博弈理论家如何博弈的认识有一个介绍的那些例子。在这方面，我们最好从最上面——也就是今天的博弈论开始。从某种意义上说，演进博弈论是博弈论演进的结果（如果你能想象的话！）。

演进博弈论要求重复博弈，也就是说，不是一次性的策略和回报，而是一次又一次的行动和回报。这些策略通常更加复杂。例如，每重复一次囚徒困境，每个参与者（商业公司）都可以对自己的行动形成声誉，并可以研究竞争对手的行动。

经济学家研究的一些博弈

尽管如此，我们还是从更简单的一次性策略和报酬的博弈开始。在著名的 n 人囚徒困境博弈中，每个人都可以参与。在这个博弈中，每个人都可以采取对社会有价值但对个人不利的行动。这是亚当·斯密的"看不见的手"（个人为自己做的事情自动具有社会价值）的虚拟对立面。在这个特定的博弈中，每个参与者都有两种可能的策略，即合作和背叛，其中每个参与者的回报（赢）取决于他自己的策略和采取合作策略的其他参与者的人数。不合作的参与者被定义为"背叛者"，就像士兵当了逃兵而不是与他们的指挥官合作。n 人囚徒困境博弈被定义为这样一种博弈：如果所有 n 个参与者都采取合作策略而不是背叛策略，那么所有 n 个人的境况都会变得更好，同时（考虑到其他人的行动），每个人都必然会从背叛（做逃兵）中得到更高的回报，而不是从合作中。事实证明，如果选择为了自己的利益而行动的参与者，所有人都会背叛；如果选择为了集体利益而行动的参与者，所有人都会合作。

线性公共物品博弈和囚徒困境

这种博弈最常见的应用是在公共财政和公共物品上。公共物品是指那些在私营部门无法高效生产从而最终由政府（公共部门）生产的产品，其中最明显的是国防，或者现在美国的"国土安全"。

西奥多·伯格斯特龙（Theodore Bergstrom）的公共物品博弈是一个线性博弈。在这个 n 人线性公共物品博弈中，合作者承担成本 c，这样做给了 n 个参与者（包括他自己）中的每一个 b/n 的利益。背叛的人不承担任何费用，也不提供任何利益，但确实得到了他所在集团的合作者所赋予的利益。他是个"搭便车者"，在逃避税收的同时，从核保护伞中获得不光彩的乐趣。如果小组中的合作者所占的比例是 x，每个背叛者得到 bx 的回报，每个合作者得到（$bx-c$）的回报。因为这个博弈是一个囚徒困境博弈，所以如果所有参与者都合作而不是都背叛，那么所有参与者都必定会得到更好的结果；而且，如果给定其他人的行动，那么每个参与者从背叛中得到的回报要比合作高。当且仅当 $b>c$ 时，第一个条件得到了满足，合作个体以 c 为代价使自己的收益增加了 b/n。然后，当且仅当 $b/n<c$ 时，第二个条件得到了满足。因此，当且仅当 $b/n<c<b$ 时，n 人囚徒困境博弈是一个线性公共物品博弈。（请不要让我解释为什么我说"当且仅当"。）在这场"一次性的"囚徒困境博弈中，我们给了亚当·斯密的思想当头棒喝：社会最优的行动从来都不是利己主义者的最优回应。

猎鹿博弈

线性囚徒困境博弈可能是直截了当的，但它是狭隘的。在许多社会情景中，最符合你自身利益的行动取决于他人的行动（就像在纳什均衡中那样）。这就引出了一个简单的二人博弈，也就是一个小博弈——基于让·雅克·卢梭

(Jean Jacques Rousseau) 的一个故事的猎鹿博弈。在卢梭的故事中，有两个猎人，他们可以联合猎杀一只鹿，也可以单独猎杀野兔（对大多数美国人来说是家兔）。

表 8.1 显示了猎鹿博弈的收益矩阵，其中的各项表示给定列（垂直）参与者的策略的情况下行（水平）参与者的收益（奖金）。在猎鹿博弈中，与囚徒困境相反，背叛（逃跑）是对其他背叛者的最佳反应，但合作是对合作者的最佳反应。在这里，猎鹿博弈有两个均衡：一个是双方合作，另一个是双方都背叛。在均衡的情况下，行参与者"赢得"了四只雄鹿或三只野兔。

表 8.1   猎鹿博弈（表中项目为"收益"或行参与者的奖金）

		列参与者的策略	
		合作	背叛
行参与者的策略	合作	4	0
	背叛	3	3

干草堆博弈

下一个例子仍涉及乡村的有关情景。博弈理论家引入了一种正式的"群体选择"模型，在这种模型中，看似利他的行为在均衡状态下得到了维持。在这种情况下，在人口分散和随机重组之前，群体保持了几代完整。在这个故事中，我们去了一片草地，在夏天，干草堆积在那里。因此，它是干草堆模型。

有许多干草堆，每年都有两只老鼠在这里定居。老鼠和它们的后代在整个夏天都会进行无性繁殖，直到干草堆被清理掉。只有经济学家才能让老鼠无性繁殖；甚至连《花花公子》（*Playboy*）或《时尚》（*Cosmopolitan*）杂志都不允许出现在干草堆上，夏天是最严酷的季节。

每只老鼠都知道，有胆小的老鼠（米妮老鼠类型）和好斗的老鼠（米奇老鼠类型）。如果在干草堆里定居的是两只米妮老鼠型的老鼠，那么所有后代都是胆小的；如果在干草堆里定居的是两只米奇老鼠型的老鼠，那么所有后代都是好斗的。在混合型干草堆中，每一个干草堆里定居着一种极端类型的老鼠，好斗的老鼠的后代消灭胆小的老鼠的后代。到收获季，其后代的数量与两只好斗的老鼠在干草堆中定居时的数量是相同的。

适者生存并不一定是美好的。然而，看来与达尔文主义自相矛盾的是，完全由胆小的老鼠定居的干草堆在收获时产生的存活后代要比有好斗的老鼠定居的干草堆多。也就是说，由两只胆小的老鼠定居的干草堆所产生的后代是由好斗的老鼠定居的干草堆产生的后代的 $1+K$ 倍。干草堆世界可以由胆小的米妮老鼠世界来继承。

奠基者老鼠的繁殖率取决于它自己和它的共同奠基者的类型。这些比率可以表示为在每个干草堆里定居的两只老鼠之间的博弈的收益（后代的数目）。表8.2 显示了这些对共同奠基者老鼠的回报。这里描述的不是猫和老鼠的博弈，而是老鼠和老鼠的博弈。如果两只好斗的老鼠在干草堆里定居，它们总共繁衍出 r 个后代，其中两个奠基者的后代各占一半。因此，每只老鼠都有 $r/2$ 个后代。如果胆小的老鼠和好斗的老鼠在干草堆里定居，胆小的老鼠就不会有后代，而好斗的老鼠将会有 r 个后代。我们需要记住，老鼠确实在繁殖，但是无性的。如果两只胆小的老鼠在干草堆里定居，它们就会有 $r(1+K)$ 个后代，而每只老鼠都会有 $r(1+K)/2$ 个后代。

表8.2　　　　　　　　干草堆博弈（表中项目是行参与者的收益）

		列参与者的策略	
		合作	背叛
行参与者的策略	合作	$r(1+K)/2$	0
	背叛	r	$r/2$

假设我们在干草堆中寻找一个囚徒困境博弈，我们能找到吗？如果 $0<K<1$，则干草堆博弈是一个囚徒困境博弈。在这种情况下，不管共同奠基者的类型是什么，一只米奇老鼠的后代都会比米妮老鼠的后代多。在 $K<1$ 的情况下，唯一的均衡是一个只由背叛者组成的种群。

干草堆博弈能退化成一个猎鹿博弈吗？与胆小的老鼠结伴，那么胆小的老鼠将会比好斗的老鼠有更多的后代。但是，与一只好斗的老鼠结伴，好斗的老鼠就会比胆小的老鼠有更多后代。在猎鹿博弈中，如果 $K>1$，就出现了两种截然不同的稳定均衡：一种是所有的老鼠都胆小，另一种是所有的老鼠都好斗。

这一结果并不明显。我们让 t 时刻胆小的老鼠在种群中所占的比例是 p_t，因为伙伴是随机的，任何老鼠与胆小的共同奠基者相伴的概率为 p_t，与好斗的伙伴在一起的概率为 $1-p_t$。给定表 8.2 中的收益或繁殖率，那么一只好斗的老鼠的预期繁殖率是

$$p_t r + (1-p_t)r/2$$

而胆小的老鼠的预期繁殖率是

$$p_t r(1+K)/2$$

从第一个表达式中减去第二个表达式，则有

$$[p_t r + (1-p_t)r/2] - [p_t r(1+K)/2] = p_t K - 1$$

上式给出了胆小的老鼠和好斗的老鼠的预期繁殖率与 $p_t K - 1$ 成比例。因此，当 $p_t K > 1$ 时，胆小的老鼠的繁殖速度要快于好斗的老鼠；当 $p_t K < 1$ 时，好斗的老鼠的繁殖速度更快。繁殖速度更快的是种群中占主导地位的老鼠，无论它们是胆小的还是好斗的。有两种稳定的均衡：一种是所有老鼠都是好斗的，另外一种则是所有老鼠都是胆小的。当老鼠中的 $1/K$ 部分是"胆小的"老鼠时，就会出现不稳定的均衡。

寡头垄断与重复博弈

通用-福特的例子

从一开始，寡头垄断竞争就为博弈论提供了理想的经济应用。这种情况仍在继续。在寡头垄断市场中，企业在进行产出或定价决策时往往会陷入囚徒困境。问题是：企业能否找到一条解决这一困境的出路，使寡头垄断企业的协调与合作，无论是明确的还是间接的，都能占上风？

在现实生活中，企业会进行重复博弈，一次又一次地采取行动和得到回报。

重复会改变博弈的可能结果。假设通用和福特竞争某一汽车细分市场，在该市场上只有这两家企业占主导地位。如果通用和福特都收取高价，两者的利润都会高于都收取较低价格的情况。然而，通用担心，如果它收取高价，福特将收取较低价格，这样的话通用会赔钱，而福特将获得市场份额。但通用并不局限于一次性博弈。通用和福特可以在每个月的第一天同时公布价格，或许是在附近的乡村俱乐部打一轮高尔夫。届时，这场博弈将变得不一样。

罗伯特·阿克塞尔罗德（Robert Axelrod）建议，进行这场博弈的最佳策略是："先从高价开始，然后降低价格。但如果我的竞争对手降低了价格，我就先把我的价格提高一段时间，然后降低价格，一次累退。"之后，阿克塞尔罗德在计算机模拟中通过对抗不断推敲这些策略，看哪种策略最有效。它被称为"以牙还牙"策略。[1]

在没有重复博弈的情况下，可能的结果可以简单地在下面的收益矩阵中加以说明（见表8.3）。不同定价行为的收益值以十亿美元为单位。如果通用和福特都收取高价，它们都将获得比收取低价更高的利润。如果通用和福特都选择低价，它们都会获得100亿美元的利润。如果每家企业都追求高价，那么它们都会获得500亿美元的利润。然而，如果通用选择高价，而福特采取低价，福特获得1 000亿美元，而通用则亏损500亿美元。如果福特追求高价，通用追求低价，局面就会逆转，福特将亏损500亿美元，而通用将获得1 000亿美元的利润。

表8.3 福特-通用的博弈

		福特	
		低价	高价
通用	低价	10，10	100，−50
	高价	−50，100	50，50

在重复博弈中，什么策略最适合通用对抗所有或几乎所有其他策略？如果通用以高昂的价格开始，那么只要福特继续"合作"并收取高昂的价格，它就会维

---

[1] Robert Axelrod, *The Evolution of Cooperation*, New York: Basic Books, 1984.

持很久。然而，一旦福特降低了其价格，通用就会效仿，降低其价格。如果这个博弈每个月都重复，那么合作行为就是对以牙还牙策略的理性回应。随着每个月这种定价的无限重复，合作的预期收益将超过削弱竞争对手的预期收益。因此，在重复博弈中，囚徒困境可以出现合作博弈的结果。

这个博弈可以和第三个甚至第四个对手一起进行。假设克莱斯勒是第三个竞争对手，如果福特和通用合作，那么这个博弈就可以简化成二对一的博弈。即使是四家生产商寡头垄断，如果其他两家生产商，比如克莱斯勒和丰田彼此合作，福特和通用也选择同样的行为的话，这个博弈也可以简化为一个一对一的博弈。同样，在这个或其他一些组合中，收益可以被假定为彼此之间的单调变换。那么，在假定每个结果的概率下，可能会有一个解。

水表行业：现实世界的以牙还牙

历史上，所有在美国销售的水表主要由四家美国公司生产：罗克韦尔国际公司（Rockwell International）、獾表公司（Badger Meter）、海王星水表公司（Neptune Water Meter Company）和赫西产品公司（Hersey Products）。罗克韦尔拥有大约 35％ 的市场份额，其他三家公司则总共拥有 50％～55％ 的市场份额。[①] 购买这些水表的市政水务公司与供应商有着长期的关系，不愿从一家转向另一家。由于这些水表的成本只占客户水费的一小部分，所以价格不是一个重要问题。此外，任何新进入者都将很难从现有公司吸引客户，从而造成进入的障碍。此外，可观的规模经济造成了进入的第二个障碍。新进入者必须投资于一家很大的工厂，以获得相当大的市场份额。由于需求缺乏弹性且很稳定，新公司进入产生的威胁很小。如果现有的四家公司合作定价，那么它们可以获得相当大的垄断利润。另外，如果它们积极竞争，每一家都通过降价以增加其市场份额，利

---

① 1979 年，海王星水表公司被惠拉布勒公司（Wheelabrator-Frye）收购。这个案例在下文中得到了进一步的详细说明，见 Nancy Taubenslag, "Rockwell International," Harvard Business School Case No. 9-383-019，July 1983。

润就会下降到几乎与完全竞争市场一样的水平。这些公司将面临一个囚徒困境。

对这四家公司来说，幸运的是，合作已经占上风。几十年来，它们一直在进行一场重复博弈。因为这些公司会评估自己和对方的成本，以牙还牙策略很有效。只要其他三家竞争对手是合作的，那就任何一家公司都能从中获益。虽然水表业务像一潭死水，但这四家公司的投资回报率也很高，远远超过了在竞争更激烈的行业中的那些企业。如果能够避免，企业为什么要在完全竞争的条件下经营呢？

拍卖市场

当我们考虑到完全竞争的条件时，我们的思维往往转向了拍卖市场。在拍卖市场上，产品是通过正式的投标过程买卖的。[①] 有大量不同的拍卖形式。传统的英式（或口头）拍卖是指，卖家主动向（希望的）大量潜在买家索取越来越高的出价。所有参与者都知道目前的高出价。如果没有任何竞标者愿意给出高于目前的高出价的价格，那么拍卖结束。然后，该物品以与出价相等的价格出售给出价最高的竞标者。

在荷式拍卖中，卖家起初对物品的报价相对较高。如果没有潜在买家同意该价格，卖家就会按固定的数额降低价格。第一个接受报价的人能够以该价格购买该物品。在密封出价拍卖中，所有出价都同时在密封信封中进行，中标者是提交最高报价的人或机构。在这种拍卖的第一价格版本中，销售价格等于最高出价；在第二价格版本中，销售价格等于次高出价。

对于拍卖来说，还有更多类型。比如，对于私人价值拍卖，竞标者确定地知道物品的价值，而对于共同价值拍卖，物品的价值对每个人都是相同的，但不同的竞标者对潜在的价值有不同的信息。此外，还有单向拍卖，在这种拍卖中有多

[①] 有关拍卖市场的大量文献的分析，请参见 Avinash Dixit and Susan Skeath, *Game of Strategy*, New York: Norton, 1999; John McMillan, *Games, Strategies and Managers*, New York: Oxford University Press, 1992; and Paul Milgrom, "Auctions and Bidding: A Primer," *Journal of Economic Perspectives*, pp. 3-22 (Summer 1989).

个买家和一个卖家，或者有多个卖家和一个买家。双向拍卖则同时有很多卖家和很多买家。独立的私人价值模型对应这样一种情况，即每个竞标者都确切地知道自己对这种物品的估价，并且竞标者的估价是相互独立地做出的。虽然出价人不知道他们的竞争对手的估值，但他们知道随机抽取这些竞争对手的样本分布。

威廉·维克里（William Vickrey）用博弈论的方法求解了私人价值模型。假设风险中立的投标人，在第一价格密封拍卖中（高出价者支付他/她所出的价格），对于均匀分布 $[x, \bar{x}]$，唯一的风险中性纳什均衡出价函数为

$$b(x) = x + [(n-1)/n](x - \bar{x})$$

其中，n 是拍卖中的投标者数目，$\bar{x}$ 是出价的平均值。[①]

理论上，在任何情况下，第一价格拍卖与荷式拍卖是同构的，在荷式拍卖中，拍卖者以较高的初始价格开始，然后降低价格，直到竞标者接受当前的价格。然后，这两种拍卖方式应该产生相同的预期价格，因为在这两种拍卖中，竞标者所面临的情况是相同的：在每一种拍卖中，都必须在不知道其他人的决定的情况下选择出价。如果赢了，那么付出的代价等于其出价。

在英式拍卖中，价格会一直上涨，直到只剩下一位竞标者。这可以通过让拍卖者宣布价格或让竞标者自己叫价来实现。在英式拍卖中，竞标者总是知道当前最佳出价是多少。竞标者的占优策略是将价格抬高到他们的私人估价 x。如果出价低于 x，那就会牺牲赢得这个物品和获得正利润的机会，无论这个正利润多小；然而，只要出价超过 x，中标就会造成一定的损失。在第二价格密封拍卖（有时称为维克里拍卖）中，高出价者赢得该物品，并支付相当于次高出价的价格。那么，竞标函数就是

$$B(x) = x$$

这也是一个占优策略，因为低于 x 的出价减少了赢得物品的机会，但利润不会增加（因为支付的是次高价），而高于 x 的出价以及由于较高的出价而中标的

---

① 参见 William Vickrey, "Counterspeculation, Auctions, and Competitive Sealed Tenders," *Journal of Finance*, 16, 8–37 (1961)。1996 年，威廉·维克里与詹姆斯·莫里斯（James A. Mirrlees）一起获得了诺贝尔经济学奖，因为他们对不对称信息下的激励经济学理论做出了重要贡献。

结果是亏损。对于风险中性的竞标者，所有四种行为下所支付的预期价格是相同的。

从这里开始，实验经济学就进入了拍卖市场领域。可以这么说，我们预计，实验数据将发现，在第一价格和荷式拍卖中，或者在第二价格和英式拍卖中，实验对象的行为方式具有策略上的等价性。在英式拍卖中，出价通常会在几个拍卖周期后收敛到占优策略预测。当我们在下一章继续讨论一些实验结果时，我们发现了意想不到的结果。

9
实验经济学

从博弈论到实验经济学几乎是完美衔接的。当博弈理论家们将策略行为理论化的时候，实验经济学家试图衡量人类的实际行为，因为它与理性的经济选择有关。在某种程度上，我们可以说实验经济学家远离了老鼠（米奇和米妮老鼠）而转移到了通往人类的路上。

我第一次接触实验经济学，是在一所大学的一次工作面试中，这所大学得出了关于"代币经济"的实验数据。只有当老鼠按下适当次数的杠杆（改变奖励所需的努力量）时，它们才能得到美味的小球（至少对它们来说是这样）。老鼠的行为与新古典微观经济学所预测的完全一样。通过自然科学的实验方法，经济学家们声称，资本主义起了作用，资本家对适当的市场激励做出了最大的反应。我当时很年轻，也很无礼，我认为这些实验只是证明了"资本家是老鼠"。作为人类行为的一个可预测的结果，我没有得到这份工作，而对老鼠（还有鸽子）的实验还在继续。

发展简史

和博弈论一样，实验经济学在经济学领域的重要性也没有立即得到认可。虽然博弈理论家在 20 世纪 50 年代早期进行过实验，但直到 2002 年，实验经济学的先驱弗农·史密斯（Vernon Smith）才获得诺贝尔经济学奖。在这两种情况下，托马斯·库恩的范式概念和伊姆雷·拉卡托斯（Imre Lakatos）的研究纲领的理念再次变得适用了。一旦在特定的研究项目中接受培训，常规领域的经济学家就不愿放弃他们最了解的知识而选择回报不确定的研究项目。反对潮流需要专业知识和巨大的勇气。此外，其他条件也必须有利于范式的转变。

保罗·萨缪尔森和米尔顿·弗里德曼在 20 世纪中叶定义了经济学方法，认为经济学本质上是非实验的。凯恩斯主义宏观经济学就其规模而言并不适合实验室实验。在萨缪尔森看来，微观经济学通过运用数学定义最优均衡条件获得了力量和一致性。在完全竞争的条件下，选择理论不仅是一种强有力的抽象，而且它的原始条件不可能在实验室复制，至少他这样认为。

一般均衡理论和博弈论打开了通往实验经济学的大门。正如第 7 章充分指出的那样，对一般均衡的接受将宏观经济学转化为一个加总的微观经济学，统一了两个否则将会不同的经济学领域。到 20 世纪 60 年代末，经济学家在解释他们的发现之前，常常不得不在竞争均衡或纳什均衡等替代均衡概念中进行选择。更重要的是，经济学家面临多重均衡，因此，可能有三种纳什均衡。对于那些试图模仿艾萨克·牛顿的经济学家来说，这几乎是一件好事。哪一种均衡是正确的？哪一种均衡是最优的？可以通过一个简单的实验来确定（至少有人这样认为）。

过渡：从博弈论到实验的缓慢前行

蜈蚣博弈

蜈蚣博弈是一种流行的博弈，其形状像蜈蚣。这种博弈中的移动就像节肢动物一样是摇摆式的，"蜈蚣"的两侧以另一种模式上下移动。而且，和节肢动物一样，博弈的"腿"可以少于 100 条。这是一种两人博弈，每个参与者都可以选择在博弈的每一条"腿"上停止或继续。在任何特定的移动中，如果其他参与者在博弈结束后立即停止，那么这个参与者停止要比继续更好；但如果其他参与者继续，则该参与者停止要比继续更糟。这是因为"蜈蚣"的每一边的收益是上下交错的。

博弈的回合是有限的（参与者不可能永远参与下去），子博弈均衡可以通过逆向归纳法找到。最后一个行动的参与者更喜欢停止博弈而不是继续。考虑到这个参与者的行为，在他前面行动的参与者也更愿意停止博弈而不是继续。如果第一回合中参与者 1 的收益比参与者 2 大，那么参与者 1 就会在第一回合的时候立即停止博弈。参与者 1 选择停止博弈的最优性取决于他是否相信如果他继续，那么参与者 2 将在第二回合停止博弈，这将是参与者 1 的收益的下降周期。反过来，参与者 2 是否决定在第二回合停止博弈，取决于他是否相信如果他继续下去，那么参与者 1 将在第三回合停止博弈等。虽然这个博弈的逻辑是不可否认的，但如果博弈周期很长，则行动模式缺乏直观的吸引力。假设一个参与者必须在一场有 100 个回合的比赛的第 31 个回合选择一个行动，在每个参与者都持续前 30 个回合的博弈之后，他是否认为他所做的前 15 项决定是错误的？还是这些决定会使他怀疑另一个参与者是否会在下一回合停止博弈？因为这些问题没有直观的答案，所以我们开始做一个实验。

蜈蚣博弈的实验结果

经济学教授们发现学生是有限博弈的方便对象，只要上课时间是 50 分钟。麦凯尔维（McKelvey）和帕弗雷（Palfrey）报告了 1989 年在美国一间教室进行的实验的结果。图 9.1 分别显示了停止和继续博弈的可能结果与收益。58 个学生每人参与了 9 次或 10 次，每次面对不同的对手。因此，他们在反复参与博弈的过程中获得了经验。每个学生事先知道他们会参与多少次博弈，并且知道他们不会和同一个对手博弈超过一次。如果每个学生只关心他们自己的货币收益，那么博弈可能会持续 7 个回合，除非在第 6 个回合停止。

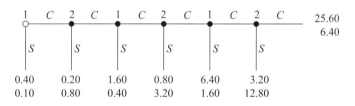

图 9.1　蜈蚣博弈（美元）

图 9.1 中，上面一行的美元数额是参与者 1 的收益，而下面一行包含了参与者 2 的收益。这遵循了每个参与者的收益交替上下的博弈论模型。由于在第 1 个回合中，参与者 1 的即时收益大于参与者 2，参与者 2 在第 2 个回合中与参与者 1 相比将获得更大的收益，纳什均衡将再次发生在蜈蚣博弈的第 1 个回合中。参

与者 1 在第 1 个回合中将获得 0.4 美元的收益，而参与者 2 在第 1 个回合中将获得 0.1 美元的收益。此外，参与者 2 在第 2 个回合中的收益将会是 0.8 美元，而参与者 1 的则是 0.2 美元。因此，在第 1 个回合之后，参与者 1 将停止博弈。58 个学生重复 10 个回合的博弈后的实际结果是什么呢？

虽然实验在参与者获得经验的过程中提前停止，但即使在经验丰富的参与者中，结果也未实现纳什均衡。

如果博弈继续到第 7 个回合时，最后一个参与者选择继续（C），参与者 1 将得到 25.60 美元，参与者 2 将得到 6.40 美元。同样，在课堂经验中，这种情况很少发生。图 9.2 是基于麦凯尔维和帕弗雷的结果，在这两个结果中，参与者在前 5 个回合和最后 5 个回合中都有经验。假设向纳什均衡的趋同可能在博弈的 10 个回合中发生，那么观察到的行为与纳什均衡有多大的不同（再次假设每个参与者只关心他们自己的货币奖励）？

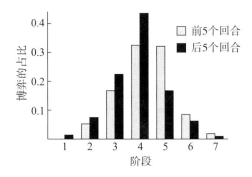

图 9.2　10 个回合的频率分布

纳什均衡的两个组成部分是：（1）给定他们对其他参与者的信念，每个参与者都会进行优化；（2）这些信念是正确的。无论学生的信念如何，实验中的一些决策都是次优的。有几个参与者选择在第 6 阶段继续扮演参与者 2 的角色，以确定的方式获得 6.40 美元而不是 12.80 美元。一个与纳什均衡的稳态解释一致的假设是，参与者的信念是基于他们对其他参与者行为的观察。然而，即使在课堂的第 10 轮实验中，每个学生也只有 9 个观察结果可以作为他们信念的基础，并且可以不同的方式使用这些信息。假设在第 4 个回合的博弈结束时，每个参与者正确地推断出他们的对手在接下来的 5 个回合的博弈中的策略分布。参与者随后应该使用什么策略呢？从图 9.1 看，参与者 1 的最优策略是在第 5 阶段停止，而参与者 2 的最优策略是在第 6 阶段停止。也就是说，每个参与者对观察到的其他参与者策略的分布的最佳反应与他们的子博弈完美均衡策略有很大的不同。两个参与者都必须出现最优的分布。图 9.2 中的数据分布并未完全与纳什均衡作为一个稳态的理论不一致。

实验结果是否与以下理论——理性参与者，甚至那些没有博弈经验的人，也会用逆向归纳法来确定对手的理性行为———一致？这种理论仍然预测第一个参与者会立即停止博弈，所以数据肯定与理性选择理论不一致。但是，结果是多么不一致。考虑概率。假设每个参与者的想法是，其他人可能是理性的，但并非肯定是这样的。如果在任何一个阶段内，参与者 1 认为参与者 2 在下一阶段停止博弈的概率小于6/7，则继续博弈（C）会产生比停止博弈更高的预期收益。但是，如果参与者 1 认为参与者 2 在第 3 阶段继续博弈的概率大于1/7，那么他应该在第 1 阶段继续进行博弈，因为参与者 2 将在第 2 阶段继续进行博弈。对理论的相对较小的偏离产生的结果接近观察到的结果。对对手认知能力的小小怀疑会使博弈持续到第 1 阶段以后。

蜈蚣博弈仅仅是一个高深理论吗？我们能否想到一个符合它的经济案例？考虑一下基于两家公司的竞争性股票收购而进行的合并。可以根据每家公司的预期行为对股票进行交错的出价。如果股票收购能手有经验，每个人都会预期对方是理性的，但不是肯定的。这将导致每一位收购能手以周期性的方式对一家公司的股票竞价过高，而对另一家公司则进行低价竞标。然而，公众观察者要等整个过程结束后才会知道结果，即便在课堂实验中也是如此。

不过，现实世界往往是一个更舒适的地方。同时，现实世界中确实包含了博弈论和实验的例子。这些都是在拍卖的世界中发现的。

实验性拍卖

拍卖形式

拍卖确实发生在现实世界中，有几种广泛使用的拍卖形式。传统的英式（或口头）拍卖是卖家主动向一群潜在买家索要越来越高的出价的地方。在每一阶段，所有参与者都知道当前的高出价，除非他们正沉睡或注意力不集中。当没有出价者愿意出超过目前的最高出价的价格时，拍卖就结束了。然后标的物以相当于高出价的价格卖给出价最高的竞拍者。在荷式拍卖中，卖方首先以相对较高的价格提供该物品。如果没有潜在买家前来，卖方就会以固定数额降低价格。第一个接受报价的买家可以该价格购买物品。在密封出价拍卖中，所有出价都是在密封信封中同时进行的，获胜者是提交最高价格的个人。然而，中标者实际支付的价格将因拍卖规则而异。在第一价格拍卖中，拍卖价格等于最高出价。在第二价格拍卖中，售价等于次高出价。

拍卖条件可根据竞标者相对于卖家或拍卖人的特点进一步界定。在私人价值拍卖中，每个竞标者都知道他或她的个人估价或保留价格，而且每个竞标者的估价各不相同。同时，每个竞标者都不确定其他竞标者对产品的价值判断。例如，我可能会对有泰格·伍兹（Tiger Woods）签名的高尔夫球做出很高的估价，但不知道你——也许是一个不玩高尔夫的人——对它估值不高。

在共同价值拍卖（common-value auction）中，被拍卖的物品对所有竞标者具有大致相同的价值。在所有竞标者眼中，它或多或少都是相等的。由于竞标者不知道确切的价值是多少，他们对该值的估计将有所不同。例如，在海上石油储备的拍卖中，石油的价值对于所有投标者来说都应该是相同的。然而，竞标者不知道确切的（甚至近似的）石油数量和开采成本：这些他们只能估计。因此，在共同价值拍卖中，出价会有所不同，但是其原因与私人价值拍卖中并不一样。

真实世界的一个例子：海滨房产拍卖

在一次拍卖会上，价值 2.5 亿美元的费尔克洛德庄园在一天内吸引了 800 名竞标者。现场拍卖者罗巴克拍卖行（Roebuck Auctions）的汤米·布朗宁（Tommy Browning）负责在豪华度假胜地万豪湾（Bay Point Marriott）的拍卖过程。（这类拍卖通常在豪华环境中进行。）不同的项目或房产被拍卖了。例如，遗产海滩项目［包括占地 8.1 英亩的地块（该地块上有拥有 860 英尺的海滩）和该地块上一栋 30 层高共 688 套房的公寓楼的开发订单］的最高出价为 2 750 万美元。另一个例子是，面积为 1.8 英亩的地块［该地块上有两家餐馆——"布雷克"（Breakers）和"哈朋·哈瑞"（Harpoon Harry's）以及一栋 22 层高的公寓楼的开发订单〕中标的价格为 570 万美元。

据报纸报道，总部位于亚特兰大的执行企业（Executive Enterprises）的所有者，即竞标者保罗·达格尼西（Paul D'Agnese）对这些房产特别感兴趣，他特别热衷于购买和出售价值 1 000 万美元的房产。几年前，达格尼西买下了位于佛罗里达州潘汉德尔（Panhandle）的地产，他在竞标者中有朋友。他在早些时候的购买中损失了钱，并希望用他今天购买的房产来弥补自己的损失。注册竞标者来自 5 个不同的国家和 20 个州，达格尼西先生一定给人留下了深刻的印象。其中一些房产是金额小至 139.5 万美元的住宅，以及占地 1.2 英亩、有着 233 英尺海滩的海滨别墅项目，中标价为 400 万美元。①

什么定义适用于今天的拍卖？现场拍卖者向我们保证，这是一场英式拍卖会，这些房产会卖给出价最高者。从竞投者的角度来看，我们只能猜测他们在某一特定财产上是否只有一个固定的价格，或者这是否为一次共同价值拍卖。拍卖者在出价被接受之前就有了一个最低价格。对于适当的中标价格，他和大多数知情的竞标者的头脑中可能有一个相当共同的价值。

这一次，达格尼西先生似乎是最有见识的竞标者，但他在几年前买下的类似房产上亏了钱。这使他的专业知识有些可疑。虽然竞标者可能对房地产的共同价值有一些了解，但在实际投标中可能并没有透露他们的价值，而是透露了包括达格尼西在内的私人估价。

简言之，这些拍卖定义在现实世界中是非常有用的，但不一定是"确定的"。然而，现实世界的拍卖说明了这些定义的真正目的，即为受控的实验性拍卖提供秩序。

博弈论与实验性拍卖

经济学家进行的实验往往比现实世界的拍卖更抽象，因为它们不涉及实际的

---

① 费尔克洛德地产拍卖的资料来自：Daniel Carson，"From condos to beachfront property，auction of ＄250 million Faircloth estate draws 800，" *The News Herald*，Panama City，Florida，March 15，2008，pages 2A and 2B。

5

高尔夫球、石油储备或不动产，而且他们使用博弈论的规则。在不脱离博弈论的情况下，我们知道均匀分布的唯一风险中性纳什均衡投标函数是

$$b(x) = x + [(n-1)/n](x - \bar{x})$$

其中，n 是拍卖中的竞标者数目，$\bar{x}$ 是投标出价的平均值，这是在一定范围内竞标者数量的增函数。

如果随机地从一个总体中抽取，则纳什均衡对应于一个稳态。如果每个人都遵守它，一个稳定的状态就像一个"社会规范"；也就是说，没有人愿意偏离它。通过这种方式，就可以协调期望。人们假设参与者有足够的经验，知道如何参与博弈，且不一定是针对同一个对手。在拍卖的背景下，参与者知道拍卖的规则是根据拍卖的类型而定的，而且他们在拍卖会上有过经验。

实验结果表明，在第一价格拍卖和荷式拍卖中，或者在英式拍卖和第二价格拍卖中，被实验对象的行为在战略上并不是等价的。而且，单一单位第一价格和荷式拍卖的出价通常高于风险中性纳什均衡。在第二价格拍卖中，价格也通常高于均衡（主导）策略所预测的。在英式拍卖中，出价通常在几个拍卖周期后收敛到占优策略所预测。在一项研究中，荷式拍卖的价格平均比第一价格拍卖的价格低了大约 5%。在 $n>3$ 的第一价格拍卖中，出价也显著高于纳什均衡水平，在有三个竞标者的拍卖中，平均价格仅略高于纳什均衡值。[1] 在有三个竞标者的荷式拍卖中，价格略低于风险中性纳什均衡值。我们应该注意到，由于 n 在投标函数中，不同的竞标者数量对价格有影响。

有三个竞标者的第一价格拍卖的定价可能反映了作为纳什竞价模型基础的非合作行为的崩溃。然而，一些后来的实验报告说，在有三个竞标者的第一价格拍

---

[1] 参见 J. C. Cox, B. Robertson, and V. L. Smith, "Theory and Behavior of Single Object Auctions," in Vernon L. Smith, editor, *Research in Experimental Economics*, Greenwich, Conn.：JAI Press, 1982。丹尼尔·卡尼曼（Daniel Kahneman）于 2002 年与弗农·史密斯（Vernon Smith）共同获得诺贝尔经济学奖。卡尼曼之所以获奖是因为他将心理学研究中的洞见纳入了经济科学，特别是在不确定性下的人类判断和决策；而弗农·史密斯之所以获奖是因为他在确立实验室实验作为实证经济分析的工具，特别是在研究替代性市场机制方面非常著名。

卖中，出价大大高于纳什均衡值。对于这些差异，已经给出了几种解释。早期的一些研究采用了交叉设计，以荷式拍卖和第一价格拍卖的顺序对物品进行竞拍，这样荷式拍卖中较低的出价可能会在第一价格拍卖中转到较低的价格。另一种可能的解释是，在以后的研究中，赢得拍卖的预期利润要高得多，这可能使竞标者像他们更不愿意冒险那样（损失更多）行动。

从这些拍卖市场的实验得出了若干结论。越来越多的竞争对手几乎总是在第一价格拍卖中导致更高的（即更激进的）出价，至少对于那些有现实机会赢得拍卖的竞标者来说是这样。此外，就像预测的那样，如果竞标者表现出不变或减少的绝对风险厌恶感，隐藏竞争对手数量的信息会提高平均市场价格。该最终结果为在第一价格拍卖中高于纳什均衡价格的竞标者在一定程度上是风险厌恶的这一观点提供了一些支持。

eBay 和对寻找完美市场的不懈努力

许多互联网网站都致力于拍卖，eBay 的 www.ebay.com 是最著名的网站。在 eBay 上出售的物品无所不包，从古董汽车到相对较新的汽车，从芭比娃娃到豆豆娃娃（Beanie Babies）。1998 年发生了超过 3 400 万次个人拍卖，平均中标价为 40 美元。有两种拍卖形式：（1）对一件物品的出价越来越高，其中出价最高的竞标者在拍卖结束时获胜，但向卖方支付等于次高出价的价格；（2）对几个相同的物品进行出价越来越高的拍卖，其中出价最高的 n 个竞标者赢得售出的 n 个物品。在出价相等的情况下，该物品或多个物品归最先出最高价的买家。

和往常一样，现实世界比实验室或纯粹的理论更加难以处理。eBay 的拍卖方式与四种标准的拍卖方式并不完全一致。第一种拍卖方式确实比较接近标准的英式拍卖，但固定且已知的暂停时间的存在，可能会导致竞标者在拍卖结束时进行战略性出价。eBay 称第二种拍卖方式为"荷式"拍卖。但这与传统的荷式拍卖有两个不同之处：（1）出价不断上升而不是下降；（2）卖家可以强加一个最低可接受的出价——称为保留价格——同时尽管买家知道保留价格的存在，但他们通常不知道它是多少。

虽然 eBay 永远不会告诉你这一点，但网络拍卖并非没有风险。与苏富比（Sotheby）或佳士得（Christie）等传统拍卖行不同，eBay 只为买家和卖家提供了一个互动的平台，却没有质量控制。虽然 eBay 为每个卖家提供了买家的反馈，但这通常是买家获得的有关卖家可靠性的唯一证据。对于第一次进行拍卖的卖家（或更改 eBay 用户名的卖家），则没有任何信息反馈。投标操纵是可能存在的。只需一个有效的电子邮件地址买家就可以参与竞标。通过使用各种各样的电子邮件地址，买家可以进行虚假的投标来操纵投标过程。虚假的出价可能会导致买家提高对某一物品的估价。就像在许多市场中，买家自付是购买者唯一的防御手段。

一场新英格兰风暴是如此猛烈，以至于它被写成一本书，后来成为一部重要电影的主题，即《完美风暴》（*The Perfect Storm*）。正如我们充分注意到的，经济学家经常提到"完美市场"，但很少有人承认自己置身一个"完美市场"当中。

为了获得更深入的见解，我们接下来考虑的不是《完美风暴》，而是亚当·科恩（Adam Cohen）的书《走进完美商场 eBay》（*The Perfect Store*：*Inside eBay*）。这本书（在某种程度上）是 eBay 创始人皮埃尔·奥米迪亚（Pierre Omidyar）的传记。[①] eBay 不仅是一条会说话的领带、一套桑德斯上校的西装、一只瓷猪和一顶啤酒头盔的市场，也是许多有用商品的交换中心，从电脑到汽车，再到压力锅。eBay 从一开始就有盈利，也是 20 世纪 90 年代末"新经济"中为数不多的幸存者之一。科恩的书描写的是奥米迪亚作为 eBay 创始人的动机（在 1995 年的一间空余卧室中），即，使 eBay 按实验经济学中那样运作（或拍卖）的动机。

科恩写道：在线拍卖服务开始于经济理论的一种实践，这是一个现实世界的尝试，试图形成完美市场这一最基本的微观经济概念。奥米迪亚的完美市场将把个人买家和卖家聚集到一个公平的竞争环境中，市场在需求和供给的交汇处完美地确定一个商品的价格。奥米迪亚意识到，互联网正在压低中间商的价值，因为

[①] 参见 Adam Cohen，*The Perfect Store*：*Inside eBay*，New York：Little, Brown, 2002.

它使个人进行自己的交易变得更容易，从而提高了经济效率。奥米迪亚希望在自由市场的喜悦中把买卖双方聚集在一起，从而能够发现一个完美的市场能否建立起来。经济学家会称它为瓦尔拉斯一般均衡，但具有讽刺意味的是，没有拍卖商（它们将成为日渐消失的中间商）。在这个过程中成为一名亿万富翁是奥米迪亚附带的目标，他在 2000 年股票市场的顶点成功离开了公司。

尽管如此，认为 eBay 是完美市场的观点仍存在一些问题。在瓦尔拉斯均衡中，除非"拍卖商"揭示市场出清的价格，否则不会进行交易。eBay 是否真的消除了拍卖商？互联网不仅消除了拍卖商，还消除了许多其他"中间商"。在这方面，eBay 更接近于一个"完美市场"，而不是理论上的瓦尔拉斯一般均衡。这是有讽刺意味的，难道不是吗？

这本书的书评人贾斯汀·彼得斯（Justin Peters）应邀参加了一个"色盲"（color-blind）派对，他成了 eBay 的顾客。他需要找到一些不适合穿的衣服。①在 eBay 上，他找到了一套桑德斯上校的西装——白色的、100％的聚酯纤维、带着夸张的袖口和超大的纽扣，这是一种典型的过度装饰的服饰。他出价 30 美元，是获胜的竞标者（也是唯一的）。一个完美市场（那就是在完全竞争的条件下）的必要条件之一是有如此多的买卖双方，而非个人力量（市场本身的力量）决定了价格。三个月后，彼得斯在 eBay 上卖掉了桑德斯上校的西装，赚了 20 美元。显然，利润并没有降到完美的零的水平。在一个完美市场上，彼得斯不会从他的白色西装中获得 67％的利润。这个回报只相当于机会成本，也就是如果他做其他任何事情或下一个最好的选择会赚到的钱。也就是说，机会成本在所有生产者中是相等的，而且肯定不是 67％。

科恩接着阐述了这一论断：eBay 的成功在很大程度上源于它在用户中培养的社区意识。例如，在"eBay 咖啡馆"，买家和卖家聚集在一起，创造身份和建立了友谊。一些人因为整晚都在咖啡馆熬夜而错过了工作。在网络空间的寒冷中，咖啡馆是欢乐的前哨，在那里，用户从来不感到孤独。实际上，eBay 为顾客提供了一种购物体验。教科书上的完美市场不允许通过"购物体验"本身增加

---

① Justin Peters, "Auction Hero," *The Washington Monthly*, July/August 2002, pp. 56 – 57.

消费者的满意度，"购物"的唯一目的是以最低的价格找到最好的产品或服务。购买和销售的"体验"是没有价值的。

至于真相，eBay 的留言板似乎是被放逐者和独居者的聚集地：常客包括一位穿着变装的奶农、一位健忘的隐士，以及一位相信国王会亲自干预给她找一个在 eBay 处理付款支票工作的猫王乐迷。如果一种社区感的发展让 eBay 的买家和卖家聚在一起，那么完美市场的前提就会受到违背，因为完美市场完全没有人情味，所有交易都是在一定距离内进行的，这意味着竞标者和卖家不认识对方。完美市场是平淡的，并不像完美风暴。客户的档案似乎都是关于网络成瘾者和其他强迫症患者的。看起来奥米迪亚创造了比完美市场更加丰富多彩的东西，也许更接近一场完美风暴。

网络拍卖并不是美国人唯一去寻找购物体验的地方。美国人喜欢去旧货市场（garage sales），尽管旧货市场是以最低价格找到最好商品的效率极低的方式。（它们的出现早于中世纪的集市，人们把他们的货物带到村庄的一个地点进行展示。）在某种程度上，互联网拍卖网站是网络空间中的旧货市场。但是，与旧货市场不同的是，互联网拍卖网站是高效率的，具有经济学家所定义的那种效率。如果有足够数量的商品供给商，互联网提供了在全国各地，甚至在世界各地进行"旧货市场"买卖的手段（因为 eBay 和其他拍卖网站已经在许多不同的国家建立起来）。然而，人们不得不怀疑，某种形式的人与人的接触对"旧货市场"的成功是否重要，即使在互联网上也是如此。这就引发了一个问题，即完美市场的抽象概念是否与现实世界中的"完美市场"一致。正如我们所提到的，eBay 并不完美，但瓦尔拉斯一般均衡也不完美。

10

全球化

在 向更自由的贸易和国际金融市场放松管制的戏剧性转变中，克林顿政府积极地推动美国进一步融入世界经济。从 1993 年克林顿政府执政之初起，比尔·克林顿就预计到了，"全球相互依存正在消除外交和国内政策之间的分歧"。布什总统在柏林墙倒塌后宣布的"新的世界秩序"充斥着混乱和重大的未决问题。①

"全球经济"并不是什么新鲜事。罗马帝国在当时被定义为世界时是全球性的，随着早期十字军东征，国际贸易经历了复兴。新的地方在于，是谁在交易什么，以及金融资本和信息在世界各地流动的数量和速度的增长。同样属于新的地方的是，美国也认识到，全球相互依存是国内经济政策制定的一个关键部分。

运输和通信费用的大幅降低为这些转变提供了便利。从 20 世纪 20 年代和 30 年代以来，覆盖海上和空中距离的费用分别下降了大约五分之一。1930 年从纽约到伦敦的 3 分钟电话费用为 250 美元（按 1990 年价格计算），1950 年降至 50 美元，1990 年降至 3.32 美元。同时，处理信息的价格也大幅下降，每一条指令每秒的价格从 1975 年的 1 美元下降到 1994 年的 1 美分。使用卫星的费用也急剧下降。成本的大幅下降源于技术的革命性变化和我们传播技术的能力。②

全球化与跨国公司的成长

对于不同的经济学家来说，全球化意味着不同的事情。皮特·格雷

---

① Bill Clinton, *My Life*, New York: Alfred A. Knopf, 2004, p. 502.
② 这些数据载于 World Bank, *World Development Report*, 1995, p. 51。

（H. Peter Gray）更喜欢称之为"国际经济参与"，它本身涉及关税和贸易总协定（GATT）——目前在世界贸易组织（WTO）之下的多边贸易谈判，得到了新的自由贸易区（欧盟）、跨国公司的增长和全球金融市场一体化的支持。国际经济参与的后果是几乎所有国家都更深入地融入全球经济，国内市场更容易获得国外供给，更多的国内生产面临外国竞争。

所涉及的不仅仅是贸易：不仅涉及劳动力、资本、技术、金融或热钱流动等生产要素，还涉及更具有流动性的对外国的直接投资。这种流动的很大一部分，如经理人从一国到另一国的流动，以及在其他国家建立工厂（外国直接投资），都是通过跨国公司进行的。① 自 20 世纪 80 年代以来，外国直接投资虽然不稳定，但每年增长 13％，而世界贸易每年仅增长 6％，世界工业生产每年仅增长 2％。

经济学家霍斯特·西伯特（Horst Siebert）将全球化定义为市场分割的减少和各个国家市场的依存度日益上升。他所表达的全球化的原因和后果与格雷的相似。他还补充了一个原因：冷战和南非种族隔离结束后，政治紧张局势有所缓和。他还列举了苏联和东欧的彻底变化，以及中国的开放和印度实现经济增长的重大动向。②

根据格雷的观点，专有知识或"创造的资产"是跨国公司中一个重要的甚至是关键的生产要素。这些公司通常生产依赖技术的产品或格雷所称的 S-产品（这是对约瑟夫·熊彼特的认可）。具体说来，有两种 S-产品占主导地位：（1）那些需要特定行业或特定企业的投入（专有知识、先进技术）的产品；（2）那些可以通过造型、广告、销售、促销等方式加以区分的产品。高科技产品包括航天飞机、超级火车、微芯片、生物遗传学方面的产品和超音速飞机等。差异化的 S-产品包括汽车、电影和品牌服装等。随着 S-产品变得越来越重要，跨国公司和不完全竞争也越来越重要。差异化产品通常定义了不完全竞争。

香蕉等自然资源产品和布类等通用制成品的贸易主宰了大卫·李嘉图

---

① 参见 H. Peter Gray，*Global Economic Involvement：A Synthesis of Modern International Economics*，Copenhagen：Copenhagen Business School Press，1999。

② 参见 Horst Siebert，*The World Economy*，London and New York：Routledge，1999。

(1772—1823 年）的更为普通的世界。他关于比较优势的想法并不要求使用创造的资产或广告预算。贸易中的产品是显而易见的。根据假设，制造业工厂等生产要素没有移动；这些要素的移动将阻碍制成品和服务的流动——他是这样认为的。与之形成鲜明对比的是，S-产品是美国等超剩余经济体的多姿多彩的副产品。它们不仅需要技术，还需要出色的销售技巧。

跨国公司和 S-产品在超剩余经济体中占主导地位，但在大多数发展中国家很少见（见图 10.1）。超剩余经济体的工业生产能力过剩，因此在国内外营销产品时必须非常有创意。因此，今天的全球制造业集中在发达国家。然而，1960年占发达市场经济体（经济合作与发展组织的成员）国内生产总值 30.4％的制造业，早在 1987 年就只有 23％了。发展中国家的制造业在世界贸易中所占的份额从 1965 年的 24％增加到 1986 年的 45％。这种出口扩张在很大程度上来自南亚和东亚新兴工业化经济体，涉及所谓的竞争优势而不是比较优势。这种情况是如何发生的，可以通过回到有关长期经济增长的理论来进行解释。

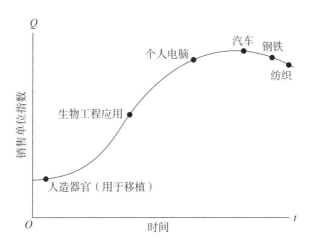

图 10.1 超剩余国家的产品的 S-曲线

说明：当然，每个产品都有它自己的曲线，除了一般的平面-S 结构，每个产品都有独特的曲线形状。然而，在这个例子中，我假设每个产品都遵循相同的生命周期，以显示（大约）超剩余经济体中每个产品在生命周期中的位置。

国际产品 S-曲线

自从彼得·格雷的 S-产品问世以来，不难发现熊彼特的想法与全球经济有关联。我们不仅进入了经济相互依存的时代，而且进入了世界产品、跨国公司、国际劳工标准和全球生态相互依存的时代。

把经济合作与发展组织（OECD，简称经合组织）和东欧的市场经济（以市场经济为主）看作发达的经济是有益的。以农业和其他原材料出口为主的低收入国家的梦想是扩大其制造业部门的规模，以实现工业化。具有讽刺意味的是，北方发达国家的消费者对于制成品几乎已经满足了，而且由于劳动力成本高，发达国家的单位生产成本远高于新兴工业化国家，如墨西哥、韩国、土耳其和委内瑞拉。例如，1992 年，达里奥·桑切斯·德尔加多（Dario Sanchez Delgado）在墨西哥一家汽车厂的工资是每小时 1.75 美元；迈克尔·舒尔茨（Michael Schultz）是位于密歇根州斯特林高地的克莱斯勒工厂的一名焊工，他的工资是每小时 16 美元。即便如此，在超剩余经济体中，仍有必要推销超级剩余。

发展中国家的销售远未达到其 S-曲线的平缓和下降范围。经济学家雷蒙德·弗农（Raymond Vernon）对 S-曲线的全球模式进行了清晰的描述。动态产品周期分为三个发展阶段：新产品、成熟（增长）产品和标准化产品。这些模式如图 10.2 所示。

在早期，企业近乎垄断的地位保证了少数公司和高价。当生产厂规模变得足够大、产品价格低到足以满足超剩余经济体的国内市场时，生产水平就会下降。然而，在这种情况发生之前很久，该产品的营销者就开始寻找海外销售的可能性（亚当·斯密的"剩余出口"）。在这方面，美国公司在外国建立了跨国公司帝国；联邦德国和日本公司最初在国外建立的大多是分支机构，并在国内维持生产。最近，日本和德国在美国和其他国家建立了工厂。在国外建厂和使用当地劳动力是避免出口贸易壁垒上升的一种方法。

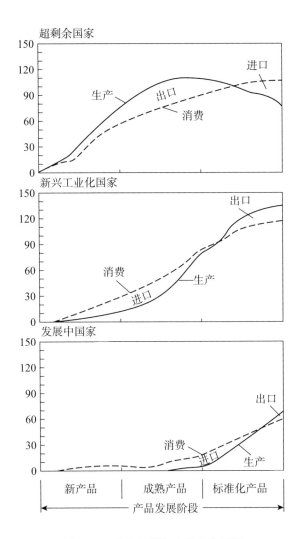

图 10.2　弗农的国际产品生命周期

说明：在每个地区，消费一般都遵循 S-曲线。然而，在发展中国家，在新的生产阶段，消费仍处于 S-曲线的指数型阶段。在新产品阶段，超剩余国家开拓其国内市场；在成熟阶段，超剩余国家的出口大幅增加（剩余的出口）；在标准化产品阶段，这种技术已被新兴工业化国家广泛采用，其出口迅速增长。

资料来源：Raymond Version, "International Investment and International Trade," *Quarterly Journal of Economics*, 1966, p. 166. (Reprinted by permission.)

在成熟（标准化）阶段，发展中国家的市场成为一种剩余的出口市场，因为超剩余的经济体遭遇了来自其他富裕经济体的竞争，垄断地位被削弱了。（这是由于经合组织国家在战后的复苏中变得更加相似、彼此厌腻了。）新兴工业化国家成为实际上的竞争对手，因为它们采用了现在标准化的技术，加之又有廉价的劳动力。在巴西、墨西哥、泰国和韩国都建立了最先进的钢铁厂。这些新兴工业化国家经历了"工业革命"，目前正在为电子方面的研究和开发投入大量资金，这通常是属于超剩余国家的行为。

在 20 世纪 70 年代、80 年代和 90 年代初停滞的发达经济体中，美国公司董事会的墙上出现了产品周期最上层、最平坦部分的图表。这些巨头最先走向集团化，以通用汽车为代表，进入了计算机、机器人和机器人可视化部门。20 世纪 80—90 年代是一个并购活跃的时代（往往是受到垃圾债券的刺激），最初的缩影是 R. J. 雷诺兹-纳贝斯克（R J. Reynolds-Nabisco）的戏剧，后来又是迈克尔·米尔肯（Michael Milken）的活动。

此外，自 20 世纪 50 年代以来，经合组织国家的商业周期密切相关，反映了经历类似饱和市场的国家的产品周期重叠。因此，通过标准化技术生产的产品的产量增加，但在新兴工业化国家中受制成品差异的影响，引起了对贸易保护主义的强烈呼声。这种呼声在 20 世纪 80 年代和 20 世纪 90 年代初变得越来越大，也更有影响，因为对于在发达国家陷入困境的工业来说，对剩余出口的需求强化了。

汽车、家用耐用品和钢铁在许多丰裕的国家继续占据主导地位，这更多是基于社会和政治力量，而非国内消费者的总体需求：创新的幻觉掩盖了滞胀的现实。寡头垄断、少数公司主导市场、制造产品或工艺改进的假象，比用新观念创造真正的新产品和改良产品更快、更容易。新儒家文化没有这一缺陷；它的时间跨度要长得多。然而，作为大西洋大道（Atlantic Boulevard）上最新的垄断者，微软已经陷入了幻想。

然而，满足某一特定甚至一系列产品市场的问题，只对那些持狭隘观点的人来说是一个令人关切的问题。例如，从全球的角度来看，没有过多的汽车供给。根据《北美自由贸易协定》（NAFTA）开放的墨西哥汽车市场是新的和新鲜的。墨西哥和其他发展中国家构成了超剩余国家陈腐产品的前沿地带。1978 年，世界各国只有 3 亿辆汽车，可供大约 42.5 亿人使用。在新千年初，全球市场可以容纳 10 亿辆汽车，而且至少可以预计其他耐用消费品也会增加三倍（或更多）。

从全球经济发展的角度来看，超剩余国家实际上也存在新产品创新的未开发市场。超剩余国家在那些创造的资产方面具有优势：研究密集型高科技产品。微芯片、生物化学、遗传学研究、机器人和在外太空异域制造可以传播意想不到的产品。21 世纪初，非熟练工人正被机器人取代，而半熟练的校准员（簿记员、打字员和店员）已经被超剩余经济体的计算机取代。制造业的生产力达到了危险的高度，全职的人力就业可能达到危险的深度。

然而，国际竞争优势的核心在于基本创新的逐步（尽管不一定是持续的）产生和传播。众所周知的标准化技术至少在理论上很容易从一个国家转移到另一个国家。机车于 1769 年发明，1824 年生产；摄影于 1727 年发明，1838 年开始商业化使用；汽油发动机于 1860 年发明，1886 年生产。如果发明和创新发生在战略性定位的产业中，并具有足够的扩散性，那么经济发展就可以跟随这一主导产业。

发明、实际应用和成果之间的间隔时间可能越来越短。超剩余国家中增长最快的产业是拥有光缆、微芯片、卫星和激光束的信息产业。中国了解超剩余国家技术的唯一可能障碍是缺乏儒家思想集中度。即使发明和创新之间的时间差并没有缩短，感知和发明之间的滞后也必然会缩短。无论如何，新兴工业化国家的经验都告诉我们，现有技术的传播比过去快得多，主要是因为信息成本大幅下降。

事实上，从各个方面来看，新儒家文化（neo-Confucian culture）似乎比西方文化更注重经济上的成功。韩国人和印度尼西亚人已经给他们自己带来了一些惊喜。美国企业家一开始就规模很小、很有创意，通常愿意"卖"，这样每一次的创新最终都有相同的命运，即事实上由大企业集团垄断。这一过程可能会阻止美国带领全球经济走出被金融脆弱性包围的困境。

美国的贸易赤字和全职工作

也许全球经济中最重要的变化是自由的金融资本。快速的资金流动和货币价格

（汇率）的剧烈变动使许多国家陷入了共同的命运。这种转变得益于金融工具的全球扩散及其肆无忌惮的行动。在克林顿-格林斯潘时期，国内外金融放松管制鼓励了这些发展。反过来，白宫从 20 世纪 90 年代中期开始对国际的担忧就说明了国家共同命运被决定的迅速性。[①]

长期以来，美国一直与其最重要的贸易伙伴日本存在贸易逆差。其特点是，当 S-产品被交易时，这种贸易是在有着相似人均收入、相近品味的国家之间进行的。1996 年的某个时候，白宫的担忧从对日本的长期贸易逆差转移到了它的经济困境上。在 20 世纪 80 年代日本股市和房地产市场的投机泡沫崩溃之后，日本经济陷入萧条，威胁着其银行体系。在 1996 年末和 1997 年初的几个月里，白宫和财政部关于"平衡联邦预算"的主要声明旨在加强美元，以进一步扩大日本对美国的贸易顺差，并提振日本的经济。那时，日本银行体系的崩溃正威胁着世界金融市场。而且，这种来自国外的威胁可能导致美国股市崩盘，而在那个年代，美国人认为股票价格是衡量经济健康状况的最好指标。

强势美元意味着日元走弱，从而使得日本的 S-产品，如索尼的产品等，对美国人而言更便宜；美国更多地进口日本商品和减少美国的出口对日本经济是一种刺激。此外，随着证券市场的大牛市对美国越来越重要，出现了一种新的恐慌情绪。由于美元的疲软降低了外国人持有的美国证券的价值，外国买家可能会从美国证券市场大批撤出，导致美国股票市场崩溃。到了 1997—2000 年，亚洲许多经济体和俄罗斯的经济崩溃蔓延到了拉丁美洲，也使美国成为富人和外国债券持有者的避风港。国外的贸易顺差在国内导致了金融资产的升值。

随着美国对日本贸易逆差的扩大，对日本经济的救助取得了很大的成功。美国对日本的贸易逆差占其贸易逆差总额的近三分之一，仅在 1998 年一年，美国对日本的贸易逆差就增加了 15％，这一年出现了 1 680 亿美元的赤字新纪录。最近贸易逆差的恶化在很大程度上源于亚洲的困境，加之巴西的货币危机威胁着赤字的增加。海外货币贬值使进口商品更加便宜，导致大量钢材、汽车和其他外

---

① 参见 Lester C. Thurow, *The Future of Capitalism*，New York：Morrow，1995。关于这些经验的更广泛讨论，参见该书第 26－29 页；关于数据来源，参见该书第 334－335 页。

国产品涌入美国。美国已成为全球经济崩溃的最后避难所。

当美国人花在国外的支出超过外国人在美国的支出时，国际贸易对美国 GDP 增长的净贡献是负的。虽然美国出口获得了国民收入并有助于就业，但美国进口为其他国家创造了收入，以及更多的就业机会。美国的贸易逆差为 1 680 亿美元，这意味着 GDP 要少得更多。华尔街也有好的一面。美国通过贸易赤字在海外提供了更多的美元，用于购买美国的股票和债券。简言之，后来向外国人出售美国证券，再加上亚洲和拉丁美洲的危机，导致了美国经济增长的放缓，尽管这使华尔街变得富裕起来。

从 1983 年脆弱的经济复苏开始，贸易逆差并不是由购买外国机床和资本商品的美国生产商造成的，因为它们大多缩手缩脚，而是由于美国富裕的消费者过于奢侈。豪华汽车——比如雷克萨斯、英菲尼迪 Q45、宝马和奔驰——在富裕家庭中很受欢迎。美国人对外国奢侈品而不是资本商品的偏爱在 20 世纪 90 年代延续：连唐纳德·特朗普都在买雷诺阿（Renoir）的画作。

美国工人有充分的理由为贸易趋势而苦恼。例如，以制造商的商品贸易逆差为例（大约为 1 680 亿美元）。由于大约每 54 000 美元的制造业产出雇用一名工人，1 680 亿美元的海外转移使美国对劳动力的需求减少了 310 万人。随着新的债券持有者有闲阶级的增加和制造业就业机会的减少，加之工资下降的压力，从 1979—1982 年的双底衰退和 1990—1991 年的衰退中复苏的经济就像波士顿的布雷克街一样不平坦。事实上，在 20 世纪的最后 25 年，只有最顶层五分之一的家庭，尤其是最富有的家庭才能享受到这些好处。

并非所有的经济学家都赞同造成工人阶级收入停滞的原因。其他因素无疑也是造成美国贸易赤字的原因。然而，无论造成外部赤字的其他原因是什么，向贸易同盟扩散的证券持有量都会起到同样的作用，即减缓 GDP 的增长。此外，贸易赤字的增加给一个已经脱离工会保护的工人阶级带来了进一步的下行压力。金融财富持有者尽管不是贸易逆差带来的不断上升的工作不安全感的唯一起因，但为这种不安全感增添了一个重要的维度。此外，工资的下行压力通常使收入和财富分配中前 5% 的人群受益——到目前为止。接下来我们考虑美国全职工作和工资的下行压力的其他来源。

不断萎缩的美国劳动力

从垃圾债券债务中复苏的道路

最让格林斯潘感到不安的，莫过于失业后备军的收缩。[①] 动用国家政策维持大量失业工人过剩，当然是减少实际工资的有效方法。然而，这种政策策略对就业的不利影响远远超出了这些降低增长率的政策。尽管如此，这些其他的发展还是有助于解释为什么美国的显性失业率下降，同时又给工资和商品价格带来了几乎无法察觉的压力。同时，它们也有助于解释为什么金融行业的富人变得更加富有了。

除了与美联储放缓增长的政策有关之外，裁员还以另一种方式与金融市场策略直接相关。垃圾债券杠杆并购时代是以高昂的偿债成本出现的。如前所述，美国钢铁公司（U. S. Steel），又称 USX 公司（USX Corporation），一夜之间成为美国第 12 大工业公司。"高收益债券"的服务成本不断攀升，需要通过裁员（包括中层管理人员）来降低成本。起初，劳动力减少至少会提振利润和股价。金融市场策略的成功及其对并购和裁员的鼓励，让国内外债券持有者在没有债券收益的情况下获得了股票的资本收益。

第一次裁员浪潮以雷诺兹-纳贝斯克公司为缩影。该公司通过出售其各个业务部门和裁减员工，才避免了因其垃圾债券融资而破产。在被解雇的人中，72％的人最终找到了工作，但他们的工资大约为此前得到的工资报酬的一半。随后的两次裁员已经减少了大约 250 万份"好工作"。

第二次裁员浪潮发生在 1990—1991 年的衰退期间，这不足为奇。虽然工人们在经济衰退期间总是被解雇，但这次不同，因为裁员是永久性的。此外，在 1980—1981 年，每一名白领工人被解雇对应着三名蓝领工人被解雇，而在 1990—1991 年的衰退期间，这一比例下降到了 2∶1。

---

① 有关格林斯潘动荡时代的更多细节，参见 E. Ray Canterbery，*Alan Greenspan：The Oracle Behind the Curtain*，Singapore/New Jersey/London：World Scientific，2006。

第三次裁员浪潮是在 1990—1991 年经济衰退之后开始的，当时的经济扩张缓慢且不确定。在 1993 年、1994 年和 1995 年这三年中，每年宣布的裁员规模都超过 50 万人。到目前为止，企业正获得 25 年多来的最高利润，这有助于推动债券和股票牛市。这次裁员浪潮的缩影是 AT&T 缩减了 4 万个职位——大多数是相对高薪的白领岗位——以此迎接 1996 年的新年。

此后，第四次裁员浪潮始于 1997 年。债券持有人和股东如今沉迷于惊人的资本收益，他们要求更大幅的利润提升。7 月，沃尔沃斯（Woolworth）和国际造纸公司（International Paper）每一家都委婉地"裁员"了至少 9 000 名员工，接着是史丹利工具（Stanley Works）以及鲜果布衣（Fruit of the Loom）各自裁掉了近 5 000 名员工。股东们不再留给公司太多时间采取行动。惠而浦（Whirlpool）和雄狮食品（Food Lion）也宣布裁员，惠而浦的股价立即上涨了 14%，雄狮食品的股价则上涨了 4%。

1998 年，第五次裁员浪潮开始。1 月份，失业率虽然上升到 4.7%，但仍然相当低。失业率的上升与大规模裁员有关。这一次，所谓的"坏蛋"是全球经济，它已经成为一片"丛林"。美元的国际价值持续上升，外国竞争对手的成本节约式重组迫使美国公司采取行动，更多地削减工资支出。大约五分之一的美国工人受到全球风暴的影响。在 1997 年第四季度裁员 14.2 万人，这是自 20 世纪 90 年代初经济衰退以来规模最大的一次裁员。到 1998 年底，美国各大公司宣布的裁员人数以几乎创纪录的速度达到了 574 629 人，这是自 1993 年以来最大规模的裁员。航空航天巨头波音公司（Boeing Co.）是美国在亚洲货币危机中的主要受害者之一，到 2000 年，其裁员人数高达 4.8 万人。

裁员的一个重要副产品是临时工和暂时性劳动力，也就是所谓的"沃尔玛劳动力"。这类工人往往失去了"永久性"工作，在工资、福利和假期等方面的补偿较少，甚至面临更多的不确定性。男性临时工的收入大约是他们作为全职工人所得的一半。大多数现在工作的穷人在他们全职工作的时候并不贫穷，而是中产阶级。此外，临时工不太可能有福利，也更少获得能带来更好机会的工作。在 20 世纪最后 25 年里，雇主提供的医疗保险和养老保险的减少给家庭带来了更大的压力。

虽然克林顿政府最初强调教育和职业培训将使美国劳动力在全球市场上具有竞争力是正确的，但格林斯潘的金融市场战略几乎打破了所有这些前景。21世纪初，就业环境充满了恐惧，不仅仅是对暂时裁员的恐惧，还有对裁员变成永久性和"永久性"工作变成临时性工作的恐惧。当然，金融资产持有者不受这些弊病的影响。此外，在中央银行的理论中，工人的不安全感是好的，因为它控制了工资和通货膨胀。艾伦·格林斯潘在新千年期间曾五次上调联邦基金利率，但都是在 2000 年愚人节之前。

债务全球化与金融脆弱性

美国长期的贸易赤字还附带其他的后果。自美国开始出现长期的贸易赤字以来，它不得不通过向国外借款来为不断膨胀的赤字融资。大量的新商品涌入美国，需要大量的资金流出。全球经济在金融方面已经影响了美国的银行。在从 1870 年开始的一个世纪里，美国几乎不间断地拥有一系列贸易顺差（以及正的外国投资流入），只是在 20 世纪 70 年代的石油危机中受到了较为温和的打击。然而，在里根经济学出现后的短短 40 个月里，美国的外国投资就变得无足轻重了。又过了 24 个月后，美国就成了世界上负债最多的国家。

2000 年，美国的外债接近其国内生产总值的五分之一，美国开始像一个拉丁美洲国家。由于这笔债务不是欠美国的，而是欠其他人的，这个国家最终将不得不通过生产率的大幅提高或生活水平的下降来偿还债务。美国已经成为全球债务问题和其他潜在问题的一部分。美国任何试图迅速扭转其债务状况的企图都会导致全球经济衰退和通货紧缩。然而，与此同时，由于大部分债务是短期债务，所以外国人突然退出美国债券和股票市场，将导致美国股市的加速崩盘。

把美国的形势和可能的全球影响与一个拉丁美洲国家的情况进行比较，并不是夸大其词。由于墨西哥短期外债的规模之大，全球货币危机给墨西哥经济带来了麻烦。到 1994 年，大约 40% 的墨西哥国库券和大约 30% 的墨西哥股票是由外国人持有的。在 1989—1993 年，墨西哥股市以美元计价的市值上涨了 436%。当世界其他国家要越过它的北部边境，带走其巨额利润之时，墨西哥被迫使比索贬值。到 1995 年初，这种货币贬值导致利率急剧上升——高达 80%。在这些利率下，墨西哥借款者无法偿还债务，墨西哥银行面临破产。反过来，墨西哥政府不仅实施了 650 亿美元的银行救助计划，而且开始允许外资拥有墨西哥银行。①

墨西哥比索的崩溃和紧缩政策蔓延到其他新兴市场经济体。早在 1995 年中，这种"龙舌兰效应"就蔓延到了整个拉丁美洲和东亚。虽然龙舌兰酒对每个人的影响并不相同，但这个例子中的影响导致了"亚洲流感"，即东亚发展中国家突然发生严重崩溃，泰国是第一个受害者。危机蔓延到印度尼西亚、马来西亚、菲律宾和韩国等。这些国家的货币贬值威胁到日元和人民币。更糟糕的是，随着危机向西蔓延，俄罗斯卢布崩盘，甚至威胁到美国的牛市。货币危机席卷全球，因为它又袭击了墨西哥（而它是从那里开始的）、巴西和阿根廷。在经济史上，从来没有如此大的世界区域经历过如此之快的下降。

美国已经变得要依赖拉丁美洲和亚洲的经济增长来避免其银行体系和全球流动性的崩溃。这场危机之所以具有全球性，是因为发展中国家欠超剩余国家如此之少（特别是美国）的私人银行如此之多的债务。这些银行一直在逐渐将大部分债务作为"坏账"冲销，其资产价值现在只占其最初美元价值的一小部分。但是，这些行动，加上其他银行问题，使得许多商业银行——尤其是纽约的大型银行，如大通曼哈顿（现为摩根大通银行）——濒临破产。如果恐慌和货币危机在强大的美国开始蔓延，我们只能想象"干马提尼效应"（dry martini effect）会变得有多快，有多大的破坏性。②

---

① 这一段和下一段的大部分讨论和数据都是基于 Timothy A. Canova，"Banking and Financial Reform at the Crossroads of the Neoliberal Contagion," *American University International Law Review*，14，1571－1645（1999）。

② 关于外汇投机监管模式的建议，参见上一条引文。关于建议的抑制外汇投机的税收以及其他政策措施，参见 E. Ray Canterbery，*Wall Street Capitalism*，Singapore/New Jersey/London：World Scientific，2000，特别是第 13 章到第 16 章。

新千年中产阶级的规模缩小

经济增长放缓、失业和工资下降压力是美国贸易赤字飙升带来的最明显的不利因素。在经济扩张期间，工人阶级的境况继续恶化（虽然比较缓慢），同时由于亚洲和拉丁美洲的危机而进一步恶化。较缓慢的经济增长导致了缓慢的工资收入增长，而缓慢上升的全职就业却未能给大多数家庭带来好处。那些保留全职工作的工人虽然在工作，但境况没有变得更好。此外，全球金融危机导致的贸易收支进一步恶化，降低了经济增长速度，同时使失业率比原本的水平更高。在 1998 年第二季度，实际 GDP 增长率降至只有 1.4%，远低于格林斯潘设定的速度。只有导致个人储蓄出现负增长的债务融资的消费者支出可能会加速此后美国经济的扩张，而这在 2000 年期间受到了货币政策紧缩越来越大的威胁。

因此，正如美国人口普查局的数据所反映的那样，在 20 世纪 90 年代的大部分时间里，普通工人的经济状况继续长期恶化，这种恶化是从 20 世纪 70 年代末开始的，在 80 年代和 90 年代的大部分时间里都在加速。在这段时间里，处于底层的那 60% 的劳动人口中的大多数其实际工资要么停滞不前，要么下降。尽管如此，但即使是 1997—2000 年经济大幅增长的短暂插曲也表明，对于愿意长时间工作的美国人来说，增长可以带来好处。到 1997 年底，家庭收入中位数已上升到 37 005 美元，略低于 1989 年，尽管这一数字的增加来自普通家庭比这个 10 年开始时多工作 4% 的时间。也就是说，通过在经济扩张期间多工作，普通家庭几乎已经回到了 10 年前的水平。①

美国人把美国梦定义为取得中产阶级地位：至少有一个美国中产阶级在萎缩。这种萎缩是通过不同的数据来源揭示的，其中包括工资收入和非工资收入。在 1993 年，人们共提交了 4 600 万份所得税退税申报单，2 万～7.5 万美元这一

---

① 有关工资和福利的许多细节，请参见 Lawrence Mishel，Jared Bernstein，and John Schmitt，*The State of Working Ame6rica*，*1998 - 1999*，Ithaca and London：Cornell University Press，An Economic Policy Institute Book，1999。

收入范围经常被用来界定美国中产阶级；当年，这个"中产阶级"仅代表提交所得税退税申报表的人中 47% 的工资和薪金收入者。更糟糕的是，大约有 4 400 万人——仅比整个"中产阶级"少 200 万人，即所有纳税人的 45%——收入不到 2 万美元；他们是在工作的穷人，是一个不断扩大的下层阶级，其人数迅速接近美国纳税人的一半。中间五分之一的家庭所占收入份额从 1979 年的 17.5% 下降到 1997 年的 15.7%。

从 1992 年到 1998 年，虽然美国工人的实际失业率下降了三分之一以上，但他们的实际时薪几乎没有变化。自 1974 年以来，全职工人平均每年必须多得到 6 000 美元，才能与工人生产率的增长相匹配。在这种环境下，为什么有人认为工资上涨会引发通货膨胀呢？事实上，计算失业率时会把以下工人都算作已就业劳动力，只要他们拥有任何工作——无论一周工作 10 小时还是 40 小时；临时的、季节性的还是永久性的；每小时支付 7.00 美元还是 70 美元；或没有工作，垂头丧气地离开了劳动力队伍。如果将无法维持体面生活和自给自足的人算进去，那么实际的失业率将是官方失业率的三倍左右。

结　论

不管逆转命运的其他贡献因素如何，有些事情还是很清楚的。自从里根时代工会的作用被削弱以来，在大萧条以来最严重的经济衰退的推动下，在日益增大的贸易赤字的加剧下，以及在艾伦·格林斯潘策划的缓慢增长时期垃圾债券制度下经济萎缩且持续的加速作用下，普通的蓝领和白领工人的工资谈判力量已经大大减弱，他们生活在恐惧中。唯一的持续的实际收入增长来自非劳动所得——来自债券的利息和来自证券的资本收益。由于大多数美国家庭持有的金融工具的份额很少，因此，大多数家庭的收入取决于工作。在工资停滞的时期，以历史性速度快速增长的非劳动所得解释了中产阶级的衰落。20 世纪最后 25 年的历史不仅为 20 世纪 30 年代以来收入更平等的趋势，而且为向不可原谅的财富不平等转变提供了一个解释。

虽然过去的四分之一个世纪对富人来说是极好的，但对大多数人来说，它的影响是有害的。由于从金融市场中获得的财富并不是直接通过努力获得的，因此代其援引加尔文主义伦理将是自以为是的。不过，如果他们的收益不意味着其他人的损失，那么富人就会是友好的。然而，对于金融财富持有者来说，金融方面的成功并不取决于生产所处的实体经济中好事的发生。为了谋生而工作的人需要思考的不是利润分享的前景和金色降落伞，而是制成品，特别是那些在被浪漫化的全球经济中为出口而生产的产品的命运。

11

对未来的展望

穷人的需要必须优先于富人的愿望，工人的权利必须优先于利润最大化。

——约翰·保罗二世（John Paul Ⅱ），《在加拿大的演讲》（*Speech in Canada*），1984 年 10 月

我们感到天主教会……迫切需要一个关于人们如何战胜贫困的理论……资本主义就是为了回答这个问题而设计的。亚当·斯密写的就是：国民财富的起源是什么？

——迈克尔·诺瓦克（Michael Novak），援引自 1984 年 11 月 12 日的《商业周刊》（*Business Week*）

［人性的最佳状态是，］没有人贫穷，没有人想变得更富有，也没有理由害怕别人的努力把自己推回去……将有……改善生活艺术的空间很大，当心灵不再被上流的艺术所吸引时，改善生活艺术的可能性就更大了。

——约翰·斯图亚特·穆勒，《政治经济学原理》，1848 年

教皇约翰·保罗二世、传统的保守派专栏作家迈克尔·诺瓦克和约翰·斯图亚特·穆勒表达了三种截然不同的观点。那些拥抱一种观点或另一种观点的人的热情可以依赖于或独立于时间和地点。19 世纪中叶，英国还不够富有，不像相对富裕的约翰·斯图亚特·穆勒那样对财富持哲学态度，今天的海地（Haiti）也是如此。时间或地点是否重要并不紧要，而一个阶级是否应该在任何特定时间"就位"相当紧要。约翰·斯图亚特·穆勒设想了一个国家财富的高原，那里的

思想转向艺术，而不仅仅是"上流的艺术"。

到 2008 年春，天主教会已经走向全球。教皇本笃十六世（Benedict ⅩⅥ）从肯尼迪机场直接乘直升机前往联合国。他在联合国大会上发表演讲时声称："促进人权仍然是消除国家和社会团体之间的不平等以及加强安全的最有效战略。"他还对穷国特别是非洲国家从全球化中获益表示关切。[1]

在这种背景下，全球有不止一个意义。随着时间的推移，价值观可以是"全球性的"：同样的价值观或目标在特定的阶级或特殊利益集团中存在。然而，我们越来越多地从"全球经济"的角度来思考，我们所说的"全球经济"是指地球作为一个整体的经济。尽管如此，当我们放眼整个世界时，我们还是发现了富人和穷人，他们生活在同一个时代，被空间和文化隔开了。中美洲和非洲大部分地区充斥着贫穷的国家。因此，我们从全球价值观开始。

宗教与选举政治

在 1984 年的选举年，宗教和经济复苏似乎占据了新闻的主导地位，而这一年却被乔治·奥威尔（George Orwell）抢占了先机。更重要的是，出于宗教信仰投票的人对 1984 年的总统和国会选举产生了重大影响，甚至超过 1976 年"重生"浸礼者吉米·卡特（Jimmy Carter）当选总统时的影响。共和党人在福音派中建立了基础，民主党人在天主教中失去了基础。联合国秘书长潘基文（Ban Ki-moon）介绍了教皇本笃，称世俗的联合国是"全世界所有有信仰的男女的家园"，教皇说，宗教不能将联合国这样的机构拒之门外。[2] 在很大程度上，美国的所有这些政治和宗教分歧在 2008 年的选举中依然持续存在。

在两次早期的竞选中，特别是在 1984 年，候选人罗纳德·W. 里根向白人"福音派"示好，称自己是"重生的基督徒"。他们的《圣经》解释与捍卫自由市

---

① Ian Fisher and Warren Hoge，"In U. N. Address，Pope Stresses Importance of Defending Human Rights，" *New York Times*，April 19，2008，p. A17.

② *Ibid.*

场资本主义和不惜一切代价实现预算平衡的经济理论吻合。盖洛普民意调查显示，有 79% 的白人福音派投票选了里根。

与这些《旧约》观点形成鲜明对比的是，天主教在 1984 年总统选举后发表的牧师信中的《新约》观点。虽然这封信没有攻击私有财产或资本主义本身，但它认为私有财产的权利并不是绝对的。在这种以《圣经》为依据的观点中，财产是共有的，而不是私人的。因此，衡量"经济正义"的标准不在于它对富人或中产阶级的贡献，而在于它对身处其中的穷人所做的一切。除了充分就业立法等建议外，这份文件还否定了里根经济学的"供给"理论。

有了这两种以《圣经》为依据的解释，我们对价值及伦理与经济的关系进行了全面的讨论。组织经济的方式往往有宗教渊源。无论伦理的来源是什么，道德体系都使习惯经济、计划经济、竞争经济或合作经济合法化了。

然而，即使是"道德多数派"（moral majority）也在寻求科学证据的证实。正如我们在第一卷中所看到的那样，在 19 世纪的大多数美国经济学家当中，并没有科学和宗教之间的冲突。上帝确立了私有财产的权利及其作为一种自然规律的积累。世纪之交的社会达尔文主义是一种同样的科学和宗教的复杂结合，它代表着道德多数派、1984 年的世俗委员会（Lay Commission，迈克尔·诺瓦克提到过），显然还有罗纳德·里根的观点。然而，教皇本笃也希望贫穷和不平等问题能够列入联合国的主要议程。[①] 这些同样的问题在 2008 年的总统竞选中再次出现，尽管如此，但还是随着教皇对全球问题的关注而发生了焦点的转移。

布莱克-斯科尔斯模型：自我毁灭的种子

加州大学伯克利分校的两位金融学教授费希尔·布莱克（Fischer Black）和迈伦·斯科尔斯（Myron Scholes）开发了名为"布莱克-斯科尔斯"的期权定价

① 联合国长期以来在奥地利维也纳的联合国工业发展组织（UNIDO）有一个经济发展部门。我是 UNIDO 第一份"全球报告"的经济顾问；当时，使用"全球"这个词本身是有争议的。最后的成果是发布了 *Global Report 1985：Industry and Development*，United Nations (UNIDO)，Vienna 1985。在这一首次发行之后，每年会发布一份年度全球报告。

模型。1997 年，迈伦·斯科尔斯与罗伯特·C. 默顿（Robert C. Merton）因"确定衍生品价值的新方法"而共同获得了诺贝尔奖。该模型基于这样一种观点，即交易者可以通过在市场上做空头寸来规避所有市场风险，并随着市场下跌而增加该头寸。下跌的剧烈程度被认为是无关紧要的。

大多数员工的股票所有权计划都以布莱克-斯科尔斯模型为指导。例如，投资组合经理可以不从华尔街经纪商那里购买 S&P 500 的看跌期权——一种限制了潜在的损失，以固定价格出售的期权，而随着 S&P 500 的下跌进行做空，同时根据这一模型，不受任何市场风险的影响。这似乎是一个很好的理论，每个人都相信它；布莱克-斯科尔斯模型最终是唯一不被卖空的东西。布莱克-斯科尔斯不再仅仅是一个模型，而成为金融风险规避的范式。

对于那些密切关注的人来说，布莱克-斯科尔斯模型在 1987 年股市崩盘期间失效了。在股市崩盘的黑色星期一，基本上只有股票卖家，没有买家。作为市场另一方的华尔街经纪商不得不押注市场的下跌很快就会结束；否则，他们就无法从押注股市最终会逆转中获利。在自由下跌的情况下，券商最终拒绝接受这种押注，而卖空者没有出售对象。如果市场持续下跌，卖空者不得不用贷款以不断下跌的价格回购自己的股票。当美林等大券商开始做空股票以求自我保护时，问题就变得更加严重了。如果没有经纪商支撑市场，它就会崩溃。这场灾难导致了华尔街和世界各地的金融市场的大规模重组。

必须发明金融工具来为被保险人提供保险。如果银行贷款给即将破产的经纪人，贷款就无法偿还，银行就会变本加厉。1987 年的崩盘之后，出现了为被保险人投保的需要。幸运的是，美国银行的长期债券出现了剩余。然后，美国银行可以通过低长期利率借款和高短期利率贷款来赚钱。借款者是购买汽车的消费者，他们使用来自房地产的证券的信用额度。这类信用额度是衍生产品——从房地产作为资产的市场价值衍生出来的贷款。额外的消费信贷来自无担保的信用卡债务。

这些债券通常会出售给亚洲的商业银行和投资银行，以筹集资金，发行低息抵押贷款和相关信贷额度。为了维持这一游戏的进行，商业银行不得不创造它们自己的衍生产品。也就是说，银行资产负债表上的抵押贷款不能直接转让给信用卡客户。这些抵押贷款被打包成"证券"，然后以现金形式转售。在这个市场上，这些新衍生产品的购买者被称为对冲基金。

整个计划对商业银行来说是个好主意，以至于它们决定不在资产负债表上保留衍生产品的买卖，而是把它们放在表外账户。由富人提供资金的日益增长的对冲基金完全不受监管，似乎没有人知道这些基金在做什么，因为它们的资产负债表不需要公开。它们没有资本金要求，这是一个普遍存在的条件。由于私人商业银行将衍生产品挡在资产负债表之外，它们的资本储备让人产生了一种虚假的安全意识。布莱克-斯科尔斯公式使市场参与者确信，证券的定价是正确的，不需要进一步的监管。

比尔·克林顿总统和艾伦·格林斯潘联盟的遗产

20 世纪 90 年代初，比尔·克林顿总统和美联储主席艾伦·格林斯潘达成了他们自己的"非账面协议"，克林顿同意放弃一项国内刺激计划，以换取格林斯潘将长期利率保持在低水平的承诺。[①] 只要全球房地产市场看涨，这种安排就可以奏效。美国的较低利率导致美元的国际价值下降，美国的出口增加，其中大部分外国销售额是通过扩大日本和其他亚洲国家的消费信贷提供的资金而获得的。直到 1996—1997 年，日本的房地产繁荣破裂，几个亚洲国家的信贷崩溃，诺贝尔奖委员会开会并决定奖励迈伦·斯科尔斯的衍生产品公式，这一切都运转良好。

但那是当时；现在，衍生产品结构更复杂了。2008 年 3 月 17 日，美联储阻止了所有黑色星期一的产生。它为此付出了一定的代价，并为下一次金融危机提高了赌注。美联储救助了贝尔斯登（Bear Stearns）的抵押贷款组合，并鼓动摩根大通以低廉的价格购买该公司剩下的资产。这样做的结果是，美联储抛弃了贝尔斯登管理层及其股东；他们因公司在房地产业和建筑业的鲁莽投机而受到惩罚。然而，如果没有干预，恐慌性抛售几乎肯定会打垮美林、雷曼兄弟（Lehman Brothers）和华尔街其他券商。

[①] 关于克林顿和格林斯潘联盟的完整故事，以及整个格林斯潘时代的历史，可以阅读 E. Ray Canterbery, *Alan Greenspan: The Oracle Behind the Curtain*, Singapore/New Jersey/London: World Scientific, 2006。

在贝尔斯登大甩卖的同一天，美联储直接向 20 家华尔街投资银行提供紧急融资，同时同意这些公司使用范围广泛的投资级债务证券，包括无人愿意购买的抵押贷款作为抵押品。虽然 1914 年建立联邦储备系统（federal reserve system）的立法使其成为商业银行的最后贷款人，但没有立法将其权力扩大到向经纪商和投资银行放贷。美联储似乎是华尔街内外的第一贷款人，乔治·W. 布什政府的美国财政部部长亨利·保尔森（Henry Paulson）很快就提出了新的监管规定，将美联储的非正式行动正式化。

历史是站在美联储这些激进行动的一边的。在 1929—1932 年，美联储未能救助商业银行是使大萧条变得严重的原因之一。事实证明，赫伯特·胡佛（Herbert Hoover）利用政府行政部门的权力建立了重建金融公司（Reconstruction Finance Corporation），向银行、铁路公司和其他陷入困境的商业部门提供贷款，但没有向本应受到最后贷款人保护的银行提供贷款。当富兰克林·德拉诺·罗斯福（Franklin Delano Roosevelt）1933 年入主白宫时，数千家银行倒闭，更多的银行面临支票和储蓄存款被挤兑的潜在风险。罗斯福宣布了一个银行假日；当银行重新开放时，他给予美联储更广泛的权力去救助幸存下来的那些银行。此后不久，《格拉斯-斯蒂格尔法案》（Glass-Steagall Act）建立了联邦存款保险制度，消除了储户面临的风险。银行体系稳定下来了，但美联储仍然可以自由地犯错误，比如 1936—1937 年，出于对"通货膨胀"的恐惧，它提高了利率。

在这个使资本主义免于自残的过程中，国会和罗斯福总统向更严格的监管迈进。首先，《格拉斯-斯蒂格尔法案》把投资银行和商业银行分开了，禁止商业银行从事多种类型的高风险证券业务。对商业银行来说，向开发商发放消费者贷款和房地产贷款被施加了更严格的限制以及更严格的资本要求。此外，还成立了美国证券交易委员会，目的是监管华尔街，以防止爵士时代那种不法交易。

2008 年春季的经济和金融危机

2008 年春季的形势预示着美国和全球经济前景黯淡。当年 3 月，美国紧张不安的雇主们削减了 8 万个工作岗位，这足以腾空一个小城市。由于这一五年来最多的失业人数，全国失业率攀升至 5.1%。仅仅三个月，这一年的失业人数就接近 25 万人。这是美国就业总量连续第三个月萎缩；失业人数的这种急剧、持续增长是巨大经济压力的信号。就连美联储主席本·伯南克（Ben Bernanke）也使用了"衰退"这个词，承认了这种可能性。

更糟糕的是，伯南克知道美联储的子弹快用完了。美联储在 3 月 18 日大幅下调了联邦基金利率 0.75 个百分点，这是美联储 25 年来最激进的两个月行动的上限。2008 年美联储已经两次将联邦基金利率下调，第一次是在 1 月 22 日的紧急会议上下调 0.75 个百分点，随后在 1 月 30 日的定期会议上又下调了 0.5 个百分点。这些快速降息构成了 1982 年年中以来最激进的信贷宽松政策，当年的保罗·沃尔克（Paul Volcker）正试图将美国从大萧条以来最严重的衰退中拯救出来。现在，联邦基金利率仅为 2.25%，实际利率［经过了消费者价格指数（CPI）通货膨胀调整］低于零，甚至滑向更低的水平。很快，在 2008 年 3 月 30 日的定期会议上，美联储的资金利率被下调到 2%。

CPI 在 2007 年仅上升了 2.8%，现在的年增长率为 4%。联邦基金的实际利率为 -1.75%。实际利率很重要，因为银行希望人们以不会贬值的美元偿还贷款。更令人不安的是通货膨胀的根源。2007 年，食品价格上涨了 4%，而前 15 年的平均年增长率为 2.5%。每桶石油价格接近 120 美元，汽油价格接近每加仑 4 美元。随着美元国际价值的下跌，美国的出口开始飙升，给基础产品的价格带来了额外的压力。

食物和石油的市场是全球性的，相互依存也是如此。全世界的小麦工厂都在使用"配给"和"短缺"等字眼。面包价格的上涨源于以下几点：奶制品价格上涨的原因是食品集团收购了大量牛奶供应，新兴工业化经济体的需求不断上升，以及美元走弱。食品和燃料成本的上升导致工资劳动者们期望更高的名义工资。航空燃料价格的不断上涨在一个已经紧张和集中的行业中已经导致了几家航空公司的破产。美国两大航空公司德尔塔航空公司（Delta Air Lines）和西北航空公司（Northwest Airlines）的合并就是交通运输危机的缩影。另一个时代的标志是：福特汽车公司将其著名的捷豹和路虎业务出售给了印度的塔塔汽车公司（Tata Motors），损失惨重。与此同时，塔塔汽车公司宣布计划生产一种售价 2 500 美元的汽车，这是世界上最便宜的汽车。这些压力和紧张是全球经济结构调整的关键因素。

美国房地产行业的状况更糟，丧失抵押品赎回权（止赎）进一步抑制了消费者对耐用品的需求。2008 年 3 月，新房销售跌至超过 16 年来的最低水平。更糟糕的是，3 月份的新房价格中值与前一年相比，跌幅是 38 年来最大的。根据美国商务部的数据，经过季节性调整后，新房销售量下降 8.5%，减少量达到 52.6万套，为 1981 年 10 月以来最慢的销售速度。根据房地产追踪公司（RealtyTrac Inc.）的一份报告，与前一年相比，第一季度美国房屋被取消赎回权的数量增加了一倍多。与 2007 年 3 月相比，3 月份售出的房屋的价格中值下降了 13.3%，这是自 1970 年 7 月下跌 14.6% 以来一年中跌幅最大的一次。

图 11.1 显示了全国取消抵押品赎回权申请的增加情况。2006 年头三个季度，丧失抵押品赎回权的房地产的面积之和相当于一个小城市，但此后又有所升级。2007 年的上升幅度特别大，然后在 2008 年第一季度比前一个季度增加了23%。因此，到 2008 年春季，丧失抵押品赎回权的房地产的面积之和相当于一个大城市。穆迪经济网站（Moody's Economy.com）估计，在 2008 年第一季度，大约四分之一有抵押贷款的美国家庭的资产为零或负；它们已经欠下了比当前房产价值更高的债务，房产的市场价值大大缩水（房屋抵押贷款的价值高于其市场价值）。该公司预测，到 2009 年初，将有大约 1 220 万房主的房产的市场价值低于房屋抵押贷款的价值（见图 11.2）。这就是后来为人们所知的次贷危机。

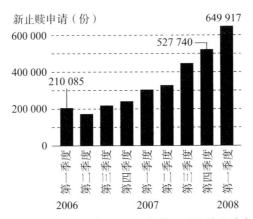

图 11.1　美国 2006 年至 2008 年第一季度的止赎申请

资料来源：RealtyTrac Inc.

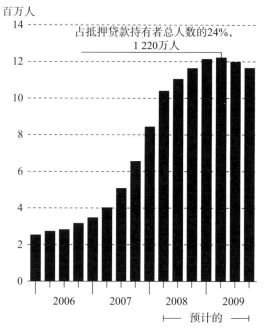

图 11.2　资产为零或负的业主数量

资料来源：Equifax；Case Shiller；Moody's Economy.com.

房地产市场已经繁荣了 5 年，但现在陷入了长期的低迷之中。由于未售出房屋的库存持续庞大，抵押贷款违约率不断上升，导致越来越多的房屋被抛售到一个已经过度建造的市场，房价一直处于低迷状态。与此同时，美国最大的汽车零售商——汽车零售商自动化公司（AutoNation Inc.）——表示，佛罗里达州、加利福尼亚州和其他主要州的汽车销售放缓是房价下跌的结果。如果这样的话，要到 2009 年汽车零售商自动化公司才能看到隧道尽头的亮光。就连温迪汉堡（Wendy's hamburgers）也陷入了困境，这与住房危机不无关系。阿比斯公司（Arby's）及其烤牛肉三明治的所有者三弓公司（Triarc）收购了温迪，而温迪的股价从 2007 年夏季每股 40 美元以上的高点跌至每股 26 美元左右的收购价格。房主们为了省钱不吃快餐了。通过沃伦·巴菲特（Warren Buffett）的少数股权融资，2008 年 4 月 28 日，糖果制造商玛氏公司（Mars Inc.）提出以大约 230 亿美元的现金收购糖果制造商箭牌公司（Wm. Wrigley Jr. Co.），成为世界上最大的糖果制造商。

我们关注的是那些商业银行，它们持有房主无法负担的住房抵押贷款。此外，在银行和对冲基金的双重资产负债表上也有那些表外衍生工具。然后，有一些经纪公司已经向对冲基金出售了看跌和看涨期权。随着商业银行向陷入困境的券商贷款，以维持它们的运转，这一轮循环还在继续。它们都被困在一个已经出现不止一个漏洞的救生筏上。

是时候实行新的新政了

美国总统巴拉克·奥巴马（Barack Obama）将需要一些已经就绪的计划，以便继续实行新的新政。也许不应这样称呼，但历史上的先例支持这样的计划。国会已经有了一项被搁置的减税计划，可能会成为永久性的。退税计划太少、太暂时性，无法产生显著的效果。需要的是大规模的公共工程支出，比如花费在公路、桥梁、学校大楼、法院大楼等比目前私人企业在工厂和设备上的投资回报率更高的基础设施上的支出。从长远来看，联邦在教育方面的支出应该大大补充州和地方各级已经饱受压力的预算。

在高盛（Goldman Sachs）、摩根士丹利（Morgan Stanley）和贝尔斯登等投行成为对冲基金的环境中，过度监管是必要的。贝尔斯登之所以这么做，是因为它的债务与资本比率为30∶1。至于美林，在其管理层于2007年10月公布其抵押贷款投资的细节之前，金融分析师都无法知道其万亿美元的资产负债表中有多少被投入了复杂的担保抵押债务，结果这一数额为300亿美元。花旗集团原本是一家商业银行，但它对表外项目进行了830亿美元的投资。

布莱克-斯科尔斯公式使对冲基金的大师们相信，衍生产品的定价消除了风险。但是，该公式从未考虑到一种特定证券的整个市场崩溃的可能性。更糟糕的是，布莱克-斯科尔斯公式没有考虑到从石油到住房的每个市场都可能崩溃的可能性——尼古拉斯·塔勒布（Nicholas Taleb）称之为"黑天鹅"或极不可能发生的事件。[1] 对资本储备的需求被一种错觉所取代。当弱点暴露在光天化日之下

---

[1] 参见 Nicholas Taleb，*The Black Swan*，New York：Random House，2007。

时，美联储别无选择，只能拯救整个金融体系。然而，一旦做出了这一承诺，金融体系就得到了保证，即美联储和财政部将永远在那里收拾残局，金融体系的每一个环节都牵涉太广，不能允许其破产。因此，监管改革成为必然。

过度投机破坏了一个又一个市场。工业企业内的长期资本收益——在几年内——一直被认为是资本主义的飞轮。很少有经济学家认为，长期资本收益是不可取的。次级金融工具的快速资本收益具有不同的性质；一般来说，这种快速销售的目的是从货币中赚钱，有些事情是在太短暂的时间里太间接地完成的，从而无法生产出商品和服务。如果我们更倾向于持久的，而不是转瞬即逝的资本主义，我们就会阻止投机收益。

前瞻性政策

抑制投机：交易税

在克林顿政府执政末期，我建议征收交易税。[①] 例如，30 年期债券价格并没有被设计成每天都有很大的变化。它和 10 年期债券的目的是为长期的实际投资提供资金。住房抵押贷款是当今另一个很容易想到的例子。甚至股票最初也被认为是"长期资本投资"，这是因为永续公司用它们来提供资金，而且家庭拥有它们很长时间。交易税可以设计为，在短期内从很高的比例上逐步提高，在两年持有期后免征，这能阻止股票市场的短期投机。这种税收本身的设计应该经过长期研究。

不过，作为讨论的起点，我建议对所有持有不足 30 天的股票实行 12％的即期购买交易税。此后，若继续持有股票，每多连续持有 1 个月，交易税降低 0.5 个百分点。对基于股票的金融衍生产品也适用同样的税。交易税的目的并不是阻止证券买卖。如果投机者在第一个持有月内能获得超过 12％的收益（除其他费

---

① 这项及其他改革建议载于 E. Ray Canterbery，*Wall Street Capitalism*：*The Theory of the Bondholding Class*，Singapore/New Jersey/London：World Scientific，2000，特别是其中的第 14 - 16 章。

用外)，他们仍然会盈利，尽管利润较小。同时，政府将有更多的收入用于高收益的公共投资。

由于大多数国债在不到一年的时间内到期，美国国债并不是投机性的威胁。美国财政部、州、市和公司债券都是长期投资，它们有多种到期日。对1年内到期、持有不到30天的债券，可以征收同样12%的交易税，此后每隔30天就减少整整1个百分点。对于持有至到期日的债券，不征收交易税。对2年内到期的债券，每30天后其12%的税将会减少3个百分点。对3年或4年内到期的债券实行同样的交易税。此外，一项足以满足标准金融工具的税收，或许应该会被人们更有热情地应用于基于债券的金融衍生产品。

4年后，我们正在寻找真正重要的持有期，我们不希望阻止个人和机构购买这些长期债券。在持有债券5年后，12%的交易税将减为0，不论其最终到期日如何。因此，如果10年或30年到期的债券在5年结束时出售，将不征收交易税。通过鼓励购买更长期的债券，债券市场的一部分将会进一步深化，并将享有更大的流动性，从而使得它不会突然崩溃。

交易税会让亢奋的市场降温。然而，赌桌和老虎机仍将在拉斯维加斯、雷诺、新奥尔良、大西洋城开放，甚至在比洛克斯也会开放。渴望快速获利或损失的有闲阶级投机者可以像工人阶级一样享受这些机会。

免息贷款及较低利率

降低利率特别是长期利率的政策或制度改革，将大大有利于实体经济。有税收支持的机构——州和地方政府——应该能够直接从美国财政部借入无须偿还利息的资金，用于基本建设项目和偿还现有债务。这样的贷款只适用于基本建设项目，而不是日常开支。例如，公立学校可以借入资金来建造新教室，但不能借入资金来支付教师工资。此外，这种投资需要刺激。虽然1955—1980年公共投资平均占美国国内生产总值的3%，但1981—1997年平均只占2.3%，近几年更少。州和地方政府通常占这类投资的85%。

仅利率降低就会使私人投资项目更具吸引力，并刺激实际投资。当然，在交易税抑制金融投机的范围内，工业的实际回报将开始取代纸面利润。但是，公共投资的无息贷款对私营企业有好处。根据一项利用州一级数据的研究，将公共资本存量与私人资本存量的比率从 0.45 提高到 0.50，将使产出每年增长 0.8%，就业每年增长 0.3%（15 年后达到 0.5%的峰值）。此外，这些积极影响持续了几个世纪。在两个世纪末，产出增长了大约 27%，就业增长了近 21%。① 即使对经济增长的影响只有研究表明的一半，但如果维持 1955—1980 年的公共投资速度，国民财富和收入也将增加五分之一。实际上，私营经济的各行各业都从改善的道路、机场和学校中得益了。

还有将长期利率降低的其他办法。国债的主要问题不是其相对于 GDP 的规模，而是对债券持有人提供融资所需的巨额利息支付。例如，如果利息支付为零，1996 年的预算将出现剩余。克林顿政府意识到了这个问题，同时美国财政部开始发行零息债券。像美国国库券一样，这些债券是贴现债券，它们的收益率是基于它们的贴现购买价格与它们的较高面值之间的差额。美国财政部对零息债券不支付利息。令人惊讶的是，这种债券发行得如此之少。

美国财政部有第二个降低利息支付的方法。1997 年 1 月，美国财政部开始发行与通货膨胀率挂钩的 10 年期债券。由于这种债券的利率要经生活成本调整（cost-of-living adjustment，COLA），我们把它称为 COLA 债券。因为可以免受通货膨胀的影响，买家愿意以较低的名义收益率购买 COLA 债券。由于所有利息都是以名义美元支付的，这些低息债券的利息支付将低于相同到期日的息票债券的利息支付额。然而，只有在通货膨胀严重且数额出乎意料的情况下，COLA 债券的买家才会领先于其他债券买家。如果通货膨胀率保持平稳，发行 COLA 债券将减少财政部的利息支付，因此亟须大量发行 COLA 债券。②

就像打高尔夫球时的挥杆一样，时机对于大多数改革也是至关重要的。财政部应该在经济衰退或经济增长缓慢的时期增加免息债务的发行。在政治辩论中，赤字和国债的规模使传统的凯恩斯财政政策瘫痪。反过来，缺乏有效的财政政策

① 参见 David A. Aschauer，"Output and Employment Effects of Public Capital," Working Paper No. 191，The Jerome Levy Economics Institute of Bard College，April 1997。
② 关于免息贷款的成本和收益以及降低联邦债务利息的其他措施的更多细节，参见前面引用的坎特伯里的书，特别是第 15 章。

对货币政策造成了太大的负担，而货币政策是对抗衰退和通货膨胀唯一可行的政策。在公共基础设施衰退期间，选择好发行新债券的时机可以在不增加联邦预算赤字或国家债务的情况下增加就业。

广泛而公平的税基

如果联邦税基扩大，政策制定者的生活就会变得更简单，像西欧国家那样的增值税就会起作用。这种税是在生产的每一个阶段征收的。由于增值税实际上是对所得征税，所以它可以成为收入政策取代货币政策的基础。公平地说，个人所得税的法规应该简化和大幅累进，使收入较高的人缴纳更大比例的个人所得税，而低收入者支付的比例更小。这可以通过三个税率来实现，再加上最低收入的零税率。由于税收负担已转移到依赖销售税的州和地方政府，整个税收结构已变得累退了。财政政策将再次是有益的。当经济扩张时，在急剧累进的税制中，从收入流中获取了更多的税收。当经济陷入衰退时，自动从收入流中扣除较少的税收。[①]

在第一卷中，我们已经指出凯恩斯经济学（以一种或另一种形式）是如何对正统经济学发起最严重的挑战的。但是，凯恩斯主义跌落到了它自己的危险边缘。《通论》被善意的门徒庸俗化了，直到这个理论比凯恩斯所追求的新古典异端更像正统的新古典经济学。当科学像 19 世纪那样失败时，它也像信仰一样动摇了，还有更深层次的向宗教和赫伯特·斯宾塞（Herbert Spencer）的 "不可知" 的退却。经济学也未能找到解决 20 世纪 50 年代和 60

---

① 我对增值税和所得税政策的初步建议见 "Tax Reform and Incomes Policy: A VATIP Proposal," *Journal of Post Keynesian Economics*, 5, 430 - 439 (Spring 1983)；更完整的税务改革计划见 E. Ray Canterbery, Eric W. Cook, and Bernard A. Schmitt, "The Flat Tax, Negative Tax, and VAT: Gaining Progressivity and Revenue," *Cato Journal*, pp. 521 - 536 (Fall 1985)。后者是基于 1985 年 3 月 14 日在佛罗里达州立大学举行的统一税收提案会议上发表的一篇论文。在这些改革中，有一种新的收入政策，即利用税收激励来限制工资和利润膨胀，因此没有必要仅仅依靠货币政策来应对经济衰退和经济增长放缓期间的通货膨胀。

年代菲利普斯曲线权衡取舍以及 20 世纪 70 年代通货膨胀和高失业率同时出现这一问题的方案。庸俗化的凯恩斯主义的失败导致了货币主义的反革命，这成为第一任期里根经济学的经典。这些失败也导致了新的古典主义、后凯恩斯主义和新左派激进主义。到目前为止，只有里根经济学或供给经济学能够将科学和宗教结合在实践中。乔治·吉尔德（George Gilder）的散文值得称赞；他能够在同一个平台上为白宫、上帝和经济学服务。"为了克服它，必须有信心，恢复对变革和上帝的信仰，相信自由和敬畏上帝的人的聪明才智。这种信念将让我们看到帮助穷人的最好方式，理解上帝面前人人平等的真理……"回想起来，我们不想恢复那种宗教和科学的结合。然而，价值观和道德来自某处，而宗教往往是源头。

回避政治经济学？

上述许多讨论表明，政治、社会和经济之间很难划清界限。社会是一个无缝的网络，个人在其中扮演着几个角色：生产要素（通常是劳动力）、消费者和公民。作为消费者，人们用美元投票；作为公民，个人在政治过程中投票。越富裕的公民越有可能投票。此外，富人可以通过贡献货币来购买政治权力。即便如此，公民——对国会脱离接触的愤怒——可能会打破美元与选票之间的联系。

一种新的视野是至关重要的。在不牺牲人类福利的情况下控制通货膨胀已经失败，福利制度、执法、金融系统、医疗系统和环境保护也失败了。现在有一个危险，就是太多的失败将对社会造成致命的后果。即使所有这些问题都得到解决，也不会迎来黄金时代。过去、现在和未来现实生活的复杂性，只给了我们一个确定性：知识将继续是一系列无尽的地平线。

为什么在 20 世纪 80 年代初，英国和美国的学者和政策制定者放弃了凯恩斯主义？凯恩斯主义经济学随着时间的推移越来越接近于新古典主义的正统性，使牛顿均衡得以无所不在。为什么有新古典主义的反革命？能够被接受的是，美国凯恩斯主义正统要比凯恩斯这位新古典异端与新古典主义经济学更有相似性。正如卡尔·马克思最终宣称他"不是马克思主义者"一样，凯恩斯无疑将不再是一个凯恩斯主义者。为什么凯恩斯主义者会跌落到他们的边缘？我们已经揭示了部分答案：凯恩斯没有一个包含超越新古典经济学的价格理论的一般理论。

在这一卷中，我们介绍了古典经济学和凯恩斯经济学的现代精简版本，包括一般均衡的概念。在第三卷中，从卡尔·马克思开始，我们将回过头来考虑"激进分子关切"的严重性。

第三卷
激进分子

引　言

只要有正统存在的地方，激进分子就不会落后。对于社会来说是真理的东西，对科学来说也是如此。科学当中一直存在激进分子，经济学在这方面也不例外。

虽然亚当·斯密在他自己的时代是一个激进分子，但他形成了古典正统，其中的主要元素从未消失过。斯密的自由放任主义在所有古典或新古典主义中都占了上风。约翰·斯图亚特·穆勒是最后一位古典主义者，但他仍然在很多方面与斯密相左，提倡一些现代社会福利改革。我们所称的"激进分子的攻击"始于与穆勒同时代的卡尔·马克思这位历史上最激进的经济学家。虽然建立在古典的基础上，但马克思的经济体系与古典学派的正统观念有很大的不同。马克思的思想足够强大，最终几乎把全球经济一分为二。

马克思的名字与其精神伴侣弗里德里希·恩格斯（Friedrich Engels，1820—1895 年）的名字是分不开的。具有讽刺意味的是，恩格斯是中上阶层，而马克思则身陷贫困之中；一个是严肃的学者，穿着很瘦小的裤子，坐在大英图书馆里，另一个是英俊、健美和浪漫的记者。虽然他们长得不像，但他们对现状有同样强烈的厌恶。恩格斯是一个务实的人，在经济上支持着马克思，使马克思有条件成为梦想家和德国式的学者。

格奥尔格·威廉·弗里德里希·黑格尔（Georg Wilhelm Friedrich Hegel，1770—1831 年）的哲学思想对马克思的思想产生了很大的影响。在黑格尔看来，物质和思想是交织在一起的。经济、社会和政治生活是一个不断发展的过程。任何社会制度获得权力后，都会受到另一种制度的挑战，这是黑格尔辩证法所揭示的一个过程。在一个辩证法的范例中，封建主义（正题）遇到了一股新的力量，即市场经济（反题），其结果是一种全新的制度——资本主义（合题），正确地理解的话，历史是一个辩证的进步过程。

人类实现自我的过程并不是一帆风顺的，因为自我异化是有可能发生的。马克思把黑格尔翻了个底朝天。他把宗教看作自我异化的人的一种反映。由于宗教是人类自我异化的现象，马克思使自己与基督教的信仰疏远了。马克思确实认为人类通过承认自己是爱、关心和崇拜的适当对象来克服异化。国家与社会的经济生活交织在一起，有时是无法区分的，这是人类自我异化的另一个领域。马克思认为，当私有财产不复存在时，资本主义只是一个会被更高等的政权所取代的必要的恶魔。

马克思对劳动价值理论的投入是完整的。任何商品的劳动价值都等于其生产所需的平均劳动时间。资本家为劳动付出了代价——把劳动当作另一种商品——一种足以维持工人生存、工作和能够再生产出商品的维持生计的工资。

资本家用通过资本（机器）生产商品来定义自己，因此当前的劳动将产生一定数量高于其自身价值的商品价值，一种超过其劳动价值的交换价值。两者之间的差异是剩余价值，这是所有者利润的来源。在现代定义中，剩余是租金、利息和利润的总和。马克思对绝对剩余价值和相对剩余价值进行了区分。通过这种方式，他寻求通过技术进步创造相对剩余价值。

剩余价值是资本积累背后的动因；资本越多，技术状态越先进，劳动力产出就越大，利润想必也越大。私有财产的原始、后封建主义（post-feudal）的理由来自积累资本的欲望，从而通过市场交换不懈地增加利润。在马克思看来，对财富的贪婪和交换价值的无限追求推动了资本的积累。

积累是垄断资本的开始。技术的进步需要更大的工厂和更多用于生产的资本。竞争允许强者同时支配弱者和更弱者。

此外，还存在工人的异化。在马克思有关日益增加的苦难的学说中，与资本家的条件相比，劳动条件恶化了。当劳动充分异化时，工人就会反抗。异化的劳动将会导致这一天的到来。异化蔓延到整个市场体系。工人不再是创造的工匠，而是新工业过程的奴仆。

马克思从垄断资本的灰烬中建立了第一个复杂的繁荣和萧条交替的商业周期

模式，资本主义的持续性萧条将变得越来越严重，以至于工人们最终会反抗、推翻资本主义，同时建设一个社会主义经济。许多人过早地预测了 20 世纪 30 年代大萧条期间资本主义的死亡，而美国共产党也获得了追随者。但是到第二次世界大战结束时，混合企业制度只与受到马克思攻击的那种资本主义有相似之处。不过，马克思更详细地预测了资本主义的演变，尽管他低估了改革后资本主义的弹性和爱国精神对劳动者的吸引力。

和马克思一样，维多利亚时代和英国经济思想的主导地位似乎没有尽头。当时美国正成为"美国梦"的异乎寻常的家园，这个梦想在 18 世纪有着很乐观的前景，信仰的是一个以牛顿力学为基础的美好、精确调整的宇宙。英国正统主义太忙了，以至于没有注意到随着工业革命在美国内战时期蔓延到美国，大英帝国相对衰落了。

强盗资本家在内战前的几年里成熟了。虽然霍雷肖·阿尔杰（Horatio Alger）的故事和新教教会在为强盗大亨的荒唐行为辩护方面做了很大的努力，他们还是向社会达尔文主义者伸出援手，为他们的腐败提供"科学"的理由。社会达尔文主义将成为桑斯坦·凡勃伦的陪衬。

英国工党起源于世纪之交。尽管如此，但英国和美国的劳工运动仍然艰难，直到伴随着第一次世界大战的劳动力短缺。公众之所以对劳工如此强烈地反感，在很大程度上是由于广泛接受了社会达尔文主义的原则。

工业企业的财务控制和生产手段之间逐渐出现分离。更糟的是，竞争变得过于激烈，不利于自身生存；对于大型企业来说，由于对工厂和设备的投资过高，以至于无法成功地依靠市场机制的运作，竞争作为一种优雅的均衡行为已经过时了。例如，伟大的投机者杰伊·古尔德（Jay Gould）迫使宾夕法尼亚铁路公司放弃了与其他铁路公司的合作战略，并建设了美国第一个跨地区的铁路帝国。尽管古尔德肆无忌惮，但他还是未能建立起一个全国性的系统。尽管如此，他最终还是控制了 14 854 英里的公路，占美国公路总里程的 15％。

桑斯坦·凡勃伦（1857—1929 年）会抨击强盗大亨，并跟随马克思成为一个激进的经济学家。嗯，不仅仅是这样，他还创立了美国唯一独特的经济学学派——制度主义学派。他是一个奇怪的男人，他诡秘的眼睛常常追随着女人，当他在美国不停地从一所大学跳到另一所大学的时候，他的这种注意力对他的学术生涯几乎是致命的。凡勃伦对资本主义的理解与正统的边际主义形成了鲜明的对比。他的第一本畅销书《有闲阶级论》引入了辛辣的讽刺语言，比如财富竞赛（pecuniary emulation）和炫耀性消费（conspicuous consumption），后者所表达的对财富的炫耀性展示仍然是今天经济学的一部分。与阿尔弗雷德·马歇尔的观点不同的是，在多余支出上的浪费变得可敬了。

凡勃伦设法扭转了社会达尔文主义者的情绪。社会达尔文主义的思想成了另一个过时的"制度"。凡勃伦认为，一些思想已经落后于现实了，因为自由放任持续被用来捍卫商业腐败和强盗大亨的垄断行为。在凡勃伦看来，富人以一种引人注意的方式积累和消费财富，而这是一种给他们带来权力、荣誉和声望的展示。凡勃伦给了强盗大亨足够的绳子上吊自杀，将社会制度和财富引入，最终拓宽了经济学的领域。他这样做是非常明智的。凡勃伦的思想（若非他的写作风格）甚至影响了爵士时代的作者 F. 斯科特·菲茨杰拉德。

凡勃伦写道，那些积累财富的人这样做，不仅仅是为了物质需求的简单满足：富人以一种极其显眼的方式积累和消费财富，因为在物质主义的文化中，财富的展示是权力、荣誉和威望的象征。通过复杂的短语，凡勃伦也引发了社会的深刻思考。最终，凡勃伦拓宽了经济学的领域，让社会制度和对财富的心理态度等"非纯粹"的经济力量发挥了作用。

社会制度和财富也是我们将要描述的下一个激进分子关注的焦点。

约瑟夫·熊彼特（Joseph Schumpeter，1883—1950 年）与约翰·梅纳德·凯恩斯同年（也就是卡尔·马克思去世的那一年）出生。熊彼特有足够的自信，认为自己是比他同时代的凯恩斯更伟大的经济学家。尽管受到路德维希·冯·米塞斯（Ludwig von Mises，1881—1973 年）对企业家精神的洞见的影响，但熊彼特的企业家理论更有实质意义。

熊彼特对卡尔·马克思相当尊重，并得出了同样的结论，即资本主义是注定要灭亡的。然而，他们所说的原因却大不相同。和马克思一样，熊彼特也是个麻烦缠身的人。他是一个放荡的人，并且声称自己而非凯恩斯是世界上最伟大的经济学家。他有一种自卑情结，长期处于沮丧之中。尽管在他有生之年处于凯恩斯的阴影下，但可行的研究主题仍然源源不断地从熊彼特的资本主义理论中流淌出来。

在熊彼特的理论中，英雄般的企业家是创新者和经济变革的主体。企业家创造了整个产业。这样一个浪漫的人物出现在小说中，尤其是在艾因·兰德的《阿特拉斯耸耸肩》中汉克·里尔登（Hand Rearden）的形象。企业家是非凡的人物，他们勇敢地突破经济活动的循环流转，将劳动力和土地转移到投资上。

熊彼特认为，大萧条是必要的"创造性毁灭"的一部分，这是让企业家在拯救资本主义的努力中表现出创造性所必需的。然而，正是产业集中削弱了资本。这些行业才变得具有自我毁灭性。新政只能在氧气帐篷里维持资本主义；最终，为了拯救资本主义，它被国家吞没了。

卡尔·马克思把资本主义的危机描述为灾难性的。最近，另一位德国经济学家格哈德·门施（Gerhard Mensch）从熊彼特那里接过了这面旗帜，但赞成资本主义不连续路径的模式。门施将自己的模型称为质变模型（metamorphosis model），他构建模型的基础是产品周期或产品的 S-曲线。

在质变模型中，长时间的增长被相对较短的动荡间隔所打断。尽管随着时间的推移存在这些间断和剧变，以及变化速度的变化，但仍有符合导致特定扩张的工业综合体 S-曲线的规律性。门施的观点可以被修改，以表明总体经济进步可以在几个世纪内延续，尽管有急剧的中断。

创新和长波的时机是推动各国经济增长更快或更慢的力量。相对较小的联盟或特殊利益集团似乎是阻碍经济效率和增长的最主要因素，而长期的上升趋势正在老化。如果由寻租者组成的联盟制定规则，收入分配就由他们决定。只要工资和劳动力的增长率不超过生产力，寻租者就能在不造成太高的通货膨胀率的情况下分离剩余。这可以描述长波扩张中前半部分的情况。只有当创新群体被广泛扩散时，寻租者才会造成滞胀。在那个时候，产生寻租者的稳定的民主本身可能会受到威胁。

现代持不同政见者对当代经济思想产生了重大影响，但始终未能成为新的正统。亚当·斯密、托马斯·马尔萨斯、卡尔·马克思、约翰·斯图亚特·穆勒、桑斯坦·凡勃伦、约翰·梅纳德·凯恩斯、约瑟夫·熊彼特甚至阿尔弗雷德·马歇尔都要比现代上层建筑具有更广泛的社会视角。当代持不同政见者，包括与制度主义者有关的名字，分享这一更广泛的社会观点，其中以罗伯特·海尔布隆纳（Robert Heilbroner，1919—2005 年）和约翰·肯尼斯·加尔布雷斯（1908—2006 年）为主导。在当代经济思想中，制度主义与这两个巨人之间存在一条不间断的界线。加尔布雷斯跨越了几个当代流派，卡尔·马克思也有相当大的影响力。

罗伯特·海尔布隆纳出生在纽约市一个富裕的德国犹太家庭。当罗伯特还小的时候，他的父亲就去世了，他家里的司机威利·格金（Willy Gerkin）成为罗伯特的代理父亲。作为一名特权家庭的后代，罗伯特上的都是最好的学校，其中包括哈佛大学，熊彼特也是给他上课的教授之一。海尔布隆纳没有把他的社会良知归结于熊彼特，而是归结于他意识到以下事实后的愤慨：他的母亲之所以能使唤她的这位司机，只是因为他爱戴的威利需要钱。

罗伯特·海尔布隆纳于 1936 年进入哈佛大学，当时哈佛大学经济系正在就约翰·梅纳德·凯恩斯《通论》的意义进行辩论。在罗伯特读大二的时候，他的导师是保罗·M. 斯威齐（Paul M. Sweezy），他是"年长"的马克思主义者中最著名的一位。斯威齐是一个折中派，他也把凡勃伦的《有闲阶级论》指定为补充读物。

海尔布隆纳成长为一名经济学家的美好前景被第二次世界大战期间的服役中断了，他后来曾在商界工作过，也曾从事过自由职业（记者工作）。他从战争走到了阿道夫·洛（Adolph Lowe）关于经济思想史的课程当中。洛的课程是海尔布隆纳的经典著作《俗世哲学家》（*The Worldly Philosophers*）第一版的推动力，这本书有七版，已经卖出了 100 多万册。就像使得《俗世哲学家》充满活力的许多经典人物一样，海尔布隆纳是一个多面手，有着广阔的视野。他的最后一本书是与威廉·米尔伯格（William Milberg）合著的《现代经济思想的视野危机》（*The Crisis of Vision in Modern Economic Thought*）。

在他的许多著作中，海尔布隆纳介于资本主义和社会主义之间。对海尔布隆纳来说，人类的灵感来自一个"略带假想色彩的瑞典"。这是一种合作经济的愿景，它将自由资本主义推向极限，同时允许民主政治和平等主义目标超越贪婪获得优势。海尔布隆纳的分析悲观主义被他的道德乐观主义平衡了。这一愿景与他早期对母亲用财富支配威利·格金的担忧相去不远。

与凡勃伦和海尔布隆纳一样，约翰·肯尼斯·加尔布雷斯的著作，即使不一定总是让其他经济学家，也会让一般读者感到高兴，比如《丰裕社会》（*The Affluent Society*，1958）、《新工业国家》（*The New Industrial State*，1967）、《经济学与公共目标》（*Economics and the Public Purpose*，1973）。由于受到桑斯坦·凡勃伦的强烈影响，加尔布雷斯一直遵从凡勃伦对新古典主义的攻击。虽然新古典主义者感到了软弱，而加尔布雷斯像海尔布隆纳一样感觉到了力量。尽管新古典主义者反对以自然市场力量入侵，但加尔布雷斯认为，不受干预的经济力量往往有利于强者。

加尔布雷斯在美国文学作品中肯定有着一席之地，他不仅有经济学方面的畅销书，而且有三部广受欢迎的小说和其他文学作品。加尔布雷斯作为 20 多本书的作者，与海尔布隆纳竞争现代被最广泛地阅读的经济学家，并担任合并的美国研究所与艺术和文学学院的主席。尽管他和凡勃伦有着共同的农业根源、出众的讽刺智慧和文学才能，但加尔布雷斯与凡勃伦不同，他有着一个非常均衡的人格，享受着非常成功的生活方式，更不用说接触民主党最高层的政治权力了。

1970 年，加尔布雷斯被提名为美国经济学会主席，但米尔顿·弗里德曼对此表示反对，理由是凡勃伦从未担任过该学会主席。加尔布雷斯写道："在被提名后我方才知晓，这使我的提名差点无法获得通过。"后来，他写了一篇关于《有闲阶级论》的新版本的导言，并领导了一次拯救明尼苏达州的凡勃伦庄园的尝试。

加尔布雷斯一直是几位总统的密友，也是阿德莱·史蒂文森（Adlai Stevenson）、林登·约翰逊（Lyndon Johnson）、乔治·麦戈文（George McGovern）和肯尼迪家族（Kennedys）的演讲稿撰稿人；他还是驻印度大使，也是第一夫人的随从。对加尔布雷斯名声的一个衡量标准是，1968 年，他接受了《花花公子》杂志的采访，这是那些拥有太多金钱、凡勃伦式的休闲和无拘无束的期望的人所能享受的替代性快感的浮华的提示（弗里德曼后来也接受了《花花公子》杂志的采访）。

加尔布雷斯的早年生活是他后来作为社会评论家的一个预言性的背景。他的父亲最初是一名教师，后来转到了农耕，在他那有点与世隔绝的社区里是一个主要的政治自由主义者。当加尔布雷斯大约六岁的时候，他开始和他的父亲参加政治集会，也许这就是他开始发展他的讽刺幽默的时候。在《苏格兰》（*The Scotch*）一书中，加尔布雷斯回忆了一个场景：他的父亲在一个巨大的粪堆上发表了一篇批评保守党纲领的演讲，并为不得不在保守党的讲台上讲话而道歉。

加尔布雷斯在达顿上高中，这个村庄因苏格兰乡村和英格兰市民之间的不和而分裂。大多数保守党人是英格兰商人，而自由党人主要是苏格兰人。在第一次世界大战后的几年里，乡村商人兴旺发达，而农民却受苦受难。苏格兰人自认为在各个方面都比英格兰人优越（加尔布雷斯同意这一点），认为商人的境况更好，因为他们贱买贵卖。商人的优越议价能力显然给这位年轻人留下了持久的印象。

加尔布雷斯后来在安大略省农业学院学习，1936 年在加州大学伯克利分校攻读农业经济学博士学位，他在这里第一次读到了凡勃伦和马克思的作品。他后来的大部分学术生涯都是在哈佛大学度过的，担任了保罗·M. 沃伯格（Paul M. Warburg）经济学讲席教授，后来成为名誉退休教授。

加尔布雷斯对经济学的主要贡献是他关于高级发展的一般理论。与新古典体系不同的是，他指的是 1 000 个左右的工业巨头的计划体制。它们生产的国民生产总值的份额比其余 1 200 万家企业加总起来的份额还要大。例如通用汽车这样的最大型企业的规模就适合计划体制。加尔布雷斯写这篇文章的时候，汽车行业还很健康，而且早在仍然庞大的通用汽车破产之前。企业权力并没有完全腐败的唯一原因是权力不是绝对的。尽管如此，计划体制的权力还是足以将"非理性"的生活方式强加给个人。

企业计划的一部分变成了对消费者所想要的东西的管理。通过广告、促销和销售技巧，生产商创造了它们想要满足的需求，加尔布雷斯将其称为依赖效应（dependence effect）。加尔布雷斯超越了凡勃伦，进入了类似于生产者主权（producer sovereignty）的领域。因为通用汽车生产了大约一半的汽车，所以它的设计就是目前的形态。汽车巨头们决定了汽车的现有形态。一旦满足了需求，一个充满可能需求的全新世界就在等待着被创造出来。

由于计划体制与市场体制之间的非均衡，经济发展也是不平衡的。市场体系在技术工人和自然资源的竞争中处于劣势，而且有影响力的计划体制可以从国家那里获得服务，而市场体制基本上没有这样做。反过来，不均衡的发展又影响了社会对国家提供服务的态度。

在 20 世纪 70 年代，一群来自加尔布雷斯所在的哈佛大学的年轻经济学家登上了这个舞台。虽然他们现在更老了，但他们的大部分思想仍然广泛传播。许多激进派的追随者在 1971 年的美国经济学会的大会上获得了一席之地，那一年约翰·肯尼斯·加尔布雷斯担任学会主席。到 1980 年，新左派激进经济学加入了马克思主义者和制度主义者，成为学术经济学的一个分支。新左派有自己的期刊《激进政治经济学评论》（*The Review of Radical Political Economics*）。到 1985 年，出现了众多支持他们事业的著作，其中包括塞缪尔·鲍尔斯（Samuel Bowles）和赫伯特·金蒂斯（Herbert Gintis）的《资本主义美国的学校教育》（*Schooling in Capitalistic America*）。

美国激进经济学的复兴可以追溯到大量贫困、环境污染、资本主义不能兼顾充分就业和物价稳定等未得到解决的经济危机，对贫困的关注延伸到第三世界国家的经济发展问题上。

新左派的激进经济学虽然对马克思有亏欠，但它更多地受到马克思广泛的人文主义社会思想，而不是他革命的一面的影响。新古典范式主要是作为现有制度的正当理由。激进分子同马克思、加尔布雷斯和凡勃伦一起哀叹财富和收入的分配，特别是在美国。他们也抛弃了消费者主权的概念。

新左派并没有垄断经济上的激进主义。新奥地利学派（neo-Austrians）在 20 世纪 80 年代初将产生一种真实的世界效应。19 世纪维也纳大学的奥地利经济学家的思想与罗纳德·里根的第一任期的思想之间形成了密切的联系。新奥地利学派与马克思主义者和新马克思主义者一样，对基本原理的坚持有着同样的自觉。新奥地利学派的作品中充斥着"奥地利主义"和新奥地利学派作为"方法论上的被排斥者"的角色。与新古典主义的兄弟们不同，新奥地利学派在袖子上佩戴他们的价值观，故意宣称他们的"奥地利主义"。这似乎是一种呼吁宗教变革的学说。该学说包括对人类行为的分析、企业家思想和资本理论。正是自由市场体系的逻辑必要性吸引了罗纳德·里根。

奥地利经济学始于 1871 年卡尔·门格尔（Carl Menger）的《经济学原理》（*Principles of Economics*）的出版。弗里德里希·冯·维塞尔（Friedrich von Weiser，1851—1914 年）对门格尔观点的提炼和传播点燃了"奥地利传统"之火。路德维希·冯·米塞斯是维塞尔和庞巴维克的一名勤奋的学生，他后来到了英国，之后去了美国。小说家、客观主义创始人艾因·兰德被冯·米塞斯迷住了，并把他推荐给了他的哲学崇拜者。艾因·兰德的《源泉》（*The Fountain-head*）唤起了新奥地利激进个人主义的主题；建筑师霍华德·罗克（Howard Roark）是新奥地利学派为私人财产服务的人类行动理念的缩影。这种心理学或人类行为学为资本和创业理论奠定了基础。

人类行为学是资本主义个人的观点，通过增加选择途径和利用这些途径达到预定目标的能力，使个人在市场上获得最大的满足感。事实上，企业家是判断一切人类行为合理性的标准。毫无疑问，这种极具吸引力的企业家的形象使许多商人摇身一变。企业家就是市场经济中的超人，但只有市场经济才能造就企业家。

企业家与奥地利学派的资本概念紧密相连。在这一点上，庞巴维克（von Böhm-Bawerk）的《资本理论》（*Theory of Capital*）起到了决定性的作用。资本理论包括两个部分：（1）生产需要时间；（2）时间越长，生产率越高。迂回性要求花费在原材料上的劳动时间足够长，以使最终产品的价值更大。迂回性要求企业家在其主观价值实现之前，必须保留最终产品。生产的商品的价值取决于市场，而不是工厂。这是对理性的选择显示性（choice-revealed）市场概念的终极考验。奥地利学派的时间是奥地利等待博弈的重要组成部分。时间与资本是分不开的，它是企业家主观价值的基本源泉。资本是一种思想范畴，它是企业家在生产最终产品时所使用的东西。

新奥地利学派充分利用企业家精神和资本主义作为社会实践的基础，奥地利学派的全部思想包括企业家的合理性和人为约束人类行为的不合理性。资本主义、自由市场和企业家精神的价值观是紧密联系在一起的。

在《窈窕淑女》（*My Fair Lady*）中，各种各样的人在一场突如其来的暴雨中聚集在一起。把不同的后凯恩斯主义人物聚集在一起的"突如其来的暴雨"是

20世纪70年代的滞胀。信仰危机从后凯恩斯主义者延伸到了正统的凯恩斯主义者。后凯恩斯主义者不仅在美国而且在剑桥（英国）和意大利蓬勃发展。在大洋两岸，他们又回到了古典主义对收入分配的关注。美国人专注于货币经济学，而欧洲人则更关注一个古典的实体经济。

一般而言，后凯恩斯主义者已经从许多方面与其他凯恩斯主义者分离开来。他们通过阐明收入分配有助于确定国民收入及其增长来扩展凯恩斯的理论。他们将不完全竞争与古典的定价理论结合起来解释滞胀现象。他们利用收入分配和价格加成来制定新的收入政策。他们恢复了凯恩斯关于不确定性的想法，尤其是在流动性偏好和商业投资方面，并且复苏了凯恩斯认为货币主要是由银行系统作为"内部货币"铸造出来的思想。

在宏观经济学中引入不完全竞争是由马克思主义经济学家米哈尔·卡莱茨基（Michal Kalecki，1899—1972年）提出的，也来自加尔布雷斯、英国剑桥大学的琼·罗宾逊（Joan Robinson，1903—1983年）和宾夕法尼亚大学的西德尼·温特劳布（Sidney Weintraub，1914—1983年）。卡莱茨基和温特劳布的定价观点可以用一个词来概括，即加成（markup）。如果工资由工会管理协议管理，那么收入的余额是由工资的加成提供的，其中大部分是保留利润（利润加折旧）和股利支付。和皮埃罗·斯拉法（Pierro Sraffa）一样，卡莱茨基很少动笔写作，但当他这么做的时候，他的思想是很清晰、很有深度的。

1933年，在凯恩斯写出他的《通论》之前，卡莱茨基就发展了凯恩斯式的就业水平理论。然而，这一理论是由收入分配驱动的，可以用一句谚语来概括："工人花费他们得到的东西；资本家得到他们所花的。"这可能是乔治·萧伯纳（George Bernard Shaw）的戏剧中的一句台词。一方面，如果产出的更大份额用于投资商品，投资部门的就业水平就会更高，国民收入的更大份额将流向资本家。另一方面，如果产出的更大份额用于消费必需品，那么工人在国民收入中所占的份额就会更大。

超过文化生存的收入给生产者留下了需求的楔子和喘息的空间。价格加成填补了这一空白。由于工资是生产所必需的劳动报酬，因此价格加成决定了价格水平，而工资上涨导致价格上涨。由于这可能发生在充分就业不足的情况下，其结果就可能是滞胀。

收入政策被不懈地推行。现实世界的收入政策从自愿性工资和价格指导一直
到约翰·肯尼斯·加尔布雷斯长期倡导的强制性工资和价格管制。肯尼迪、约翰
逊、尼克松、福特和卡特政府以不同的形式和不同的法律效力实施了这些政策。
除了工资和价格指导或控制之外，另一种选择是以税收为基础的收入政策（tax-
based incomes policy，TIP）。

留存收益或预期利润可用于获得银行贷款或发行公司债券，从而为投资品筹
集资金。债务的一部分是银行信贷，构成后凯恩斯主义的"内部货币"。此外，
公司还可以在股票市场上发行新股票，从而为投资进行融资。

货币供应与私人债务一起作为"内部货币"而存在。由于生产成本必须在生
产过程中支付，因此生产者的债务可能会在取得任何销售收入之前发生。贷款活
动的任何增加都可以被货币当局——在美国就是联邦储备系统——的行为所抵
消。然而，贷款产生了存款，带来了贷款，又产生了存款，依此类推。这样，一
个国家货币供应量的变化是由商业活动本身决定的。与货币主义者不同，货币供
给和国民生产总值之间是完全相互作用的。

海曼·明斯基（Hyman Minsky，1919—1996 年）是一位简单明了而坚持不
渝的美国后凯恩斯主义者，与意大利有联系，他把卡莱茨基的加成、留存收益和
内部货币之间的间断与金融脆弱性联系起来。明斯基的投资理论侧重于凯恩斯主
义的不确定性、投机和导致商业周期的日益复杂的金融体系。明斯基将后凯恩斯
主义货币理论扩展到不仅包括信贷，还包括一些特殊的金融投机问题。该体系的
稳定性取决于向借款人提供的足以偿还贷款的利润流。查尔斯·P. 金德尔伯格
（Charles P. Kindleberger，1910—2003 年）将明斯基的理论扩展到了全球经济。

新右派（New Right）在里根政府中有其政治化身。里根主义需要三股强大
力量的汇合。第一股力量是货币主义。第二股力量是新奥地利主义者日益增强的
影响力，以及他们想把企业家从政府中解放出来的愿望。第三股力量是供给派学
者将富人从"过度"税收中解放出来的梦想。罗纳德·里根在 20 世纪 70 年代末
和 80 年代初的新右派崛起期间成长为一名成熟的政治家。新奥地利学派与政治
权力的联系源于 1974 年查尔斯·科赫基金会（Charles Koch Foundation）的成

立，该基金会后来以华盛顿特区的卡托研究所（Cato Institute）的身份存在。部分原因在于设计，但主要是由于错误和偶然，货币主义和里根主义为赌场经济架起了一座桥梁。

里根上台后，美国经济从卡特政府 1980 年的经济衰退中的复苏是不完全的。美联储主席保罗·沃尔克面对的是接近 8% 的失业率，通货膨胀率也居高不下。沃尔克和货币主义被里根援引为摆脱滞胀弊病的一种方式，而这也是影响英国和西欧的一种环境。在这两个孪生的可憎之物中，沃尔克和里根认为通货膨胀是更大的罪恶。里根敦促恢复更加紧缩的货币政策，同时为富人和公司提供供给侧减税政策，所有这些都构成了里根经济学的致命混合物。在供给侧思想背后隐藏着萨伊定律的一种粗浅的版本，即供给创造了自己的需求。

乔治·吉尔德在《财富和贫困》（*Wealth and Poverty*）中拥抱了新奥地利学派的企业家精神的同时，进一步推动了供给经济学，这本书是 1981 年里根总统的白宫工作人员的必读书。吉尔德的信息很直截了当：为了帮助穷人和中产阶级，必须降低富人的税率。一旦摆脱了税收的束缚，企业家们就将扮演他们历史上的英雄角色。尽管国防和刑罚系统的开支增加了，但联邦预算将在 1984 年实现平衡，当年乔治·奥威尔（George Orwell）的"时钟敲了 13 下"。结果，1982—1990 年的减税总额接近 2 万亿美元（以 1985 年美元计），这一数值大致相当于 1960 年的 GDP 总额。到 1992 年，在老布什总统的领导下，对超级富豪的平均减税额已上升至 78 090 美元，他们的平均收入为 675 000 美元。

大减税和平衡预算之间的魔术诀窍是由拉弗曲线提供的。拉弗曲线描述了税率和政府收入之间的关系。在极端税率（0 和 100%）下，将不会有政府收入。在这两者之间的税率会产生不同的政府收入。拉弗曲线是了解里根经济学的罗塞塔石碑（Rosetta Stone）。最初，它是在华盛顿特区的"内部人士"酒吧，为记者裘德·瓦尼斯基（Jude Wanniski）在一张餐巾纸上画的，并在瓦尼斯基的《世界的运作方式》（*The Way the World Works*）中被赋予了明星地位。

在里根经济学的世界里，减税的效果来自相对价格的不断改变，促使决策者以生产性活动代替闲暇。从闲暇和消费向生产性活动的转变将促进经济增长。

结果出现了 1981—1982 年的大衰退。紧缩的货币政策加上不断上升的预算赤字大幅提高了利率。在 1981 年的仲夏，失业率接近 12%，这是自大萧条以来的最高水平。1980—1992 年，国债暴增。换言之，债务在老布什总统任期内持续积累，在 1992 年达到 40 亿美元。新民主党人比尔·克林顿在他的第一个任期内将预算赤字削减了大约 60%，并在 1998 年的某个时候实现了预算平衡，并用盈余搭建了通往 21 世纪的桥梁。

历史充满了讽刺意味。到 1980 年，凯恩斯主义经济学在美国经济学家中的地位处于谷底；接近萧条时刻里根政府极大地改变了这种看法。里根总统和供给学派开始大力支持预算赤字，远远超过许多现代凯恩斯主义者所能接受的数额。随着债务的增加以及债券和股票市场的重要性的提高，里根经济学的一项持久遗产是华尔街在美国社会中的重要性大大上升了。这个社会开始像一个巨大的货币市场基金，其核心职能是投机。1983 年，股票和债券发行额分别为 48 亿美元和 40 亿美元。此后在 80 年代的每一年，净股本发行量都为负数，而公司净债券发行量飙升（一直到 1989 年的大约 300 亿美元）。

债券和股票市场走上主导地位之路的下一步是由垃圾债券之王迈克尔·米尔肯（Michael Milken）开拓的。作为德雷克塞尔公司（Drexel）的一名债券推销员，米尔肯宣扬了一条新的福音：低级别债券的高收益率仅仅反映了在如此高的预期回报下值得承担的风险。低级别债务的唯一问题是缺乏流动性或变成货币的快速可兑换性。米尔肯消除了客户最初对高风险债券的厌恶。他的销售能力解决了"流动性不足"的问题。反过来，垃圾债券市场在 20 世纪 80 年代和 90 年代开创了杠杆收购的新纪元，这一切都是在一个非常宽松的监管环境下鼓励和推动的。

债券-股票泡沫即将破裂。20 世纪 80 年代中期房地产市场的疲软是显而易见的，但 1987 年的股市大崩盘是最引人注目的现象。到 1990 年年中，美国财政部预测有超过 1 000 家储蓄和贷款协会（S&L）——超过 40% 的储蓄——将不得不被政府接管。纳税人的最终损失将是 1 万亿美元，即人均 4 000 美元。联邦监管机构出售的房产总数最终将增加到 100 万套（不包括商业银行收回的数万套房产）。垃圾债券交易商与 S&L "起火"有着密切的联系。

商业银行陷入了困境。1991 年，银行没收了价值 260 亿美元的商业地产，比 1990 年增加了 32%。自 1933 年以来一直为银行存款提供保险的联邦存款保险公司（FDIC）在 1991 年首次破产。这些不是小银行，而是大银行。1987—1991 年，大约有 882 家资产总额为 1 510 亿美元的银行倒闭。曾经被认为太大而不能倒的银行变得太大而无法拯救。当迈克尔·米尔肯于 1990 年 11 月 21 日被判处 10 年徒刑（1993 年以大幅减刑的方式被释放）时，金融业的很多公司都被清算了。

任何"涓滴"的好处都是虚幻的。美国官方贫困率数据在 1979 年下降到 11.7% 和 2 610 万人，但 1988 年回升到 13.1% 和 3 190 万人。同年，每 5 个儿童中就有一个生活在贫困之中。穷人也越来越穷，因为实际收入与贫困线之间的差距从 1973—1979 年的 8.9% 上升到 1979—1988 年的 15.5%。财富不平等的情况甚至更严重。

令人难以置信的是，当里根政府的两期国债或发行在外的财政长期债券的价值飙升到 3.2 万亿美元时，他的减税政策给富有的美国人带来了 2 万亿美元的意外收益。对非常富有的人的税收减免使他们能够购买大约 7 000 亿美元的里根新债券。不仅这些债券——数量庞大——最初是在里根时代创造的，而且购买这些债券的手段也是如此，这种趋势持续到 20 世纪末。最富有的 1% 的财富持有者，即那些超级富豪们，获得了向家庭支付的所有利息的一半。单是复利就创造了新的百万富翁和亿万富翁。到 20 世纪 90 年代末，仍然只有 4% 的家庭直接持有某些债券。20 世纪 80 年代，可支配收入的全部增长超过利息收入份额的增长。赌场经济重新分配和集中了收入与金融财富。

作为当选的总统，比尔·克林顿实际上把白宫的经济政策交给了艾伦·格林斯潘和财政部首脑——这些都是华尔街选择的。格林斯潘是纳撒尼尔·布兰登学院（Nathaniel Branden Institute）的第一批学生，这个"智库"是为了推进艾因·兰德的想法而创立的。格林斯潘是一个激进的右翼组织的一员，他们称自己为兰德的集体，就像以她的小说《源泉》的出版年份命名的 43 班。以下这件事解释了成为世界上最强大官僚的自由市场主义者的讽刺意味：作为中央银行部门的霍华德·罗克（Howard Roark）的格林斯潘是一位孤胆英雄，把华尔街从政府的枷锁中解放出来。格林斯潘从未偏离过他的激进意识形态，尽管作为美联储主席，他没有把它表达得很清晰。

克林顿是一个南方民粹主义者，新民主党人中的一员，他们比旧民主党人更中立，但仍然希望保留富兰克林·罗斯福新政中的社会计划。克林顿曾在公路、机场、桥梁和学校等基础设施领域进行公共投资，但他放弃了这些事项，除非"建设通向 21 世纪的桥梁"被视为一种新的基础设施。

相反，克林顿接受了艾伦·格林斯潘的"金融市场战略"。随着预算赤字得到控制，市场预期将发生变化，长期利率将下降。由于房主越来越多地将再融资用作消费信贷的来源，他们可以购买更多的汽车、家用电器、家居用品和其他消费品。这种借贷和支出将极大地扩张经济。此外，随着债券持有人的债券收益率的降低，他们会把钱转移到股票市场，股票价格会像一群天鹅一样飞升。减少赤字带来的经济增长会增加就业。然而，公共基础设施被牺牲了，以减少预算赤字。

格林斯潘-克林顿联盟的寿命就像一只蝴蝶。1994 年 1 月，格林斯潘告诉克林顿和他的经济顾问，通货膨胀预期正在上升。由于格林斯潘违背了他对总统的承诺，即如果克林顿缩小赤字，他就会降低利率。格林斯潘和他的美联储从格林斯潘与克林顿断绝关系后不久，就提高了联邦基金利率。联邦基金利率迅速连续提高了 7 次。

"金融市场策略"确实创造了美国股票市场历史上最大的牛市。格林斯潘开始担心金融泡沫可能破裂，在 1996 年 12 月的一次讲话中，他对股市可能出现的"非理性繁荣"表示关切。此后，由于无法让股市下跌，美联储通常以一种最不可能引发美国历史上最严重的股市崩盘的方式行事。由于害怕，克林顿总统在他的第三个任期结束前整整半年，就再次任命格林斯潘为美联储主席。

在克林顿总统的第二个任期内，他放弃了对国内经济政策的担忧，把外交政策的成就作为提升他作为美国总统的历史地位的一种方式。他曾与格林斯潘及华尔街对抗，但失败了：进步人士对他向华尔街投降深感失望。克林顿政府主持了在不考虑财政政策的情况下向货币政策历史性转变的最后阶段。里根革命造成了如此多的联邦债务，以至于没有空间利用有意的预算赤字来刺激经济。

　　"里根革命"的完成继续得到了共和党多数派和《华尔街日报》社论版的推动。1997 年，克林顿签署了资本利得和遗产税削减的"涓滴"政策。最富有的 1% 的家庭再次受益最多，每一户少付 1.6 万美元。美国最底层的 20% 家庭的税收平均每年增加 40 美元，第二个 20% 的家庭没有变化，中间 20% 的家庭每年只增加 150 美元。1998 年冬天，当格林斯潘的话还在影响金融市场时，比尔·克林顿这位美国历史上最善于妥协的民主党总统遭到了他所模仿的共和党的弹劾。

　　世纪之交，资产通货紧缩和通货膨胀开始取代商品通货紧缩和通货膨胀，尽管这两种罪恶从未完全消失。资产主要由华尔街的财富持有者所有，形成了我所说的华尔街资本主义和赌场经济。随着衍生产品和自动柜员机（ATM）住房金融的使用增多，房地产市场也出现了两次繁荣和萧条。所有这一切都在第二次世界大战后的第二次大衰退或 2007—2010 年的大衰退时期达到高潮，2010 年是预计的结束时间。

1

失落的悖论：卡尔·马克思

古典学派已经成为正统。就这一点而言，就像政府，甚至经济体制一样，正统有时也会被推翻。然而，革命是一项令人望而生畏的事业；按照定义，社会一般都是站在正统一边的。然而，每一门科学都有其激进的边缘，由那些对正统或社会不满的人组成。到现在为止，人们早已忘记亚当·斯密在他所处的时代是一个激进分子。约翰·斯图亚特·穆勒虽然帮助英国的工会运动获得了认可，并催生了税收改革，但他的《经济学原理》只起到了强化古典正统的作用，继李嘉图和马尔萨斯之后，这已经是一件非常有影响力的事情。

我们必须在其他地方，并且超越穆勒去寻找真正激进的思想，而不是最著名的激进分子卡尔·马克思（1818—1883 年）。约翰·斯图亚特·穆勒的同时代人在古典基础上建立了另一种更完整的体系。尽管马克思主义经济学在英国和美国大部分地区被立即击退，但马克思的思想变得非常有影响力，最终将全球体系划分为资本主义国家和社会主义国家。

马克思这个谜可能从一开始就被误解了。虽然他的第一个职业是作为一名反对普鲁士皇帝的自由主义记者，但马克思在美国和英国声名狼藉，因为约瑟夫·斯大林主张用"马克思主义哲学"来掩护斯大林主义。也许可以预见的是，今天一些最正统的经济学家认为，随着苏联的解体，资本主义的乌托邦从共产主义的灰烬中升起。

马克思和他的灵魂伙伴恩格斯

马克思出生于特里尔（位于普鲁士王国的德国莱茵兰），他的父亲在当地是一名律师，是资产阶级或资本主义中产阶级的一员，因而后来被"马克思主义者"厌恶。他在一种或多或少自由的知识分子氛围中长大，并打算从事学术，但政治事件使这一切变得不可能。于是他转向新闻业，越来越直言不讳地谴责欧洲的政治压迫，为此，他最终被流放到英国，这是正统思想的发源地。马克思的名字总是与弗里德里希·恩格斯（1820—1895 年）联系在一起，恩格斯是一位德国人，是一名终身合伙人，也是一位不太可能的合作者。他们的背景和性格形成了鲜明的对比。恩格斯是更好的作家，而马克思是更深刻的思想家，一个一丝不苟、有点刻板的学者，不太擅长修辞学。

恩格斯是一个中产阶级上层的资本家，相当英俊，体格健壮，身材高大，有一双明亮的蓝眼睛——一个喜欢击剑和带着猎犬骑马的男人形象——他喜欢喝酒和工人阶级妇女，尤其是一个叫玛丽·伯恩斯（Mary Burns）的爱尔兰姑娘。恩格斯天生活泼，对文学和音乐充满热情。他特别喜欢珀西·雪莱（Percy Bysshe Shelley）的诗，因为他抨击了东正教和世俗暴政。尽管大卫·李嘉图对雪莱把商业抨击为"复仇的交易"不感兴趣，但恩格斯可以从雪莱的《麦布女王》（Queen Mab，1813）中得到更多，如：

> 权力，就像一场肆虐的瘟疫，
> 污染了它所触及的一切；而服从
> 是对所有天才、美德、自由、真理的毒害，
> 使人成为奴隶，而人体的框架内是机械的自动化。①

恩格斯读雪莱既是为了欢愉，也是为了痛苦。

恩格斯和马克思之间的反差实在太大了。马克思的头太大了，不适合他矮小、粗壮的身材，下垂的胡须和严肃的神情。他粗声粗气，懒散，总是沉默寡言。他的家庭生活几乎是一片肮脏、混乱和贫困的景象。恩格斯从 1848 年开始资助马克思的家庭。

---

① Percy Bysshe Shelley, "Queen Mab," in George Edward Woodberry, editor, *The Complete Poetical Works of Shelley*, Boston: Houghton Mifflin, Cambridge edition, 1901.

然而，这两个人有一个共同点：对现状的厌恶和对现状必须改变的强烈信念。恩格斯的父亲把他派到英国曼彻斯特，在家族的纺织企业，即厄曼与恩格斯公司（Ermen and Engels）工作。恩格斯已经皈依了社会主义理论，而他在曼彻斯特看到的情况也证实了他的信念。他写了一本也许仍然是有史以来对工业贫民窟最强烈的控诉的书，这是对无可救药的污秽、绝望和残暴的惊人描述。

在恩格斯 1844 年的记述中，读者可以想象出穷人的墓地、利物浦和利兹火车站，以及高高的山顶上的济贫院，或曼彻斯特的"济贫巴士底狱"，这就像曼彻斯特的大多数工人宿舍一样：

> 养猪人把院子租下来，在那里盖起猪圈……院里的居民把一切废弃物和脏东西都往里扔，结果猪是养肥了，而这些四面都有建筑物堵住的大杂院里的本来就不新鲜的空气却由于动植物的腐烂而完全变坏了。①

恩格斯和查尔斯·狄更斯（Charles Dickens）有着相同的信息来源——工厂内外的实际社会状况。恩格斯和狄更斯一样，也发现了阶级的区别，即封建主义的家长作风已经被工厂所有者的家长作风所取代。狄更斯描述了工人斯蒂芬·布莱克浦（Stephen Blackpool）和他的雇主约西亚·庞得贝（Josiah Bounderby）之间的关系："斯蒂芬形容憔悴，精疲力竭，从闷热的工厂里走出来，到了凄风冷雨的街上……他离开了本阶级的人们与自己的岗位，只带一点儿面包走向他的雇主住的山上……"

庞得贝先生的午餐并不只是一片面包，而是"排骨和雪利酒"。庞得贝拿了一些雪利酒，但没有给他的这位雇员，他盛气凌人地说："你从来没找过我们麻烦，你从来不是那种不讲理的人。你并不像他们那许多人，希望坐六匹马的车子，用金调羹喝甲鱼汤，吃鹿肉……"②

---

① Friedrich Engels, "Working-Class Manchester," extract from *The Condition of the Working Class in England in 1844*, in Robert C. Tucker, editor, *The Marx-Engels Reader*, 2nd Ed., New York: W. W. Norton & Company, 1978, p. 583.

② Charles Dickens, *Hard Times*, introduction by G. K. Chesterton, New York: E. P. Dutton, 1966, pp. 68 - 69.

　　恩格斯目睹了怀孕的劳动妇女中许多人最终成为妓女，孩子们在五六岁时进入工厂（甚至连狄更斯也直到 12 岁才被送到工厂工作），整天在工厂里工作的母亲很少照顾他们，也没有受到社区的教育，只能做简单、重复的机械操作。马克思阅读并欣赏恩格斯的著作，他们的合作开始了，最出名的是 1848 年所写的《共产党宣言》。

　　由于马克思的这一著作和他自己的戏剧性行动，马克思更多地被称为革命家而不是古典经济学家。毕竟，在 1848 年，说出这些需要勇气："让统治阶级在共产主义革命面前发抖吧。无产者在这个革命中失去的只是锁链。他们获得的将是整个世界。"普鲁士仍然相信国王的神圣权利，没有议会，没有言论自由，没有集会权，没有新闻自由，也没有陪审团审判。这种专制统治了欧洲大部分的强权国家。

　　《共产党宣言》是 1848 年欧洲革命热情的一部分。这部作品有着悠久的历史，但它的第一个也是最直接的影响是马克思自己的命运：他被驱逐出比利时，而他本来一直生活在那里。第二天，一场期待已久的革命在巴黎爆发了。法国新政府邀请马克思来到教区。其他大城市——那不勒斯、米兰、罗马、威尼斯、柏林、维也纳、布达佩斯——也都发生了叛乱。这一时刻，欧洲正如火如荼地燃烧着。

　　但这只是暂时的。到了 1848 年 6 月，巴黎起义几乎结束了，因为国民警卫队占了上风。旧秩序的冷水被扔到了整个欧洲的革命火堆上，把火扑灭了。1849 年 7 月，马克思被普鲁士政府驱逐出莱茵兰。然后马克思去了伦敦，在那里生活，直到 1883 年去世。马克思的著名革命行动只在他的生命中占据了很短的一段时间。

黑格尔的影响

　　马克思的革命异议始于他第一次遇到哲学家黑格尔。黑格尔的哲学几乎难以理解，但它与马克思主义的关系至少是相当清楚的。

　　在黑格尔看来，与笛卡儿和理性主义相反，物质和思想是交织在一起的。经济、社会和政治生活是一个不断发展的过程。任何一种社会制度获得权力后都会受到另一种制度的挑战。黑格尔用辩证法解释了这个过程：一个事实（正题）与另一个事实（反题）相对，产生了一个全新的事实（合题）。例如封建主义（正题）遇到了一股新势力，即市场经济（反题），这一遭遇的结果是一种全新的制度——资本主义（合题）。正确地理解，历史是一个辩证的进步过程。

然而，人类走向自我实现的过程并不是一帆风顺的，因为自我异化是有可能发生的。从某种意义上说，马克思把黑格尔颠倒了过来。马克思没有把人看作自我异化的人，而是把有组织的宗教看作自我异化的人的反映。正如罗伯特·塔克（Robert C. Tucker）所解释的马克思的观点："宗教是一种人类自我异化的现象"①，这一立场使得马克思在基督教世界中不受欢迎。马克思本人可能对他的制度应该能够解放的广大人民没有太多感性的认识，这与查尔斯·狄更斯不同，狄更斯既实践了仁爱，又把它写了出来。但是，马克思确实认为，人类通过承认自己是爱、关怀和崇拜的适当对象来克服异化。

马克思致力于理性，认为历史的进程是整个社会制度从低级（奴隶制）到更高级（民主和社会主义）形式的演变。马克思没有描述个人在自然规律下的斗争，而是描述了阶级斗争：一个集团推翻了另一个集团，从而决定了哪个经济制度将占上风。地主在封建主义下获胜（李嘉图理解得很清楚），商人在重商主义下获胜，资本家在资本主义下获胜，以及共产主义或社会主义下的每一个人（马克思和恩格斯或多或少地交替使用这两个术语）都获胜了。有组织的宗教等制度减缓了从低级到高级社会秩序的发展，通过摧毁它们可以加快历史进程。

经济异化之痛

马克思在人与政府的关系中看到了一个异化的过程，这与他在宗教中所看到的过程相似。人类将社会权力抛到了一条独立的轨道上，国家主宰着他们。然

---

① Robert C. Tucker, ed., *The Marx-Engels Reader*, New York: W. W. Norton & Co., 1972, p. xix.

而，政治异化是一种制度现实，它的解决需要一场实际的社会革命，即公民收回曾经被扔给国家的社会权力的集体行动。

国家与社会的经济生活交织在一起，有时是无法区分的，而经济生活又是人类自我异化的另一个领域。根据马克思的说法，人们由于对为市场生产越来越多商品的盲目投入而未能充分发挥其作为人的潜力。最终，驱使人们积累利润的"动物精神"将被暴露为仅是人类发展的一个较低的阶段。

由于资本主义经济发展阶段所造成的异化程度，以及模糊自我实现，当中产阶级或资产阶级占上风之时，一切封建宗法、田园诗关系都随之结束。

> 它无情地斩断了把人们束缚于天然尊长的形形色色的封建羁绊，它使人和人之间除了赤裸裸的利害关系，除了冷酷无情的"现金交易"，就再也没有任何别的联系了。它把宗教虔诚、骑士热忱、小市民伤感这些情感带来的天堂般的狂喜淹没在利己主义打算的冰水之中。它把人的尊严变成了交换价值……①

马克思和恩格斯描绘了 19 世纪资本主义的一幅确定的当代照，这是人类个人利益的延伸，是人类所不喜欢的一个历史阶段，而不是文明的顶峰。根据马克思和恩格斯的说法，人类自我发展的过程将在共产主义中达到顶峰。

马克思经济学体系

亚当·斯密对一种持久的工业主义感到欣喜若狂，大卫·李嘉图因为地主的政治力量而担心它过早死亡，而马克思则认为资本主义只是一种必然的邪恶，将被一种不存在私人财产的更高级状态所取代。

马克思虽然同意李嘉图关于商品生产所需的劳动时间量决定商品价值的观点，但他对劳动价值理论的贡献是完整的。此外，对于马克思来说，商品的劳动

---

① Karl Marx and Friedrich Engels, "The Communist Manifesto," in Max Eastman, editor, *Capital, the Communist Manifesto, and Other Writings*, New York: Random House, 1932, p. 315.

价值与其交换价值之间存在差异。

任何商品的劳动价值都等于生产它所需的平均劳动时间。资本家为劳动付出了代价——把劳动力当作另一种商品——一种足以维持工人生存、工作并能够再生产这种商品的维持生计的工资。因此，这一工资率像一种商品，相当于一天的劳动力。马克思用不同的方式（有时是文化上的）定义了维持生计的工资。

但是资本家通过使用资本（机器）生产商品来定义自己，因此目前的劳动将产生高于其自身价值的某种商品价值，这是一种超过其劳动价值的交换价值。马克思将这两者之间的差异称为剩余价值，即所有者利润的来源。从今天的经济学角度来看，这种剩余将是租金、利息和利润的总和。

劳动的剩余价值：绝对与相对

在其他大多数古典经济学家的理论中，是让那些吝啬的资本家通过辛勤劳动和节俭努力积累金融资本来购买工厂及其机械。马克思否定了工厂老板隐含的高度伦理性质，认为劳动价值本身生产机器和工厂。

他区分了绝对剩余价值和相对剩余价值。前者是一天中创造的新价值与劳动力价值相比的超额量，只能通过延长工作日（唤起人们对 12 小时工作日的回忆）而扩大。后者产生于技术进步，减少了生产一种产品所需的劳动时间，并使工人具有更高的专业化程度。

相对剩余价值绝对是道德败坏的，因为它是资本积累背后的动机。对制造商来说，这是值得钦佩和索取的。资本越多，技术水平越高，劳动力的产出就越大，利润势必也就越大。对一个市场体系来说，其相对剩余价值可能是通过交换而产生的，从而激发了对资本的获取。对私人财产的原始的、后封建主义的正当理由来源于这种积累资本的欲望，从而不懈地通过市场交换增加利润。在马克思看来，对财富的贪婪和对交换价值的无限追求推动了资本的积累。

马克思还抛弃了资本是少数人通过节俭积累的财产这种浪漫的观念。他指出：

> 这种原始积累在政治经济学中所起的作用，同原罪在神学中所起的作用
> 几乎是一样的。亚当吃了苹果，人类就有罪了。人们在解释这种原始积累的

起源的时候，就像在谈过去的奇闻逸事。在很久很久以前有两种人：一种是勤劳的、聪明的，而且首先是节俭的中坚人物；另一种是懒惰的、耗尽了自己的一切，甚至耗费过了头的无赖汉……第一种人积累财富，而第二种人最后除了自己的皮以外没有可出卖的东西。大多数人的贫穷和少数人的富有就是从这种原罪开始的；前者无论怎样劳动，除了自己本身以外仍然没有可出卖的东西，而后者虽然早就不再劳动，但他们的财富不断增加。为了保护财产，每天都向我们宣扬这种平淡的幼稚观点。①

就连马克思也有文学化的时刻。②

垄断资本的开始

马克思设想了改变技术，增加竞争，创造越来越少且越来越大的公司的情形。在较高的技术水平下，将需要更大的工厂和更多的资本来生产。竞争允许强者同时支配弱者和不太强者，这最终导致了垄断。垄断资本意味着大量财富集中在少数人手中，这些人可以在不太重视消费者的情况下为商品定价。因此，作为消费者的劳动者无法获得亚当·斯密设想的利益。

在英国，大头针制造业的发展几乎不以工业集中度而闻名，这很好地说明了马克思对工厂系统的预期。大头针，像铁一样，在过去的两个世纪里变化不大。然而，工业中的技术和密度已经发生了很大的变化。

在 18 世纪中叶，制针基本上是一种家庭手工业，大量的生产发生在济贫院里。机器生产对劳动力的取代改变了行业的结构。制针机结合了许多单独的操作，由此产生了斯密式分工带来的好处（斯密也承认发明机器来代替劳动的积极作用）。随着时间的推移，这些机器的速度已经提高了——从 1830 年的每分钟生产 45 枚针增加到 1900 年的每分钟生产 180 枚针和 1980 年的每分钟生产 500 枚针。而亚当·斯密在 1776 年的描写是每个人每天生产 4 800 枚针，200 年后，英国每名工人的日产量估计为 80 万枚针——生产率增长了 165.67 倍！

---

① Karl Marx, *Capital*, Moscow: Foreign Language Publishing House, 1961, Vol. 1, pp. 713 – 714.

② 或许我们正在阅读恩格斯所编辑的文字。

有人在乎这个故事吗？直截了当地说，这很简单：在工业革命期间，机器越来越多地取代了劳动力，而这样的机器的成本构成了进入壁垒，自然导致了每个行业的企业减少，也就是产业集中。截至 1900 年，仅伯明翰就有 50 家制针工厂，但到了 1939 年，整个英国制针工厂的数量减少到大约 12 家，到了 1980 年，就只有两家了：纽威集团（Newey Group）在伯明翰有一家制针工厂，怀特克洛夫特·斯科韦尔（Whitecroft Scovill）在格洛斯特郡（Gloucestershire）有一家工厂。今天，英国的专业化水平几乎达到了单一工厂的极限。[①]

工人的异化

在马克思著名的贫困积累学说（doctrine of increasing misery）中，与资本家改善的条件相比，劳动条件更差。当相当数量的工人变得不能容忍时，他们就会在一场社会和经济革命中反对资本家。这一学说的背后是异化劳动的理论，其中资本主义异化工人，使工人丧失人性。

为什么劳动会被异化？第一，工人控制不了产品的性质，而是产品控制了他们，支配他们的劳动。第二，工厂工人不是为自己工作，而是为他们的雇主工作。工人所获得的任何福利都必须在他们的闲暇时间消费；工作没有直接的满足感。此外，在曼彻斯特和其他地方，工人们的家中充斥着垃圾和污秽。

异化在市场交换体系中的发展有多种原因。马克思和斯密都认为，越来越精细的劳动分工将提高生产力，而且正如斯密所说："他的一生都在从事一些简单的操作……一般情况下，人类生物会变得愚蠢和无知。"马克思总结说，劳动分工的专业化是邪恶的，这不仅是因为单调，而且是因为它使工人脱离了他们的同事和最终的产品。资本主义是不人道的。

即使资本积累导致更高的工资，工资也不会跟上利润的步伐。收入可能足以避免饥饿，但随着相对收入差距的不断扩大，社会不满情绪将开始激化。工作不能提高需求的满足感，它只是满足外部需求的一种手段。用马克思的话说就是：

---

① 这些数据来自一篇小文章：Clifford F. Pratten, "The Manufacture of Pins," *Journal of Economic Literature*，18(1)，93-96(March 1980)。

那么，劳动的异化表现在什么地方呢？首先，劳动对工人来说是外在的东西，也就是说，不属于他的本质的东西；因此，他在自己的劳动中不是肯定自己，而是否定自己，不是感到幸福，而是感到不幸，不是自由地发挥自己的体力和智力，而是使自己的肉体受折磨，精神遭摧残。因此，工人只有在劳动之外才感到自在，而在劳动中则感到不自在，他在不劳动时觉得舒畅，而在劳动时就觉得不舒畅。[1]

工人不再是工匠，而是一个新工业过程的仆人。即使是"主人"这个词，意思也是一种手工艺的主人，是指一个人是别人的主人。

因此，工人和雇主是两极分化的。在垄断的情况下，越来越多的国民财富通过工人的双手堆积在资本家的脚下。亚当·斯密只是厌恶垄断，而马克思认为这是不可避免的。此外，工人对工作的态度本身也是冲突的潜在因素。

当工人开始把他们的劳动视为苦役时，他们就失去了来自多样化的乐趣。在工业革命期间，从直接手工生产——就像今天在某些工艺和艺术中那样——到一种需要日常操作的生产系统，劳动力发生了巨大变化。事实上，工会在英国工会运动初期对工人没有吸引力的一个原因是，许多工人认为，加入工会意味着默许一个令人讨厌的工厂制度。

商业周期

马克思从垄断资本的废墟中建立了第一个成熟的繁荣和萧条交替的商业周期模型。马克思看到资本主义的连续萧条日益严重，工人们最终会反抗，推翻资本主义，建设社会主义经济。正如马克思所说："资本主义私有制的丧钟就要敲响了。剥夺者就要被剥夺了。"[2] 他的商业周期理论是技术性的，我们只能在这里概括一下。

工业革命开始于农业和家庭中寻求在工厂就业的工人的过剩。工人的过剩使工厂老板将工资率设在维持生计的水平（李嘉图的工资铁律），但随着工业的发

---

[1]　Karl Marx, *Economic and Philosophic Manuscripts of 1844*, Moscow: Progress Publishers, 1959, p. 69.

[2]　Karl Marx, *Capital*, *op. cit.*, p. 763.

展，对劳动力的需求增加，直到实现充分就业。在劳动力需求和就业水平较高的情况下，资本所有者不得不支付越来越高的工资，为他们的工厂找到足够的工人。

节省劳动力的机器被证明是天赐之物：有了它，可以用更少的工人生产同样数量的大头针。高工资的问题可以通过使用机器来暂时解决，即今天所称的技术上的失业。马克思认为这样的失业人数足以被称为"工业后备军"（industrial reserve army）。

到目前为止，对资本家来说还不错。但是，在这个过程中的某一点之后，资本家开始自食其果。新的节省劳动力的机器和不断飙升的生产力使市场上充斥着额外的商品，而工人的收入却受到同样的机器的限制。收入的降低意味着消费需求的下降。

随着销售收入的下降，生产商停止了增加资本存量的计划，现在生产的商品超过了可以出售的数量。即使是在今天，经济学家们也把资本商品行业的下滑视为经济衰退的预兆。这种下降最终导致了失业、工资总额下降和国民收入下降。到目前为止，马克思已经预见了凯恩斯关于总需求不足的理论，而后者提出得更晚。

与凯恩斯相反，并且与新古典主义一致的是，马克思认为从这些周期性衰退中复苏是自动的。然而，经济复苏并不能保证资本的生存。而且，复苏的原因与新古典主义所支持的不同。幸存的大企业吞并了倒闭的小企业，恢复了利润，但这种周期变得越来越脆弱。每一次商业周期进入衰退阶段，它就会衰退得更深。相比它之后的革命失败，20 世纪 30 年代的大萧条应该不会使马克思感到更加惊讶。

马克思的视野

在 20 世纪 30 年代的大萧条时期，许多人对资本主义的灭亡做出了过早的预测，而美国的共产党赢得了一些支持者，甚至包括一些好莱坞明星，正如罗纳德·里根所承认的那样。但是，到第二次世界大战结束时，美国的混合企业制度只与马克思所攻击的那种资本主义相似。

一方面，在与苏联集团和其他共产主义国家的冷战和热战期间，国防开支上升。具有讽刺意味的是，苏联可能对美国经济的更快速增长负有责任。另一方面，政府经常代表资本家和工人进行干预。马克思正确地把政府视为财产权的执行者和企业家经济权力的保护者。例如，最低资本利得税以及很低或可避免的遗产税成为保护私有财产的措施。马克思认为，政府甚至会发动战争，扩大产品市场的规模，为有利可图的商业提供公路、铁路和运河。尽管马克思喜欢从书本中获取信息，但他并不天真。

《共产党宣言》发表于 1848 年，与约翰·斯图亚特·穆勒的《政治经济学原理》的出版是同一年，但 19 世纪 60 年代和 19 世纪 70 年代经济状况的改善使马克思的激进思想保持秘密发展，帮助了英国主流经济学正在兴起的乐观情绪，并促进了约翰·斯图亚特·穆勒温和的改革建议。在 1862—1875 年，英国的实际工资提高了 40%。马克思更详细地预见了资本主义的演变，但他低估了改革后的资本主义的弹性和爱国精神吸引劳动力的有效性。他也没有预料到工人阶级对资本主义生活方式的渴望。马克思想要推翻的体制现在只是残存的，因此反对工业革命的可能性已经减小了。如果美国经济现在被马克思主义经济取代，被推翻的就不是纯粹的资本主义：人们不能推翻不存在的东西。

2

反传统者：桑斯坦·凡勃伦

在维多利亚时代，英国人不仅主导了经济思想，而且在世界经济中占有很高的地位。尽管如此，在许多方面，美国都是与众不同的；它是"美国梦"的发源地。此外，这一梦想还是源于18世纪从一个善良、和谐的宇宙的信仰中获得了很强烈的乐观情绪。正如我们在第一卷中所看到的那样，这一理念得到了艾萨克·牛顿最令人难忘的科学表述、约翰·洛克的政治表述，以及亚当·斯密和阿尔弗雷德·马歇尔的经济表述。

此外，英国清教徒是北美最早的移民之一，这是新教伦理的一片沃土。加尔文主义和清教主义的主要经济主旨是容忍和鼓励财富的积累，这既是道德上的，也是谨慎的，同时还是从事斯密和上帝工作的一种方式。新教伦理不仅促成了欧洲和美国资本主义的崛起，同时节俭、勤劳的新教徒通过赚钱和省钱，也确保了他们自己的救赎。

到19世纪中叶，工业革命已经从欧洲蔓延到美国，新教伦理与美国梦在这里的结合产生了一些丰富多彩的特征。在马克·吐温定义的镀金时代（1870—1910年），美国梦转向了物质主义。我们先总结美国工业革命对经济的影响，然后讨论强大而有趣的桑斯坦·凡勃伦对镀金时代做出的讽刺性反应。

当然，正统观点将支持不断发展的现状。然而，马歇尔正统主义和社会达尔文主义将不得不与凡勃伦及唯一独特的美国经济学派的制度主义者分享这一领域。事实上，有些人会说，在20世纪20年代的美国，制度主义者与新古典主义者一样，在大学内外都有影响力。正如约瑟夫·熊彼特所说，他们属于新古典经济学中"更聪明的知识分子"，对于新古典经济学"彻底厌恶了"。首先，让我们注意到银行家和实业家可以从中获得精神力量的独特的美国视角。

正如第一卷所指出的，霍雷肖·阿尔杰的故事向新教伦理中注入了牛顿科学中的一种元素，即有回报的宇宙的观念。如果好人变得富有，那么人们就会认为富人是好的。阿尔杰故事中的物质成功来源于一种奇怪的设计和机会的混合。继承只属于"值得"的人，它的向上流动是由他们热切的愿望所保证的。阿尔杰的故事以最肤浅的方式体现了美国人的乐观。然而，这些故事背后的基本价值——大自然最有智慧——是深奥的。这种对自然之神的认同——赐予值得的穷人好运，以及财富中的善良——从来没有被完全抛弃；事实上，它至今仍是许多电视布道和政治姿态中的一个重要元素。

与以往一样，如果只有极少数人变得极其富有和强大，那么仅靠男孩和宗教的故事就无法净化他们的罪孽。正如《旧约》本身所告诫的那样，美德并不总是会得到回报："……快跑的未必能赢，力战的未必得胜，智慧的未必得粮食，明哲的未必得赀财，灵巧的未必得喜悦。所临到众人的，是在乎当时的机会。"因此，美国新的工业领袖们把目光投向了艾萨克·牛顿和大自然，因为正如第一卷所指出的，牛顿的科学方法被三位极具影响力的维多利亚时代的人物采用了：生物学家查尔斯·达尔文、哲学家赫伯特·斯宾塞和社会学家-经济学家威廉·格雷厄姆·萨姆纳。但是，首先到来的是革命。

虽然美国 1815—1860 年实现了持续的工业化，但经济发展是从 1840 年加速到 1860 年。然后内战（1861—1865 年）打乱了许多正在增长的工业的发展步伐，特别是在南部地区，在 19 世纪 60 年代的 10 年里，南方的人均商品产量出现了负增长。[①] 战争结束后，当斯嘉丽（Scarlet）回到塔拉（Tara）时，一切都不一样了，甚至白瑞德（Rhett Butler）也是如此。

美国工业革命大概在 1840 年，或者确定在内战之前就已经开始了。在此后的半个世纪里，人均国民生产总值的年均增长率大约为 2%。到了 19 世纪 80 年代，全国制造业的年均价值终于超过了农业。19 世纪上半叶在英国发生的事情

---

① 参见 Stanley Engerman，"The Economic Impact of the Civil War," reprinted in Robert Fogel and Stanley Engerman，editors，*The Reinterpretation of American Economic History*，New York：Harper & Row，1971，pp. 371 - 372。

发生于 19 世纪下半叶的美国。这被称为第二次工业革命。

与此同时，新古典主义者在自己的地盘上发现，到 1870 年，英国的经济状况也发生了很大的变化。随着美国、法国和德意志邦联持续走向工业化，英国的相对优势开始减弱，而不仅仅是从其棉布产业开始。到 19 世纪最后 10 年，英国仍然是一个工业化大国，但已不再是领导者。更糟糕的是，工业化世界经历了一场长期的萧条，这损害了维多利亚时代的繁荣（1873—1878 年）。

世纪之交是英国工党诞生的标志性时刻。然而，英国和美国的劳工运动都进行得很艰难，直到第一次世界大战时出现劳动力短缺。广大公众如此强烈地反感劳动，这在很大程度上是由于对社会达尔文主义原则的广泛接受。

无论是在英国还是在美国，那些专注于诚实生产更多、更便宜的产品的企业家，都与那些热衷于通过肆无忌惮的手段为无良目的赚钱的企业家形成了鲜明的对比。不巧的是，大型工业所需的金融资本数量使得企业有必要向私人银行和资本市场寻求资金。渐渐地，工商企业的财务控制与生产的手段之间出现了分离。股份公司——被亚当·斯密自己如此诋毁——使人们能够通过持有普通股拥有公司，而不参与生产或管理。

更糟糕的是，竞争变得过于激烈，不利于自身生存。对于大型商业企业来说，竞争变得过时了，因为在工厂和设备上的投资太高，以至于无法通过信任使竞争作为一种优雅的均衡行为的市场机制运作来获得成功。然而，从 1863 年到 1893 年去世之前都担任中央太平洋铁路（Central Pacific Railroad）公司总裁的阿马萨·利兰德·斯坦福（Amasa Leland Stanford）在 1878 年度股东报告中写道："政府和国家试图控制你的事务的努力是没有充分理由的。这是一个权力问题，由你来决定权力的归属符合你的利益。"然而，假想的竞争仍然植根于商业意识形态，导致政府对商业行为几乎没有监管。此外，所有权和生产的分离为不负责任的金融操纵打开了大门。尽管如此，斯坦福的自由放任主义仍然被虚伪所玷污；他在发表声明的时候，正从一家用政府资金修建铁路的建筑公司那里获得利润。

正是那个伟大的投机者杰伊·古尔德迫使宾夕法尼亚铁路公司放弃与其他路线的合作战略，建立这个国家的第一个跨地区铁路帝国。古尔德、丹尼尔·德鲁

(Daniel Drew) 和吉姆·菲斯克（Jim Fisk）早在 1868 年就采取了巧妙但非法的策略，以阻止一年前控制纽约中央铁路的科尼利厄斯·范德比尔特（Cornelius Vanderbilt）接管伊利线路。古尔德成为伊利铁路公司的总裁和最大的股东。尽管他不择手段，但古尔德当时仍未能建立起一个全国性的体系。1869 年 10 月，在古尔德试图垄断黄金市场的过程中，他失去了压制范德比尔特的财务杠杆。

但古尔德并没有完蛋。他开始了一次铁路合并的冒险，这让他早期的尝试显得很温和。1873 年的萧条让联合太平洋公司（与太平洋中部公司一起，是第一条横贯大陆的铁路）的股票价格处于较低的水平。古尔德开始购买它，到 1874 年春天，他控制了视线所及的所有铁路；很快，古尔德控制了 15 854 英里的里程，或占美国总量的 15%。

铁路和重工业的兴起，以及银行业的惊人扩张增加了家族的财富，而这些家族的名字已成为财富集中和权力的代名词。其中最突出的是摩根的名字。

这家后来被称作 J. P. 摩根的公司于 1838 年在伦敦成立，1856 年被朱尼乌斯·摩根（Junius Morgan）收购。摩根家族在华尔街 23 号（恰恰坐落于纽约证券交易所和联邦大厅旁边）主持美国金融业务。朱尼乌斯的儿子约翰·皮尔庞特·摩根（J. P. Morgan，Sr.，又名皮尔庞特，1837—1913 年）和孙子小约翰·皮尔庞特·摩根（J. P. Morgan，Jr.，又名杰克，1867—1943 年）增加了该公司的财富，扩大了其影响力。这两个 J. P. 摩根经常让公众感到困惑，这不仅是因为他们相似的外表——球状的鼻子、梨形的身体和秃头——而且是因为他们同样的冷酷无情。皮尔庞特为安德鲁·卡内基的钢铁公司和其他数百家公司发行了债券，使这些公司处于他的控制之下。随着美国钢铁公司（United States Steel Corporation）的成立，这个国家一半的钢铁生产依赖于一位银行家的决定。皮尔庞特的竞争是如此残酷，以至于到 1901 年，美国钢铁公司似乎会成为一个垄断公司。

强盗大亨这个词不应该被轻率地使用。在中世纪，强盗大亨是一位封建领主，他掠夺并盗取了通过他的领地的人。这个词在 19 世纪末被"复活"，用来形容那些控制美国工业的相对较少的商人。所有这些人都在 1860—1870 年庆祝他们的 25 岁生日，这意味着他们的成人态度和行为出现在内战前后的几年里。同时，他们至少解决了战争带来的一个问题：大规模生产和大规模生产的必要性。

重新审视社会达尔文主义者

社会达尔文主义是随着强盗大亨的成熟而发展起来的。社会学的新学科及其英国创始人赫伯特·斯宾塞（1820—1903 年）以及宗教都与它有很大关系。除了掌握大规模生产之外，强盗大亨们还有另外一个共同点：至少有 7 人经常去教堂做礼拜，6 人积极参与教堂事务。J. P. 摩根可能是新教圣公会中最杰出的在俗教徒（layman），1900 年在纽约市的 75 位千万富翁中，约有一半是他的领受圣餐者（communicant）。[①] 洛克菲勒（Rockefeller）兄弟则是著名的浸信会教徒。

一些强盗大亨，如 J. P. 摩根，在华盛顿和各州首府都有大量的资金用于购买选票。他们通过股票掺水业务赚取过高的利润，在证券交易所欺骗公众。尽管如此，但他们都完全希望，在耶稣再次降临之际，自己会在现场被认出来。

这些人不是纯粹的伪君子。加尔文主义和清教主义在适应物质财富的积累和虔诚的精神生活方面几乎没有什么困难。同样，皮尔庞特·摩根（Pierpont Morgan）和 E. H. 哈里曼（E. H. Harriman）不负责任地争夺一条铁路的控制权，引发了一场金融恐慌；但他们虔诚地做礼拜。洛克菲勒无情地将竞争对手赶出市场，但他与欧几里得大道浸信会教堂主日学校的学童一起唱赞美诗。当时美国最知名的牧师亨利·沃德·比彻（Henry Ward Beecher）和其他人一起在他们的讲道里传授富裕之善，但他们向摩根、哈里曼和洛克菲勒的唱诗班宣讲。

这也是两个主要政党在政治上正确的立场。1876 年的民主党总统候选人塞缪尔·J. 蒂尔登（Samuel J. Tilden）在第二年为朱尼乌斯·摩根举行的一场答谢晚宴上，给这个信条赋予了世俗的实质内容：

毫无疑问，你们在某种程度上坚持着为你们自己工作的错觉，但我很高兴地宣称你是为公众工作的。［掌声］当你在谋划自己的自私目的时，有一

---

① Frederick Lewis Allen, *The Lords of Creation*，New York and London：Harper & Brothers，1935，p. 87.

种压倒一切和明智的天意，指示你所做的最重要的事情都是为了人民的利益。拥有巨额财富的人们实际上都是公众的受托人。[1]

摩根的一位合伙人亨利·P. 戴维森（Henry P. Davison）可以告诉一个调查垄断的参议院委员会：“如果在实践中这是错误的，它就无法存在下去。……事情会自我纠正的。”[2]

如果这是市场均衡，它肯定远离了强大的竞争力量。毫无疑问，新古典主义者并不指望自由放任会把强盗大亨留给他们。如果有任何力量能够“静止不动”或处于均衡状态，那就是卡内基、摩根和洛克菲勒等家族的势力，他们经营铁路、钢铁厂和银行。但是，这些行动是以垄断做法为基础的。

虽然霍雷肖·阿尔杰的主角们可以在小说中实现进入社会顶层的美国梦，但社会达尔文主义者的学说会保留一个社会过程，确保这种成功实际上是罕见的。旨在提高成功概率以及允许一些“不适合”的人上升的社会计划是令人反感的。

英国人赫伯特·斯宾塞解决了达尔文主义对许多基督徒造成的真正的宗教危机。诺亚·波特（Noah Porter，1811—1892 年）是桑斯坦·凡勃伦在耶鲁大学担任教职期间的校长，也是一位公理会牧师。他在 1877 年向进化力量投降，在一次演讲中他指出：“这个在一个角落的博物馆的发现（其中包含了证明进化的证据）和在另一个角落的学院教堂的教义并没有不一致。”[3] 因此，宗教能够容纳科学，尽管许多人反感那种认为人类是从类人猿进化而来的想法。

亨利·沃德·比彻表示，他希望在天堂见到赫伯特·斯宾塞。更棒的是，斯宾塞的书卖了几十万册，1882 年他在纽约受到的欢迎会让奥普拉的媒体经纪人羡慕不已。

尽管有一代的学者热衷于追随斯宾塞，但其中最著名的美国人是威廉·格雷

[1]　引自 *Tribune*，November 9，1877。也引自 Lewis Cory，*The House of Morgan*，New York：Harper & Brothers，1930，p. 80。

[2]　引自 Fritz Redlich，*Steeped in Two Cultures*，New York and Evanston，Ill.：Harper & Row，1971，p. 44。

[3]　Charles Schuchert and Clara Mae LeVene，*O. C. Marsh*，*Pioneer in Paleontology*，New Haven：Yale University Press，1940，p. 247.

厄姆·萨姆纳（1840—1910 年）。他通过巧妙地把牛顿、上帝和生物学都放在新古典经济学的一边，汇集了西方资本主义文化的三大传统——新教伦理、古典经济学和达尔文自然选择，弥合了中世纪中期的经济伦理与 19 世纪的科学之间的距离。

达尔文学说的其他阐释者从动物斗争和人类竞争之间的直接类比中退缩了，但萨姆纳认为经济竞争是动物生存的一种令人钦佩的反映。在这场斗争中，人们从自然选择到社会选择更适合的人，从"具有较强适应性的有机形态到具有更多经济美德的公民"①。这个选择过程依赖于不受限制的竞争，萨姆纳把这种竞争比作自然规律，和重力一样不可避免及必要。

对于萨姆纳而言，他担心在竞争过程中的收入分配可能会因投票的部分再分配而受到损害，这种担心被用来支持反对累进所得税的论点。由于资本是通过自我否定积累起来的，它的占有证明积累者的优势已经得到了保障。资本家变得有德行了，而浪荡的工人则是罪人。以比穷人更高的税率向富人征税，将会以上等人为代价，支撑下等人。因此，萨姆纳和斯宾塞支持使富人更富、更有权势的进程的守护者。

社会达尔文主义者得出了与正统经济学家相同的结论：放任主义是可取的，因为规范商业是违背自然规律的。强盗大亨们认为，适者生存本身就是一条自然规律，而人类的规定是多余的。他们看到的竞争本质上与在自然界中观察到的生存斗争没有什么不同。自然规律分配财富，人们不应该试图愚弄自然。

达尔文主义的修正：凡勃伦与制度主义

并不是每个人都同意斯宾塞和萨姆纳的观点，也不一定认为强盗大亨是善良的。尤其是，正统主义将面对一位尖刻的连环偶像杀手，他教授经济学，但以社会评论家的身份成名。他的名字叫桑斯坦·凡勃伦。讽刺的是，他是 J. B. 克拉

---

① Ibid., p. 57. 又可参见 Joseph Dorfman, *The Economic Mind in American Civilization*, *1606-1865*, New York：Augustus M. Kelley, 1966, Vol. 2, pp. 695-767。

克的本科生，也是萨姆纳的研究生之一；直到今天，他仍然称得上是一位杰出的文学人物。

与穆勒或马歇尔的《原理》不同，凡勃伦的《有闲阶级论》（1899 年）很可能是 19 世纪出版的唯一至今读起来仍然感到有趣和相关的著作。即使经济学家也是以一种值得注意的自我陶醉的姿态，把它的标题变成了"理论阶级的休闲"（the leisure of the theory class）。

在凡勃伦那里，经济学和文学是分不开的。与文学人物和其他著名经济学家所走的不同道路不同，凡勃伦以他对英语散文的娴熟和创造性的运用将艺术和科学融为一体。他和 F. 斯科特·菲茨杰拉德一样，受到英国小说家约瑟夫·康拉德（Joseph Conrad）精确但晦涩的散文风格的影响。①

作为对强盗大亨的过分行为的回应，凡勃伦（1857—1929 年）对新古典主义进行了剖析，同时创立了美国唯一独特的经济思想分支——制度主义或进化论学派。② 凡勃伦和他的追随者因巨大的财富不平等和强盗大亨们对金钱的痴迷而愤怒，帮助美国建立了民主的福利体系。〔与此同时，劳工组织者尤金·德布斯（Eugene Debs）发表了一些激动人心的演讲，加入工会的人数也在增加。〕社会主义哲学和马克思主义意识形态在英国和欧洲大陆都发挥了这种作用。尽管如此，凡勃伦还是转向了，不是朝向有组织的劳工，而是朝向拥有必要技术知识的经验丰富的技术人员，从而在资本主义成为工厂"缺席所有者"的牺牲品之前拯救它。

凡勃伦式的世界

1882 年，凡勃伦开始在耶鲁大学深造。那一年，社会达尔文主义者赫伯特·斯宾塞开始了一次环游美国之旅，其高潮是在德尔莫尼科（Delmonico）举行的"最后的晚宴"，那是当时纽约富人的一个著名的饭馆（watering hole）。其他经济学家读过马歇尔的《经济学原理》，享受着现状，为之辩解，并且认为几

---

① 约瑟夫·康拉德最著名的书是《黑暗的心》（*Heart of Darkness*），这是一部被改编成几部电影的小说。

② 我更喜欢制度主义一词，后文中我会用它来描述这个学派。

乎或根本不需要改革。然而，凡勃伦描述了一个由少数百万富翁控制的国家，强盗大亨们不是通过生产积累，而是主要通过金融操纵积累了大量财富。

就我个人的看法而言，凡勃伦是个奇怪的人。他有一双鬼鬼祟祟的眼睛，一个钝头的鼻子，一撮蓬乱的小胡子，还有又短又脏的络腮胡。他冷漠而又衣着简朴，通常穿着粗花呢裤子，用大的安全别针固定在他的袜子上。他为数不多的嗜好——抽一种昂贵牌子的俄国香烟，在高尔夫球场上找丢失的球，以及女人——当中，只有后者才把他领进了危险区。当凡勃伦在高尔夫球场散步时，他有一种置身于一个与其他人不同的世界的感觉。

凡勃伦也与当时的传统经济思想格格不入。正如前面所提到的，当时的美国经济学家中的泰斗约翰·贝茨·克拉克（很奇怪的是，他也是凡勃伦的导师），就设想出资本的回报来自资本的边际物质产品和完全竞争的价格。凡勃伦对资本主义的解读有很大的不同。凡勃伦写道，那些积累财富的人这样做，不仅仅是为了满足物质需求：富人以一种极其显眼的方式积累和消费财富，因为这种展示在一种唯物主义文化中是权力、荣誉和威望的象征。通过复杂的短语，凡勃伦的微妙逻辑使社会有理由停下来。

有闲阶级的起源

凡勃伦的第一本也是最受欢迎的书《有闲阶级论》与克拉克关于分配的书同年出版，书中引入了一些术语，当时带有尖酸刻薄的讽刺意味，但注定会成为世界语言的一部分，比如有闲阶级、财富竞赛（俗称"与邻居们保持一致"），其中最著名的是炫耀性消费，也就是他为炫耀性展示财富而想出的短语。

关于有闲阶级，凡勃伦写道："对勤奋和节俭的激励并不是不存在；它是非常符合财富竞赛的次级要求的行动，因此，在这个方向上的任何倾向实际上都被夸大了，而对勤奋的任何激励往往没有效果。"[1] 正如凡勃伦所观察到的那样，在世纪之交，圆熟的企业家范德比尔特准将也肆无忌惮地抢劫公众的钱。他花 300 万美元建造了一座房子，为他的窈窕娇妻（为了成为一个显眼的"战利品"）

---

[1]　Thorstein Veblen, *The Theory of the Leisure Class*, with an introduction by John Kenneth Galbraith, Boston: Houghton Mifflin, 1974, p. 41. [1899].

提供远超最低限度的庇护。范德比尔特只花了 50 万美元就买下了范德比尔特大学，这笔钱让他炫耀性的家庭消费显得很浪费。

与阿尔弗雷德·马歇尔不同的是，在凡勃伦看来，浪费扮演着重要的社会角色。这位提倡打破旧习的人写道："在炫耀性支出的整个演变过程中，无论是商品、服务还是人类生活，都有一个明显的含义：为了有效地修补消费者的好名声，它必须是多余的支出。为了获得声誉，它必须是浪费的。"[1]

他们时代的制度

凡勃伦的书还提出了关于经济制度的进化论观点，以一种新颖的方式使用达尔文式的生物学比喻。达尔文主义者曾说过，在生物有机体的进化发展中，自然选择允许适者生存。凡勃伦反驳说，制度也是进化的，今天的观念和基于过去观念的制度之间总是存在文化上的滞后性。

"制度，"凡勃伦说，"是过去的过程的产物，也是对过去的环境的适应，因此永远不完全符合现在的要求。"[2] 凡勃伦把社会达尔文主义倒挂起来，使进化成为一种令人窒息的力量，因为"这些已经传承下来的制度，这些思想习惯、观点、精神态度和能力，或者没有传承下来的……它们自己就是一种保守性因素。"[3] 将其正面朝上（即倒置）可知，幸存下来的制度都是最不适合现在情况的。

当然，这个凡勃伦式的世界与正常的新古典主义社会的世界完全相反。由于它的财富不受经济变革的痛苦的影响，有闲阶级自然会接受这样一句格言：无论是什么，都是对的。相反，凡勃伦说，无论是什么——在制度上——都很可能是错误的，因为它的发展速度将比制度所应反映的社会条件要慢。

---

① *Ibid.*，p. 77. 关于凡勃伦的需求理论如何进入主流经济学的问题，参见 E. Ray Canterbery，"The Theory of the Leisure Class and the Theory of Demand," in Warren Samuels，editor，*The Founding of Institutional Economics*，London and New York：Routledge，1998，pp. 139 - 156. 这本书的这一章还指出，如果在一个更凡勃伦式的视野中，剩余的假设取代了稀缺的概念，经济学会变得如何不同。

② *Ibid.*，p. 133.

③ *Ibid.*

一个由过时的制度塑造的人比新古典主义的"经济人"要复杂得多。凡勃伦嘲笑新古典主义学派的享乐主义和马歇尔需求曲线的基础，这将使"一群阿留申群岛的岛民在废墟中到处奔跑，用耙子和魔法咒语冲浪来捕捉贝类……致力于达到在租金、工资和利息方面的享乐主义均衡"①。

亚当·斯密和阿尔弗雷德·马歇尔认为，竞争是一种本质上有利于抑制商业的冲动，而凡勃伦则认为竞争是一种掠夺性的、可鄙的、被"工业领袖"慢慢克服的习惯。凡勃伦写道："逐渐地，随着工业活动进一步取代掠夺性活动……积累的财富越来越多地取代作为优胜劣汰传统指标的掠夺性剥削的战利品。"② 凡勃伦的"经济人"生活在一个竞争可能导致严重冲突的世界，而这种冲突的解决将使强权满意。

既得利益与工程师

凡勃伦认为，人们组成团体来保护自己的共同利益，即"既得利益"。因为有不同的利益，所以冲突是不可避免的，但不同群体的基本价值观从未受到质疑。例如，美国劳工联合会的工团主义者不想推翻银行家，因为他们忙于攀比既得利益者的炫耀性消费（金链上戴着金表），赚取利益。竞争是为一种整体价值——对金钱的热爱——服务的。如果财富和收入的分配是公平的，这种有害和毫无意义的竞争就不存在了。即使是性方面的不忠这个凡勃伦所熟悉的、曾经被认为是富裕男子的偷猎场所，也被大众所入侵。工人们不想消灭不在位的所有者；他们想加入有闲阶级。

凡勃伦最终拓宽了经济学，发挥了诸如社会制度和对财富的心理态度等"非纯粹"的经济力量。他让许多经济学家停下来思考他们那些没有血肉的、骨瘦如柴的经济行为模型。凡勃伦也是一位机智绝伦的作家；即使《有闲阶级论》是糟糕的经济学著作——尽管它不是这样——它也仍然是一部天才之作，是 20 世纪为数不多的极具影响力的书籍之一。

---

① Thorstein Veblen，*The Place of Science in Modern Civilization and Other Essays*，New York：B. W. Huebsch，1919，p. 193.

② *The Theory of the Leisure Class*，*op. cit.*，p. 37.

在他的学术岗位上，凡勃伦见证了现代强盗大亨们的主导影响。正如封建制度维持基督教家长式伦理一样，工业的基督教大亨们不仅向医院、私立学院和大学提供大量的慈善，而且直接向穷人提供慈善，但在大多数情况下，他们之所以这样做只是因为父母会照顾孩子这种本能。

凡勃伦理解了一家始于豪宅的强盗大亨慈善机构。商人们捐赠了大学——凡勃伦的大学——并对大学校长产生了很大影响，校长反过来敦促教授们尊重财产、特权和拥有这些财产的人。出于这个原因和其他原因，包括女性积极追求他的莫名其妙的倾向，凡勃伦经常搬家。

他从康奈尔大学（Cornell University）开始，然后和妻子埃伦（Ellen）一起去芝加哥大学（由洛克菲勒夫妇赞助）。令芝加哥大学校长哈珀（Harper）厌恶的是，凡勃伦虽然和艾伦住在一起，但和芝加哥一个著名的女人一起出国。又到了再次上路的时候，首先是斯坦福大学（讽刺的是，这所大学是由利兰德·斯坦福资助的），然后是政府支持的密苏里州立大学（在与埃伦离婚后），20 世纪 20 年代初进入纽约的新学院（靠以前学生的资助补贴工资）。1924 年，凡勃伦被提名为著名的美国经济学会的主席，但他以其特有的玩世不恭的态度提出了反对意见；职位也来得太晚了，无法发挥专业作用。

然而，凡勃伦的著作继续影响着经济学：他扩展了最初出现在《有闲阶级论》、《企业理论》（*The Theory of Business Enterprise*，1904 年）、《工艺本能和工业技术现状》（*The Instinct of Workmanship and the State of the Industrial Arts*，1914 年）、《工程师和价格体系》（*Engineers and the Price System*，1921 年）以及《近代的缺席所有权和商业企业：美国的例子》（*Absentee Ownership and Business Enterprise in Recent Times：The Case of America*，1923 年）中的主题，并将注意力从完全竞争转向垄断。凡勃伦认为大企业主要关心的是利润最大化，而不是生产最大化，这在纯垄断模型中以框架的形式得到了说明。但凡勃伦超越了这一点，他认为，当金钱优先于商品时，人们的工艺本能就会下降，销售技巧的重要性也会增加。大企业更感兴趣的也是销售商品，而不是让它们满足人们的需求。凡勃伦认为，推销员通过承诺一切，但什么也不提供，完善了他可疑的艺术。

制造和分配制度决定了生产、就业和定价结果。这就解释了为什么随着经济走向生产的更高水平，销售人员、广告商和会计师的人数增加，生产专家被取代。如凡勃伦所述，必须由专家、技术人员、工程师或其他最适合它们的人物来担任领导职务。凡勃伦写道：所有先进工业国人民的物质福利都掌握在这些技术人员的手中，如果他们只是这样看，一起咨询意见，自己组成国家工业的自我指导的总参谋部，而不受缺席业主的副手的干涉的话。①

凡勃伦罕见地表现出乐观，他设想"工程师"推翻了"缺席"资本家，重新掌握了工业。凡勃伦还指出，随着经济的发展，企业家只需承担较少的风险。

凡勃伦不仅背离了正统，还野蛮地攻击它，在它的遗骸上疯狂地跳舞。

新古典主义的优势与公共政策

如果不是在广泛的社会，而是在知识分子圈子里，那么社会达尔文主义在19世纪末就会开始衰落，但就像国内企业受到威胁时的保护主义情绪一样，每当穷人的福利被提上议事日程时，社会达尔文主义就会重新苏醒过来。尽管如此，社会达尔文主义始终持有比许多正统经济学家更为激进的观点。美国经济学会的成立在很大程度上是为了对抗古典自由主义的经济偏见，这种偏袒实业家的经济学将大众排除在外。1885年创立美国经济学会的核心人物理查德·T.埃利（Richard T. Ely）指出，萨姆纳是他希望不会加入该协会的那种经济学家。

尽管如此，但凡勃伦并没有占上风。在凡勃伦的时代，新古典主义者最终坚持了经济学家和广大社会的多数意见。挣扎着披上科学外衣的经济学家们不会转而离开无懈可击的马歇尔交叉。新古典主义理论可以解释纯粹的垄断（一个行业＝一个公司）和"自由竞争"，但它总体上避开了在这两个极端之间普遍存在的模糊的竞争，即凡勃伦的世界。凡勃伦也不得不与他所观察到的高等教育学院的一种倾向做斗争，并将其归因于所有的机构——对创新的厌恶。

---

① Thorstein Veblen, *The Engineers and the Price System*，New York：B. W. Huebsch, 1921，pp. 136 - 137.

尽管如此，科学中的均衡普遍性还是有一些相当令人不安的地方。即使阿尔弗雷德·马歇尔正享受着他作为经济学大祭司的地位，现实似乎也与模型相去甚远，以致对其提出了挑战。大型信托公司在走向毁灭而不是走向和谐的道路上避开了竞争，就像美国钢铁公司、标准石油公司、通用电气公司、AT&T、福特汽车公司和美国烟草公司在美国工业中散布垄断主张那样。

到 1886 年，美国最高法院已将第十四修正案的权利扩大到公司。虽然这项修正案的目的是保护被释放奴隶的权利，但它向公司的扩展使得其财产成为一项自然权利。此后，管制劳动时间、童工、工厂条件和垄断的州立法被废除了。出于反对将不受限制的自由放任作为宪法，大法官奥立弗·温德尔·霍姆斯只剩下一种不同意见——"第十四修正案并没有使得赫伯特·斯宾塞先生的社会静力学出现。"

凡勃伦并不仅仅是由于缺乏真实世界数据而编织理论故事。在凡勃伦的剧本中，美国的社会认知度以及随之而来的权力可以被洛克菲勒、范德比尔特和摩根这样的人物买下。甚至连经常被认为是制度滞后的缩影的国会，也在 1890 年，即马歇尔的《经济学原理》出版之年，调查公司的欺诈行为。它的工业委员会向凡勃伦提供了 19 卷关于控股公司和掺水股票的数据和证据。后来，哈定（Harding）政府时期臭名昭著的蒂波特山（Teapot Dome）油田丑闻体现了凡勃伦的"商业破坏"概念，即行业为了维持价格而自觉地放弃效率。

19 世纪 90 年代至 20 世纪 20 年代，百万富翁们的过分行为并没有被其他经济学家完全忽视。大多数经济学家认为，最重要的是用后来所谓的"反垄断法"保持竞争的努力。此外，这些经济学家认为有必要对公共事业等自然垄断行业进行监管，尽管许多经济学家认为，如果政府不能维持垄断，垄断利润就会吸引竞争，从而自食其果。其他人选择把目光从垄断那儿转移到别处，因为在大规模生产时有着成本下降的好处，从而使管制变得谨慎了。

哈里森总统、西奥多·罗斯福总统和塔夫脱总统的政府都在认真地监管这类企业，比如詹姆斯·布坎南·杜克（James Buchanan Duke）领导的美国烟草公司（American Tobacco Company，该公司控制了全国大约 80% 的烟草产量），遭到了凡勃伦的强烈蔑视。特别是，罗斯福付出了大量心血，也采用了雷霆举措，但这些相对于国会和法院中强烈的商业情绪暗流如螳臂当车。改革常常是缓慢而无效的。在 1911 年一项关于洛克菲勒标准石油信托公司的裁决中，最高法院提出了著名的"理性规则"，该规则实际上规定，不应管制企业的规模和权力，而应对非法或不公平地使用它们的行为进行管制。从那以后，这一裁决或多或少支配了美国政府对大型企业的态度。

明显的不和谐

对自由放任的追求，更多是在理论上而不是在实践中进行的。在强盗大亨崛起期间，当政府确实进行干预时，通常是站在大企业一边。美国内战（1861—1865 年）将东北地区的工业利益置于政治主导地位，更不用说《莫里尔关税法案》了。[该法案提高了进口关税，并为战争后的高关税定下了基调。]《太平洋铁路法案》（1862 年和 1864 年）规定政府对横贯大陆的铁路提供补贴。

由一家或少数几家公司控制关键产业真的会对消费者产生不利影响吗？规模经济有降低单位成本的奇妙效果，并可能降低产品或服务的价格。只有当一家公司或少数几家占主导地位的公司利用其市场力量将价格提高到高于平均成本和合理利润率的时候，这些好处才会终止。大型工业生产成本不断下降，许多行业中更低的价格和巨额的利润在 19 世纪后半叶似乎是齐头并进的。标准石油信托公司在其生命周期内的利润率估计是在竞争条件下的两倍。[①]

然而，这个时代的经济问题往往源于大型实业家的政治力量大行其道，以及大投机者在金融市场上的影响力。1873 年 9 月，杰伊·库克公司（Jay Cooke and Company）的破产引发了股市崩盘和银行业恐慌，该公司曾是美国内战期间联邦债券的大型市场销售商。这是在对铁路证券的金融操纵时期发生的，铁路证券是当时在市场上出售的主要证券。正如前文所指出的，随之而来的萧条直到 1878 年才结束。1884 年 5 月，股市和银行业再次陷入恐慌，随后是两年的萧条。

---

① 标准石油公司的数据来自 Stanley Lebergott，*The Americans：An Economic Record*，New York and London：W. W. Norton & Company，1984，p. 333。

1893 年 2 月，再次发生了股市和银行业的恐慌和崩溃，这次恐慌和崩溃一直持续到 1897 年。

崩盘、恐慌和萧条迫使他们因失业、收入损失和工人阶级的骚动而付出了代价。1877 年，铁路部门的裁员和减薪引发了许多地方性的罢工，那一年，美国几乎快发生政治革命。尽管有第十四修正案，但暴力仍导致了许多铁路财产的破坏。麦考密克收割机工厂（McCormick Keaper Works）发生了骚乱，工人受伤，一家无政府主义报纸号召工人"报复"，这导致了臭名昭著的干草市场广场（Haymarket Square）事件，造成 7 名警察死亡，68 人受伤。

在 19 世纪 90 年代的艰难时期，安德鲁·卡内基位于匹兹堡附近的霍姆斯特德钢铁厂也发生了暴力事件。工资削减、拒绝承认工会，以及该公司雇用数百名破坏罢工的人，导致了工人和管理人员之间的战斗，造成 20 人死亡，大约 50 人受伤。

"达尔文式竞争"在许多方面都是一个恰当的描述，因为这种新的社会学是把实业家置于他们想在的地方——处于控制地位。即使工业大亨们遭受了自己造成的创伤，这些也往往是以一般公众的利益为代价的，而新的基督教家长主义并没有充分补偿他们的利益。因此，到了 1920 年，拥有好名声的美国企业家福特生产了总销量中 45％的汽车。桑斯坦·凡勃伦虽然看到了让经济状况远不能达到和谐的利己主义，但是到那时，人们开始分心了：我们赢得了结束所有战争的战争，爵士时代是感觉良好的时候，大萧条的后遗症要到未来才会显现。对于新古典主义者来说——就像对普通人一样——"最好的时代"将会混入最糟糕的时期。

凡勃伦成为传奇

如果说在美国有一个学术传说可以和 F. 斯科特·菲茨杰拉德的小说相提并论，那就是桑斯坦·凡勃伦的传奇。然而，小霍雷肖·阿尔杰不可能从凡勃伦的职业生涯中得到灵感。很少有才华横溢的人如此执着地追求失败，却取得如此巨大的成功。由于他的许多花言巧语、他的非正统思想，以及他作为一名教师故意徒劳无益的含糊其词，凡勃伦的学术地位从来没有提高过，他所得到的报酬也很低。

正如故事所讲的，凡勃伦被邀请到哈佛大学担任一个职位。在告别晚宴上，劳伦斯·洛威尔（Lawrence Lowell）校长微妙地提到了凡勃伦最臭名昭著的学术缺陷。"你知道，凡勃伦博士，如果你来这里，我们的一些教授会对他们的妻子感到有点紧张。"据说凡勃伦对此回答说："他们不需要这样担心，我已经见过他们的妻子了。"这个故事，不管是否真实，都是传说的一部分，因为女人对凡勃伦的吸引力对他的学术生涯是致命的。

在凡勃伦的生命快结束之时，他回到了加利福尼亚。他在个人生活中一直处于几乎无助的状态，经常受到包括韦斯利·米切尔（Wesley Mitchell）在内的几个忠实学生对于他的日常生活的救助。一旦凡勃伦明白工程师和技术人员的反抗在他有生之年并没有到来，他就慢慢走向死亡。他生活在原野中一个摇摇欲坠的小屋里。70 岁时，他停止了写作。在 1929 年大崩盘前的几个月，他孤零零地去世了，并基本被其他经济学家忽视了。

然而，股市的崩溃凸显了他的主张：金融投机已经取代了人们对生产的任何兴趣。凡勃伦的著作——现在的经典——享受着这个人在他所处的时代所没有的那种尊重。他的一些词汇如今可以在经济学中找到，也出现在一些小说中，比如《蓝调女牛仔》（*Even Cowgirls Get the Blues*）。在该小说中，"笨手笨脚"的茜茜（Sissy）正在解释一个神秘大师的智慧。茜茜说，"只有在易变的文化中……这一剩余是过度成就的结果，导致了炫富和竞争性的盛宴——炫耀性消费和明显浪费的狂欢——将权力和威望的破坏性因素与简单、健康、有效的经济联系在一起。"[①] 这本书后来变成了一部"重要的电影"：凡勃伦对这也会感到好笑的。

凡勃伦也影响了另一个传奇人物 F. 斯科特·菲茨杰拉德，菲茨杰拉德和泽

---

① Tom Robbins, *Even Cowgirls Get the Blues*, New York：Bantam Books, 1976, p.238.

尔达共同定义了爵士时代。① 在此之前，凡勃伦一生中发生的一些事件——第一次世界大战、凡尔赛的短暂和平，以及咆哮的 20 年代——将为另一位伟大的经济学家约翰·梅纳德·凯恩斯提供一个舞台。

---

① 关于凡勃伦对菲茨杰拉德影响的完整叙述，参见 E. Ray Canterbery and Thomas Birch，*F. Scott Fitzgerald：Under the Influence*，St. Paul，MN：Paragon House，2006。菲茨杰拉德比他有生之年受到的赞扬更复杂。他和霍雷肖·阿尔杰相交甚欢，经常戏说他的故事或他们的性格。菲茨杰拉德不仅读过马克思，还让他笔下的尼克·卡拉维（Nick Carraway）和杰伊·盖茨比（Jay Gatsby）漫不经心地看着克莱（Clay）的经济学教科书。克莱明确表达了他对社会达尔文主义的厌恶，以及他对凡勃伦思想的喜爱，这些观念在菲茨杰拉德开始写《了不起的盖茨比》时，对他起到了特别的指导作用。这部小说最初以强盗大亨时代为背景，后来转移到 20 世纪 20 年代，讽刺富人的方式与凡勃伦的《有闲阶级论》非常相似。

3

熊彼特与资本主义的运动

约瑟夫·阿洛伊斯·熊彼特：人格

到目前为止，我们忽略了一位伟大的经济学家，尽管他与约翰·梅纳德·凯恩斯同年（也就是卡尔·马克思去世的那一年）出生。约瑟夫·阿洛伊斯·熊彼特是第二代奥地利学派学者，认为自己是凯恩斯最有价值的对手。我们一直忽视他，因为直到最近他的思想才获得了新的评价和意义。这个奥地利人认为自己比约翰·梅纳德·凯恩斯优越，他的自负可以与兰德相匹配，他的思想可以为最初的凯恩斯主义故事提供一个令人惊讶的结局。

早些时候，其他奥地利学派学者定义了作为资本和企业家精神理论基础的心理学，企业家（比如兰德的《源泉》中的霍华德·罗克和在《阿特拉斯耸耸肩》中的约翰·高特）在精神力量和精力方面的表现优于大众。路德维希·冯·米塞斯（Ludwig von Mises，1881—1973 年）对企业家精神的洞见认为，这样的人不仅是工于算计的人，而且是对"即将到来的机会"有敏锐洞察的人。尽管如此，但这些主体似乎更狡猾，而不是富有生产性，其机会主义更是多于建设性。

熊彼特的企业家有更多的实质内容。熊彼特将资本主义企业家的角色提升到了最高层次——成为资本主义发展的核心力量。尽管如此，熊彼特还是和马克思得出了同样的结论，即资本主义注定要灭亡。与马克思不同，熊彼特反对资本主义固有的自我毁灭倾向，但认为资本主义将被一个可行的社会主义取代。

毫无疑问，熊彼特感到悲哀的更多是企业家的安乐死，而不是资本主义本身的安乐死，尽管资本主义并没有什么问题是转世也不能治愈的。从熊彼特的资本主义理论当中不断产生各种研究成果，但继承了奥地利学派的新奥地利学派对熊彼特保持了一种相互尊重的距离，这可能是因为熊彼特对马克思的尊敬和他对资本主义未来的悲观主义的反复无常的混合。

熊彼特出生在摩拉维亚（Moravia）的特里什（Triesch，现在是斯洛伐克的一部分），他是布匹制造商和医生女儿的独生子，他的家庭是一个几乎没有特殊之处的资产阶级家庭。熊彼特是生活在奥匈帝国的许多民族的典型奥地利混血儿，在战前维也纳的贵族环境中长大。

熊彼特的父亲在他只有四岁的时候就去世了。此后，熊彼特被留给了他热爱的母亲照顾，他的母亲对自己和熊彼特都有着极大的抱负。六年后，她嫁给了陆军中尉马歇尔·西格蒙德·冯·凯勒（Marshall Sigmund von Keler），他比她大30多岁。他的"尊贵"身份为熊彼特入学特蕾西亚（Theresianum）学校提供了入场券，这是为贵族的儿子们准备的专门学校，他1893—1901年一直在这里学习。特蕾西亚学校对熊彼特的意义就像亨利·希金斯（Henry Higgins）教授对伊莱莎·杜立德（Eliza Doolittle）的意义一样，除了熊彼特吸收了希金斯的自负和坏脾气之外。

然后，1901—1906年，熊彼特在维也纳大学学习法律和经济学。在那里，他在弗里德里希·冯·维塞尔(1851—1926年)和尤金·冯·庞巴维克（1851—1914年）（他点燃了"奥地利学派传统"之火）的指导下学习，甚至从当时最杰出的年轻马克思主义者那里学习。路德维希·冯·米塞斯（1881—1973年）是维塞尔和庞巴维克的勤奋学生之一，他找到了前往英国的途径，后来又去了美国。他迷住了兰德，兰德把他推荐给了她哲学上的崇拜者。兰德的努力使冯·米塞斯能够接触到他的潜在听众。

在奥匈帝国哈布斯堡时代的最后几年里，维也纳一直被描述为地球上最令人愉快的地方之一，至少对于那些像熊彼特一样拥有适当天赋和受过良好训练的人来说是如此。最后，熊彼特在外表上仍然是一位有教养的、专制的、以自我为中心的奥地利老派绅士，从1914年开始几乎没有发现文明进步的迹象。

在欧洲大陆的几次任职之后，1932年，熊彼特永久性地迁往了哈佛大学。尽管他享有国际声誉，但他的光芒被约翰·梅纳德·凯恩斯所掩盖。在大萧条时期，凯恩斯的思想在哈佛逐渐占上风。熊彼特对与凯恩斯的任何容易招致不满的比较都非常敏感。

熊彼特的外在欢乐掩盖了他内心的沮丧。他本可以在西格蒙德·弗洛伊德（Sigmund Freud，1856—1939 年）位于维也纳的沙发上待上一段时间，也许这对两人都有很大的好处。表面上，熊彼特很和蔼可亲，但其实他很自傲。他穿着骑马服，还带着短马鞭，去参加哈佛大学的讲座。在讲座开始时，他一根手指接着一根手指地慢慢脱下了他的骑马手套，非常像一个有异国情调的脱衣舞娘，然后把它们挂在短马鞭上。然后，尽管他给出了权威声明，但他还是会做非常受欢迎的讲座。

熊彼特是一个身材矮小、皮肤晦暗、长相戏剧化的人，他经常宣称他的远大抱负是成为奥地利最伟大的经济学家、最伟大的情人和最优秀的骑手。他说，他实现了其中的两个抱负。显然，熊彼特并不是最好的骑士，但他声称自己才是世界上最伟大的经济学家，而不是凯恩斯。他寻求他人的认可——显然这是一种自卑情结的表现或防御。熊彼特患有慢性抑郁症、多疑症和身体不适感。他显然试图掩饰自己对自己的看法是多么渺小，同时暴露出他认为他人是多么微不足道。

他曾经是精英主义者、种族主义者、反犹太主义者、优生主义者和法西斯主义者，尽管从来没有完全如此。他面对哈佛大学普通学生时的痛苦就像对待最具天赋的学生一样。保罗·萨缪尔森因为是犹太人而被哈佛大学拒绝聘用，他为此感到愤怒。虽然他从未与第一任妻子离婚，但这位贵族做派、装腔作势的人爱上安妮·赖辛格（Annie Reisinger）并于 1925 年 11 月与她结婚了，安妮是一位年龄只有他一半的工人阶级妇女。不幸的是，10 个月后安妮死于分娩，熊彼特的母亲也于前一年 6 月去世。他既是一位科学家，也是一位浪漫主义者（在当时的维也纳并不是那么少见），后来他成为一名灵媒——一种以他已故的第二任妻子和母亲为基础的私人宗教。①

---

① 要深入了解熊彼特痛苦的矛盾生活，请参见 Robert Loring Allen, *Opening Doors：The Life and Work of Joseph Schumpeter*, New Brunswick and London：Transaction Publishers，1992，以及 Richard Swedberg, *Schumpeter：A Biography*，Princeton：Princeton University Press，1992。

迟来的是，在 1948 年，也就是他去世前两年，他情绪最低落、行为最乖张的一段时间里，熊彼特成为美国经济学会的主席。

如果他接受那些对他的商业周期理论友好的凯恩斯主义思想，他在那个时代的经济学中的角色就会得到加强。然而，他顽固地抵制了这种做法，以尊重他认为自己是一位更伟大的经济学家的自负。

熊彼特是一个不快乐、多愁善感的人，就像许多历史人物一样：他们克服了情感上的障碍，取得了非凡的成就。罗伯特·海尔布隆纳说，熊彼特的个人生活给原本令人费解的社会视角增添了连贯性。熊彼特对社会秉持的精英主义观念，使富有远见的他成为自己视野中的一部分。"这是他的自我辩护。"① 现在，我们恰如其分地转向这个人的巨大天才。

熊彼特的资本主义运动理论

在熊彼特的资本主义理论中，企业家是创新者，是经济变革的主体。熊彼特的企业家是一个比奥地利学派通常描述的人物更宏大、更具戏剧性的人物。作为一个创新者，企业家不仅仅是利用价格波动；企业家创造了整个产业。这个英雄形象更像是有着骑士精神的骑士。这样一个浪漫的人物甚至更接近于冷酷、专横的行动家——由兰德创造，并由加里·库珀（Gary Cooper）模式化的罗克（Roark）、里尔登（Rearden）和高特（Galt）。

在《阿特拉斯耸耸肩》中，兰德描述了第一次浇铸的里尔登金属——一种新的合金，比钢硬得多：

> 刺眼的红色光亮在车间的黑暗之中闪来闪去，不断地映红一个站在远处角落的人的脸庞……他倚在一根柱子旁观察着。耀眼的光像楔子一样，不断刺入他那双淡蓝色、有着冰一样质地的眼睛，不断掠过一列列黑色的铁柱和他灰黄相间的头发，掠过他风衣的带子和他揣手的衣袋。他的身体高大而瘦

---

① Robert Heilbroner, "His Secret Life," *The New York Review of Books*, May 14, 1992, p. 31.

削，和周围的人相比总是鹤立鸡群。……他，就是汉克·里尔登。[①]

里尔登是一位企业家，实际上他是熊彼特的超人——钢铁侠（Man of Steel）。然而，熊彼特会把他的英雄描述成一个矮小得多的人。

熊彼特的超级英雄的英勇任务是点燃一个使资本主义在半个世纪内保持在一个向上发展轨道中的行业。熊彼特没有否认其他周期；有一个短期的库存周期，一个钟摆般来回摆动 7～11 年的投资周期，以及一个由蒸汽船、机车或汽车等突破性发明引发的长波。对于熊彼特来说，资本主义周期内的这些周期，每一个都不幸地在 1929—1933 年大萧条期间与其他周期同时到达谷底。[②] 这三个周期达到最低点可以解释 20 世纪 30 年代崩溃的大部分原因。1929 年 8 月开始的衰退看上去就像积累和未售出库存的结果；正如凯恩斯所发现的那样，商业投资在 20 世纪 30 年代崩溃；T 型车和一般的汽车已经成为一个成熟的行业，结束了一段长波。

接下来，我将集中讨论长波，也就是康德拉季耶夫（Kondratieff）周期，这被归功于俄罗斯经济学家尼古拉·康德拉季耶夫的观点。在熊彼特的视野中，康德拉季耶夫周期，或称长波，覆盖了大约半个世纪。新古典主义增长理论似乎有更短的时间范围，因为资本在不断地取代劳动力。

熊彼特把从 18 世纪 80 年代末开始至 19 世纪 40 年代结束的第一个长波与英国蒸汽动力和纺织工业的发展联系起来。我们认为这个时代是工业革命时期。熊彼特将第二个长波（一直持续到 19 世纪末）与铁路、钢铁联系起来。它包括强盗大亨的时代。第三个长波——也许在 20 世纪 30 年代结束——是由电气启动的，并且得到了汽车的强力推动。[③]

熊彼特所教授的哈佛大学班级上的一名学生罗伯特·海尔布隆纳指出，熊彼特对大萧条的态度是矛盾的。"在挥手脱掉他的长斗篷后，（熊彼特）用带有浓重

---

① Ayn Rand，*Atlas Shrugged*，New York：Random House，1957，p. 28.

② 参见 Joseph A. Schumpeter，*Business Cycles*，New York：McGraw-Hill，1939。

③ 哈佛大学的西蒙·库兹涅茨获得诺贝尔经济学奖的部分原因在于他与熊彼特合作，识别了三个长波的历史细节。Simon Kuznets，*Economic Change*，New York：W. W. Norton & Co.，1953.

口音的英语告诉我们:'先生们,萧条对资本主义来说就像好好地用冷水冲洗(douche)'——这句话的震撼力不仅在于人们难以想象大萧条也有其用处,而且在于我们当中很少有人知道,冲洗是欧洲人对淋浴的称呼。"① 萧条时期工业所发生的事情对于熊彼特来说是"创造性毁灭"(稍后会有更多的论述)。

在熊彼特经济周期的开始,没有萧条,尽管有停滞。在"瓦尔拉斯均衡"的静止状态下,没有获得利润的额外机会;只有循环流转的经济活动发生,系统只是自我复制。非凡的人,即企业家,勇敢地突破了循环流转,转移劳动力和土地进行投资。由于这些企业储蓄不足,企业家必须得到银行家作为资本家创造的信贷。

由于只有更有进取心和冒险精神的人采取行动,创新"成群结队"地出现。创新包括建立新的生产函数、技术、组织形式和产品。即使他们的视野超越顽固的人群,英勇的企业家也为其他不那么大胆的商人的随后进入创造了良好的条件。这些活动为循环流转带来了增长,也给临时垄断者、企业家精英带来了租金(超额利润)。新进入者的创造和支出促进了商业繁荣。

然而,这种繁荣限制了自己,自相矛盾的是,创新助长了衰退。新产品与旧产品的竞争,即使在价格上涨阻碍投资的情况下,也会造成商业损失。企业家利用销售新产品所得的收益来偿还债务,从而引发了通货膨胀。萧条是创新适应过程缓慢和二次衰退的结果。当对创新的适应完成后,通货紧缩结束了,瓦尔拉斯均衡也得到了恢复。

在均衡时期,所有重要的标志都是稳定的,资本主义的发展几乎没有理由遭受骤停。如果任凭其发展,资本主义本身甚至还有"涓滴"的好处——熊彼特告诉哈佛大学的学生们:"资本主义的成就通常不在于为女王们提供更多的丝袜,而在于让工厂的女孩们只需要付出越来越少的努力就可以获得它们。"创新的出现有助于解释为什么会出现为大众提供这些新产品的新产业,而那些旧产业——非常不情愿和顽固地抵抗——却死掉了。

正是产业集中——大型、顽固和官僚主义企业的崛起——削弱了资本主义。个人及那些取得突破、占据市场的敢于冒险的企业家们的早期垄断,对于社会而

---

① Heilbroner, *op. cit.*, p. 27.

言是永远可以接受的。然而，一个成熟行业形成巨型的垄断，会产生最终摧毁资本的政治和社会态度。安德鲁·卡内基（就像《阿特拉斯耸耸肩》当中的里尔登那样）是一位威严的人物，但美国钢铁公司在资本主义面前投下了不祥的死亡阴影。巨型企业的发展剥夺了资本主义的个人和天才企业家，即使它使自己易受政治和社会攻击。

资产阶级最终会用它曾经用来对付教皇和国王的力量来攻击私有财产。因为其他新奥地利学派的私有财产思想占上风，就像对兰德所做的一样。约翰·高特在《阿特拉斯耸耸肩》中发表了有史以来最长的演讲（60 页），以庆祝私有财产战胜集体主义的胜利。

尽管新政的措施可以通过人为的手段来维持"氧气帐篷中的资本主义"——那些保证过去辉煌的功能的瘫痪，但资本主义致命疾病的受益者不可避免地是社会主义。社会主义会起作用，因为它将由管理资本主义的同一批精英管理。尽管大多数新奥地利主义者对大企业视而不见，但熊彼特对大企业的独特预言却是对马克思思想的一种反抗；就像《圣经》中拯救约拿（Jonah）的鲸鱼一样，资本主义也被拯救它的国家吞没了。

产品周期：熊彼特的扩展

虽然熊彼特对需求的忽视并非良性的，但他还是看到了一些行业的繁荣，而其他产业分支则陷入困境。熊彼特的"创造性毁灭"是一个渐进的过程，囊括企业和行业的出现、增长、衰退和消失。这一过程的特点是结构变化，不仅是产出构成的变化，而且是整个经济生活的变化。从很长的时期来看，是产业的演进，甚至是革命。

通过引入产品周期的概念，我更新了熊彼特的"创造性毁灭过程"[①]。产品有

---

① 下面的内容是更长的讨论的一个简短版本，这个讨论最初出现在：E. Ray Canterbery, *The Making of Economics*, 3rd Ed., Belmont：Wadsworth, 1987；对这些思想的进一步发展所做的修改体现在：E. Ray Canterbery, "A Theory of Supra-Surplus Capitalism," Presidential Address, *Eastern Economic Journal* (December 1988)。

一个销售生命周期，产品市场的饱和（与新古典主义理论相反）时常发生。最初，来自熊彼特企业家之一的产品创新将被出售给少数消费者先驱，往往是最富有的家庭。由于开发一个新产品通常非常昂贵，它的入门价格将非常高。然而，如果存在中等收入阶层，这种产品（如苹果电脑）将逐渐在越来越多的家庭中扩散开来。

当产品上市时，销售额呈指数增长，产品"起飞了"。任何市场都只受人口和收入分配的限制。正如简·巴雷特（Jan Barrett）曾说过的那样："我们来了，我们看到了，我们去购物了"（Veni，vidi，Visa）。当社会上几乎每个家庭都至少有一个这种"新产品"时，市场是饱和的。这个产品周期看起来像一个平放的字母 S，常常恰当地被称为产品的 S-曲线。

大规模生产最终把模仿者的黄金变成了傻瓜的金子。当产品在整个社会中得到充分扩散时，它们可以在巨型工厂（如钢铁、汽车和啤酒工业）中实现标准化，并使用一种导致低价的大规模生产技术。不仅每个人都拥有至少一件曾经珍贵的财产，而且所有产品都开始看起来很相似了。当然，聪明的制造商和广告公司可以推迟这种同一性的大规模实现，虽然最终这些理由变得毫无希望，特别是当所有真正的而不是想象的产品"改进"机会已经用完的时候。

第一台电视机的图像接收器是黑白的，其接收效果大致与滚筒洗衣机的屏幕一样好。然后，画面的质量和大小都得到了改善。即使电视机变成了一件精心制作的优雅的家具，它也还是变成彩色的了。最终，图像的尺寸可能会进一步扩大，只是清晰度会大大降低。电视机都变得相似了。拥有不到三台电视机的美国家庭被视为一贫如洗（在经济上如此，或许在文化水平上也是如此）。市场已经饱和，需求的价格弹性很低，电视产品曲线的顶点就在眼前了。中产阶级正在等待高清电视，这是最新的创新。

经济发展催生了标准化的技术，尽管它增加了整个生产系统的复杂性。在农业社会中，来自土地的同类型商品，例如在家里捣成泥或切削的生土豆，是消费所需的唯一商品。增加值或销售价值与生产成本（因此是经济剩余）之间的差额是不存在的，因为商品不用于销售。相反，在我所说的超剩余社会①，依赖于一

①　Canterbery，"A Theory of Supra-Surplus Capitalism"，*op. cit.*

个高度相互依存的生产体系，在这个体系中，一个越来越长的供给商链条相互供给——层层增加价值——直到最终产品出现。

在熊彼特看来迷失方向的中产阶级对于提供足以保证大规模标准化技术的产品市场规模至关重要。因此，收入水平和有这些收入的家庭的数量与生产商品和服务的企业和行业的规模有关。家庭预算决定了产品市场的总体规模，因此技术并不完全独立于收入水平和人口可以支撑的市场规模。

例如，在首次商业化引入（最初的技术）时，家用个人电脑只出现在富人的预算中。假设个人电脑开始时的平均生产成本为10 000美元，有1 000户家庭将它纳入了该年的预算。按生产成本的10%的加成计算，垄断企业生产者的销售收入预计为1 100万美元。除去生产成本之后，生产者有100万美元的利润（更准确地说，是租金），可以用于进一步的投资。在生产的第一年销售出去1 000台家用电脑后，生产者利用部分收入对扩大市场的潜力进行了市场调查。生产者发现，如果电脑的价格可以降低50%，就会吸引4 000个稍微低一些的收入阶层的消费者进入市场。如果生产者能想出一种将生产成本减半的方法，5 000（＝4 000＋1 000）台电脑现在可以5 000美元的单价出售，收入总额为2 750万美元（250万美元的加成）。

通过不懈的基础研究，该公司的工程师们在一种改进的计算机内存芯片上获得了一项新的专利，该芯片可以用更少的人力和更少的昂贵零件生产。该公司出售额外的普通股，发行更多的债券，或从银行借钱，以装备工厂生产Ⅱ型家用电脑。随着成功的Ⅱ型电脑的销售，该公司现在可以依靠其利润流进行任何新的投资。

这个例子说明了一般情况，而不是例外情况。工厂的规模通常是由成本最低的技术决定的。考虑到技术因素，即使是最小的工厂对市场来说也可能太大了。如果是这样的话，在收入、预算和人口得到保障之前，是不会建工厂的。在某些情况下，最小的工厂也是巨大的，它的生产水平可能会吸收为特定产品提供的所有收入。电话公司、地区垄断企业敲响了那些钟声。这也不是偶然的，美国电影业只被4～6个电影公司主导。根据约翰·肯尼斯·加尔布雷斯的说法，随着巨型公司和公司规划的出现，"理想的公司规模没有了明确的上限"①。

创新与产品周期

周期之上的周期或半个世纪的熊彼特式长波的想法比凯恩斯主义者的格式塔理论更加悲观和乐观。长波随着时间的推移似乎是平滑的。随着时间的推移，长波看起来很平稳。这是一种错觉，因为如果我们在一个足够长的历史时期观察数据点，它们就会"伸展"，外在表现出一种连续性。然而，历史现实完全不同：1825 年、1873 年和 1929 年的世界经济危机更像是从悬崖上掉下来，而不是从温和的山谷中滑落。此外，20 世纪 70 年代、80 年代和 90 年代的起起落落足以给连续性留下不好的名声。

卡尔·马克思把资本主义的危机描述为一场大灾难。最近，另一位德国经济学家格哈德·门施从熊彼特那里走了出来，取得了领先地位，但他倾向于资本主义不连续的道路模式。②门施的模型（他称之为质变模型）的基础是产品周期或产品 S-曲线。

在质变模型中，较长的生长周期被相对较短的动荡间隔打断。尽管随着时间的推移存在这些突变和剧变以及变化速度的变化，但还是有一种规律性，符合那些导致特定扩张的工业综合体的 S-曲线。门施的观点可以被修改，以表明总体经济进步可以持续几个世纪，尽管它会受到剧烈的干扰。

创新可以是产品种类，如激光光盘唱片，也可以是生产过程，如汽车或家庭的计算机辅助设计（CAD）。反过来，门施对各种创新做出了有益的区分。③ 电力的生产（1800 年）、焦炉的首次使用（1796 年）、摄影的第一次商业应用（1838 年）、喷气式发动机的制造（1928 年），以及尼龙的生产（1927 年）是基

---

① John Kenneth Galbraith, *The New Industrial State*, Boston: Houghton Mifflin, 1957, p. 76.

② Gerhard O. Mensch, *Stalemate in Technology*, Cambridge, Mass.: Ballinger, 1979.

③ Gerhard O. Mensch, *Stalemate in Technology*, Cambridge, Mass.: Ballinger, 1979, pp. 47 - 50.

本的技术革新。重商主义商业政策的制度化（1743 年）、产业行会控制的限制（1754 年）和一般保护性关税的引入（1775 年）都是非技术性的组织创新。质量控制是装配线生产中的一项改进创新。我将只讨论技术基础创新。

当然，创新并不是凭空产生的。任何时候都有科学发现和发明，它们是思想发展、新科学理论的建设和知识转化的智力传统的产物。从发明到商业应用之间的时间往往很长，而且变化很大。氯丁橡胶是一种合成橡胶，它的发展为门施提供了一个引人关注的例子，即一个从新理论（观念）的发展开始的六阶段创新过程的例子。[①] 在 1906 年，尤利乌斯·纽兰德（Julius A. Nieuwland）观察到了乙炔在碱性介质中的反应，并研究了 10 多年，以获得一个能够提供更高产出的反应（发明）。1921 年，纽兰德证明了他的材料是一种聚合物，可以通过催化反应（可行性）来制造。1925 年，杜邦的 E. K. 博尔顿（E. K. Bolton）博士参加了由美国化学学会举办的一场纽兰德教授的演讲；杜邦接管了"橡胶"材料（开发）的进一步商业发展。最后，在其发明超过 1/4 个世纪后，合成橡胶被作为杜邦公司的一种新产品上市了（基础创新）。今天，在发达的工业化经济体中，合成橡胶处于或超过其产品 S-曲线的顶端；其产品和工业现在已经成熟了。

门施的显著贡献在于提供了数据来表明基础创新确实正如熊彼特所宣称的那样，是成群结队地进行的。对当代经济来说最重要的是，最近一批基础创新的频率在 1935 年达到顶峰（在大萧条中期！）。如果从基础创新到成熟的平均产品生命周期是半个世纪，那么以 1935 年为中心，创新群中的很大一部分将在 1985 年达到成熟，或者达到它们的 S-曲线的顶部。如果是这样，总的实际国民生产总值（GNP）的 S-曲线结构在 1985 年是平的。在汽车、航空、家用电器甚至住房市场上观察到饱和现象支持了停滞的观点，它最能形容先进的工业化经济体——英国、西欧、北欧、美国和日本——到 1985 年为止的状况。

1825 年、1886 年和 1935 年的创新集中体现了美国人今天仍然认为是现代的许多东西。1825 年，我们发明了机车、波特兰水泥、绝缘电线和搅炼炉；1886 年，有蒸汽涡轮机、变压器、电阻焊、汽油发动机、托马斯钢、铝、化肥、电

---

① *Ibid.*, p. 192.

解、雷达、合成洗涤剂、钛，以及——为了使快速变革更能被容忍——无线电和可卡因；最后，在 1935 年出现了尼龙、贝纶、聚乙烯、静电复印术、连续钢铁铸造，以及使衰退更能被容忍的电影。

这种创新的效果并不总是可以预测的。计算机已经催生了互联网。互联网导致了一些产品的电子化大规模营销。互联网连接了全球金融市场。新的信息，无论好坏，立即可以提供给地球上几乎每个人。这可能是一个新的长波的开始，但它的成果可能会被推迟，就像 20 世纪 20 年代的创新市场被推迟一样。

停滞与滞胀：长期视角

由市场饱和与通货膨胀造成的停滞可能是同一枚硬币的两面；至少这是门施的说法。毫无疑问，停滞描述了 20 世纪 60 年代末以来先进工业化国家主要工业部门的状况。在汽车行业这一第二次世界大战后美国的主导产业当中，仍然在使用的奥托循环发动机已经有一个多世纪的历史了。这一行业引入的最后一项重大创新——自动变速器——早在一代人之前就得到了广泛推广。在第二次世界大战后的大部分时间里，汽车工业中的外观取代了功能的地位。

自 19 世纪以来，尽管炼钢厂规模大幅扩大，同时尽管有虚构的汉克·里尔登所做出的努力，但基本上炼钢技术并没有发生很大变化。在基础化学工业中，尽管工厂的规模已经大幅扩大，但生产硝酸、硫酸、氨、硝酸盐肥料和其他工业化学品的技术在第一次世界大战前就已经被使用了。

滞胀的"膨胀"部分来自持续的价格暴涨。这类暴涨在过去 700 年里发生过三次：第一次发生在 16 世纪，第二次发生在 18 世纪，第三次发生在 1890 年左右。最后一次是迄今为止最具有戏剧性的。最近一次通货膨胀浪潮的规模可能是大公司、工业联盟、现代营销技术和高度灵活的金融机构等社会创新，再加上自大萧条以来政府计划设置的各种收入和价格下限的结果，这种通货膨胀浪潮似乎随着跨国公司广泛在发展中国家从事生产的现象的出现而结束。到 20 世纪 90 年代初，通货紧缩已成为全球经济的主要特征，在经历了一段时间的停顿之后，它又在 2008—2009 年恢复了。

导致长波通货膨胀崩溃为通货紧缩阵痛的原因之一是超剩余经济中复杂性的提升。换句话说，每一个额外的层级都会增加自己的管理费用和其他成本。正如戴维·沃什（David Warsh）所描述的，现代市场营销（当然，这在 16 和 18 世纪并不存在）与来自提升的复杂性的成本（价格）不断上升有很大关系。[1] 全球化成为超剩余经济体摆脱不断上升的生产成本的出路。

或许，如果超剩余经济体没有遭受多个产品周期或多或少在同时达到峰值的痛苦，那么私人和公共信贷的扩张将推动实际产出的可持续扩张。就目前情况（或停滞）而言，工业集中、复杂性、技术停滞、通货膨胀、衰退和通货紧缩这些术语描述的是 20 世纪 60 年代末至 2010 年间的超额剩余工业化社会。由于我们后文将讨论的一些原因，商品通货紧缩和金融资产通货膨胀是 20 世纪 90 年代的特征。

在其长期扩张结束后的经济中，工业部门的数量最高时超过了从基础创新开始的数量。产业兴起和退出的比例意味着破产和资产清算。那些收入和财富受到威胁的组织在产业衰亡时为保障共同利益将团结起来。生产者联盟要求更多的补贴和保护（在与外国进口产品竞争时），而劳工组织对工作保障的要求变得更加顽固不化。

国家兴衰

创新和长波的时机是推动国家经济增长更快或更慢的力量。相对较小的联盟或特殊利益集团似乎是在长期上升正在老化的时候，阻碍实现经济效率和增长的最主要因素。

曼库尔·奥尔森（Mancur Olson，1932—1998 年）提出了一种强有力的论断，即在没有动乱或入侵的情况下，在最长的时间内没有遭受动乱或入侵、拥有

---

[1] David Warsh，*The Idea of Economic Complexity*，New York：Viking Press，1984，pp. 63 - 65.

民主自由组织的国家，将拥有最具增长压力的组织和组合。① 奥尔森用他的理论帮助解释了为什么英国——长期不受独裁、入侵和革命的影响——在 20 世纪的增长率比其他发达的大型民主国家要低。对奥尔森而言，强大的特殊利益组织网络就是"英国病"的特点。② 奥尔森认为，唯一的"良好"联盟是一个"高度包容"的联盟，其目标是如此同质，人数是如此众多，以至于每个成员的利益都明显地与全体成员联系在一起。奥尔森指出，第二次世界大战后在德国和日本建立了这样的专门利益组织，他认为这至少是这两个国家增长率较高的部分原因，尽管门施提供了令人信服的数据，表明联邦德国由于市场的饱和以及最后一批创新的缺席而陷入了技术僵局。日本和美国一道，在 20 世纪 80 年代成为具有高度投机性的经济体。此后，随着投机泡沫的破灭，日本的"泡沫经济"经历了一场始于股票和房地产价格下跌的长期萧条。

这种解释是关于阻碍性联盟的障碍方面的还是技术方面的？在我看来，可能是两者兼而有之。③ 只有在我们想象因果双向运行的情况下，奥尔森编织的华丽的锦才能得到恰当的欣赏。

奥尔森认为"寻租"联盟是糟糕的，因为他把重点放在经济效率和经济增长上。或者，联盟可以被看作一种有组织的努力行为，以避免停滞或竞争（即产品或劳动力市场的竞争）带来的收入减少效应。当技术足以创造剩余以及投入是互补的时，即使自由市场也很难甚至不可能将边际产品分配给合适的人，因为劳动力和资本货物是同等必要的。然而，剩余必须按某种规则分配。

---

① Mancur Olson，*The Rise and Decline of Nations*，New Haven：Yale University Press，1982，特别是第 77 - 98 页。然而，在第 6 章中，奥尔森将他的联盟理论扩展到了较不发达国家的独裁政权。

② 特别的是，英国以其工会的数量和权力而闻名，但其专业协会也非常强大。作为后者的一个例子，直到最近，英国的律师在房地产服务方面都处于法律垄断地位，而在更重要的法院案件中，大律师仍然拥有作为顾问的垄断地位。奥尔森似乎与门施携手合作得出了如下结论："……随着时间的推移，英国社会已经拥有了如此多强大的组织和勾结，以至于它遭受了一种制度僵化的病症，减缓了它对不断变化的环境和技术的适应"（*Ibid.*，p. 78）。这些联盟不可能在自由市场的理想化条件下出现。

③ 参见 Canterbery，"A Theory of Supra-Surplus Capitalism"，*op. cit.*。

如果由由寻租者组成的联盟设计规则，收入分配就由他们的权力决定。只要工资和劳动力的增长率不超过生产力增长率，寻租者就会把剩余的收入平分，而不会造成太严重的通货膨胀。只有当大量的创新被广泛扩散时，寻租者才会造成滞胀。如此一来，就可以描述长波扩张的前半部分了。当时，在奥尔森看来，导致寻租者的稳定民主制度本身可能就会受到威胁。

那些想要讲述一个不同的增长故事的人需要解释一下最近美国两个增长性行业（影印和计算机）的复杂发展过程。施乐公司（Xerox Corporation）主导着前一个行业，它的不可思议的增长归功于最初 914 型复印机的改进。施乐将笨重、昂贵的机型发展为既能满足一人办公室的需求，又能满足最大公司的需求的机型。

施乐的兄弟公司 IBM 通过使用计算机彻底改变了企业和政府。在过去的 30 年里，IBM 的技术经历了四代，每一项承袭的技术都提高了信息处理的容量、可靠性和速度。反过来，每次计算的成本也被降低了，从而将计算机市场扩大到小企业和家庭。

这两个行业的销售增长不再仅仅依靠影印和计算机。必须在新的技术前沿寻求新的增长潜力。约瑟夫·熊彼特无疑会乐于知道他的观点的新意义以及在最近的经济文章中的重要性。或者至少，他的外在快乐会导致我们这样想，尽管他的姿态会掩盖他内心世界的烦扰。

4
资本主义的复杂性：加尔布雷斯、海尔布隆纳和制度主义者

当代经济学家的宿命就是追随艾萨克·牛顿的脚步，把经济思想简化为一台最大化边沁式效用的机器。微积分是美丽的，统计是优雅的，应用是有限的。在牛顿宇宙的隐喻拥抱中，经济主体——像粒子一样运作——已经取代了亚当·斯密、托马斯·马尔萨斯、卡尔·马克思、约翰·斯图亚特·穆勒、桑斯坦·凡勃伦、约翰·梅纳德·凯恩斯、约瑟夫·熊彼特甚至阿尔弗雷德·马歇尔的更广泛的社会关注。当考虑狭隘视野是否比宽广视野更明智时，我们应该深思熟虑。粒子不仅缺乏思想，也没有意愿组织起来，因为即使它们是有组织的，这也是一种出自大自然的行为，而不是自由意志。

我们不能忽视自由的反对意见。持不同意见者，如斯密、马尔萨斯、马克思、穆勒、马歇尔和凯恩斯，一度成了正统主义者。凡勃伦和制度主义者只差一点点就变成了主流。在前面提到的人中，只有马歇尔与他的维多利亚时代步伐完全一致。我们现在转向当代两位重要的反对者。虽然他们打破了传统，但他们有两个共同的特点——一种用广阔的社会视野解释整个经济的热情，以及用一种高超的文笔来这样做。在第一个方面，他们对正统观念的批评是一致的，不是因为它们的精确或优雅，而是因为它们的无关性。在第二个方面，他们像凡勃伦一样，通过巧妙、创造性地运用英语文笔来融合艺术和科学。当代反传统者与过去的主要联系是通过马克思和凡勃伦。

制度学派的视野

在任何风暴中，正如希金斯教授所证明的那样，拥有一把雨伞都是很好的。

对于打破传统的人来说，伞最好是非常大的，因为他们是整体主义者。自从凡勃伦创立了独特的美国制度主义学派以来，该学派的加尔布雷斯（1976 年）和海尔布隆纳（1994 年）获得了著名的凡勃伦-康芒斯奖，制度主义者的伞肯定是足够的。长期以来，加尔布雷斯不仅被认为是后凯恩斯主义者，也被认为是一个制度主义者。卡尔·马克思并非没有影响，但一般而言，制度主义者都赞成在不断变化的资本主义内部进行改革，而马克思则认为资本主义只是一种短暂的制度。

制度主义者把社会及其经济作为一种整体的、有组织的社会行为模式的一部分来研究。他们关注的是一种风俗文化、社会习惯、思维方式和生活方式。这种思维和行为模式可以被广泛地描述为制度；它们不需要被安置在建筑群中，但可以包括共同的信仰或形象，如骑士精神、霍雷肖·阿尔杰的传奇故事、清教徒伦理、自由放任的思想，以及对工团主义、社会主义或福利国家的一般态度。

凡勃伦关于颠倒的进化论的观点提供了一个关于经济学内部社会变革的理论。从这个更广泛的角度来看，制度主义者可能会怀疑这种态度改变的政策含义。他们抛弃了实证经济学家（如弗里德曼的）对"是什么"的接受，并问道，"经济是如何发展成现在的样子的？它在引导我们走向何方？"他们对正统主义的强烈蔑视在很大程度上植根于他们对变革的重视。他们认为，变革比牛顿均衡更符合经济生活。

经济学家有时会把凡勃伦、加尔布雷斯和海尔布隆纳想象成孤独的先知，他们只不过是些渺小的刺激因素而已。这样的景象偏离了焦点，因为他们是美国独特的社会批评传统的一部分，这一传统是为了保护被压迫者，但在赞扬特权方面受到限制。在民粹主义传统中，制度主义者倾向于自由、民主改革，以实现财富和收入的更平等分配。民粹主义引发的争议很可能反映出价值体系的冲突，比如青睐较高利率的银行家和希望降低利率的适度购房者之间的冲突。

制度主义者并没有那么被忽视，虽然他们被正统学派授予博士学位的大学隔绝了。制度主义者——显然厌倦了新古典经济学的严苛——认为经济政策是从社会、政治、法律、历史和经济视角的框架演变而来的。具有讽刺意味的是，他们想要与新古典主义理论联系起来的渴望使得他们充分怀疑自己会受到批评——与新古典主义理论无关。然而，事实上，最好的经济学家——那些有着自己的成就的经济学家——往往属于制度主义者。每一个好的经济学家都有一些制度主义者的痕迹。

五位历史人物主导了制度学派：凡勃伦，他提供了灵感和总体框架；韦斯利·米切尔，他进行了商业周期的统计研究，建立了备受尊敬的国家经济研究局，并激发了美国的实证研究；约翰·康芒斯（John R. Commons），他敦促政府立法实施经济改革，并极大地影响了威斯康星大学经济系的改革导向研究；克拉伦斯·艾尔斯（Clarence Ayres），他阐述了技术变革对经济及其制度的影响；以及加尔布雷斯。

今天，这个制度主义学派的团体自称演化经济学会（Association for Evolutionary Economics）。它从 1967 年开始出版自己的期刊《经济问题杂志》（*Journal of Economic Issues*），并在经济学方面获得了大量的追随者，它的文章和作者是所有经济学学术杂志中被引用最多的。

由于罗伯特·海尔布隆纳呼吁人们注意资本主义的定义和理解其转变的重要性，因此我们回到他身边，寻找回到基本面的道路。此后，我们转向分析约翰·肯尼斯·加尔布雷斯。

罗伯特·海尔布隆纳与俗世哲学

罗伯特·海尔布隆纳（1919—2005 年）出生于纽约市一个富裕的德裔犹太人家庭。他的父亲路易斯·海尔布隆纳创立了韦伯和海尔布隆，这是第二次世界大战期间一家著名的男装零售商。作为有钱人家的孩子，罗伯特就读于霍勒斯·曼学校，那时这所学校是哥伦比亚大学师范学院的附属学校，也是进入常春藤联盟大学的门户。一个富有家庭的小孩如何对社会正义产生了极大的关注，并成为美国最杰出的左派人物之一以及几部经典著作的作者，这些都是令人感兴趣的问题。

在罗伯特五岁时，他的父亲就去世了，他家里的司机威利·格金成了他的代理父亲。当他意识到，他的母亲之所以可以命令她的司机，只是因为他心爱的

"威利"需要钱，而他的母亲有钱的时候，他把他的社会良知归因于他的愤慨。"威利"是一个亲密的人，而"威廉"是一个仆人，区别仅仅在于后者穿着正式的司机制服。

罗伯特在 1936 年这一吉利的年份选择了常春藤联盟中的哈佛大学，当时哈佛大学经济系正在辩论凯恩斯的《通论》的意义，凯恩斯的追随者们正在把凯恩斯主义带到华盛顿特区。在罗伯特读大二的时候，他的导师是保罗·M. 斯威齐（Paul M. Sweezy）。斯威齐是每月评论出版社（Monthly Review Press）的创始人，是最突出的美国"老"马克思主义经济学家（他们的主要职能是更新马克思和列宁关于垄断资本主义的思想）。在海尔布隆纳的例子中，他的班级正在学习作为维多利亚时代对禁欲的奖励的利率。斯威齐把凡勃伦的《有闲阶级论》指定为补充读物，并问海尔布隆纳："你认为凡勃伦会怎么看待禁欲？"

海尔布隆纳作为一名有前途的经济学家的发展被第二次世界大战期间的服役（就像美国凯恩斯主义者一样）中断了，他从事商业工作，以及自由职业（写作），但他说："我仍然记得有一盏灯在亮着。"凡勃伦对经济学的社会层面的参与为海尔布隆纳的强烈社会关注提供了体系。1946 年罗伯特走进了阿道夫·洛在社会研究新学院的经济思想史课堂。洛的课程成为海尔布隆纳的经典著作《俗世哲学家》第一版的推动力。这本书将——像飞蛾扑火一样——把许多大学生吸引到了经济学领域。这本书已经卖出了 100 多万册。

海尔布隆纳的写作习惯实际上是强迫性的，但他是一位非常能干的演说家，他的亲切说服力无疑改变了许多人的想法。他和善的面容揭示了他的真实本性，他那顽皮的微笑暴露出他的活泼和机智。

就像他在《俗世哲学家》中描绘的经典人物一样，海尔布隆纳把广阔的视野带到了他的作品中。他的一些著作的书名表明了这一点：《资本主义的本质和逻辑》（*The Nature and Logic of Capitalism*）、《探索人类的前景》（*Inquiry into the Human Prospect*）、《资本主义与社会主义》（*Between Capitalism and Socialism*）、《21 世纪资本主义》（*Twenty-First Century Capitalism*）、《未来如历史》（*The Future as History*）、《现代经济思想中的视野危机》（*The Crisis of Vision in Modern Economic Thought*），最后一本是与威廉·米尔伯格合著的。

资本主义：海尔布隆纳的视野

在《资本主义的本质和逻辑》（1985 年）一书中，海尔布隆纳不仅将资本主义视为一种"经济制度"，而且将资本主义看作一种"政治制度"，由此让人联想到了政治和心理上的影响。这种社会关系的两个特征是：（1）财富的持有形式；（2）财富的配置方式。

在封建制度中，生产剩余变成了威望或者给予消费者社会地位的奢侈品。统治阶级由那些拥有最大份额的声誉商品和控制社会过剩的人组成。正如凡勃伦所指出的，那些从资本主义中积累剩余的人从事声望商品的炫耀性消费。然而，在资本主义制度下，不同于封建制度，财富主要是作为生产资料而持有的。资本主义统治阶级通过拥有对产生社会物质财富的手段的所有权获得了地位。这种所有权赋予了权力，因为"赋予［生产资料所有人］的权利可以让他们的财产不被社会使用，如果他们愿意的话"[1]。

掌控资本的能力使资本家相对于工人具有决定性的讨价还价优势，同时使资本家能够自己掌握社会剩余的大部分。这种讨价还价能力的不平等是利润的来源。海尔布隆纳立即站在亚当·斯密关于资本高于劳动的权力的告诫以及卡尔·马克思对资本剥削劳动的关注的一边。正如海尔布隆纳所写的那样，马克思认为商品"是资本主义社会历史的载体和缩影，因为它本身包含着阶级斗争的伪装元素"[2]。

然而，海尔布隆纳的资本主义逻辑在重要的方面背离了马克思主义。在马克思看来，国家是资产阶级的执行委员会。在海尔布隆纳看来，资本家作为社会权力的拥有者，脱离了封建主义，独立于国家对暴力手段的控制（与封建主义不同，它与政治权力和经济权力是分不开的）。一旦资本家拥有私有财产权，资本家就可以控制生产资料，而国家仍然控制暴力手段。

---

① Robert Heilbroner, *Behind the Veil of Economics*, New York: W. W. Norton, 1988, p. 38.

② Robert Heilbroner, *Marxism: For and Against*, New York: W. W. Norton, 1980, p. 103.

像马克思一样，海尔布隆纳认为这两个资本主义权力的节点之间有着强烈的利益趋同。例如，从历史上看，国家的暴力几乎总是针对工人进行部署，以保护资本家的财产。与马克思不同的是，海尔布隆纳不认为经济和国家之间的区别是一种幻觉。相反，生产资料所有者的权力限制了国家的权力。这种对国家权力的限制允许持不同政见者批评政府，同时仍然能够在政府掌控的范围之外谋生。[阿巴·勒纳（Abba Lerner）对私有财产权的这种政治优势持类似看法。]

在寻找那些想要积累资本的人的动机时，海尔布隆纳超越了马克思的范围，接触到了西格蒙德·弗洛伊德。弗洛伊德认为，存留在人性中的是一种对权力和支配的普遍动力。这种动力来自婴儿长期依赖的普遍经验。因此，对权力和威望的渴望发生在所有的社会安排中。由于这种普遍的动力体现在等级制度上，它是社会主义和资本主义中实行平均主义的障碍。如果说有什么不同，那就是，这种推动可能会采取更多病态的形式，如社会主义社会而不是资本主义社会中的独裁。斯大林主义立即闪现在脑海中，尽管资本主义被证明不是希特勒在德国崛起的一个障碍。

上面所述也许解释了海尔布隆纳的立场——像约翰·斯图亚特·穆勒一样——在资本主义和社会主义之间的某个位置。对海尔布隆纳来说，人类的愿望最好是在一个"略带假想的瑞典"中实现。真正的瑞典体现了一种自由、民主的资本主义的形式。一个稍微虚幻的瑞典、一个合作经济的愿景，将把自由资本主义推向极限，同时允许民主政治和平等主义的目标获得比贪婪更多的优势。这样，海尔布隆纳的分析性悲观主义被他的道德乐观主义平衡了。他的观点与他对母亲的财富是他的代理父亲威利·格金受统治的根源的早期关注，几乎没有偏离。

约翰·肯尼斯·加尔布雷斯：一个介绍

与凡勃伦和海尔布隆纳一样，约翰·肯尼斯·加尔布雷斯的著作即便不能总让其他经济学家感到高兴，也会让广大读者感到高兴，比如《丰裕社会》（*The Affluent Society*，1958）、《新工业国》（*The New Industrial State*，1967）、《经济学与公共目标》（*Economics and the Public Purpose*，1973）。加尔布雷斯是当代最著名的制度主义者和后凯恩斯主义者，他一直忍受着凡勃伦对新古典主义者的攻击。在新古典主义者感到无力的地方，加尔布雷斯像海尔布隆纳一样感觉到了力量。在新古典主义者反对让自然市场力量入侵的地方，加尔布雷斯认为不受干预的经济力量往往有利于强者。

加尔布雷斯在美国文学作品中肯定有着一席之地，这不仅是因为他在经济学方面的畅销书，而且是因为他还有三部广受欢迎的小说和其他文学作品。加尔布雷斯作为 20 多本书的作者，与海尔布隆纳竞争现代最被广泛阅读的经济学家之名，并担任合并的美国研究所与艺术和文学学院的主席。

尽管他和凡勃伦有着共同的农业出身、非凡的讽刺智慧和文学才能，但加尔布雷斯与凡勃伦不同，他有着一个非常均衡的人格，享受着非常成功的生活方式，更不用说接触民主党最高层的政治权力了。

1970 年，加尔布雷斯被提名为美国经济学会主席，但米尔顿·弗里德曼对此表示反对，理由是凡勃伦从未担任过该学会主席。加尔布雷斯写道："在被提名后我方才知晓，这使我的提名差点无法获得通过。"[①] 后来，他写了一篇关于《有闲阶级论》的新版本的导言，并领导了一次拯救明尼苏达州的凡勃伦庄园的尝试。

除了前面提到的关于经济学的主要著作外，加尔布雷斯还写了历史著作《1929 年大崩溃》（*The Great Crash 1929*）和《透视经济学》（*Economics in Perspective*）；关于政治的书《自由时刻》（*The Liberal Hour*）和《如何走出越南》（*How to Get Out of Vietnam*）；回忆录《苏格兰人》（*The Scotch*）、《大使杂志》（*Ambassador's Journal*）和《我们时代的生活》（*A Life in Our Times*）；对政治和衡量的讽刺《麦克兰德斯维度》（*The McLandress Dimension*）；抨击美国国务院的小说《胜利》（*The Triumph*）；以及上述关于 20 世纪 80 年代公司掠夺者和经济政策的有趣小说《终身教授》（*A Tenured Professor*）。他还与人合著了一本关于印度绘画的书，并主持了一部关于"不确定的时代"的专题电视片。

---

① John Kenneth Galbraith，*A Life in Our Times*，Boston：Houghton Mifflin，1981，p. 31.

　　加尔布雷斯一直是几位总统的密友；也是阿德莱·史蒂文森、林登·约翰逊、乔治·麦戈文和肯尼迪家族的演讲稿撰稿人；他还是驻印度大使，也是第一夫人的随从。对加尔布雷斯名声的一个衡量标准是，1968 年，他接受了《花花公子》杂志的采访，这是对那些拥有太多金钱、凡勃伦式的休闲和无拘无束的期望的人所能享受的替代性快感的浮华的提示。（弗里德曼后来也接受了《花花公子》杂志的采访。）

　　加尔布雷斯的早年生活是他后来作为社会评论家的一个预言性的背景。他的父亲最初是一名教师，后来转到了农耕，在他那有点与世隔绝的社区里是一个主要的政治自由主义者。当肯尼斯大约六岁的时候，他开始和他的父亲参加政治集会，也许就是在这时他开始发展他的讽刺幽默。在《苏格兰人》一书中，加尔布雷斯回忆了一个场合：他的父亲在一个巨大的粪堆上发表了一篇批评保守党纲领的演讲，并为不得不在保守党的讲台上讲话而道歉。

　　加尔布雷斯在达顿上高中，这个村庄因苏格兰乡村和英格兰市民之间的不和而分裂。大多数保守党人是英格兰商人，而自由党人主要是苏格兰人。在第一次世界大战后的几年里，乡村商人兴旺发达，而农民却受苦受难。苏格兰人自认为在各个方面都比英格兰人优越（加尔布雷斯同意这一点），认为商人的境况更好，因为他们贱买贵卖。商人的优越议价能力显然给这位年轻人留下了持久的印象。

　　加尔布雷斯后来在安大略省农业学院学习，1936 年在加州大学伯克利分校攻读农业经济学博士学位，第一次读凡勃伦和马克思。他后来的大部分学术生涯都是在哈佛大学当经济学教授，后来又是名誉教授。

加尔布雷斯的高级发展的一般理论

　　加尔布雷斯的经济著作的目标不亚于取代新古典主义体系。他承认，新古典主义体系在应用于市场体制时是有用的，但他也认为，现代美国的资本主义催生了另一个与传统市场体制并驾齐驱的体系，且在巨大的财富和权力方面远远超越后者。

计划体制

加尔布雷斯称另一个系统为计划体制，他指的是 1 000 家（大约）最大的工业公司。美国的 1 000 家工业巨头在国民生产总值中所占的份额比其余 1 200 万家企业的总和还要大。美国四大公司的总销售额超过了加尔布雷斯在市场体制下生产粮食用于供应的 300 万农民。加尔布雷斯写道："通用汽车的规模并不在于垄断或规模经济，而在于计划。"① 加尔布雷斯认为，新古典主义体系无法解释这家大公司的经济现实。

加尔布雷斯把他的理论称为高级发展的一般理论。它与新古典理论有两个重要的区别。第一，定价理论在计划体制中不具有特殊重要性。第二，新古典主义之所以和谐是因为经济中没有任何一个要素有足够的力量来控制价格，而大公司有权将其目的强加于他人。企业权力不绝对腐败的唯一原因是权力不是绝对的，虽然公司并不控制政治权力的所有来源，但计划体制的权力仍然足以使个人形成"非理性"的生活方式。

根据加尔布雷斯的说法，这家怪物公司之所以发展壮大，是因为技术变得如此复杂，以至于需要一个新的组织实体来处理这一问题。加尔布雷斯表示："这一计划——控制供给、控制需求、提供资金、风险最小化——对理想规模没有明确的上限。"②

第一辆 T 型汽车是短时间内在一家小型工厂生产的。但是，加尔布雷斯写道，福特汽车公司的野马轿车最早于 20 世纪 60 年代中期生产，需要专家知识、专业化的劳动力、庞大的资本支出、精确的生产计划和复杂的组织结构。从图纸到能够上路——需要数年的计划。计划是在公司层面上进行的。然而令人高兴的是，公司的计划往往符合整个行业的利益。

在新古典主义的教科书世界里，消费者是国王和王后，他们可以自由地选择他们喜欢的衬衫、裙子、肥皂、啤酒等，从而使他们的幸福最大化。相比之下，

---

① John Kenneth Galbraith，*The New Industrial State*，Boston：Houghton Mifflin，1967，p. 76.

② *Ibid*.

加尔布雷斯式的计划体制认为这种选择自由存在严重的缺点。从"着手生产"野马轿车到将该车放在经销商的地板上，需要大量的时间和大量的资金。为了确保消费者购买野马轿车，而不是选择另一不同马力的汽车，或者甚至是一匹马本身，它会尽一切所能。

因此，企业计划的一部分变成了对消费者所想要的东西的管理。通过广告、促销和销售技巧，生产者创造了许多他们想要满足的需求，这是加尔布雷斯称之为依赖效应的经济现象。加尔布雷斯抛弃了新古典的边际效用递减概念，他——甚至超越凡勃伦——设想了更像是美国经济中的生产者主权的内容。

例如，在一次关于汽车的讨论中，加尔布雷斯指出："由于通用汽车生产的汽车大约占所有汽车的一半，它的设计并不反映当前的模式，就是当前的模式。对大多数人来说，汽车的适当形状将是汽车巨头所规定的当前形状。"[1]

一旦必需品得到满足，一个充满可能需求的全新世界就等待着由广告牌创造出来，广告牌上展示的是穿丁字裤的年轻女性，有着绿巨人的电视广告，以及天鹅绒盒子里的酒类的杂志广告。加尔布雷斯指出："当大众的需求主要集中在物质需求上时，大众传播就没有必要了。然后，大众就无法被说服了，因为他们的支出——被用于基本的食物和住所了。"[2]

在他后来的《经济学与公共目标》中，加尔布雷斯在某种程度上证明了他的欲望创造论的合理性，他承认——尽管实际上没有人需要一台粉色全自动洗碗机——任何能减轻一个大家庭洗碗这一令人厌烦的工作的产品都能满足一个人的需求。许多大公司把部分资源花在了研究上，目的是发现这些需求甚至潜意识的需求是什么。

因此，"销售火爆"可能会促进单个公司的销售和增长，也有利于整个行业。这是现有竞争对手之间的一种安全竞争形式，使新竞争者难以进入或在该领域站稳脚跟。三大汽车制造商的市场调研-广告-促销合并支出增加了消费者配置到购

---

① *Ibid.*，p. 30.

② *Ibid.*，p. 207. 这一论点可以用卡尔·门格尔（Carl Menger）的欲望等级来说明。加尔布雷斯是在说，无论何时满足了Ⅰ、Ⅱ和Ⅲ的要求，媒体的说服对"欲望Ⅳ"（被运送）和"欲望Ⅴ"（享受奢侈品）就有效了。

买汽车上的预算，促进了整个行业的增长。虽然加尔布雷斯没有把他的分析扩展到国际经济，但日本人后来从美国向世界"销售"汽车中获益了。

技术结构及其目的

在大公司的计划体制世界里，由集体而不是个人来做出决策。所有参与集团决策的官员都是技术结构（technostructure）的成员，这是一个集体术语，不仅包括公司最高级的管理人员，还包括某些白领和蓝领工人。它只包括那些为集体决策带来专业知识、人才或经验的人。在一个非常大的公司，它可能包括董事长、总裁、负有重要责任的副总裁以及拥有其他主要职位的人，如部门或分公司的负责人。加尔布雷斯写道，技术结构不能被明确定义，但它以某种方式接管了公司，这支持了凡勃伦的预测，即所有公司在逻辑上都将由技术人员运营，而不是由风险承担者运营。

技术结构取代了老企业家和工业领袖，这更像是一个庞大的委员会。在掌控公司船舵的船长的稳定（或不稳定）手段之外，委员会有不同的目标。新古典经济学则认为个人资本家的目的（和成功）是利益最大化，而加尔布雷斯的控制技术结构有两个主要目的，而不是一个。

首先，它的保护性目的是：由技术结构集体做出决定，以确保基本和连续的收益水平，使股东快乐，银行家远离大门，并提供储蓄和资本。在这方面，大公司充当了一个巨大的官僚机构。其次，它有一个肯定性目的，即公司的成长。成长成为整个计划系统，因此也是一个大企业主导的社会的重要目的。

确保公司成长的一种方法是收购。加尔布雷斯指出，在1948—1965年，200家最大的美国制造业公司收购了2 692家其他公司，在这期间这些公司所有资产增长中有七分之一左右是由这些收购带来的。在接下来的三年中，200家大公司收购了大约1 200家其他公司。

不同于马克思和凡勃伦认为工业集中是由对利润的渴望驱动的，加尔布雷斯认为技术结构的动机是官僚优势之一，动机也意味着力量。

技术结构的每一位成员都看到了增长的这种逻辑。公司的一个单元，比如一个部门，扩大了它的销售。随着收入的增加，部门可以扩大就业，在晋升、薪酬和额外福利方面提出新的要求，这些都是随着公司规模的扩大而产生的，而非盈利公司的成员不能要求得到这些报酬。同时大公司会变得更大，因为收入的增长给公司带来了更大的成长空间。当一个公司如此之大，以至于它的生产本身会导致价格波动时，对于这家公司和其他与之类似的少数公司来说，更为安全的是首先要设定价格，然后调整它们的生产，以预定的价格销售它们的产品。[1]

计划体制和技术结构与国家密切相关，因为政府开支占公司收入的很大一部分。政府官僚机构和公司之间的密切关系还有其他的原因，这是一种官僚主义的共生关系。公共监管机构，如联邦贸易委员会，往往会成为它们准备要去监管的公司的俘虏。政府经常为技术发展，例如核能、计算机、现代航空运输和卫星通信设备提供资金。有时，政府可以充当最后的贷款机构，例如历史上对洛克希德公司（Lockheed Corporation）、克莱斯勒公司（Chrysler Corporation）和长期资本管理公司（Long-Term Capital Management）等的纾困。

因此，公司成长的目标与国民经济增长的目标是分不开的。对政府有利的，对通用汽车公司也有利。国家经济增长也是有组织的劳动力的重要目标之一，这一目标与技术结构的雄心非常契合：大公司设定价格，所以它们通常可以通过设定更高的价格的方式，将更高的工资转嫁给消费者。每个人都赢了——也许消费者除外。

加尔布雷斯的非均衡发展原理

加尔布雷斯所描述的是计划体制与市场体制之间由于非均衡发展而产生的不均衡的权力分配。计划体制需要高技能的工人，而且能够支付很高的报酬，这往往比他们在市场体制中按照自己创造收入的能力所能获得的报酬更多。因此，市场体制在争夺技术人员的竞争中处于不利地位，而且有影响力的计划体制也可以从国家那里获得服务，而市场体制基本上没有这种服务。

---

[1] 那些希望更详细地了解加尔布雷斯的公司理论的读者，可以从阅读他最小的儿子的评价中受益。参见 James K. Galbraith, "Galbraith and the Theory of the Corporation," *Journal of Post Keynesian Economics*, 6, 43-60 (Fall 1984). 杰米（Jamie）认为，他父亲对经济理论的最重要的贡献是他的公司理论。(该期刊的这一卷是由坎特伯里编辑的。)

青睐计划体制的不平衡发展对社会态度影响很大。例如，消费者对私人交通的热爱，部分是因为计划体制使他们相信汽车是他们生活中必不可少的。公共交通受到轻视，尽管它最终可能对社会更有利。

加尔布雷斯关心的是社会不平衡。私营部门是贪食者，非军事公共部门挨饿，这种饥饿延伸到教育、艺术和各种公共服务。一般的财政和货币政策服务于技术结构自身的稳定经济增长政策，使个人消费者能够购买大公司的产品。通货膨胀可能是这种联姻的结果，但大公司在很大程度上不受限制性货币政策的影响，因为这些巨头能够获得自己庞大的金融资源。只要经济中的需求仍然很大，公众无法有效地反对技术结构，结果就是工资价格的螺旋式上升。

加尔布雷斯的世界

加尔布雷斯也明显背离了新古典主义，他关注的是计划，而不是市场。他审视的是大公司，而不是小公司。他认为价格和产出是由技术结构而不是市场机制决定的。他更相信生产者的主权，而不是消费者的主权。公司的目标是增长，而不是最高利润率。

政府与公司的关系是合作性的。加尔布雷斯认为，生活质量与产出的构成，而不是产出的规模有关。因为他超越了经济学家，接触到了更广泛的受众，也因为他——像凡勃伦和海尔布隆纳那样——认为新古典主义经济学是一个信仰问题，而不是现实问题，加尔布雷斯并没有得到其他职业经济学家的普遍推崇。

结　论

像约翰·斯图亚特·穆勒一样，加尔布雷斯、海尔布隆纳和其他制度主义者提醒人们注意经济学巨大的人文含义。他们再次令人信服地质疑纯粹的经济选择是否高于在生活中很重要的事物的平衡。特别是，他们以戏剧性的方式揭示了美国经济发展的不平衡，与新古典主义者所描绘的所谓的平稳性形成了鲜明对比。从某种意义上说，加尔布雷斯——就像亚当·斯密一样——也是苏格兰道德主义者，他敦促我们走向一个更加充实的社会。正如海尔布隆纳在他的第一本书中所确立的那样，历史上最重要的经济学家试图打破正统学派统治。这就是加尔布雷斯和海尔布隆纳正在做的事情，他们的领域是历史悠久的政治经济学国度的一部分。

尽管如此，但作为一台完美的内部一致性机器，马歇尔或瓦尔拉斯式的模型赢得了大多数经济学家的钦佩。事实上，经济学家们已经展示了新古典定价和资源分配机制在社会主义下是如何运用的，私人财产所有权在新古典理论中是如何毫无理论意义的，也就是说，作为一种工具，这一理论独立于资本主义而存在。海尔布隆纳抱怨道："哈佛大学经济学家格里高利·曼昆是一本很受欢迎的、写得很好的教科书的作者，他是一个非常聪明的人。他谈到了使用科学语言的必要性，但他从未使用过'资本主义'这个词。"①

也许这就是加尔布雷斯称新古典经济学为"一种信仰体系"的原因。它表达了——或至少看上去表达了——一些重要的西方价值观，如自由和个人主动性。另外，马克思主义在某些方面与西方的伦理不相适应，而且在英国剑桥城外的大英博物馆的诞生也存在进一步的劣势。至于制度主义者，凡勃伦从未在一所主要的美国大学找到过一份有保障的工作，而加尔布雷斯则以凯恩斯主义者的身份在哈佛大学获得了终身教职。

由于经济学家未能认可一个更好的机制，新古典主义者在讽刺式的资本主义的灭亡中幸存下来了。新古典经济学也经受住了马克思的精辟批判。还不能否认加尔布雷斯和海尔布隆纳：由于经济和社会条件使他们具有相关性，他们的批评和挑战获得了广泛的公众读者。正统的批评人士并不能很好地表达他们自己的相关性。

---

① "The End of the Worldly Philosophy：Interview with Robert Heilbroner," in *Challenge：The Magazine of Economic Affairs* 42 （3），56 （May-June 1999）．

5

新激进经济学：左派

在 20 世纪 60 年代中期和末期，我们研究了正统经济学［麻省理工学院的韦斯科夫（Weisskopf）、哈佛大学的爱德华兹（Edwards）和赖希（Reich）］，同时参加了反对种族主义、贫困和越南战争的斗争……我们正在研究一门成熟而复杂的学科，但我们越来越意识到它的不足之处。它不仅否认或忽视了我们大部分的政治关切，更糟糕的是，它构成了一种信仰体系，通过捍卫资本主义制度来证明现状的合理性。

——理查德·C. 爱德华兹、迈克尔·赖希和托马斯·E. 韦斯科夫，《资本主义制度》（*The Capitalist System*），1972 年

反对传统新古典主义范式的最大、最能言善辩的经济学家群体之一，是被称为新左派激进经济学家的混合体。这个群体包括正统马克思主义者、同情马克思经济方法的人、民主社会主义者、一些无政府主义者，以及一些只是简单地批评他们所认为的当代经济学狭隘视野的人。使他们团结起来的纽带是这样一种信念，即美国实行的资本主义是这个国家存在的许多问题的罪魁祸首，正统经济学是资本主义事实上的辩护者，改革只能随着经济体制的全面改变而进行。

马克思和凡勃伦抨击了收入的不平等分配和对财富的垄断性控制。新左派激进分子反对他们所认为的在一个富裕的经济中猖獗的贫困和异化，以及作为增长资本的产物的肆意妄为的私人消费和生产的不利后果。马克思主张用使人类回到宇宙中心的黑格尔式的世界观，取代以自然物理定律为基础的牛顿世界观。在美国，凡勃伦看到了马克思所认识到的许多资本主义罪恶并敦促进行社

会改革。然而，基本的新古典主义范式仍然完好无损，马克思主义者和制度主义者也都没有提供新的模式。到我们对新左派激进经济学家的讨论结束时，这种失败的原因就会变得清楚。

新左派激进主义的兴起

1969 年，当一群年轻的激进经济学家冲到在纽约举办的美国经济学会大会的舞台上时，在场的大多数经济学家都认为他们是一个有理由但没有理论的边缘反叛团体，并坚持认为经济学不会注意到他们在那里做了什么，更不用说回忆他们说过的话了。这并不是近年来经济学中唯一没有达到预期目标的预测。左派激进分子并没有消失。他们非常活跃，并开始获得一些老一辈成名学者以及许多一流的年轻经济学家的拥戴。约翰·肯尼斯·加尔布雷斯、肯尼斯·博尔丁（Kenneth Boulding）、罗伯特·莱卡赫曼（Robert Lekachman）、罗伯特·海尔布隆纳、丹尼尔·福斯菲尔德（Daniel Fusfeld）、道格拉斯·多德（Douglas Dowd）、沃伦·萨缪尔斯（Warren Samuels）、安德烈亚斯·帕潘德里欧（Andreas Papandreou）、本杰明·沃德（Benjamin Ward）和罗伯特·A. 索罗（Robert A. Solo）都是那些同情激进分子的人。其他知名经济学家，包括马丁·舒贝克（Martin Shubik）（耶鲁大学）、莱斯特·瑟罗（Lester Thurow）（麻省理工学院）、文森特·塔拉西奥（Vincent Tarascio）（北卡罗来纳大学）、已故的奥斯卡·摩根斯坦（Oskar Morgenstern）（纽约大学）、E. J. 米香（E. J. Mishan）（伦敦经济学院）、诺贝尔奖获得者肯尼斯·阿罗（斯坦福大学）和瓦西里·里昂惕夫（Wassily Leontief），对正统经济学的主题和方法提出了类似于激进分子的批评，尽管没有新左派的热情和修辞。十几个激进派的拥护者或同情者出现在了1971 年美国经济学会的大会上，可能因为约翰·肯尼斯·加尔布雷斯当时是该学会的主席，最大的一批年轻激进分子来自哈佛大学，而加尔布雷斯在那里任教。

除此之外，即使是那些强烈反对激进分子的经济学家，现在也倾向于把激进的左翼经济学视为学术经济学的一个合法分支。新左派激进经济学已经加入马克思主义和制度主义经济学，成为对新古典理论的公认批评。到 1980 年，新左派激进分子可以声称，在其组织"激进政治经济学联盟"（Union for Radical Political Economics，URPE）中有 1 500 名成员。它的杂志《激进政治经济学评论》正在蓬勃发展，并在私营企业市场上出售。到 1985 年，已经出版了一些关于激进经济学的书籍，包括：大卫·默梅尔斯坦（David Mermelstein）的《经济学：主流解读和激进批评》（*Economics：Mainstream Readings and Radical Critiques*），霍华德·谢尔曼（Howard Sherman）的《激进政治经济学》（*Radical Political Economy*），谢尔曼和 E. K. 汉特（E. K. Hunt）的《经济学》（*Economics*），塞缪尔·鲍尔斯和赫伯特·金蒂斯的《资本主义美国的学校教育》，詹姆斯·奥康纳的《国家财政危机》（*The Fiscal Crisis of the State*），鲍尔斯和理查德·爱德华兹的《理解资本主义》（*Understanding Capitalism*），鲍尔斯、戴维·戈登和托马斯·E. 韦斯科夫的《荒地之外》（*Beyond the Waste Land*），雷蒙德·S. 富兰克林的《美国资本主义：两种观点》（*American Capitalism：Two Visions*），以及为这一章提供注解的著作《资本主义制度》。①

新左派激进经济学的正式学术渊源是在 1967 年秋季的哈佛大学。一群研究生和教职员工组织了一门课程，希望能帮助他们解决所认识到的以下矛盾：他们正在学习和教授的东西与他们在周围世界看到的东西——贫困、种族主义、越南战争——之间的矛盾。他们称这门课程为社会科学 125 "资本主义经济、冲突和权力"，并要求在课表中增加这门课程，以便学生们能够获得学分。正如常规科学行为的传统所预测的那样，哈佛大学经济系没有批准他们的要求。大约在同一时间，密歇根大学出现了一小群年轻的激进分子。其他人开始出现在全国各地的学校，包括社会研究新学院、美国大学、纽约州立大学石溪分校、康奈尔大学、

---

① 年轻激进分子的许多研究工作有一个奇怪的特点，那就是很少引用同情他们的经济学家的著作，比如桑斯坦·凡勃伦关于制度滞后、肯尼斯·博尔丁关于生态学以及加尔布雷斯关于权力的著作。

马萨诸塞大学和加利福尼亚的一些公立大学。[1]

近年来，美国激进经济学的复兴有几个原因。其中包括环境污染、大量贫困、资本主义制度明显不能兼顾充分就业和物价稳定等经济学的危机。影响经济科学状况的另一个条件是，随着总体富裕程度的提高，美国收入和财富增加带来的额外满足感下降。[2]

激进经济学家对贫困的关注延伸到第三世界国家的经济发展问题上。例如，激进分子指责发达国家在不给予足够补偿的情况下抽干了第三世界国家的矿产资源和"剩余价值"。发达国家使用关税、配额和其他不公平竞争手段来对抗发展中国家的产品。像马克思一样，年轻的激进分子描绘了富国和穷国之间日益扩大的差距。特别是在国际经济学中，新左派激进经济学家使用了经济帝国主义和新殖民主义等术语，增加了马克思列宁主义的文学语调。激进分子的关切还包括种族问题和地区化战争等问题。他们认为这些战争部分是富国和穷国之间经济差距扩大的结果。

然而，新左派激进经济学虽然欠了马克思的债，但不能简单地把它看作马克思主义的复兴。（马克思主义是制度主义学派的诅咒。）激进分子更多地受到马克思广泛的人文主义社会思想，而不是他革命的一面的影响。《资本主义制度》中

---

[1] 1958—1970 年，除了爱德华兹、赖希和韦斯科夫之外，社会科学 125 课程的其他工作人员包括塞缪尔·鲍尔斯（Samuel Bowles）、基思·奥夫豪瑟（Keith Aufhauser）、彼得·博默（Peter Bohmer）、罗杰·博默（Rogor Bohmer）、赫伯特·金蒂斯、卡尔·戈奇（Carl Gotsch）、阿瑟·麦克尤恩（Arthur MacEwan）、斯蒂芬·迈克尔逊（Stephan Michelson）、拉尔夫·波乔达（Ralph Pochoda）和帕迪·奎克（Paddy Quick）。后来斯蒂芬·马格林（Stephen Marglin）也来了。在其他学校中，有迈克尔·哈德森（Michael Hudson）、霍华德·瓦赫特尔（Howard Wachtel）、斯蒂芬·海默（Stephen Hymer）、爱德华·内尔（Edward Nell）、托马斯·维托里兹（Thomas Vietorisz）、詹姆斯·韦弗（James Weaver）、迈克尔·茨威格（Michael Zweig）、詹姆斯·奥康纳（James O'Conner）、罗伯特·里奇（Robert Ritch）、玛丽·奥彭赫默（Mary Oppenheumer），以及来自正统学派的皈依者、已故的伦纳德·拉平（Leonard Rapping）。后来，鲍尔斯因未能在哈佛大学经济系获得终身教职而搬到马萨诸塞大学。再后来，金蒂斯加入了鲍尔斯和拉平的队伍。

[2] 参见 Martin Bronfenbrenner，"Radical Economics in America，1970，" *Journal of Economic Literature*，3，747-766（September 1970）。

的这一陈述可以被视为激进分子对马克思和马克思主义的普遍态度的一个公正的总结：

> 我们并不认为马克思或他的追随者所写的一切都是有用的，甚至是相关的或正确的。相反，熟悉马克思主义作品的读者会注意到（而且可能会抱怨），马克思主义思想的许多部分在这本书中并没有体现。尽管如此，但我们在思维上亏欠卡尔·马克思。他对社会问题的处理方式深刻地影响了我们。①

激进分子对新古典主义的批判

新左派激进经济学对传统经济学提出了以下基本的批评：

1. 正统经济学使分析收入来源、产品分配和产品选择变得困难，因为它集中在资本主义制度内部小的、边际的变化和转移上，而不是在可能改变制度的重大的质的变化上。这种对某一制度内相对较小的变化的兴趣使该制度在本质上似乎是和谐的，而忽略了大的不连续性，例如权力和财富的集中。

2. 新古典经济学没有考虑生产力实际的社会经济决定因素，例如公司结构和所有权、教育、职业培训或家庭背景；它忽略了权力分配与财富分配之间的密切关系。

3. 传统经济学假设消费者的选择以某种方式被"给定"，因此在讨论中排除了生产、广告的影响，以及希望得到其他人所拥有的，以帮助形成这类偏好的愿望。

4. 激进分子认为，实证经济学和规范经济学的分离是不可能的，早期的经济学家也没有尝试过任何这样的分离。政策来源于规范经济学。

5. 过度专业化消除了经济模型构建中重要的政治和社会变量，因为这些变

---

① R. C. Edwards, M. Reich, and T. E. Weisskopf, *The Capitalist System*, Englewood Cliffs, N. J.: Prentice-Hall, 1972, p. x.

量是"外在于"理论的。过度专业化再与上述其他四个因素相结合，使经济学忽视了在特定经济体系下的生活质量——例如做出决定的方式、集体服务的存在与否、环境的自然问题和造成的问题。

总之，新左派激进经济学家认为，现代经济学的常规科学课程教授传统的边际主义理论，这一分析必须基于社会关系的现状，因为除了现有资本主义社会的所有权和决策制度之外，它不能容纳任何东西，只能容纳企业和个人在这种背景下的赚钱行为。即使在研究这些单独的单位的整体运作时，现代经济学也把重点放在财政和货币调整上，以保持系统的运转。他们说，"只有在接受资本主义的基本制度时，边际主义的方法才是有用的，这主要涉及资本主义的管理"①，这听起来很接近制度主义者的呼吁。

根据新左派激进分子的观点，新古典主义范式主要是作为对现有制度的辩护，它具有不利的福利结果。（也就是说，资源分配不当；"福利"在这个意义上与联邦或州福利计划无关。）激进派和马克思、加尔布雷斯和凡勃伦一起抨击收入和财富的分配，特别是在美国，他们在这里击中了正统经济学的软肋，因为个人财富和个人收入分配在标准范式中都是简单地被"给定"的。

偏好形成的激进观点

激进分子还与凡勃伦及加尔布雷斯联手反对消费者主权的观点，即消费者控制生产者所产出的产品。赫伯特·金蒂斯似乎是激进分子的主要理论家，他认为（以自由诗体的形式）：

首先，这一理论体系（新古典理论）

---

① R. C. Edwards, A. MacEwan, and the Staff of Social Sciences 125, "A Radical Approach to Economics: Basis for a New Curriculum," *American Economic Review*, *Papers and Proceedings* 60, 352 (May 1970). 以同样的语气，鲍尔斯和金蒂斯把公立学校制度看作在资本主义美国的教育中复制资本主义生产工人的工厂，参见 *Schooling in Capitalist America: Educational Reform and the Contradictions of Economic Life*, New York: Basic Books, 1976。后来，鲍尔斯和爱德华兹更笼统地描述了战后公司制度如何建立在支配和从属关系的基础上，形成了一种僵化的等级私人特权结构，参见 *Beyond the Waste Land*, Garden City, N. Y.: Doubleday, Anchor Press, 1983。

将个人福利视为

个人可利用的"客体"的

一个直接功能。

也就是说，它认为

客体本身就是"它们自己的手段"，

因为

个人的福利只取决于

其管辖或

控制下的"客体"。①

但是，这种观点只是关于偏好如何形成的众多观点中的一种。金蒂斯认为，新古典偏好理论可以被看作个人发展和偏好变化的另一种理论中的一个子系统。

与制度主义者一样，激进经济学家认为，决定偏好的是制度本身（包括价值观）。此外，个人和制度之间也存在反馈效应。金蒂斯认为，在现实中，

个人

在某个时间点……

可以

通过提供额外的商品和服务，

在现有偏好结构的基础上增加福利，

或者，

他也可以基于现有的物质产品

改善自己的偏好结构，

以便增加满足感。

个人面临的

物质福利和个人发展之间的权衡

---

① Herbert Gintis, "Neo-classical Welfare Economics and Individual Development," *Occasional Papers of the Union for Radical Political Economics*, No. 3, pp. 7 - 8 (July 1970). 这篇文章是用自由诗体的形式印刷的，我这里提供的是原文的摘录。

反映在社会整体水平上。

因此，我们可能会

对任何适当的福利经济学

提出一个中心问题：

社会经济制度的结构是否

充分地反映了

这些个人的权衡？

此外，

完整的福利理论

必须分析

"认可"的制度集合本身

使个体解决个人发展问题的方法产生偏差的途径。[1]

人际效用比较

金蒂斯还抨击了传统经济学，因为它避免将不同消费者从相同产品中获得的满意度进行比较——人际效用比较。

人际比较

代表了

新古典福利经济学的苦果。

传统观点认为，

作为价值判断，

表面证据（prima facie）必须从福利分析中排除。

这一论点肯定是

混淆的，

因为某些判决是规范性的

这一事实

---

① *Ibid.*，p. 12.

永远不能成为将其排除在

明确的规范性分析之外的理由。

事实上，

我们期望

对这类比较的规范性的承认

将有助于提出将其包括在内的理由。①

　　换言之，金蒂斯认为，将价值判断排除在规范经济学之外在术语上是矛盾的。与人们在经济效率之外的价值无关的福利经济学没有什么意义。

　　和制度主义者和加尔布雷斯一样，新激进分子攻击经济学的专业化，以及经济学家不愿采取广泛的方法。加尔布雷斯在《新工业国》中提醒我们，"专业化是一种科学上的便利，而不是一种科学的美德。"对加尔布雷斯来说，专业化，至少在社会科学领域被视为一个错误的来源："名誉受损的世界并不是按照将专家分隔开来的界限进行划分的。这些界限首先是由院长、系主任或学术委员会划定的……虽然建筑师们很优秀，但他们不能以独特有效的观点来看待社会自然分裂的各个阶层。"② 金蒂斯也攻击说：

……相当严格的"分离模式"的应用，

即新古典理论有效分配资源的方式，

本身并不影响个人偏好的发展方式。

……我认为这种分离模式是不合理的，

即使在它自己的应用范围内，

也必须抛弃新古典的"有效经济学"。

新古典理论所指出

并体现在资本主义社会中的

制度性机制的类型，

---

① *Ibid*. , p. 14.

② John Kenneth Galbraith, *The New Industrial State*, Boston：Houghton Mifflin Co. , 1967，pp. 402 - 403.

不仅局限于最大的物质产品，

而且直接影响到

社会处理个人发展问题的方式。①

经常提到"私人"或"个人"的发展，即使有时含糊不清，也有年轻马克思的人文主义光环。

对资本主义制度的批判

新左派激进分子批评的主要焦点是美国当时的经济体制，这是一种混合的资本主义制度。我会概括他们一般批评的五个不同但相互重叠的方面：第一，新左派激进分子认为市场体系不稳定、不公平、不道德，让人无法得到满足感。他们认为，从本质上看，市场体系在市场之外造成负成本，而其他人必须支付这些成本，比如污染湖泊和溪流，以及我们呼吸的空气的各种污染物。正如一篇新的激进文章所说的：

> 由于资本家（资本所有者）控制着工作过程，而他的目标是利润最大化，因此不会有将落在他人身上的成本降到最低的趋势……这些外在于市场的成本的形式有社区断裂、水和空气污染、拥堵、"城市蔓延"等——对环境的普遍破坏不能被视为次要问题，而是社会上最重要的问题之一。②

因此，总产出本身被拒绝作为衡量福利的可靠指标，因为扩大产出可能会对福利造成不利影响。

在这一点上，我想略微偏离主题，以澄清一些术语。在上面的引文中，我把"资本所有者"这个短语放在"资本家"这个词旁边的括号里，因为在新左派激进分子看来，后一个术语的定义并不总是明确的。据推测，资本家是马克思理想化的资本所有者，但新激进分子最近才开始认识到作为一种理想化的资本主义与

---

① Gintis，"Neo-classical Welfare Economics and Individual Development," p. 17.

② Edwards *et al*.，"A Radical Approach to Economics," p. 356.

美国资本主义的区别。① "老马克思主义者"巴兰（Baran）和斯威齐一直认为，在大多数美国工业中，所有权和控制权（管理）之间是分离的。许多产业的管理者都认同激进分子对贫困、种族主义、性别歧视和污染的担忧。他们的分歧似乎在于政策问题。例如经济发展委员会（Committee for Economic Development）的管理者就呼吁政府制定人道政策。反官僚的新左派激进分子设想了某种既不依赖利润激励，又不依赖政府控制的生产组织类型。和马克思一样，激进分子认为政府只是资本主义权力的延伸。

鲍尔斯、金蒂斯和爱德华兹设想了一种改良的社会主义形式，即个人通过直接的参与性控制来构建他们的生活。社会的核心将是发展一种替代工资-劳动制度的选择。他们认为，工作场所的逐步民主化是关键。平等和民主的经济生活将导致更大的政治民主。鲍尔斯和爱德华兹将把所有银行和保险公司置于公共控制之下，以确保公众对个人储蓄的投资用途进行问责。②

第二，激进分子抨击资本所有权的分配方式，这是一种在追求财富和收入更平等分配的过程中提出的批评。他们反对美国的贫困问题，以及菲利普斯曲线在价格稳定与更高失业率之间的普遍可接受性。（提醒：菲利普斯曲线是失业率与工资增长率之间的关系；它意味着只有以更高的通货膨胀率为代价才能减少失业。）然而，如果人们就像一些激进分子所做的那样喜欢资本的集体所有权，那么人们仍然无法确定权力也将得到平等分配。如果权力实际上不是分散的，财富不平等的出现也就不远了。在一些前共产主义集团国家中，人们可以找到足够的证据来证明这一点。这一前景促使鲍尔斯和金蒂斯高度重视经济平等，以减少导致政治权力失衡的财富差异。企业财富使权力规模向企业倾斜。鲍尔斯和爱德华兹认为，不仅投资必须民主化，而且美国需要一项经济权利法案来对抗企业的"涓滴"经济学。

第三，新左派激进分子希望减少对将工资和工资差异作为工作激励的依赖。诚然，由于包括工人异化在内的许多原因，这些激励的作用在美国正在减弱，但

---

① 这种认识也许在鲍尔斯和爱德华兹的《荒原之外》中得到了最好的表达。

② 参见 *Ibid* and Bowles and Gintis, *Schooling in Capitalist America*。

似乎没有人知道什么将取代它们。将用什么激励来决定个人将填补哪些职业或闲置的岗位呢？鲍尔斯、金蒂斯和爱德华兹的回答是，生产中的民主社会关系将导致积极性高和富有生产力的工人。提高效率将减少每周工作时间和解放人们，使他们从事创造性的休闲和非正式生产，工人在生产中的合作和参与决策是取代现行工作规则的一种回报。

第四，激进经济学家认为竞争是一种邪恶，合作（除了垄断合作以外）在道德上是优越的。许多，甚至大多数思考过它的人都可能认为，美国的产品和货币激烈竞争会对集体目标和个人个性发展产生极坏的影响。此外，美国的许多最严重的问题都是由（某种形式的）利润竞争引起的，只有通过集体决策才能解决。但是，加强合作可能有其自身的问题：许多强调合作的人更喜欢按自己的条件进行"合作"。例如，激进分子实际上更喜欢日本工业组织的家长作风还是集体经济的管理模式？他们是否更喜欢南斯拉夫的工人管理模式？① 鲍尔斯和金蒂斯更喜欢一种独特的美国社会主义，它似乎是南斯拉夫的工人民主和瑞典的合作社会主义的结合体。然而，人们对竞争与合作的相对优势却知之甚少。世界范围内的搜索似乎是在寻找某种中间地带，在那里，竞争的效率属性可以与从合作中产生的个人利益相匹配。

第五，激进的经济学家和加尔布雷斯很相似，他们认为，资本主义制度把资源从教育、健康、美术、公共交通和社会福利等集体需求中夺走了。至于这些需求中的最后一项，即美国的福利服务的数量和质量与几个社会主义国家的福利服务相比，当然是处于劣势的。20世纪80年代初，这种差距扩大了，社会主义国家更有利。美国的混合资本主义制度很可能使人们的注意力偏离了应该通过税收筹措资金的集体性需求，但加尔布雷斯式的新左派激进言论是对教育进程的一种投入，尽管它在20世纪80年代遭到了反对，直到21世纪初才恢复。

前文所述的批评和抱怨并不意味着新左派激进经济学家认为资本主义没有美德。相反，他们是在说，像我们这样富裕的社会应该而且可以开始重新安排它的

---

① 关于激进分子对南斯拉夫式实验的看法，参见 Howard Wachtel，*Workers' Management and Workers' Wages in Yugoslavia*，Ithaca，N. Y.：Cornell University Press，1973。

优先事项，使资本主义的技术成功被视为理所当然，社会可以关注增加满足感的非物质来源。对金蒂斯来说，

> 资本主义的优点
>
> 在于
>
> 它有能力生产
>
> 大量的货物和服务。
>
> 为此，
>
> 它设计了一套经济制度，
>
> 围绕"经济效率"的标准，
>
> 组织社会的发展和资源的长期分配，
>
> 以实现单位资源的最大物质产出。①

然而，对鲍尔斯和爱德华兹来说，企业体系同时也在浪费资源，因为它产生了越来越多的主管和销售人员，迫使和说服工人做他们不喜欢的事情，消费者购买他们不需要的东西，即使它已经解雇了生产工人。马克思会同意这些观点的。例如，在这个国家，土地是主要用于制造可销售商品的资源。城市、农场和人的位置可能大致符合竞争和利润最大化的效率标准，但不一定是人们在工作或地点方面真正想要的。

末日资本主义

对资本主义长期生存能力的悲观看法源于卡尔·马克思和约瑟夫·熊彼特（1883—1950 年）的著作。一些新激进分子是马克思-熊彼特传统意义上的末日预言者，他们认为世界范围内的经济放缓类似于 20 世纪 30 年代的大萧条。除了凯恩斯主义疗法的失败之外，这些悲观主义者认为美国资本主义正在陷入停滞，不仅是因为凯恩斯主义疗法的失败，也是因为缺乏产品和技术创新。熊彼特指出，

---

① Gintis，"Neo-classical Welfare Economics and Individual Development，" p. 10.

40～60 年的"长波"超越了短商业周期，并导致危机逐步加深。

在对长波感兴趣的人当中，雷蒙德·富兰克林（Raymond Franklin）认为，美国资本主义可能正处于 20 世纪 40 年代初启动的精心设计的投资热潮的尾声。他认为，国家支出的增长在最近的这次浪潮中发挥了重要作用。这些支出为基础设施提供了资金，例如汽车工业所需的公路以及飞机和电子通信行业增长所需的研发资金。

马克思式阶级结构在上升中起着重要的作用。新的生产形式导致了人口的向上流动，特别是在阶级结构的中间范围。当上升趋势在一场重大危机中达到顶峰时，新成立的中产阶级的地位就会受到威胁。最终的危机发生在长期的通货膨胀狂潮之后，而这一下降的高潮则是一场异常严重的萧条。

自 20 世纪 30 年代以来，为了向穷人转移收入和服务，以及为新的基础设施和研究提供资金，中产阶级一直被征税。这一受到威胁的阶级在 20 世纪 70 年代的恶性通货膨胀期间不愿接受更高水平的税收。简言之，这场危机创造了一种条件，使先前用来支持经济上升的手段丧失了抵押品赎回权。富兰克林预计，这一切都会在 20 世纪 80 年代的全球大萧条中达到顶峰，同时伴随着国家的危机。在第一种恐惧中，他是正确的；在第二种情况下，正确性取决于我们所认为的"国家危机"。在第 6 章中，我们将返回长波和 20 世纪 80 年代的经济危机。

夸张性资本主义与现状的混淆

接下来，我们到了一个关键时刻，这是左派和右派激进经济学家的困惑之源。新左派激进分子把对新古典主义范式的批评与对夸张性资本主义的批评结合在一起，表明这一范式只是资本主义的另一种产物。新左派激进分子似乎在说，扼杀资本主义，而新古典范式则已经死了。新右派激进分子（见第 6 章）捍卫同样的讽刺，但他们希望保留它。混淆之处在于，范式/资本主义二元性是错误的。刻板形象中的斯密式资本主义已经死亡；持续了这么长时间的是新古典主义的设计。正如我们在前几章中所确立的那样，新古典主义范式的科学内容更多地与艾萨克·牛顿有关，而不是与资本主义有关。对范式如此重要的"均衡"和"最优性"出现在一个由牛顿科学和笛卡儿方法衍生的原子式竞争的想象世界中。任何声称夸张性资本主义的细节在现实世界资本主义中能够看到的说法，都是纯粹的科幻。经济学被科学麻醉的频率远远超过资本主义。正是新古典主义模型作为一种具有完美的内部一致性的机器，赢得了大多数经济学家的钦佩。事实上，经济学家已经表明，新古典主义的定价和资源分配机制可以在社会主义条件下使用，私有财产的所有权在新古典主义理论中绝对没有任何理论重要性。这意味着，作为一种工具，这种范式本身就存在，它独立于资本。①

然而，新古典主义范式是足够灵活的，可以被扭曲成对现状，以及对无论何种形式的"资本主义"的辩护，经济学家和政客们已经在这方面忙碌了大约两个世纪了。此外，正如爱德华兹、赖希和韦斯科夫所建议的那样，这一范式是"一种信仰体系"。它表达了，或者至少似乎要表达一些重要的西方价值观，比如自由和个人主动性。另外，马克思主义范式在某些方面与西方伦理不相适应，而且它是在剑桥大学校门之外诞生的，因而也有进一步的不利之处。

新左派激进经济学家应该更好地被理解为一个范式的破坏者和经济民主的倡导者，而不是反资本主义者。正如新古典主义范式因经济学家未能支持更好的机构而在夸张性资本主义的消亡中幸存下来一样，除非符合新科学范式的标准，否则传统范式也将在激进的攻击中幸存下来。新古典主义经济学经受了马克思和受凡勃伦的激情与逻辑启发的精辟批判，新左派激进分子对这些批判有很大的贡献。到目前为止，这些批判和挑战之所以以新的形式出现，是因为当代的条件证明了它们的相关性，而不是因为经济科学揭示了新的分析性洞察力。

---

① Oscar Laange and Fred M. Taylor, *On the Economic Theory of Socialism*, Minneapolis: University of Minnesota Press, 1938.

6

右翼新激进分子：奥地利学派

午一看，从罗纳德·里根对华盛顿特区的白宫会议室视角，到 19 世纪维也纳的哈布斯堡宫殿的窗外视野，似乎是一段很大的知识距离。然而，当时在维也纳大学的奥地利经济学家与第一任期的里根经济学的思想之间形成了密切的联系。尽管里根毕业于伊利诺伊州迪克森（Dixon）极小的尤里卡学院（Eureka College），但肯定没有人向他介绍过神秘、晦涩的奥地利学派风格。

新奥地利学派经济学家与马克思主义者及新马克思主义者一样，对自己坚持"思想学派"的基本原理有着同样的自觉。新奥地利学派的作品中充斥着"奥地利学派主义"和新奥地利学派的角色，这些都是"方法论上的被抛弃者"，因而也是"激进的"。与他们新古典主义的兄弟们不同，新奥地利学派在袖子上戴着他们的价值观，故意宣称自己的"奥地利学派主义"，以攻击他们的凯恩斯主义、新古典主义和马克思主义的批评者。

新奥地利学派经济学家和他们的信徒们的热情，常常使新奥地利学派主义看起来像是一种需要宗教皈依的学说。这一学说包括分析人类行动、企业家精神和资本理论。罗纳德·里根对这些抽象几乎没有耐心。新奥地利学派的热情是建立在自由市场体系的逻辑必要性之上的。当我们稍后开始讲述白宫和故事的其余部分时，这是我们需要体验的热情，因为罗纳德·里根认为流行的新奥地利学派主义和他为通用电气公司所做的关于私人企业美德的演讲内容之间几乎没有什么区别。但是，首先，我们回到维也纳，在走向该理论的道路上回到晦涩难解的地方。

奥地利学派主义：起源

奥地利式的经济学并没有局限在奥地利境内（甚至在维也纳大学的古老城墙内），尽管许多经济学家有这种偏好。"奥地利学派主义"指的是一种哲学或学说，虽然起源于具有奥地利国籍的经济思想家，但如今奥地利以外的国家，尤其是美国也在使用。今天可爱的维也纳，以其他方式纪念它的过去，认为奥地利学派的经济学是古怪的，或与大部分社会化的奥地利经济无关。

奥地利学派经济学始于 1871 年，当时在奥地利出版了卡尔·门格尔的《经济学原理》（*Principles of Economics*）。门格尔（1840—1921 年）是奥地利公务员和军官的后裔，1867 年在布拉格大学和维也纳大学学习法律，并于 1867 年转向经济学。在他的《经济学原理》出版两年后，边际主义的联合奠基者门格尔有足够的资格被任命为维也纳大学经济学系的主席，并且作为王储鲁道夫的导师。他的学生弗里德里希·冯·维塞尔（1851—1926 年）和尤金·冯·庞巴维克（1851—1914 年）对门格尔观点的提炼和传播点燃了"奥地利学派传统"之火。

门格尔是一位头脑清醒的讲师，他致力于纯粹的理论，不受事实的限制，如维也纳早期提供公共电车等制度。杂乱无章的社会问题框架相比逻辑的纯洁性不那么重要。然而，尽管门格尔对逻辑有着极好的亲和力，但他还是孜孜不倦地致力于避免使用他的数学知识。

维塞尔出生于维也纳贵族家庭，在维也纳大学学习法律，他和儿时的朋友、后来成为他妹夫的庞巴维克一起去欧洲各大学学习经济学。他继任了门格尔在维也纳大学的教职，并命名了边际主义。维塞尔则继续在二元君主制（维也纳和布达佩斯）的最后两个内阁任职。庞巴维克有一个漫长的公务员生涯，并担任奥地利君主的财政部部长，但其讽刺之处很快就会显现出来。

路德维希·冯·米塞斯（1881—1973 年）是维塞尔和庞巴维克的一位勤勉的学生，他找到了前往英国的途径，后来又来到了美国。冯·米塞斯是一个极端保守的人，他的作品在滥用那些他不同意的人的学说的历史上是无与伦比的。即使如此，小说家和客观主义创始人兰德也被米塞斯"迷住了"。米塞斯还参加了她在纽约大学的一些研讨会。她把他推荐给了她的哲学崇拜者。直到 20 世纪 50 年代，冯·米塞斯在美国还比较默默无闻。从 50 年代末开始（而且持续了 10 多年），兰德开始了一场协调一致的运动，让他的作品被阅读和欣赏，并在文章和演讲中引用了他的话。一些经济学家认为，兰德的努力使米塞斯能够接触到他的潜在听众。根据兰德的说法，米塞斯已经读过《源泉》，而且他似乎对此具有高度评价：

> 我不喜欢他把道德和经济学分开，但我认为这仅仅意味着道德不是他的专长，他无法设计出自己的。当时，我想到——关于亨利（哈兹利特）和米塞斯——既然他们完全致力于自由放任资本主义，那么他们的其他哲学就有矛盾之处，这只是因为他们还不知道如何把一个完整的哲学与资本主义相结合。这并没有困扰我；我知道我会提出完整的理由。①

米塞斯的学生和伟大的同事弗里德里希·冯·哈耶克也在英国和美国任教，在那里他影响了芝加哥学派的许多人（包括米尔顿·弗里德曼），并最终获得了诺贝尔经济学奖。哈耶克为自由主义-客观主义杂志《理性》撰写了文章。纽约大学的新奥地利学派经济学家默里·罗思巴德（Murray Rothbard）曾是米塞斯的学生，也是纳撒尼尔·布兰登学院开设的第一门课程的学生，这个"智库"是为进一步推进兰德的思想而创立的，它基本上符合兰德的所有哲学，并因兰德说服了他相信自己会因所著的自然权利理论而受到赞扬。② 新奥地利学派对兰德哲学的亲和力是很明显的。

今天在英国和美国工作的新奥地利学派学者的人数远远没有明确，因为没有进行相应的普查；也不清楚谁会从英美世界的"主要奥地利学派"继承米塞斯和哈耶克的衣钵。

我们现在转向新奥地利学派的内容。

---

① 引自兰德的传记：Barbara Branden, *The Passion of Ayn Rand*, Garden City：Doubleday & Company，1986，p. 189。

② *Ibid.*，p. 413.

经济商品与人类的选择

奥地利学派经济学之父卡尔·门格尔说，四种品质区分了经济商品。一种经济商品需要人类对它的需求、用商品满足这种需求、人类对商品满足需求的能力的认识，以及将商品用于满足需求的工程能力。正如我前面提到的那样，门格尔认为，这些满足程度在它们的重要性等级上各不相同。生活本身取决于最高需求的满足；一个可以在在床上睡觉和与个人电脑睡觉之间进行选择的人，相对于前者会更快地放弃后者。

门格尔不是那种一成不变的欧洲边际主义者。当他抛弃边际主义者杰文斯和瓦尔拉斯对牛顿微积分的使用时，那是一个很大的差距。门格尔把边际的或递增的效用看作一系列步骤，一座楼梯，而不是一条平滑的曲线。他关心个人经济现实的本质，特别是个人在设定诸如价值、地租、利润和劳动分工等经济现象中所扮演的角色。在门格尔抽象的世界里，个人总是可以自由选择的。

门格尔的个人选择成为后来理论阶梯上最基本的第一步，在路德维希·冯·米塞斯的《人类的行为》（*Human Action*）一书中，这一步骤被最清楚地描绘出来了。庞巴维克的《纯粹资本理论》（*Pure Theory of Capital*）以及最近的伊斯雷尔·柯兹纳（Israel Kirzner）的《竞争和企业家精神》（*Competition and Entrepreneurship*）探讨了门格尔方法的经济含义。事实上，柯兹纳和默里·罗思巴德都是奥地利学派主义当代的自觉传播者，他们都在纽约积极捍卫个人追求自己目标的权利，不管这些权利的资本化程度如何。

现在我们来谈谈奥地利学派经济的独特阶梯。在这方面，"旧"奥地利学派和新奥地利学派之间及时设计的楼梯间非常难以找到，长寿的奥地利学派学者之间的重叠也使这种划分更加困难。几个世纪以来，似乎没有奥地利学派经济学家去世。只需说米塞斯和哈耶克是领先的新奥地利学派学者就足以说明这一点了。以柯兹纳为例，他致力于研究他们的思想。

人类行为和市场的优势

反复提到"人类行为"和"人类理性"可能会让那些在新奥地利圈之外的人感到疲倦。大多数思考者对其他动物的推理能力持怀疑态度。然而，新奥地利主义过于关注人类行为，这是一个技术性的、明确定义的术语。柯兹纳说："只要人类的行为受到逻辑的指导，那么，行为就会遵循理性选择的道路。这条行为之路在实践上被称为人类行为。"① 在这方面，经济事务并不是独一无二的；所有的行为都是由"人类理性"决定的（在《韦伯斯特大词典》中，"人类行为学"是对人类行为和行动的研究）。人类行为学是米塞斯首次应用于奥地利学派主义的一种独特的心理学，它建立在一个"不可否认的"公理之上，即个人为实现选定的目标而采取有意识的行为。

人类行为经济学展示了人类的理性和行动是如何通过特定的经济现象，如租金、价值和利润来实现的。米塞斯说，多维的人类行动是"……付诸行动并转化为一种能动性，是为了达到目的和目标，是自我对刺激和它的环境条件的有意义的回应，是一个人对决定了他的生命的宇宙状态的自觉调整。② 弗洛伊德对"自我"的提及表明，他与兰德所说的自给自足的、自我的人，即《源泉》中可以进行亲身独立判断的霍华德·洛克有着某种亲切感。

对奥地利学派来说，个人对经济学的意义，就像原子对物理学的意义一样。个人——不像受自然规律支配的原子——依靠他们自己的意志和理性的力量，来引导他们野蛮的物理行为走向他们自己的目的和目标。凯恩斯主义-新古典主义正统学说是"经济背叛"，或者说实际上是"人类行为背叛"，这是因为凯恩斯主义者没有把注意力集中在个人意志和理性上，而是集中在个人无法控制的力量上了。

① Israel Kirzner，*Competition and Entrepreneurship*，Chicago：University of Chicago Press，1973，p. 10.

② Ludwig von Mises，*Human Action：A Treatise on Economics*，New Haven：Yale University Press，1949，p. 11.

凯恩斯主义者（实际上是"庸俗的"凯恩斯主义者）从那些更广泛的宏观力量开始他们的分析，这些宏观力量是社会体系中其他个人行为或总体行为的意外后果。凯恩斯主义者忽略了个人的选择。就像凯恩斯主义者一样，新古典主义者已经撤换了经济活动和所有活动的真正能动性，即个人意志。根据新奥地利学派的说法，在有意志的地方就有办法；在不存在意志的地方，只有无结果的新古典均衡。

这种激进的个人主义还唤起了兰德的《源泉》一书的主题——她认为这"不是在政治上，而是在人的灵魂中的个人主义与集体主义的对立"①。小说（后来被拍成了电影）中的建筑师霍华德·洛克（后来，兰德的"理想男人"演员加里·库珀）设计了康特兰住宅（Cortlandt Homes），这是在东河岸边一个为穷人建造的庞大政府住房项目，以作为整个世界的范本。洛克答应为其设计的条件是，康特兰要完全按照他的设计来建造：这是他的目标，他的奖赏，按他的方式去做。

最后，洛克救不了康兰德，"因为有这么多人参与其中，每个人都有权威，每个人都想以某种方式完成它"。完工的大楼只是洛克设计的骨架。在小说的高潮部分，洛克用炸药摧毁了他所创造的这座被任意摆布的建筑物。康兰德住宅区所设计的住房条件差，只留下了一堆瓦砾，同时兰德的哲学主题也被拯救了：个人的权利优先于集体的主张。此外，这也是公正的："做好事的人"让英雄的企业家处于必须摧毁项目的境地，从而使自己成为受害者。

从这个意义上说，奥地利学派的人类行为的概念是真正激进的，因为它接近秘密拥抱无政府主义。尽管如此，新奥地利学派仍然希望解释总体经济现象，如市场运作、总体价格或工资水平。在这里，新奥地利学派的理论走向了一种规范的观点，一种应该具有的对市场或者对一种"市场的必要性"的看法——这是一种激进的个人主义观点，等同于保罗·萨缪尔森关于显示性偏好的思想，在这种观念中，消费者以他们购买的东西表明了自己的偏好。毫无疑问，每个人都认为自己的版本是被揭露的真理。

---

① Quoted by Brandon，*op. cit.*，p. 132.

为了解释工资和价格，新奥地利学派可能会使用以下（人类的）推理：因为每个人都是自己最善意的，同时也是唯一的法官，个人总是在市场上为自己做出最好、最合理的选择。从"宏观的角度"——对奥地利学派来说，这是一种令人厌恶但无害的视野——我们可以观察到劳工的"通行工资"或者切达（cheddar）干酪的"普遍价格"，如每小时 10 美元或每磅 2.5 美元。这些数据本身所包含的信息很少，但市场提供的信息是个人所需要的全部信息。许多人决定：（1）市场是实现其目标的最合理手段；（2）根据他们对不太合理的替代办法的评估，某一工资或价格水平是可以接受的。

新奥地利学派不想让我们把 10 美元或 2.50 美元与马歇尔均衡混淆。一个人可以处于均衡状态，但整个市场或行业却不能。更多的人提供和接受 10 美元或 2.50 美元；"流行"的意思只不过是这样而已。所有工资和价格都不需要在这些层次上达到均衡，尽管理性的个人一旦认识到更高的工资或更好的价格选择，就会发现那些更适合他们的。然而，能否获得更高的工资或更好的价格，取决于其他人根据自己的目的提供的工资和价格——这可能不是真的。因为无法在市场上得到他们想要的东西的人会离开，所以市场总是会披露那些对个人来说最合理的工资和价格——包括租金。因此，对于新奥地利学派的宏观观察家来说，市场总是会提出最佳的解决方案，以解决个人的目的和手段的选择问题。没有求助于神奇市场的个人就是不理智的。

企业家的心理

为了使新奥地利学派经济学发挥作用，必须坚持心理学或人类行为学。例如，心理学为资本和企业家精神理论提供了基础，企业家（比如兰德的霍华德·洛克和约翰·高特）在精神力量和精力方面优于大众。米塞斯对企业家精神的洞察力认为，这样的人不仅是工于算计的人，而且对"就在眼前"的机会有着敏锐的警觉。

"对机会的警觉"是企业家的伟大标志。例如，他是一个有进取心的人，他发现生产要素的当前价格与由这些要素所生产的产品的未来价格之间存在差异。

利用这些差异就可以获得利润。企业家比其他人更了解开发石油而不是在高尔夫球场上投资的盈利能力。与新古典主义资本家不同的是，企业家所做的不仅仅是简单地权衡消费一定数量资源的其他方式。

非均衡反映出普遍存在的、提供利润机会的无知。企业家是一个具有卓越知识、远见、机警和行动意愿的人，他觉察到当前的价格未能使市场出清，因此存在有利可图的机会。新奥地利学派的企业家是一个套利者。20世纪90年代的迈克尔·米尔金（Michael Milkin），而非工业革命早期的创新者理查德·阿克莱特爵士（Sir Richard Arkwright），是典型的新奥地利学派的企业家。米塞斯的企业家不过是机遇的仲裁者。然而，新古典经济学的机械、分配决策被充满主观性的人类行为所取代：企业家精神将市场均衡或非均衡转化为市场过程。高度警觉但高度创新的人为奥地利学派的约瑟夫·熊彼特定义了英雄般的企业家角色，而风险承担者为芝加哥学派-奥地利学派的弗兰克·H. 奈特（Frank H. Knight）定义了企业家。

企业家和奥地利学派主义的资本概念与20世纪90年代电影屏幕上的露易丝和克拉克一样接近。米塞斯的资本概念是建立在人类由于"不安的感觉"而采取行动的基础上的。个人对目的和手段的理性，仅仅是因为他们对自己目前的处境不满意；当然，从这个不愉快的现在到未来的幸福前景是人类理性的一项工作。即时的改变是最合理的，因为它是最简单、最直接、成本最低的产生预期结果的方法。由此，米塞斯提出了他著名的正的时间偏好理论；人们选择的不是现在，而是通过行动立即接踵而至的时期。正的时间偏好并不排除建造太阳能集热器来御寒——尽管它需要材料和时间——而是排除通过燃烧家具来加热炉子或派遣超人去点燃。

对米塞斯、庞巴维克、哈耶克、柯兹纳和其他人来说，长距离理性计划者的行动表明了人类理性在人类行动中的成功。因此，人类行为学在其心理基础上，把重点放于企业家在资本主义外表上的行动，就像他或她强有力地运用他或她扩大的推理能力来产生更强的满足感，这不是偶然的。

人类行为学是一种资本主义个人的视角，通过增加他们获得选择目的替代手段（如金融资本）的机会，以及他们利用这些手段达到计划目的的能力，使个人在市场上获得最大的满足感。事实上，企业家是判断所有人类行动是否合理的标准。这种极具魅力的企业家的形象无疑已经引起了许多学生的注意。企业家是市场经济的超人，但只有市场经济才能造就企业家。

企业家、资本与"迂回"

奥地利学派对资本的看法在经济学界是众所周知的；事实上，有时人们会认为奥地利主义的全部是关于资本的。[①] 在一种重要的意义上，这是正确的，因为在资本的概念中，上面讨论的所有要素——人的行动、市场的价值、长期的企业家精神——都是隐含的。在这方面，庞巴维克的《资本理论》是奥地利学派最具权威性的著作，尽管资本（来自劳动力和原材料）的重要性，也根植于门格尔的思想。

门格尔按等级区分货物。一级商品直接满足人的需要；高级商品（原材料、劳动力、机器）只能间接满足人的需要。例如，面包师的劳动服务或面粉无法满足人的需要，即使它们是丰富的。只有当这些投入以互补的方式结合起来生产面包时，才能满足需求。

然而，面包等一级商品的价值和特性以柔道的风格决定了归因于高级商品的价值。奥地利学派主义的激进性源于消费者作为最终价值裁决者的角色，以及企业家作为价值唯一创造者的角色。

门格尔的资本家是把高级商品——劳动和面粉——用于生产的人。在没有资本主义面包师的情况下，面包永远不会到达餐桌，甚至不会被发明出来！面包师制造面包，而不是反过来，不管人们怎么想酵母是不是酵母、西方是不是西方的问题。的确，在门格尔看来，经济进步本身就是要从更高等级的商品树上抢来姜饼。直到后来，米塞斯和庞巴维克（还有再后来的熊彼特）才把企业家提升到了

---

① 像约瑟夫·熊彼特（他自己是第二代奥地利学派学者）和马克·布劳格（Mark Blaug）这样的经济思想史学家给我留下了这样的印象。这也是我从朋友阿巴·勒纳那里得到的他对奥地利学派主义的看法，而他是凯恩斯早期的重要信徒。据我所知，勒纳上一篇完整的技术性论文是关于奥地利资本理论中的时间的作用，这是他在中风（导致他残疾）前不久给我的一篇论文（供评论）。

资本家之上，后者只赚取利息；企业家则表现出一种宏大、浪漫的品质。柯兹纳的经济世界围绕着企业家展开，但资本的浪漫主义仍在继续。

奥地利学派的资本理论本身包含两个简单的声明：（1）生产需要时间；（2）生产时间越长，生产率就越高。庞巴维克试图证明，用于劳动生产的原材料库存时间越长，最终产品的价值就越高。这是因为，生产一种好产品的迂回方式最终会要求得到更高的市场价格。

与古典学派的劳动价值理论相反，这种增加最终产品价值的"迂回性"与增加产品的内在（客观）价值没有多大关系。相反，迂回性取决于企业家在企业家的主观价值可实现之前，通过不让最终产品进入市场来增加产品的价值。另外，与劳动价值理论相反，通过更多的迂回而产生的商品的价值必然取决于市场，而不是工厂。只有准备好将其价值返还给企业家的商品才会被销售；这是理性的、选择显示的市场本质的最终检验和真理。

庞巴维克特别关注的是如何准确地展示所涉及的时间，而不是更多的技术或劳动力的应用，从而提高产出的产品的价值。奥地利学派的时间仍然是奥地利学派等待博弈中的阿加莎·克里斯蒂之谜，直到我们意识到时间才是会被扼杀的对象。一方面，更快的机器或更多的工人可以同时产生更多的商品；然而，即使是卡尔·马克思（另一派的经济学家）也增加了产品的实物产出，降低了产品的价值。如果资本家得不到足够的投资回报，即使物质生产力也可能下降。

庞巴维克把对马克思来说仅仅是一种主张的东西变成了一个必然的真理：除非企业家能够期望以他想要的价格销售增加的商品，否则企业家就会降低物理意义上的生产力——或者等到他能得到他想要的东西后再将额外的物品推向市场。当企业家决定过去的时间和剩余的时间最终会给他的投资带来更大的价值时，汽车生产的每一个阶段就都被企业家"资本化"了。尽管资本和时间（也是资本？）创造了产品，但是，比如说福特汽车的价值，仍然取决于它作为一种一级产品对其驾驶者的效用或边际效用。因此，时间是企业家主观价值的基本来源。①

---

① 参见 John Hicks，*Capital and Time：A Neo-Austrian Theory*，Oxford：Clarendon Press，1973，特别是 Eugen Böhm-Bawerk，*Karl Marx and the Close of His System*，New York：A. M. Kelley，1949。

奥地利学派主义内部的争论并没有改变人们看待资本的方式，即资本是企业家用来生产最终的、适销对路的产品的任何东西。在这一方面，资本是一种思想——企业家认为的任何资本都是资本。[1] 更确切地说，奥地利学派经济学家认为，资本是被企业家认为是资本的任何东西。最后，我们可以看到这一概念曾经如何体现并充分说明了新奥地利学派的观点。在新奥地利学派的虚拟现实中，资本是唯一的生产要素。

企业家并不是一种生产要素。在企业家的头脑中，劳动、机器和货币之间所有明显的不同之处都消失了，因为每个要素都必须被用来为他的目的服务。所有因素都只是企业家的生产时间的增量。因为不是每个人都能成为企业家，新奥地利学派似乎把对劳动者的关心留给了马克思主义者和其他人。这种态度可能有文化根源。从哈布斯堡王朝开始，有才华和艺术气质的维也纳人就认为体力劳动，如清扫街道是卑贱的，最好是留给第三世界的移民去完成。

新奥地利学派主义、自由主义社会思想和自由放任主义

如果企业家创造了垄断，那么这只是他的卓越创造力的一种证明。如果工人们创建了工会，那么它是一种垄断，对自由是危险的，因为它是胁迫性的。最终，只有政府才能创造和维持垄断。尽管如此，新奥地利学派仍然对人类行动的影响非常乐观——正如在他们的政治和社会价值观中所阐述的那样，这就是我现在要阐述的。

尽管新奥地利学派的资本是模糊的，但新奥地利学派试图充分利用作为社会实践的企业家精神和资本主义。企业家固有的合理性和在企业家编织行为——人类行为——上施加的人为限制的非合理性，是贯穿于奥地利学派全部思想的线索。通过这种方式，新奥地利学派思想体现了，或者至少很容易被压制到自由主义社会哲学的服务中。因此，我们发现，重要的新奥地利学派经济学家，如默

---

[1]　在这一点上，特别参见 Israel Kirzner, "The Theory of Capital," in Edwin G. Dolen, editor, *The Foundations of Modern Austrian Economics*, Kansas City: Sheed & Ward, 1976。

里·罗思巴德都支持资本主义、自由市场的价值观，以及总的来说，他在政治哲学方面的著作《人类、经济与国家》（*Man，Economy and State*）中的企业家精神。

我们还发现，哈佛大学的哲学家罗伯特·诺齐克（Robert Nozick）作为自由主义论著《无政府、国家与乌托邦》（*Anarchy，State，and Utopia*）的作者，也是"成年人之间赞成的资本主义"的捍卫者，他思考了新奥地利学派的时间偏好思想的一些含义。诺齐克设想不受控制的自由交换和"最低限度的国家"就是乌托邦。最终，乔治·吉尔德的《财富和贫困》将新奥地利学派对企业家精神的怀旧与放任自流联系在了一起。新奥地利学派经济学和自由主义政治思想在各个研究机构和组织中的交流非常容易，这也表明了一种精神上的"血缘关系"，即使不是直接的相互辩护的关系。

奥地利学派经济学家几乎从一开始就是激进的反社会主义和反政府分子。政府对市场就像氪石之于超人一样。从一开始，庞巴维克就急切地承担起驳斥卡尔·马克思关于社会主义的经济理由的任务。后来，特别是哈耶克，重复了这一模式，然后是冯·米塞斯，现在又是罗思巴德和柯兹纳，他们的立场与现代凯恩斯主义政策截然相反。

市场中的自由选择必然会产生最好的结果，这样一种"最优"的结果导致新奥地利学派对公共政策做出了进一步的判断——"没有政策的政策"。在这方面，新奥地利学派同意其他自由市场倡导者，如货币主义者的观点。但是放任自流不仅仅对奥地利学派来说更为可取——这是合理必要的，就像它对兰德式的客观主义分子一样。没有集体干涉，人性和人际关系就会丰富多样起来；任何外来干涉都将使我们失败。

新奥地利学派对自由放任的信仰大都来自哈耶克关于自然自发秩序的理论。哈耶克以蜂巢和人行道为例，说明了社会是如何在没有计划的情况下随时间推移自发发展起来的。蜂巢可以是一个复杂的社会，但是没有一个蜂巢是由聪明的蜜蜂策划出来的。学生们在两点之间沿着同一条最佳路线在校园里走来走去，直到一条小路诞生为止。人行道建设者（拙劣的规划者）试图在他们了解学生将会走到哪里之前建造人行道，最后会感到沮丧。让步行者远离私人高尔夫球场是一种私人美德，但设计人行道是公共事务。①

经济交流就像人行道，它们是自发发展的。对这些市场的干预不会更成功，但或许会像大学里鲜有人走的混凝土人行道那样浪费。理想的经济政策只是为了保护产权，就像强制执行法律禁止侵犯高尔夫球场一样。只要每笔交易都是自愿的，所有权是明确的，市场参与者就会获得收益。

毫无疑问，奥地利学派的创始人经历的法律训练影响了新奥地利学派主义的司法基调。他们认为国家唯一的好决定是司法性的。只要明确界定私有财产权，并制定禁止伤害性或胁迫性行为的规则，司法制度就能解决所有争端和所有经济问题。政府的主要合法职能是制止攻击，这只要求有法院和警察。在兰德的《源泉》当中，虽然洛克的合同保证政府住宅项目将按照设计的样子建造起来，然而，如果没有政府的同意，就不能起诉政府或迫使政府履行合同。洛克没有法律手段来解除对他的设计的摧残，于是他最后不得不摧毁它。

以污染作为第二个例子，新奥地利学派会说伊利湖之所以被污染是因为政府拥有湖泊和溪流。"真正的"所有权并不存在，因为政府官员不能出售湖泊、溪流。因此，所有权的自豪感将会激发对纯洁的保护的逻辑在此处毫无根基。如果由一家私人公司拥有伊利湖，第一个向湖里倾倒垃圾的人将被所有者告上法庭，并被迫支付损害赔偿金。

但是，如果一家私人公司的买伊利湖是为了把它变成一个巨大的垃圾场来获利呢？奥地利学派会这样回答：既然这样的人类行为是有企业家精神的，它就一定是合理的。这个湖作为一个垃圾填埋场是有未来价值的。自由主义者可能会说，公司对湖做什么只是公司的事。

对他们有利的是，奥地利学派的人类行为学家经常引用他们的理论中所体现的现实乐观主义。他们相信通过商品和思想，尤其是他们的思想的市场，人是完美的。然而，人类行为学对它的真理或它所做的自己是"人类行为的科学"的声

---

① 哈耶克的人行道分析出现在他的 *The Counter Revolution of Science：Studies on the Abuse of Reason*，London and New York：The Free Press of Glencoe/Collier-Macmillan，1955，Chapter 4 中；他关于蜜蜂的寓言出现在 *Studies in Philosophy，Politics，and Economics*，Chicago：University of Chicago Press，Midway Reprint Series，1980，pp. 69 - 70。

明并没有说明什么，更不用说经济行为了。例如，住房的大规模生产需要一个比蜜蜂所能掌握的更复杂的组织。尽管有这些疑问，我还是要回到在奥地利学派偏好的激进主义之外，他们的具有生命力的企业家精神和生产概念。显然，新奥地利学派（和货币主义）思想对罗纳德·里根和其他人的政治吸引力在于其自由市场意识形态。

7

后凯恩斯主义者

作为反凯恩斯的新古典主义

新古典主义带有一定的英国人血缘痕迹。回想一下凯恩斯的立场：没有任何机制能够同时实现产品、劳动力和货币市场之间的均衡——这是一种一般均衡。对凯恩斯来说，饱受"货币幻觉"折磨的工人会抵制削减他们的工资。在实践层面上，工会可能是刚性工资率的推动者。但对凯恩斯来说，还有更多。甚至虔诚的新古典主义者阿瑟·庇古也断言，失业可以归因于工资僵化（从而导致价格黏性）。相反，凯恩斯认为，货币工资削减会导致总支出下降，这将抵消工资法案对生产者的较小刺激。失业率要么会上升，要么充其量保持不变。削减劳斯莱斯工厂的工资可以方便地降低生产成本，但令人遗憾的是，它也削减了英国那些酒吧的收入。因此，即使有这样的选择，也不能指望靠减薪降低失业率。

一开始，希克斯试图阐释凯恩斯的思想，但后来这一无辜的想法陷入了对凯恩斯思想的反革命。当时，芝加哥大学经济学家唐·帕廷金（Don Patinkin）重新提出了凯恩斯的前导师庇古的一个想法，并给出了恢复维多利亚时代稳定性的另一条途径。

当有效需求因收入不断下降（以较低的工资率计算）而下降时，竞争条件下的产品价格也会下滑。人们持有现金等流动性资产。在帕廷金看来，持有这些财富对消费水平的影响就像收入对消费的影响一样。当价格下跌时，现金的实际价值就会提高。消费者争相购买商品，对生产这些商品的劳动力的需求上升。瞧，充分就业回报率这一结果尴尬地被称为实际余额效应（real balance effect）。

这一观点面临着一个令人不快的事实——美国大约三分之二的收入仅仅来自个人的劳动，这并不总是足以让工人处于持有高流动性或现金的状态。当乔·朗奇巴克特（Joe Lunchbucket）失去工作或接受更微薄的工资时，在他感到再次消费的迫切性之前，这可能需要一个巨大幅度的价格下跌。

另一个问题是由时钟时间的现实造成的。工资的下降和一般价格下跌带来的新的实际财富的机会之间可能会有一个特别的滞后时间。根据帕廷金自己的解释，实际余额效应的缓慢运动可能会使得减薪成为一种不切实际的解决办法。

对许多人来说，在经济萧条时期，大批工人因为他们的实际现金余额突然"过高"而涌入西尔斯百货商店，这是黑色喜剧——真正的幻想。但对新古典主义者来说，只要所有曲线都"恰到好处"，到处都有可能出现均衡，这是令人兴奋的。这一论点的优雅，而不是它的实用性，让人大开眼界。

在约翰·希克斯爵士不知不觉地开始反改革 37 年后，他收回了自己的观点，承认凯恩斯对货币、投资和不确定性的看法有着更深层次的含义。但在当时，经济学家们没有什么理由注意到。在整个 20 世纪 50 年代，以及在 20 世纪 60 年代的大部分时间里，通货膨胀和高利率并不是什么问题，希克斯-汉森模型及数据和时代同步，这是一个凯恩斯主义政策似乎运作良好的时代。

后凯恩斯主义者

往往需要逆境才能把各种不同的经济思想结合起来，甚至把不同的人团结在一起。在萧伯纳的《皮格马利翁》（Pygmalion，后来成为一部音乐片《窈窕淑女》）的开场，各种各样的人为了在突如其来的倾盆大雨中保护自己而走到了一起。我们遇到了陷入贫困的中产阶级中的一员克拉拉·安斯佛-西尔（Clara Eynsford-Hill），她有着装腔作势的傲慢和轻蔑；一位富有的英国-印度混血儿绅士［皮克林（Pickering）上校］，他似乎足够宽容；一位自负的语音学教授（亨利·希金斯），他看上去异常偏执；另一位来自下层阶级的有进取心的粗鲁卖花女孩（伊莱莎·杜立德），她有着粗俗的本质。这些人物本来是永远不会聚集在一起的，除非突然下起雨来。

许多同情凯恩斯而不是凯恩斯主义的经济学家长期以来一直贬低对这位伟人的理论的庸俗化和由此产生的狂热的货币主义。这种持不同意见者的运动在经济学的地下花费了几十年时间。"突如其来的倾盆大雨"将跨越海洋和大陆的多样性聚集在一起，这就是20世纪70年代同时出现的高通货膨胀率和高失业率。这种滞胀造成了正统新凯恩斯主义者普遍的信仰危机，这些凯恩斯主义者被后凯恩斯主义者归类为"庸俗"。

后凯恩斯主义者不仅在美国，而且在剑桥（英国）和意大利都很繁荣。① 在大西洋的两边，他们都回到了古典学派对收入分配的关注。然而，美国人更多地关注货币经济，而欧洲人则更多地关注古典的实体经济。

通过他们的工作，你们将认识他们。后凯恩斯主义者至少已经做了以下事情，使得他们与新凯恩斯主义者区别开来了：

● 他们通过展示收入分配如何帮助决定国民收入及其随时间推移的增长，扩展了凯恩斯的理论。

● 他们将不完全竞争的概念与经典的定价理论结合起来，解释了同时发生的经济停滞和通货膨胀（滞胀）。

● 他们利用这两个概念——收入分配理论和价格加成理论——制定了一项新的收入政策。

● 他们复兴了凯恩斯关于不确定性的观点，特别是关于流动性偏好和企业投资方面，他们还重申了凯恩斯的观点，即货币主要是由银行系统创造的（内部货币）。结果，他们确定了货币政策可以做什么和不能做什么。

---

① 两种致力于后凯恩斯经济学的期刊，即英国的《剑桥经济学杂志》（*Cambridge Journal of Economics*）和美国的《后凯恩斯主义经济学杂志》（*Journal of Post Keynesian Economics*）见证了这些发展。后者的创始联合编辑是保罗·戴维森（当时在罗格斯大学，现在在田纳西大学）和宾夕法尼亚大学已故的西德尼·温特劳布。约翰·肯尼思·加尔布雷斯是《后凯恩斯主义经济学杂志》的创始赞助人之一，也是名誉董事会主席。已故的琼·罗宾逊和尼古拉斯·卡尔多勋爵是《剑桥经济学杂志》的创始赞助人之一。

收入分配

关于不同的收入阶级，约翰·梅纳德·凯恩斯似乎有两种想法：他的《通论》表明了收入和财富不平等是如何导致资本主义功能失调的，而他的个人慰藉却存在于他自己的上层阶级和统治阶级之中。尽管萧伯纳——通过阅读马克思而皈依了费边社的社会主义——只不过是从凯恩斯和布卢姆茨伯里派走上街头。克拉拉是萧伯纳作品中的人物之一，表面上没有庸俗的痕迹，但它代表了萧伯纳和伊莱莎·杜立德所抛弃的中产阶级（资产阶级）的各个方面，也就是说，克拉拉对她认为低于她的人不屑一顾。凯恩斯对维多利亚女王周围的资产阶级世界不屑一顾，但它们在他的脚下。

凯恩斯在《通论》的结束语中曾经让英国人反对进一步消除财富和收入的巨大差距，因为他错误地认为，资本增长的很大一部分"取决于富人从他们的过剩物品中的储蓄"①。正如他的理论所表明的那样："资本的增长完全不依赖于更低的消费倾向，相反，受到更低消费倾向的抑制。"事实上，他得出的结论是："在当代条件下，财富的增长远不像人们通常认为的那样依赖富人的节制，反而更有可能受到这种节制的阻碍。因此，关于财富的巨大不平等的主要社会理由已被消除了。"②

失业是由巨大的财富和收入不平等造成的；经济学家很容易推测出，这是《通论》的核心理念！毕竟，投资决定储蓄，而不是反过来。这位进步经济学家即将宣布："乔治说的，我想他知道了！"然而，凯恩斯推翻了他；他重新打开了保守主义的密室之门。"我认为，收入和财富的严重不平等有社会和心理上的理由，但它们无法解释今天这样大的差距。"③ 对于保守派来说，"巨大的差距"只存在于自由派的梦想世界中。

这不仅仅是"凯恩斯主义者为什么不能更像凯恩斯？"的事情。还有一个问

① John Maynard Keynes, *The General Theory of Employment*, *Interest*, *and Money*, New York: Harcourt, Brace & World, 1965, p. 372. [1936].

② *Ibid.*, p. 373.

③ Keynes, *op. cit.*, p. 374.

题：为什么凯恩斯不更像一个后凯恩斯主义者。再一次地，我们的答案越短越好。凯恩斯的头脑中装着大萧条，没有多少宝贵的时间去探索他的《通论》所开辟的每一条途径。凯恩斯最终的保守使命是依靠英国的知识分子精英来实施他的社会计划，从而拯救资本主义。此外，阶级意识也是凯恩斯的一个特点。凯恩斯在对《资本论》的攻击中写道："我如何才能采纳一种'马克思主义'的信条，宁要泥巴，也不要鱼，把粗俗的无产阶级凌驾于资产阶级和知识分子之上（后者尽管有种种缺点，却是生活的质量，而且肯定是人类一切成就的种子）?"① 没有矛盾：凯恩斯依靠精英——尤其是英国的知识分子精英——来实施他的社会计划。

伊莱莎·杜立德和收入分配留给后凯恩斯主义者们去思考。

斯拉法：试图清除边际主义

英国剑桥的后凯恩斯主义者肯定试图推翻边际主义者对收入分配的解释。为此，他们对边际主义的批判最早可以追溯到大卫·李嘉图的思想。后凯恩斯主义者也试图推翻新古典经济学；为此，他们招致了正统学派的愤怒。对边际主义的最初批判可以追溯到大卫·李嘉图的思想。

固定投入比例的古典系统被边际主义者移走了。在古典主义的生产中，同等数量的劳动总是与一个资本单位结合在一起，资本的边际产出不仅仅是看不见的——它是不存在的！实际工资率不能由劳动的边际物质产品或每增加一名工人的额外产出单位来决定。边际主义者的价值或价格理论随着边际而消失。

皮耶罗·斯拉法（1898—1983年）是凯恩斯的学生，他是一位才华横溢、可爱的意大利经济学家，他更喜欢休闲而不愿出版。他之所以能够靠每天几分钟或几个小时的工作成功地编辑大卫·李嘉图著作的许多卷，只是因为他活得久。此外，1960年，他终于出版了一本他在20世纪20年代写过的很小的书，一本有着奇特书名的神秘著作，即《用商品生产商品：经济理论批判绪论》。在该书中，他为李嘉图的思想穿上了现代外衣，同时对边际主义进行了毁灭性的批判。

斯拉法认为，资本货物是多种多样的，任何衡量资本"数量"的公分母（如

---

① Charles Hession, *John Maynard Keynes*, New York: Macmillan, 1984, p.224.

另一种商品或货币）都会随着机器本身的价格变化而变化。这些价格将随着工资和利润率的变化而波动。因此，资本的价值（其价格乘以数量）不是由资本的边际产品决定的，收入分配也不是由土地、劳动力和资本市场决定的。

例如，本书在物理上是用三台机器生产的：电脑、印刷机和包装机。然而，资本的货币价值取决于价格与所有这些资本货物（和其他商品）一起的数量的乘积。电脑、印刷机和包装机都以不同的价格销售。利润不能再是以这些价格计算的资本回报，也不能是这些资本货物服务的"租金"，而这些服务本身取决于工人和资本家之间的收入分配。

李嘉图思想的这种再生并不像解释那样引人注目。它没有对收入分配的经济解释，而这是它的核心信息。工资和利润是社会和政治问题。像约翰·斯图亚特·穆勒一样，斯拉法将生产和经济效率问题与收入分配问题分开。在不同阶级之间分享收入不是由经济的客观力量决定的，而是由阶级斗争、管理工资和相对议价能力决定的。

卡莱茨基的收入阶级：工人和资本家

剑桥后凯恩斯主义的另一个贡献者是马克思主义经济学家米哈尔·卡莱茨基（1899—1970 年）。1935 年在剑桥时，从波兰自我流放归来的卡莱茨基与约翰·肯尼斯·加尔布雷斯成为朋友。加尔布雷斯说："卡莱茨基是一个矮小、易怒、独立又有激情的人，是我所认识的经济学领域最具创新精神的人物，不排除凯恩斯。"① 像斯拉法一样，卡莱茨基很少把笔放在纸上。但当他这样做的时候，他的思路清晰而深刻。

1933 年，卡莱茨基提出了凯恩斯式的就业水平理论，该理论早于凯恩斯的《通论》独立提出。然而，卡莱茨基的收入分配观与李嘉诚和马克思关于收入阶级的相同思想更合拍。事实上，卡莱茨基的理论可以概括为这样一句格言："工人花费他们所得到的，资本家得到他们所花费的。"对于萧伯纳的一部戏剧来说，这是一句绝妙的台词。

---

① John Kenneth Galbraith，*A Life in Our Times*：*Memoirs*，Boston：Houghton Mifflin，1981，p. 75.

国民收入或产品可以从收入方面或支出方面来衡量，因此：

收入：

利润(资本家收入)＋工资(工人收入)＝国民收入

支出：

投资＋资本家的消费＋工人的消费＝国民产品

投资被定义为标准的国民收入核算方式——固定资本的购买（工具、机械、建筑物等）和库存或未售出的制成品的变动。

在这个模式中，所有工人的工资都花在必需的商品上，所以工资必须等于工人在消费品上的支出——生活和工作所需的食物、住所、衣服和交通。当然，在现实中，今天的工人把收入花在一些严格意义上不是必需品的商品和服务上，但卡莱茨基使用的是马克思和穆勒的文化生存概念。斯拉法的系统揭示了生产特定产出所需的投入；卡莱茨基定义了必要的消费品数量。

如果我们进一步简化说所有的利润都被辛勤地投入企业中去购买新的投资产品，那么储蓄和投资等于利润。在这个简单的经济中，资本家是唯一的储蓄者。

第一个惊喜？资本家可以通过增加他们以前时期的投资支出来增加他们目前在国民收入（利润）中所占的比例。按照总产出水平，对凯恩斯式的投资进行了加乘，从更大的产出中获得更大的利润。

更令人震惊的是，即使资本家以 20 世纪 80 年代储蓄和贷款的方式消耗他们的利润——购买游艇、建造度假屋、赡养恋人——他们的利润也并没有减少。资本家的收入不易受到消费方式的影响，因为购买商品的增加导致了更高的生产水平。资本家利润就像自流井里的水一样：不管抽多少，井都不会干枯。

资本的积累既是彩虹，又是黄金！如果国民产出的更大一部分用于投资商品，投资部门的就业水平就会更高，而（在投资等于利润的情况下）更多的国民收入将流向资本家。相反，如果产出的更大一部分用于消费者的必需品，工人们就会攫取国民收入蛋糕中较大的一块。

尽管资本家在这个意义上是他们自己的世界的上帝，但卡莱茨基（在凯恩斯的影响下）看到了外部因素，例如与盈利性投资有关的不确定性，这导致了利润不可避免的波动。

价格加成与通货膨胀

竞争的不完全与卡莱茨基的"垄断程度"

工人阶级和资本主义阶级之间的斗争不仅塑造了收入分配格局，而且形成了古典式的定价。反过来，这些力量的结合为滞胀提供了一个解释——这种停滞和通货膨胀的可怕组合。

卡莱茨基在很大程度上进入了不完全竞争的世界，在这种竞争中，每个行业或寡头中只有少数几家公司从事生产。如果产业内部的其他公司也这么做，公司可以提高自己的价格，同时也可以提高生产成本。通用汽车公司曾经是美国仅有的三家汽车制造商中效率最高的一家，与美国汽车工人联合会（United Auto Workers of America）签订了一份提供工资的工会合同，该公司也或多或少按照工资上涨的比例提高了价格。克莱斯勒和福特随后也效仿了。

"垄断程度"不仅是产业集中的结果，也是沉默协议、销售代理商和广告的结果。卡莱茨基在他最后发表的一篇论文中解释了高加成（价格高于成本）会如何鼓励强大的工会讨价还价，以换取更高的工资，因为寡头垄断企业有能力支付这些费用。

价格加成与价格水平

将不完全竞争引入宏观经济理论的不仅有卡莱茨基，还有约翰·肯尼斯·加尔布雷斯、英国剑桥大学的琼·罗宾逊和宾夕法尼亚大学的西德尼·温特劳布。卡莱茨基和温特劳布关于制造业的定价观点可以用卡莱茨基的神秘风格来戏剧化：加成。①

---

① 卡莱茨基的加成只适用于制造业，温特劳布的加成更通用，适用于所有行业，包括那些几乎充斥着竞争性的行业。加成定价规则现在被广泛应用于正统的计量经济学模型中。参见 Otto Eckstein, ed. , *The Econometrics of Price Determination*, Washington, D. C. : Board of Governors of the Federal Reserve System, 1974; Arthur Okun, *Prices and Quantities: A Macroeconomics Analysis*, Washington, D. C. : Brookings Institution, 1981; and William D. Nordhaus, "The Falling Rate of Profits," *Brookings Papers of Economic Activity*, 74 (1), 169 - 208 (1974)。

我们用一个示例可以阐明加成的作用。如果每台个人电脑的工资成本是 700 美元，加成是 10%，那么单位产出的利润流是 70 美元。如果每年售出 100 万台个人电脑，那么行业利润是 7 000 万美元。如果工资成本上升到每台 800 美元，在销售数量相同的情况下，当前成本的 10%不变的加成率现在将产生 8 000 万美元的收入流。

如果货币工资是由工会协议管理的，那么收入的余额是由工资之上的加成提供的，其中大部分将是留存利润（利润加折旧）和股息支付。产能的利用可能随着需求的增加而上下移动，但公司通常会坚持能够达到其目标留存利润水平的加成。这一目标取决于其对股东的股息支付比率、相对于其股本的债务数额，以及（根据已故的阿尔弗雷德·艾克纳等后凯恩斯主义者的观点）对其投资需求的感知。[①] 根据温特劳布的说法，即使是竞争激烈的公司也会按照加成规则进行定价。虽然价格高于现期成本的幅度已经反映了企业在一个集中的行业中的市场力量，但即使是固定的加成也允许在单位生产成本上升时出现更高的价格。

"垄断程度"的概念与约翰·肯尼斯·加尔布雷斯的《新工业国》非常吻合。消费者对黑豆和大米的必需品预算与烟熏鲑鱼和鲤鱼的高收入预算之间的差异，促使生产者创造出许多他们想要得到满足的需求——加尔布雷斯的依赖效应。服务行业开始在经济中占据主导地位，就连快餐也是由于需要时间去购买更多的商

---

① 根据 Canterbery，"A Theory of Supra-Surplus Capitalism," Presidential Address, *Eastern Economic Journal*，Winter 1988）以及 "An Evolutionary Model of Technical Change with Markup Pricing," in William Milberg, *The Megacorp and Macrodynamics*，Armonk, New York and London，England：M. E. Sharp，1992，pp. 85 - 100，该目标的最高限值取决于该行业目前的公司数量和该公司感知的需求价格弹性或消费者对价格变化的敏感性。一般来说，行业中的公司越少，对消费者的价格上涨的敏感性越低（需求的价格弹性越低），价格加成的上限就越高。投资"需求"的动机被不同程度地归因于市场份额、增长和动力目标。如下研究分别提出了这些解释：Alfred S. Eichner, *The Megacorp and Oligopoly*：*Micro Foundations of Macro Dynamics*，Cambridge：Cambridge University Press，1976；Robin Marris, *The Economic Theory of "Managerial" Capitalism*，New York：Basic Books，1964；以及 John Kenneth Galbraith。就借入资金为资本存量增量融资来说，新的金融资产是在企业投资过程中产生的。海曼·明斯基在他的《约翰·梅纳德·凯恩斯》 （*John Maynard Keynes*，New York：Columbia University Press，1975）一书中采取了这一立场。

品而诞生的。

超过文化生存的收入给生产者留下了需求的楔子和喘息的空间。价格加成是填补空隙的新鲜空气。虽然工人和资本家之间程式化的收入分配创造了马克思主义的"阶级斗争"戏剧，但卡莱茨基明白，这种简单粗暴的分割不能充分解释收入分配及其在加尔布雷斯的丰裕社会中产生的影响。新的中上阶层消费者曾经满足于一辆黑色 T 型车，现在必定有动力购买一台流线型、活泼、色彩丰富的机器，这台机器按最大化道路舒适性的目的被设计出来，也许是满足异国情调的幻想。

滞 胀

如何从企业和行业的定价行为转到一般价格水平？我们从交易方程开始。如果

价格水平×实际产出＝货币国民收入

价格水平＝货币国民收入/实际产出

那么稳定的价格要求货币收入增长不快于实际产出增长。如果每个雇员的货币收入增长不快于每个雇员的产出（生产力）增长，通货膨胀率就会为零。①

货币工资成为物价水平的核心。货币工资的下降是不灵活的，因为降低货币工资违反了通常由产业工会协商的劳动合同。如果工会签订了一份增加 30％工资的合同，而且在这三年内平均分配，那么没有人会预期第二年的加薪会被分割成 5％。因此，在短期内，产品价格必须根据货币工资和生产成本进行调整，而不是反过来。在确定货币工资率之后，按一个修正的顺序来解决价格水平和通货膨胀问题。在斯拉法的体系之外，货币工资是由社会政治条件决定的。②

当需求的风向发生变化时，公司调整的不是价格（新古典主义者会这么做），而是数量。如果通用汽车公司不以当前价格出售其雪佛兰（Chevrolet）库存，它下个月的产量就会减少，甚至可能会裁员或关闭工厂。这一信息足够短，以至于

---

① 这一讨论紧跟温特劳布对通货膨胀过程的描述。参见 Sidney Weintraub, *Capitalism's Inflation and Unemployment Crisis*, Reading, Mass.: Addison-Wesley, 1978, pp. 44 - 50。

② 货币工资是内生的，就像坎特伯里关于劳动力市场的生命力理论所描述的那样，参见 E. Ray Canterbery, "A Vita Theory of Personal Income Distribution," *Southern Economic Journal*, 46, 12-48 (July 1979)。

可以由西联汇款（Western Union）发出（顺便说一句，这也是一种垄断）："与其通过不断降低价格来应对更低的需求，大型生产商不如选择降低产量。"

由于定价是基于生产者的长期行为，消费者（和投资者）需求的作用是未来主义的。私营企业争夺市场份额或新市场，这两者都需要明智的投资决策和不确定性条件下的资本积累。在一个围绕过剩产能建立的体系中，竞争和价格在一定程度上是相提并论的。

加尔布雷斯和其他人描述了产品是如何通过想象中的创新来区别的，比如风格上的改变，而商品的功能完好无损。不完全竞争的公司用这种非价格的手段来吸引顾客。企业家的作用从商品生产转变为一些优雅的承诺。例如，苏格兰威士忌的杂志广告上可能会有穿着黑色天鹅绒的低花边晚礼服的可爱女性。

在文化生存水平之上，顾客购买的是奈曼-马库斯（Neiman-Marcus）的氛围和产品；沃尔玛（除非在经济困难时）已经出局了。我所称的超剩余资本主义（supra-surplus capitalism）①，与其说是一场为了等级的斗争，不如说是一场阶级斗争。俗世中的克拉拉·安斯佛-西尔伪装上流，掩盖了这一点。

这种后凯恩斯主义者的观点揭示了通货膨胀和失业并存（滞胀）的可能性。对任何消费者抵抗的短期反应将不是工资或价格放缓，而是生产放缓。大规模减产将导致——而且是滞后的——裁员。这种观点也可以解释，在全球油价飙升之后，1974—1975 年和 1979—1980 年的经济衰退与通货膨胀并驾齐驱。

在这些事件中，拖拉机燃料和化肥价格的跃升导致食品价格上涨，而原油价格的飙升意味着用于运输的汽油价格更高。耐用消费品销售的放缓，最昂贵的延期，意味着工厂与生产的库存积累以及相关的就业减少。生活必需品价格的滚动上涨波及了整个经济，导致工人失业，尽管它提高了消费者的价格，这在凯恩斯主义和新古典经济学中是一种反常现象。

正统观点认为，只有收紧财政和货币政策，才能控制失控的通货膨胀。然

---

① 参见 E. Ray Canterbery，"Galbraith，Sraffa，Kalecki and Supra-Surplus Capitalism，"*Journal of Post Keynesian Economics*，7，77 - 90 (Fall 1984)，其中还包含更多关于如何总结加尔布雷斯、斯拉法和卡莱茨基的思想的详细信息。也参见 Canterbery，"A Theory of Supra-Surplus Capitalism，"Presidential Address，*Eastern Economic Journal* (Winter 1988)。

而，如果要终止通货膨胀，或者使通货膨胀放缓，就必须放慢工资增长和原材料价格增长，这是西方国家从 1882 年开始一直持续到 1990 年的经历。即使在金融和银行业变得不健全的情况下，工资收入者也会被牺牲在健全的金融和银行体系的改变过程中。

收入政策

后凯恩斯主义者对收入分配和价格水平的解释导致了第三种经济政策，以作为凯恩斯主义的财政和货币政策的补充。如果对赤字支出的坚决倡导是财政凯恩斯主义者的特征，那么对收入政策的不懈追求使后凯恩斯主义者与众不同。

许多财政凯恩斯主义者仍然与后凯恩斯主义者联手支持一项收入政策，明目张胆地要求在某种意义上"控制"工资。不管利润率是多少，都是因为价格加成的相对一致性。然而，随着时间的推移，工资和价格水平都会上升。

控制什么？工资还是利润？

如果有什么可以控制的，那么公司更喜欢控制的是工资。工会倾向于控制利润。仅仅控制工资，公平和政治问题就会迅速浮现。可变加成可能是利润推动的通货膨胀的来源之一，因此企业不为投融资而留存的那部分利润也需要监管。股息和公司工资被征收的税率可能与工资收入的增长保持一致。不管是谁的公牛被激怒，收入政策都有相同的主题：货币收入的变化应与生产率的增长相适应。

现实世界的收入政策的范围，从自愿的工资和价格准则一直到约翰·肯尼斯·加尔布雷斯长期倡导的强制性工资和价格管制，应有尽有。这些措施被肯尼迪、约翰逊、尼克松、福特和卡特政府以不同的形式和不同的热情加以利用了。

TIP 建议

工资和价格指导或控制之外的另一种替代性选择是税收激励，它旨在改变工会和集中的行业的行为。价格机制的激励和威慑是以柔术的方式来对抗自身的。一种基于税收的收入政策（tax-based incomes policy，TIP）是由温特劳布和亨利·瓦里茨（Henry Wallich，1914—1988 年）制定的，后者曾经是联邦储备委员会的长期理事。

TIP 是这样运作的：当一家公司的加薪超过既定标准——比如 6%——时，加薪的公司将受到所得税增加的惩罚。如果一家公司将员工的平均工资提高了10%，而不是 6%，公司可能需要为其利润多缴 10% 的税。工资-薪水标准将是公司的工资和薪水的平均增加，这样，有功的工人可以获得高于平均水平的工资津贴。目标是将平均货币工资的增长限制在经济的平均劳动生产率提高的范围内。

TIP 的前提是什么？只有当单个公司确信其他公司和行业也会抵制不合理的工资要求时，它们才会被鼓励也抵制这种要求。TIP 使单个公司倾向于只发生非通货膨胀性的平均工资增长。随着通货膨胀的消退，劳动者将受益于实际工资的增长。

TIP 是一种非常灵活的政策：它可以对高于标准的工资增长给予惩罚，对低于标准的工资给予奖励，或者兼而有之。新凯恩斯主义者阿瑟·奥肯（Arthur Okun，1928—1980 年）曾是约翰逊总统的首席经济顾问（1968—1969 年），也是耶鲁大学的长期经济学教授，更倾向于“胡萝卜”而不是“大棒”政策。如果一家公司将其年平均工资增长率保持在 6% 以下，而其平均价格增长率低于 4%，那么按照奥肯的计划将给该公司的雇员退税（“胡萝卜”Ⅰ），而该公司将因其所得税负债而获得退税（“胡萝卜”Ⅱ）。

美国总统吉米·卡特在 1978 年 10 月提出了一项“胡萝卜”劝说式的 TIP。然而，这种激励是间接的，是一种用“胡萝卜”做的色子。如果年通货膨胀率最终超过 7%，就会为那些低于工资标准的工人提供税收减免。国会拒绝了这一动议。

自最初的 TIP 建议提出以来，情况发生了变化。一方面，企业所得税的实际平均税率，即最初的 TIP 税收惩罚技术，已经接近零或更低。另一方面，自第二次世界大战结束至 1990 年，净利息收入占国民收入的比例增加了 14 倍。因此，似乎有必要获得一个新的联邦收入来源来对利息施加下行压力，以及获得一个承认货币利息是生产成本上升的新的、日益重要的来源的 TIP。①

货币与对投资的融资

利润和公司投资的资金之间有着财务上的关联性。加成和投资计划有着不可分割的联系——在一个方向上或另一个方向上，也许两者兼而有之。由于垄断的程度，价格不能反映当前的需求状况；它们与预期的未来需求更紧密地联系在一起。有时产能将超过当前的需求，但这种情况对寡头垄断来说是没有问题的。

卡莱茨基尤其认为，寡头垄断通过定价权确保其对投资资金的需求。工人对必需品需求的敏感性或价格弹性基本上是零。因此，生产者可以不受惩罚地提高价格，并从消费必需品中增加收入（超过生产成本），作为购买投资商品的资金来源。

机器和劳动力必须结合在一起才能再生产机器。因此，投资或资本品行业从必需品行业获得的销售收入，将覆盖投资商品行业的劳动力成本加上机器的成本，也就是说，资本品行业自己的机器。这些必需的投资支出相当于投资商品行业的利润。

这两个行业的合并利润必须等于生产资本品的价值，就像实际工资（按必需品价格调整的货币工资）必须等于生产的必需品的数额一样。同样，这两个行业的利润合起来购买投资商品工业的产出，为资本家创造了更多的利润。

这个特征事实化的卡莱茨基式寓言再一次得出：储蓄＝利润＝投资。就其本身而言，它是有教育意义的，甚至是准确的。在 19 世纪 80 年代以前，美国的大

① 为了解决这些问题，我在 1983 年提出：（1）公平增值税（value-added tax，VAT）作为新的收入来源，也是立即实施 TIP 的理想税基；（2）一个简化的个人所得税计划会使那些认为增值税不公平的人满意。简化的个人所得税计划中有几点已由国会实施：增值税仍处于困境当中。参见 E. Ray Canterbery, "Tax Reform and Incomes Policy: A VATIP Proposal," *Journal of Post Keynesian Economics*, 5, 430 - 439 (Spring 1983)。一个后续的、更详细的版本见 E. Ray Canterbery, Eric W. Cook, and Bernard A. Schmitt, "The Flat Tax, Negative Tax, and VAT: Gaining Progressivity and Revenue," *Cato Journal*, 521 - 536 (Fall 1985)。

部分固定资本投资都是由留存利润提供资金的。大公司有权在生产成本（主要是工资）之上选择一个加成比例，这足以在大部分时间内完成其投资计划，而无须屈膝向银行家或资本市场寻求资金。

在卡莱茨基和其他更复杂的解释中，来自投资、留存收益或预期利润的资金可以用来获得银行贷款或发行公司债券。这部分债务是银行信贷，构成了后凯恩斯主义的"内部货币"。此外，根据与股权融资相比的公司债务偏好，公司可以在股票市场发行新股，以满足投资需求。

"内部货币"

后凯恩斯主义者保罗·戴维森和巴兹尔·摩尔（Basil Moore）就像之前的琼·罗宾逊一样，认为今天生产的商品的价值可能在几个月后会有所不同。货币和以货币价格计价的可强制执行的合同使个人和公司能够在经济不确定的情况下合理地运作。

正如凯恩斯和卡莱茨基所描述的，货币供应是以私人债务（"内部货币"）的形式出现的。因此，货币供给与购买或生产货物的合同所产生的债务有关。因为生产需要时间，所以商品的协议或合同在交付时以货币单位表示。然而，在生产时必须支付生产成本，以使生产者的债务可以在任何销售收入之前发生。

向银行和资本市场借款（通过发行新的公司债券）增加了货币供应量（M），除非贷款活动的增加被货币当局（在美国就是联邦储备系统）的行动所抵消。新的贷款产生了新的支票存款数额。贷款产生存款，存款又产生贷款，后者进而又产生存款，依此类推。这样，国家货币供应量的变化在很大程度上是由商业活动本身决定的，也就是说，与货币主义者相反的是，我们这里的 M 是与国民生产总值相互作用的。①

最大和最具战略意义的储蓄是公司以债券或其他证券形式持有的金融资产。

---

① 这是凯恩斯对货币-国民收入相互作用的原始看法，也是温特劳布所使用的对凯恩斯的阐释，参见前引书第 66－77 页和 Paul Davidson, "Why Money Matters: Lessons from a Half-Century of Monetary Theory," *Journal of Post Keynesian Economics*，57－65（Fall 1978），以及 *Money and the Real World*，New York: Wiley, A Halstead Press Book, 1972.

改变预期会导致这些金融资产持有量发生变化，并加剧经济下滑。这是因为公司持有的债券价格往往在下跌前非常低（利率却很高）。高利率也与股票市场不景气同时出现，因此尽管价格加成可以保持不变，甚至可能增加，但消费者需求的下降可能导致利润减少，从而减少留存收益（储蓄）。即使是大公司也不愿在资本损失时变现债券，不愿在利率高企时借入资金，以扩大其设施或更换老化的设备。这种流动性方面的不情愿可能是投资不稳定的货币性来源。

货币供给与货币政策

企业创造的活期存款和向企业提供的贷款启动了货币供给的列车。中央银行控制的货币供给收缩对实体经济驱动的大型企业的私人来源几乎没有直接影响。只要公司不愿意变卖价格下降的债券，就会产生间接影响。尽管如此，只要公司的销售收入不断增长，这家大公司就会自愿增发股票或向最大的银行借款。

对于竞争激烈的公司，比如小公司和支离破碎的建筑行业，情况则完全不同。即使有主动权，小公司也没有大公司的加成能力。当中央银行削减货币供给时，小公司（被认为是风险最高的公司，并依赖昂贵的贸易信贷）是受限于经历难以获得贷款的公司。每个购房者都知道，较高的住房和建筑利率有类似的效果。利息支付的价值通常大于抵押贷款本身的面值。利率反映的更多不是资本生产率，而是购买产品的主要成本。紧缩的货币政策只会加剧滞胀，因为它会降低产量，同时导致价格不断上涨。①

后凯恩斯主义者为减少对这样一种反常的货币政策的依赖所做的努力，导致他们采取了上述第三种方式，即一种收入政策。

明斯基与金融脆弱性

海曼·明斯基（1919—1996 年），一位说话简洁且坚定执着的美国后凯恩斯主义者，与意大利关系密切，他把卡莱茨基的加成、留存收益和内部货币与金融波动联系在一起。明斯基强调了通过以债务为杠杆的加成得到的留存收益如何为

---

① 对于那些想要揭开货币和利率的谜团的读者来说，最好读一读 George P. Brockway, *The End of Economic Man*, Revised Ed., New York and London：W. W. Norton and Company, 1993，特别是其中的第三、八、十二和十三章。

收购额外的资本资产提供资金。非金融公司获得的资本资产可以通过现有的厂房和设备（公司收购等）购买，也可以通过生产新的投资产品来购买。只有在后一种情况下，新的增量和工业生产能力才能增加经济的生产潜力。

明斯基的投资理论关注的是凯恩斯主义的不确定性、投机和日益复杂的金融体系如何导致商业周期。任何持续的"好时光"都会跌入投机、通货膨胀和金融机构的脆弱状态之中。明斯基的想法不再是孤独的；事态的发展已经超出他的解释。

明斯基认为，由于企业债务必须偿还（定期支付本金和利息），这种现金流（以及偿债承诺）决定了投资的进程，从而决定了产出和就业。通过这种方式，明斯基扩展了后凯恩斯主义货币理论，不仅包括了信贷，还包括了资本主义体系中与金融投机有关的特殊问题。

货币体系仍然是债务产生和偿还过程的核心。银行创造货币是为了满足利润预期而贷款（主要是向企业发放）。然而，明斯基强调，这种"内部货币"随着利润的实现和向银行偿还贷款而被摧毁。货币体系的稳定取决于足够为贷款提供偿还能力的借款者的利润流。因此，资本主义的核心问题与资本资产的所有权、创造和融资有关，而这反过来又促成了商业周期。

金融危机的序幕是一些针对系统的"外部"冲击，比如战争（越南）、农作物歉收、石油输出国组织（OPEC）、熊彼特式的基本创新（如汽车等），或一些大规模的债务扰动。无论冲击的来源如何，它都至少在行业的一个重要分支中显著地改变了获利机会。如果出现新的获利机会，增加的投资和生产会带来繁荣——银行和其他形式的信贷的扩张推动了繁荣。由于获利机会创造了贷款机会，繁荣通常是由一定的利率提供资金支撑起来的。此外，金融创新以新的金融机构和新的信贷工具的形式出现，如信用违约互换（CDS）、垃圾债券（评级为BB或更低的债券），甚至金融衍生产品、基于现有信贷工具的工具等。信贷的这种演变解释了为什么金融机构是最先受到监管的机构之一。

在不变加成的经济扩张期间，不断上涨的工资成本提高了生产成本。由于加成的数量并不是无限的（产品需求的价格弹性不是零），只有普遍的通货膨胀才能确保充分就业。在这一过程中，越来越多的投资由债务提供资金。银行家和商人只要有理由相信通货膨胀的持续存在，就会赞同债务与内部融资之间的比率不断上升。

金融资产的投机活动最终会外溢，提高凯恩斯主义所说的对商品的有效需求。对商品生产能力的压力会使价格进一步上涨。商品和金融资产价格的不断上涨提供了更多的获利机会。因此，一轮新的投资增加了现成的收入，刺激了更多的投资，进而又带来了更多的收入。商品或金融资产的价格现在包括一种投机性的"加成"，或者我所说的"赌场效应"①。许多市场参与者将成为纯粹的投机者，他们购买商品是为了转售而不是为了使用。在 20 世纪 70 年代、20 世纪 80 年代初和 21 世纪初的美国，纯粹的投机是许多住宅和商业房地产市场的特征。

最终，单纯为了转售而不是为进一步生产而进行购买的公司和家庭的数量，开始主宰经济环境。债券和股票市场通常的特征是：在所有交易中，只有大约 1%的交易直接导致了真正的投资，这越来越成为商品市场的特征。很大一部分经济行为者现在正在下注，而不是进行真正的投资。持续的繁荣意味着更高的价格、利率和资金的流通速度。当有识之士开始谈论控制信贷激增的必要性时，政策问题就出现了。

繁荣可能因为消费者对价格的抵制而结束。毕竟，这是因为产品需求的价格弹性不是零，所以加成的数量是有限的。繁荣的结束可能是因为中央银行开始收缩信贷。最终的希望是工资上升速度，进而成本和通货膨胀的上升速度减缓。

然而，工资率的任何放缓都不会改变合同债务承诺，从而导致债务负担在通货膨胀或通货紧缩期间增加。债务融资的投资减少，同时对由货币供给增量提供资金的投资商品的购买也下降了。商业公司将开始偿还债务，而不是购买新的工厂和设备。就像凯恩斯所论述的一样，随着现有资本存量的使用减少，就业人数也随之下降。再一次地，商业环境受到不确定性和金融市场行为的支配。

---

① "赌场效应"（casino effect）是我在"里根经济学、储蓄和赌场效应"（Reaganomics, Saving, and the Casino Effect）一文中使用的术语，参见 James Gapinski, editor, *The Economics of Saving*, New York: Kluwer Academic Publishers, 1992。在这篇文章中，我提出了一个"投机乘数"（speculative multiplier），它所起的作用与凯恩斯和卡恩的投资或就业乘数完全不同。它是一个资产乘数，而不是一个收入乘数。

物价的稳定导致某些参与者和工业陷入了财务困境。包括农场在内的企业一直依靠其产品的特定的通货膨胀率来偿还不断增加的债务。中产阶级房主也是如此，他们自第二次世界大战以来一直指望房屋升值，以此作为资产净值的来源。然而，那些在金融市场上最了解信息的人，也就是内部人士，却拿着他们的利润跑路。这是一场流动性竞赛的开始，因为金融资产被兑现了。

正如凯恩斯所言，持有货币"平息了他们的不安"。只有在以下情况下，才能避免彻底的金融恐慌：（1）价格下跌到如此低的水平，以至于人们不得不重新选择实际资产。（2）政府对价格下跌设定了限制（例如，农产品价格支持），关闭了银行（例如 1933 年的"银行假日"），并关闭了交易所。（3）最后贷款人介入，就像美联储在下列事件所导致的金融动荡中所做的那样：宾州中央银行崩溃（1969—1970 年）、富兰克林国家银行破产（1974—1975 年）、亨特-巴赫白银投机（1980 年）、1987 年股票市场崩盘；以及像联邦存款保险公司（FDIC）将伊利诺伊州大陆银行（1984 年）或此后的银行国有化时所做的那样。这种干预措施防止了资产价值的完全崩溃。

在大萧条和紧随其后的大规模失业期间，美联储并没有发挥最后贷款人的作用。然而，正如明斯基所讲述的那样，政府和美联储（作为其代理人）为支撑价值以避免经济萧条所做的一切，为通货膨胀进一步加剧奠定了基础。由于债务通货膨胀还意味着赌场经济中的利润收窄，政府赤字和作为最终手段的借款的稳定效应也有其不好的一面。

繁荣时期的债务，如垃圾债券和其他金融创新，在央行对金融机构的资产进行再融资时得到确认。这种对资本主义的支持为在经济复苏期间进一步扩大信贷创造了基础，这一过程有助于解释 1969—1970 年、1974—1975 年和 1980 年金融危机之后的通货膨胀。商品通货膨胀，而不是金融投机，被 1981—1982 年的近乎萧条和 2007—2010 年的大衰退所抑制了。

国际层面

查尔斯·P. 金德尔伯格（1910—2003 年）曾是麻省理工学院的长期经济学教授，也是马歇尔计划（Marshall Plan）的主要设计者，他将明斯基的理论扩展到了全球经济。金德尔伯格认为，纯粹的投机活动会溢出国界。国际联系是由出口、进口和外国的证券提供的。事实上，如果在没有外国人大量购买美国国债的情况下，美国在 1983 年和 1984 年的利率将会高得多。

然而，与此同时，这些外国购买行为加剧了信贷的金字塔结构，一旦这些投机者再次失去信心，信贷金字塔将再次倒塌。金德尔伯格指出，由于油价不断上涨（我们必须补充一句：至少到 1979 年），发展中国家的巨额外债加速上升了，"因为因美元而膨胀的跨国银行在试图发掘新的外国借款者，并将资金实际强加给欠发达国家（less-developed country，LDC）方面一个接一个地失败了"①。然而，在国际层面上，不存在最后贷款人。

经济增长到哪里去了？

经济增长是实际国内生产总值（GDP）的长期趋势增长率。经济周期体现为 GDP 高于（通货膨胀）和低于（衰退）这一历史趋势的变动。

在约翰·梅纳德·凯恩斯的大部分理论中，经济看上去是一连串的快照，而不是连续的运动画面，因此更适用于商业周期，而不是经济增长问题。对于卡莱茨基的理论同样也可以这么说，尽管程度轻一些。即使是向我们展示今天的状况的快照，也几乎没有揭示出未来几年我们的经济状况。

凯恩斯的动态版本（构造了他的跨越一段时间的理论）最早由罗伊·哈罗德爵士创立，后来经过尼古拉斯·卡尔多勋爵扩展，并在马尔萨斯、李嘉图和马克思的宏大尺度上与埃斯维·多马进行了分享。就像在卡莱茨基和斯拉法的观点中一样，在任何特定行业，每台机器的工人都会保持稳定。这种将工人与机器结合在一起的做法，意味着新古典主义的资本替代劳动的旧传统已经走上了模式 A 的道路。

哈罗德和麻省理工学院的埃斯维·多马"同台演出"，将凯恩斯低估的一些

---

① Charles P. Kindleberger, *Manias，Panics，and Crashes：A History of Financial Crises*，New York：Basic Books，1978，pp. 23 - 24.

思想做了戏剧化处理。关于投资乘数，凯恩斯没有提到，持续的投资增加了企业的生产能力，因为它增加了机器和工厂。因此，为了保证额外的生产能力，一次性增加固定数量的投资是不够的。

在哈罗德-多马看来，投资既是"供给"的储备，也是凯恩斯认为的需求来源，它必须以足够的速度增长，以产生足够（成倍）的收入来购买（给定消费倾向）足够的商品，以保证现有设备和工厂的运转。否则，工厂和设备将无法得到充分利用，IBM不仅必须建造和装备一个新工厂，而且它（或另一个行业的公司）必须建造第二个工厂，以免对办公室设备的需求不足以证明第一家工厂是合理的，只留下IBM独自唱着悲歌。

尽管哈罗德-多马的主题听起来可能是无害的，但它提出了一个关于资本主义未来的令人费解的问题。投资、刺激需求和工业产能的决斗对固有的不稳定资本主义起到了不和谐的抑制作用。一个充满活力但又稳定的经济依赖于不太可能的切分——需求和以同样的速度扩张，从而满足这种需求的工业能力。在大萧条的挽歌之后，哈罗德-多马的不协调继续扮演资本主义的黑暗面，在萧条和繁荣之间起起落落。

在卡尔多版本的凯恩斯主义经济增长模型中，资本主义的稳定取决于充分就业和灵活的利润率。否则，经济将像哈罗德-多马模型一样，处于深渊的边缘。投资的增加，从而总需求的增加，将提高利润率（和价格），从而减少消费，而投资的下降，进而总需求的下降，会降低相对于工资的价格，从而导致实际消费的上升。资本主义在充分就业时是稳定的。但是，当然，如果说失业的"发作"是资本主义的对位主题（contrapuntal theme），那么任何理论（包括新古典主义所假设的和谐的充分就业）的用处都是有限的。

结　论

如果凯恩斯今天还活着，他可能不是凯恩斯主义者。当然，如果他仍然相信他在20世纪20年代开始形成的、在大萧条时期（在他脑海中）被证明正确的社会愿景，他肯定会抛弃凯恩斯主义者。凯恩斯早期的阐释者充分利用了他的反通货膨胀意识。尽管如此，但凯恩斯主义者对凯恩斯所指的含义的理解并不是经久不衰的，它在对抗通货膨胀时效果不佳，且在产品市场的完全竞争和与确定性一样肯定的一般均衡的前提下，表现出致命的弱点。

新古典主义的大综合对经济学家来说就是音乐。这种安排总是存在的；它只需要一个精心调整的经济和一个人来写歌词。20 世纪 60 年代，美国提供了一首，年轻的、轻率的约翰·希克斯提供了另一首。尽管结果对新古典主义者来说只是一小节，但对于下一次登上舞台中央的现代货币主义者来说，它变成了一个大乐谱。

以货币主义者的名义重新诞生的新古典主义者并没有与凯恩斯一起结束。经济学家们只会在风险撤去外衣的情况下质疑均衡问题。当通货膨胀太严重，仅仅由理性的经济人无法解释时，就发明了超级理性经济人。凯恩斯的理论是脱离历史时代的，因为过去、现在和未来在平衡中是无法区分的。凯恩斯正有新古典主义需要他的地方！

尽管许多新凯恩斯主义者从来无法理解后凯恩斯主义者，因为他们认为没有理由去尝试，但这两个学派之间的一些差异并不大。正如我所提到的，一些新凯恩斯主义者，包括 1881 年诺贝尔经济学奖得主詹姆斯·托宾，已经认可了收入政策。同时，诺贝尔经济学奖得主罗伯特·索洛说："一些后凯恩斯主义者的价格理论来自这样一种信念，即普遍竞争是一种糟糕的假设。我毕生都知道这一点。"但是，他也补充道："我发现这是一种没有回报的方法，也没有给予太多的关注。"① 正如我们在第一卷中所发现的那样，这两个学派有关增长理论的方法提供了一个根本性的对比。

即便如此，保罗·萨缪尔森还是亲自走出来，发表了以下警句式的看法：

一个像哈姆雷特一样的学生，在折中的后凯恩斯主义、货币主义和理性预期主义之间保持中立的均衡，将不得不被 20 世纪 80 年代美国残酷的事实

---

① Arjo Klamer，*Conversations with Economists*，Totowa，N. J.：Rowman & Allanheld，1984，pp. 137 - 138.

经验推向后凯恩斯主义的方向。这就是我的看法。①

我们将继续关注这些 "20 世纪 80 年代美国残酷的事实经验"。

---

① Paul Samuelson，"Succumbing to Keynesianism," *Challenge*，7（November-December 1984）.

8

超剩余资本主义与赌场经济的兴起

如前所述，资本主义在范围上是浮士德式的：它有许多面孔。美国资本主义的另一次重大变革始于里根政府时期；在玛格丽特·撒切尔时代，英国也引进了一些同样的力量。这一切都始于里根经济学，这需要三股强大力量的汇合。第一股力量是货币主义，正如米尔顿·弗里德曼告诉罗纳德·里根的那样，货币主义能在暂时放缓生产和就业的情况下降低通货膨胀率。第二股力量是新奥地利学派日益增强的影响力，以及他们将企业家从政府手中解放出来的愿望。第三股力量是供给学派的梦想——让富人摆脱"过度"的税收。正如第 6 章所指出的，这些力量来自 20 世纪 70 年代末和 80 年代初美国新右翼势力的崛起，开始于维也纳的奥地利学派经济学家路德维希·冯·米塞斯，然后与罗纳德·里根一起站在白宫的前排台阶上。

与货币主义一样，新右翼的兴起是对 20 世纪 70 年代滞胀危机的一种反应。凯恩斯主义者们团结起来，希望政府在经济中扮演一些角色，而新右翼人士则把自己的信仰寄托在自由市场资本主义上。新右翼将市场视为解决所有经济问题的唯一方案。

新奥地利学派最初与政治权力的联系源于 1974 年查尔斯·科赫基金会的成立；自那以后，它成为华盛顿特区的卡托研究所这个公共政策机构。科赫产业的负责人科赫建立了他的基金，为自由放任的经济学家，如艾因·兰德最喜欢的经济学家路德维希·冯·米塞斯的观点播下了种子。新奥地利学派和卡托研究所的共同目标是大幅缩减政府规模。虽然他们更希望有一位艾因·兰德而不是罗纳德·里根担任总统，但他是唯一的选择。部分原因在于设计，但大部分原因是错误和意外，货币主义和里根主义为赌场经济架起了一座桥梁。

美联储的弗里德曼货币主义实验（1979—1982 年）

不过，货币主义在里根总统的任期到来前就已出现。20 世纪 60 年代末开始的通货膨胀（20 世纪 70 年代石油输出国组织卡特尔使通货膨胀更为严重）和米尔顿·弗里德曼的崛起导致在吉米·卡特总统任期的最后几个月开始货币主义实验。时任美联储主席保罗·沃尔克确保货币供给增长率在试验的头六个月里下降了大约一半。联邦基金利率在 1979 年夏天接近 10%，到 1980 年初几乎翻了一番，猛增至 18%。即使是评级最高的公司也开始为贷款支付 14% 的利率。

面对一场金融灾难，卡特政府迫使不情愿的沃尔克动用从未启用过的《1969 年信贷管制法案》（Credit Control Act of 1969）来规范金融机构的信贷。借款的迅速减少对经济产生了同样迅速和令人厌恶的影响。在 1980 年第二季度，实际国民生产总值以年均近 10% 的速度暴跌。沃尔克的货币主义和卡特政府的监管失误，在 1973—1975 年漫长而痛苦的经济衰退的推动下，导致了一场非常严重的商业衰退。即便如此，这场深刻但短暂的衰退也在货币主义者实验之前就结束了。沃尔克在新的管制措施实施两个月后就取消了它们。美联储开始向经济注入资金，只是暂时扭转这一实验。

卡特在 1980 年的总统选举中失败，在很大程度上是货币主义造成的，尽管白宫顾问警告了美联储政策的后果。在这个经济体里，只有罗纳德·里根的富有感染力的乐观主义和供给学派经济学这一欢乐经济学才能扭转局面，至少人们是这样认为的。

里根上台掌权后，从卡特政府 1980 年的经济衰退中的复苏并没有完成：失业率仍徘徊在接近 8% 的水平。现在里根身边的沃尔克面临着挥之不去的滞胀病症，这种通货膨胀和失业同时存在的难题也困扰着英国和西欧。在这两种孪生的可憎现象当中，保罗·沃尔克和罗纳德·里根——当时都在科学货币主义的影响之下——认为到目前为止通货膨胀是更大的罪恶。

里根热切地相信弗里德曼告诉他的话：货币主义可以在不明显降低生产或不明显增加失业的情况下战胜通货膨胀。里根认为沃尔克失败了，因为他在第一次与通货膨胀恶魔的决斗中没有坚持。在与沃尔克的一次有影响力的会面当中，里根敦促他不仅要回到紧缩的货币政策，还要实行更紧缩的货币政策。正如一位传记作者所指出的："里根……像一个孩子那样相信——热烈而又绝对。他相信里根经济学，因此必须有里根经济学。"①

沃尔克再次采用货币主义的方案，在 1980 年中期后放缓了货币供给增长，并在 1981 年继续减缓其增长。自称"政治独立"的货币当局和里根政府之间的合作鼓舞人心，白宫和美联储达成了不寻常的协议：货币供应量每年增长不超过 2.5％。在距离美联储几个街区的地方，白宫的工作人员为国民生产总值在 1980—1984 年每年增长 12％而求上帝保佑。任何不信仰货币供给宗教的经济学家都被《华尔街日报》认定为背叛者。

供给学派经济学

就像重商主义的小册子的作者一样，供给学派依赖的是戏剧性的论据，而不是数字和事实。供给学派经济学是借由华尔街记者裴德·瓦尼斯基（Jude Wanniski）、作家布鲁斯·巴特利特（Bruce Bartlett）和大众社会学家乔治·吉尔德发起的一个媒体事件而进入大众视野的。这三位作者都专门提到了新奥地利学派。然而，正如货币主义是对凯恩斯主义终结滞胀失败的反应一样，支持里根经济学的供给学派经济学也被认为是摆脱停滞的一条途径。

货币主义和作为里根经济学剧本中的第一幕的供给侧激励将会恢复古典主义的乌托邦。超紧缩的货币政策将打破通货膨胀，而供给侧减税将扩大就业和生产。对工人的适度的个人所得税削减将激励他们更加努力地工作，提高生产率。对富人大幅减税，尤其是在资本收益方面，将刺激他们更多地储蓄。储蓄激增将导致更高水平的企业投资。在供给思想的背后，隐藏着古典学派的老朋友萨伊定律（Say's Law）的最粗糙的表述；"供给创造了自己的需求"就抢了第一个风

---

① Edmund Morris，*Dutch*：*A Memoir of Ronald Reagan*，New York：Random House，1999，p. 447.

头。正如布鲁斯·巴特利特正确地写道："在许多方面，供给学派经济学不过是……萨伊市场规律的重新发现而已。"① 萨伊定律将里根经济学与经济增长联系在一起了。储蓄使得增长引擎快速运转起来，因为储蓄转化为投资是有保障的。不管投资环境多么惨淡，这一引擎总是在快速运转，因为节省下来的每一美元都不会离开跑道。

因此，富人的更高目的在于他们的储蓄。里根经济学为个人储蓄寻找到了高收入阶级（以 1980 年美元计算，年收入超过 5 万美元），因为这是钱的来源。这种激励为富人降低边际税率提供了道德基础。作为一种万无一失的办法，对企业的特殊税收优惠，如更多的税收抵免、更低的税率和更快的折旧，将为投资增加更多的激励。

吉尔德在《财富和贫困》中拥抱新奥地利学派的企业家精神的同时，也进一步推动了供给学派的发展，这是里根政府 1981 年白宫工作人员的必读著作。

"为了帮助穷人和中产阶层，我们必须降低富人的税率。"里根的演讲中最常引用的作者吉尔德发现了储蓄与投资之间的联系，真相是："为了帮助穷人和中产阶级，必须降低富人的税率。"吉尔德进一步推测，福利国家激励穷人选择休闲而不是工作，这是一种极大的抑制。此外，企业家一旦摆脱了税收的束缚，就会发挥他们历史上的英雄作用。

正如《1981 年经济复苏法案》所承诺的一样，供给学派经济学的核心是降低个人税率。里根经济学强调了那些可能影响劳动力供给和生产能力的税收激励措施，但整个计划更进了一步。20 世纪 30 年代的新政计划和第二次世界大战扩大了联邦政府的作用，这次将减弱其作用，但国防和刑罚系统除外，这两个体系还有待扩大。最后，里根将在 1984 年，也就是乔治·奥威尔（George Orwell）的 "时钟敲响了 13 下" 的那一年，实现联邦预算的平衡。

从减税结果来看，最富有的美国人最需要激励。考虑实际所得税税率，即实际支付的税率，而不仅仅是美国国税局规定的税率的降低，超级富豪，前 1% 收入最高的人群的有效所得税税率到 1984 年已经降低了 7.8 个百分点。前 5% 非常

---

① Bruce Bartlett，Reaganomics，*op. cit.*，p. 1.

富有的人群的实际税率下降了 4.2 个百分点,而一般富人,即前 10％ 的人群则下降了 3.1 个百分点。此外,来自利息支付的非劳动所得收入的最高税率从 1980 年的 70％ 下降到 1982 年的 50％、1987 年的 38.5％,以及 1988 年的 28％。

富人不仅可以享受更高的收入——无论它们是来自工资、股票期权、利息支付还是资本收益——而且现在每个家庭都可以保留任何收益的更大比例。到 1989 年,超级富豪的平均减税额为 52 621 美元。1982—1990 年,这些减税措施的总价值接近 2 万亿美元(以 1985 年美元计),大约等于 1960 年的全部国内生产总值。到 1992 年,在老布什总统的领导下,平均收入为 676 000 美元的超级富豪的平均税收减免增加到 78 090 美元。

现在我们把注意力放到里根经济学的脚本中的第二个场景。

拉弗曲线与平衡预算的准则

有一个环节缺失了:随着税收的大规模削减,联邦预算将如何实现平衡?随着"平衡预算"进一步加剧了媒体的狂热,这一缺失的环节由南加利福尼亚大学前商科教授阿瑟·拉弗(Arthur Laffer)填补了。拉弗曲线是里根经济学的罗塞塔石,是拉弗为记者裴德·瓦尼斯基在华盛顿特区"内部人士"酒店的酒吧的一张餐巾纸上画的,并在瓦尼斯基的《世界的运作方式》一书中被赋予了明星地位。

拉弗曲线描绘了税率和政府收入之间的关系。在两个极端税率(0 和 100％)下,政府将没有收入。当税率上升到零以上时,提供市场运作所必需的公共产品(正义、国防、法律和秩序以及初等教育)有助于提高生产力和产出,从而提高税收。然而,随着税率的进一步提高,相对价格的变化会导致储蓄、投资和为应税收入而工作的税后回报下降。人们开始从这些活动转向休闲、消费和寻找避税手段。适用税率的国民产出和收入基础受到侵蚀,来自较高税率的税收收入下降。大多数经济学家认为并非如此;税率远低于这一反常的范围。

开场已经写好了,电影背景也已经建立起来了。

内部人士戴维·斯托克曼的忧虑

总统的第一任预算总监戴维·斯托克曼(David Stockman,1981—1985 年中）曾是一个毫不掩饰的供给学派的支持者，他很快就发现了这种方案的缺陷。用 1981 年圣诞节忏悔的话来说："肯普-罗斯（Kemp-Roth，最初的供给学派税收法案的名称）一直是一匹特洛伊木马，可以降低最高税率。"[1]

一匹特洛伊木马吗？供给学派经济学与一群企业家一起进入了敌人的劳动营。不是工人们的一种加尔文主义的回应，总统的所有人民都指望着对萨伊定律的字面解释和自封的新奥地利学派企业家（无论是清教徒投资者还是超级警觉的企业家）精神来刺激产出。在斯托克曼看来，供给学派理论实际上是赤裸裸的旧"涓滴理论"[2] 的新衣裳，在这种理论中，利益给了富人，"涓涓细流"给了工人。毕竟，削减穷人的福利和向富人提供税收优惠的需要意味着有工作的穷人有太多的钱，而富人的钱太少。

因此，即使通过各种减税措施可以增加可支配收入，它们可能产生的效果也并不来自对凯恩斯主义总需求的影响，而这些影响被认为是零。相反，在新古典主义的引导下，减税的效果将来自其相对价格的变化，并促使决策者将导致产出增加的生产性活动（投资、工作和交换）替换为休闲和懒散。现实世界中的霍华德·洛克——不用感谢全能的上帝——终于可以自由地在自由市场资本主义下扮演他们的角色了。（里根似乎从来不理解艾因·兰德的无神论。）从休闲和消费到生产活动的转变将促进经济增长。

续　集

1981—1982 年的大衰退

续集往往承诺更多，但提供的比原来的电影少。在这方面，供给学派经济学家公告的结果并不是唯一的。

就连罗纳德·里根的乐观主义光芒也无法阻止这场灾难。美联储紧缩的货币

---

[1]　William Greider，"The Education of David Stockman," *Atlantic Monthly*，p. 46（December 1981）. 斯托克曼的忏悔是给记者朋友格雷德的。

[2]　*Ibid*.，p. 47.

政策，加上不断上升的预算赤字，大幅提高了利率，压倒了旨在鼓励资本形成的企业税削减。① 在 1979 年和 1980 年的早些时候，"自愿"失业工人的人数增长迅速，但速度显然不够快，无法控制住通货膨胀。尽管如此，完全按照货币主义者的处方，保罗·沃尔克把失业率推高了很多，甚至到了大萧条以来的最高水平。里根第一个任期内的名义国民生产总值增长率当然不是以每年 12% 的剧本上的、但极不可能达到的速度增长。1981 年仲夏，失业率反而接近 12%，也是大萧条以来的最高水平。

在最需要的时候，那些英雄的企业家们在哪里呢？

1980—1992 年国家债务激增

如果政府的税收目标是军事目标（尽管这无疑是由资金充裕的五角大楼做出改进），那么供给学派大概会错过一个大陆。预算赤字开始打破历史纪录。国民收入的下降意味着税收收入疲软，尤其是在税率较低的情况下。里根的减税政策，加上军费的激增和严重的经济衰退，使国家债务从 9 080 亿美元增加到 3.2 万亿美元，比从乔治·华盛顿开始的他的 39 位前任积累的 3 倍还要多。

不断飙升的联邦预算赤字和债务积累并没有随着里根的第二个任期的结束而结束。老布什总统安抚了那些习惯保持连续性的人，因为联邦赤字持续上升，到 1992 财政年度达到约 4 000 亿美元。1992 年，国家债务大约为 4 万亿美元。由于老布什无法或不愿削减赤字，于是新民主党人比尔·克林顿不得不在他的第一个任期内承担起削减大约 60% 赤字的重任，在 1998 年某个时候转向了平衡的预算，并在预算盈余的情况下建造了通往 21 世纪的桥梁。

是什么导致了如此可怕的问题？

行动中的现代货币主义算法

即使我们接受货币主义者的算法，沃尔克的货币政策也是不成立的。我们只

---

① 为了应对巨额税收损失，1982 年国会取消了原定的加速折旧免税额的进一步提高，并取消了安全港租赁，后者是 1981 年的一项规定，允许不盈利的公司将其税收抵免和折旧冲销出售给盈利企业。1982 年的这些税收变动使工厂和设备投资的预期回报比里根之前的税收处理回报率高出约 17 个百分点（而不是 28 个百分点）。然而，在经济严重衰退的情况下，销售不足以保证对新产能的投资，减税也无法提供激励。

需看一看货币主义的经典等式 $MV=PT$。在弗里德曼的现代货币主义方程中，实际产出或实际国民生产总值代替了 T。如果我们将等式中的所有值用百分比变化或增长率的方式进行表达，那么货币供给的增长率加上其速度的增长率等于通货膨胀率加上实际国民生产总值的增长率。也就是说，现代货币主义的方程变成了：

$$\frac{M\ 的百分比}{变化} + \frac{V\ 的百分比}{变化} = \frac{P\ 的百分比}{变化} + \frac{实际国民生产总值}{的百分比变化}$$

等号右边两项的和是名义国民生产总值的增长率。

通过这种方式，货币主义的伟大承诺被简化为了简单而又令人尴尬的算术。里根-沃尔克计划的货币供给速度在 1980—1984 年仅为 2.5%。假设里根总统的顾问们提出了一个显而易见的问题："收入速度或货币周转率的百分比变化必须达到多少，才能使他们的目标货币国民生产总值增长率（在等号的右边）为 12.0%?"当然，答案是 12.0%－2.5%，也就是 9.5%。货币流通速度的增长率是弗里德曼没有向里根提及的，将是令人震惊的 9.5%！然而，在整个战后时期，即 1946—1980 年，平均速度增长率只有 3%。更重要的是，这一历史性的 3% 的速度增长率加上 2.5% 的货币增长率（再一次地，这两种增长率之和）将使得名义国民生产总值每年只增长 5.5%，而不是 12%。[①] 如果白宫预期的通货膨胀率达到 6%，那么国民生产总值的实际增长率将是每年 －0.5%（＝5.5%－6.0%）。实际国民生产总值下降了。实际上，这就是后来发生的情况。

在 1981—1982 年，就业前景令人震惊，投资带来的预期回报不佳且越来越不确定，这似乎是一种凯恩斯主义的局面。然而，家庭和企业不仅持有资金，而且将其置于流动性极强的金融资产中，从而降低了货币收入流通速度。与亚当·

---

① 在此期间，货币供应量的另一种衡量指标 M2 相对稳定。然而，美联储仅以 M1 为指标。后来，美联储研究货币供应的各种衡量标准。M2 不仅包括货币、支票账户和旅行支票（M1），还包括小额定期存款、储蓄存款和货币市场存款账户、货币市场共同基金股票（非机构）、隔夜和定期回购协议、隔夜欧洲美元，以及一种合并调整。很明显，随着华尔街发明了更多可以持有流动资产的工具，任何包含货币供应的工具都会发生变化。其他衡量标准，如 M3 和 L，包括了大面额存款和具有长到期日的金融工具。对货币供应的"正确"测度的探索仍在继续。

斯密或凯恩斯的观点相反，个人和企业储蓄正涌入金融资产，而不是投入实际的商业投资。没有消费者和企业不断增加的支出，产出就会下降。因此，沃尔克的紧缩货币政策只会像以前一样，在严重衰退的巨大代价下降低通货膨胀率。库尔特·冯内古特（Kurt Vonnegut）在《蓝胡子》（*Bluebeard*，1987 年）中虚构的艺术家-收藏家拉博·卡拉比肯（Rabo Karabekian）的例子就很好地描述了这一结果。回到 1933 年，拉博在纽约市的中央车站寻找他导师的地址。拉博沉思着："大萧条还在继续，所以车站和街道上到处都是无家可归的人，就像今天一样。报纸上充斥着工人被解雇、农场丧失抵押品赎回权和银行倒闭的故事，就像今天一样。"① 就如 1981—1982 年的情况一样。

从各个方面来看，财政革命是令人震惊的，但总统并没有得到他所要求的一切。虽然对"普通家庭"征收的联邦所得税实际上增加了 1%，但在 1981 —1983 年，许多大公司，如美国家庭（U. S. Home）公司、陶氏化学（Dow Chemical）公司、通用电气（General Electronic）公司、通用动力（General Dynamics）公司和波音公司，所得税都为负（获得退税或其他税收优惠），即使它们有着大量的利润。里根总统并不满意，他在第二个任期内又推动了更多的国内项目削减。

凯恩斯回归：里根的仿造式凯恩斯主义

正如 F. 斯科特·菲茨杰拉德的小说一样，历史充满讽刺意味。到了 1980 年，凯恩斯主义经济学在美国经济学家中处于最暗淡的时刻；面对萧条，里根经济学大大改变了这种看法。一方面，失业补偿和新政中的其他项目为可支配收入，进而消费支出的减少设定了一个下限。正如罗纳德·里根和他的家人在 20 世纪 30 年代得到了富兰克林·罗斯福总统提出的计划的帮助一样，穷人和失业者也再次得到了同样的帮助。里根政府着眼于消费者可支配收入的增加，从而刺激凯恩斯主义的有效需求。

财政凯恩斯主义成了走出弊病的出路。当类似于 20 世纪 30 年代的恐慌在他

---

① Kurt Vonnegut，*Bluebeard：The Autobiography of Rabo Karabekian*（1916 - 1988），New York：Delacorte Press，1987，p. 85.

们眼前闪现时，美联储官员们于 1982 年夏天开始推行一项令人难以置信的扩张性货币政策。货币主义被废除，利率政策转而得到支持。联邦军事开支的巨大增长（按实际价值计算，每年大约增长 7%）虽然是里根最初预算计划的一部分，但为萧条的经济提供了迫切需要的凯恩斯主义需求。[1] 里根总统和供给学派开始大力捍卫凯恩斯主义的预算赤字，而这远远超过了许多现代凯恩斯主义者所能接受的数额。

赌场资本主义

里根主义的一个遗产是华尔街在美国社会中的重要性大大增加。罗纳德·里根的中心信息是，不仅美国企业可以自由地做它们想做的事，有钱的人也可以。克林顿政府的这种态度的长期存在，往往以那些接近底层的人为代价，这让许多老民主党人感到惊讶和愤怒。

财富与华尔街之间的距离很短。因此，华尔街很快就成了金融漩涡的中心，吞噬并塑造了一个在金融上脆弱的美国经济。在 1983—1989 年，美国陷入了与拉斯维加斯一样的状况——因此，有了"赌场经济"这个词。[2] 在东京上空出现了类似的投机泡沫。

这种令人不安的转变在 20 世纪 80 年代中期左右达到了金融投机的最高峰，并在 20 世纪 90 年代初混合成了大停滞，但在 20 世纪 90 年代后半期又激起了一

---

[1] 美国国会否决了里根的以下建议：大幅削减提前退休的工人的社会保障福利、退伍军人的残疾福利、为低收入家庭取暖支出提供的联邦援助、在食品券项目上的支出；取消中等收入和高收入家庭儿童的学校午餐计划；增加大部分住院患者的医疗保险费用；大大减少对弱势群体和残疾人的中小学教育项目的开支；大大减少学生贷款计划；削减公路和桥梁建设开支；提高农业灾害和小企业管理贷款的利率；大幅减少一般福利付款；取消法律服务公司和青少年司法方案；大幅削减精神病和儿童保健预算，包括为怀孕的低收入妇女提供的方案；以及削减幅度超过了国会允许的其他许多国内项目，包括能源保护、环境保护署、联邦抵押保险承诺、经济发展援助、美洲印第安人援助、职业培训、公共医疗补助和社区服务补助。

[2] 我第一次引入"赌场经济"一词是在 *The Making of Economics*，3rd Ed.，Belmont，Calif.：Wadsworth，1987，pp. 342 - 343。

场投机狂欢。许多人似乎重新发现了通过货币或金融资产赚钱，而不是依赖商品生产的利润所带来的强烈快感。另一些人出于贪婪，重新发现了盖茨比式的优势，即超越规则的界限，社会开始像一个巨大的货币市场基金，家庭和企业的核心职能将是投机。

私营部门债务激增

债务流行病很快蔓延到私营部门。企业资产负债表从股权融资（发行新股）转向债务融资（发行公司债券）。1983 年，股票和债券发行额分别为 48 亿美元和 40 亿美元，这是保守商人的梦想。在此后 20 世纪 80 年代的每一年，净股票发行量都为负数，而公司净债券发行量则大幅上升（1989 年大约为 300 亿美元）。

尽管 20 世纪 80 年代的后经济衰退期间被人们按照《圣经》的说法称为"丰盈的 7 年"，但仔细观察，它看起来更像 1981—1982 年的大衰退中的一个反弹。到 1984 年年中，美国经济只恢复到里根政府之前的水平，就像 1936—1937 年的复苏达到了萧条前的国民生产总值水平一样。由于减税所突出显示的两个时期，即 20 世纪 60 年代的 10 年和 20 世纪 80 年代的 10 年，可以形成一种对比。20 世纪 60 年代的实际国民生产总值增长幅度达到 46%，大大高于 20 世纪 80 年代的 28%。20 世纪 60 年代工业生产扩张了 67%，但在 20 世纪 80 年代仅增长 29%。在 20 世纪 60 年代，失业率从未上升到 6.7%（1961 年）以上；在 1980—1986 年，它从未下降到 7% 以下，1982—1983 年达到 9.6%～10.7% 的峰值。此外，金融操纵和投机激增。

由于附息债务（interest-bearing debt）的所有权高度集中，利率的上升导致收入和财富分配更不平等。① 当只有少数人拥有大量"金条"时，他们就必须在将它放置于何处的问题上变得非常富有想象力。作为一种深谋远虑的结果，管制

---

① 到 1986 年，大约 10% 的家庭拥有一半以上的流动资产、86% 的免税市政债券和 70% 的其他债券。同样的 10% 的家庭还拥有 72% 的公司股票，仅前 2% 的家庭就拥有一半的股票。最后，最富有的 10% 的家庭拥有 57% 的家庭净资产（资产减去负债的价值）和 86% 的金融净资产。

日益放松的金融机构在创造新的金融工具（CD、大额 CD、垃圾债券、期权等）方面变得非常具有创新精神，通过这些金融工具，财富可以暂时存储以便迅速升值。换句话说，如果富人要投机，他们就必须有充足的筹码供给。最初，筹码是以新的美国国债发行的形式提供的；后来，更多的筹码是通过一种新的企业收购方式提供的，即通过杠杆债务提供的。

迈克尔·米尔肯创造的垃圾债券市场

随着米尔顿·弗里德曼为通往解放的市场铺平道路，为了赚钱而释放市场成为里根的道德要求。弗里德曼写道，企业的唯一责任是增加利润，这一信念在里根的演讲中得到了呼应。"市场的魔力"这一词语很快从白宫向乡村传播。华尔街的关键词汇是：（1）里根政府反对影响包括债券市场在内的任何市场的所有政府监管；（2）如果钱能有所作为——任何事情——不"尽管做"［为此对耐克（Nike）表示歉意］就是不道德的行为。迈克尔·米尔肯是这种自由市场复苏的自然副产品。

20 世纪 60 年代中期，米尔肯是加州大学伯克利分校商学院的一名学生，他读到了关于评级低的和未评级的公司债券的文章，而其他学生则热衷于吸食大麻。后来，作为德雷克塞尔（Drexel）公司的证券推销员，米尔肯传道了一条新的福音。对米尔肯来说，低评级债券的较高收益率只是反映了在如此高的预期回报率下值得承担的风险。他确信，评级低的债券的唯一问题是缺乏流动性或可迅速兑换成货币。

最终，米尔肯消除了客户最初对高风险债券的厌恶。米尔肯的销售能力解决了"流动性不足"的问题；他吸引了那些认为评级低的证券没有污名的金融家。当他们的回报率达到或超过预期时，早期买家就成了米尔肯的热心支持者。

到了 1977 年初，米尔肯已经控制了全国四分之一的高收益债券市场。他已经成为一个做市商。米尔肯可以向债券持有人保证，只要债券持有人想要将债券变现或转换成流动资金，他就会购买他们的债券。反过来，米尔肯可以转售这些债券，保持他积累的未公布的"买入"价格和"卖出"价格之间的任何差别。只有米尔肯和几位同事知道，买卖价格之间的差额正在不断扩大，这是米尔肯的财富不断增长的一个来源。

证券交易委员会是证券市场的主要监管机构，它不要求登记发行，米尔肯的市场也不受监管，正如弗里德曼、里根和供给学派所想象的那样。米尔肯的经营知识总是比任何买家或卖家都多，因为他是评级低的债券市场。[①] 市场另一边的买家和卖家可能嗅探到了一些信息，然而他们并不能与米尔肯的秘密信息相匹敌。因此，这个市场的"魔力"在很大程度上来自米尔肯对其关键信息的隐藏。

半个世纪以来倾向于风险规避和反对过度负债的趋势在 20 世纪 80 年代结束了。

垃圾债券导致 LBO 狂热

美国的合并趋势有着悠久而辉煌的历史，可以追溯到强盗大亨们的时代。集中对于美国人，就像母亲、苹果派和约翰·D. 洛克菲勒一样。唯一变化的是崩溃的产业的铭牌和收购方法。20 世纪 80 年代美国创新出了一种新的方法——杠杆收购（leveraged buyout，LBO）。

1947—1983 年，按总资产规模计算，美国最大的制造公司是石油、汽车、计算机、钢铁、通信和化学品生产商。这些行业正处于或远远超过了它们的产品周期高峰（如第二卷第 10 章所界定）。1983 年，埃克森（原新泽西标准石油公司）仍位居榜首，紧随其后的是通用汽车公司、美孚石油公司、德士古（Texaco）公司、标准石油公司（印第安纳州）、杜邦公司、标准石油公司（加利福尼亚州）、福特公司和通用电气公司。

很少有大公司被反托拉斯当局——那些在 19 世纪初被授权对强盗大亨的大型信托采取行动的机构——分拆，也很少有合并被阻止。例如，标准石油公司被"分解"；现在前十大公司中有三个标准石油公司，而不是只有一个。[②] 即使在

---

① 关于迈克尔·米尔肯和其他华尔街人物的更多细节，可以从普利策获奖记者詹姆斯·B. 斯图尔特的《贼巢》（*Den of Thieves*，New York：Simon & Schuster，1991）一书中了解到。

② 洛克菲勒标准石油信托基金于 1911 年被美国最高法院"解散"。"旧"标准石油公司被分成不同的公司，这些公司的业务被分配到美国的不同地区。一般说来，每一家相同的标准石油公司仍然是每个初始营销区的主导因素。每家公司的主要股东包括洛克菲勒家族、洛克菲勒的"利益相关者"和洛克菲勒基金会。

1983 年，最大的 500 家工业（制造业和矿业）公司中，前 25 家公司的销售额也占其总销售额的 41%，前 50 家公司的销售额占其总销售额的一半以上。金融业也出现了类似的趋势。

尽管垃圾债券市场是在滑坡的基础上建立起来的，但在 20 世纪 80 年代和 90 年代，它迎来了杠杆收购的新时代，最终导致了工人阶级的缩减。尽管垃圾债券市场利润丰厚，但迈克尔·米尔肯在并购中看到了更多的获利机会。一家上市公司将被一群拥有资金的金融家收购，利用的是通过向保险公司、银行、经纪人和 S&L 出售垃圾债券获得的资金。在这个精巧的安排中，金融家们不用动用任何自己的钱，所有负责交易的人，包括出售自己公司的 CEO 们和米尔肯，都赚了数千万美元。

在米尔肯的业务本来会放缓之际，一些新的力量却支撑起他的业务。在里根时代，税收政策和反垄断政策（最著名的是反垄断政策的激进放松）激起了一股打造企业集团的热潮，即非血缘关系企业的合并。到 1983 年，合并安排已成为一个成长行业，由得克萨斯州传奇大亨、2008 年回到得克萨斯油田的 T. 布恩·皮肯斯（T. Boone Pickens）领导。凑巧的是，到了 1985 年，迈克尔·米尔肯和他在德雷克塞尔公司的同事拥有的客户资金比他们能处置的还要多。为了增加垃圾债券的供给，他们开始资助皮肯斯、卡尔·伊坎（Carl Icahn）、罗纳德·佩雷尔曼（Ronald Perelman）等公司劫掠者，特别是科尔伯格·克拉维斯公司（Kohlberg Kravis Roberts & Co.，KKR）。

从 1984 年到 1989 年，KKR 的高管通过德雷克塞尔公司借入的资金比这家垃圾债券公司的任何其他客户都多：KKR 成为主要的收购专家。[1] 保险公司、银行和 S&L 实际上停止了对购买资本货物、钻探石油或建造房屋的融资，而是向 KKR 提供了数十亿美元的贷款，用于帮助它们从米尔肯那里购买垃圾债券。KKR 在 20 世纪 80 年代完成了近 600 亿美元的收购，最终在 1988 年底以 264 亿美元收购了纳贝斯克公司，这是当时历史上最大的一次收购，而且声名狼藉。这

---

[1] KKR 的全部故事参见 George Anders，*Merchants of Debt*：*KKR and Mortgaging of American Business*，New York：Basic Books，1992。

次事件后来被写成了一本书，而且被拍成了一部电影。这些对大公司的收购产生了价值达数十亿美元的垃圾债券，因为即便是杠杆的使用，也会降低前蓝筹股公司未偿债券的价值。米尔肯的工资和奖金继续攀升，仅1986年就超过了4.4亿美元。

集团化及其后果在收购马拉松石油公司（Marathon Oil Company）的竞购战中得到了体现。早些时候，美孚石油公司收购了蒙哥马利-沃德连锁百货公司（Montgomery Ward's aisles，显然，为了在蒙哥马利-沃德的通道上钻油），它也试图购买马拉松石油公司。与有关供给经济学的税收激励计划的影响的说法相反，美孚石油公司表示有兴趣购买现有的石油储备，而不是一直为寻找新的储备而费尽心思。从1901年安德鲁·卡内基和 J. P. 摩根联手以来，美国钢铁公司为对抗美孚石油公司而发起的对马拉松石油公司的收购，是其最大胆的一场赌博，收购成功后，美国钢铁公司，即如今的 USX 公司成为美国第12大工业公司。

到了1990年春天，纳贝斯克几乎因为让垃圾债券继续存在而陷入破产境地。KKR 也濒临破产。这些储蓄，包括老年人的社保支票，不是用于新的软件开发或工厂，而是投入了其价值在债务高潮中受到侵蚀的垃圾债券。然而，与许多老年人和 S&L 不同的是，KKR 不仅在这些暴风雨中幸免于难，而且到了20世纪90年代中期，它又在纽约证交所上市了所持公司的股票，并扩大了它的业务范围。

如果在20世纪80年代这些收购产生了新的工业净产能，那么它没有体现在数据中。固定投资净额占国民生产总值的比例从1970—1979年的6.7％下降到1980—1988年的4.8％。更重要的是，私营企业资本服务的增长率从1960—1969年的4.2％下降到1970—1979年的4.0％，1980—1988年下降到3.2％，1985—1988年又下降到1.3％。

这种大规模的合并和重组是由一批新的金融家资助的。这是汤姆·沃尔夫（Tom Wolfe）在他的小说《虚荣的篝火》（*The Bonfire of the Vanities*）中描述的一类人，这本书在泡沫开始破裂的1987年11月出版。华尔街顶级债券推销员和"宇宙之王谢尔曼·麦考伊（Sherman McCoy）就住在公园大道这条梦想之路上一套豪华的、拥有14个房间的复式公寓里！他在华尔街为传奇的皮尔斯·皮尔斯（Pierce & Pierce）公司工作，办公室在50层，可以俯瞰世界！他坐在一辆价值 4.8 万美元的跑车上，与全纽约最美丽的女人之一在一起——一时无二！也许是一位学者，但很漂亮——就在他旁边！一只活泼的小动物！他是那种天生就注定要得到他想要的东西的人！"①

这个虚构的麦考伊一年挣 100 万美元。作为代表华尔街的"严肃的债券交易商之一，这位宇宙之王身着蓝灰色精纺套装，该套装在英国定制，售价为 1 800 美元，两粒单排扣，带有普通的开槽翻领。在华尔街，双排扣西装和尖顶翻领被认为有点突兀，有点过于成衣。他厚厚的棕色头发向后梳直，挺直肩膀，把长长的鼻子和漂亮的下巴抬得高高的"②。

在 20 世纪 80 年代上半期，商业银行家和 S&L 的大部分权力转移到了华尔街的套利者手中，比如宇宙之王伊万·博斯基（Ivan Boesky）、罗伯特·鲁宾（Robert Rubin）以及德雷克塞尔公司的米尔肯等投资银行家，以及老而可靠的摩根大通（J. P. Morgan）。在这个快速发展的 10 年里，华尔街到 1985 年仍被丑闻缠身，到 1987 年更接近它的三一教堂墓地了。华尔街遭遇了类似宇宙之王的命运；生活就是模仿艺术。然而，1987 年的股市大崩盘和两年后的小崩盘并没有终结华尔街的投机热度，或者它在经济中新的重要性。它只是为那些通过减税、利息支付和资本收益而变得更富有的人提供了一个购买机会。

泡沫破裂

从 20 世纪 50 年代中期开始的近 40 年来，新的信贷以越来越快的速度加入债务金字塔中。在 20 世纪 80 年代，房地产和金融市场的投机泡沫受到新信贷加速的推动。但是，在里根时代接近尾声时，随着美联储主席艾伦·格林斯潘转向零通货膨胀率目标，增长速度急剧放缓了。这一持续了 40 年的趋势的逆转意味着房地产价值下降，以及金融和非金融企业盈利增长的放缓。

到了 20 世纪 80 年代中期，房地产市场暴露出明显的弱点，但 1987 年 10 月的股市大崩盘是第一阶段投机即将结束的最戏剧性的预兆。到那时，S&L 行业

---

① Tom Wolfe, *The Bonfire of the Vanities*, New York: Farrar, Straus & Giroux, 1987, p. 80.

② *Ibid.*, p. 50.

实际上已经崩溃了。到 1990 年中期，美国财政部预测，超过 1 000 家 S&L——占所有储蓄机构的 40%——将被政府接管。私人资料显示，这一数字接近 2 000 家，几乎是整个行业！纳税人的最终成本将超过 1 万亿美元，即人均 4 000 美元。联邦监管机构出售的房产总数最终将增至 100 万套（还不包括商业银行收回的数万套房屋）。

垃圾债券交易商和 S&L 的篝火、迈克尔·米尔肯和哥伦比亚 S&L 的汤姆·斯皮格尔（Tom Spiegel）以及林肯公司的查尔斯·基廷（Charles Keating）之间有着密切的联系。[①] 到 20 世纪 70 年代末期，S&L 以 12% 或 13% 的利率来吸引存款，同时从住房抵押贷款中得到很少的利息。到了 1982 年，它们实际上已经被消灭了。为了"拯救"它们，白宫和国会同意让储蓄机构为任何事情提供贷款。而且现在任何人都可以开办 S&L。流氓和彻头彻尾的罪犯也看到了这种可能性。当威利·萨顿（Willie Sutton）被问及为何抢劫银行时，他回答道："因为钱就在那里。"这就是查尔斯·基廷成立臭名昭著的林肯储蓄和贷款公司（Lincoln Savings and Loan）的原因。哥伦比亚（Columbia）、林肯、弗农以及其他许多人都用垃圾债券来扩张他们的资产。

当综合公司和坎博等杠杆公司在 1989 年开始倒闭时，垃圾债券市场开始崩溃。在收购公司的股票暴跌的带动下，10 月 13 日股票市场发生了"小崩盘"，违约不断，S&L 的垃圾债券资产几乎一文不值。最后，作为米尔肯的垃圾债券的主要购买者的几乎所有 S&L 都宣布破产，并被政府接管了。

与此同时，商业银行陷入了困境。全国范围内过剩的商业和住宅物业压低租金，减少了银行资产的价值。1991 年，银行取消了价值 260 亿美元的商业地产的止赎权，这一金额相比 1990 年增加了 32%。尽管 1943—1981 年美国每年只有不到 10 家银行倒闭，但形势发生了逆转。

查尔斯·克洛克（Charles Croker）的命运揭露了主要开发商遭受丧失抵押

[①] 这种联系是以一种非常有趣的方式建立起来的：Michael Lewis, *Liar's Poker*, New York：W. W. Norton, 1989, pp. 206‐228. 刘易斯现在是一名记者，在 20 世纪 80 年代的大部分时间里，他都是所罗门兄弟公司的债券推销员。也参见 Stewart, *Den of Thieves*, *op. cit*。

品赎回权的命运。克洛克是汤姆·沃尔夫的《完美的人》（*A Man in Full*）一书中的核心人物。背景是佐治亚州亚特兰大——一个充满新鲜财富、后来居上的新兴城市。克洛克曾经是大学里的一位足球明星，现在是亚特兰大一个企业集团的中年老板，他的超凡自负最终遇到了银行贷款逾期未还的现实。查理有一个占地2.9 万英亩的鹌鹑狩猎庄园，一个年轻而苛刻的妻子（第二任），但也有一栋巨大的、半空的办公大楼，还有着巨额的未偿还债务。[①]

由于银行向查理·克洛克这样的开发商提供贷款，自 1933 年以来一直为银行存款提供保险的联邦存款保险公司在 1991 年首次破产。1987—1991 年，882家银行（资产总额达 1 510 亿美元）破产，这些银行的破产耗尽了该基金。与大萧条时期许多小银行倒闭不同的是，现在这些大银行都在崩溃。1991 年，只有11％的商业银行实际出现亏损，但这些银行持有全系统 34 亿美元资产总额的 1/5以上。美联储曾认为银行"太大而不能倒"，现在它们可能因为规模太大而无法得到救助。

当非金融企业无法再偿还不断飙升的债务时，它们也会倒闭。1987 年，破产事件已上升到每周近 1 400 起，到 1989 年已降至每周 900 多起，然后在 1991年飙升至每周 1 700 多起，1992 年初上升至每周 1 800 多起。这同样也适用于家庭的情况。在 20 世纪 80 年代，个人破产总数猛增 150％以上，1990 年达到创纪录的 72 万起。

工业和金融机构的进一步安抚被移交给联邦政府和联邦储备系统，包括对S&L、商业银行和巨型保险公司的纳税人救助。到 1990 年 11 月 21 日，迈克尔·米尔肯被判处 10 年徒刑（1993 年因大幅削减刑期而被释放）之时，大部分金融业被清算了。1996 年，迈克尔和他的兄弟仍然是福布斯 400 强中最富有的美国人，他们投资 2.5 亿美元创立了一家教育服务公司，即知识宇宙（Knowledge Universe，KU）。两年内，KU 收购了 30 家公司，并有了更多的交易。有些事情似乎永远不会改变。人们开始问：谁会拯救普通的工薪阶层？

---

① 关于"完整"的故事，参见 Tom Wolfe，*A Man in Full*，New York：Farrar Straus Giroux，1998。

里根经济学是金融财富持有者进行收购的动力，它的余波还没有结束。很难知道所有这些联邦基金和减税政策的去向。从某种意义上说，这些基金几乎没有留下任何痕迹，让人想起库尔特·冯内古特在《蓝胡子》中虚构的艺术家-收藏家拉博·卡拉比肯的经历。拉博自己所有的画都被毁了，这是因为他的画布的胶料与他所使用的丙烯酸墙漆和彩色胶带之间发生了无法预料的化学反应。然而人们已经为他的画付出了可观的代价。

就像拉博所回忆的那样："……那些花了 1.5 万、2 万甚至 3 万美元买一张我的画的人发现，他们正盯着一张空白的画布，为一张新画、一堆彩色胶带，还有地板上看起来像发霉的米花的东西做好准备。"然而，拉博从广告中得到了保证，说这种墙漆将"……比'蒙娜丽莎'的笑容更有生命力"①。"人们为拉博的画已经付出了巨大的代价；现在它们几乎没有任何踪迹，钱也不见了。然而，拉博继续从他的收藏品及其转售中积累财富。"拉博就像一个垃圾债券交易商，而他的画作的持有者就像 S&L 的存款所有者。

20 世纪 80 年代日益加剧的不平等

里根的特洛伊木马策略和希腊人在公元前 1200 年的特洛伊战争中取得胜利一样成功。富裕的美国人实现了强劲的实际收入增长，而较贫穷的美国人实际上在 1980—1984 年遭受了收入损失。大约有一半的美国家庭在里根的第一任期内遭受了实际收入损失，一些受损的自由派民主党人嘲笑里根经济学用潮水"提升所有游艇"。20 世纪 80 年代，家庭收入的增长比 70 年代或二战至 1973 年间更为缓慢，富人变得更加富有，而穷人在整个里根政府时期变得更加贫穷。1988 年，由于家庭收入突然转向更大的不平等，前 5% 的收入最高的家庭每户的收入比 1979 年增加了 11 317 美元，而 3/5 最底层的家庭每户的收入则减少了 1 200 美元。上层社会 1% 的人群所占收入比例很快就会比底层社会 40% 的人群还要大！

任何"涓滴"的好处都是虚幻的。美国官方公布的贫困率在 1979 年下降到

---

① Vonnegut，*op. cit.*，pp. 19-20.

11.7％，贫困人口减少到 2 610 万人，但在 1988 年时二者分别反弹到 13.1％和 3 190万人。同年，每 5 个孩子中就有 1 个生活在贫困中。穷人也变得越来越穷，因为实际收入和贫困线之间的差距从 1973—1979 年的 8.9％扩大到 1979—1988 年的 15.5％。①

在财富不平等方面所发生的事情更加戏剧化。当我们看那些拿着最多玩具去完成 20 世纪 80 年代的竞赛的人之时，有些人已经接近终点线了。在起跑线上，联邦储备委员会对消费者财务状况的调查显示，处于前 2％的家庭——几乎或者实际上是超级富豪——已经拥有了大约 39％的企业和政府债券，以及 71％的免税市政债券。最富有的 10％——只是富人——拥有了 70％的债券和 86％的免税债券。② 公司股票和其他金融资产的大部分价值也掌握在少数人手中。

令人难以置信的是，当里根的两期国债或未偿还国债的价值飙升至 3.2 万亿美元时，他的减税政策给富有的美国人带来了 2 万亿美元的意外收益。对非常富有的人的减税使他们能够购买 7 000 亿美元的里根政府新债券。甚至这些资产的分配也倾向于上层的 1％或超级富翁，而且更多流向 2％的更上流社会或超富有人群。这些额外的美元中，大部分（如果不是全部的话）都流入了证券投资组合。不仅这些债券——数量庞大——最初是在里根时代创造的，而且购买这些债券的手段也是如此。减税政策一直持续到 20 世纪末。③

在家庭中，美国国库券的巨额利息支付为少数持有债券的家庭带来了好处，同时也挤出了联邦支出。因为当时只有 3％的家庭直接持有债券（公共或公司债券），前 1％的财富持有者，即超级富富，获得了支付给家庭的利息中的一半，而

① 参见 Lawrence Mishel and David M. Frankel，*The State of Working America*，1990 -1991，Armonk：M. E. Sharpe，1991，p.168。另外，相关的历史数据是在这本重要的书及其后续版本中开发和展示的。

② 对富裕程度类别的定义参见 E. Ray Canterbery，*Wall Street Capitalism：The Theory of the Bondholding Class*，Singapore/New Jersey/London/Hong Kong：World Scientific，2000。

③ 对富人的大规模减税，再加上新国债的大量涌入，推动了我在《华尔街资本主义》（*Wall Street Capitalism*）中所称的债券持有阶级的崛起。下面的大部分内容都是对该书中提出的事实和想法的总结；关于细节和其他想法，请看原著。

前5％的家庭获得了剩余的五分之一。单是复利就创造了很多新的百万富翁和亿万富翁。到20世纪90年代末，仍然只有4％的家庭直接持有债券。20世纪80年代，10年来可支配收入的全部增长超过了利息收入所占份额的上升。

与此同时，企业家在国民收入中所占的份额急剧下降，这几乎不是企业家精神的黄金时代。生产性资本主义建造工厂，但赌场经济重新分配和集中收入与金融财富。利息收入趋势超过里根-布什时期。1998年，美国人向债券持有人支付的税款和利息与他们管理海军、空军、陆军、海军陆战队、情报机构、国防管理人员和工作人员的费用一样多，相当于联邦政府每1美元支出中有14美分用于此！这主要是由于债券市场的增长，到1996年，每1美元个人可支配收入（扣除所得税和社会保障支出后的个人收入）中有13美分来自利息支付。相比之下，每1美元收入中只有4美分来自股票股息。

一种净资产视角：资金流向何处

经济学家通常不喜欢看净资产或财富。然而，如果我们要理解向赌场经济转型的影响，我们将在资产负债表中找到答案。

20世纪80年代和20世纪90年代普通商品和服务价格的通货膨胀率有所下降，而金融资产价格则大幅上涨。此外，尽管债务负担不断飙升，但有形资产的价值正在下降或停滞不前。当我们考虑按类型（财务或有形）分配资产时，我们可以进一步理解为什么财富不平等如此迅速地扩大了。

1983年，超级富豪（前0.5％的家庭）持有46.5％的公司股票和43.6％的未偿债券，而美国后90％的家庭分别只持有10.7％和9.7％。房地产是典型家庭净资产的来源，其持有比例与公司股票和未偿债券反过来了，大约一半的房地产由后90％的家庭持有。

金融资产通货膨胀与有形资产通货紧缩或停滞之间的巨大差距，对20世纪80年代处于后90％的人产生了不利影响。在1983—1989年，前1％的超级富豪的平均财富从每个家庭710万美元增加到900万美元。这只是平均水平。与此同时，最底层的1/5（从每个家庭－3 200美元降到－18 100美元）和下一个1/5

（从每个家庭12 300美元降至10 100美元）的家庭的财富下降了。[①] 迈克尔·米尔肯在1989年之前的几年里，从他的垃圾债券交易中赚了30亿美元，他是美国10位最富有的人之一。很容易得出这样的结论：既然富人变得越来越富有，商业公司肯定也是如此。这很容易，但就像许多容易的事情一样，这是错误的。德雷克塞尔·伯纳姆·兰伯特公司（Drexel Burnham Lambert Inc.）是米尔肯自己的公司，于1990年2月13日申请破产保护。

至于其他公司，如果把企业净值的变动与家庭的净值变动结合起来，则在20世纪80年代，每个成年人的净资产的年增长情况体现为一条平行线。此外，1982—1992年，非金融业部门的净资产以每年0.62%的微弱速度增长。经济中的净资产增长显然已由商业公司转移到了特定的家族。即使美国的精英阶层越来越富有，美国也变得越来越穷。

到1992年总统选举时，这个国家似乎陷入了一种不祥的黑暗之中。一场令人烦恼的衰退从1990年7月开始，在1991年正式结束，随后几年经济缓慢增长，标志着美国出现了大停滞，尽管此时美国股市最大的牛市开始狂飙。

克林顿经济学：美联储的连续性

从历史上看，纽约和华盛顿都经常性抱怨："华盛顿特区的政客们不了解华尔街的需求。"与如此多的纠纷不同，华尔街与华盛顿之间的争吵已经结束。美联储的负责人、连续两任财政部部长以及债券持有阶层（其本身都是华盛顿和纽约的共同产物）已经将华尔街的议程搬到了白宫。作为当选总统，比尔·克林顿实际上把白宫的经济政策交给了艾伦·格林斯潘和财政部的首脑们，他们都是华尔街的选择。到1993年4月中旬，政府已经接受了金融市场参与者对削减预算赤字和自由贸易的偏好，这是艾森豪威尔的共和党人梦想的一个计划。

[①] 参见 Lawrence Mishel，Jared Bernstein，and John Schmitt，*The State of Working America*，*1998-1999*，Ithaca and London：Cornell University Press，1999，pp. 258-275。

格林斯潘与克林顿：一个不神圣的联盟

克林顿和格林斯潘最初的结盟似乎与金星和火星的联系一样不太可能。20世纪 50 年代，艾伦·格林斯潘与艾森豪威尔共和党人的政治右派一样，被卷入了艾因·兰德领导的纽约圈。格林斯潘是纳撒尼尔·布兰登学院的首批学生之一，创立这个"智库"的目的在于进一步推动艾因·兰德的思想。兰德的其他追随者称格林斯潘为"殡仪员"，因为他总是穿着黑色西装，很像他在葬礼上穿的那样。格林斯潘后来只穿蓝色的衣服，这样他的形象在蓝领工人看来就不那么恶毒了。①

格林斯潘是一个他自己称之为"集体"的激进右翼团体的成员，在兰德看来，是 43 班，这是以她的小说《源泉》出版的年份命名的。这个"集体"把格林斯潘变成了自由市场的热爱者，他不仅怀疑行善者，而且对政府怀有正义的仇恨。1974 年，格林斯潘对《纽约时报》说："她〔兰德〕所做的是——经过长时间的讨论和大量持续到深夜的争论——让我思考为什么资本主义不仅高效、实用，而且合乎道德。"② 无论有什么讽刺意味，以下这件事都表明他成为世界上最强大官僚的自由市场人士：格林斯潘，这位中央银行部门的霍华德·洛克，是一位孤胆英雄，把华尔街从政府的枷锁中解放出来。格林斯潘从未偏离过他的激进意识形态，尽管作为美联储主席，他没有清楚地表露出这一点。

与格林斯潘的出身形成鲜明对比的是，克林顿是一个南方的民粹主义者，成为贫穷落后的阿肯色州的州长。他是新民主党人中的一员，他们比老民主党人更为中立，但他们仍然希望从富兰克林-罗斯福的新政中保留社会计划。他们仍然

---

① 关于克林顿-格林斯潘年代的更详细描述出现在：Canterbery, *op. cit.*, and especially in E. Ray Canterbery, *Alan Greenspan：The Oracle Behind the Curtain*, Singapore/New Jersey/London/Hong Kong：World Scientific，2006。

② 引自 Steven K. Beckner, *Back From the Brink：The Greenspan Years*, New York：John Wiley and Sons，1996，p. 12。贝克纳第一次认识格林斯潘，是他在艾因·兰德的杂志上写了关于自由放任经济学和金本位制的文章。后来，贝克纳作为一名华盛顿的财经记者采访了格林斯潘。在很大程度上，贝克纳的书是值得称赞的，尽管在贝克纳赞扬格林斯潘的地方，其他人却可能会因此谴责他。

相信联邦政府在维持充分就业方面有着重要的作用。他们认为，增加穷人的机会是联邦政府的责任，因为富人有资源照顾自己。此外，克林顿竞选总统是站在公路、机场、桥梁和学校等基础设施的公共投资平台上。然而，在他追求第二个任期的竞选过程中，这些议题早已被放弃，除非"建造一座通往 21 世纪的桥梁"被认为是一种新的基础设施。

格林斯潘的金融市场战略

一种新的心理出现了：缓慢的经济增长是好的，因为它导致了更高的债券价格，从而催生了一个看涨的股票市场。利率不是通过宽松的货币政策，而是通过设法保持经济疲软来维持在低水平的。即使是经济增长加速的暗示，也会给华尔街带来寒意。如果有必要，美联储将提高短期利率。因此，长期或债券利率可能会下降。

格林斯潘将债券持有人和交易员描绘成"高度老练"的人，在这里，他的意思是，他们预期联邦预算赤字将继续"激增"①。在如此庞大的联邦支出下，通货膨胀将不可避免地急剧上升。格林斯潘认为，政府支出的预算赤字，而不是油价飙升，导致了 20 世纪 70 年代末两位数的通货膨胀率。出于对赤字的预期，长期美国国债的谨慎投资者要求更高的回报率，这对联邦赤字的不利影响是后里根时代政策战略的新转折。

格林斯潘说，随着赤字得到控制，市场预期将发生变化，长期利率将下降。由于房主越来越多地将再融资作为消费信贷的来源，他们将购买更多的汽车、家电、家居用品和其他消费品。这种借贷和支出将极大地扩张经济。此外，随着债券持有人获得较低的债券收益率，他们会把钱转移到股票市场，股票价格会像一群天鹅一样迅速飞升。最后，在这种有利的环境下，减少赤字带来的经济增长将增加就业。克林顿作为选举出来的总统，签署了格林斯潘的后里根时代的政策战略。

---

① Bob Woodward，*The Agenda：Inside the Clinton White House*，New York：Simon & Schuster，1994，p. 69.

牺牲公共基础设施以减少联邦预算赤字

克林顿的经济团队得出结论：如果没有格林斯潘的合作，他们注定要失败。随着股市崩盘、萧条和银行倒闭的景象在他脑海中不停浮现，克林顿向每个人保证，一项重大的赤字削减计划已经开始实施了。克林顿这位真正的民主党人、民粹主义者、南方的把脉者、人民之子（man-of-the-people）和聪明的政策学生的异乎寻常的混合体已经出局：华盛顿-华尔街的当权派已经俯冲而至，"偷"走了克林顿的经济政策。

30年期债券利率确实在逐渐下降，债券持有人的资本收益也随之上升。随之而来的是国内生产总值缓慢但稳定的扩张。在利率敏感的经济领域，实际GDP增长了11%，而在非利率敏感的经济领域则几乎没有增长。格林斯潘和财政部部长劳埃德·本特森（Lloyd Bentsen）将这一增长归功于"金融市场战略"。

尽管如此，格林斯潘和克林顿的联盟仍然有着稳定的生命力。1994年1月，格林斯潘告诉克林顿和他的经济顾问，通货膨胀预期正在上升。两周后，美联储提高了短期利率，美联储在1994年4月18日第三次加息。长期基准利率比克林顿第一任期内任何时候都要高。格林斯潘违背了他对总统的承诺，即如果克林顿缩小赤字，他就会降低利率。到这一过程结束时，格林斯潘已经七次提高了联邦基金利率。

同样对降息非常敏感的经济部门，对加息也同样敏感，甚至更敏感。到1995年初，出现了经济放缓的迹象。此外，共和党主导的国会正在运用里根式的技巧，通过削减开支和大幅降低富人的税率来推动削减赤字，这是一种离经叛道的论调。与此同时，克林顿总统在民意调查中受到打击，尽管这是自尼克松政府以来唯一一次大幅削减赤字。

在这10年的大部分时间里，格林斯潘依靠的是实际失业率和自然失业率之间的关系［回想一下非加速通货膨胀的失业率（NAIRU）］。一般来说，格林斯潘采取先发制人的措施，甚至在自然率还没有发出加速信号之前就提高了利率。虽然美联储估计1994—2000年的自然失业率为6.3%，但1998年5月的实际失业率为4.3%，达到了28年来的最低水平，通货膨胀率接近于零。尽管存在通货紧缩的现实，但美联储在 1996—2000 年继续为即将到来的通货膨胀而烦恼。当然，这种对通货膨胀和充分就业的自然偏见使财富持有者感到高兴。

尽管金融市场战略混乱不堪，但是竞选期间就业情况有所改善，克林顿通过了共和党的选举，而鲍勃·多尔（Bob Dole）的竞选活动平淡无奇，这些足以在 1996 年让克林顿再次当选。与此同时，格林斯潘的策略创造了美国历史上最大的牛市。尽管这是他的创举，但他开始担心泡沫可能破裂，这一担忧在他 1996 年 12 月关于市场可能出现的"非理性繁荣"的讲话中得到了反映。此后，由于无法让股市下跌，美联储通常以一种最不可能引发美国历史上最严重股市崩盘的方式行事。

1998 年 9 月初，当格林斯潘仅仅暗示他有可能降低利率的时候，道琼斯指数就出现了有史以来最大的上涨幅度——在一天之内实现了 380 点的飞跃。[①] 道琼斯指数大幅波动——每周数百点，有时是隔天，有时在一天之内。在 20 世纪最后几年里，金融市场出现了前所未有的剧烈波动。显然是为了遏制金融市场的过度波动，克林顿总统在格林斯潘第三个任期结束前半年，就重新任命他担任第四个任期的美联储主席。

和以前一样，随着金融市场的繁荣，那些净资产或财富增长最快的人是富人。预测的最大增幅（以百分比计算）都流向了前 1% 的收入群体。在 1989—1997 年，超级富豪的财富将增长 11.3%（平均增长 100 万美元）。与此同时，由于净财富收益为 −18 100～−5 900 美元，最底层 1/5 的家庭将更加接近破产，而第二个 1/5 的家庭的平均财富至少会有所增加（从 10 100 美元增至 12 300 美元）。然而，尽管有股市上涨的收益，处于财富分配中间 1/5 的家庭在 1997 年的财富水平仍低于 1989 年。

克林顿的遗产：终结进步主义议程

在克林顿的第二个任期内，他放弃了对国内经济政策的担忧，把外交政策的

---

① 这一天是 1998 年 9 月 8 日，星期二，增长率为 4.98%，然而，从百分比来看，仅仅排在有史以来的第 58 位。

成就视为提升自己在美国总统中的历史地位的一种方式。他曾与格林斯潘和华尔街对抗，但失败了：进步人士对他向华尔街投降深感失望。

克林顿政府在不考虑财政政策的情况下，主持了向货币政策历史性转变的最后阶段。里根革命造成了如此多的联邦债务（不管是有意的还是无意的），以至于没有空间利用有意的赤字刺激经济或使经济增长放缓。此外，政治言论已从利用联邦预算作为稳定力量转向平衡联邦预算。然后，预算剩余被吹捧。最后，彻底消除了国家债务。由于美联储通过买卖政府债券来执行货币政策，国家债务为零将使货币政策几乎不可能实行。如果货币政策和财政政策被置于同样的垃圾堆中，就不需要宏观经济学了。

这些力量创造并维持了一个超越一般人想象的阶级。很快，伴随着价格波动而来的兴奋情绪将吞噬公共和私人债券的销售，为日常交易者提供新的获利机会。在巨额资本收益给债券市场带来长期被否认的声望之后，操控债券市场——伴随一个震荡但看涨的股市——需要壁球冠军那样的敏捷性。债券持有阶层（我这么称呼它）是因不平等加剧而诞生的，现在在新的放松管制的金融环境下运行，这不仅有助于95%的较低收入家庭的命运逆转，而且有助于建立一个金融赌场。

"里根革命"的完成继续得到共和党多数派和《华尔街日报》社论版的推动。1997年，克林顿签署了一份资本利得和遗产税削减的"涓滴"一揽子方案。最富有的1%的家庭再次受益最多，每一个家庭将会少付1.6万美元的税。美国最底层的20%家庭的税收平均每年增加40美元，第二个20%的家庭没有变化，中间的20%的家庭每年只增加150美元。[①] 有人说，新民主党人是那些能够与共和党妥协的实用主义者。如果按照这一标准，而不是其他标准，那么比尔·克林顿是历史上最善于妥协的民主党总统。1998年冬天，当格林斯潘的言论仍在影响金融市场时，克林顿遭到了他所效仿的共和党的弹劾。这才是世界真正的运作方式。

---

① 参见 Mishel, Bernstein, and Schmitt, *The State of Working America 1998 - 1999*, *op. cit.*。

结 论

就像"苏提恩杜拉豪华墙漆"的广告一样，里根经济学并没有产生它所承诺的好处，而克林顿的经济学让里根的财政革命得以延续。只有"蒙娜丽莎"的微笑看起来是真实的。

里根经济学的失败使凯恩斯主义——最初是凯恩斯为拯救资本主义而设计的，当时新古典凯恩斯主义失效了——复活了。尽管如此，赌场资本主义在21世纪初似乎势不可挡。20 世纪 80 年代和 90 年代放松金融管制为前所未有的滥用打开了大门。信贷供给者之间激烈竞争的最初兴奋情绪，在大规模破产、合并甚至更大程度的金融集中等方面已经陷入了困境。

9

经济学：过去与现在的不完美

在三卷本的写作过程中，我们发现经济学的过去是不完美的，这就把我们引到了这里。一直以来，都有一些问题得到了伟大的经济学家的回应。那些拥有最多受众的人成了他们自己时代的正统派。一直以来，也有一些人强烈反对传统观点。他们一直是激进分子。今天，什么会吸引激进经济学家呢？

在第二卷中，我们讨论了 2008 年春季的危机，当时美国经济陷入了麻烦的经济衰退，我们还讨论了对这种情况的补救措施，所有这些都仍然适用。

回　顾

在 2001—2003 年，美联储的艾伦·格林斯潘将住房视为一种新的奇迹式的经济引擎。在世纪之交，经济一直步履蹒跚，格林斯潘需要一些经济刺激的来源。他在房地产领域看到了这一点，因为联邦基金利率到 2003 年年中降到了 1%。抵押贷款利率及信用卡利率与最优惠贷款利率挂钩，而后者又与联邦基金利率挂钩。更低的利率与可调整利率抵押贷款的金融创新相结合，引发了房地产市场的繁荣（在格林斯潘之前，美国已经有半个世纪没有泡沫了）。

与此同时，自 2000 年 3 月见顶以来，股市一直承受着巨大压力。2002 年纳斯达克指数又下跌了 32%，标准普尔 500 指数下跌了 24%。从 2000 年的最高点开始，纳斯达克指数的下跌幅度达到惊人的 74%，标准普尔 500 指数大幅下跌了 43%。格林斯潘在股市急剧上涨期间否认存在泡沫。他同时表示：如果泡沫存在，央行和其他机构要直到泡沫破灭后才会知道。但是，由于泡沫不可能存在，他很容易忽视股市进入熊市时发出的明确声音。

随着股票市场不再能够引领经济发展（以及华尔街的相关利润），房地产似乎是唯一可以启动的引擎。新的金融产品，包括衍生产品、资产支持证券、抵押贷款债务和抵押贷款担保债务，使得公司和个人独立于特定的融资机构之外，所有这些都有助于建立一个更加灵活和高效的金融体系。然而，这同时也使金融体系最终变得更加脆弱。这些"创新"导致了 2007 年底的金融市场动荡，许多大型金融公司在这场动荡中濒临破产。

有吸引力的抵押贷款利率支撑了现有住房的销售，并使得房产抵押贷款的使用成为可能。较低的抵押贷款利率鼓励房主在为他们的房屋再融资时承担更多的抵押贷款。这提供了更大的与房屋有关的权益。当时，这似乎是一件安全的事情，因为房地产市场在 20 世纪 90 年代的大部分时间里并没有成为投机的来源。尽管如此，未偿还抵押贷款的增长仍在加速，直到 1998 年以 9.5％的年增长率飞奔。华尔街随时准备将这一不断上升的抵押贷款债务证券化。房利美（Fannie Mae）和房地美（Freddie Mac）等政府支持的企业也在迅速扩大它们的经营。利率大幅下跌，使"火势"越来越旺。

格林斯潘认为，股票市场和房地产市场之间这种通常的类比是不完美的。与股票市场不同的是，房地产市场的销售产生了大量的交易成本，当大多数房屋被售出时，卖家必须实际搬出去。股票市场的换手率大约是每年 100％，而房屋所有权的年换手率不到 10％。此外，住房市场是本地市场；缅因州波特兰的住宅并不能很好地替代俄勒冈州波特兰的住宅；全国住房市场是本地细分市场的集合。尽管如此，但这些争论并没有阻止房地产泡沫，这场泡沫 2007 年开始破裂。

2002 年 10 月，尽管股票价格在下跌了近三年后到达最低点，但房地产市场却经历了多年的上涨。从 1997 年秋季到 2002 年，美国的平均房价上涨了 42％。在一些城市，涨幅更大——波士顿 75％，旧金山 88％，纽约市 67％。人们开始离开股市，在房地产市场寻找财富。许多家庭把自己变成了一台准自动取款机。随着利率持续下降，房主用超过房屋价值的抵押贷款对房屋进行了再融资，然后以"权益"借款。1997 年，房主的平均权益相当于房屋市场价值的 70％，2003 年下降到了 55％。

尽管如此，新生的房地产泡沫还是支撑了对新建筑的需求；在经济下滑的几年里，抵押贷款市场是一股强烈的稳定力量。换句话说，家用自动取款机运转良好。自动取款机对消费者的支出产生了强烈的影响。所有这些都发生在其他资产价值受到侵蚀的时期。住房挽救了一切。

可以肯定的是，2003 年 6 月 25 日，美联储第 13 次降息。这使得联邦基金利率降至 1%，并将维持近一年。到 2003 年 7 月，在股市熊市期间，房价上涨了20%。许多分析师担心，当房价开始下跌时，相对目前的价位下跌幅度会非常大。在日本，房价跌至日本泡沫时期的一半以下的水平。

房地产行业的创新

可怕的问题开始在抵押贷款经纪公司中出现，其中一个特别应该引起监管当局的注意。这些问题包括虚假承销、伪造收入文件，甚至还包括发放的房屋净值贷款额度达到房屋净值的 125%。自动取款机里的钱变得更多了。这些都成了标准的操作程序。

贷款业务正在成为一种危险的烫手山芋游戏。贷款人越来越不愿意持有风险更高的抵押贷款。与此同时，格林斯潘称赞股权融资的优点。从 2004 年初开始，格林斯潘开始用一种经典的诱饵转换策略（bait and switch tactic）来提高美联储的利率。在接下来的两年里，格林斯潘通过 17 次加息将这一关键利率提高到了原来的 4 倍多，从 1% 提高到 4.5%。这就意味着，格林斯潘早先建议的可调整抵押贷款利率大幅上升。抵押贷款持有者的利率意外上升，每月还款额增加。不幸的是，次级抵押贷款占 2004—2006 年抵押贷款总额的 20% 或更多，而在 1997年仅为 3%。

该行业的创新之一是次优抵押贷款（Alt-A Mortgage）。这些非优质抵押贷款（nonprime mortgage）没有标准文件，比如收入和信用记录，通常被称为"骗子贷款"。随着额度的增加，次优抵押贷款也或多或少地飙升了。在 2003 年，次优抵押贷款债务大约占抵押贷款总额的 3%，2005—2007 年的平均占比大约为15%。与此同时，房屋净值贷款额度占抵押贷款总额的比例从 2001—2003 年的年均大约 5% 飙升至 2006—2007 年的年均大约 15%。房地产泡沫在 2005 年达到顶峰，所有这些次级抵押贷款、骗子贷款和房屋净值贷款额度都在飙升。2000—2005 年，仅这种房地产市场自动取款机就占了 GDP 增长的很大一部分。

与股市泡沫不同的是，2000—2005 年的房地产泡沫是由债务推动的。然后，2004—2007 年，银行和抵押贷款公司向数百万美国人提供了数万亿美元的超宽松可调利率抵押贷款，他们几乎没有机会在到期日偿还这些贷款。通过不断上涨的房地产价格来掩盖这一问题，这场贷款热潮把美国房地产市场变成了庞氏金融体系，正如后凯恩斯主义者海曼·明斯基所定义的那样。不断上涨的房价会在真相揭晓之前支撑抵押贷款，或者说人们是这样认为的。

次贷危机

到 2008 年 8 月，美国陷入困境的房地产市场已经充斥着次级抵押贷款，正受到第二波损失的打击，因为背负骗子贷款的房主开始以创纪录的数量出现违约。在加利福尼亚州、佛罗里达州、内华达州和亚利桑那州，这些贷款可能会将抵押贷款危机再拖长两年。为一笔 30 000 美元的贷款与借款人签约的经纪人，可以获得高达 15 000 美元的费用；传统贷款的利润要低得多，比如固定利率贷款只需向经纪人支付 2 000~4 000 美元的费用。许多专门从事此类贷款的贷款人已经破产，包括美国住房抵押贷款公司、贝尔斯登和印第麦克银行（Indymac）。更多的贷款人可能也会遭遇同样的命运。

房利美和房地美是美国最大的抵押贷款买家和担保人，它们在 2008 年 4 月至 6 月损失了 31 亿美元。房利美和房地美的股价跌至令人吃惊的低点。这些损失中，大约有一半来自违约的骗子贷款。在 4 000 亿美元的次级抵押贷款预期损失之外，骗子贷款的预期损失总额大约为 1 000 亿美元。

抵押贷款激增的根本原因是期权和期货市场的使用。随着金融史上最著名的方程式布莱克-斯科尔斯公式的出现，这些市场扩张了。根据该公式，有了目前已知的变量，如无风险利率、期权到期期限、股票价格和波动性以及期权的交易价格等，就可以解出期权价格。这对于以量化为导向的投资组合管理人来说是一个非常有用的定价工具。有了这个工具，现金和期权或期货的组合就可以像股票投资组合那样运作。

进行套期保值以保护股票投资组合不受市场下跌影响的一种方法是出售股指期货。期货被包装成类似标准普尔 100 的指数，在芝加哥商品交易所（Chicago Mercantile Exchange）进行交易。当然，如果股票上涨，就会在期货上损失资金，但如果股票下跌，套期保值就会奏效，期货利润将会抵消股票市场损失。

投资组合保险听起来像是一种弥补潜在亏损的神奇方法。然而，它只适用于"正常"市场。当整个市场采取这种策略时，它会导致灾难，就像 1987 年股市崩盘以及后来的对冲基金，即长期资本管理公司（LTCM）的失败一样。LTCM 由所罗门兄弟公司（Salomon）的著名交易员约翰·梅里韦瑟（John Meriwether）创立，合伙人包括迈伦·斯科尔斯和罗伯特·默顿（他们在 1997 年赢得了诺贝尔经济学奖），还有前美联储副主席戴维·穆林斯（David Mullins）。迈伦·斯科尔斯是布莱克-斯科尔斯公式的开创者之一。①

在 1994 年上市时，LTCM 通过首次投资要约筹集了 12.5 亿美元。然而，该业务的资金并不完全来自内部。其他公司希望学习梅里韦瑟的交易策略。美林和高盛等公司排队以非常慷慨的条件提供杠杆贷款，要求很少或根本不需要抵押品，也几乎不要求提供有关 LTCM 头寸的任何信息。与此同时，LTCM 开始在它们缺乏经验的领域进行交易，比如外汇交易和股票套利（押注于收购，尽管它们大大提高了杠杆率）。

1998 年年中，亚洲各地的货币崩盘并没有促进 LTCM 的发展。随后俄罗斯开始在其对外债务融资中遇到麻烦。LTCM 进入了俄罗斯债券市场。不幸的是，俄罗斯人很快就拖欠了他们的债券。这是压垮 LTCM 的最后一根稻草。俄罗斯甚至连卢布都不支付。纽约联邦储备银行行长威廉·麦克多诺（William McDonough）在格林斯潘的支持下介入了此事。他使用了相当强力的手腕，大约 20 家

---

① 最初的布莱克-斯科尔斯公式是以斯科尔斯和费希尔·布莱克于 1973 年发表在《政治经济学杂志》上的一篇文章命名的。布莱克于 1995 年去世，这是他未成为诺贝尔奖获得者之一的原因。斯科尔斯和布莱克承认了默顿先前的工作对于推出这个公式的重要性。

主要商业和投资银行同意对 LTCM 进行 36.5 亿美元的救助。格林斯潘帮助降低了联邦基金利率。因此，美联储和这些华尔街公司阻止了全球崩盘。在这一经历很久之后，格林斯潘在一次投资会议上表示，衍生产品市场的参与者敏锐地意识到与衍生产品相关的对手方信贷风险，并采取各种措施来降低这些风险。LTCM 的灾难显然不止于此。

衍生产品的新难题

华尔街将住宅抵押贷款组合改造成结构性债券的方式被称为担保抵押贷款债务 （collateralized mortgage obligation，CMO）。整个抵押贷款组合可以专门用于支持发行一系列债券。这些债券被分成不同的部分或组合，投资组合现金流优先流向顶级债券。华尔街将分组技术推向了一个极端，并在 1994 年引发了一场严重的抵押贷款市场崩盘。随着市场缓慢复苏，更为保守的结构化住房抵押贷款支持证券 （residential mortgage-backed security，RMBS）取代了大多数大型投资者投资组合中的许多 CMO。

继 RMBS 之后，商业抵押贷款支持证券 （commercial mortgage-backed security，CMBS）走上了舞台。与住宅抵押贷款不同，商业抵押贷款不适合集中使用。为了解决这个问题，评级机构被用来构建组合。银行收集了金融、管理、租户历史、维护记录和抵押贷款等详细资料。然后，评级机构使用专有模型来估计违约风险并协商组合结构。例如，CMBS 可能有五到六档，可能包括 140 栋抵押贷款面值在 1 000 万美元及以上的房屋。这些都扩大了这类抵押贷款的投资者基础，并收窄了利差。其他几项金融创新也将随之而来。

评级机构发挥了很大的作用。只要信用文件是与评级机构一起完成的，任何事物都可以证券化。企业开始出售资产担支持券 （asset-backed security，ABS），为设备、车队和其他有价值的东西融资。例如，通用电气就成为早期 ABS 的发行人。此外，投资银行创造了抵押债券债务 （collateralized bond obligation，CBO），商业银行发行了抵押贷款债务 （collateralized loan obligation，CLO）。担保债务凭证 （collateralized debt obligation，CDO）成为所有类型的证券化资产的通用名称，包括老式的抵押贷款。在大多数情况下，通过创建一个在技术上独立于母公司的信托，用于购买资产，这是一种通过出售证券化票据融资的购买，通常采用分拆结构。银行在资产负债表外进行这些交易。

情况变得更加复杂了。新的信用衍生产品，如信用违约互换（credit default swap，CDS）被发明出来了。假设一家美国银行对巴西的信贷敞口不足，过去可以通过购买一些巴西银行分行或与当地银行合作来解决这一问题。信用违约互换可以为这一过程提供一条捷径。支付一定费用后，美国银行可以免受巴西银行持有的贷款组合的任何损失，并可以获得这些贷款的利息和费用。巴西银行将继续履行这些贷款义务，因此当地客户不会看到任何变化，但巴西银行将为其风险投资组合购买保险，为业务扩张腾出监管资本。信用违约互换的名义价值从 2001 年的 1 万亿美元增长到 2007 年年中的 45 万亿美元。

与此同时，这些信用评级机构表现不错。在 2002—2006 年，穆迪的收入翻了一番，股价上涨了两倍多。它们的主要客户是大型商业银行和投资银行，评级机构为了取悦这些客户而调整评级。尽管债券利率很高，但它们的违约率仍在上升。

这些杠杆是复合的，甚至还有 CDO 的 CDO——收集一些 CDO 的高风险部分，用来支持一种新的 CDO，其中包括一系列从高风险等级到低风险等级的债券。在所有这些混乱之中，是对债券的高度膨胀的评级。

2007 年秋季发生的事件导致了一场不断演变的危机。顶级银行承诺为私人股本交易提供 3 000 亿～4 000 亿美元的资金，而在次贷危机爆发时，这些交易仍在进行中；CDO 融资停止，银行陷入了困境，因为 CDO 在维持银行流动性方面发挥了关键作用。此外，银行用于短期流动资金的商业票据利率在 9 月初突然飙升了近 20%。陷入困境的银行包括花旗银行和摩根大通等巨头。在 10 月份，大型银行和投资银行报告了大约 200 亿美元的损失，其中 110 亿美元发生在花旗银行和美林公司，主要集中在基于次级抵押贷款的 CDO 上。几周内，这些银行就将亏损修正为超过 450 亿美元。再一次地，花旗银行和美林公司的损失也达到 200 亿美元。

问题向全球扩散

铸币税是指政府让货币贬值的能力。第二次世界大战后，《布雷顿森林协定》确立了美元作为世界储备货币的地位，铸币税是指美元作为储备货币的持续高估。储备货币的地位总是脆弱的，因为它取决于该国持续的贸易赤字，尽管不是太大。近年来，美国已经超过了这种不稳定的平衡的极限。

在整个 20 世纪 80 年代和 90 年代，美国的贸易账户持续恶化，到 1999 年左右趋于自由下落。2006 年贸易逆差超过 7 500 亿美元，经常账户赤字总额超过 8 000 亿美元。最重要的是，2000—2006 年的累计赤字大约为 4 万亿美元，到 2006 年底，美国的净投资头寸为 25 亿美元，有利于外国。但是，最重要的数字是那个 4 万亿美元。所有这些美元的浮动导致了美元作为储备货币的贬值。各国中央银行和财政部越来越担心持有更多的美元，因为美元正在贬值。

中国、巴基斯坦和印度等新兴大国遵循一种出口导向的增长计划。这意味着它们必须接受储备货币用以支付。与以往一样，也有限制。如果储备货币承受太大压力，这些国家的中央银行将转向一篮子货币来持有储备。其危险在于，主要的石油生产国也会这么做。据美国财政部估计，在各国政府控制下的所有储备货币中，累计盈余总额已升至 7.6 万亿美元，大约占全球 GDP 的 15%，或者占全球储蓄的 60% 以上。大约 60% 的石油出口盈余只由三个国家拥有。随着油价上涨，这些盈余也在上升。除了挪威，石油出口盈余国家都不是西方的民主国家。

作为对不断增长的盈余的回应，盈余国家正在设立主权财富基金（sovereign wealth fund，SWF）。主权财富基金是一种私人投资基金，设立于官方储备之外，不受适用于官方储备的投资限制。历史最悠久的主权财富基金是新加坡的淡马锡控股公司（Temasek Holdings），这是一只规模达 1 000 亿美元的基金，用于投资该国的超额储备。自 30 年前成立以来，这只主权财富基金的年回报率为 18%，其债券拥有 3A 的最高评级。至少有 25 个盈余国家成立了主权财富基金，2007 年，可投资资金估计为 3 万亿美元。科威特、迪拜、阿布扎比和卡塔尔的主权财富基金也相当活跃。主权财富基金有提高美国长期利率的效果。

由于商业银行直接或间接参与了这些交易，银行开始破产。尽管 2007 年全年只有三次破产，但 2008 年有更多的银行陷入困境。迄今为止，倒闭的银行中最大的一家是从事储蓄和贷款业务的印地麦克银行，该银行于 7 月 11 日被监管机构接管，资产大约为 320 亿美元，存款为 190 亿美元。在 2008 年 8 月 22 日，联邦监管机构关闭了位于堪萨斯托皮卡的哥伦比亚银行和信托公司。联邦存款保险公司被任命为哥伦比亚银行的接管人，截至 6 月 30 日，该银行拥有 7.52 亿美元的资产和 6.22 亿美元的存款。这是联邦存款保险公司承保的银行在 2008 年的第 9 次破产。更多的银行面临倒闭的危险。

哥伦比亚银行有 4 600 万美元的未保险存款（超过保险限额）。在房地产市场低迷和抵押贷款市场急剧下滑的情况下，对一些银行偿付能力的担忧继续加剧。银行正遭受房价暴跌、丧失抵押品赎回权和信贷紧缩的困扰，这同时困扰着整个美国的大银行和小银行。联邦存款保险公司一直在增加审计人员的工作，以应对预期的破产，并计划提高银行和储蓄银行支付的保险费。在向印地麦克银行支付巨额款项后，联邦存款保险公司补充了储备资金。

关于石油价格有一个大问号。根据高盛公司的数据，投机者的交易量占纽约商品交易所石油交易总量的 42%；指数投资者占 11%；石油生产商和其他公司弥补了这一差额。截至 2008 年夏季，大宗商品指数基金的资产估计为 2 500 亿美元，而在 2003 年底，这一资产仅为 130 亿美元。对冲基金和大型银行的自营交易柜台到底在原油上押了多少钱？除了数字巨大之外，没有人知道具体情况。在华尔街，大宗商品交易已被证明是一个巨大而有迫切需求的利润来源。

2008 年夏季的经济危机

由于投机者掌管了石油市场，市场机制崩溃了。虽然长期因素确实决定了石油的"均衡"价格，但没有人知道短期内会发生什么事情。没有人知道每天的石油价格将是怎样的。在 2008 年夏天，油价在每桶 150 美元的高位到每桶 113 美元的低位之间波动，价格的变动一天内可以达到每桶 6 美元。在油价超过每桶 100 美元的情况下，开发新油田的动机是强烈的，这应该会带来更低的油价。什么时候呢？没人知道。

有一点是肯定的：迅速下跌的石油价格会破坏中东和拉丁美洲主要石油生产国的稳定。美国在试图稳定这些地区方面的作用将受到怀疑。

到 2008 年夏末，石油价格的短暂休止期因热带风暴季节的提前开始而中断。热带风暴"费伊"之后很快就伴随着飓风"古斯塔夫"、"汉娜"和"艾克"的到来。8 月 28 日，"古斯塔夫"涌向墨西哥湾。它作为强大的飓风进入了这一海湾，破坏了石油和天然气的生产。"艾克"对石油和天然气生产构成了更大的威胁，它朝着佛罗里达凯伊斯的方向发展。它还可能破坏脆弱的墨西哥湾沿岸的燃料精炼厂，并推高加油站的汽油价格。随着飓风开始威胁墨西哥湾，各种周末的预订已经被取消了。

如果对燃料供给造成重大损失，那么可能会导致美国和其他国家的石油及精炼原油产品的流通中断。虽然石油价格已经回落到每桶 120 美元以下，但随着风暴的到来，预计价格会上涨。由于运输成本会影响制成品的价格，它们的价格可能会再次上升。由于生活必需品的成本较高，消费者会削减在不必要的商品上的开支。反过来，私人企业投资也会受到不利影响。而这一切都是在减税的刺激措施发挥作用时发生的。美国出口的强劲程度越来越取决于亚洲和拉丁美洲的需求减弱。英国和世界面临的经济状况可以说是 60 年来最糟糕的。

8 月 29 日，美国政府表示，上个月个人收入下降幅度达到近三年来的最大值，同时消费者支出大幅下降。道琼斯工业平均指数下跌 170 多点，而电脑制造商戴尔公司发布的令人失望的利润报告，拖累了以科技股为主的纳斯达克综合指数。有关消费者的这一悲观消息是在股市连续几天大幅上涨之后，以及在漫长的劳动节周末之前的最后一段时间里传出的。7 月份个人收入下降 0.7%，远高于汤姆森/IFR 调查显示的 0.1% 的降幅。消费者支出小幅增长 0.2%，远低于 6 月份 0.6% 的增幅，而 7 月份实际支出则下降了 0.4%。随后很快就出现了 8 月份的意外下跌。

海外市场在劳动节周末结束后的第二天急剧下跌。随后，9 月 4 日道琼斯指数暴跌，跌幅超过 340 点，此前零售商和政府又多了大量的坏消息，摧毁了人们对年底复苏的希望。包含更广泛的公司的指数也大幅下跌。标准普尔 500 指数下跌 2.99%，到了 2 236.83 点；纳斯达克综合指数下跌 74.69 点，或 3.20%，到了 2 259.04 点。在亚洲和中东股市大幅下跌之后，2008 年 9 月 5 日，亚洲和日本市场出现了更大幅度的下跌。

到这个时候，抵押贷款市场的麻烦来源已经从次级贷款转移到了拥有不良信贷的借款人身上，而这些房主曾经有良好的信用，但接受了每月还款额不断增加的异乎寻常的贷款。抵押贷款银行家协会（Mortgage Bankers Association）在 9 月 5 日表示，超过 400 万（占比达到创纪录的 9.18%）背负抵押贷款的美国房主要么拖欠了贷款，要么在 6 月底丧失了抵押品赎回权。随着美国经济继续步履维艰，人们对第二波抵押贷款违约潮的担忧持续到 2010 年。同一天，失业率达到 6.1%，为五年来的最高点。失业和（或）收入下降是抵押贷款违约和丧失抵押品赎回权的主要原因。与此同时，2008 年的第 11 次银行倒闭事件发生了。

2008 年 9 月 7 日，布什政府接管了陷入困境的抵押贷款巨头房利美和房地美。为了稳定正在威胁金融市场、整体经济乃至全球经济的房地产市场动荡，小布什总统表示，这一历史性的收购是必要的，以防止抵押贷款金融公司不断破产的风险。他认为，这一风险对一个受到住房和信贷危机打击的经济来说是"不可接受的"。这可能是朝着本书第二卷所赞赏的新政方向迈出的第一步。

这两家公司都由联邦住房金融局（Federal Housing Finance Agency）管理，联邦住房金融局是美国国会为监管房利美和房地美而设立的一个新机构。美国财政部表示，将立即从每家公司发行 1 000 亿美元的高级优先股，支付 10% 的利息。但如果随着时间的推移损失增加，则需要资金维持这些公司的运营，最终可能需要为每家公司提供高达 1 000 亿美元的资金。出于必要，政府现在正在参与住房抵押贷款业务。

第二天，道琼斯工业平均指数跳涨 350 点，而其他指数小幅上涨，以科技股为主的纳斯达克指数一如既往地落后。

随着道琼斯工业平均指数变得越来越不稳定，美国国家经济研究局正式宣布从 2007 年 12 月开始经济进入衰退。最有可能的是，这场漫长的衰退将被命名为后二战时期的第二次大衰退，或者是 2007—2010 年的大衰退，这是自 20 世纪 30 年代大萧条以来最长、最令人担忧的一次衰退。今天 2010 年这个经济衰退结束日期只是暂定的。

图书在版编目（CIP）数据

经济学的历程：第四版 /（ ）E. 雷·坎特伯里（E. Ray Canterbery）著；李酣译 . --4 版.
--北京:中国人民大学出版社，2020.7
ISBN 978-7-300-28356-2

Ⅰ.①经… Ⅱ.①E… ②李… Ⅲ.①经济史-世界 Ⅳ.①F119

中国版本图书馆 CIP 数据核字（2020）第 121940 号

经济学的历程（第四版）

E. 雷·坎特伯里 著
李 酣 译
Jingjixue de Licheng

出版发行	中国人民大学出版社	
社　　址	北京中关村大街 31 号	邮政编码　100080
电　　话	010 - 62511242（总编室）	010 - 62511770（质管部）
	010 - 82501766（邮购部）	010 - 62514148（门市部）
	010 - 62515195（发行公司）	010 - 62515275（盗版举报）
网　　址	http://www.crup.com.cn	
经　　销	新华书店	
印　　刷	涿州市星河印刷有限公司	
规　　格	170 mm×228 mm　16 开本	版　次　2020 年 7 月第 1 版
印　　张	35.5　插页 3	印　次　2020 年 7 月第 1 次印刷
字　　数	554 000	定　价　128.00 元